Aufgaben als Schlüssel zur Kompetenz

Stefan Keller
Christian Reintjes (Hrsg.)

Aufgaben als Schlüssel zur Kompetenz

Didaktische Herausforderungen,
wissenschaftliche Zugänge und
empirische Befunde

Waxmann 2016
Münster • New York

Bibliografische Informationen der Deutschen Nationalbibliothek
Die Deutsche Nationalbibliothek verzeichnet diese Publikation in
der Deutschen Nationalbibliografie; detaillierte bibliografische
Daten sind im Internet über http://dnb.dnb.de abrufbar.

Print-ISBN 978-3-8309-3421-9
E-Book-ISBN 978-3-8309-8421-4

© Waxmann Verlag GmbH, 2016
Steinfurter Straße 555, 48159 Münster

www.waxmann.com
info@waxmann.com

Umschlaggestaltung: Inna Ponomareva, Jena
Titelbild: © Jodie Coston – www.istockphoto.com
Satz: Sven Solterbeck, Münster

Gedruckt auf alterungsbeständigem Papier,
säurefrei gemäß ISO 9706

Printed in Germany

Vorwort der Herausgeber

Der vorliegende Herausgeberband ist in vielfacher Hinsicht ein Gemeinschaftsprodukt des Institutes Sekundarstufe I und II der Pädagogischen Hochschule Fachhochschule Nordwestschweiz und hätte ohne die großzügige Unterstützung und das tatkräftige Mitwirken einer grossen Anzahl von Menschen nicht realisiert werden können.

Der Band ist unserem abtretenden Institutsleiter Prof. Dr. Viktor Abt gewidmet, welcher den Institutsschwerpunkt „Aufgabenkultur" in seiner Entstehung entscheidend mitprägte und während vieler Jahre den institutionellen Rahmen für dessen Weiterentwicklung sicherstellte. Die Verdienste von Viktor Abt lassen sich nicht in einigen Sätzen ausdrücken. Aber wir danken ihm von ganzem Herzen.

Unser Dank gilt weiterhin jenen Kolleginnen und Kollegen an der Pädagogischen Hochschule, welche sich in Vorbereitung und Durchführung der Tagung engagiert und die Beiträge dieses Bandes herausgeberisch betreut haben: Claudia Schmellentin, Helmut Linneweber-Lammerskitten, Marko Demantowsky, Giuseppe Manno, Ute Bender, Tibor Gyalog, Albert Düggeli, Roland Messmer, Christine Streit und Elke Gramespacher.

Wir danken Nathalie Fuchs (und ihrer Vorgängerin Cinzia Zeltner) für die unschätzbare Unterstützung bei der Organisation und Durchführung der Tagung. Nathalie Fuchs danken wir zusätzlich für ihre wertvolle Arbeit bei der Erstellung des Tagungsbandes auf organisatorischer und redaktioneller Ebene.

Auf Seiten des Waxmann Verlags danken wir Dr. Ursula Heckel für ihre kompetente Betreuung im verlegerischen Prozess sowie für ihre Bereitschaft, auf unsere Ideen und Sonderwünsche flexibel einzugehen. Der Lektorin Julia Schulz danken wir für die sorgfältige Durchsicht der Texte vor der Drucklegung.

Wir haben uns bemüht, ein Buch herauszugeben, welches aktuelle und gleichzeitig zukunftsweisende Arbeiten in Forschung und Unterrichtsentwicklung zum Thema „Aufgaben" enthält. Zudem hoffen wir, dass die hier versammelten Beiträge für Forscherinnen und Forscher, Lehrpersonen, Dozierende, Lehrerbildnerinnen und -bildner sowie Studierende aufschlussreich sein mögen und dem für Schule, Unterricht und Lehrerbildung gleichermassen bedeutsamen Aufgabenthema einen nachhaltigen Impuls verleihen.

Inhalt

3. Teil: Gesellschaftswissenschaften, Kunst und Sport

4. Teil: Mathematik und Naturwissenschaften

5. Teil: Lehrerbildung, Hochschulbildung

1. Teil
Disziplinäre Schlaglichter auf das Thema Aufgabenkultur

Aufgaben als Schlüssel zur Kompetenz: eine Einleitung

Stefan Keller und Christian Reintjes

Der vorliegende Band enthält ausgewählte Beiträge der Tagung *Aufgaben als Schlüssel zur Kompetenz*, die im März 2015 an der Pädagogischen Hochschule FHNW (Institut Sekundarstufe I und II) in Brugg-Windisch stattgefunden hat. Die Tagung erweiterte und vertiefte die langjährige Arbeit an unserem Institutsschwerpunkt „Aufgabenkulturen" (vgl. Keller & Bender, 2012) und diente gleichzeitig dazu, einen internationalen Austausch zum Thema anzuregen, wobei Forschende aus deutschsprachigen Ländern mit ihren Arbeiten vernetzt werden sollten. Konzeptuelle Anknüpfungspunkte für die Tagung waren erstens die Kompetenzorientierung von Unterricht (Keller, 2013) sowie zweitens die damit verbundene Outputorientierung von Lehren und Lernen, anhand welcher Bildungssysteme heute gesteuert und in ihrer Wirksamkeit überprüft werden sollen (Klieme, Avenarius, Blum et al., 2003; Köller, Baumert, Cortina et al., 2004).

Im Rahmen dieser Entwicklung wurden Bildungsstandards sowie kompetenzorientierte Lehrpläne implementiert (z. B. *KMK-Lehrpläne* in Deutschland, *Lehrplan 21* in der Schweiz), die in der Erziehungswissenschaft wie auch in den Fachdidaktiken eine wissenschaftliche Akzentverschiebung in Richtung Lernaufgaben auslösten. In der Folge davon wird nun auch die Unterrichtspraxis nachhaltig verändert, etwa durch kompetenzorientierte Lernaufgaben in Lehrbüchern. Solche Lernaufgaben zielen auf den Auf- und Ausbau fachlicher und überfachlicher Kompetenzen im schulischen Unterricht, sie strukturieren Lernprozesse und machen diese sichtbar (Keller & Bender, 2012). Eine wichtige Aufgabe von Wissenschaft und Schulpraxis ist es deshalb heute, Lernaufgaben verstärkt an die Erfordernisse des kompetenzorientierten Unterrichts anzupassen sowie ihre Wirksamkeit am Ziel des Kompetenzauf- und -ausbaus empirisch zu überprüfen (Blömeke, Herzig & Tulodziecki, 2007).

Gleichzeitig rücken Testitems stärker als früher in den Blick, d. h. Leistungsaufgaben, die bestimmten testtheoretischen Qualitätsstandards genügen und mit denen sich – so der Wunsch – die Kompetenzen der Lernenden reliabel und objektiv messen lassen (Köller, 2014). Die Bindung der Wirksamkeitsüberprüfung an Kompetenzzuwachs ist theoretisch einleuchtend, stößt empirisch jedoch aufgrund der nicht geklärten Bezugsgrößen an Grenzen. So umfassen beispielsweise die zur Überprüfung des Bildungssystems entwickelten und empirisch validierten Kompetenzmodelle nur einen Teil der im Unterricht auf- und auszubauenden Kompetenzen, und auch das Erfassen von Kompetenzzuwachs ist sowohl empirisch als auch theoretisch noch nicht ausreichend geklärt (Schlömerkemper, 2006).

Für diesen Band wurden Beiträge aus der Tagung ausgewählt, die diese „blinden Punkte" von Kompetenz- und Outputorientierung gezielt in den Blick nehmen. Dazu gehört erstens die Erläuterung der theoretischen Konzeption von Lern- und Leistungsaufgaben (in der Schweiz oft „Testaufgaben" genannt) im Rahmen fachlicher oder pädagogischer Bezugssysteme verschiedener Fächer. Dabei sollen Konstruktion und theoretische Begründung von Lernsettings kritisch beleuchtet werden, wozu auch die Reflexion tradierter und neuer Normen auf die Entwicklung und Evaluation von Aufgaben oder Lehrmitteln gehört. Zweitens soll die Frage geklärt werden, welche (empirischen) Forschungszugänge zur Überprüfung oder Evaluation der Wirksamkeit unterschiedlicher Aufgabensettings zweckführend und aussichtsreich sind. Dazu gehört schliesslich die Frage, ob „gute" Leistungsaufgaben auch gute Lernaufgaben sind, oder ob sich Aufgaben, die aus dem einen Bereich stammen, zumindest so modifizieren lassen, dass sie für den anderen Bereich geeignet sind. Eine Reihe von Beiträgen im Band befasst sich deshalb mit Kompetenzmodellierungen in unterschiedlichsten Domänen und darauf bezogenen Aufgabensettings und -serien.

Generell beleuchten die in diesem Band dargestellten Beiträge die oben genannten Problemstellungen – Aufgaben zum *Lernen* und Aufgaben zum *Testen* – und loten Überlappungsbereiche sowie Differenzen zwischen ihnen aus.

Im ersten Teil sind wichtige Keynote-Beiträge dargestellt, welche je eine bestimmte Sichtweise oder einen methodischen Zugang zum Thema repräsentieren. Der Beitrag von *Criblez* fokussiert auf die bildungspolitischen Kontexte der Aufgabenthematik und nimmt ungelöste Aspekte in den Blick, etwa das „Selektionsproblem", d.h. die Frage, welche fachlichen Inhalte sich für den Aufbau einer bestimmten Kompetenz eignen. Zudem arbeitet der Beitrag verschüttete Traditionslinien der aktuellen Aufgabendebatte auf, wobei Bezüge zur reformpädagogischen Kind-Orientierung, zur Verhaltenswissenschaft und zur Curriculumsdiskussion der 1970er und 80er Jahre hergestellt werden. Dabei wird deutlich, dass sich im aktuellen Ringen um gute Aufgaben ein uraltes pädagogisches Problem verbirgt, nämlich einerseits das Bemühen, gutes Lernen (im Sinne von Comenius) zu generalisieren, und andererseits das Postulat nach Individualisierung des Lernens.

Der Beitrag von *Parchmann* und *Bernholt* repräsentiert einen anderen Zugang und zeigt anhand empirischer Arbeiten aus dem Fach Chemie, wie Lern- und Leistungsaufgaben systematisch mit fachlichen Kompetenzmodellen verbunden oder auf deren Basis entwickelt werden können. Am Beispiel von „Ordered Multiple-Choice-Aufgaben" lässt sich etwa ein zunehmend abstraktes Konzeptverständnis als Ergebnis von Lernprozessen differenziert erfassen, da jede Antwortoption einer Frage genau einem Verständnisniveau zugeordnet werden kann (S. 41–51 in diesem Band). Parallel zu solchen generalisierbaren Ergebnissen zeigen die Autoren auf, dass fachliche Lernprozesse nicht in sozialer Isolation stattfinden, sondern einen engen Bezug zur Kontextualisierung von Aufgaben aufweisen. Lernende beantworten etwa dieselbe Frage zur Löslichkeit chemischer Substanzen auf andere Weise, wenn ein persönlicher Kontext für die Aufgabe vorgegeben ist (Löslichkeit von Schmerzmitteln im Blut), als wenn ein gesellschaftlicher Kontext vorgegeben ist (Belastung der Umwelt durch Wirkstoffe aus Medikamenten). Parchmann und Bernholt folgern, dass die Wahl geeigneter Kontexte für die Aufgabenentwicklung als ebenso bedeutsam angesehen werden muss wie die Festlegung der Niveaustufen, da Kontexte sowohl motivational als auch bezüglich der Anwendung von Erklärungsstrategien und -konzepten eine steuernde Wirkung für das Lernen der jungen Menschen haben. Werden jedoch Kontextualisierungen von Anfang an mitbedacht und in die Validierung von Aufgabensets einbezogen, so können Lern- wie Leistungsaufgaben die Funktion von „Brücken zur Lebenswelt der Lernenden" übernehmen.

Schocker und *Müller-Hartmann* befassen sich (im Fach Englisch) mit der Frage, wie Wissenschaftler angehende und praktizierende Lehrerinnen und Lehrer dabei unterstützen können, die Kompetenzen ihrer Schülerinnen und Schüler durch lebensweltlich relevante Aufgaben zu entwickeln. Hier geht es also weniger um eine Anbindung von Aufgaben an empirisch validierte Kompetenzmodelle, sondern eher um einen Entwicklungsprozess von praxistauglichen Lernaufgaben, der allerdings wissenschaftlich begleitet sowie an Erkenntnissen der relevanten Bezugsdisziplinen (Spracherwerbstheorie, Motivationstheorie) abgeglichen und kritisch reflektiert wird. Vereinfacht dargestellt orientiert sich dieser Prozess an drei aufeinander bezogenen Schritten: (a) Lehrkräfte aktivieren das eigene Erfahrungswissen und tauschen sich mit Kollegen sowie mit Wissenschaftlern darüber aus; (b) Lehrkräfte erweitern ihr persönliches Erfahrungswissen durch Hinzuziehung wissenschaftlicher Sichtweisen; (c) Lehrkräfte entwickeln selber neue Aufgaben, setzen diese in ihrem Unterricht um und analysieren die Ergebnisse wiederum im Austausch mit Kollegen und Wissenschaftlern. Einem solchen Vorgehen liegt die Überzeugung zu Grunde, dass Innovationen wie die Kompetenzorientierung nicht allein durch Auftrag *top down* geschehen sollten, sondern auf der Expertise und den Entwicklungsfähigkeiten der Lehrenden aufbauen und diese unterstützen sollten (S. 53–72 in diesem Band).

Der Beitrag von *Kühn* erschließt nochmal einen neuen Zugang zur Thematik, indem gefragt wird, in welchem Umfang sich Charakteristika bereits vorliegender Aufgabensets anhand wissenschaftlicher Evaluationskriterien systematisch überprüfen lassen. In ihrem Überblick zu empirischen Arbeiten zu standardisierten Prüfungsaufgaben in den deutschsprachigen Ländern zeigt Kühn, dass Prüfungsaufgaben zwar im großen Stil entwickelt und implementiert wurden (z. B. im Rahmen der einheitlichen Abiturprüfungen in Deutschland, Österreich oder teilweise der Schweiz), aber noch kaum wissenschaftlich untersucht sind. Fachspezifische Analysen von charakteristischen Aufgabenmerkmalen wurden erst in naturwissenschaftlichen Prüfungsfächern geleistet, während in den meisten anderen Fächern ein fragmentarisches Bild vorherrscht. Theoriebasierte und empiriegestützte Untersuchungen zum Verhältnis von theoretisch sinnvollen Aufgaben auf der einen, und real existierenden Aufgaben auf der anderen Seite wären aber nötig, um einheitliche Prüfungen systematisch weiterzuentwickeln.

Diese vier einleitenden Keynote-Beiträge repräsentieren auf exemplarische Weise Forschungstrends bzw. Entwicklungsperspektiven für das Aufgabenthema, welche sich wie ein roter Faden durch den gesamten Band ziehen und sich in vielen der einzelnen Fachbeiträge identifizieren lassen. In ihrem weiteren Verlauf folgt diese Einleitung nun vier zentralen Entwicklungsperspektiven, wobei die im Band unter fachlichen Gesichtspunkten gruppierten Beiträge jeweils unter einem thematischen Fokus zusammengezogen und vergleichend diskutiert werden.

Entwicklungsperspektive 1:
Erweiterung der durch Lern- und Leistungsaufgaben
erfassten Kompetenzdomänen

In diesem Band ist eine deutliche Tendenz in unterschiedlichen Fachdidaktiken zu erkennen, die Bandbreite an Kompetenzen zu erweitern und zu vertiefen, welche durch Lern- oder Leistungsaufgaben angesprochen und erfasst werden. Dabei wird implizit Bezug genommen auf eine Kritik an der anfänglichen Entwicklung und Implementierung von Bildungsstandards, welche in ihrer ersten Fassung als Listen von umgeschriebenen Lehrplanzielen erschienen waren, und wobei jedoch die als unabdingbar erachtete Kompetenzmodellierung entweder fehlte oder nur zum Teil in überzeugender Weise gegeben war (Oelkers & Reusser, 2008). Gleichzeitig ergab sich die Notwendigkeit, die Standards in Aufgaben umzusetzen, welche den selbst gesetzten Qualitätsansprüchen des outputorientierten Bildungsmonitorings genügen würden, nämlich auch komplexe, anspruchsvolle und „bildungsrelevante" Kompetenzbereiche überprüfbar zu machen, und nicht bloß ein schmales Band von memorisiertem „Faktenwissen" abzutesten.

Exemplarisch für dieses Bemühen zur Erweiterung der Output-Orientierung auf neue Kompetenzbereiche ist der Beitrag von *Brüggemann* im Fach Deutsch. Dabei wird am Beispiel von Erarbeitungsaufgaben zu Bertolt Brechts Erzählung „Der hilflose Knabe" (1949) illustriert, wie Lernaufgaben zur Förderung kognitiver Teilkompetenzen des literarischen Verstehens entwickelt und evaluiert werden können. Dazu wird ein exemplarisches Aufgabenset evaluiert, welches sowohl semantische, idiolektale (auf sprachlich-ästhetische Besonderheiten bezogene), emotionsbezogene und fachwissensbezogene Teildimensionen literarischer Verstehenskompetenz erfasst und überprüfbar macht. Dabei wird auch diskutiert, wie die Aufgabenschwierigkeit durch Kombination und Variation solcher Variablen systematisch verändert werden kann.

Der Beitrag von *Schmitz*, welcher sich ebenfalls mit der Dimensionierung des Textverständnisses im Fach Deutsch befasst, geht ähnlich vor. Dabei wird untersucht, ob sprachliche Mittel der globalen Textkohäsion (d.h. explizite Verknüpfungen an Textoberfläche) das Sachtextverständnis der Lernenden unterstützen können. Damit einher geht die Frage, ob kognitive Dimensionen des Sachtextverständnisses sinnvoll voneinander abgegrenzt werden können, oder ob die empirischen Daten ein eindimensionales Konstrukt der Lesekompetenz besser abbilden. Im Gegensatz zu Brüggemann, welcher für literarische Verstehenskompetenz eine mehrdimensionale Kompetenzstruktur annimmt, zeigt sich in den Daten von Schmitz eine eindimensionale Struktur des Sachtextverständnisses. Dieser Widerspruch mag auf den ersten Blick verwirren, ist aber wissenschaftlich aufschlussreich: Solche Untersuchungen helfen uns zu verstehen, in welchem Umfang bestimmte Kompetenzdomänen (hier: verschiedene Arten des Leseverstehens) als universell betrachtet werden sollten oder aber genre- und kontextgebunden auftreten.

Heins untersucht die Wirkungen von stark und gering lenkenden Aufgabensets im Fach Deutsch in einer Prozessperspektive und fragt, in welchem Umfang diese die

Fähigkeit der Schülerinnen und Schüler (6. Schuljahr, Stadtteilschulen in Hamburg) fördern, eine literarische Parabel zu verstehen und zu deuten. Die Variante einer starken Lenkung wurde als Aufgabenset von Teilaufgaben modelliert, in welchem die Lernenden in stark strukturierten Lernschritten an das Ziel einer parabolischen Deutung herangeführt werden. Gering lenkende Aufgabensets setzen hingegen unmittelbar und ohne Vorstrukturierungen bei einer komplexen Verstehensherausforderung an. Die Auswertung der schriftlichen Aufgabenlösungen der Schülerinnen und Schüler zeigt, dass ein Entdecken-Können in einem komplexen und unstrukturierten Feld hohe Anforderungen an ein angemessenes Vorverstehen stellt. Das Fehlen einer lösungsrelevanten Textweltrepräsentation kann das Entdecken neuer „Verstehensräume" (d.h. Textdimensionen) behindern. Es wäre also eine Illusion zu behaupten, die notwendige Verstehensbasis für komplexes Textverstehen stelle sich bei allen Lernenden automatisch ein und diese müssten nur lernen, geeignete Fragen an einen Text zu stellen, was wiederum nur mit offenen und komplexen Aufgaben möglich sei. Die Anforderung, eine lösungsrelevante Textrepräsentation für komplexe und ungelenkte Verstehensprozesse selbstständig zu entwickeln, ist für Lernende mit weniger guten Lernvoraussetzungen schlicht zu hoch.

Der Beitrag von *Zingg Stamm, Behrens, Käser-Leisibach, Krelle* und *Weirich* stellt ein neues Testverfahren zum Hörverstehen vor, wobei die prosodischen Dimensionen gesprochener Texte in die Modellierung von Zuhörfähigkeit einbezogen werden: Lautstärke, Intonation, Sprechgeschwindigkeit, Stimmqualität, Pausen usw. Der Beitrag trägt also ebenfalls zur Erweiterung der von Leistungsaufgaben erfassten Kompetenzdimensionen im Fach Deutsch bei. Gleichzeitig wird deutlich, dass standardisierte Leistungsaufgaben nicht zwangsläufig zu einer Verengung von bildungsrelevanten Kompetenzaspekten führen müssen, sondern auch als Systemhebel genutzt werden können, um fachliche Lern- und Verstehenskonzepte zu erweitern.

Für das Fach Sport stellt die Verbindung von automatisiertem und reflektiv-verstehendem Lernen eine wichtige Erweiterung des Kompetenzkonzepts dar, wie der Beitrag von *Gogoll* aufzeigt. Jugendliche sollen sportliche Fähigkeiten nicht bloß auf eine Weise erlernen, dass sie diese zunehmend automatisiert (und damit zunehmend blind, weil ohne bewusste Steuerung) durchführen können. Vielmehr sollen sie bei zunehmender Prozeduralisierung auch ein besseres Verständnis der Bewegungsabläufe erwerben, d.h. die Abfolge einer sportlichen Technik nicht nur zu durchlaufen, sondern zu *verstehen* lernen. Gogoll evaluiert dazu schriftliche Leistungsaufgaben, welche diese Kompetenzdimensionen systematisch verbinden, und zeigt dabei auch auf, wie stark Aufgabenschwierigkeit und Lösungswahrscheinlichkeit von der sprachlichen Schwierigkeit der Aufgabenstellung sowie von den sprachlichen Fähigkeiten der Lernenden abhängen.

Krüger, Bender und *Keller* stellen eine empirische Studie zur Wirkung von fächervernetzenden Lernaufgaben vor, wobei die Fächer Englisch und Hauswirtschaft (Ernährungslehre) durch einen innovativen Aufgabentypus mit „Prompts" und „Links" verbunden werden. Ziel dieser fächerverbindenden Lernaufgaben ist es, horizontale Vernetzungen zwischen den beiden Fächern beim Thema „Healthy Breakfast" herzustellen und das Curriculum somit an alltagsweltlich relevanten Problemstellungen zu orientieren. Die Resultate zeigen, dass Lernende in der Versuchsgruppe mit vernetzenden Lernaufgaben deutlich besser lernen, englische Texte zur Ernährungslehre zu schreiben, als Lernende in einer Versuchsgruppe ohne solche Aufgaben (8. Schuljahr Schweiz, mittleres Bildungsniveau).

Der Argumentationsfähigkeit kommt ein besonderer Status unter den in diesem Band thematisierten Kompetenzaspekten zu. Im Fach Mathematik stellen *Linnemann* und *Bruder* Aufgabenserien für verschiedene Schulstufen vor, in welchen die Lernenden mit mathematischen Sätzen „experimentieren" und damit das mathematische Argumentieren erlernen sollen. In entsprechenden Trainingsprogrammen sollen die Jugendlichen Aktivitäten des Suchens, Auswählens, Verwendens von Argumenten sowie deren Verknüpfung in vielfältigen inner- und außermathematischen Zusammenhängen konkret erfahren und anwenden können.

Siller, Bruder, Hascher, Linnemann, Steinfeld und *Sattlberger* stellen ein Kompetenzstufenmodell zu Reifeprüfungsaufgaben für einen kompetenzorientierten Mathematikunterricht vor, bei welchem das mathematische Argumentieren gleichsam die höchste Entwicklungsstufe in einem Erwerbsprozess darstellt, der von „Operieren" (sinnvolles Durchführen von Rechenprozessen), zum „Modellieren" (Erkennen von mathematisch relevanten Bezügen) hin zum „Argumentieren" (korrekte und adäquate Verwendung mathematischer Eigenschaften, Beziehungen und Regeln) führt.

Für das Fach Geschichte identifiziert *Waldis* das Argumentieren als domänenspezifisches Merkmal für den Umgang mit Evidenzen, d. h. die empirische Absicherung historischer Aussagen auf der Basis von Quellen. In einer empirischen Studie mit Lehramtsstudierenden untersucht sie dabei, ob und in welchem Umfang sich die Aufgabenstellung (und die dazu vorgenommene Materialauswahl) auf die Textqualität historischer Texte der Lernenden niederschlagen. Einerseits zeigt sie auf, wie schwierig das historische Argumentieren auch im Bereich der tertiären Bildung vielen Studierenden noch fällt: Viele von ihnen bekunden Mühe, Texte zu verfassen, die geschichtswissenschaftlichen Gütekriterien entsprechen. Gleichzeitig untersucht sie, wie sich die Fähigkeit des historischen Argumentierens durch die Aufgabenstellung beeinflussen bzw. fördern lässt. Es zeigt sich, dass mit der expliziten Aufforderung zum Argumentieren das Merkmal ‚Kenntlichmachung des Erkenntnisinteresses' in den Texten der Studierenden deutlicher akzentuiert wird. Damit unterstreicht der Beitrag wiederum den Einfluss des (Aufgaben-)Kontextes auf die Aufgabenlösung, was insgesamt eine eigene Entwicklungsperspektive in diesem Band darstellt.

Entwicklungsperspektive 2:
Interaktion von Aufgabe und Aufgaben-Kontext

Wie von Parchmann und Bernholt einleitend angedeutet, hängen die Aufgabenlösungen von Schülerinnen und Schülern wesentlich davon ab, wie Aufgaben sprachlich „verpackt" sind, welche lebensweltlichen Kontexte dazu gegeben werden oder wie Lehrpersonen die Aufgaben im Unterricht einbetten. Auch zu diesem Befund finden sich im Band zahlreiche illustrierende Beiträge in unterschiedlichen Fächern.

Im Fach Mathematik fragt *Ulm* nach Aspekten von Aufgaben, welche dazu geeignet sind, forschendes Lernen im Unterrichtsalltag anzustoßen und zu fördern. Er zeigt auf, dass Aufgaben nicht an sich „gut" oder „schlecht" sind, sondern es entscheidend darauf ankommt, welche Ziele man mit der Aufgabe anstrebt und in welche „Settings" Aufgaben eingebettet sind. Dazu gehören einerseits die Medien und Inhalte, die zu Aufgaben gegeben werden, und andererseits die Rückmeldungen und Unterstützungsmaßnahmen, mit denen die Lehrkräfte das Lernen der Schülerinnen und Schüler unterstützen. In einem zweiten Teil zeigt der Beitrag, wie sich die Fähigkeit von Lehrpersonen, forschendes Lernen in Mathematik in solchen Settings zu realisieren, durch aufgabenbasierte Weiterbildungsformate systematisch trainieren lässt.

Für den Fächerbereich der Fremdsprachen zeigt *Thonhauser*, dass die Kommunikation einer Aufgabenstellung durch die Lehrkraft in der konkreten Unterrichtssituation erheblich dazu beiträgt, ob Lernende sich auf eine Aufgabe einlassen (können) oder nicht. Erklärungen, die verständlich sind und klar kommuniziert werden, sind ein wesentlicher Faktor für den Erfolg von Aufgaben im Lehr- und Lernkontext des schulischen Fremdsprachenunterrichts. In seiner qualitativen Untersuchung von Lektionen im Rahmen von Ausbildungspraktika zeigt Thonhauser zudem, dass sich beratende und unterstützende Aktivitäten der Lehrpersonen im Zusammenhang mit der Aufgabenbearbeitung positiv auf das Engagement der Lernenden auswirken.

Ein ähnliches Vorgehen wählt *Appel*, der anhand einer Videostudie die Einflüsse von Aufgaben im Fach Englisch auf das Beteiligungsverhalten der Schülerinnen und Schüler prüft. Mittels niedrig-inferenter Kodierverfahren wurden fachdidaktisch relevante Merkmale in Aufgaben analysiert, z. B. Umfang, Hilfestellungen, Lebensweltbezug, kognitive Prozesse (erinnern, verstehen, anwenden usw.). Danach wurde eingeschätzt, wie solche Aufgaben mit der aktiven Beteiligung der Schülerinnen und Schüler an den gebotenen Lerngelegenheiten (als „engaged time" bzw. „time on task") zusammenhängen. Erwartungswidrig zeigt sich, dass sich die On-task-Raten der Lernenden zwischen Aufgaben unterschiedlicher Charakteristika nur unwesentlich voneinander unterscheiden. Statistische Unterschiedsprüfungen zur „Lebensweltlichkeit" von Aufgaben zeigen zudem, dass das fachdidaktische Credo einer aktivierenden Wirkung von Aufgaben mit inhaltlichem Bezug zur Alltagswelt der Schülerinnen und Schüler in den empirischen Daten nicht belegt werden kann. Appel folgert, dass „Effekte von Aufgaben auf das Beteiligungsverhalten der Schülerinnen und Schüler womöglich weniger in einer „Sofortwirkung" zu suchen sind als im summativen Zusammenwirken der stundenspezifischen Aufgabenabfolge" (S. 261–272 in diesem Band).

Für die gesellschaftswissenschaftlichen Fächer fragt *Oleschko*, auf welcher Ebene Rückmeldungen zu Aufgabenlösungen die Kompetenzentwicklungen der Lernenden sinnvoll beeinflussen können. Dabei zeigt sich, dass Rückmeldungen oder Verbesserungsvorschläge zu Merkmalen der Textoberfläche (z. B. Orthografie) für das fachsprachliche Lernen wenig hilfreich sind, und dass Rückmeldungen besser bei Textmerkmalen ansetzen, die texttiefenorientiert sind (z. B. Nominalphrasen, Konnektoren und Verben). Lehrkräfte sollten also lernen, die Kohärenz und sachlogische Struktur von Schülertexten in den Blick zu nehmen, da diese einen verlässlicheren Indikator für die fachsprachliche Qualität einer Lösung darstellen, welche zudem unmittelbar auch mit dem Fachwissen zusammenhängt.

Für den Kunstunterricht fragen *Berner, Theurer* und *Hess* nach dem Zusammenhang von (durch die Lehrpersonen wahrgenommener) Klassenleistungsstärke mit der „Offenheit" und „Schwierigkeit" von gestellten Lernaufgaben (Primarstufe). Entgegen der Annahmen scheint die Offenheit der Aufgabenstellung im Fach Kunst unabhängig zu sein von der Einschätzung der Klassenleistungsstärke durch die Lehrkraft. Für den „Grad der Fantasieanregung" einer Kunstaufgabe besteht sogar ein negativer Zusammenhang zur Klassenleistungsstärke: Lehrpersonen stellten *stärker* fantasieanregende Aufgaben, wenn sie ihre Klasse als *weniger* leistungsstark einschätzten. Der Befund weist auf die überragende Bedeutung der Diagnosefähigkeit der Lehrpersonen hin – die weiterentwickelt werden sollte – um das Aufgabenniveau richtig zu bestimmen, Lernende in der Aufgabenbearbeitung gut zu unterstützen und adäquate Rückmeldungen dazu zu geben (vgl. dazu Entwicklungsperspektive 4).

Entwicklungsperspektive 3:
theoriebasierte Aufgabenanalyse und Aufgabenentwicklung

Kompetenzen entwickeln sich immer in Situationen, oder sie werden gemessen, indem man Lernende in eine bestimmte Situation bringt und dann analysiert, wie sie mit den darin enthaltenen Anforderungen umgehen. An diesen Grundbestand knüpfen sich zwei konträre, aber auch verwandte Perspektiven auf das Aufgabenthema: einerseits die Analyse bestehender Aufgabensettings mit Hilfe empirisch entwickelter Klassifikationssysteme (*pace* Kühn, siehe dazu auch Maier, Kleinknecht, Metz & Bohl, 2010), oder die Entwicklung neuer Settings auf theoretischer oder wissenschaftlicher Basis für die Unterrichtspraxis (*pace* Schocker & Müller-Hartmann).

Der erste Zugang wird in unserem Band primär auf Leistungsaufgaben angewendet, etwa für das Fach Deutsch im Beitrag von *Otto*. Dieser zeigt anhand der Analyse einer großen Anzahl von standardisierten Aufgaben für Abitur und mittleren Schulabschluss (MSA), dass dabei vornehmlich traditionelle Texttypen vorherrschen (z. B. die „Erörterung"), dass aber kaum modernere Textformate von Jugendlichen verlangt werden (z. B. kombinierte Texterschließungsformen als Verbindung von Interpretationsaufsatz mit kreativem Schreiben, wie das Verfassen eines Tagebucheintrags). Zudem bezieht sich eine überwältigende Mehrzahl der Aufgaben auf männliche, kanonische Autoren der Deutschen Klassik und des frühen 20. Jahrhunderts, wobei Werke von Frauen oder von Gegenwartsautoren praktisch gar nicht vorkommen. Otto stellt eine „Kanonisierungstendenz" durch Prüfungsaufgaben fest und fragt zu Recht nach dem „Backwash" solcher zentralen Prüfungen auf den Unterricht.

Mathes und *Kühn* nehmen ebenfalls Aufgaben im Fach Deutsch in den Fokus (Mittlerer Schulabschluss), analysieren aber nicht nur die Aufgaben selber, sondern die dazugehörigen Korrekturanleitungen für Lehrkräfte. Sie weisen sowohl auf inhaltlicher Ebene (z. B. beim Differenzierungsgrad der Lösungen) wie auch auf Ebene der Leistungsbeurteilung (z. B. die der Prozentzahl benötigter Punkte für eine genügende

Leistung) wesentliche Unterschiede zwischen den verschiedenen Bundesländern nach. Damit wird eine Hauptintention von zentral entwickelten Aufgabensets, nämlich die Fairness und Vergleichbarkeit von Abschlussprüfungen zu erhöhen, auf Ebene der Korrekturanleitungen systematisch konterkariert.

Wilhelm, *Luthiger* und *Schweizer* analysieren Aufgabentypen aus dem naturwissenschaftlichen Unterricht und teilen diese gemäß ihren Funktionen im Lernprozess ein, so dass ein aufgabenbasiertes „Lernprozessmodell" entsteht. Der Beitrag befindet sich also an der Schnittstelle von Aufgaben*analyse* und -*entwicklung*. Der kumulative Lernprozess beginnt in der Regel mit kognitiv aktivierenden „Erarbeitungsaufgaben", welche eine Verknüpfung der subjektiven Konzepte und Handlungsweisen der Lernenden mit dem regulären Fachwissen leisten sollen. Mittels „Übungsaufgaben" bzw. „Vertiefungsaufgaben" sollen die unterschiedlichen Aspekte eines Lerngegenstandes flexibilisiert und konsolidiert werden, bevor am Ende des Lernprozesses eine Phase der „Analogiebildung" stattfindet: Die Lernenden nutzen Bekanntes, um Neues zu erschließen. Die Autoren sehen die Funktion solcher Lernprozessmodelle darin, Lehrpersonen, aber auch Entwicklerinnen und Entwickler von Lehrmitteln zu unterstützen, zielgerichtet Aufgaben auszuwählen und zu gestalten.

Ganz ähnlich gehen *Girnat* und *Linneweber-Lammerskitten* im Fach Mathematik vor, wobei sie ebenfalls Aufgabenanalyse mit -entwicklung verbinden. Sie stellen Aufgabentypen vor, mit denen konstruktivistische Lernsettings (Sekundarstufe) konkret realisiert werden können: Verschiedene Kompetenzen und unterschiedliche Grundsätze des konstruktivistischen Lernens werden in einzelnen Teilaufgaben angesprochen, bilden aber dennoch einen ganzheitlichen Themenkomplex, der verschiedene Zugänge, Möglichkeiten der Differenzierung und Anregungen zur selbstständigen Weiterarbeit bietet.

Den am deutlichsten an Aufgaben*entwicklung* orientierten Beitrag liefern *Anderegg, Duss* und *Gallin* (Mathematik, Primarstufe). Vor dem theoretischen Hintergrund des „Dialogischen Lernens" (Ruf & Gallin, 2014) gehen sie davon aus, dass Aufträge am Anfang einer Lerneinheit primär die Funktion haben, persönliche Auseinandersetzungen der Schülerinnen und Schüler mit dem Lerngegenstand anzuregen. Da das Resultat solcher Auseinandersetzungen nur bis zu einem gewissen Grad plan- oder voraussehbar ist, ist es auch nur bedingt sinnvoll, im Vorlauf des Unterrichts bestehende Aufgaben zu analysieren oder solche bereitzustellen. Vielmehr sollen Lehrkräfte angeregt werden, die Lösungen der Schülerinnen und Schüler zu analysieren (z. B. festgehalten in Lernjournalen) und daraus neue „Kernideen" und Folgeaufträge adaptiv abzuleiten. In diesem Ansatz sollen sich also nicht die Schüler den Aufgaben, sondern die Aufgaben den Schülern anpassen und eine „echte Lernbegleitung" leisten.

Für den Fachbereich Fremdsprachen (Französisch) legen *Greminger Schibli, Papaloïzos* und *Sauvin* ein aufgabenbasiertes Lernsetting dar, welches sich ebenfalls stark an der formalen und inhaltlichen Interaktion zwischen Lehrpersonen und Lernenden orientiert. Der Beitrag von *Stotz* und *Suter* (Englisch) ist stärker auf ein konkretes Lehrmittel bezogen. Dabei wird aufgezeigt, wie Lernende trotz unterschiedlicher Ausgangspunkte und allenfalls divergierender Lerntempi kommunikative Lernaufgaben erfolgreich lösen können, indem sie geeignete sprachliche Unterstützung („scaffolding") erhalten. *Keller-Bolliger* und *Haller* diskutieren – ebenfalls im Fach Englisch – Beurteilungsaufgaben in Bezug auf ein kommunikativ ausgerichtetes Lehrmittel und dem dabei angestrebten realitätsnahen Sprachgebrauch, wobei auch eine Verschiebung der Gewichtung weg von formaler Korrektheit und hin zu Kommunikationsfähigkeit der Lernenden angestrebt wird.

Einen fächerverbindenden Ansatz liefern *Brülhart* und *Gschwend* im Rahmen eines aufgabenbasierten Leseförderungsprojekts („Literaturkiosk"). Dessen hauptsächliches Ziel ist es, Jugendliche zum Lesen, Hören und Sehen von zumeist fiktiven Geschichten zu animieren und den Erwerb literarischer Kompetenzen auch im Umgang mit multimedialen Inhalten zu unterstützen.

Insgesamt zeigen die in diesem Abschnitt zusammengefassten Beiträge die Vielfalt und den Einfallsreichtum, mit welcher die Fachdidaktiken ihre Aufgabenkulturen und auch die damit verbundenen fachspezifischen Traditionen und Normen an die verstärkte Orientierung des Unterrichts an Kompetenzen anpassten. Gleichzeitig muss man konstatieren, dass eine empirische Überprüfung der meisten Aufgabenkonzepte noch aussteht, und zum momentanen Zeitpunkt bestenfalls praxisbasierte Reflexionen von einzelnen Implementierungen vorliegen.

Entwicklungsperspektive 4:
Aufgaben an der Hochschule und in der Lehrerausbildung

Auch auf der tertiären Stufe – und besonders in der Lehrerbildung – nehmen Aufgaben einen wichtigen Platz ein. Mit zunehmender Komplexität der zu erwerbenden Fachinhalte steigen auch die Ansprüche an Lern- und Leistungsaufgaben, was die kognitiven Anforderungen, die Unterstützung des Lernens durch Materialien, die Breite und Tiefe der erfassten Fähigkeiten usw. angeht. Der Beitrag von *Figas* und *Hagel* thematisiert die Besonderheiten solcher Aufgaben im Hochschulkontext. Im Zentrum stehen dabei die Ergebnisse einer Studie, welche aus der Perspektive Studierender informationstechnischer Studiengänge die Frage betrachtet, welche Kriterien eine gute schriftlich gestellte Lernaufgabe erfüllen sollte. Gemessen an der Anzahl der Nennungen waren ein angepasster Schwierigkeitsgrad, geschaffene Anreize vor der Bearbeitung, unterstützende Lernhilfen und der Bezug zur Prüfung am bedeutsamsten.

Im Rahmen der Lehrerbildung rückt zusätzlich die Frage in den Vordergrund, auf welche Weise Lehrkräfte selber das Entwickeln von Aufgaben erlernen sollen und in welchem Verhältnis ihre pädagogische Professionalität zu den im Studium bearbeiteten Lern- und Aufgabensituationen steht. Auf solche eigentlich zentralen Fragen vermag unser Band lediglich ein Streiflicht zu werfen.

Die Frage nach professionalisierenden Aufgaben (in) der Lehrerbildung ist nach wie vor ein blinder Fleck auf der Forschungskarte der Lehrerbildung geblieben, und zwar sowohl was die fachliche, die fachdidaktische, erziehungswissenschaftliche wie auch die berufspraktische Dimension betrifft. Diesen Befund problematisieren *Reintjes*, *Keller*, *Jünger* und *Düggeli* in einem abschließenden Beitrag. Sie stellen darin ein heuristisches Modell zu Aufgaben in der Lehrerbildung vor, das auf dem Kategoriensystem zur überfachlichen Aufgabenanalyse von Maier, Kleinknecht, Metz und Bohl (2010) basiert. Das Modell soll eine systematische Einordnung von Hauptfunktionen und Charakteristika von Aufgaben in der Lehrerbildung ermöglichen. Dazu erläutern die Autoren das Konzept von „Relationierungsaufgaben", welche Lernende dabei unterstützen sollen, Erfahrungen aus verschiedenen Ausbildungsteilen und -bereichen zu einer komplexen professionellen Handlungskompetenz zu verbinden. Der Beitrag nimmt damit ein neues, bisher weitgehend unbeachtetes Forschungsfeld in den Blick: die theoriebasierte Analyse und empiriegeleitete Konzeption von Lern- und Leistungsaufgaben in der Lehrerbildung.

Literatur

Blömeke, S., Herzig, B. & Tulodziecki, G. (2007). Zum Stellenwert empirischer Forschung für die Allgemeine Didaktik. *Unterrichtswissenschaft* 4/2007, 355–381.

Keller, S. (2013). *Kompetenzorientierter Englischunterricht*. Berlin: Cornelsen Scriptor.

Keller, S. & Bender, U. (Hrsg.) (2012). *Aufgabenkulturen. Fachliche Lernkulturen herausfordern, begleiten, reflektieren*. Seelze: Klett/Kallmeyer.

Klieme, E., Avernarius, H., Blum, W., Döbrich, P., Gruber, H., Prenzel, M., Reiss, K., Riquarts, K., Rost, J., Tenorth, H.-E. & Vollmer, H. (2003). *Expertise. Zur Entwicklung nationaler Bildungsstandards*. Bonn: Bundesministerium für Bildung und Forschung.

Köller, O. (2014). Entwicklung und Erträge der jüngeren empirischen Bildungsforschung. *Zeitschrift für Pädagogik, 60*. Beiheft, 102–122.

Köller, O., Baumert, J., Cortina, K., Trautwein, U. & Watermann, R. (2004). Öffnung von Bildungswegen in der Sekundarstufe II und die Wahrung von Standards. *Zeitschrift für Pädagogik, 50*(5), 679–700.

Maier, U., Kleinknecht, M., Metz, K. & Bohl, T. (2010). Ein allgemeindidaktisches Kategoriensystem zur Analyse des kognitiven Potenzials von Aufgaben. *Beiträge zur Lehrerbildung*. 28/1, 84–96

Oelkers, J. & Reusser, K. (2008). *Expertise: Qualität entwickeln – Standards sichern – mit Differenz umgehen*. Hrsg. v. Bundesministerium für Bildung und Forschung (BMBF), Berlin.

Ruf, U. & Gallin, P. (2014). *Dialogisches Lernen in Sprache und Mathematik. Zwei Bände (5. überarbeitete Auflage)*. Seelze: Klett/Kallmeyer.

Schlömerkemper, J. (2006). Wie kultiviere ich die Bildung mit dem Standard? Zur Organisation kompetenz- und prozessintensiven Lernens. *Die Deutsche Schule, 98*, 264–269.

Aufgabenkultur

Zur bildungspolitischen und historischen Verortung einer (fach-)didaktischen Diskussion

Lucien Criblez

1. Einleitung

„Eine kognitiv-aktivierende Aufgabenkultur gilt in der Allgemeinen Didaktik, den Fachdidaktiken und in der Lehr-Lern-Forschung als ein zentraler Aspekt von Unterrichtsqualität. Eine solche Aufgabenkultur erweist sich vor allem dann als wichtig, wenn anspruchsvolle Lernziele (z. B. Problemlösekompetenz) verfolgt werden sollen" (Bohl et al., 2012, S. 7). Diese Forderung von Thorsten Bohl steht exemplarisch für eine sowohl in Kreisen der Allgemeinen Didaktik, Schulpädagogik und Lehr-/Lernforschung als auch in den Fachdidaktiken intensiv geführte Diskussion.[1] Die „Hochkonjunktur" des Themas – von einem „Hype" zu sprechen schiene mir unangemessen, da es sich um ein wichtiges Anliegen, eine ernsthaft geführte Diskussion und gerade nicht um eine Modeerscheinung handelt – wird erst verständlich, so die These des folgenden Beitrages, wenn es in den grösseren Zusammenhang bildungspolitischer und historischer Entwicklungen eingeordnet wird. Der vorliegende Beitrag soll dies mindestens in Ansätzen leisten.

„Bevor der Leser eine bestimmte [...] Aufgabe klassifizieren kann, muss er wissen oder wenigstens eine Annahme darüber machen, welche Lernerfahrungen [...] vorausgingen. Er muss auch versuchen, die Aufgabe zu lösen, und die geistigen Prozesse, die er dabei verwendet, festhalten" (Bloom et al., 1956/1972, S. 60). Dieses zweite Zitat weist darauf hin, dass die Diskussion um Aufgaben nicht neu ist, sondern eine Tradition hat, die natürlich auch nicht einfach mit Benjamin Blooms „Lernzieltaxonomie" beginnt, aber mit ihm und der in den späten 1960er- bis in die 1980er-Jahre geführten Curriculumdiskussion einen starken Aufschwung erlebte. Insgesamt zeigt sich aber in den letzten Jahren eine deutlich erhöhte Aufmerksamkeit für das Thema Aufgabenkulturen, insbesondere in den Fachdidaktiken, wie unter anderem an Buchtiteln oder Zeitschriftenartikeln der letzten Jahre deutlich wird (vgl. Fussnote 1).

Für diese Aufmerksamkeitssteigerung können unterschiedliche Beweggründe bzw. Motive identifiziert werden: Erstens spielt sicher die Entwicklung der Fachdidaktiken (Schneuwly, 2009) hin zu einer stärkeren Forschungsorientierung (Leuders, 2015)

---

[1] Der Hinweis auf einige ausgewählte Titel der letzten Jahre muss an dieser Stelle genügen: „Authentische Aufgaben [...] für eine neue Aufgabenkultur im Physikunterricht" (Kuhn, 2010); „Aufgaben im Schulbuch" (Matthes & Schütze, 2011); „Aufgabenkultur. Anregungen für den Mathematikunterricht" (Gächter, 2012); „Neue (?) Aufgabenkultur im Fach Geographie" (Laske, 2012); „Lernsituationen und Aufgabenkulturen im Sachunterricht" (Fischer, 2014); „Aufgabenkultur im Sportunterricht" (Pfitzner, 2014) usw.

eine bestimmte Rolle. Zweitens kann als wesentlicher Hintergrund der Perspektivenwechsel in der Didaktik von der Lehrorientierung zur Lern(er)orientierung gelten,
insbesondere motiviert durch konstruktivistische Lerntheorien (Diesbergen, 2012).
Drittens hat der Perspektivenwechsel von der Schulqualität zur Unterrichtsqualität
(Reusser, 2009) die Aufmerksamkeit stärker von der Mesoebene der Einzelschulen
zur Mikroebene von Unterricht verlagert. Etwas verkürzt gilt nun die Devise: Gute
Schulleistungen entstehen durch guten Unterricht und guter Unterricht entsteht durch
gute Lernaufgaben (Keller & Bender, 2012, S. 9). Letztlich gelten Aufgaben auf der Mikroebene des Unterrichts auch als „kleinste Einheit" von Schulleistungsmessung und
Kompetenzorientierung. Nicht zufällig ist eine der wesentlichen Diskussionen nach
der Publikation der ersten PISA-Resultate im Dezember 2001 über (neue) Aufgabenformate geführt worden (Wafi, 2012).

Vor diesem Hintergrund fokussiert der folgende Text die bildungspolitischen
Kontexte der Aufmerksamkeitssteigerung für das Aufgabenthema und nimmt eine
Makroperspektive zur Verortung des Mikroebenen-Themas Aufgabenkulturen ein.
Er bewegt sich gewissermassen auf der Metaebene und fragt: Warum rücken Aufgabenkulturen überhaupt ins Zentrum der Aufmerksamkeit? Es geht also nicht um eine
fachdidaktische Annäherung ans Thema, sondern um eine, die versucht, das Thema
bildungspolitisch und in unterschiedlichen Traditionslinien zu verorten – also auch
um eine historische Annäherung. Dabei wird die festgestellte Aufmerksamkeit, die
dem Thema zukommt, auch kritisch reflektiert.

Die Ausführungen gliedern sich in drei Teile: Zunächst wird das Thema der Aufgabenkulturen bzw. -orientierungen im bildungspolitischen Kontext der Diskussionen
in der deutschsprachigen Schweiz verortet. Zweitens wird auf drei wesentliche Traditionslinien aufmerksam gemacht. Der Text endet mit drei thesenartigen Schlussfolgerungen.

2.   Bildungspolitische Kontexte

Dass Aufgabenkulturen bzw. -orientierung zum Thema breiter wissenschaftlicher und
berufspraktischer Reflexionen geworden sind, hängt nicht nur mit den in der Einleitung kurz beschriebenen Veränderungen zusammen, sondern mit bildungspolitischen Entwicklungen, die als eigentlicher Kontext der neuen Diskussion von grosser
Bedeutung sind. Zumindest drei solcher Kontexte können identifiziert werden: a) die
vergleichenden Schulleistungsmessungen, die vor allem mit den PISA-Studien verbunden werden, b) die Einführung von Bildungsstandards sowie c) die Einführung
einer neuen Generation von Lehrplänen (Lehrplan 21, Plan d'études romand/PER) und
– als Folge davon – die Einführung von Lehrmitteln, die verstärkt an Kompetenzen
orientiert sind.

Die Resultate der ersten *PISA-Studie*[2], 2000 durchgeführt, wurden im Dezember 2001 publiziert. Es handelte sich allerdings nicht um den ersten internationalen Vergleich von Schulleistungen: Im angelsächsischen Sprachraum hatten vergleichende Schulleitungsstudien schon längere Tradition und die Schweiz hatte sich bereits in den 1990er-Jahren an den TIMS-Studien[3] beteiligt. Neu bei PISA war die öffentliche, mediale Aufmerksamkeit (Tillmann, 2015), die den Resultaten und insbesondere den Länder-Rankings zuteil wurde. Neu war aber auch, dass die Resultate empirischer Studien in Schulkreisen hohe Aufmerksamkeit erfuhren und eine fachdidaktische Diskussion auslösten, stärker im Bereich der Lesekompetenzen, schwächer im Bereich der Mathematik (Nägeli, 2009).

PISA vergleicht seither alle drei Jahre mit wechselndem Schwerpunkt die Kompetenzen Jugendlicher (15-Jähriger). Wichtig ist, dass nicht das Erreichen von Lehrplanzielen überprüft wird, dies wäre in einem internationalen Vergleichssetting bei sehr unterschiedlichen nationalen (und in der Schweiz bislang auch: kantonalen) Lehrplänen gar nicht möglich (Stichwort: curriculare Validität). Sondern im PISA-Projekt werden Kompetenzen, die Jugendliche mit 15 Jahren erworben haben sollen, überprüft. Richtschnur für diese Überprüfung war die Frage, ob Jugendliche „Für das Leben gerüstet" (BfS & EDK, 2002) seien. Die internationalen Experten hatten diesen Anspruch in einem bestimmten, zwar wohl begründeten, aber trotzdem normativen Konzept (dem sogenannten „Literacy-Konzept") von zu erreichenden Kompetenzen in Testaufgaben mit bestimmten Aufgabenformaten operationalisiert. Die entsprechenden Testaufgaben wurden zwar nur beispielhaft publiziert. Trotzdem fanden sie wegen der grossen öffentlichen Aufmerksamkeit für die Resultate starke Beachtung. Zudem zeigten Analysen, in welchen Bereichen die Schülerinnen und Schüler aufgrund der bestehenden Lehrpläne schlecht auf die PISA-Tests vorbereitet waren und mit welchen Aufgabenformaten sie nicht oder wenig vertraut waren (Moser & Berweger, 2003). Die PISA-Aufgaben wurden inzwischen zu einer Art «heimlichem Lehrplan» (Zinnecker, 1975). Dies liess sich zum Beispiel für die Aufgabenformate in Mathematiklehrmitteln vor und nach PISA 2000 zeigen (Wafi, 2012).

Die Einführung von *Bildungsstandards* kann im deutschsprachigen Raum als bildungspolitische Reaktion auf die Ergebnisse internationaler Schulleistungsvergleiche, insbesondere die erwähnte erste „Staffel" der PISA-Studien, interpretiert werden – auch wenn entsprechende Diskussionen vor dem Hintergrund internationaler Entwicklungen bereits vorher eingesetzt hatten. Bildungsstandards waren eine Möglichkeit, um auf den Umstand zu reagieren, dass die Resultate in den deutschsprachigen Ländern nicht so gut ausfielen, wie dies aufgrund der Einschätzung der Qualität des jeweiligen Bildungswesens erwartet worden war. Andere Möglichkeiten, die im deutschen Sprachraum diskutiert und teilweise auch eingeführt wurden, waren etwa: die Ver-

---

2   PISA: Programme for International Student Assessment (für Publikationen zu den PISA-Resultaten in der Schweiz vgl. https://pisa.educa.ch/de/publikationen-5 [07.12.2015]).

3   TIMSS: Third International Mathematics and Science Study; heute: Trends in International Mathematics and Science Study (für Resultate für die Schweiz vgl. Moser, 1997; Ramseier, Keller & Moser, 1999).

stärkung der vorschulischen Erziehung mit kompensatorischen Zielen, die Förderung der Tagesbetreuung, die Neudefinition der Schulstrukturen der Sekundarstufe I oder die Einführung zentraler Prüfungen (vgl. Tillmann, Dedering, Kneuper, Kuhlmann & Nessel, 2008). Mit Bildungsstandards sollte eine stärkere Orientierung des Unterrichts an zu erwerbenden Kompetenzen erreicht werden. Die von einer Gruppe um Eckhard Klieme im Auftrag des deutschen Bundesministeriums für Bildung und Forschung erarbeitete Expertise „Zur Entwicklung nationaler Bildungsstandards" (Klieme et al., 2003) beeinflusste die Diskussionen in Deutschland, Österreich und der Schweiz ganz wesentlich, wenn sich dann auch Tempo sowie Art und Weise der Einführung von Bildungsstandards in den drei Ländern wesentlich unterschieden. Während in Deutschland erste Bildungsstandards in den Schuljahren 2004/05 bzw. 2005/06 durch die Bundesländer implementiert wurden, erfolgte die Implementation in Österreich erst ab 2012. In der Schweiz wurde nach einer längeren Phase der Entwicklung von Bildungsstandards und darauf bezogenen Kompetenzmodellen 2010 eine Anhörung durchgeführt. Die Bildungsstandards für die vier Fachbereiche Schulsprache, Fremd-sprachen, Mathematik und Naturwissenschaften wurden anschliessend 2011 durch die Schweizerische Konferenz der kantonalen Erziehungsdirektoren (EDK) als „nationale Bildungsziele" in Kraft gesetzt.[4] Sie bildeten einerseits die Grundlage für die Erarbei-tung sprachregionaler Lehrpläne (vgl. unten), andererseits soll das Erreichen der Bil-dungsziele ab 2016 in nationalen Tests überprüft werden (EDK, 2015).

Bildungsstandards, wie sie in der Konzeption der Klieme-Expertise definiert und in der Schweiz entwickelt worden sind, sind *Leistungs- oder Performance-Standards*. Sie definieren, welche Leistungsziele zu erreichen sind und wie gut sie zu erreichen sind. Die Schweiz hat sich für sogenannte *Minimal- oder Basisstandards* entschieden. Sie definieren für bestimmte Klassenstufen (in der Schweiz für die 4., 8. und 11. Klasse nach neuer Rechnung, also inklusive zweier Kindergartenjahre) und bestimmte Schul-fächer bzw. Kompetenzbereiche die Ziele in unterschiedlichen Domänen (Teilberei-chen) dieses Kompetenzbereichs, die von möglichst allen Schülerinnen und Schülern erreicht werden sollen.[5] Im Kontext der Entwicklung von Bildungsstandards haben Fragen nach Aufgaben, Aufgabenformaten und Schwierigkeitsgraden, mit denen das Erreichen bestimmter Niveaus in einzelnen Kompetenzbereichen überprüft werden kann, stark an Bedeutung gewonnen. Unter anderem hat die EDK die Schweizerische Koordinationsstelle für Bildungsforschung in Aarau mit dem Aufbau einer nationalen Aufgabendatenbank[6] beauftragt, die als Grundlage für die Überprüfung der nationa-len Bildungsziele und weiterer vergleichender Schulleistungsmessungen dienen soll.

Bildungspolitisch ist die Harmonisierung von Bildungszielen in der Schweiz seit 2006 ein expliziter, wenn auch in seinen Konsequenzen durchaus interpretationsoffen

---

4   Zu den Bildungsstandards und den nationalen Bildungszielen in der Schweiz vgl. http://www.edk.ch/dyn/12930.php [07.12.2015].

5   Einen Überblick über Fragen rund um Bildungsstandards gibt die Überblicksdarstellung von Criblez, Oelkers, Reusser, Berner, Halbheer & Huber (2011); vgl. auch Oelkers & Reus-ser, 2008.

6   Vgl. http://www.skbf-csre.ch/de/bildungsmonitoring/adb/[07.12.2015].

formulierter Verfassungsauftrag. Unter dem Titel „Bildungsraum Schweiz" heisst es in Art. 61a, Abs. 2 der Bundesverfassung: „Sie [Bund und Kantone; LC] koordinieren ihre Anstrengungen und stellen ihre Zusammenarbeit durch gemeinsame Organe *und andere Vorkehren* sicher" (BV, 1999/2015; Hervorh. LC). Die Bereiche der Harmonisierung und Zusammenarbeit werden in Artikel 62, Abs. 4 präzisiert: „Kommt auf dem Koordinationsweg keine Harmonisierung des Schulwesens im Bereich des Schuleintrittsalters und der Schulpflicht, der Dauer und *Ziele der Bildungsstufen* und von deren Übergängen sowie der Anerkennung von Abschlüssen zustande, so erlässt der Bund die notwendigen Vorschriften" (BV 1999/2015; Hervorh. LC). Da die Kantone auch unter der neuen Bildungsverfassung für die Volksschule primär zuständig bleiben, wurde der Verfassungsauftrag nicht mit einem Ausführungsgesetz des Bundes vollzogen, sondern die Kantone verabschiedeten 2007 ein Konkordat, um dem Verfassungsauftrag nachzukommen[7]: die Interkantonale Vereinbarung über die Harmonisierung der obligatorischen Schule (HarmoS-Konkordat; vgl. Auer, 2010; EDK, 2011). Als Zweck des Konkordates wurde explizit die Harmonisierung definiert: „Die Vereinbarungskantone harmonisieren die obligatorische Schule, indem sie a. die *Ziele des Unterrichts* und die Schulstrukturen *harmonisieren* und b. die Qualität und Durchlässigkeit des Schulsystems durch *gemeinsame Steuerungsinstrumente* entwickeln und sichern" (EDK, 2007, Art. 1). Das Konkordat legt anschliessend die Bildungsbereiche fest (Art. 3: Grundbildung) und verpflichtet die Kantone auf die gemeinsame Entwicklung von Bildungsstandards: „1 Zur gesamtschweizerischen *Harmonisierung der Unterrichtsziele* werden nationale Bildungsstandards festgelegt. 2 Unterschieden wird zwischen folgenden zwei Arten von Bildungsstandards: a. Leistungsstandards, die pro Fachbereich auf einem Referenzrahmen mit *Kompetenzniveaus* basieren; b. *Standards*, welche Bildungsinhalte oder Bedingungen für die Umsetzung im Unterricht umschreiben. 3 Die nationalen Bildungsstandards werden unter der Verantwortung der EDK wissenschaftlich entwickelt und validiert. [...]" (EDK, 2007, Art. 7). Dieser Auftrag legitimiert die EDK sowohl zur Durchführung der erwähnten Überprüfung des Erreichens der nationalen Bildungsziele ab 2016 als auch zur Einrichtung eines nationalen Zentrums für die Aufgabenentwicklung in Aarau.

Ebenso wie die Einführung von Bildungsstandards wird die Einführung sprachregionaler *Lehrpläne* über den Verfassungsauftrag zur Harmonisierung der Bildungsziele, umgesetzt im Harmos-Konkordat, legitimiert. Anders als die Bildungsstandards sollen die Lehrpläne auf sprachregionaler Ebene entwickelt werden. Allerdings sollen „Lehrpläne, Lehrmittel und Evaluationsinstrumente sowie Bildungsstandards [...] aufeinander abgestimmt" werden (EDK, 2007, Art. 8). Zudem sollen sich die EDK und die Sprachregionen „von Fall zu Fall über die Entwicklung von Referenztests auf Basis der Bildungsstandards" verständigen (EDK, 2007, Art. 8). Die sprachregionalen Lehrpläne (der „Lehrplan 21" für die deutschsprachige Schweiz und der „plan d'études romand" [PER] für die Westschweizer Kantone) sind inzwischen entwickelt, der PER ist in der Westschweiz bereits implementiert, und die Implementation des „Lehrplan

---

7   An dieser Stelle muss darauf hingewiesen werden, dass der Verfassungsauftrag selbstverständlich auch für Kantone gilt, die dem Harmos-Konkordat nicht beigetreten sind.

21" hat in der deutschsprachigen Schweiz begonnen. Beide Lehrpläne sind kompetenzorientiert und auf die nationalen Bildungsziele abgestimmt.

In den beiden Lehrplänen spielen die Aufgaben allerdings keine zentrale Rolle, weil die Kompetenzen in der Regel nicht bis auf diese Ebene der detaillierten Überprüfung von Kompetenzen operationalisiert worden sind. Allerdings sind Aufgaben von grosser Bedeutung, wenn das Erreichen der nationalen Bildungsziele mit Tests überprüft wird. Und in einer zweiten Hinsicht spielen Aufgaben eine wichtige Rolle: in den Lehrmitteln, die neu auch kompetenzorientiert gestaltet werden sollen. Erste solcher Lehrmittel existieren bereits, andere sollen in naher Zukunft entwickelt werden. Die Interkantonale Lehrmittelzentrale hat 2012 eine Übersicht über die Lehrmittelsituation im Hinblick auf die Kompetenzorientierung vorgelegt. In den Kantonen ist die Lehrmittelfrage in den nächsten Jahren eine der zentralen Implementationsfragen.[8]

Vor dem Hintergrund der drei erläuterten bildungspolitischen Kontexte sollte deutlich geworden sein, weshalb Aufgaben und Aufgabenkulturen im Verlaufe der letzten Jahre zu einem vielbeachteten Thema geworden sind. Allerdings weisen nicht zuletzt die öffentlichen Diskussionen über die Interpretation der Resultate von empirisch vergleichenden Schulleistungsmessungen, um die Einführung von Bildungsstandards und um die Kompetenzorientierung der neuen Lehrplangeneration darauf hin, dass vieles noch nicht oder noch ungenügend geklärt ist. Zugespitzt und in diesem Zusammenhang notwendig verkürzt sollen deshalb die wichtigsten ungelösten Probleme kurz benannt werden:

a) Das Deduktions-/Induktionsproblem: Kompetenzen, die in der Schule erreicht werden sollen, müssen immer an Inhalten aufgebaut werden. Die systematische Frage nach dem Beitrag unterschiedlicher Unterrichtsinhalte – und auf der Mikroebene: unterschiedlicher Aufgaben – zum Aufbau definierter Kompetenzen ist bislang nur teilweise und unbefriedigend beantwortet. Wie kann man also von Kompetenzen verbindliche Inhalte ableiten (Deduktion), und wie bilden sich durch die Bearbeitung bestimmter Inhalte tatsächlich oder zumindest mit einer bestimmten Wahrscheinlichkeit auch die erwarteten Kompetenzen aus (Induktion)?

b) Das Selektions- und Exemplaritätsproblem: In kompetenzorientierten Lehrplänen bleiben Inhalte oftmals exemplarisch. Die Bearbeitung von Inhalten („Stoffen") ist nicht mehr verbindlich, sondern es wird davon ausgegangen, dass Kompetenzen bei der Bearbeitung unterschiedlicher Inhalte aufgebaut werden können. Die Frage, welche Inhalte sich zum Aufbau einer bestimmten Kompetenz allenfalls besser eigenen als andere, bleibt meist unbeantwortet. Und dass es für die Bearbeitung von bestimmten Inhalten in der Schule auch andere Argumente als den Aufbau von Kompetenzen gibt – etwa die Vermittlung kultureller Traditionen – wird unter der starken Kompetenzperspektive gerne vernachlässigt.

---

8 Vgl. zum Beispiel für den Kanton Zürich: http://www.vsa.zh.ch/internet/bildungsdirektion/vsa/de/schulbetrieb_und_unterricht/projekte/projekt_lehrplan_21/teilprojekte.html#subtitle-content-internet-bildungsdirektion-vsa-de-schulbetrieb_und_unterricht-projekte-projekt_lehrplan_21-teilprojekte-jcr-content-contentPar-textimage_2 [07.12.2015].

c) Das Taxonomieproblem: Wie können Kompetenzen in einem Kompetenzmodell stringent als Kompetenzdomänen gegeneinander abgegrenzt werden? Lassen sich unterschiedliche Gruppen von Kompetenzen ausmachen (etwa in der Art der alten Unterteilung von Sach-, Sozial- und Selbstkompetenz)? Und: Welche Fächer bzw. Fachbereiche bauen eigentlich welche Kompetenzen auf (vgl. historisch schon Bloom 1956/1972; aktuell im Kontext der Kompetenzmodellierung: u. a. Riegel et al., 2015)?

d) Das Graduierungsproblem oder Hierarchisierungsproblem: Die Lösung welcher Aufgaben steht für welches Kompetenzniveau? Oder grundsätzlicher: Was macht eine Aufgabe in einem bestimmten Fach bzw. Fachbereich schwierig (Linneweber-Lammerskitten & Wälti, 2006; Schütte, 2008, S. 103 ff.)?

e) Das Operationalisierungsproblem: Wie kann das Erreichen von Bildungsstandards oder Grundkompetenzen durch Aufgaben valide gemessen werden?

f) Das Beurteilungsproblem: Wie kann das Erreichen von Kompetenzen anders (und differenzierter!) als durch die einfache Summe der Noten für die gelösten Aufgaben auf einem bestimmten Kompetenzniveau beurteilt werden (vgl. Reusser & Stebler, 2013)?

Ein Teil der Antworten auf diese Fragen wird sowohl von der Fachdidaktik als auch von der Bildungspolitik in der Diskussion in der Aufgabenorientierung gesucht. Aufgaben auf der Mikroebene des Unterrichts können allerdings die theoretischen und empirischen Probleme nicht einfach lösen, denn sie sind den Aufgabenkonstruktionen vorgelagert.

3. Drei Traditionslinien in der Diskussion um Aufgabenkulturen

Jenseits dieser drei bildungspolitischen Kontexte, vor deren Hintergrund die Diskussionen über Aufgabenkulturen zu verstehen sind, kann aus bildungshistorischer Perspektive auf zumindest drei wesentliche Traditionslinien verwiesen werden: Aufgaben stehen spätestens seit den Individualisierungsbemühungen der Reformpädagogik im Kontext der „Kindorientierung" (Oelkers, 1989, S. 95 ff.) im Zentrum pädagogisch-didaktischer Reflexionen. Die Reformpädagogik drängte ja eher auf die Reform der Methoden als auf die Reform der Inhalte in Schulen. Zweitens kann auf eine ganz andere Tradition verwiesen werden: die verhaltenswissenschaftliche Tradition. In dieser Perspektive sind Aufgaben Teil des Programmierten Unterrichts, durch den sich Verhalten einigermassen zielsicher modellieren lässt. Drittens spielten Aufgaben in der Diskussion um Curriculum- und Unterrichtsplanung in den 1970er- und frühen 1980er-Jahren eine wesentliche Rolle. Nicht zufällig fliessen in der Curriculumtheorie Elemente von Individualpädagogik und Verhaltenswissenschaften ineinander.

a) Individualpädagogik, Kindorientierung

„Wenn der Schneider einen Anzug macht […], passt er ihn der Grösse und Figur seines Kunden an, und wenn der klein ist, aber dick, zwingt er ihm nicht eine allzu enge
Kleidung auf mit der Rechtfertigung, dass das die Weite sei, die nach allgemeiner Regel
seiner Grösse entspreche. Der Schuhmacher, der einen Schuh machen soll, fängt damit
an, die Umrisse des Fusses auf ein Papier zu zeichnen. Dabei merkt er sich dessen Besonderheit, sogar Missbildungen. Ebenso passt der Hutmacher die Kopfbedeckung der
Form und dem Umfang des Schädels an. Der Schulmeister dagegen kleidet, beschuht,
behutet alle Geister nach der gleichen Façon. Er hat nur Konfektionsware und seine
Schäfte enthalten gar keine Auswahl. Einige Grössennummern, allerdings, aber alle
nach dem gleichen Schnitt" (Claparède, 1920/1921, S. 35).

Dieses Zitat aus einem Bändchen des Genfer Pädagogischen Psychologen Edouard
Claparède mit dem Titel „Ecole sur mesure" oder – in der deutschen Übersetzung –
„Die Schule nach Mass" verweist auf die damaligen Diskussionen: Die Schule sollte
sich an den Individuen orientieren. Nur so könne sie der Vielfalt der einzelnen Kinder
und ihren Bildungsbedürfnissen gerecht werden. „Berücksichtige die Individualität
der Schüler!" forderte der Berner Schulinspektor und Mitredaktor der „Schweizerischen Lehrerzeitung" Gottlieb Stucki bereits 1890. Heute ist diese Forderung nach
Individualisierung omnipräsent (vgl. u. a. Keller & Bender, 2012); Klassengrössen mit
durchschnittlich 19 Schülerinnen und Schülern haben die Situation seit der Reformpädagogik allerdings massgeblich verbessert. Unterstützt wird die Forderung nach
Individualisierung durch konstruktivistische Lerntheorien (vgl. u. a. Diesbergen, 2012;
Schütte, 2008, S. 45 ff.), die davon ausgehen, dass Schülerinnen und Schüler letztlich
selber lernen müssen und der Aufbau von Wissen und Können nach individuellen
Vorgaben verläuft.

Eine mögliche Reaktion auf die Forderung nach Individualisierung ist die Binnendifferenzierung des Unterrichts: Der Klassenverband wird in kleinere Gruppen aufgelöst oder der Unterricht erfolgt sogar vollständig individualisiert. Die Einführung
neuer Lehr- und Lernformen seit den 1990er-Jahren (Landwehr, 1997), insbesondere
des Wochenplanunterrichts, deutet darauf hin, dass der Individualisierung im Unterricht heute eine wichtige Rolle zukommt. Dies alles wäre ohne eine veränderte Aufgabenkultur aber gar nicht möglich. Die Diskussion um Aufgabenkulturen ist also auch
eine Reaktion auf das Individualisierungspostulat: Aufgaben sind die Voraussetzung
für die individuelle Betätigung der Schülerinnen und Schüler. Aufgabenkultur meint
ja immer auch, dass Aufgaben mit unterschiedlichem Anspruchsniveau zur Verfügung
stehen und/oder dass Aufgaben Lösungen auf unterschiedlichem Anspruchsniveau
zulassen. Individualisierung – so liesse sich zusammenfassen – ist nur möglich, wenn
entsprechende Aufgaben zur Verfügung stehen, die Individualisierung auch zulassen.

b) Verhaltenswissenschaftliche Tradition

Den behavioristischen Lerntheorien der ersten Hälfte des 20. Jahrhunderts folgend, nach denen Verhalten in kleinen Schritten, jeweils verstärkt mit Belohnung, relativ sicher hergestellt werden kann (Hilgard & Bower, 1970), und angereichert durch der Technik entlehnte kybernetische Steuerungsmodelle wurden in den 1960er- und 1970er-Jahren verhaltenswissenschaftlich orientierte didaktische Ansätze unter dem Titel „Programmierter Unterricht" propagiert. In Begriffen der Curriculumtheorie sollte nun Unterricht bis auf das Niveau von Feinzielen und Aufgaben detailliert festgelegt werden. Das richtige „Programm", so die Annahme, führe zum sicheren Erfolg. Lernen wurde deshalb in kleine Sequenzen gegliedert, Aufgaben spielten dabei eine zentrale Rolle.

Im deutschen Sprachraum trieb Robert Mager (Mager, 1971) diese Vorstellungen auf die Spitze. Die Begeisterung für solche kybernetischen und technologischen Vorstellungen von Unterricht ebbte aber bald wieder ab. Praktiziert wurde solcher Unterricht insbesondere in den Sprachlaboren, deren Bedeutung aber nach den 1970er-Jahren stark abnahm (Bosche & Geiss, 2011). Ideen eines *teacher proof curriculum*, also eines Vorgehens, bei dem Unterricht unabhängig von der Lehrperson zum (sicheren) Erfolg führen sollte, stiessen relativ schnell auch auf Kritik: Die technologischen Vorstellungen der Herstellbarkeit von Unterrichtserfolg setzten sich gegen die starke Tradition der Methodenfreiheit der Lehrpersonen jedenfalls nicht durch.

c) Tradition der Curriculumtheorie

Die Curriculum-Revision wurde im deutschsprachigen Raum vor dem Hintergrund von Saul B. Robinsohns „Bildungsreform als Revision des Curriculums" (1967) zu einem der meist diskutierten pädagogischen Themen der 1970er- und 1980er-Jahre. Die Entwicklung von Lehrplänen sollte, statt den Mechanismen von Tradition und Zufall zu folgen, neu als rationales und transparentes Verfahren zur Ermittlung von Bildungsansprüchen, zur Bewertung und Gewichtung von Zielkatalogen sowie zur ideologiekritischen Überprüfung der Gewichtung der Ziele und Inhalte etabliert werden. „Auf den folgenden Seiten wird die Notwendigkeit begründet, den geltenden ‚Bildungskanon' den Erfordernissen der Zeit entsprechend zu aktualisieren, und die Möglichkeit geprüft, eine solche Revision mit Hilfe der Methoden zu vollziehen, welche Entscheidungen über die Inhalte des Bildungsprogramms aus der Beliebigkeit und diffuser Tradition hinaus in Formen rationaler Analyse und – soweit möglich – objektivierter Alternativen heben" (Robinsohn, 1967, S. 1). Die Curriculumtheorie war im Kern mit der Idee verbunden, Lernziele so zu formulieren, dass das Erreichen in Verhaltenskategorien überprüft werden kann (Operationalisierung).

Neben wissenschaftlichen Verfahren zur Bestimmung der Lernziele sollte auch die Ordnung der Lernziele wissenschaftlichen Ansprüchen folgen. Die Lernzieltaxonomie (Bloom, 1956/1972; Krathwohl, 1964/1971) als systematische Kategorisierung von Lernzielen galt als wissenschaftlich. Die wichtigsten Ordnungsprinzipien waren erstens die Unterteilung in kognitive, affektive und psychomotorische [zum Teil auch: soziale] Lernziele, zweitens die Lernzielhierarchisierung in allgemeine Leitideen, Richt-, Grob- und Feinziele, drittens die Ordnung nach Domänen („Fächern") und viertens die Ordnung nach Schwierigkeits- bzw. Abstraktionsgraden: Kenntnisse – Verständnis – Anwendung – Analyse – Synthese – Beurteilung (Krathwohl, 1964/1971).

Aus der verhaltenswissenschaftlichen Tradition wurde die Idee der Operationalisierung übernommen: Lernziele galten nur als wissenschaftlich begründet, wenn sie auch überprüfbar sind – und zwar in Kategorien des Verhaltens. Das Überprüfen des Erreichens von Lernzielen war damit mit dem Lösen entsprechender Aufgaben verbunden. Die Aufgabenorientierung erlebte deshalb schon in diesem Kontext einen Aufschwung.

In allen drei historischen Traditionslinien wird die Bedeutung von Aufgaben für den Unterricht deutlich: In der Tradition der Kindorientierung geht es darum, dass Aufgaben zur Verfügung stehen, die Individualisierung ermöglichen. In der verhaltenswissenschaftlichen Tradition dient das Bearbeiten von Aufgaben dem kleinschrittigen Aufbau von Verhalten, das mit einer bestimmten Sicherheit als herstellbar vorgestellt wird. Und in der Tradition der Curriculumtheorie wird das Erreichen von Lernzielen durch das Lösen von Aufgaben als Verhalten sichtbar. Alle drei Traditionslinien sind in der aktuellen Diskussion um Aufgabenkulturen in der einen oder andern Ausprägung wieder zu entdecken.

4.   Ausblick: drei Thesen und eine offene Frage

Aus der historischen und bildungspolitischen Situierung und Kontextualisierung des Themas Aufgabenkulturen kann Unterschiedliches geschlossen werden. Das Dargelegte soll abschliessend auf drei Folgerungen kondensiert werden.

Die historische Einordnung in die Tradition der Diskussion um Aufgaben, Operationalisierung von Lernzielen und Ähnlichem mehr kann auf Verkürzungen und blinde Flecken aktueller Diskussionen aufmerksam machen. Dabei geht es insbesondere um die Schärfung von Argumenten und Problemsichten am historischen Material, aber auch um das Bewahren und Einbeziehen von früheren Erkenntnissen in die aktuellen Diskussionen. Die Fachdidaktik braucht, so liesse sich dies thesenartig zuspitzen, eine Auseinandersetzung mit ihrer eigenen (Wissens-)Tradition (Criblez & Manz, 2015).

Die bildungspolitische Einordnung hat gezeigt, dass die Beschäftigung mit Aufgabenkulturen immer auch in einem grösseren bildungspolitischen Zusammenhang steht. Vor dem Hintergrund bestimmter bildungspolitischer Situationen und Konstellationen entstehen bestimmte Erwartungen an Unterricht, die nicht einfach nur auf die Verbesserung von Unterricht zielen, sondern mit grundlegenderen Vorstellungen von Schule, Bildung und gutem Unterricht zusammenhängen. Die (fachdidaktische) Beschäftigung mit der Mikroebene von Unterricht bzw. Lehren und Lernen muss diese Kontexte im Auge behalten, auch wenn ihre primären Forschungsinteressen nicht auf die Makro-, sondern auf die Mikroebene fokussiert sind. Denn Unterricht in Schulen findet immer in einer Situation statt, in der Schule auf unterschiedlichen (politischen)

Ebenen konstituiert wird – und sich diese Ebenen gegenseitig stark beeinflussen oder sogar bedingen, wie Helmut Fend in seiner Schultheorie gezeigt hat (Fend, 2006).

Aufgaben als „unterste" Ebene in hierarchischen, taxonomischen, deduktiven und/oder kumulativen Vorstellungen von Kompetenzen, Lernzielen oder Inhalten sollten in ihren Möglichkeiten und ihrer Reichweite richtig positioniert werden. Es gibt kein quasi-technologisches System, das immer, sicher und für alle Schülerinnen und Schüler zum Erreichen von Lernzielen oder Kompetenzen führt. Aufgaben sind zentrale Elemente von Unterricht. Sie können ihre Funktion aber immer nur situativ, in bestimmten Konstellationen und unter bestimmten Voraussetzungen erfüllen (vgl. Thonhauser in diesem Band). Allein schon deshalb kann es kein *teacher proof curriculum* geben – und auch keine Aufgaben, die das Erreichen von Lernzielen oder den Aufbau von Kompetenzen per se schon garantieren.

Literatur

Auer, A. (Hrsg.) (2010). *Herausforderung HarmoS. Bildungspolitik, Förderalismus und Demokratie auf dem Prüfstein*. Zürich: Schulthess.

BfS [Bundesamt für Statistik] & EDK [Schweizerische Konferenz der kantonalen Erziehungsdirektoren] (2002). *Für das Leben gerüstet? Die Grundkompetenzen der Jugendlichen – Nationaler Bericht der Erhebung PISA 2000*. Neuchâtel: BfS.

Bloom, B.S. et al. (1956/1972). *Taxonomie von Lernzielen im kognitiven Bereich*. Weinheim: Beltz (übersetzt nach der 16. englischen Auflage; engl. Original: 1956).

Bohl, T., Kleinknecht, M., Batzel, A. & Richey, P. (2012). *Aufgabenkultur in der Schule*. Baltmannsweiler: Schneider.

Bosche, A. & Geiss, M. (2011). Das Sprachlabor: Steuerung und Sabotage eines Unterrichtsmittels im Kanton Zürich, 1963–1976. In *Jahrbuch für historische Bildungsforschung, Bd. 16* (S. 119–139). Weinheim: Juventa.

BV (1999/2015). *Bundesverfassung der Schweizerischen Eidgenossenschaft vom 18. April 1999* (Stand am 14. Juni 2015). Verfügbar unter: http://www.admin.ch/opc/de/classified-compilation/19995395/index.html [07.12.2015].

Claparède, E. (1920/1921). *Die Schule nach Mass*. Erlenbach: Rotapfel (frz. Original: Ecole sur mesure, 1921).

Comenius. J.A. (1632/1954). *Große Didaktik*. Übersetzt und herausgegeben von Andreas Flitner. Düsseldorf: Küpper 1954 (böhmisches Original: 1632; lateinisches Original: 1657).

Criblez, L. & Manz, K. (2015). Schulfächer: Die konstituierenden Referenzgrössen der Fachdidaktiken im Wandel. *Beiträge zur Lehrerbildung, 33*(2), 200–214.

Criblez, L., Oelkers, J., Reusser, K., Berner, E., Halbheer, U. & Huber, Ch. (2011). *Bildungsstandards*. Seelze-Velber/Zug: Klett¦Kallmeyer/Klett und Balmer.

Diesbergen, C. (2012). Wann ist eine Lernaufgabe konstruktivistisch? Zum Umgang mit den Bezeichnungen „konstruktivistisch" und „Konstruktivismus" im lehr-lerntheoretischen Kontext. In S. Keller & U. Bender (Hrsg.), *Aufgabenkulturen* (S. 46–61). Seelze: Klett¦Kallmeyer.

EDK [Schweiz. Konferenz der kantonalen Erziehungsdirektoren] (2007). *Interkantonale Vereinbarung über die Harmonisierung der obligatorischen Schule (HarmoS-Konkordat) vom 14. Juni 2007.* Bern: EDK. Verfügbar unter: http://edudoc.ch/record/24711/files/ HarmoS_d.pdf [07.12.2015].

EDK (2011). *Die interkantonale Vereinbarung über die Harmonisierung der obligatorischen Schule (Harmos-Konkordat) vom 14. Juni 2007. Kommentar, Entstehungsgeschichte und Ausblick, Instrumente.* Bern: EDK.

EDK (2015). *Nationale Bildungsziele für die obligatorische Schule: in vier Fächern zu erreichende Grundkompetenzen.* Bern: EDK. Verfügbar unter: http://www.edudoc.ch/static/web/ arbeiten/harmos/grundkomp_faktenblatt_d.pdf [07.12.2015].

Fend, H. (2006). *Neue Theorie der Schule.* Wiesbaden: VS Verlag für Sozialwissenschaften.

Fischer, H.-J., Giest, H. & Peschel, M. (Hrsg.) (2014). *Lernsituationen und Aufgabenkultur im Sachunterricht.* Bad Heilbrunn: Klinkhardt.

Gächter, A.A. (2012). *Aufgabenkultur. Anregungen für den Mathematikunterricht.* St. Gallen: Mefi.

Hilgard, E. R. & Bower, G. H. (1970). *Theorien des Lernens.* 2 Bde. Stuttgart: Klett Cotta.

ILZ [Interkantonale Lehrmittelzentrale] (2012). *Kompetenzorientierung in Lehrmitteln.* Rapperswil: ILZ.

Keller, S. & Bender, U. (2012). Einleitung. In S. Keller & U. Bender (Hrsg.), *Aufgabenkulturen* (S. 8–20). Seelze: Klett¦Kallmeyer.

Klieme, E. et al. (2003). *Zur Entwicklung nationaler Bildungsstandards. Eine Expertise.* Berlin: BMBF. Unveränderter Nachdruck 2009 verfügbar unter: http://www.edudoc.ch/static/ web/arbeiten/harmos/expertise_oelkers_reusser_d.pdf [07.12.2015].

Klotz, G. (1969). *Programmierter Unterricht – ein Verfahren für morgen.* München: Kösel.

Krathwohl, D.R. (1964/1971). Der Gebrauch der Taxonomie in der Curriculumkonstruktion. In F. Achtenhagen & H. L. Meyer (Hrsg.), *Curriculumrevision. Möglichkeiten und Grenzen* (S. 74–97). München: Kösel (engl. Original: 1964).

Kuhn, H. (2010). *Authentische Aufgaben im theoretischen Rahmen von Instruktions- und Lehr-Lernforschung.* Wiesbaden: Vieweg + Teubner.

Landwehr, N. (1997). *Erweiterte Lernformen.* Aarau: Pädagogische Arbeitsstelle.

Laske, J. (2012). Neue (?) Aufgabenkultur im Fach Geographie. *Praxis Geographie, 42*(12), 4–8.

Leuders, T. (2015). Empirische Forschung in der Fachdidaktik – Eine Herausforderung für die Professionalisierung und die Nachwuchsqualifikation. *Beiträge zur Lehrerbildung, 33*(2), 215–234.

Linneweber-Lammerskitten, H. & Wälti, B. (2006). Was macht das Schwierige schwierig. Überlegungen zu einem Kompetenzmodell im Fach Mathematik. In L. Criblez, P. Gautschi, P. Hirt & H. Messner. (Hrsg.), *Lehrpläne und Bildungsstandards* (S. 197–227). Bern: hep.

Mager, R. (1971). *Lernziele und Programmierter Unterricht.* Weinheim: Beltz.

Matthes, E. & Schütze, S. (Hrsg.) (2011). *Aufgaben im Schulbuch.* Bad Heilbrunn: Klinkhardt.

Moser, U. (1997). *Schule auf dem Prüfstand: Eine Evaluation der Sekundarstufe I auf der Grundlage der „Third International Mathematics and Science Study".* Zürich: Rüegger.

Moser, U. & Berweger, S. (2003). *Lehrplan und Leistung – Thematischer Bericht der Erhebung PISA 2000.* Bern/Neuchâtel: BfS/EDK.

Nägeli, A. (2009). *PISA 2000 und die Reaktion bildungspolitischer und schulnaher Akteure. Rezeption PISA 2000 relevanter Themen in ausgewählten kantonalen Schulblättern.* Zürich: Universität (Lizentiatsarbeit).

Oelkers, J. (1989). *Reformpädagogik. Eine kritische Dogmengeschichte.* 3. Erweiterte Auflage. Weinheim: Juventa.

Oelkers, J. & Reusser, K. (2008). Qualität entwickeln – Standards sichern – mit Differenz umgehen. Bonn/Berlin: BMBF. Verfügbar unter: http://www.oefg.at/text/veranstaltungen/bildungsstandards/Reusser/Oelkers_Reusser_lang.pdf [07.12.2015].

Pfitzner, M. (Hrsg.) (2014). *Aufgabenkultur im Sportunterricht.* Wiesbaden: Springer VS.

Ramseier, E., Keller, C. & Moser, U. (1999). *Bilanz Bildung. Eine Evaluation am Ende der Sekundarstufe II auf der Grundlage der „Third International Mathematics and Science Study".* Zürich: Rüegger.

Reusser, K. (2009). Von der Bildungs- und Unterrichtsforschung zur Unterrichtsentwicklung – Probleme, Werkzeuge, Strategien und Bedingungen. *Beiträge zur Lehrerbildung, 27*(3), 295–312.

Reusser, K. & Stebler, R. (2013). *Kompetenzorientierte Zeugnisse. Zürich: Institut für Erziehungswissenschaft.* Verfügbar unter: http://www.bi.zh.ch/internet/bildungsdirektion/de/unsere_direktion/veroeffentlichungen1/_jcr_content/contentPar/publication_2/publicationitems/titel_wird_aus_dam_e/download.spooler.download.1430225447247.pdf/Kompetenzorientierte+Zeugnisse_Recherche_Reusser_optimiert.pdf [07.12.2015].

Riegel, U., Schubert, S., Siebert-Ott, G. & Macha, K. (Hrsg.) (2015). *Kompetenzmodellierung und Kompetenzmessung in den Fachdidaktiken.* Münster: Waxmann.

Robinsohn, S. B. (1967). *Bildungsreform als Revision des Curriculums.* Neuwied: Luchterhand.

Schneuwly, B. (2009). Die Fachdidaktiken – im Zentrum der Unterrichtsforschung und -entwicklung. *Beiträge zur Lehrerbildung, 27*(3), 312–326.

Stucki, G. (1890). Berücksichtige die Individualität der Schüler! *Schweizerische Lehrerzeitung, 35,* 389.

Tillmann, K.-J. (2015). Der ‚PISA-Schock' im Spiegel der Presse. Eine empirische Analyse regionaler und überregionaler Printmedien. In K. Klemm & J. Roitsch (Hrsg.), *Hauptsache Bildung. Wissenschaft, Politik, Medien und Gewerkschaften nach PISA* (S. 9–26). Münster: Waxmann.

Tillmann, K.-J., Dedering, K., Kneuper, D., Kuhlmann, Ch. & Nessel, I. (2008). *PISA als bildungspolitisches Ereignis. Fallstudien in vier Bundesländern.* Wiesbaden: VS Verlag für Sozialwissenschaften.

Wafi, S. (2012). *Schulbücher im Wandel: Eine vergleichende Analyse von Mathematikschulbüchern der Sekundarstufe I mit Bezug zu Ergebnissen der PISA-Studie.* Zürich: Universität (Masterarbeit).

Zinnecker, J. (1975) (Hrsg.). *Der heimliche Lehrplan.* Weinheim: Beltz.

Aufgaben als Brücken zwischen Lebenswelt und Fachunterricht

Ilka Parchmann und Sascha Bernholt

1. Einleitung

Aufgaben als Gestaltungselement fachdidaktischer Konzeptionen haben eine lange Tradition, sie stellen vielfach einen Spiegel der jeweiligen Zielsetzungen und Ansätze dar. So gab es bspw. in dem Modellversuchsprogramm „SINUS" ein eigenes Modul zu Aufgaben,[1] verbunden mit der Zielsetzung, Lernende aktiver in den Unterricht einzubinden und verschiedene Dimensionen einer naturwissenschaftlichen Grundbildung („Scientific Literacy") anzusprechen. Eine veränderte Aufgabenkultur wurde dabei insbesondere als Antwort auf die beobachtete starke Dominanz der Lehrerzentrierung und eines frontal gestalteten Unterrichts in den Naturwissenschaften gesehen. Aufgaben wurden hier im Sinne von Brücken zwischen Fachunterricht und Lebenswelt ausgewiesen und sind in dieser Funktion – zumindest in den so genannten MINT-Fächern (Mathematik, Informatik, Naturwissenschaften, Technik) – seitdem intensiv entwickelt worden. Auch im Zuge der Kompetenzorientierung, die nach der breiten öffentlichen Diskussion der ersten PISA-Ergebnisse einsetzte, wurden Aufgaben weiterentwickelt, klassifiziert und in qualitativen prozessorientierten sowie quantitativen ergebnisorientierten fachdidaktischen Untersuchungen eingesetzt (Kleinknecht et al., 2013; Kauertz & Fischer, 2009; Rehm, Stäudel & Tepner, 2015; Parchmann, 2013a u. a. m.). Für die Umsetzung eines an einer Kompetenzentwicklung orientierten Unterrichts wurden die Bildungsstandards durch exemplarische Aufgaben veranschaulichend konkretisiert (Blum et al., 2006). Betont wird dabei die Passung zwischen Aufgaben im Unterricht und zur Leistungsüberprüfung, die zwar in ihren Gestaltungsmerkmalen durchaus unterschiedlich sein können, hinsichtlich der Ziele jedoch kohärent sein müssen (Pellegrino et al., 2001; Shavelson, 2007; Fach, Kandt & Parchmann, 2006).

Dieser Beitrag stellt am Beispiel der Naturwissenschaften Ansätze vor, wie Aufgaben systematisch auf Basis allgemein pädagogisch-psychologischer und fachdidaktischer Forschung und Theorien einerseits sowie fachbezogener Bildungsziele andererseits systematisch entwickelt und genutzt werden können, und zwar sowohl zur Diagnostik als auch zu einer darauf aufbauenden Unterrichts- und Curriculumentwicklung.

---

1 http://www.sinus-transfer.de/module/modul_1weiterentwicklung_der_aufgabenkultur.html

2.   Anforderungsmerkmale von Lern- und Testaufgaben – Ansätze zur systematischen Entwicklung und Nutzung

Sowohl für Lehrkräfte als auch für Schülerinnen und Schüler haben Aufgaben im Unterricht eine Veranschaulichungs- und Abstimmungsfunktion. Sie weisen aus, welche Ziele der Unterricht verfolgt, welche Fähigkeiten die Lernenden entwickeln und anwenden sollen und welches Niveau erwartet wird. Voraussetzung dafür ist, dass diese Merkmale in den Aufgaben auch klar erkennbar sind (vgl. Fach, Kandt & Parchmann, 2006). Dazu findet in der Regel zwischen Lehrkraft und Klasse eine Aushandlung statt, so dass Schülerinnen und Schüler ein Gespür dafür entwickeln, was ihre Lehrperson von ihnen erwartet und durch welches Antwortverhalten diese erwartete Leistung gezeigt werden kann. Möchte man Aufgaben jedoch über diese individuelle Ebene hinaus systematisch entwickeln, nutzen und untersuchen, sind vergleichbare Kriterien zur Charakterisierung und Einstufung von Aufgaben nötig. Diese wurden und werden theorie- und forschungsbasiert entwickelt und mit Erfahrungen aus der Praxis iterativ abgestimmt. Allgemein lehr-lern-theoretische Ansätze wurden dazu in den letzten Jahren vermehrt fachdidaktisch adaptiert und weiterentwickelt (Schecker, Krüger & Parchmann, 2014).

Aus der Vielzahl an Ansätzen der Aufgabenkonstruktion werden nachfolgend zwei beschrieben: die Gestaltung und Untersuchung von Aufgaben auf Basis von gestuften Komplexitätsmodellen sowie die Nutzung von fachinhaltlichen und empirisch fundierten Modellen zur Konzeptentwicklung.

2.1   Niveaudifferenzierung fachübergreifend: Komplexitätsmodelle als eine mögliche Grundlage

Die Klassifikation von Aufgaben und deren Anforderungen hat sowohl in der allgemeinen wie auch der fachdidaktischen Bildungsforschung eine lange Tradition. Ein paradigmatisches Beispiel ist sicherlich die Bloom'sche Taxonomie, nach der die Stufen Wissen, Verstehen, Anwenden, Analyse, Synthese und Evaluation als Hierarchie von Lernzielen unterschieden werden. In der naturwissenschaftlich-fachdidaktischen Forschung wurden in den letzten Jahren insbesondere Komplexitätsmodelle als Grundlage für die Entwicklung und Charakterisierung des Anforderungsniveaus von Aufgaben diskutiert (Bernholt, 2010; Kauertz, 2008). Die Grundidee dieser Modelle ist, dass sowohl Umfang als auch insbesondere die „Vernetztheit" ein guter Indikator für die Qualität des Wissens einer Person ist. Angelehnt an derartige kognitionspsychologische Ansätze (Commons et al., 1988) haben wir in eigenen Arbeiten (Bernholt et al., 2009a, b) ein fünfstufiges Komplexitätsschema vorgeschlagen (vgl. Abb. 1). Von Stufe zu Stufe steigen dabei sowohl die Anzahl als auch die Qualität der Verknüpfungen zwischen einzelnen Inhaltselementen an. Die zunehmende Qualität drückt sich dabei so aus, dass die Abstufungen von eher klassifizierenden Zuordnungen über beschreibende Zusammenhänge zunehmend kausale Strukturen und Wechselwirkungen in den Blick nehmen. Entsprechend zielen die Stufen auf ein zunehmendes Verständnis und

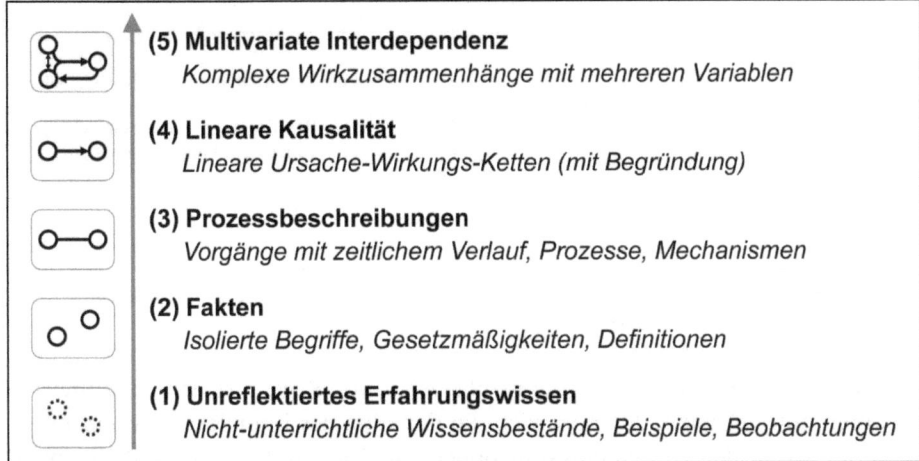

(5) Multivariate Interdependenz
Komplexe Wirkzusammenhänge mit mehreren Variablen

(4) Lineare Kausalität
Lineare Ursache-Wirkungs-Ketten (mit Begründung)

(3) Prozessbeschreibungen
Vorgänge mit zeitlichem Verlauf, Prozesse, Mechanismen

(2) Fakten
Isolierte Begriffe, Gesetzmäßigkeiten, Definitionen

(1) Unreflektiertes Erfahrungswissen
Nicht-unterrichtliche Wissensbestände, Beispiele, Beobachtungen

Abb. 1: Schulrelevante Niveaustufen des Modells der hierarchischen Komplexität für den Chemieunterricht (Bernholt & Parchmann, 2011)

auf das Erklären naturwissenschaftlicher Phänomene ab, wofür die Kenntnis zentraler Fachinhalte, aber eben auch das systematische Aufklären von Ursachen, das Auffinden und Isolieren relevanter Variablen sowie von Abhängigkeiten und Wechselwirkungen zwischen unterschiedlichen Variablen notwendig sind. Damit greifen die Komplexitätsstufen direkt zentrale Lernziele des naturwissenschaftlichen Unterrichts auf (KMK, 2004). Doch auch über den Bereich der Naturwissenschaften hinaus scheinen derartige Zusammenhänge eine Rolle zu spielen, bspw. bei der Perspektivenübernahme beim Schreiben im Deutschunterricht, bei der eine Verknüpfung von Handlungen und Äußerungen mit dahinterliegenden Interessen und Absichten verlangt wird (Knopp et al., 2012). Auch beim Abwägen von Vor- und Nachteilen im Rahmen von Zielkonflikten in den Natur- oder Wirtschaftswissenschaften (Eggert & Bögeholz, 2006; Dubs, 2002) müssen Handlungsoptionen und potenzielle Folgen zusammengeführt werden.

Das fünfstufige Komplexitätsschema ist bisher in unterschiedlichen Zusammenhängen erprobt worden. Dabei wurde das Schema insbesondere genutzt, um gezielt Leistungstestaufgaben (Bernholt & Parchmann, 2011; Woitkowski et al., 2014) oder Lernaufgaben für den Unterricht (Bernholt, 2015) zu entwickeln. Betrachtet man dabei ein ganzes Set an Aufgaben durch die Brille der Komplexitätsstufen, so erhält man einen Eindruck vom Spektrum oder auch von Schwerpunkten hinsichtlich der kognitiven Anforderungen, die den Schülerinnen und Schülern gestellt werden, bspw. im Rahmen eines Leistungstests. So sind in Abb. 2 drei Aufgaben zum Thema Eisengewinnung dargestellt und gemäß der jeweiligen Anforderungen den Komplexitätsstufen zugeordnet. Durch eine solche Zuordnung lassen sich gewollte (oder auch ungewollte) Schwerpunktsetzungen nachvollziehen (bspw. der Umfang an Aufgaben in einer Klausur, die primär auf Faktenwissen abzielen) oder auch Aufgaben in einer Serie mit (theoretisch) ansteigender Komplexität anordnen. Dadurch schafft man ein Stück weit Transparenz, sei es im Rahmen einer Forschungsarbeit oder in der Argumentation der Lehrkraft mit Schülerinnen und Schülern über die gesetzten Anforderungen in einer Klausur.

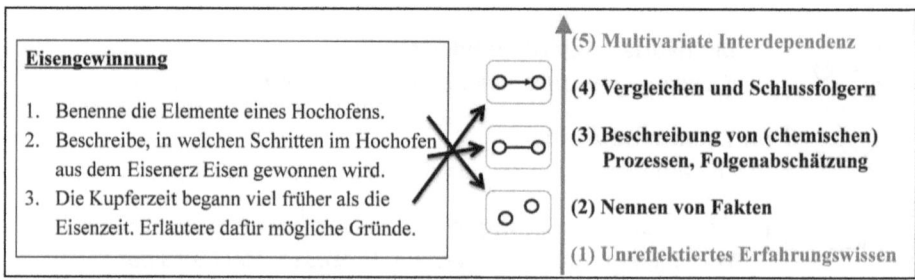

Abb. 2: Aufgabenbeispiele zum Thema „Eisengewinnung" (links) mit Zuordnung zum Komplexitätsschema (rechts)

Genauso wie sich Lern- und Leistungsaufgaben in der Regel hinsichtlich zahlreicher Faktoren unterscheiden, differiert auch die Funktion des Komplexitätsschemas zwischen diesen beiden Anwendungssituationen. So zielen Testaufgaben auf eine möglichst präzise und trennscharfe Diagnose einzelner Kompetenz- oder Wissensfacetten ab. Durch diese „Präzision" in der Ausrichtung auf definierbare Anforderungen lassen sich Testaufgaben häufig auch eindeutig einer spezifischen Komplexitätsstufe zuordnen, auch wenn die Aufgaben nicht gezielt auf Basis des Komplexitätsschemas konstruiert wurden. Die Zuordnung von Aufgaben zu den einzelnen Komplexitätsstufen dient dann in der Regel dazu, das Spektrum der Anforderungen eines Leistungstests sicherzustellen oder auch empirisch zu untersuchen, inwieweit die Komplexität zur Vorhersage der Aufgabenschwierigkeit herangezogen werden kann (Bernholt & Parchmann, 2011; Kauertz & Fischer, 2006). Lernaufgaben hingegen sind im Sinne einer neuen Aufgabenkultur häufig offener gestaltet und ermöglichen mehrere Lösungswege und somit auch den Erwerb eines breiten Spektrums an (Teil-)Kompetenzen (Fach, Kandt & Parchmann, 2007; Klieme et al., 2003). Bei derart „komplexeren" Aufgaben lässt sich das Schema dahingehend nutzen, tieferliegende Stufen zur gezielten Konstruktion von Hilfestellungen zu nutzen, bspw. durch die Angabe von kleinschrittigeren Teilaufgaben oder Aufgabenserien, aber auch durch die Konstruktion von gestuften Hilfen (vgl. Stäudel, 2007), die Schülerinnen und Schüler durch inhaltliche und lernstrategische Hinweise in der Bearbeitung umfangreicherer Aufgaben unterstützen können. Während die „klassische" Variante gestufter Hilfen dabei in der Regel entlang des Lösungsweges arrangiert ist, induzieren Hilfen entlang der Komplexitätsstufen keinen Lösungsweg, sondern verschieben den Fokus von einer anfänglichen Klärung der einzelnen Inhaltselemente in Richtung der Zusammenhänge zwischen diesen Elementen. Die Offenheit des Lösungsweges bleibt dabei erhalten, lässt sich aber natürlich auch durch Kombination beider Vorgehensweisen zugunsten einer umfassenderen Lernerunterstützung weiter einschränken (Bernholt, 2015).

Dass Komplexität im Sinne des in Abb. 1 dargestellten Schemas ein gutes Maß für das fachliche Anforderungsniveau darstellt, hat sich dabei in unterschiedlichen Studien gezeigt. So konnte die Aufgabenschwierigkeit in Leistungstests in unterschiedlichen Inhaltsbereichen und Fächern zu einem großen Anteil vorhergesagt werden (Bernholt & Parchmann, 2011; Woitkowski et al., 2014). Darüber hinaus hat sich in der Auswertung von videographierten Unterrichtsstunden auch gezeigt, dass Schülerinnen und Schüler in einem Leistungstest signifikant besser abschneiden, wenn sich das Unterrichtsgespräch (also sowohl die Fragen und Beiträge der Lehrkraft als auch der Schülerinnen und Schüler) durchschnittlich auf einem höheren Komplexitätsniveau abspielt (Brückmann et al., 2013; Podschuweit et al., 2016).

2.2 Niveaudifferenzierung fachbezogen: theorie- und empiriebasierte Annahmen zur Konzeptentwicklung

Neben fachübergreifenden Modellen zur Charakterisierung und Untersuchung von Anforderungsniveaus von Aufgaben – oder analog von erworbenen Schülerleistungen – zieht die fachdidaktische Forschung auch fachbezogene Inhaltsanalysen heran. Diese basieren in der Regel ebenfalls auf Annahmen einer systematisch anwachsenden Schwierigkeit, in den Naturwissenschaften etwa durch ein zunehmendes Abstraktionsniveau der zugrunde liegenden Modellerklärungen, in der Chemie von anschaulich-beschreibenden Deutungen über Atom-, Bindungs- und Strukturmodelle bis hin zu mathematisch-abstrakten Zusammenhängen. Auf dieser Grundlage werden vielfach entlang von Spiralcurricula Phänomene zunehmend präziser erschlossen, wie in Abb. 3 exemplarisch für das Basiskonzept der Struktur-Eigenschafts-Beziehungen am Beispiel eines Alltagspolymers dargestellt. Die Grundannahme ist hier, dass in den Naturwissenschaften Phänomene systematisch entlang verschiedener, aufeinander bezogener Deutungsebenen erklärt und untersucht werden. Diese beziehen zunehmend abstraktere Modelle und komplexere Wirkannahmen ein, so dass das Erlernen solcher Deutungsansätze auch für den Unterricht eine curriculare Entwicklungsperspektive darstellt, die mit auf ihre Lernwirksamkeit untersuchten Lernanlässen und Lernumgebungen umgesetzt werden. Diese theoretisch fachkonzeptbezogenen Annahmen dienten und dienen nicht nur als Basis einer Curriculum-Gestaltung, sondern auch für die Konzeption begleitender Untersuchungen; aktuell werden sie unter Stichworten wie „Learning Progression" (Duschl, Maeng & Sezen, 2011), „Learning Pathways" oder „curriculare Entwicklungsperspektiven" erörtert (Neumann & Parchmann, 2016).

In Abb. 3 ist dargestellt, wie aus Windeln (Gegenstand) zunächst der wirksame Stoff (das Polymer) isoliert wird. Dessen Eigenschaften werden mit zunehmend differenzierteren Modellen interpretiert, um die Aufnahme und Einlagerung von Wasser zu erklären. Weiterführend wird das Modell zur Vorhersage und Erklärung verschiedener Bedingungen (z. B. Änderung des pH-Wertes) angewandt.

Die Annahme eines zunehmend abstrakten Konzeptverständnisses als Ergebnis von Lernprozessen wird in den naturwissenschaftlichen Didaktiken mittlerweile mit Hilfe so genannter „Ordered-Multiple-Choice-Aufgaben" (Hadenfeldt et al., 2013; Briggs et al., 2006) erfasst. Diese werden, anders als normale Multiple-Choice-Aufgaben, so konzipiert, dass jede Antwortoption möglichst einem Verständnisniveau zugeordnet werden kann (Abb. 4), wobei zwischen einfachen und komplexeren Modellerklärungen auch Hybridmodelle (Johnson, 2002; Renström, Andersson & Marton, 1990) angenommen werden. Die Interpretationen entsprechender Tests weisen

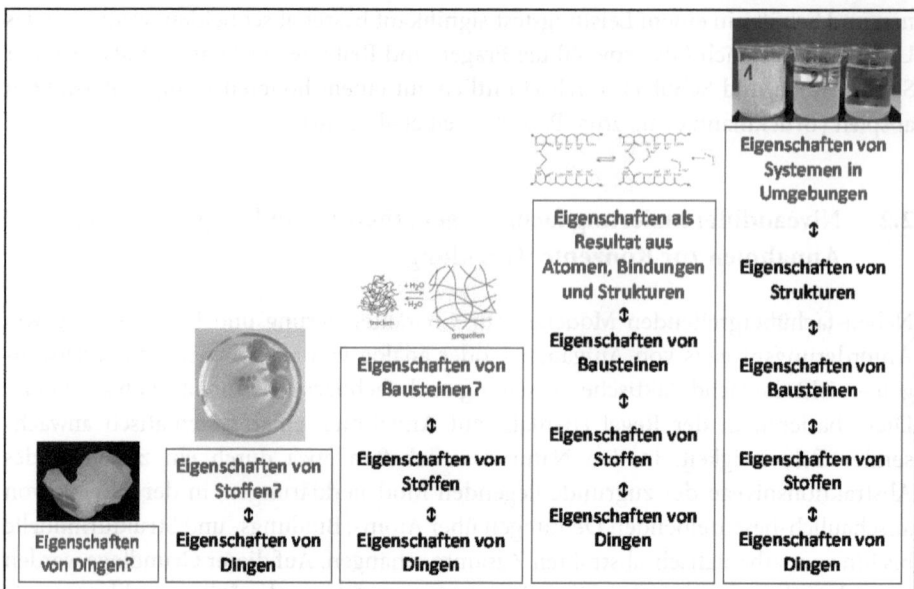

Abb. 3:   Auszug aus einer inhaltstheoretisch begründeten Annahme einer Konzeptentwicklung am Beispiel von Struktur-Eigenschafts-Beziehungen superabsorbierender Polymere (Parchmann, Finlayson, Hickmann & Herzog, 2015)

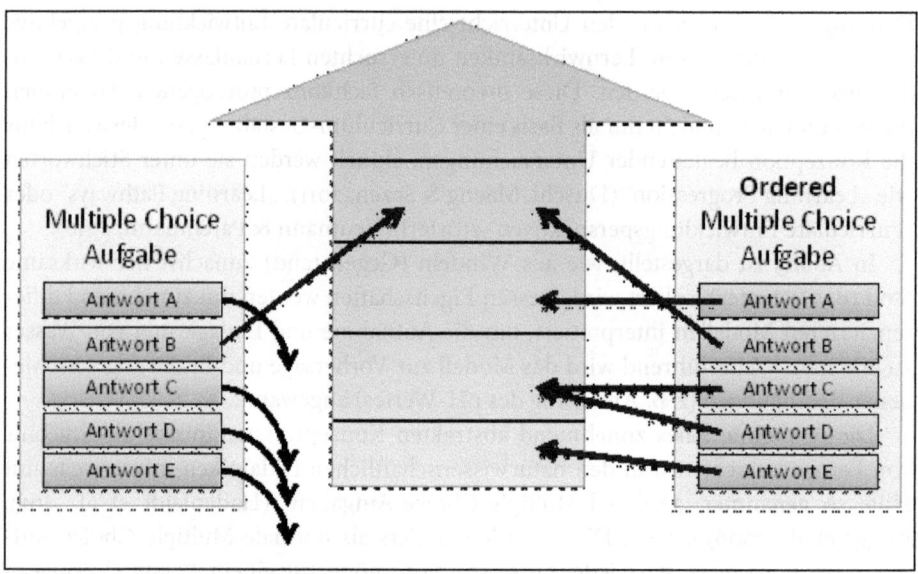

Abb. 4:   Schema zur Konstruktion von Ordered-Multiple-Choice-Aufgaben im Vergleich zu klassischen Multiple-Choice-Aufgaben (Hadenfeldt, 2013)

dementsprechend kein richtiges oder falsches Konzeptverständnis aus, sondern zeigen ein jeweils vorherrschendes Erklärungsniveau auf.

Erwartungsgemäß lassen sich bezogen auf Klassenstufen damit Entwicklungen aufzeigen und verfolgen. Bezogen auf individuelle Lernende gilt jedoch keinesfalls, dass diese geradlinig im Sinne der theoretischen Konzeptentwicklungsannahme verlaufen (Parchmann, 2013b). Hier zeigen sich vielmehr Unterschiede im Antwortverhalten zwischen einzelnen Aufgaben. Ein Faktor, der sich diesbezüglich als relevant erwiesen hat, ist der jeweilige Aufgabenkontext (vgl. auch Gogoll in diesem Band; Hammann, 2006; Broman & Parchmann, 2014; Parchmann, Bernholt, Broman & Podschuweit, 2015). So werden formal gleiche Aufgaben schon allein deshalb – nicht überraschend – unterschiedlich gut gelöst, weil Aufgabenkontexte im Unterricht unterschiedlich intensiv oder auch gar nicht behandelt worden sind (Bsp. siehe Parchmann et al., 2015). Auch der Kontext im so genannten Aufgabenstamm, dem Einführungstext, lenkt Lernende in eine bestimmte Richtung, wie das folgende Beispiel aus einer Untersuchung von Karolina Broman, Universität Umeå (Broman & Parchmann, 2014), zeigt:

Aufgabe zur Wirkung von Medikamenten im persönlichen Kontext
Wenn Du ein Medikament einnimmst, muss sich dieses im Blut lösen, um transportiert werden zu können. Blut besteht hauptsächlich aus Plasma, dieses wiederum überwiegend aus Wasser.
Gegen Kopfschmerzen gibt es zahlreiche Medikamente, unter anderem Alvedon, Treo and Ipren (Strukturformeln siehe Hilfekarten). Für eine schnelle Wirkung ist es wichtig, dass sich der Wirkstoff schnell und gut löst.
Wie kannst Du die Löslichkeit der verschiedenen Wirkstoffe erklären und bewerten?

Beispielantwort für die Bearbeitung der persönlichen Kontextualisierung
„Das Medikament muss sich *lösen in Wasser,* um ins *Blut* zu gelangen. Aber es ist auch wichtig, dass das Molekül im Magen *verdaut* werden kann, es muss absorbiert werden, dafür darf es *nicht zu groß* sein, um aus dem Magen ins Blut zu gelangen …"

In einem gesellschaftlichen Kontext kann der Fokus zum Beispiel auf den Eintrag von Wirkstoffen in die Umwelt gelegt werden, auch hier ist die Wasserlöslichkeit entscheidend.

Aufgabe zur Wirkung von Medikamenten mit gesellschaftlichem Kontext
Wirkstoffe aus Medikamenten können in die Umwelt gelangen, wenn keine Vorsichtsmaßnahmen getroffen werden, z. B. durch Ausscheidungen, unverbrauchte Reste oder industrielle Abwässer.
Gegen Kopfschmerzen gibt es zahlreiche Medikamente, unter anderem Alvedon, Treo and Ipren (Strukturformeln siehe Hilfekarten). Für eine Verbreitung ist es wichtig, dass sich der Wirkstoff schnell und gut löst.
Wie kannst Du erklären, dass sich die Wirkstoffe in der Umwelt verbreiten?

Beispielantwort zum Aufgabenstamm mit gesellschaftlichem Kontext
„Es [das Medikament] muss durch die Kläranlage, ohne zerstört zu werden, ich meine, dort gibt es eine *biologische Klärung* mit Bakterien und die verändern das Molekül nicht, es muss eine lange *Halbwertzeit haben* und *löslich in Wasser sein* …"

Der Vergleich der beiden Schülerantworten zeigt, wie die unterschiedliche Kontextualisierung und die damit verbundene Aufgabenfokussierung die Wahl der Erklärungskonzepte steuern kann: Während im Fall der persönlichen Kontextualisierung neben der Löslichkeit auch die Größe des Moleküls herangezogen wird, lenkt der gesellschaftliche Kontext im Falle dieser Beispielantwort eher in Richtung biologischer Prozesse in Kläranlagen.

Dieses Beispiel macht deutlich, wie die Wahl von Kontexten und Fachkonzepten verknüpft ist und dass die Übung und Reflexion dieser Wirkung von Kontexten zum Erarbeiten, Üben und Festigen von Fachkonzept basierten Erklärungen für die Funktion von Aufgaben als Brücken zwischen Fachunterricht und Lebenswelt folglich unverzichtbar ist. Deuten lässt sich diese Verknüpfung bspw. durch den „Knowledge in Pieces"-Ansatz nach diSessa (1993). Nach dieser Theorie liegen Konzepte gerade bei Lernenden nicht als abstrakte und kohärente mentale Theorien oder Schemata vor, sondern eher als Ansammlung von noch unverbundenen Einzelelementen. Unterschiedliche Kontexte können nun unterschiedliche Einzelelemente aktivieren, so dass eine starke Kontextabhängigkeit des Konzeptverständnisses vorliegt. Erst über wiederholte Lerngelegenheiten in diesen Kontexten festigt und etabliert sich ein Konzeptverständnis derart, dass dieses konstant und verlässlich angewendet wird (vgl. auch Parchmann, Bernholt, Broman & Podschuweit, 2015). Entsprechend ist es ebenso unerlässlich, einen Lernfortschritt kontinuierlich und bezogen auf eine konkrete Kontextsituation zu erfassen.

3.   Ausblick: Nutzung von Aufgaben für eine kontinuierliche Weiterentwicklung von Curricula und Unterricht in Forschung und Praxis

Aufgaben veranschaulichen für Lehrkräfte und Lernende Ziele und Erwartungen von Standards und Curricula, wenn sie mit entsprechenden Erläuterungen versehen werden und bspw. durch klar definierte Operatoren aufzeigen, welche Fähigkeiten und Kenntnisse angesprochen werden. Sie können damit auch schon im Prozess der Entwicklung dazu dienen, eben diese Ziele und Niveaus zu diskutieren und zu klären. Erfahrungen aus gemeinsamen Projekten von Fachdidaktiker/-inne/-n und Lehrkräften haben mehrfach gezeigt, dass dieser Verständigungsprozess sehr fruchtbar für die gemeinsame Zielklärung ist und die daraus entstandenen Produkte weiterführend in Fortbildungsmaßnahmen und zur Unterrichtsgestaltung eingesetzt werden können. Als gut geeignet hat sich beispielsweise die gemeinsame Diskussion von klassischen Schulbuchaufgaben erwiesen, verbunden mit der gemeinsamen Weiterentwicklung solcher Aufgabenkerne durch die Öffnung von Aufgaben, durch die Einbettung in einen Kontext als Aufgabenstamm oder durch die Ergänzung von Teilaufgaben für andere Kompetenzbereiche. Das Einordnen von kompetenzorientierten Aufgaben in verschiedene Bereiche und Schwierigkeitsniveaus stellt ebenfalls eine für beide Seiten – Forschung und Praxis – wertvolle Diskussionsbasis dar, um weiterführende Entwicklungsprozesse zu unterstützen.

Auch der aktuelle US-amerikanische Trend in den naturwissenschaftlichen Didaktiken, so genannte Learning Progressions auszuweisen, lässt sich mit Hilfe von Aufgaben darstellen und untersuchen, da diese die Niveaustufen mit den konkreten Inhalten verbinden, die zu ihrer Erarbeitung notwendig sind. Die Wahl geeigneter Kontexte muss dafür als ebenso bedeutsam angesehen werden wie die Festlegung der Entwicklungsbereiche oder Niveaustufen, da Kontexte sowohl motivational als auch bezüglich der Anwendung von Erklärungsstrategien und -konzepten eine steuernde Wirkung haben, wie verschiedene Studien gezeigt haben. Weitere Forschung sollte zukünftig dazu beitragen, diese Wirkungen stärker zu systematisieren und damit forschungsbasiert Hilfestellung für die Konzeption, Einbettung und Analyse von Aufgaben und Bearbeitungsergebnissen zu geben.

Literatur

Bernholt, S. (2010). *Kompetenzmodellierung in der Chemie – Theoretische und empirische Reflexion am Beispiel des Modells hierarchischer Komplexität.* Berlin: LOGOS.

Bernholt, S. (2015). Die schwierige Aufgabe mit den Aufgaben – Die Rolle von Kriterien bei der Auswahl und Gestaltung von Aufgaben für den Unterricht. *Naturwissenschaft im Unterricht – Chemie, 26* (149), 2–8.

Bernholt, S. & Parchmann, I. (2011). Assessing the complexity of students' knowledge in chemistry. *Chemistry Education Research and Practice, 12*(2), 167–173.

Bernholt, S., Parchmann, I. & Commons, M. L. (2009). Kompetenzmodellierung zwischen Forschung und Unterrichtspraxis. *Zeitschrift für Didaktik der Naturwissenschaften, 15,* 217–243.

Bernholt, S., Walpuski, M., Sumfleth, E. & Parchmann, I. (2009). Kompetenzentwicklung im Chemieunterricht. Mit welchen Modellen lassen sich Kompetenzen und Aufgaben differenzieren? *Naturwissenschaft im Unterricht – Chemie, 20*(111/112), 78–85.

Blum, W., Drüke-Noe, C., Hartung, R. & Köller, O. (2006). *Bildungsstandards Mathematik: konkret. Sekundarstufe I* (2. Auflage). Berlin: Cornelsen Scriptor.

Briggs, D. C., Alonzo, A. C., Schwab, C. & Wilson, M. (2006). Diagnostic assessment with ordered multiple-choice items. *Educational Assessment, 11,* 33–63.

Broman, K. & Parchmann, I. (2014). Students' applications of chemical concepts when solving chemistry problems in different contexts. *Chemistry Education Research and Practice, 15,* 516–529.

Brückmann, M. & Bernholt, S. (2013). Videobasierte Erfassung der Komplexitätsentwicklung im Chemie- und Physikunterricht. In U. Riegel & K. Macha (Hrsg.), *Videobasierte Kompetenzforschung in den Fachdidaktiken.* (Fachdidaktische Forschungen, Band 4) (S. 79–96). Münster: Waxmann.

Commons, M. L., Trudeau, E. J., Stein, S. A., Richards, F. A. & Krause, S. R. (1998). Hierarchical complexity of tasks shows the existence of developmental stages. *Developmental Review, 18,* 237–278.

diSessa, A. A. (1993). Toward an Epistemology of Physics. *Cognition and Instruction, 10*(2 & 3), 105–122.

Dubs, R. (2002). Science Literacy: Eine Herausforderung für die Pädagogik. In W. Gräber, P. Nentwig, T. Koballa & R. Evans (Hrsg.). *Scientific Literacy: Der Beitrag der Naturwissenschaften zur Allgemeinen Bildung* (S. 69–82). Opladen: Leske + Budrich.

Duschl, R., Maeng, S. & Sezen, A. (2011). Learning progressions and teaching sequences: A review and analysis. *Studies in Science Education, 47*(2), 123–182.

Eggert, S. & Bögeholz, S. (2006). Göttinger Modell der Bewertungskompetenz. Teilkompetenz Bewerten, Entscheiden und Reflektieren für Gestaltungsaufgaben Nachhaltiger Entwicklung. *Zeitschrift für Didaktik der Naturwissenschaften, 12,* 177–197.

Fach, M., Kandt, W. & Parchmann, I. (2006). Offene Lernaufgaben in Chemieunterricht. *Der Mathematisch-Naturwissenschaftliche Unterricht, 5*(59), 284–291.

Hadenfeldt, J. C. (2013). *Die Entwicklung der Kompetenz im Umgang mit dem Materiekonzept – Entwicklung und Validierung eines Modells zur Beschreibung einer idealisierten Entwicklung des Verständnisses von Materie in der Sekundarstufe I und II.* Dissertationsschrift. Kiel: Christian-Albrechts-Universität zu Kiel.

Hadenfeldt, J.C., Bernholt, S., Liu, X., Neumann, K. & Parchmann, I. (2013). Using Ordered Multiple Choice Items to Assess Students' Understanding of the Structure and Composition of Matter. *Journal of Chemical Education, 90*(12), 1602–1608.

Hammann, M. (2006). Kompetenzförderung und Aufgabenentwicklung. *Der mathematisch-naturwissenschaftliche Unterricht, 59*(2),85–95.

Johnson, P. (2002). Children's understanding of substances, Part 2: Explaining chemical change. *International Journal of Science Education, 24*(10), 1037–1054.

Kauertz, A. (2008). *Schwierigkeitserzeugende Merkmale physikalischer Leistungstestaufgaben. Studien zum Physik- und Chemielernen.* Band 79. Berlin: Logos.

Kauertz, A. & Fischer, H. E. (2006). Assessing Students' Level of Knowledge and Analysing the Reasons for Learning Difficulties in Physics by Rasch Analysis. In X. Liu & W. Boone (Eds.), *Applications of Rasch Measurement in Science Education* (S. 212–246). Maple Grove, MA: Jam Press.

Kauertz, A. & Fischer, H. E. (2009). Standards und Physikaufgaben. In E. Kircher, R. Girwidz & P. Häußler (Hrsg.), *Physikdidaktik.* Berlin, Heidelberg, New York: Springer.

Kleinknecht, M., Bohl, T., Maier, U. & Metz, K. (Hrsg.). (2013). *Lern- und Leistungsaufgaben im Unterricht. Fächerübergreifende Kriterien zur Auswahl und Analyse.* Bad Heilbrunn: Klinkhardt.

Klieme, E., Avenarius, H., Blum, W., Döbrich, P., Gruber, H., Prenzel, M. et al. (2003). *Zur Entwicklung nationaler Bildungsstandards.* Bonn: Bundesministerium für Bildung und Forschung.

KMK [Sekretariat der Ständigen Konferenz der Kultusminister der Länder in der Bundesrepublik Deutschland] (Hrsg.). (2004). *Bildungsstandards im Fach Chemie für den Mittleren Schulabschluss.* München: Luchterhand.

Knopp, M., Jost, J., Nachtwei, N., Becker-Mrotzek, M. & Grabowski, J. (2012). Teilkomponenten von Schreibkompetenz untersuchen: Bericht aus einem interdisziplinären empirischen Projekt. In H. Bayrhuber et al. (Hrsg.), *Formate Fachdidaktischer Forschung: Empirische Projekte – historische Analysen – theoretische Grundlegungen* (Fachdidaktische Forschungen, Band 2) (S. 47–66). Münster: Waxmann.

Neumann, K. & Parchmann, I. (2016). Learning Progressions – Einführung in das Symposium. In C. Maurer (Hrsg.), *Authentizität und Lernen – das Fach in der Fachdidaktik. Gesellschaft für Didaktik der Chemie und Physik, Jahrestagung in Berlin 2015.* Kiel: IPN.

Parchmann, I. (2013a). Wissenschaft Fachdidaktik – eine besondere Herausforderung. *Beiträge zur Lehrerbildung, 31*(1), 31–41.

Parchmann, I. (2013b). *Schülervorstellungen – Lernbarrieren oder Lernchancen?* Dokumentation zur 16. MNU-Fachleitertagung 2012 (S. 26–29).

Parchmann, I., Bernholt, S., Broman, K. & Podschuweit, S. (2015). Energie aus Kohle und Batterie?: Kontextaufgaben zum Diagnostizieren und Lernen. *Naturwissenschaften im Unterricht – Chemie, 26*(149), 35–39.

Parchmann, I., Finlayson, O., Hickmann, K. & Herzog, S. (2015). Poren nach Maß – Struktur-Eigenschafts-Beziehungen unter der chemiedidaktischen Lupe. *CHEMKON – Chemie konkret, 22*(1), 29–36.

Pellegrino, J. W., Chudowsky, N. & Glaser, R. (Eds.). (2001). *Knowing What Students Know: The Science and Design of Educational Assessment.* Washington: National Academy Press.

Podschuweit, S., Bernholt, S. & Brückmann, M. (2016). Classroom Learning and Achievement: How the Complexity of Classroom Interaction Impacts Students' Learning. *Research in Science & Technological Education, 33.* doi:10.1080/02635143.2015.1092955

Rehm, M., Stäudel, L. & Tepner, O. (Hrsg.). (2015). Mit Aufgaben diagnostizieren, unterstützen und bewerten. *Unterricht Chemie, 26*(149).

Renström, L., Andersson, B. & Marton, F. (1990). Students' conceptions of matter. *Journal of Educational Psychology, 82*(3), 555.

Schecker, H., Krüger, D. & Parchmann, I. (2014). Formate und Methoden naturwissenschaftsdidaktischer Forschung. In D. Krüger, I. Parchmann & H. Schecker (Hrsg.), *Methoden in der naturwissenschaftsdidaktischen Forschung* (S. 1–15). Berlin & Heidelberg: Springer.

Shavelson, R. J. (2007). *A brief history of student learning assessment: How we got where we are and a proposal for where to go next.* Tech. rep., Association of American Colleges and Universities, Washington.

Stäudel, L. (2007). Schlechte Zeiten für Zähne. Eine Aufgabe mit gestuften Hilfen. *Unterricht Chemie, 18*(102), 51–52.

Woitkowski, D., Riese, J. & Reinhold, P. (2014). Prospective physicists' and physics teachers' content knowledge – First Results of a Germany-Wide Study. In C. P. Constantinou, N. Papadouris & A. Hadjigeorgiou (Eds.), *E-Book Proceedings of the ESERA 2013 Conference: Science Education Research For Evidence-based Teaching and Coherence in Learning* (S. 28–37). Nicosia, Cyprus: European Science Education Research Association.

Professionalisierung durch forschendes Erfahrungslernen

Lehrkompetenzen im aufgabenorientierten Englischunterricht mit Hilfe von Unterrichtsvideos entwickeln

Marita Schocker und Andreas Müller-Hartmann

1. Einleitung

Unser Beitrag befasst sich mit der Frage, wie wir angehende und praktizierende Lehrerinnen und Lehrer dabei unterstützen können, die Englischkompetenzen ihrer Schülerinnen und Schüler durch lebensweltlich relevante Aufgaben zu entwickeln. Wir beziehen uns dabei vor allem auf die Erfahrungen und Ergebnisse eines dreijährigen Klassenforschungsprojektes, mit dem wir vom Institut für Qualitätsentwicklung im Bildungswesen (IQB) an der Humboldt Universität zu Berlin beauftragt wurden. Das IQB wurde 2004 von der Kultusministerkonferenz (KMK) gegründet, um die Implementierung der Bildungsstandards in Deutschland zu begleiten. Gemeinsam mit Englischlehrkräften aus dem ganzen Bundesgebiet (alle Schularten und Sprachlernniveaus) haben wir uns in diesem langfristig angelegten Entwicklungs- und Forschungsprozess, in dem sich Phasen der gemeinsamen Entwicklung und Reflexion von Aufgaben mit Erprobungsphasen der Aufgaben in den Englischklassen der beteiligten Lehrerinnen und Lehrer in mehreren Aktionsforschungszyklen abwechselten, mit der gemeinsamen Beantwortung folgender Forschungsfragen beschäftigt:

a) Ebene Aufgabe als Arbeitsplan: Wie können Kinder und Jugendliche darin unterstützt werden, die in den Bildungsstandards beschriebenen Kompetenzen mittels komplexer Lernaufgaben (*tasks*) zu entwickeln? Können für diese Lerngruppe (Englisch Sekundarstufe I) typische und damit auf andere schulische Kontexte der Sekundarstufe I übertragbare Aufgabenmerkmale ermittelt werden, die diese Kompetenzen angemessen modellieren? Im Projekt haben wir dazu die allgemeinen Merkmale Kompetenz entwickelnder Lernaufgaben in die vier zentralen, in den Bildungsstandards genannten Kompetenzfelder eingeteilt, für die wir jeweils entsprechende Aufgabentypen entwickelt haben, ergänzt um Aufgaben zur Überprüfung der Kompetenzen:

- Aufgaben, die kommunikative Fertigkeiten (d. h. Hör- und Hör-/Sehverstehen, Leseverstehen, Sprechen, Schreiben, Sprachmittlung) integriert entwickeln;
- Aufgaben mit einem Formfokus, die die sprachlichen Mittel Wortschatz, Grammatik, Aussprache/Intonation und Orthografie entwickeln;
- Aufgaben, die interkulturelle kommunikative Kompetenzen (IKK) entwickeln, einschließlich literaturbasierter Aufgaben;
- Aufgaben, um Lernerstrategien zu entwickeln, die in den Bildungsstandards als methodische Kompetenzen bezeichnet werden;

- schließlich Aufgaben, mit denen sich die Kompetenzen, die aus der Bearbeitung von Aufgaben resultieren, bewerten lassen.

In Kap. 3. illustrieren wir diese Entwicklungsarbeit durch ein erprobtes Aufgabenbeispiel.

b) Ebene Aufgabe als Prozess: Durch welche Lehrstrategien oder Prozesskompetenzen können die Lehrerinnen und Lehrer ihre Schülerinnen und Schüler bei der Entwicklung ihrer Kompetenzen unterstützen, d. h. wie können sie diesen Prozess gemeinsam mit ihnen initiieren, begleiten, reflektieren und auswerten? Welche Unterrichtspraktiken sind für diese Forschungsgruppe (Englischlehrer und Englischlehrerinnen der Sekundarstufe I) typisch, d. h. was ist das empirisch belegbare Allgemeine dieser Praktiken? Wir haben die Prozesskompetenzen, die wir über die Laufzeit des Projektes beobachten konnten, beschrieben, systematisiert und durch Videobeispiele illustriert.

Wir sind überzeugt, dass sich Unterrichtsentwicklung, Lehrerbildung und fachdidaktische Theoriebildung verbinden lassen und es möglich ist, die gemeinsamen Implementationserfahrungen darzustellen, die wir in den jeweiligen Sprachlernkontexten ermitteln konnten. Sie können über einen ‚Einzelfall' hinausweisen und das Exemplarische und damit Allgemeine verdeutlichen, ohne dass dabei die spezifischen Merkmale individueller Kontexte vernachlässigt werden. Wir zeigen, wie wir diesen Prozess der Kompetenzentwicklung der Lehrerinnen und Lehrer als forschendes Lernen organisiert haben (vgl. Kapitel 4).

c) Schließlich haben wir uns gefragt, wie wir unsere Erfahrungen so darstellen können, dass sie Englischlehrerinnen und -lehrer, die in anderen Kontexten arbeiten, bei der Kompetenzentwicklung ihrer Schülerinnen und Schüler unterstützen können. Denn üblicherweise werden diese Prozesskompetenzen lediglich beschrieben. Wir haben die Abschlusspublikation des Projektes um drei DVDs ergänzt, die diese Prozesskompetenzen durch ausgewählte Videobeispiele illustrieren, und diese in ein Lehrerqualifizierungskonzept integriert. Denn wir glauben, „dass man sich letztlich nur *praxisbezogen* über Unterrichtsqualität verständigen kann, d. h. Unterricht beobachtbar ist, die Kontextdaten berücksichtigt werden (zu denen in erster Linie auch die Perspektive der unterrichtenden Lehrkräfte und die Erfahrungen der Schüler/innen zählen) und auf dieser Grundlage darüber nachgedacht wird, welche Praktiken weshalb angemessen scheinen bzw. in welche Richtung eine Unterrichtsentwicklung möglich wäre" (vgl. die ausführliche Darstellung des Forschungsprozesses und der Ergebnisse in Müller-Hartmann, Schocker & Pant, 2013, S. 194). Dies illustrieren wir abschließend am Beispiel der Arbeit mit dieser Publikation (vgl. Kapitel 5).

Der Darstellung dieser Ergebnisse stellen wir eine Beschreibung unseres Kontextes voran (vgl. Kapitel 2). Sie widmet sich in einem ersten Teil der Lehrerbildung, in dem wir der gängigen Praxis Erkenntnisse der Lehrerausbildungs- und Professionalisierungsforschung gegenüberstellen, aus denen wir die Prinzipien und Verfahren unseres

Qualifizierungskonzeptes ableiten (vgl. Kapitel 2.1). In einem zweiten Teil gehen wir am Beispiel des Faches Englisch auf die bildungspolitischen Rahmenbedingungen ein, für deren professionelle Gestaltung wir angehende wie praktizierende Lehrerinnen und Lehrer in unserer Lehreraus- und -fortbildung unterstützen (vgl. Kapitel 2.2).

2. Kontext: Lehrerbildung und Bildungspolitik (am Beispiel Englisch als Fremdsprache)

2.1 Lehrerbildung: gängige Praxis, Desiderate der Lehrerausbildungs- und Professionalisierungsforschung und Qualifizierung durch forschendes Erfahrungslernen

Seit Ende der 1990er Jahre die Lehrerausbildungsforschung einsetzte, war klar, dass Praxiserfahrungen bereits in der ersten Ausbildungsphase notwendig sind, wenn sich die Lehrerausbildung auf das berufliche Selbstverständnis und die Handlungskompetenzen der angehenden Lehrenden nachhaltig auswirken soll (Freeman & Johnson, 1998). Die universitäre Lehrerbildung leitete lange ihre Inhalte und Verfahren nicht aus einer Analyse der berufsfeldbezogenen Kompetenzen ab, sondern lehrte unreflektiert, was die Fachwissenschaften erforschten (Zydatiß, 1998). Zahlreiche Folgestudien bestätigen übereinstimmend, dass es verschiedener Ansätze reflektierten forschenden Erfahrungslernens bedarf, damit sich die Angebote der Lehrerbildung auf das berufliche Selbstverständnis wie auch die Handlungskompetenzen auswirken (vgl. den Forschungsüberblick in Schocker-v. Ditfurth, 2001: Kapitel 1 und Wideen, Mayer-Smith & Moon, 1998). Es zeichnet sich ab, dass zwischenzeitlich die strukturellen Voraussetzungen dafür geschaffen wurden, da Praxisphasen verbindlich in die erste Phase der Lehrerausbildung zu integrieren sind (KMK, 2005; siehe Überblick der bundesdeutschen Situation in Schocker, 2016). Trotzdem hält sich an den Universitäten hartnäckig die Vorstellung eines Qualifizierungsmodells als Wissenstransfer: demnach kann theoretisches Wissen (z. B. vermittelt in Vorlesungen) zu einer Veränderung praktischer Handlungstheorien führen. Dieses Modell ist jedoch kaum geeignet, auf dynamische Praxiskontexte wie das Klassenzimmer vorzubereiten, da sich diese Praxiskontexte durch die Merkmale Unsicherheit, Komplexität, Einzigartigkeit, Instabilität und Wertkonflikte auszeichnen, in denen man nur dann professionell handeln und sich entwickeln kann, wenn man je spezifische Antworten für diese heterogenen Kontexte erarbeitet, dort erprobt und deren Wirkungen unter Einbeziehung der Perspektiven aller Beteiligten ermittelt und daraus Schlüsse für die weitere Arbeit zieht (Schön, 1983). Nur wenn Professionalisierungsprozesse also als *forschendes Erfahrungslernen* angelegt werden, können angehende wie praktizierende Lehrerinnen und Lehrer angemessen auf Praxiskontexte vorbereitet werden. Eine langfristig angelegte Lehrerausbildungsstudie konnte belegen, dass entsprechende Kompetenzen entwickelt werden, wenn sich die Qualifizierung an den folgenden vier aufeinander bezogenen Schritten orientiert (vgl. Schocker-v. Ditfurth, 2001):

1. Aktivieren des Erfahrungs- und Praxiswissens von angehenden und praktizie-
   renden Lehrerinnen und Lehrern, um sich so der eigenen Vorstellungen über das
   Lehren und Lernen von Sprachen bewusst zu werden und diese als Ausgangspunkt
   für Entwicklungen zu nehmen;
2. Auseinandersetzung mit relevantem publiziertem Wissen/Forschungsergebnissen,
   um die eigenen Annahmen zu prüfen und gegebenenfalls theoriegeleitet zu entwickeln;
3. Auseinandersetzung mit verschiedenen Formen von Praxiswissen (z. B. direkt erfahrbar durch die Erprobung von Aufgaben und durch kollegiale Unterrichtsbeobachtung oder dokumentiert über Videoaufzeichnungen von Unterricht);
4. Entwickeln von Handlungskompetenzen durch verschiedene Formen forschenden
   Lernens (z. B. Klassenforschungsprojekte), die relevante Perspektiven auf das Lehren und Lernen integrieren.

Da unsere Lehrerbildung im Kontext Pädagogischer Hochschulen in Baden-Württemberg stattfindet (Freiburg und Heidelberg), einer wissenschaftlichen Hochschulform
mit Promotions- und Habilitationsrecht, bei der traditionell die Berufsfeldorientierung
eine wichtige Rolle spielt, ist diese Art der gemeinsamen Forschungs- und Entwicklungsarbeit problemlos möglich. An unseren Instituten der Anglistik kommt hinzu,
dass wir unsere Aus- und Fortbildung seit Langem an den komplexen, anspruchsvollen
Anforderungen eines aufgabenorientierten Unterrichts ausrichten. Diesen illustrieren
wir zunächst durch die aktuellen bildungspolitischen Rahmenbedingungen.

2.2   Bildungspolitische Rahmenbedingungen: Englisch als interkulturelle
   kommunikative Kompetenz

Derzeit werden die Bildungspläne in Baden-Württemberg überarbeitet und liegen
in der Anhörungsfassung vor. Grundlage sind die 2004 von der deutschen Kultusministerkonferenz verabschiedeten Bildungsstandards (KMK, 2004), die sich aus der
deutschen PISA-Misere (2000) ergeben haben. In Deutschland herrscht zwar Län-
derhoheit im Bildungsbereich, aber es gibt gemeinsame Vereinbarungen der Länder
im Rahmen der KMK. Für die modernen Fremdsprachen soll es darum gehen, sie
als Kommunikationsmittel in mehrkulturellen Kontexten verwenden zu können. Die
Könnensbeschreibungen der Deskriptoren für die verschiedenen Fertigkeiten wie
auch die Festlegung der Niveaus orientieren sich am Gemeinsamen europäischen Referenzrahmen für Sprachen (Council of Europe, 2001, künftig: GER), der europaweit
die Grundlage der Bildungspläne darstellt. Positiv hervorzuheben ist, dass der Fremdsprachenunterricht deutlich handlungsorientiert und kommunikativ ausgerichtet ist
und sich am Leitziel interkultureller kommunikativer Kompetenz orientiert (und damit mit dem Primat der Grammatik bricht, das traditionell mit dem Fremdsprachenlernen assoziiert wurde). Zudem rückt jetzt das, was die Schülerinnen und Schüler mit
Sprache bereits tun können, in den Vordergrund und es geht nicht mehr – wie zuvor

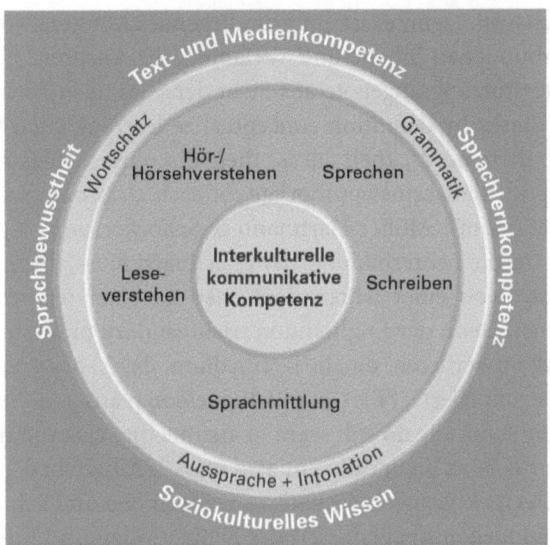

Abb. 1: Bildungsplan Englisch Sekundarstufe I, 2016, Anhörungsfassung, S. 6

durchaus üblich – um eine Defizitorientierung im Unterricht, durch die Schülerinnen und Schüler vor allem erfahren mussten, was sie noch nicht können.

Wie das Abbildung 1 zeigt, ist diese Vorstellung auch Grundlage des aktuell in der Anhörungsfassung vorliegenden Bildungsplans für Englisch in Baden-Württemberg, einem Modell, das die sprachlichen Teilfertigkeiten (Sprechen, Schreiben, Lesen, Hören, Sprachmittlung), die sprachlichen Mittel (Wortschatz, Grammatik, Aussprache und Intonation) wie auch die das Sprachenlernen begleitenden Kompetenzen und das soziokulturelle Orientierungswissen nachordnet und in den Dienst dieser komplexen Kompetenz stellt.

Dieser Bildungsplan empfiehlt auch die Aufgabenorientierung als zentrales Vermittlungsprinzip und orientiert sich in dieser Hinsicht am GER, der die Aufgabenorientierung ausdrücklich als angemessenen Sprachlernansatz empfiehlt. An dieser Stelle kann nicht auf die Gefahr von Fehlinterpretationen dieses an sich angemessenen Modells eingegangen werden, wie sie durch die Vorschläge der Konkretisierungen durch das baden-württembergische Landesinstitut vorgelegt wurden (Landesinstitut für Schulentwicklung, 2015). Stattdessen zeigen wir im nächsten Kapitel am Beispiel einer erprobten Aufgabe, wie Kinder und Jugendliche darin unterstützt werden können, die in den Bildungsstandards beschriebenen Kompetenzen mittels komplexer Lernaufgaben (tasks) zu entwickeln. Wir beschreiben dazu die Aufgabenmerkmale, die wir in unserer Forschung ermittelt haben, durch welche sich diese Kompetenzen angemessen modellieren lassen.

3.   Die Merkmale Kompetenz entwickelnder Lernaufgaben Englisch

Die Kompetenzen, die Lehrerinnen und Lehrer zur qualitätsvollen Bewältigung eines aufgabenorientierten, interkulturell ausgerichteten Englischunterrichts entwickeln, sind sehr anspruchsvoll. Denn es ist ein grundlegendes Merkmal von Aufgaben, dass die mit ihnen verbundenen Inhalte und Verfahren, ihr Anspruchsniveau und die sie begleitenden Unterstützungsangebote aus Sicht der jeweiligen Lernenden konzipiert werden müssen: „Tasks by definition conceptualize learning from the learners' perspectives, that is, their needs, their ideas, their discourses, their competences, and the resulting support that seems appropriate for each classroom and each individual learner in this classroom" (Müller-Hartmann & Schocker, 2013, S. 87). Dies ist eine Herausforderung für die Lehrerbildung, der es gelingen muss, diesen grundsätzlichen Perspektivenwechsel von einer lehrerorientierten zu einer lernerorientierten Perspektive zu erreichen. Denn der Englischunterricht ist dazu prädestiniert, die Lernenden aus dem Blick zu verlieren, da ein Leitmedium, das Lehrwerk, den Lernprozess kleinschrittig vorstrukturiert: „(T)extbooks and lesson plans and the way teachers are trained to use them, typically do still seem to assume that classroom learners are best treated, to put it crudely, as 'an undifferentiated mass'" (Allwright & Hanks, 2009, S. 5). Nur durch einen Perspektivenwechsel kann es Lehrerinnen und Lehrern gelingen, den heterogenen, individuellen Bedürfnissen der Schülerinnen und Schüler einer Klasse gerecht zu werden und ihre individuell verschiedenen Sprachlernprozesse angemessen zu unterstützen. Was aber heißt das konkret? Wir stellen nachfolgend am Beispiel eines Rahmenthemas (‚Wie Menschen miteinander leben') die fünf Aufgabenmerkmale vor, die wir in unserer Forschung identifizieren konnten. Sie illustrieren, was Lehrerinnen und Lehrer bereits bei der Planung, Auswahl oder Überarbeitung einer Aufgabe können müssen, damit sie die Englischkompetenzen *lernerorientiert* konzipieren (vgl. ausführliche Darstellung in Müller-Hartmann, Schocker & Pant, 2013, S. 36–62). Die Beispielaufgabe wurde von Marita Schocker entwickelt, in einer 7. Klasse unterrichtet und ausgewertet.

3.1   Aufgabenmerkmal 1: Aufgaben motivieren die Schülerinnen und Schüler, sich engagiert auf ihre Bearbeitung einzulassen.

Gelingt es nicht, die Schülerinnen und Schüler für die Bearbeitung eines Themas zu interessieren, werden sie auch nicht die Energie investieren, die zu ihrer erfolgreichen Bearbeitung notwendig ist (vgl. dazu auch Van den Branden, 2006).

Aufgaben erfüllen dieses Kriterium, wenn die folgenden drei Prinzipien berücksichtigt werden:

a) Inhalte unter Beteiligung der Schülerinnen und Schüler auswählen, die lebensweltlich relevant sind.
b) Den Schülerinnen und Schülern den Raum (die Gelegenheit und die Zeit) geben, vorhandene Kompetenzen zu zeigen, sie wahrnehmen, wertschätzen und entwickeln.
c) Den (funktionalen, kommunikativen) Zweck der Aufgabe klären und die Adressaten klären, an die sich ihre Mitteilung richtet.

Zum Rahmenthema ‚Wie Menschen miteinander leben' bot das Lehrwerk verschiedene Aktivitäten an: die Schülerinnen und Schüler sollten zunächst ihre Vorstellungen zum Thema *What is home?* austauschen, prozessbegleitend ein *wordweb* zum Thema *home/family/friends* erstellen, um so ihre inhaltlichen Assoziationen und die sprachlichen Mittel zu aktivieren. In einem nächsten Schritt wurde die Erstellung eines Gruppengedichtes angeregt, zu dem zwei Modelltexte bereitgestellt wurden. Die Schülerinnen und Schüler der Erprobungsklasse konnten sich mit der Gedichtidee nicht identifizieren und regten stattdessen an, das Thema nicht auf die Familie zu beschränken, sondern auch ihre Nachbarschaft einzubeziehen, die für diese Klasse eine wichtige Rolle spielte. Gemeinsam mit den Schülerinnen und Schülern entwickelten wir deshalb eine neue Aufgabe, deren Ziel es war, sich mit anderen über das Leben in ihren Straßen auszutauschen (*Exchanging ideas about what life in our streets is like*). Damit war das Thema für diese Klasse lebensweltlich relevant und erlaubte ihnen, sich über die für sie wichtigen individuellen Erfahrungen und Bedürfnisse auszutauschen (vgl. a)). Nach einer gemeinsamen Ideensammlung (Worüber möchten wir uns austauschen? Was wäre interessant?) konnten sich die Schülerinnen und Schüler zunächst individuell über eine vorbereitende Hausaufgabe mit dem Thema beschäftigen und die Assoziationen zum Leben in ihrer Straße notieren. Dabei wurden sie durch eine von uns vorbereitete textspezifische Sprachproduktionshilfe unterstützt (z. B. *There is …/ there are …* als eine typische Form bei beschreibenden Textgenres). Dadurch konnte sich jedes Kind unterschiedlich auf die Bearbeitung der Aufgabe einlassen, je nach Interesse und Können (vgl. b)). Anderntags tauschten sie sich zunächst in ihrer Gruppe textgestützt über ihre Gedanken aus. Damit konnten sie bestimmen, worüber sie reden wollten und dabei ihre je individuell ausgeprägten Kompetenzen zeigen und in der Auseinandersetzung mit den Fragen und Kommentaren der anderen Kinder in der Gruppe entwickeln. Parallel dazu erstellte jede Gruppe aus ihren Texten ein *word web* (Endversion beim Aufgabenmerkmal 3 dargestellt, S. X). Adressaten waren hier zunächst die Mitschülerinnen und -schüler, Ziel aber war es, ihre Erfahrungen mit denen ihrer englischen Partnerschule auszutauschen und zu vergleichen (vgl. c)).

3.2 Aufgabenmerkmal 2: Aufgaben sind komplex

Kompetenz entwickelnde Aufgaben „bieten lediglich einen Rahmen für diverse Lerneraktivitäten und Lernwege an, die die Schüler/innen nach individuellem Können und jeweiliger Interessenlage ausfüllen. (…)" Das heißt aber nicht, dass für jede Schülerin und jeden Schüler eine individuelle Aufgabe entwickelt wird. Stattdessen bearbeiten im Idealfall alle Schülerinnen und Schüler einer Lerngruppe dieselbe Aufgabe, zu deren erfolgreicher Bewältigung sie *support systems* unterschiedlich stark nutzen und die sie zu unterschiedlichen Ergebnissen bezogen auf die inhaltliche und sprachliche Qualität führen" (Müller-Hartmann, Schocker & Pant, 2013, S. 42). Damit Schülerinnen und Schüler adäquat auf die komplexen, letztlich unplanbaren außerschulischen Diskurse vorbereitet werden, bedarf es eines sinnvollen Rahmens durch Aufgaben, in denen sie sich sprachlich und inhaltlich nach ihren individuellen Bedürfnissen, Anliegen und auch ihrem sprachlichen Können austauschen können. So wird der Heterogenität der Lerngruppe Rechnung getragen, unterschiedliche Lernergebnisse sind das Resultat. Für die Beispielaufgabe hieß dies konkret, dass die Schülerinnen und Schüler unterschiedliche Ressourcen in den Prozess einbrachten, die von Fotos, Zeichnungen, Strassenplänen über Anekdoten und Erzählungen reichten, die sie mit dem Thema assoziierten und in die unter 3.1 beschriebene, vorbereitende Hausaufgabe zunächst individuell einbrachten. Die Lernertexte variierten entsprechend (für eine Auswahl der Lernertexte, die aus der Bearbeitung der Aufgabe resultierten, sowie eine Analyse der von den Lernenden verwendeten Ressourcen und Kommunikationsstrategien vgl. Müller-Hartmann, Schocker & Pant 2013, S. 59–62).

3.3   Aufgabenmerkmal 3: Aufgaben integrieren einen Formfokus, der den Lernprozess der Schülerinnen und Schüler unterstützt

Ein bewusster Fokus auf die sprachlichen Formen, derer sich die Schülerinnen und Schüler bedienen, um sich auszudrücken, unterstützt den Spracherwerb. Deshalb sieht jede Aufgabe eine Möglichkeit vor, die vielfältigen, individuell oder in Gruppen erarbeiteten Redemittel festzuhalten und zu systematisieren. Entschieden werden muss, auf welche sprachlichen Mittel sich ein Formfokus sinnvollerweise bezieht. Dies kann beispielsweise ein Wortfeld in *chunks* (s. Müller-Hartmann & Schocker, erscheint 2016), ein bestimmtes Grammatikthema oder die interkulturelle Angemessenheit eines Textes sein. Ebenfalls ist zu entscheiden, zu welchem Zeitpunkt ein Formfokus am besten integriert wird. Je nach den Voraussetzungen der Lerngruppe und der Art des Diskurses kann dieser Formfokus vor der Bearbeitung einer Aufgabe, prozessbegleitend oder reaktiv, die Bearbeitung einer Aufgabe reflektierend, eingeplant werden. In unserer Beispielaufgabe kamen alle drei didaktischen Orte zum Einsatz: durch im Vorfeld bereitgestellte Redemittel (*chunks: there is …/are …*), prozessbegleitend durch das von den Schülerinnen und Schülern erstellte thematische *word web* (siehe Abb.2) sowie durch eine abschließende *peer review* – Schreibkonferenz zur Überarbeitung der Texte. Das untenstehende *wordweb*, das die verbindlich für die Klasse gemeinsam erarbeiteten sprachlichen Mittel zum Thema der Aufgabe systematisiert, resultierte aus den individuell erarbeiteten Erstentwürfen der Lernenden. Sie notierten sich zunächst in Gruppen diejenigen *chunks*, die sie zur sprachlichen Bewältigung der Aufgabe verwendeten. Dabei verständigten sie sich auch auf eine thematische Struktur (siehe die 4 Überschriften im *wordweb*). Die Lehrerin stellte dann aus allen Gruppenprotokollen *ein* formal korrektes *wordweb* für die Klasse zusammen, das dann auch die Grundlage einer Klassenarbeit sein kann und fortlaufend von den Schülerinnen und Schülern genutzt werden kann (je nach Umfang der Aufgabe). In dieser Aufgabe waren dies beispielsweise die *chunks* aus den E-Mails, die sie von der Partnerklasse zum Thema erhielten. Es können aber auch solche sein, die sie narrativen Texten zum Thema entnehmen, wenn das Thema ausführlicher bearbeitet werden soll.

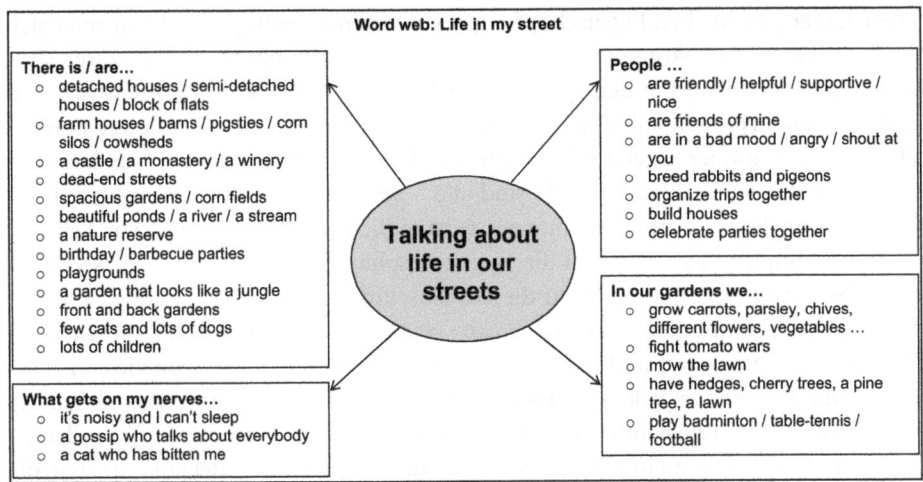

Abb. 2: Prozessbegleitend entstandenes wordweb der Beispielaufgabe ‚Life in my street'

3.4 Aufgabenmerkmal 4: Aufgaben leiten zur Arbeit in problembearbeitenden Formen an und ermöglichen Interaktion

Im Unterschied zu vielen Schulfächern ist Englisch nicht in erster Linie ein Gegenstand, sondern ein Kommunikationsmittel, mit dem sich Menschen mündlich und schriftlich über Inhalte verständigen. Dem müssen Aufgaben dadurch Rechnung tragen, dass sie Aushandlungsprozesse (Interaktion) integrieren: Die Schülerinnen und Schüler entwickeln Kompetenzen in der Interaktion, indem sie im geschützten Rahmen mit der Sprache experimentieren und im Prozess erfahren können, ob sie kommunikativ erfolgreich sind. Es ist also nicht etwa so, dass sie *zunächst* die sprachlichen Mittel lernen, um sie *danach* anzuwenden. Sie erlernen eine Sprache, indem sie probehandelnd mit ihr umgehen, und in diesem Prozess lösen sie gemeinsam sprachliche Probleme, die sich im Prozess ergeben. Dazu bedienten sie sich vielfältiger Kommunikationsstrategien, die wir anhand typischer Beispiele aus den Lernertexten illustrieren, die aus der Bearbeitung der Beispielaufgabe hervorgingen:

- Wörtliche Übersetzungen aus dem Deutschen: *Where the party *rises* (wo die Party steigt);
- Vermischung von Erst- und Zielsprache (*code-mixing*): **Winzerparty* (*wine festival*);
- Übergeneralisierung der Grammatik der Erstsprache: *every year in the summer we *do a house party*;
- Kreatives Experimentieren mit vorhandenen Redemitteln: *we *dong at his house and run away* (= *ring his doorbell*); a **speak woman* (ein Klatschweib, *a gossip*);
- Paraphrasieren: *In my street all the people had to build a big house because the townhall had fixed that so* (= Bauvorschriften laut Bebauungsplan der Gemeinde einhalten); *Another neighbour always improves *the car which is very fast* (das KFZ tunen).

Diese lernersprachlichen Eigenschöpfungen sind ein notwendiges Merkmal einer sich entwickelnden Sprachkompetenz, die im Laufe der Zeit immer formal korrekter, situativ angemessener und in den sprachlichen Mitteln differenzierter werden wird. Ein individuelles Erproben sollte in jeder Sprachlernphase unbedingt ermutigt werden. Dabei geht es immer in erster Linie um die Verständlichkeit dessen, was kommuniziert werden soll. Obige Beispiele sind alle – auch wenn noch nicht zielsprachlich korrekt – im Kontext des Gesamttextes verständlich. Und eine ‚Angst vor Fehlern', die auch heute noch gelegentlich die Lernatmosphäre in Fremdsprachenklassenzimmern bestimmt, verhindert das in diesem Abschnitt grundlegend wichtige kreative Experimentieren mit den – individuell ganz verschieden vorhandenen – sprachlichen Ressourcen. Ob, wann und durch wen sie korrigiert werden, hängt von vielen Faktoren ab, die hier nur angedeutet werden können: Sind die Schülerinnen und Schüler beispielsweise den selbständigen Umgang mit Korrekturprogrammen und Lexika gewohnt und können gemeinsam in der Gruppe diejenigen Redemittel überarbeiten, die ihnen das Programm anzeigt (beispielsweise werden Grammatik- und Rechtschreibfehler durch manche Programme verschiedenfarbig markiert/unterkringelt)? In dem Fall ist die Lehrkraft lediglich beratend oder prozessbegleitend erforderlich. Sie wird dann diejenigen Beispiele notieren, die für die ganze Klasse in einer Formfokus-Phase thematisiert werden sollten (vgl. oben). Die Beantwortung der Frage hängt auch davon ab, an welche Adressaten sich ein Text richtet. Das Bedürfnis und die Notwendigkeit nach Korrektheit und damit auch die Motivation, sich dieser Frage zu widmen, ist dann sehr ausgeprägt, wenn es sich um Zielsprachensprecher handelt.

3.5   Aufgabenmerkmal 5: Aufgaben stimmen Anforderungen (task demands) und Unterstützungsangebote (task support) aufeinander ab, sodass alle Schülerinnen und Schüler produktiv mit ihnen arbeiten können und weder über- noch unterfordert sind

Dazu bietet eine Aufgabe verschiedene Möglichkeiten. In unserem Beispiel der offenen Sprachproduktionsaufgabe hat sich für die Schülerinnen und Schüler das Anforderungsniveau dadurch ergeben, dass sie mehr oder weniger geschrieben haben und dies sprachlich einfacher oder komplexer gemacht haben, je nach ihren Möglichkeiten. Aber alle konnten sich mit der Aufgabe identifizieren und haben sich engagiert auf die Bearbeitung eingelassen, weil das Aufgabenmerkmal 1 berücksichtigt wurde (s. 3.1). Die Unterstützungsangebote der Beispielaufgabe bestanden aus einer gemeinsamen Ideensammlung vor der Bearbeitung der Aufgabe, bereitgestellte Sprachproduktionshilfen und in der Klasse etablierte Routinen im Umgang mit Lexika sowie mit Überarbeitungsprozessen in Gruppen-Schreibkonferenzen, die von allen genutzt wurden. Eine nachträgliche Analyse der Lernertexte ergab, dass all diese Elemente für die erfolgreiche Bearbeitung der Aufgabe relevant gewesen waren (vgl. Müller-Hartmann, Schocker & Pant 2013, S. 59–62). Dabei entstand im Prozess ein Wortfeld mit sprachproduktionsunterstützenden *chunks* (s. o.), eine weitere Unterstützung bot ein abschließender Formfokus, der zum Genre *describing* passte und die Formfehler fokussierte, die prozessbegleitend durch die Lehrerin gesammelt worden waren.

Um das Anforderungsniveau und Unterstützungsangebote einer Aufgabe aufeinander abstimmen zu können, ist es aber auch möglich, dass die Schülerinnen und Schüler aus unterschiedlichen Aufgabenangeboten *auswählen,* was durch die neuen Lehrwerke unterstützt wird. Diese bieten zwischenzeitlich meist Zusatzaufgaben in einem *More-Teil* und viele Unterstützungsangebote (Übungen, Methodentraining) an.

4. Ein Lehrerbildungsmodell, das Kompetenzen zum aufgabenorientierten Unterrichten durch das Prinzip des forschenden Lernens entwickelt

Soll Unterrichtsentwicklung nachhaltige Wirkungen erzielen, sind langfristig angelegte Entwicklungsprojekte erforderlich, in deren Verlauf die beteiligten Lehrkräfte und die Lernenden eine forschend-verstehende Haltung entwickeln können, die sie dazu befähigt, gemeinsam und kontinuierlich an der Entwicklung ihrer Lernumgebungen zu arbeiten. Ohne eine Einbeziehung ihrer Perspektiven können keine validen Aussagen über Kompetenzentwicklungsprozesse gemacht werden. Lange haben sich Lehrende ausschließlich als Unterrichtsplanende verstanden. Die Frage, welche Kompetenzen die Lernenden im Umgang mit der englischen Sprache bereits aus anderen Kontexten mitbringen (beispielsweise durch deren Beschäftigung mit jugendkulturellen, medial vermittelten Themen in der Zielsprache) und wie diese konstruktiv zur Kompetenzentwicklung einbezogen werden können, wurde demgegenüber oft vernachlässigt. Auch die Frage danach, wie sich eine Aufgabe *aus Sicht der Lernenden* auf deren Kompetenzentwicklung auswirkt, wurde oft nicht gestellt (beispielsweise *Was fiel uns eher leicht/eher schwer, weshalb? Was haben wir gelernt, weshalb? Welche zusätzlichen Unterstützungsangebote wären sinnvoll gewesen?*). Heute wird durch die bereits in der Lehrerausbildung vermittelte Schulung diagnostischer Kompetenzen oder durch die Entwicklung von Feedbackwerkzeugen, durch die Lernende sich aktiv in ihren Lernprozess einbringen können, diese Lernerperspektive im beruflichen Selbstverständnis angelegt.

4.1 Forschungsansatz

Wir haben uns für die Aktionsforschung als Forschungsstrategie entschieden, da sie uns gegenstandsangemessen erscheint, denn sie geht von folgenden Annahmen aus (vgl. Altrichter & Posch, 2010, S. 803; Burns, 2010):

1) Die *Entwicklung* und *Erforschung* von Lernumgebungen und Lehrkompetenzen sind keine methodologisch getrennten Prozesse, sondern zwei aufeinander bezogene Teile *eines* Forschungsprozesses, in dessen Verlauf die Lehrerinnen und Lehrer

Kompetenzen entwickeln, die sich unmittelbar auf die Qualität ihrer Fremdsprachenvermittlung auswirken.

2) Lehrerinnen und Lehrer (und deren Schülerinnen und Schüler) werden als ernstzunehmende *Mitforscherinnen und Mitforscher* einbezogen, sie sind keine ‚Forschungsobjekte'. Die Beziehung zwischen Forschenden und Lehrenden ist gleichberechtigt, das jeweilige Expertenwissen wird wechselseitig anerkannt und respektiert. Lehrerinnen und Lehrer werden nicht darauf reduziert, Wissen anzuwenden. Sie sind in der Lage, selbst Wissen zu produzieren, haben also einen aktiven Anteil an der gemeinsamen Entwicklungsarbeit.

3) Lehrende und Forschende verfügen über ein je spezifisches berufsfeldbezogenes Erfahrungs- und Expertenwissen, das dann für beide Seiten fruchtbar werden kann, wenn die *Kommunikation* in einem *gleichberechtigten, die unterschiedlichen Rollen und Kompetenzen anerkennenden Austausch* geführt wird. Lehrerinnen und Lehrer haben in der Regel keine oder nur geringe forschungsmethodische Kompetenzen und sind hinsichtlich des aktuellen Forschungsstands in den relevanten Disziplinen und den darauf bezogenen Forschungsmethoden kaum informiert. Forscherinnen und Forscher hingegen wissen wenig von den komplexen Herausforderungen der Unterrichtspraxis und müssen die sie definierenden Faktoren verstehen lernen, damit ihre Problemlösungen *praktikabel* sind.

4) Forschungsstrategisch wird die Aktionsforschung der *Perspektivität jeder Erkenntnis und Forschung* gerecht. Durch unterschiedliche Verfahren der kommunikativen Validierung und Triangulation sowie ein entsprechendes Sampling können auch durch diesen Feldzugang valide Daten erhoben werden, die sich auf ihre fallübergreifenden Merkmale hin kategorisieren lassen. In unserem Forschungsprojekt wurden die Kategorien durch alle Beteiligten aus den vorliegenden Datensätzen ermittelt (vgl. die Übersicht in Müller-Hartmann, Schocker & Pant, 2013, S. 20). Beispielsweise wurde eine erste vorläufige Kategorisierung immer den Lehrenden vorgestellt und deren Angemessenheit bzw. Übereinstimmung mit ihren Perspektiven diskutiert. In der Regel aber war diese gemeinsame Kategorienfindung bereits im Forschungsprozess angelegt, da bei Aufgabenentwicklung und -analyse immer die Sichtweise der Lehrenden und ihrer Lernenden integriert wurde (für eine ausführliche Darstellung der einzelnen Instrumente siehe Müller-Hartmann, Schocker & Pant, 2013, S. 182–203).

Für den Bereich der Angewandten Linguistik hat Dörnyei (2007) gefordert, die Kluft zwischen Lehrenden und Forschenden zu überbrücken, und er hat die Aktionsforschung als idealen Weg propagiert, diese Empfehlung aber gleichzeitig mit einer skeptischen Einschätzung hinsichtlich ihrer Realisierungsmöglichkeit verbunden:

> (A)lthough it [action research] is undoubtedly a noble idea, it just does not seem to work in practice (…): teachers usually lack (a) the time, (b) the incentives, and (c) the expertise or professional support to get meaningfully engaged with research. (…) Although, classroom practitioners tend to be very busy, if not overworked, my experience is that many of them could be motivated to engage in some meaningful exploration activity (…) if there was some

institutional *incentive* for it in the form of, for example, official recognition, financial reward, or release time. This, however, hardly ever happens (Dörnyei, 2007, S. 191 f.).

Diese Einschätzung trifft auch für unseren Kontext zu, in dem traditionell Forschung und Unterricht an verschiedenen Institutionen angesiedelt sind, die sich in ihrem Selbstverständnis und ihren Aufgabenbeschreibungen unterscheiden (und für die unterschiedliche Ministerien zuständig sind). Kooperationen zwischen Schule und Hochschule sind deshalb oft problematisch. Als uns die langfristig angelegte Kooperation mit Lehrerinnen und Lehrern sowie deren Klassen durch das IQB in Aussicht gestellt wurde, sahen wir darin die Chance, durch Forschung an der Entwicklung einer wichtigen bildungspolitischen Maßnahme mitwirken zu können. An der Beschreibung der Organisation des Forschungs- und Entwicklungsprozesses werden wir illustrieren, wie sich die Kompetenzentwicklung der beteiligten Lehrerinnen und Lehrer mit unseren Forschungsinteressen ideal verbinden ließ.

4.2 Forschung und Kompetenzentwicklung durch kollegiale Planung, Reflexion und Dokumentation in Fallstudien

Gemeinsam mit Englischlehrkräften der Sekundarstufe I aller Schularten haben wir Lernaufgaben für deren heterogene schulische Kontexte gemeinsam entwickelt, die sie in ihren Klassen erprobten und deren Wirkungen sie unter Einbeziehung weiterer Perspektiven (der Lernenden und teilnehmender Kolleginnen und Kollegen) analysierten. Ihre Erfahrungen haben sie in videografiegestützten Fallstudien dokumentiert und ausgewertet. Der Forschungs- und Entwicklungsprozess wurde wie folgt organisiert:

a) Organisation des Arbeitsprozesses als Blended Learning

Wir haben den gemeinsamen Arbeitsprozess in 3 Phasen organisiert, wobei sich Präsenzphasen (fünf 3-tägige Workshops am IQB an der Humboldt Universität zu Berlin) und virtuelle Phasen (Beratung, Begleitung, Reflexion) abwechselten.

b) Planung der Klassenforschungsprojekte, Aktivieren und Bündeln des Erfahrungswissens der Lehrerinnen und Lehrer, Vergleich mit den publizierten Ergebnissen der Lernaufgabenforschung

Im ersten Workshop wurden die Lehrerinnen und Lehrer in die Verfahren der Klassenforschung eingeführt, die unterschiedliche Instrumente der Datenerhebung und -auswertung zur Einbeziehung der Perspektive ihrer Schülerinnen und Schüler sowie weiterer teilnehmender Beobachter umfasste (vgl. Altrichter & Posch, 2010; Dörnyei, 2007). In jedem der fünf zentralen Workshops wurde ein Entwicklungs- und Forschungszyklus initiiert, der die Kompetenzbereiche der KMK-Bildungsstandards abbildete (KMK, 2004), wobei jeweils eine Dimension der KMK-Kompetenzen bearbeitet wurde.

Da uns an einem kollegialen Austausch über die jeweilige Schulart hinaus gelegen war, fand die gemeinsame Planung der Lernaufgaben in lernniveauhomogenen Lehrerteams statt, d. h. Lehrerinnen und Lehrer verschiedener Schularten arbeiteten in Teams für die Lerngruppen 5/6, 7/8 und 9/10 zusammen. Die Lernaufgabenentwicklung ging von der Situationsanalyse als Voraussetzung der Planung lernerbezogener Handlungsentwürfe aus, zu denen in unserem Kontext das Lehrwerk zählt, das Lernaufgaben unterschiedlicher Qualität und Anzahl enthält (vgl. Müller-Hartmann & Schocker, 2011: Kapitel 4, *Developing a TSLL framework*). Die Lehrerinnen und Lehrer gingen von den Aufgabenvorschlägen in ihren jeweiligen Lehrwerken aus und schrieben die Lehrwerkaufgaben so um, dass sie den Prinzipien guter Lernaufgaben entsprachen (s. u.). Während dieser Planungsphase wurden sie kontinuierlich durch uns unterstützt.

Das Prinzip der *Teilnehmerorientierung* war handlungsleitend sowohl bei der Organisation der Workshops als auch bei der virtuellen Betreuung während der Erprobungsphasen in den Klassenzimmern. Sie wurden deshalb nach dem fortbildungsdidaktischen Prinzip *ERA* (*Experience – Reflection – Application*, vgl. Legutke, 1995) organisiert, von dem die Fortbildungsforschung unmittelbare Wirkungen auf die Praxis nachweisen kann (vgl. Schocker-v. Ditfurth, 1992; 2001; 2002):

- *Experience*: Die Workshops begannen jeweils mit einer Phase des Erfahrungsaustausches, zu dem die Teilnehmerinnen und Teilnehmer gebeten wurden, ihr Erfahrungswissen aus ihrem Unterricht konkretisiert in Form von Lernaufgaben und daraus resultierenden Lernertexten mitzubringen und die Brennpunkte und Herausforderungen (*issues*) zu reflektieren. Ausgehend von dieser Auseinandersetzung mit dem Praxiswissen der Lehrerinnen und Lehrer erhielten die Teilnehmerinnen und Teilnehmer *Input* zu Ergebnissen der Lernaufgabenforschung (vgl. Zusammenfassung in Müller-Hartman & Schocker-v. Ditfurth, 2011), das ebenfalls anschaulich in Form von Lernaufgaben und entsprechender Lernerprodukte präsentiert wurde (die Lernaufgaben wurden von uns zuvor in Klassenzimmern erprobt). Dieser Austausch bereitete die kooperative Planung von Lernaufgaben für ihre Klassen vor.
- *Reflection*: Dem schloss sich eine Reflexionsphase an, in der Forschungsergebnisse und Aufgabenalternativen auf ihre Praktikabilität und Angemessenheit für die jeweiligen Sprachlernkontexte hin diskutiert und weiterentwickelt wurden.
- *Application*: Der Workshopzyklus endete mit der kooperativen Planung von Lernaufgaben für die Klassenzimmer der Lehrerinnen und Lehrer zu dem jeweils von ihnen für ihre Klassen fokussierten Thema der Kompetenzbereiche der KMK.

c) Erprobung der Lernaufgaben in den Klassenzimmern und Begleitforschung

Bis zum nächsten zentralen Workshop erprobten die Lehrerinnen und Lehrer die Lernaufgaben in ihren Klassen und dokumentierten ihre Erfahrungen in Fallstudien, die sie beim nächsten Workshop präsentierten und zur Diskussion stellten. Der Prozess wurde von uns kontinuierlich virtuell begleitet: Zunächst kommentierten wir die erste Version der Lernaufgaben und schlugen gegebenenfalls Alternativen vor (fragegeleitet-verstehend, vgl. Schocker-v. Ditfurth, 2002). Die überarbeitete Lernaufgabe wurde dann unterrichtet, videografiert und die Perspektiven der Schülerinnen und Schüler, der unterrichtenden Lehrerin sowie weiterer teilnehmender Kolleginnen und Kollegen erhoben (zum Einsatz von Videografien in den Fremdsprachendidaktiken zur Dokumentation und Analyse des Unterrichts [Fortbildungsfunktion] vgl. den Überblick von Schramm & Aguado, 2010). Eine Kopie der Videos ging an uns und die Lehrerinnen und Lehrer. Beide Gruppen wählten die *critical incidents* aus, die aus ihrer jeweiligen Perspektive die Brennpunkte der Kompetenzentwicklung durch Lernaufgaben markieren (offene Retrospektion). Für uns hatten die Videos eine zweifache Funktion: Um Forschungs- und Fortbildungsinteressen verbinden zu können, gaben wir den Lehrerinnen und Lehrern zunächst eine Rückmeldung zu ihrem durchgeführten Unterricht, die diese erneut kommentierten, um danach ihre Endversion der Lernaufgabe als Arbeitsplan in einer quasi idealtypischen erprobten und reflektierten Version zu erstellen. Aus Forschungsperspektive interessierte uns, welche für die Gruppe der Lehrerinnen und Lehrer gemeinsamen Brennpunkte bei der Implementation von Lernaufgaben feststellbar waren (Fokus: explorativ, theoriegenerierend; Forschungsfragen siehe oben). Die Lehrerinnen und Lehrer dokumentierten diesen Prozess in ihren Fallstudien, die sie uns abschließend für die Kategorienbildung zur Verfügung stellten.

d) Präsentation und Diskussion der Erfahrungen bei den zentralen Workshops

Bei den Folgeworkshops wurden diese Erfahrungen jeweils diskutiert, die Perspektiven aller Beteiligten ausgetauscht und unklare Punkte geklärt. Danach wurde ein neuer Aktionsforschungszyklus mit einem neuen Themenschwerpunkt (s. o.) initiiert. Sämtliche Diskussionen wurden für die Auswertung (Kategorisierung) der Implementationserfahrungen der Lehrerinnen und Lehrer videografiert. Als Ertrag liegen für jeden Themenkomplex und Forschungszyklus Fallstudien vor, die folgende Daten enthalten:

- Berufliches Selbstverständnis der Lehrerin/des Lehrers
- Lernaufgaben (*task as workplan*): 1. Version – Kommentierung – 2. Version
- Videografierte Lernaufgabe (*task in process*): Perspektiventriangulation
- Auswahl von *critical incidents* und deren Reflexion.

5.   Das Implementationskonzept: Durch unsere Erfahrungen die Arbeit der Kolleginnen und Kollegen in anderen Kontexten unterstützen

Wir haben unsere Erfahrungen und Ergebnisse so aufbereitet, dass sie die Arbeit der Kolleginnen und Kollegen in anderen Kontexten unterstützen und diese zur Diskussion und Entwicklung ihrer Arbeit anregen. Alle von uns im Rahmen des hier beschriebenen Projektes entwickelten Materialien (ca. 100 komplexe Lernaufgaben und 80 videografierte Unterrichtsmitschnitte) haben wir deshalb mit einem Lehrerbildungskonzept verbunden, das sich am Prinzip forschenden Lernens orientiert.

Wir haben zunächst diesen Aufgabenpool nach den Kompetenzen der Bildungsstandards systematisiert. Zudem haben wir die entsprechenden Prozesskompetenzen der Lehrenden, mit denen sie die Kompetenzentwicklung ihrer Schülerinnen und Schüler initiieren, begleiten und gemeinsam mit ihnen auswerten können, kategorisiert und durch eine Auswahl zahlreicher Unterrichtsvideos illustriert – jeweils für unterschiedliche Aufgabentypen, mit denen wir uns auseinandergesetzt haben (siehe Überblick in Müller-Hartmann, Schocker & Pant, 2013, S. 184).

In unterschiedlichen Aus- und Fortbildungskontexten der Fremdsprachenlehrerbildung konnten wir belegen, dass es günstig ist, Reflexions- und Veränderungsprozesse *aufgabengeleitet* in den oben beschriebenen drei Schritten zu organisieren (siehe auch Legutke, 1995, S. 8–10; Schocker-v. Ditfurth, 2008). Ein beständiger Wechsel von praktischer Erprobung (Aktion, Experimentieren) und Nachdenken über die erzielten Wirkungen (Reflexion) kennzeichnet die Unterrichtsentwicklung. Die Reflexionsfragen, die wir mit unseren Materialien (Kompetenzaufgaben und Unterrichtsmitschnitte) verbinden, folgen dieser Struktur.

Erster Schritt: Das eigene Erfahrungswissen aktivieren und sich mit anderen darüber austauschen (E)

Reflexionsfragen aktivieren zunächst das Erfahrungswissen, da ein Bewusstwerden der eigenen Vorstellungen, Vorlieben und Praktiken Voraussetzung für eine Verständigung über deren Angemessenheit ist. Wir haben deshalb für jede der Lehrkompetenzen, die Schülerinnen und Schüler bei ihrer Kompetenzentwicklung unterstützen, Reflexionsfragen entwickelt, die diesen Prozess bei den Lehrerinnen und Lehrern auslösen sollen. Ein Beispiel: Die Reflexionsfrage, die wir mit der Lehrkompetenz *Wie kann man zum Stundenbeginn eine lernfördernde Arbeitsatmosphäre herstellen, die die Aufmerksamkeit der Schüler/innen sichert und sie involviert?* verbinden, soll dazu anregen, das Erfahrungswissen, das Lehrkräfte mit diesem spezifischen Handlungsfeld verbinden, zu aktivieren. Sie lautet deshalb:

• Welche Faktoren tragen aus Ihrer Erfahrung zu einer lernfördernden Atmosphäre im Klassenzimmer bei?

- Was tun Sie, um (zum Stundenbeginn) die Aufmerksamkeit Ihrer Schülerinnen und Schüler zu sichern und sie zu involvieren?
- Womit haben Sie positive Erfahrungen gemacht?
- Was sind für Sie die besonderen Herausforderungen in dieser Situation?
- Welche Fragen sind für Sie ungelöst?

Zweiter Schritt: Das Erfahrungswissen mit Hilfe von Unterrichtsbeobachtung (Videoausschnitte auf DVD) praxis- und kontextbezogen reflektieren und durch Hinzuziehung weiterer Sichtweisen entwickeln (R)

In einem nächsten Schritt setzen sich die Lehrerinnen und Lehrer praxis- und kontextbezogen mit möglichen unterrichtlichen Umsetzungen dieser Prozesskompetenz in unterschiedlichen Englischklassen auseinander, die sich anhand der Videoausschnitte auf DVD beobachten lassen. Die Reflexionsaufgabe zielt zunächst darauf ab, das, was sie bei einem Lehrer oder einer Lehrerin in der videografierten und kontextualisierten Unterrichtssequenz auf DVD beobachten können, *zu beschreiben* und mit den eingangs aktivierten Erfahrungen *zu vergleichen*. Für das oben genannte Beispiel lautet die Reflexionsaufgabe deshalb:

- Was tut die Kollegin, um eine lernfördernde Atmosphäre zu schaffen?
- Welche Verbindungen sehen Sie zu Ihrer Arbeit?
- Was hat ihr Unterricht bei Ihnen ausgelöst? Was hat Sie überrascht, besonders angesprochen?

Es geht also zunächst nicht darum festzustellen, wie gelungen diese Phase ist. Sondern Ziel ist es, Unterricht unter den jeweiligen Rahmenbedingungen, unter denen er stattfindet, verstehend zu beschreiben und zum Nachdenken über die Möglichkeiten, aber auch die besonderen Herausforderungen anzuregen, und diese Erfahrungen auf die eigene Arbeit zu beziehen. Wir haben deshalb, wann immer diese vorliegen, die Reflexionen der unterrichtenden Lehrerinnen und Lehrer zu einem Unterrichtsmitschnitt einbezogen. Sie beziehen sich sowohl auf das, was beabsichtigt wurde, als auch darauf, was rückblickend aus ihrer Sicht gelungen bzw. weniger gelungen ist, woran dies vermutlich lag und welche Schlüsse für die eigene Weiterarbeit daraus zu ziehen sind. Dies ist für ein verstehendes Interpretieren des Prozesses wichtig. Um sich über die Angemessenheit einer auf Video dokumentierten Lehrstrategie zu verständigen, ist es ebenso wichtig, den Kontext zu kennen. Jede Aufgabe enthält deshalb einen erläuternden Kommentar zum Sprachlernniveau, bezieht die Perspektiven der Schülerinnen und Schüler ein, wenn diese vorliegen, und enthält die Produkte/Lernertexte, die aus der Bearbeitung der Aufgabe hervorgegangen sind.

Schließlich bietet das Material auch die Option, die Perspektiven von Lehrkraft und Weiterbildungsgruppe mit unseren Beobachtungen zu vergleichen und damit eine weitere mögliche Sicht auf die Aufgabenqualität zu diskutieren, die wir am Ende jedes Videoausschnitts ('Was wir beobachten konnten') integriert haben.

Dritter Schritt: Gemeinsam Verbesserungen/mögliche Entwicklungen überlegen und umsetzen (A)

In einem letzten Schritt regen wir an, gemeinsame Ideen für die Weiterarbeit zu entwickeln. Auch hier bieten wir wieder an, dass die Weiterbildungsgruppe unsere Anregungen einbezieht, dadurch dass wir sie unter der Rubrik ,Was optimierbar wäre' in die DVD integriert haben. Diese Anregungen für mögliche Entwicklungen beziehen sich also zunächst auf die im Unterrichtsvideo gezeigte Lehrerin. Wir empfehlen aber, danach mögliche Entwicklungsbereiche für die eigene Arbeit zu benennen und ein Aktionsforschungsprojekt zu entwickeln, den Prozess zu beobachten, zu reflektieren und auszuwerten.[1] Lernertextanalysen sind ebenfalls ein geeignetes Mittel, über Erreichtes aber auch über notwendige Entwicklungen der eigenen Unterrichtspraxis in Zusammenarbeit mit den Schülerinnen und Schülern nachzudenken (für eine exemplarische Darstellung des Verfahrens vgl. Müller-Hartmann, Schocker & Pant, 2013, S. 62).

6.   Schluss

Wir sind davon überzeugt, dass eine Innovation nicht „allein durch Auftrag von oben geschehen (darf). Sie darf Lehrer/innen nicht durch unverstandene, von außen vorgegebene Programme deprofessionalisieren, sondern muss auf Expertise und Entwicklungsfähigkeiten der Lehrenden aufbauen, sie aktivieren und stützen" (Altrichter & Posch, 2010, S. 814). Auch dieses Forschungs- und Entwicklungsprojekt hat erneut demonstriert, wie gewinnbringend die gemeinsame forschende Arbeit für beide Seiten ist.

Wir hoffen, dass es uns gelungen ist, die Leserinnen und Leser unseres Beitrags dazu anzuregen, die Entwicklungsarbeit als gemeinsames forschendes Lernen anzulegen – auch wenn sie in anderen Kontexten und in anderen Fächern arbeiten. Es lohnt sich.

Literatur

Abendroth-Timmer, D. (2011). Reflexive Lehrerbildung: Konzepte und Perspektiven für den Einsatz von Unterrichtssimulation und Videographie in der fremdsprachendidaktischen Ausbildung. *Zeitschrift für Fremdsprachenforschung, 22*(1), 3–41.

Allwright, D. & Hanks, J. (2009). *The developing language learner.* Houndmills: Palgrave Macmillan.

Altrichter, H. & Posch, P. (2010). *Lehrerinnen und Lehrer erforschen ihren Unterricht.* Bad Heilbrunn: Klinkhardt.

Burns, A. (2010). Action Research. In J. Heigham & R. A. Croker (Eds.), *Qualitative research in applied linguistics: A practical introduction* (S. 112–134). Houndmills, Basingstoke, Hampshire [England]; New York: Palgrave Macmillan.

---

1   Hilfreiche Anregungen für die Lehrerfortbildung bieten Altrichter und Posch (2010). *Lehrerinnen und Lehrer erforschen ihren Unterricht.* Für einen interessanten Ansatz in der fremdsprachlichen Lehrerausbildung siehe Abendroth-Timmer (2011).

Council of Europe (Ed.). (2001). *Common European framework of reference for languages: Learning, teaching, assessment.* Cambridge: Cambridge University Press.

Dörnyei, Z. (2007). *Research methods in applied linguistics.* Oxford: Oxford University Press.

Freeman, D. & Johnson, K. E. (1998). Reconceptualizing the knowledge-base of language teacher education. *TESOL Quarterly 32*(3), 397–417.

Kultusministerkonferenz (Hrsg.). (2004). *Bildungsstandards für die erste Fremdsprache (Englisch/Französisch) für den Mittleren Schulabschluss. Beschluss vom 04.12.2003.* München: Luchterhand.

Kultusministerkonferenz (Hrsg.). (2005). *Eckpunkte für die gegenseitige Anerkennung von Bachelor- und Masterabschlüssen in Studiengängen, mit denen die Bildungsvoraussetzungen für ein Lehramt vermittelt werden.*

Landesinstitut für Schulentwicklung. (2015). *Englisch Klassenstufe 5/6 im gemeinsamen Bildungsplan SEK 1. Lernmaterialien zu den Kompetenzen. NL 34 Anlage LM 1 – Entwurfsfassung Bildungsplan 2016.* Stuttgart.

Legutke, M. (1995). Lehrerfortbildung: Einführung. In M. K. Legutke (Hrsg.), *Handbuch für Spracharbeit Teil 6: Fortbildung. Band 1* (S. 1–22). München: Goethe-Institut.

Legutke, M. K. & Schocker-v. Ditfurth, M. (2009). School-based experience. In A. Burns & J. C. Richards (Eds.), *The Cambridge guide to second language education* (S. 209–217). Cambridge: Cambridge University Press.

Ministerium für Kultus, Jugend und Sport Baden-Württemberg. (2015). *Bildungsplan Englisch. Allgemein bildende Schulen. Sekundarstufe I. Anhörungsfassung. Englisch als 1. Fremdsprache 2016.* Stuttgart.

Müller-Hartmann, A. & Schocker, M. (2011). Lernprozesse verstehen, Lehrkompetenzen entwickeln: Erfahrungen aus dem IQB-Projekt Lernaufgabenentwicklung Englisch Sekundarstufe I. In O. Börner & C. Lohmann (Hrsg.). (2011). *Kommunikativer Fremdsprachenunterricht. Positionen – Postulate – Perspektiven. Symposion für Dr. Christoph Edelhoff* (S. 18–23). Braunschweig: Diesterweg.

Müller-Hartmann, A. & Schocker, M. (2015). Lernaufgaben in heterogenen Gruppen. *Perspektiven Englisch, 13,* 5–16.

Müller-Hartmann, A. & Schocker, M. (Hrsg.) (2016). Wortschatz und Grammatik integriert entwickeln. *Der Fremdsprachliche Unterricht Englisch 50*(140), 2–8.

Müller-Hartmann, A., Schocker, M. & Pant, H. A. (Hrsg.). (2013). *Englischkompetenzen entwickeln: Praxiserprobte Lernaufgaben für die Sekundarstufe I. Die Bildungsstandards Englisch illustriert durch umfangreiches Videomaterial aus Klassenzimmern.* Braunschweig: Diesterweg & IQB (enthält 3 DVDs mit Videoaufzeichnungen aus dem Unterricht).

Schocker, M. (2015). Auf die richtigen Aufgaben kommt es an! Kriterien für die Auswahl und Entwicklung von Lernaufgaben. *Take off! Englisch für die Grundschule, 3* (September), 48–49.

Schocker, M. (2016). Praxisphasen in der Ausbildung von Sprachlehrenden. In E. Burwitz-Melzer et al. (Hrsg.), *Handbuch Fremdsprachenunterricht, 6. Auflage.* Tübingen: Narr.

Schocker-v. Ditfurth, M. (1992). *Neue praxis- und teilnehmerorientierte Fortbildungskonzepte für den kommunikativen Fremdsprachenunterricht: Dokumentation und Evaluation ausgewählter Projekte.* Freiburg: Pädagogische Hochschule.

Schocker-v. Ditfurth, M. (2001). *Forschendes Lernen in der fremdsprachlichen Lehrerbildung.* Tübingen.

Schocker-v. Ditfurth, M. (2002). *Unterricht verstehen. Erfahrungswissen reflektieren und den eigenen Unterricht weiterentwickeln.* Medienpaket zur Förderung reflektierter Unterrichtspraxis. München: Goethe Institut Inter Nationes [Buch und Video zum Buch].

Schocker-v. Ditfurth, M. (2008). Die Entwicklung von Lehrkompetenzen im *Blended Learning*-Format: Vielfältige Formate und Professionalisierungsinstrumente. In Landesstiftung Baden-Württemberg in Zusammenarbeit mit M. K. Legutke & M. Schocker-v. Ditfurth (Hrsg.), *E-Lingo. Didaktik des frühen Fremdsprachenlernens* (S. 23–36). Tübingen: Narr.

Schön, D. A. (1983). *The reflective practitioner: How professionals Think in action.* New York.

Schramm, K. & Aguado, K. (2010). Videographie in den Fremdsprachendidaktiken. In K. Aguado, K. Schramm & H. Vollmer (Hrsg.), *Fremdsprachliches Handeln beobachten, messen, evaluieren. Neue methodische Ansätze der Kompetenzforschung und der Videographie* (S. 185–214). Frankfurt a. M.: Lang.

Van den Branden, K. (Ed.). (2006). *Task-based language education. From theory to practice.* Cambridge: Cambridge University Press.

Wideen, M., Mayer-Smith, J. & Moon, B. (1998). A critical analysis of the research on learning to teach: Making the case for an ecological perspective on inquiry. *Review of Educational Research, 68*(2), 130–178.

Zydatiß, W. (Hrsg.). (1998). *Fremdsprachenlehrerausbildung – Reform oder Konkurs?* Berlin & München: Langenscheidt.

Aufgaben in (zentralen) Abschlussprüfungen

Theoretische und empirische Perspektiven auf ein interdisziplinäres Forschungsfeld

Svenja Mareike Kühn

1.   Einleitung

Seit über einem Jahrzehnt schon unterliegt schulische Leistung einem bis dahin nie da gewesenem großen öffentlichen Interesse. Wie nie zuvor wird in den Schulen gemessen und international, national und interregional verglichen. Vor diesem Hintergrund wird *Leistungsaufgaben* in der empirischen Bildungsforschung im deutschsprachigen Raum in jüngerer Zeit zunehmend Aufmerksamkeit entgegengebracht. Leistungsaufgaben sind – allgemein formuliert – standardisierte oder nichtstandardisierte Aufgaben, die dazu dienen, Lernstände von Schülerinnen und Schülern zu einem bestimmten Zeitpunkt zu erheben und damit deren Lernerfolg zu messen. In der einschlägigen Literatur (z. B. Abraham & Müller, 2009; Caspari, 2013a, b; Köster, 2008) werden üblicherweise drei Grundtypen von schriftlich konzipierten Leistungsaufgaben[1] unterschieden (vgl. Abbildung 1), die ein breites Spektrum von Funktionen erfüllen:

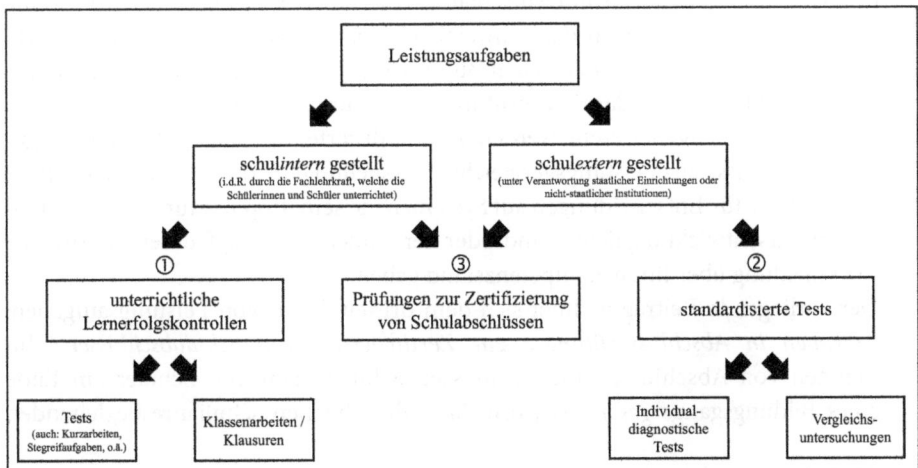

Abb. 1:   Typologie schriftlicher Leistungsaufgaben (in Anlehnung an Abraham & Müller, 2009, S. 6)

---

1   Im Fokus dieses Beitrags stehen *schriftliche* Leistungsaufgaben, also solche Aufgaben, die Schülerinnen und Schülern schriftlich vorgelegt werden und die eine schriftliche Aufgabenlösung erfordern. Leistungsaufgaben, die eine mündliche (z. B. Kommunikations- oder Präsentationsprüfungen) oder fachpraktische (z. B. in den Fächern Kunst, Musik oder Sport) Aufgabenlösung verlangen, werden nicht thematisiert.

1. *Unterrichtliche Lernerfolgskontrollen* wie Tests und Klassenarbeiten gehören zu den im Schulalltag am häufigsten eingesetzten Leistungsaufgaben und sind funktional an der Schnittstelle zwischen Diagnose und Leistungsfeststellung anzusiedeln (vgl. Drüke-Noe, 2014, S. 9). Durch *selbst entwickelte, übernommene oder adaptierte Aufgabenstellungen* (vgl. Kauertz, Löffler & Fischer, 2015, S. 458) überprüft die Fachlehrkraft *einer* Klasse[2], was zuvor im Unterricht „durchgenommen" wurde (vgl. Caspari, 2013a, S. 8): Klassenarbeiten stehen i.d.R. am Ende eines längeren Unterrichtsabschnitts, Tests bzw. äquivalente Formen der Kurzkontrolle prüfen zumeist Inhalte der vorangegangenen Unterrichtsstunde bzw. Grundkenntnisse. Aufgaben in traditionellen schulischen Bewertungskontexten weisen einen eher geringen Standardisierungsgrad auf und genügen vielfach nicht den Anforderungen professioneller Leistungsfeststellung (vgl. Zumhasch, 2014, S. 304).

2. *Standardisierte Tests* hingegen sind durch ein hohes Maß an Standardisierung bei der Testdurchführung, Testauswertung und Interpretation gekennzeichnet, um die für pädagogisch-psychologische Tests geforderten psychometrischen Gütekriterien zu erfüllen (vgl. Leutner, 2010, S. 629). Leistungsaufgaben findet man klassischerweise im Kontext individualdiagnostischer Tests, die leistungsrelevante Merkmale von Schülerinnen und Schülern erfassen (z.B. kognitive Grundfähigkeiten, Lernstörungen o.ä.) und Entscheidungsgrundlage für den Einzelfall sind (z.B. hinsichtlich gezielter Fördermaßnahmen oder Schullaufbahnentscheidungen). Auch in Leistungsvergleichsuntersuchungen, die Informationen über das Erreichen von Kompetenzniveaus repräsentativer Schülergruppen (z.B. im Rahmen des IQB-Ländervergleichs in Deutschland, Tests zur Überprüfung der Erreichung der Grundkompetenzen in der Schweiz) oder ganzer Schülerpopulationen (z.B. Vergleichsarbeiten in den deutschen Bundesländern, Checks in einigen schweizerischen Kantonen, Standardüberprüfungen in Österreich) in bestimmten Fächern und Schulstufen generieren, werden standardisierte Aufgabenstellungen eingesetzt. Ergebnisse aus Leistungsvergleichsuntersuchungen können – je nach Anlage – Grundlage für Entscheidungen auf Systemebene sein, Impulse für die Schul- und Unterrichtsentwicklung liefern und/oder Lernenden (sowie ggf. deren Eltern) eine Rückmeldung über ihren Kompetenzstand geben.

3. Der vorliegende Beitrag widmet sich dem dritten Typus von Leistungsaufgaben: *Aufgaben in Abschlussprüfungen zur Zertifizierung von Schulabschlüssen.*[3] Im Rahmen von Abschlussprüfungen müssen Schülerinnen und Schüler am Ende eines Bildungsgangs *gesonderte*, d.h. über die üblichen schuljahresbegleitenden

---

2 Einen ‚Sonderfall' in diesem Kontext stellen die in Deutschland verbreiteten *Parallelarbeiten* in parallelen Klassen einer Schule dar, die zwar über die Bewertung der Leistung von Schülerinnen und Schülern einer Einzelklasse hinausgehen, aber immer noch schulintern konzipiert, gestellt und ausgewertet werden.

3 Der Beitrag betrachtet ausschließlich die Entwicklungen in den Sekundarstufen I und II im allgemeinbildenden Schulsystem; der berufsbildende Bereich wird nicht in den Blick genommen. Spezielle Prüfungen zum Abschluss des Primarbereichs sind im Regelfall weder in den deutschsprachigen Ländern noch international vorgesehen.

Formen der Leistungserbringung hinausgehende Prüfungsleistungen[4] erbringen, um das jeweilige Abschlusszertifikat zu erlangen. Dementsprechend setzt sich die Abschlussnote, die zumeist entscheidend für den Zugang zu weiteren schulischen, berufs- oder studienqualifizierenden Bildungsgängen ist, i. d. R. aus den Prüfungs- und Jahresleistungen der Schülerinnen und Schüler zusammen. Allerdings besteht insbesondere im Sekundarbereich I auch die Möglichkeit, einen Schulabschluss *ohne* zusätzliche Prüfungsleistungen zu erwerben: Der Abschluss wird dann nach erfolgreichem Absolvieren der Abschlussklasse zuerkannt.

Sowohl im deutschsprachigen Raum als auch international sind – zumindest im Sekundarbereich II – Abschlussprüfungen die gängige Praxis, wobei grundsätzlich zwei Prüfsysteme unterschieden werden können: (1) Die Mehrheit der Länder führt *zentrale* Abschlussprüfungen durch; dabei obliegen die Gestaltung von und die Aufsicht über das Prüfungsverfahren einer zentralen, *schulexternen Instanz* (z. B. Ministerien) (vgl. Klein, Krüger, Kühn & van Ackeren, 2014, S. 8). In zentralen Abschlussprüfungen bearbeiten – allgemein formuliert – *alle* Schülerinnen und Schüler einer fest definierten Region (z. B. in einem Bundesland) zeitgleich in bestimmten Fächern *einheitliche schriftliche Aufgaben* (bzw. einen Aufgabenpool mit Auswahlaufgaben), die sich auf die länderspezifischen Curricula für die prüfungsrelevante Schulstufe beziehen. (2) In *schulintern*[5] organisierten Abschlussprüfungen hingegen ist die *einzelne Klassen-/ Kurslehrkraft* für die Erstellung der Prüfungsaufgaben verantwortlich, d. h. die Schülerinnen und Schüler in einer Region bearbeiten je nach Klasse/Kurs und Schule *unterschiedliche Prüfungsaufgaben*. Diese unterliegen gleichwohl zumindest allgemeingültigen administrativen Vorgaben (z. B. hinsichtlich der Prüfungsinhalte, siehe Abschnitt 2) oder auch staatlicher Kontrolle, indem z. B. Lehrkräfte ihre Vorschläge für Prüfungsaufgaben einer zentralen, schulexternen Instanz zur Genehmigung oder Auswahl vorlegen müssen (vgl. Kühn, 2010, S. 86 ff.). Im Vergleich zu Aufgaben aus Leistungsvergleichsstudien weisen Prüfungsaufgaben (insbesondere im deutschsprachigen Raum) einen eher geringen Standardisierungsgrad auf, da deren Entwicklung i. d. R. weniger strikten Vorgaben (z. B. keine Pilotierung der Aufgaben) unterliegt.

Unabhängig vom grundsätzlichen Verfahren der Abschlussprüfung (zentral/schulextern vs. dezentral/schulintern) kommt also den Prüfungsaufgaben eine entscheidende Bedeutung zu. Für die Bildungsforschung sind Prüfungsaufgaben ein noch vergleichsweise wenig bearbeitetes Forschungsfeld. Im Folgenden werden zunächst unterschiedliche Sichtweisen auf Prüfungsaufgaben skizziert, woran sich die Darstellung einschlägiger Forschungsbefunde für den deutschsprachigen Raum (Deutschland, Österreich, Schweiz) mit internationalen Vergleichsperspektiven anschließt. Der Beitrag schließt mit einem Ausblick auf mögliche weiterführende Forschungsperspektiven.

---

4 Im Kontext von Abschlussprüfungen müssen mindestens gesonderte schriftliche Prüfungen abgelegt werden, zudem sind auch ergänzende mündliche oder fachpraktische Prüfungen möglich.

5 Während im deutschsprachigen Raum mit dem Gegensatzpaar *zentral* vs. *dezentral* gearbeitet wird, sind international die Begriffe *(schul-)extern* vs. *(schul-)intern* gebräuchlich (zur Differenzierung vgl. Klein et al., 2009, S. 597).

2.   Prüfungsaufgaben – ein Schnittstellenthema
der Bildungsforschung

Die wissenschaftliche Auseinandersetzung mit Aufgaben in Abschlussprüfungen steht zumeist in engem Zusammenhang mit abschlussbezogenen Reformbestrebungen (z. B. im Zuge der Reform der Maturitätsbildung in der Schweiz oder der Einführung zentraler Prüfungsverfahren in Deutschland und Österreich). Die Durchsicht einschlägiger Forschungsarbeiten zeigt, dass im Themenfeld *Prüfungsaufgaben* vorrangig Fragestellungen der Fachdidaktik und der Educational Governance sowie der Innovations-/Implementationsforschung in den Blick genommen werden – dieser Forschungsbereich erweist sich somit als klassisches Schnittstellenthema zwischen erziehungswissenschaftlicher und fachdidaktischer Forschung.[6]

Aufgaben werden traditionell primär aus Sicht der Fachdidaktik erforscht, wobei im Zuge der (erst beginnenden) Auseinandersetzung mit Prüfungsaufgaben die *Aufgabenqualität* im Mittelpunkt steht. Greefrath und Hußmann (2014, S. 44) betonen beispielsweise, dass Prüfungsaufgaben eine hohe Qualität besitzen und wichtige Aspekte einer guten Aufgabenkultur erfüllen sollten. Die Konkretisierung der Qualitätsmerkmale von Prüfungsaufgaben bleibt (bislang) gleichwohl unscharf und vage: Während die Frage nach ‚guten‘ Aufgaben im Kontext der neuen, weiterentwickelten Aufgabenkultur mit Blick auf Lernaufgaben im Unterricht (z. B. Jatzwauk, 2007; Kleinknecht, 2010) sowie auf standardisierte Testaufgaben im Kontext von Leistungsvergleichsuntersuchungen (z. B. Kulgemeyer, 2009; Stawitz, 2010) in der letzten Dekade verstärkt wissenschaftlich in den Blick genommen wurde, ist die fachdidaktische Diskussion um Prüfungsaufgaben sowie die Weiterentwicklung der Prüfungskultur erst in den Anfängen begriffen und (derzeit) nicht frei von Kontroversen innerhalb der scientific community (vgl. z. B. die Nachbemerkung zum Beitrag von Büchter & Pallack, 2012). Reisse (2008, S. 220 f.) weist in diesem Zusammenhang darauf hin, dass in administrativen Vorgaben (z. B. Bildungsstandards, Prüfungsordnungen o. ä.) fachspezifische Qualitätskriterien für die Erstellung von Prüfungsaufgaben durch die Bildungsadministration benannt werden (siehe exemplarisch für Prüfungen im Fach Mathematik am Ende der Sekundarstufe II KMK (2012) für Deutschland oder Aue, Frebort, Hohenwarter, Liebscher, Sattlberger, Schirmer, Siller, Vormayr, Weiß & Willau (2013) für Österreich), wobei häufig auch Fachdidaktikerinnen und Fachdidaktiker in den Entwicklungsprozess dieser Vorgaben eingebunden waren. In den jeweiligen Dokumenten finden sich i. d. R. Vorgaben zu *formalen* (z. B. Aufgabenarten, Material-/Medieneinsatz), *inhaltsbezogenen* (z. B. Prüfungsthemen) und/oder *prozessbezogenen Merkmalen* (z. B. kognitive Anforderungen), die Aufgaben im Kontext von Abschlussprüfungen erfüllen sollen. Diese Aufgabenanforderungen stellen zumeist auch

---

6   In diesem Beitrag werden nur theoretische und empirische Perspektiven zur Aufgabengestaltung dargelegt. Eine weitere Forschungsrichtung beschäftigt sich mit der Wahrnehmung bzw. Einschätzung der Aufgaben durch Lehrkräfte sowie Schülerinnen und Schüler (z. B. bzgl. der Verständlichkeit der Aufgabenstellungen); hierzu sei auf die Zusammenschau von Kühn (2010, S. 101 f.) verwiesen.

relevante Kategorien für Aufgabenanalysen in den vorliegenden Forschungsarbeiten dar, wenngleich auch weitere Aufgabenmerkmale (z. B. sprachliche Merkmale der Aufgabenstellung) sowie der Umgang von Schülerinnen und Schülern mit den Prüfungsaufgaben in den Blick genommen werden (vgl. z. B. Schönemann, Thünemann & Zülsdorf-Kersting, 2011).

Während eine Vielzahl der vorliegenden Forschungsarbeiten fachspezifische Merkmale von Prüfungsaufgaben untersucht, gehen andere Studien der Frage nach, *inwiefern die Prüfungsaufgaben den zugrundeliegenden administrativen Vorgaben entsprechen*. Unter Rückgriff auf die Educational-Governance-Forschung (z. B. Altrichter, Brüsemeister & Wissinger, 2007) ist davon auszugehen, dass die Entwicklung von Prüfungsaufgaben nicht wie beabsichtigt ausschließlich auf Basis der jeweils geltenden Vorgaben erfolgt, sondern durch einen aktiven Gestaltungsanteil der am Prüfungsverfahren beteiligten Akteure multifaktoriell beeinflusst wird. Erklärungsansätze der Educational Governance gehen im Gegensatz zur klassischen Vorstellung linear-hierarchischer Steuerungsannahmen davon aus, dass es eine systematische Diskrepanz zwischen bildungspolitischen Absichten in Form formaler Weisungen (wie administrativen Vorgaben zur Aufgabengestaltung) und ihrer Umsetzung in der Praxis geben kann, da entsprechende Regelungen nicht linear, sondern in einem komplexen Prozess der Rekontextualisierung von den einzelnen Akteuren adaptiert und transformiert werden (z. B. zusammenfassend Altrichter & Maag Merki, 2010). Ergebnisse der Innovations- und Implementationsforschung bestätigen in diesem Zusammenhang eine nur geringe Übereinstimmung zwischen bildungsadministrativen Vorgaben und deren tatsächlicher Umsetzung auf der Anwendungsebene (vgl. Gräsel & Parchmann, 2004). Gerade vor diesem Hintergrund ist die zunehmende Standardisierung von Abschlussprüfungen durch die Einführung zentral gestellter Prüfungsaufgaben auch Ausdruck der Annahme, dass die Einhaltung administrativer Vorgaben, aber auch die Implementation innovativer Inhalte oder Aufgabenformate über zentrale Prüfsysteme eher gesichert werden können als über schulintern organisierte Prüfungsverfahren (vgl. van Ackeren, 2007). Inwieweit Aufgaben in – zentralen wie schulinternen – Abschlussprüfungen die administrativ vorgesehenen Vorgaben tatsächlich abbilden, ist ebenfalls in verschiedenen Studien in den Blick genommen worden.

Nicht zuletzt wird sowohl aus Sicht von Lehrkräften als auch in der Literatur die Annahme formuliert, dass (insbesondere zentral gestellte) Prüfungsaufgaben eine normierende Wirkung auf den vorausgehenden Unterricht haben (s. g. backwash-Effekt, vgl. z. B. Cheng & Curtis, 2012), da sich Lehrkräfte bei der Nutzung und Gestaltung von Aufgaben am ‚Modell' der Prüfungsaufgaben orientierten (vgl. z. B. Büchter & Pallack, 2012, S. 81; Greefrath & Hußmann, 2014, S. 44; Köster, 2008, S. 7). Diese Frage ist bislang – mit Ausnahme einer explorativen Studie von Kühn (2010) – nicht untersucht worden, sodass dazu keine Ausführungen folgen werden – aus steuerungstheoretischer Sicht besteht hier also erheblicher Forschungsbedarf. Zu den allgemeinen Wirkungen zentraler Prüfungen auf den Unterricht (ohne einen Fokus auf Aufgaben) sei auf Klein et al. (2014) verwiesen: Dabei stehen die mit den Prüfungen verbundenen Wirkungen auf die Schul- und Unterrichtsebene (z. B. organisationale Strukturen im Umgang mit den Prüfungen, Unterrichtsgestaltung im Kontext unterschiedlicher Prüfsysteme) sowie auf Schülerleistungen oder die damit verknüpften Aufgaben und Funktionen/ Intentionen im Mittelpunkt.

3. Zum Stand der Forschung in Deutschland, Österreich und der Schweiz

Anknüpfend an die im vorherigen Abschnitt skizzierten Forschungslinien werden im Folgenden die Ergebnisse empirischer Studien zu abschlussbezogenen Prüfungsaufgaben aus Deutschland, Österreich und der Schweiz referiert. Im Gegensatz zu den vergleichsweise zahlreichen Studien aus Deutschland finden sich für Österreich und die Schweiz bisher nur wenige Forschungsarbeiten. Hierfür dürfte einerseits die geringere Anzahl an vorgesehenen Abschlussprüfungen im o. g. Sinne in Österreich und der Schweiz als ursächlich angesehen werden (vgl. die Hinweise in den Länderbeschreibungen). Zudem hat die Einführung zentraler Abschlussprüfungen am Ende der Sekundarstufen I und II in fast allen deutschen Ländern in der letzten Dekade zu verstärkten Forschungsaktivitäten in diesem Themenfeld geführt. Möglicherweise spielen auch unterschiedliche Schwerpunktsetzungen in der Forschung der drei Länder eine Rolle.

3.1 Empirische Befunde aus Deutschland

Seit einigen Jahren vergeben alle deutschen Länder – mit Ausnahme von Rheinland-Pfalz – den Mittleren Schulabschluss (MSA) nach Klasse 10 sowie die Allgemeine Hochschulreife am Ende der Sekundarstufe II auf der Grundlage *landeszentraler* Prüfungen (zur Heterogenität der länderspezifischen Prüfungsverfahren vgl. Klein et al., 2009; Kühn, 2013), wobei sich zentrale (z. B. einheitliche schriftliche Prüfungsaufgaben) und dezentrale Momente (z. B. schulinterne Korrektur, schulinterne mündliche Prüfungen) ergänzen (vgl. Klein et al., 2014, S. 23 f.). Der Hauptschulabschluss (HSA) nach Klasse 9/10 wird hingegen nur in einigen Ländern auf der Basis zentraler Abschlussprüfungen vergeben. Vor der Einführung zentraler Abschlussprüfungen wurden die Abschlusszertifikate der Sekundarstufe I nach erfolgreichem Absolvieren der Abschlussklasse vergeben (ohne zusätzliche Prüfung); das Abiturprüfungsverfahren war dezentral organisiert, d. h. die Prüfungsaufgabenerstellung erfolgte durch die jeweilige Kurslehrkraft (vgl. Kühn, 2010).

Eine wissenschaftliche Auseinandersetzung mit Prüfungsaufgaben im Kontext des *HSA* hat nach Kenntnisstand der Autorin bislang nicht stattgefunden, was möglicherweise auf die kritischen Diskurse zur Hauptschule und die eher geringe Wertigkeit des HSA zurückgeführt werden kann. Mit Blick auf den *MSA* als meist erworbener Bildungsabschluss in Deutschland liegen fast ausschließlich auf das Fach Mathematik bezogene Arbeiten vor: Roppelt, Keller, Leiß, Drüke-Noe und Blum (2008) sowie Neubrand und Neubrand (2010) analysierten Prüfungsaufgaben aus Berlin und Brandenburg bzw. Nordrhein-Westfalen (NRW) hinsichtlich ihrer Orientierung an den bundesweit einheitlichen Bildungsstandards (vgl. KMK, 2003). Kühn und Drüke-Noe (2013) erweiterten diese Arbeiten um eine deutschlandweite Vergleichsstudie. Die Studien zeigen übereinstimmend, dass die Prüfungsaufgaben mehrheitlich nur eine geringe Passung mit den inhalts-, prozess- und anforderungsbezogenen Vorgaben der Bildungsstandards aufweisen. Insbesondere bezüglich des Ausschöpfens der Breite des Kompetenzspektrums der Bildungsstandards besteht noch Entwicklungsbedarf, da bestimmte (insbesondere anspruchsvollere) Kompetenzen und der höchste Anforderungsbereich in den Prüfungsaufgaben kaum berücksichtigt werden. Darüber hinaus sind die Aufgabenstellungen in Deutschland trotz bundesweit gültiger Bildungsstandards durch eine erhebliche länderspezifische Heterogenität gekennzeichnet, was auf die differenziellen prüfungsorganisatorischen Rahmenbedingungen in den Ländern zurückzuführen sein dürfte.[7] Büchter und Pallack (2012) analysierten Prüfungsaufgaben aus NRW und konnten bestimmte Typen von Mathematikaufgaben mit ähnlichen prozess- und inhaltsbezogenen Anforderungen identifizieren, die von einer großen Anzahl von Schülerinnen und Schülern relativ sicher gelöst werden (z. B. Daten aus Diagrammen entnehmen (und bewerten), vgl. ebd. S. 78). Die nordrhein-westfälischen Prüfungsaufgaben im Fach Mathematik wurden – mit Blick auf die Gewährleistung fairer Prüfungsbedingungen für verschiedene Schülergruppen – auch hinsichtlich spezifischer Hürden für sprachlich schwache Lernende untersucht, wobei Lesehürden in der Texterschließung, prozessuale Hürden bei kognitiv anspruchsvolleren Prozessen sowie Hürden im konzeptuellen Verständnis der erschließenden mathematischen Konzepte identifiziert werden konnten (vgl. Gürsoy, Benholz, Renk, Prediger & Büchter, 2013; Prediger, Wilhelm, Büchter, Gürsoy & Benholz, 2015).

Die bislang einzige Analyse von MSA-Prüfungsaufgaben im Fach Deutsch haben Otto und Kühn (2014) vorgelegt (vgl. auch Beitrag von Otto in diesem Band). Sie analysierten einerseits vor dem Hintergrund der Diskussionen um eine mögliche Kanonisierung durch zentrale Abschlussprüfungen die Textgrundlagen sowie andererseits die Aufgabenformate im bundesweiten Vergleich, um zu überprüfen, inwieweit sich Elemente der geforderten neuen Aufgabenkultur im Deutschunterricht auch in den zentralen Abschlussprüfungen nachweisen lassen. Die Autoren konnten zeigen, dass klassische Aufgabenformate (traditionelle Aufsatzformen, z. B. Erörterung) und Inhalte („Klassiker-Kanon") nach wie vor ein starkes Gewicht innerhalb der Abschlussprüfungen zum MSA haben, innovative Elemente (z. B. kreatives Schreiben, Einbezug nichtkontinuierlicher Texte oder medialer Darstellungen etc.) aber durchaus auch berücksichtigt werden. Im Vergleich zu den Deutschaufgaben im Zentralabitur (s. u.) ist im Kontext der Prüfungen zum MSA insgesamt ein größeres Wagnis hinsichtlich des Einsatzes inhaltlicher und formaler Neuerungen erkennbar.

---

7 Mit Blick auf die inhaltlichen Anforderungen der Prüfungen legt z. B. die überwiegende Mehrheit der Länder die Inhalte der gesamten Sekundarstufe I zu Grunde, während einige Länder nur die Inhalte der (beiden) letzten Klassenstufe(n) vor dem Abschluss prüfen (vgl. Kühn, 2013). Damit müssen Absolventinnen und Absolventen in der Abschlussprüfung – je nach Land – (ausgewählte) Inhalte und Kompetenzen aus einem bis sechs Schuljahren der Sekundarstufe I nachweisen, was eine differenzielle Verwendungspraxis der Bildungsstandards bei der Prüfungsaufgabengestaltung erwarten lässt.

Die Mehrheit der Studien ist gleichwohl auf *Abschlussprüfungen am Ende der Sekundarstufe II* konzentriert; dabei handelt es sich ebenfalls um einen relativ jungen
Forschungsbereich.[8] Kühn (2010) analysierte kategoriengeleitet Abiturprüfungsaufgaben über einen Zeitraum von 15 Jahren auf Basis der bundesweit gültigen *Einheitlichen
Prüfungsanforderungen in der Abiturprüfung* (EPA)[9] aus Ländern mit unterschiedlichen Prüfungstraditionen (zentral vs. dezentral), und zwar exemplarisch in den Fächern Biologie, Chemie und Physik. Sie konnte zehn Merkmale von Abiturprüfungsaufgaben identifizieren, die insgesamt Ausdruck einer traditionellen Aufgabenkultur
sind (z. B. kleinschrittige, kognitiv wenig anspruchsvolle Aufgaben). Gleichwohl
konnten vereinzelt – insbesondere im Kontext schulintern gestellter Aufgaben – auch
Aufgaben identifiziert werden, die zahlreiche Elemente der neuen Aufgabenkultur
aufgreifen: Hier fanden sich teilweise kognitiv anspruchsvolle, offene und problem-
orientierte Aufgabenstellungen, die das Anwenden von Kompetenzen in variierenden
(auch alltagsnahen) Kontexten erforderten. Insgesamt kommt die Autorin gleichwohl
zu dem Ergebnis, dass die Übereinstimmung zwischen den EPA und der tatsächlichen
Aufgabenpraxis in vielen Punkten nicht sehr ausgeprägt ist, und es auch zu Implemen-
tationsbrüchen kommt (z. B. Einsatz nicht zulässiger Aufgabenarten). Die Aufgabengestaltung variiert länderspezifisch, wobei sich jedoch keine eindeutigen Ländertypen
oder Vergleichsländer identifizieren lassen. Überraschenderweise zeigten sich mit nur
einer Ausnahme *keine* generellen Unterschiede zwischen zentral und dezentral prüfenden Ländern.[10] Darüber hinaus wird deutlich, dass bezüglich der Aufgabengestaltung in dem betrachteten Zeitraum keine bedeutsamen Veränderungen aufgetreten
sind, d. h. es wurden (mindestens) 15 Jahre lang vergleichbare Aufgaben gestellt.

---

8   Ende der 1990er Jahre wurde seitens der Kultusministerkonferenz die vergleichende Sich-
    tung von Abiturprüfungsaufgaben aller deutschen Länder in den am häufigsten gewählten
    Prüfungsfächern initiiert, allerdings entsprachen diese nicht wissenschaftlichen Standards.
    Dies gilt auch für die wenigen anderen Aufgabenanalysen älteren Datums. Für eine Zusam-
    menschau der Befunde sei auf Kühn (2010, S. 103 f.) verwiesen.

9   Die EPA, die in den 1970er Jahren eingeführt wurden und für insgesamt 42 Fächer vorliegen,
    beschreiben konkrete Lern- und Prüfungsbereiche und geben Hinweise zur Konstruktion
    von Prüfungsaufgaben und zur Bewertung von Prüfungsleistungen. So soll eine Vergleich-
    barkeit der Anforderungen, die an Abiturienten in allen Bundesländern gestellt werden – un-
    abhängig von der generellen Prüfungsorganisation (zentral vs. dezentral), die als äquivalent
    gelten –, geschaffen werden. Im Oktober 2007 hat die KMK beschlossen, die EPA zunächst
    in den Fächern Deutsch, Mathematik, Englisch und Französisch zu Bildungsstandards für
    die allgemeine Hochschulreife weiterzuentwickeln. Sie lösen die EPA in diesen Fächern voll-
    ständig ab und sind ab dem Schuljahr 2016/17 Grundlage für die Abiturprüfungen in allen
    Ländern (vgl. http://www.kmk.org/bildung-schule/allgemeine-bildung/sekundarstufe-ii-
    gymnasiale-oberstufe/abitur/abiturpruefung-in-der-gymnasialen-oberstufe.html).

10 Lediglich in Bezug auf die curriculare Validität konnte Kühn (2010) feststellen, dass alle im
    Rahmen der Studie analysierten Abituraufgaben aus zentralen Prüfungsverfahren lehrplan-
    valide konstruiert sind, wohingegen eine nicht unerhebliche Anzahl der dezentral gestellten
    und von der obersten Schulaufsichtsbehörde genehmigten Prüfungsaufgaben nicht dem
    entsprechend gültigen Lehrplan zugeordnet werden kann.

Für die naturwissenschaftlichen Prüfungsfächer liegen weitere fachspezifische Analysen vor: Florian, Schmiemann und Sandmann (2015) haben anhand von zwei Prüfungsdurchläufen in NRW charakteristische Aufgabenmerkmale schriftlicher Biologie-Prüfungsaufgaben herausgearbeitet (Aufgabenstruktur, Materialzusammensetzung, Themenbereiche und kognitive Anforderungsbereiche). Zudem konnten die Autoren unter Berücksichtigung von Schülerleistungsdaten schwierigkeitsbestimmende Merkmale von Abiturprüfungsaufgaben identifizieren, wobei insbesondere die geforderten kognitiven Prozesse sowie Anforderungen an die Nutzung von Fachwissen, an die Lösungswege und an die Informationsverarbeitung die Aufgabenschwierigkeit der Abiturprüfung erklären (vgl. Florian, 2013; Florian, Sandmann & Schmiemann, 2014). Schoppmeier, Borowski und Fischer (2012) haben die mathematischen Anforderungen in Physikabituraufgaben aus vier Ländern untersucht. Die Analysen zeigen, dass die Mathematik eine entscheidende Rolle spielt und ein erheblicher Anteil der Physikaufgaben mathematische Operationen erfordert, wobei mathematische Routinetätigkeiten (z. B. Umformungen und Berechnungen) in stärkerem Maße vorkommen als Tätigkeiten, die im Zusammenhang mit der Mathematisierung von Sachverhalten (z. B. Modellierungsaufgaben) stehen. Gleichwohl weisen die Autoren auf länderspezifische Unterschiede hinsichtlich der Relevanz mathematikgebundener Anforderungen hin.

Weitere Forschungsarbeiten beziehen sich auf die Prüfungsfächer Geographie und Geschichte: Ebenfalls auf NRW bezieht sich die von Schönemann, Thünemann und Zülsdorf-Kersting (2011) vorgelegte Analyse von Abiturprüfungsaufgaben (einschließlich der Materialien) im Fach Geschichte, allerdings lag das Hauptaugenmerk dieser Studie auf der kategoriengeleiteten Analyse der Schülerlösungen (diese Befunde werden hier nicht dargestellt). Die Autoren stellen eine starke Inhaltszentrierung sowie thematische Verengungen in epochaler, dimensionaler und räumlicher Hinsicht fest, zudem monieren sie eine teilweise mangelnde editorische Sorgfalt im Umgang mit den Originaltexten sowie Disparitäten zwischen den verwendeten Operatoren und den geforderten Schülerlösungen. Hinsichtlich der in den EPA geforderten Anforderungsbereiche merken sie an, dass diese im Wesentlichen durch die Aufgabenstellungen abgedeckt werden, wenngleich hinsichtlich der anspruchsvolleren Aufgabenstellungen noch Optimierungsbedarf formuliert wird. Gohrbandt, Mäsgen, Weiss und Wiktorin (2013) analysierten Prüfungsaufgaben im Fach Geographie aus neun Ländern und beschreiben – wie schon die o. g. Studien – eine erhebliche Varianz zwischen den Ländern hinsichtlich der Aufgabenarten und Materialfülle sowie der Sachverhalts- und Materialkomplexität. Zudem weisen die Autoren auf Implementationsbrüche hin (z. B. Einsatz nicht zulässiger Aufgabenarten) und bescheinigen den EPA nur eine eingeschränkte Steuerungswirkung hinsichtlich der Gestaltung von Prüfungsaufgaben. Felzmann (2013) setzt sich mit solchen Geographie-Abituraufgaben, die das Fällen eines Urteils erfordern und als besonders anspruchsvoll gelten, auseinander und geht dabei aus fachdidaktischer Perspektive auf unterschiedliche Arten von Urteilen ein (z. B. Sach- und Werturteile).

In der bereits erwähnten Studie von Otto und Kühn (2014) wurde für Abituraufgaben im Fach Deutsch eine weitgehende Dominanz klassischer Aufgabenformate und Inhalte nachgewiesen. Dieser Befund ist anschlussfähig an die von Kammler und Noack (2010) durchgeführte bundesweite Sichtung der Lektürevorgaben für das Zentralabitur, die eine Fokussierung auf klassische Epochen und Autoren deutscher Literatur, aber auch erste Tendenzen einer Öffnung des Schulkanons für aktuelle Gegenwartsliteratur veranschaulichte.

3.2   Empirische Befunde aus Österreich

In Österreich gibt es im *Sekundarbereich I* keine gesonderte Abschlussprüfung gemäß obiger Definition. Erst jüngst wurde am Ende der *Sekundarstufe II* eine österreichweit einheitliche, standardisierte kompetenzorientierte schriftliche Reifeprüfung eingeführt, wobei die österreichische Reifeprüfung insgesamt – ähnlich wie das Zentralabitur in den deutschen Ländern – durch ein Wechselspiel von Zentralität und Dezentralität gekennzeichnet ist: Die Reifeprüfung besteht aus insgesamt sieben Teilprüfungen, zentrale Prüfungsaufgaben werden allerdings ausschließlich für die Unterrichtssprache (Deutsch, Slowenisch, Kroatisch und Ungarisch), für Mathematik, für die modernen Fremdsprachen Englisch, Französisch, Italienisch und Spanisch sowie für die klassischen Sprachen Griechisch und Latein entwickelt; alle weiteren Prüfungskomponenten (weitere schriftliche Prüfungen in anderen Fächern, vorwissenschaftliche Arbeit, mündliche Prüfungen) obliegen der einzelnen Lehrperson.

Die Durchsicht der themenbezogenen Veröffentlichungen zeigt folgendes Bild: Neben allgemeinen Informationen zum Prüfungsverfahren (z. B. BIFIE, 2013) finden sich diskursive Perspektiven auf diese Reform (z. B. Hackl, 2014; Hinteregger, 2012; Mayrhofer & Schallenberg, 2012). Konkret auf die zentralen schriftlichen Prüfungsaufgaben nehmen nur Friedl-Lucyshyn, Sigott, Pinter, Frotscher und Frebort (2012) sowie Siller, Bruder, Linnemann, Hascher, Sattlberger, Steinfeld und Schodl (2014) Bezug, wobei es sich dabei um theoretisch-konzeptionelle Perspektiven handelt. Darüber hinaus findet man Berichte aus den Arbeitsgruppen, die mit der Aufgabenentwicklung betraut sind (z. B. Saxalber & Wintersteiner, 2012; Pinter, 2011). Gleichwohl verweist das Bundesinstitut für Bildungsforschung, Innovation & Entwicklung des österreichischen Schulwesens (BIFIE) auf eine wissenschaftliche Begleitung der neuen Reifeprüfung – inwiefern die Prüfungsaufgaben darin Berücksichtigung finden, bleibt abzuwarten. Eine empirische Auseinandersetzung mit Reifeprüfungsaufgaben aus Österreich findet sich nach Kenntnisstand der Autorin aktuell lediglich bei Keller (2011) und Kühberger (2014), bezogen auf die Prüfungsfächer Geographie/Wirtschaftsgeographie, Geschichte/ Wirtschafts- und Sozialgeschichte sowie Internationale Wirtschafts- und Kulturräume an beruflichen Schulen. Mittnik (2014a, 2014b) legt ähnliche Untersuchungen für die Prüfungsfächer Geschichte und Sozialkunde/Politische Bildung vor, wobei jedoch ausschließlich Aufgaben im Kontext der *mündlichen* Prüfungen betrachtet werden.

3.3 Empirische Befunde aus der Schweiz

Am Ende der obligatorischen Schule gibt es keine gesamtschweizerische Schulabschlussprüfung; lediglich einzelne Kantone führen am Ende der Sekundarstufe I in den Hauptfächern eine schulintern organisierte Abschlussprüfung entweder in einzelnen oder in allen Schultypen durch. Schülerinnen und Schüler erwerben in diesen Kantonen einen Ausweis über den Abschluss der Ausbildung auf Sekundarstufe I (vgl. EDK, 2014a). Im Bestreben, den Übergang von der Sekundarstufe I zur Sekundarstufe II zu optimieren, wird in einigen Kantonen die Einführung eines Abschlusszertifikats für die obligatorische Schule geprüft (jedoch ohne gesonderte Abschlussprüfungsleistung). Zu den (wenigen) Abschlussprüfungen am Ende der Sekundarstufe I liegen nach Kenntnisstand der Autorin bislang keine Forschungsarbeiten vor.

Am Ende der gymnasialen Maturitätsausbildung legen Schülerinnen und Schüler schriftliche (Maturaarbeit und Klausuren) und ggf. mündliche schulinterne Abschlussprüfungen ab (s.g. *Hausmatura*). Angesichts der ausgeprägten Eigenverantwortung der Kantone im Hinblick auf Bildungsfragen gilt der Qualität der Maturitätsbildung besondere Aufmerksamkeit seitens der Schweizerischen Konferenz der kantonalen Erziehungsdirektoren (EDK). Diese hat in der Vergangenheit verschiedene Forschungsprojekte – mit einem besonderen (in diesem Beitrag nicht weiter berücksichtigten) Fokus auf die Studierfähigkeit der Absolventinnen und Absolventen (vgl. Eberle et al., 2008; EDK, 2014b) – in Auftrag gegeben. Im Rahmen der zweiten Phase der gesamtschweizerischen Evaluation des Maturitätsanerkennungsreglements (Projekt EVAMAR-II, Eberle et al., 2008) wurden u.a. Aufgaben der schriftlichen Maturaprüfungen in der Erstsprache sowie in den Fächern Mathematik und Biologie hinsichtlich formaler, inhaltlicher und prozessbezogener Merkmale untersucht.[11] Die Autoren kommen zusammenfassend zu dem Ergebnis, dass die schulinternen Aufgabenstellungen der Schweizer Gymnasien durch eine enorme Vielfalt gekennzeichnet sind: Fachübergreifend erweisen sich die Prüfungsaufgaben häufig als anspruchsvoll, erfordern zur Lösung verschiedene kognitive Fähigkeiten (eine reine Wiedergabe von zuvor auswendig gelerntem Wissen ist nicht ausreichend) und decken Bereiche ab, die für die Studierfähigkeit von Bedeutung sind. Gleichwohl konnten auch viele Prüfungsaufgaben gefunden werden, welche diesem Bild nicht entsprechen (ebd., S. 20). Insofern empfiehlt die Gruppe um Eberle zu prüfen, wie Standardsicherung und Vergleichbarkeit *ohne* die Einführung von zentralen Maturaprüfungen gesichert werden kann. Als eine Folge wurde das Projekt ‚Gemeinsames Prüfen‘ initiiert, wohinter sich gleichwohl auf kantonaler und/oder einzelschulischer Ebene derzeit noch sehr unterschiedliche Verfahrensweisen subsumieren lassen (vgl. Mero, 2013 in EDK, 2014b).[12] Welche Entwicklungen sich hier an den Schweizer Gymnasien – gerade auch im Hinblick auf die Qualität der Prüfungsaufgaben – ergeben, muss sich noch zeigen.

---

11 Die Autoren verweisen zudem auf die Notwendigkeit von Aufgabenanalysen in anderen Fächern (ebd., S. 223), die nach Kenntnisstand der Autorin bislang nicht erfolgt sind.

12 Eine aktuelle Übersicht zu Umsetzungsbeispielen findet sich unter https://www.wbz-cps.ch/de/gemeinsames-pruefen (Stand: 22.09.2015).

3.4 Internationale Tendenzen und Forschungsbefunde

In vielen Staaten sind zentrale Prüfungen am Ende der Sekundarstufen I und II die übliche Praxis (vgl. Eurydice, 2009; Klein et al., 2009).[13] International liegt der Fokus vor allem auf der Erforschung prozess- und outputorientierter Fragestellungen im Kontext zentraler Prüfungen am Ende der Sekundarstufe II (vgl. Klein et al., 2014); die Auseinandersetzung mit Prüfungsaufgaben stellt hingegen nur eine Randerscheinung dar. In den wenigen bislang vorliegenden länderspezifischen oder ländervergleichenden Studien, die nahezu ausschließlich auf mathematisch-naturwissenschaftliche Prüfungsfächer konzentriert sind, wurde zumeist das kognitive Anforderungsniveau zentral gestellter Prüfungsaufgaben in den Blick genommen; je nach Studie wurde dieser Aspekt um die Erfassung weiterer formaler und/oder inhaltlicher Aufgabenmerkmale ergänzt. Als einschlägige Studien sind hier Achieve (2004), Britton und Raizen (1996), Baumgart und Halse (1999), Kühn (2012), Ofqual (2012), Tikkanen und Aksela (2012a; 2012b) und Valverde (2005) zu nennen. Aufgrund unterschiedlicher Forschungszugänge und definitorischer Grundlegungen (z.B. hinsichtlich der Erfassung des kognitiven Anforderungsniveaus) sind die Befunde dieser Einzelarbeiten jedoch nicht unmittelbar vergleichbar. Die bisherigen Ergebnisse deuten – bei aller Zurückhaltung – darauf hin, dass die Aufgabenpraxis in zentralen Abschlussprüfungen ein breites Spektrum formaler, inhaltlicher und prozessbezogener Merkmale abzudecken scheint; ein einheitliches Qualitätsverständnis oder zumindest einen Konsens hinsichtlich grundlegender Gestaltungsmerkmale gibt es offenbar nicht.

Hinsichtlich *aller* hier referierten Forschungsarbeiten (national und international) ist anzumerken, dass lediglich *einzelne* Aufgabenmerkmale untersucht wurden. Als erste und bislang einzige Studie konnte Krüger (2015) *Aufgabenprofile* – verstanden als typische Merkmalskombinationen – von Biologie-Prüfungsaufgaben aus sechs europäischen Ländern identifizieren. Er kommt zu dem Ergebnis, dass sich eine breite Profilnutzung abzeichnet, wenngleich alle Aufgabenprofile – jedoch in unterschiedlicher Häufigkeit und Ausprägung – in den länderspezifischen Abschlussprüfungen vertreten sind (ebd., S. 437). Trotz aller Unterschiede im Ländervergleich lassen sich *innerhalb* eines Landes recht zeitstabile nationale fachbezogene Aufgabenkulturen identifizieren (ebd., S. 439).

4. Zusammenfassung/Ausblick/Forschungsperspektiven

In diesem Beitrag wurden theoretische und empirische Perspektiven auf Aufgaben in Abschlussprüfungen zur Zertifizierung von Schulabschlüssen systematisiert. Die Analyse von Prüfungsaufgaben erweist sich insgesamt als bislang vernachlässigtes Forschungsfeld: Die vorliegenden Einzelarbeiten sind weitestgehend auf die Sekun-

---

13 Hinter dem vordergründig einheitlichen Etikett ‚zentrale Prüfung' verbergen sich gleichwohl verschiedene Konzepte, auf die in diesem Beitrag nicht differenzierter eingegangen werden kann (vgl. Klein & van Ackeren, 2011).

darstufe II fokussiert, berücksichtigen nur wenige Fächer, sind regional sowie zeitlich begrenzt, nutzen unterschiedliche inhaltliche wie methodische Forschungszugänge, und fokussieren i. d. R. fachspezifische Einzelmerkmale der Prüfungsaufgaben. Krüger (2015, S. 113) spricht mit Blick auf den nationalen und internationalen Forschungsstand zurecht von einem „fragmentarischem Bild"; eine hinreichend breite Diskussion über Gestaltung und Qualität von Prüfungsaufgaben sowie deren systematische Erforschung stellen ein Desiderat dar. Mit Blick auf weiterführende Forschungsarbeiten mit fachdidaktischem Fokus wäre daher beispielsweise die Identifizierung länderübergreifender ‚typischer‘ Prüfungsaufgaben in bestimmten Fächern und Schulstufen (Gibt es im Fach x bestimmte Aufgaben, die Prüflinge zum Zeitpunkt y z. B. in allen OECD-Staaten bearbeiten müssen?) eine lohnenswerte Erweiterung des bisherigen Wissensstandes.

Ungeachtet der Heterogenität der Prüfungsaufgaben (z. B. im Ländervergleich oder auch zwischen Einzelschulen) liefern die bislang vorliegenden Studien gleichwohl fachspezifische Hinweise, was im Hinblick auf die Aufgabenentwicklung gut läuft und wo noch Handlungsbedarf besteht; häufig werden seitens der Autorinnen und Autoren konkrete Vorschläge zur Optimierung der Aufgabenentwicklung gegeben. Aus Sicht der Innovations-/Implementationsforschung gilt es daher zu prüfen, ob und inwieweit diese Gegenstand einer breiteren Diskussion werden und/oder perspektivisch Eingang in die Konzeption von Prüfungsaufgaben finden. In diesem Kontext erweist sich die Aufgabenentwicklung auch aus einer *prozessorientierten* Perspektive als interessantes Forschungsfeld: Welche Faktoren leiten eigentlich die Aufgabenentwicklung (z. B. Professionswissen der Aufgabenentwickler, länderspezifische Aufgabenkulturen o. ä.)? Die Generierung von Erklärungswissen würde insgesamt eine substanzielle Weiterentwicklung der bisherigen aufgabenbezogenen Forschung darstellen und sollte Gegenstand zukünftiger Forschungsarbeiten sein.

Literatur

Abraham, U. & Müller, A. (2009). Aus Leistungsaufgaben lernen. *Praxis Deutsch, 36*(214), 4–12.

Achieve. (2004). *Do Graduation Tests Measure Up? A Closer Look at State High School Exit Exams*. Washington, DC: Achieve, Inc.

Altrichter, H., Brüsemeister, T. & Wissinger, J. (2007). *Educational Governance. Handlungskoordination und Steuerung im Bildungssystem*. Wiesbaden: VS.

Altrichter, H. & Maag Merki, K. (2010). Steuerung der Entwicklung des Schulwesens. In H. Altrichter & K. Maag Merki (Hrsg.), *Handbuch neue Steuerung im Schulsystem* (S. 15–40). Wiesbaden: VS.

Aue, V., Frebort, M., Hohenwarter, M., Liebscher, M., Sattlberger, E., Schirmer, I., Siller, S., Vormayr, G., Weiß, M. & Willau, E. (2013). *Die standardisierte schriftliche Reifeprüfung in Mathematik. Inhaltliche und organisatorische Grundlagen zur Sicherung mathematischer Grundkompetenzen*. Online unter https://www.bifie.at/node/1442 (zuletzt abgerufen am 22.09.2015).

Baumgart, N. & Halse, C. (1999). Approaches to Learning across Cultures: The Role of Assessment. *Assessment in Education: Principles, Policy & Practice, 6*(3), 321–339.

Britton, E.D. & Raizen, S.A. (Hrsg.). (1996). *Examining the Examinations: An International Comparison of Science and Mathematics Examinations for College-Bound Students*. Boston: Kluwer Academic Press.

Büchter, A. & Pallack, A. (2012). Zur impliziten Standardsetzung durch zentrale Prüfungen – methodische Überlegungen und empirische Analysen. *Journal für Mathematik-Didaktik, 33*(1), 59–85.

Bundesinstitut für Bildungsforschung, Innovation & Entwicklung des österreichischen Schulwesens (BIFIE) (2013). *Standardisierte kompetenzorientierte Reifeprüfung | Reife- und Diplomprüfung. Grundlagen – Entwicklung – Implementierung*. Online unter https://www.bifie.at/node/2045 (zuletzt abgerufen am 22.09.2015).

Caspari, D. (2013a). Aufgaben im kompetenzorientierten Fremdsprachenunterricht. *Praxis Fremdsprachenunterricht, 10*(4), 5–8.

Caspari, D. (2013b). Didaktisches Lexikon: Aufgaben. *Praxis Fremdsprachenunterricht, 10*(4), 17.

Cheng, L. & Curtis, A. (2012). Test impact and washback: Implications for teaching and learning. In C. Coombe, B. O'Sullivan, P. Davidson & S. Stoynoff (Hrsg.), *Cambridge Guide to Second Language Assessment* (S. 89–95). Cambridge: Cambridge University Press.

Drüke-Noe, C. (2014). *Aufgabenkultur in Klassenarbeiten im Fach Mathematik, Perspektiven der Mathematikdidaktik*. Wiesbaden: Springer Verlag.

Eberle, F., Gehrer, K., Jaggi, B., Kottonau, J., Oepke, M. & Pflüger, M. (2008). *Evaluation der Maturitätsreform 1995 (EVAMAR). Schlussbericht zu Phase II*. Bern: Staatssekretariat für Bildung und Forschung SBF.

EDK (2014a). Basis-Wissen Bildungssystem CH, Kantonsumfrage 2013/14: Abschlussprüfung. Online unter http://www.edk.ch/dyn/15835.php (zuletzt abgerufen am 22.09.2015).

EDK (2014b). Gymnasiale Maturität – Langfristige Sicherung des Hochschulzugangs. Online unter http://www.edudoc.ch/static/web/aktuell/vernehmlassung/gymn_maturitaet_d.pdf (zuletzt abgerufen am 22.09.2015).

Eurydice (2009). *Nationale Lernstandserhebungen von Schülern in Europa: Ziele, Aufbau und Verwendung der Ergebnisse*. Brüssel: Eurydice.

Felzmann, D. (2013). Das Bewerten bewerten. Klausuraufgaben zur Beurteilungs- und Bewertungskompetenz. *Geographie und Schule, 35*(206), 15–22.

Florian, C. (2013). *Abituraufgaben im Fach Biologie. Schwierigkeitsbestimmende Merkmale schriftlicher Prüfungsaufgaben* (Biologie lernen und lehren, Bd. 4). Berlin: Logos.

Florian, C., Sandmann, A. & Schmiemann, P. (2014). Modellierung kognitiver Anforderungen schriftlicher Abituraufgaben im Fach Biologie. *Zeitschrift für Didaktik der Naturwissenschaften, 20*(1), 175–189.

Florian, C., Schmiemann, P. & Sandmann, A. (2015). Aufgaben im Zentralabitur Biologie – eine kategoriengestützte Analyse charakteristischer Aufgabenmerkmale schriftlicher Abituraufgaben. *Zeitschrift für Didaktik der Naturwissenschaften, 21*, (o.S.). DOI 10.1007/s40573-015-0026-8

Friedl-Lucyshyn, G., Sigott, G., Pinter, A., Frotscher, D. & Frebort, M. (2012). Testtheoretische Grundlagen der standardisierten schriftlichen Reife- und Diplomprüfung. *Erziehung & Unterricht, 162*(1/2), 22–35.

Gohrbandt, E., Mäsgen, J., Weiss, G. & Wiktorin, D. (2013). Zwischen Materialschlacht und Reproduktion. Schriftliche Zentralabituraufgaben Geographie im Ländervergleich und erste Erkenntnisse zu Schülerleistungen. *Geographie und Schule, 35*(206), 4–14.

Gräsel, C. & Parchmann, I. (2004). Implementationsforschung – oder: der steinige Weg, Unterricht zu verändern. *Unterrichtswissenschaft, 32*(3), 196–214.

Greefrath, G. & Hußmann, S. (2014). Prüfungsaufgaben – viele Aspekte berücksichtigen. *PM – Praxis der Mathematik in der Schule, 56*(57), 41–44.

Gürsoy, E., Benholz, C., Renk, N., Prediger, S. & Büchter, A. (2013). Erlös = Erlösung? – Sprachliche und konzeptuelle Hürden in Prüfungsaufgaben zur Mathematik. *Deutsch als Zweitsprache, 1,* 14–24.

Hackl, B. (2014). Die standardisierte kompetenzorientierte Reifeprüfung. Zur Rationalität und strukturellen Dynamik der österreichischen Schulreform. In F. Eberle et al. (Hrsg.), *Abitur und Matura zwischen Hochschulvorbereitung und Berufsorientierung* (S. 57–80). Wiesbaden: VS.

Hinteregger, R. (2012). Die standardisierte kompetenzorientierte Reifeprüfung als Impuls für pädagogische Schulentwicklung. *Erziehung & Unterricht, 162*(1/2), 13–21.

Jatzwauk, P. (2007). *Aufgaben im Biologieunterricht: Eine Analyse der Merkmale und des didaktisch-methodischen Einsatzes von Aufgaben im Biologieunterricht.* Berlin: Logos.

Kammler, C. & Noack, B. (2010). Literaturgeschichte und Kanon im Zentralabitur 2008–2010. *Der Deutschunterricht, 62*(1), 5–13.

Kauertz, A., Löffler, P. & Fischer, H.E. (2015). Physikaufgaben. In E. Kircher et al. (Hrsg.), *Physikdidaktik* (S. 451–475). Berlin und Heidelberg: Springer Verlag.

Keller, L. (2011). Kompetenzorientiert oder nicht? – Erfahrungen aus einem Evaluationsprojekt zur Reife- und Diplomprüfung. *GW-UNTERRICHT, 122,* 24–37.

Klein, E.D. & Ackeren, I. van (2011). Challenges and Problems for Research in the Field of Statewide Exams. A stock taking of differing procedures and standardization levels. *Studies in Educational Evaluation, 37*(4), 180–188.

Klein, E.D., Krüger, M., Kühn, S.M. & Ackeren, I. van (2014). Wirkungen zentraler Abschlussprüfungen im Mehrebenensystem Schule. Eine Zwischenbilanz internationaler und nationaler Befunde und Forschungsdesiderata. *Zeitschrift für Erziehungswissenschaft, 17*(7), 7–33.

Klein, E.D., Kühn, S.M., van Ackeren, I. & Block, R. (2009). Wie zentral sind zentrale Prüfungen? Abschlussprüfungen am Ende der Sekundarstufe II im nationalen und internationalen Vergleich. *Zeitschrift für Pädagogik, 55*(4), 596–621.

Kleinknecht, M. (2010). *Aufgabenkultur im Unterricht: Eine empirisch-didaktische Video- und Interviewstudie an Hauptschulen.* Baltmannsweiler: Schneider Verlag Hohengehren.

KMK (2003). Bildungsstandards im Fach Mathematik für den Mittleren Schulabschluss. Beschluss vom 04. 12. 2003. München: Luchterhand.

KMK (2012). *Bildungsstandards im Fach Mathematik für die Allgemeine Hochschulreife* (Beschluss der Kultusministerkonferenz vom 18.10.2012). Online unter http://www.kmk.org/fileadmin/veroeffentlichungen_beschluesse/2012/2012_10_18-Bildungsstandards-Mathe-Abi.pdf (zuletzt abgerufen am 22.09.2015).

Köster, J. (2008). Lern- und Leistungsaufgaben im Deutschunterricht. *Deutschunterricht, 61*(5), 4–10.

Krüger, M. (2015). *Aufgabenkultur in zentralen Abschlussprüfungen. Exploration und Deskription naturwissenschaftlicher Aufgabenstellungen im internationalen Vergleich.* Münster: Waxmann.

Kühberger, C. (2014). Zur Konstruktion von Prüfungsaufgaben als Voraussetzung für die Leistungsbeurteilung bei der Neuen Reife- und Diplomprüfung – das Beispiel „Geschichte". *Erziehung und Unterricht, 164*(5–6), 3–13.

Kühn, S. M. (2010). *Steuerung und Innovation durch Abschlussprüfungen?* Wiesbaden: VS.

Kühn, S.M. (2012). Exploring the Use of Statewide Exit Exams to Spread Innovation – The Example of Context in Science Tasks from an International Comparative Perspective. *Studies in Educational Evaluation, 37*(4), 189–195.

Kühn, S.M. (2013). Vergleichbarkeit beim Mittleren Schulabschluss? Ein Überblick über die Vielfalt schulstrukturell möglicher Bildungswege und Prüfungsverfahren in den deutschen Ländern. *Die Deutsche Schule, 105*(1), 87–101.

Kühn, S.M. & Drüke-Noe, C. (2013). Qualität und Vergleichbarkeit durch Bildungsstandards und zentrale Prüfungen? – Ein bundesweiter Vergleich von Prüfungsanforderungen im Fach Mathematik zum Erwerb des Mittleren Schulabschlusses. *Zeitschrift für Pädagogik, 59*(6), 912–932.

Kulgemeyer, C. (2009). *PISA-Aufgaben im Vergleich. Strukturanalyse der Naturwissenschaftsitems aus den PISA-Durchläufen 2000 bis 2006.* Norderstedt: Books on Demand GmbH.

Leutner, D. (2010). Pädagogisch-psychologische Diagnostik. In D.H. Rost (Hrsg.), *Handwörterbuch Pädagogische Psychologie.* 4. Auflage (S. 624–634). Weinheim (u. a.): Beltz.

Mayrhofer, E. & Schallenberg, E. (2012). Die neue Reifeprüfung an den AHS – eine Chance für die Unterrichtsentwicklung. *Erziehung & Unterricht, 162*(1/2), 44–60.

Mittnik, P. (2014a). Zentrale Themen des Geschichteunterrichts in Österreich. Evaluation der Reifeprüfungsaufgaben aus dem Unterrichtsgegenstand Geschichte und Sozialkunde/Politischer Bildung an Wiener AHS. Eine empirische Erhebung. *Forschungsperspektiven, 6*, 49–65.

Mittnik, P. (2014b). Zentrale Themen des Geschichteunterrichts in Österreich. Analyse der Reifeprüfungsaufgaben an Wiener AHS aus dem Fach Geschichte und Sozialkunde/Politischer Bildung. Eine empirische Erhebung. *Historische Sozialkunde, 164*(4), 26–38.

Neubrand, J. & Neubrand, M. (2010). *Mathematikdidaktische Analysen der zentralen Prüfungen 2008 in Mathematik am Ende der Klasse 10 in Mathematik* (unveröffentlichtes Manuskript). Vechta/Oldenburg.

Ofqual (2012). *International Comparisons in Senior Secondary Assessment. Full Report.* Coventry: Office of Qualifications and Examinations Regulation.

Otto, S. & Kühn, S.M. (2014). Zwischen Tradition und Innovation. Eine Analyse zentraler Prüfungsaufgaben im Fach Deutsch im nationalen Vergleich. *Schulpädagogik-heute, 9*, o. S.

Pinter, A. (2011). Standardisierung und Kompetenzorientierung in Österreich. *Der altsprachliche Unterricht Latein, Griechisch, 54*(4/5), 116–121.

Prediger, S., Wilhelm, N., Büchter, A., Gürsoy, E. & Benholz, C. (2015). Sprachkompetenz und Mathematikleistung – Empirische Untersuchung sprachlich bedingter Hürden in den Zentralen Prüfungen 10. *Journal für Mathematik-Didaktik, 36*(1), 77–104.

Reisse, W. (2008). *Kompetenzorientierte Aufgabenentwicklung. Ein Lehrerhandbuch für die Sekundarstufen.* Köln: Aulis.

Roppelt, A., Keller, K., Leiß, D., Drüke-Noe, C. & Blum, W. (2008). *Kommentierung der schriftlichen Prüfungsarbeit zum mittleren Schulabschluss 2007 im Fach Mathematik (Berlin) bzw. der Prüfungen am Ende der Jahrgangsstufe 10 Mathematik (Brandenburg) hinsichtlich ihrer Orientierung an den länderübergreifenden Bildungsstandards.* Berlin/Brandenburg: ISQ.

Saxalber, A. & Wintersteiner, W. (Hrsg.) (2012). Reifeprüfung Deutsch [Themenheft]. *informationen zur deutschdidaktik (ide). Zeitschrift für den Deutschunterricht in Wissenschaft und Schule, 36*(1).

Schoppmeier, F., Borowski, A. & Fischer, H.E. (2012). Mathematische Bereiche in Leistungskursklausuren. *Physik und Didaktik in Schule und Hochschule, 11*(1), 28–40.

Schönemann, B., Thünemann, H. & Zülsdorf-Kersting, M. (2011). *Was können Abiturienten? Zugleich ein Beitrag zur Debatte über Kompetenzen und Standards im Fach Geschichte.* Münster: LIT.

Siller, H.-S., Bruder, R., Linnemann, T., Hascher, T., Sattlberger, E., Steinfeld, J. & Schodl, M. (2014). Stufung mathematischer Kompetenzen am Ende der Sekundarstufe II – eine Konkretisierung. In J. Roth & J. Ames (Hrsg.), *Beiträge zum Mathematikunterricht 2014.* Band 2 (S. 1135–1138). Münster: WTM-Verlag.

Stawitz, H.C. (2010). *Auswirkung unterschiedlicher Aufgabenprofile auf die Schülerleistung. Vergleich von Naturwissenschafts- und Problemlöseaufgaben der PISA 2003-Studie.* Berlin: Logos.

Tikkanen, G.M. & Aksela, M. (2012a). Analysis of Finnish chemistry Matriculation Examination questions according to Cognitive Complexity. *NorDiNa, 8*(3), 258–268.

Tikkanen, G.M. & Aksela, M. (2012b). Test Item Formats in Finnish Chemistry Matriculation Examinations. *Eurasian Journal of Physics and Chemistry Education, 4*(2), 157–172.

Valverde, G.A. (2005). Curriculum Policy Seen Through High-Stakes Examinations: Mathematics and Biology in a Selection of School-Leaving Examinations from the Middle East and North Africa. *Peabody Journal of Education, 80*(1), 29–55.

van Ackeren, I. van (2007). Zentrale Abschlussprüfungen. Entstehung, Struktur und Steuerungsperspektiven. *Pädagogik, 59*(3), 12–15.

Zumhasch, C. (2014). Schulleistungsbeurteilung: Leistungen feststellen und bewerten. In W. Einsiedler et al. (Hrsg.), *Handbuch Grundschulpädagogik und Grundschuldidaktik.* 4. Auflage (S. 302–310). Bad Heilbrunn: Klinkhardt.

2. Teil
Schulsprache und Fremdsprachen

Erarbeitungsaufgaben für den Literaturunterricht

Von der empirischen Kompetenzforschung zur Aufgabenentwicklung

Jörn Brüggemann

1. Einleitung

Über die empirisch gestützte Entwicklung von Lernaufgaben für den Literaturunterricht zu sprechen, bedeutet beim gegenwärtigen Forschungsstand, sowohl empirische Befunde aus der literaturdidaktischen Kompetenzforschung als auch (noch) nicht untersuchte Annahmen über Förderansätze ins Blickfeld zu rücken. Während im Bereich der empirischen Kompetenzforschung mittlerweile systematisch evaluierte Befunde vorliegen, die einen Orientierungsrahmen für die Konstruktion von Aufgaben zur systematischen Förderung von Teilkompetenzen des literarischen Verstehens darstellen, existiert in der germanistischen Literaturdidaktik bislang keine systematische aufgabenbezogene Wirkungsforschung. Vor diesem Hintergrund soll gezeigt werden, auf welche Befunde aus dem Bereich der Kompetenzforschung und auf welche theoretisch-konzeptionellen Vorarbeiten im Bereich der Aufgabenanalyse bei der Entwicklung literaturspezifischer Lernaufgaben[1] zurückgegriffen werden kann, die im Rahmen einer künftigen aufgabenbezogenen Wirkungsforschung evaluiert werden müssen. Wie auf dieser Basis Lernaufgaben zur Förderung kognitiver Teilkompetenzen des literarischen Verstehens entwickelt werden können, wird am Beispiel von Erarbeitungsaufgaben zu Bertolt Brechts Erzählung „Der hilflose Knabe" (Brecht, 1949) illustriert. Abschließend werden Desiderate einer literaturdidaktischen Lernaufgabenforschung benannt.

2. Empirische Befunde der Textverstehenskompetenzforschung

Literarisches Verstehen beruht auf der Fähigkeit, das textseitige Spiel komplexer Bedeutungen und (kognitiver wie emotionaler) Wirkungen so zu bewältigen, dass im Zuge sorgfältiger Re-Lektüren individuelle Verstehensvoraussetzungen überschritten werden (können). Sie bedarf der Entfaltung von Imagination (vgl. Spinner, 2006, S. 8), ist häufig mit unterschiedlichen Typen von Emotionen (Kämper-van den Boogaart & Pieper, 2008, S. 48) verknüpft und geht (idealiter) mit einer Reihe domänen- und feld-

---

[1] Mit *Lernaufgaben* werden im Folgenden im Anschluss an Winkler (2010, S. 103) „*alle* Aufgabenstellungen" bezeichnet, die „sich auf fachliche Gegenstände (Texte, Themen, Strukturen, Normen, Prozeduren, Strategien etc.) beziehen" und dabei „fachspezifische Lernprozesse anregen, begleiten und beeinflussen". Der Aufgabenbegriff bleibt indifferent gegenüber Aufgabenformaten und Methoden.

spezifischer Bereitschaften und Einstellungen einher (vgl. Brüggemann, 2008, S. 55 f.). Ihr kognitiver Kern ist eine Hypothesen generierende und prüfende Reflexionstätigkeit, deren Vollzug unter Einbeziehung habitualisierter Muster auf die Entwicklung und Überprüfung kohärenter Deutungsansätze respektive die Falsifikation von Fehldeutungen unter besonderer Beachtung der ästhetischen Funktion sprachlich-formaler Gestaltungelemente abzielt. Als Orientierungsrahmen für die Konstruktion literaturspezifischer Lernaufgaben bedarf es eines Modells, das diese Aspekte umfasst und es darüber hinaus ermöglicht, genauer zwischen Teilaspekten des literarischen Verstehens zu differenzieren, um individuellen Förderbedarf diagnostizieren und adäquate Förderangebote unterbreiten zu können. Gegenwärtig wird zu diesem Zweck häufig auf ein Mehrebenenmodell des Textvestehens zurückgegriffen, das zwischen hierarchieniedrigen (Worterkennungsprozesse auf der Wort-, Satz- bzw. Absatzebene) und hierarchiehöheren Teilprozessen (globale Kohärenzbildung, Bildung eines Situationsmodells, Erfassen von Superstrukturen) differenziert (vgl. Winkler, 2010). Auch wenn in dem Modell wichtige kognitive Operationen des literarischen Verstehens wie das Erfassen von textsortenspezifischen Strukturmerkmalen und Darstellungsstrategien enthalten sind, so beruht es doch auf zwei problematischen Annahmen. Dies ist zum einen die Annahme, dass Fähigkeiten im Bereich der lokalen Kohärenzbildung grundsätzlich als hierarchieniedriger anzusehen seien als solche im Bereich der globalen Kohärenzbildung. Dabei machen literarische Texte nicht selten bereits die Erzeugung lokaler Kohärenzen zu einer anspruchsvollen Herausforderung, ohne dass dies mit hohen Verstehensanforderungen auf der Ebene der globalen Kohärenzbildung einhergehen muss.[2] Zum anderen ist die Annahme problematisch, im Rahmen eines domänenübergreifenden Lesekompetenzmodells auch alle Verstehensanforderungen literarischer Texte sowie die Verstehensoptionen, die durch die Anwendung literaturspezifischer Lektüre- bzw. Verstehensmodi erzeugt werden, zu berücksichtigen. Dies ist vor allem deshalb ein Manko der literaturdidaktischen Lernaufgabenentwicklung, weil die jüngere Kompetenzforschung vor Augen geführt hat, dass literarische Verstehenskompetenz nicht hinreichend durch das Konstrukt einer allgemeinen Lesekompetenz erfasst wird. Theoretisch wie empirisch angemessener ist die Annahme eines mehrdimensionalen Modells literarästhetischer Textverstehenskompetenz, dessen empirisch evaluierte Dimensionen die Identifikation prototypischer Verstehensherausforderungen literarischer Texte ermöglicht.[3] Nach dem aktuellen Stand der em-

---

2   So konfrontiert etwa die Erzählung „Wie ich eines schönen Morgens im April das 100%ige Mädchen sah" (Murikami, 2008, S. 9) seine Leserinnen und Leser weniger mit Verstehensherausforderungen auf der Ebene der globalen Kohärenzbildung. Dafür birgt aber z. B. die Kombination der Attribute der im Titel genannten Frau nicht zu unterschätzende Verstehensanforderungen, wenn es heißt: „So an die Dreißig wird sie sein, nicht eigentlich ein Mädchen."

3   Es handelt sich um die Ergebnisse des Projekts ‚Literarästhetische Urteilskompetenz', das im Rahmen des Schwerpunktprogramms ‚Kompetenzmodelle zur Erfassung individueller Lernergebnisse und zur Bilanzierung von Bildungsprozessen' über drei Laufzeiten von der DFG gefördert wurde. Genaue Einblicke bieten die Beiträge von Frederking et al., 2016 sowie Meier et al., 2016.

pirischen Kompetenzforschung sind Lesende bei der Lektüre literarischer Texte mit domänenspezifischen Verstehensanforderungen konfrontiert, die die Mobilisierung folgender empirisch unterscheidbarer Kompetenzdimensionen erfordert:

- *Ästhetische Aufmerksamkeit* bezeichnet die Fähigkeit, potenziell interpretationsrelevante sprachlich-stilistische und strukturelle Auffälligkeiten literarischer Texte zu erkennen.
- *Semantische literarästhetische Textverstehenskompetenz* bezeichnet die Fähigkeit, trotz Polyvalenz und Deutungsoffenheit, Leerstellen und eines hohen Maßes an Verknüpfungsdichte und Indirektheit kohärente Deutungen eines literarischen Textes entwickeln respektive prüfen zu können, auch – und dies gilt für die semantische wie die idiolektale Dimension – unter Einbeziehung textexterner Zusatzinformationen (z. B. werk-, epochen-, gattungs-, kulturhistorischer, poetologischer, intertextueller oder biografischer Art).
- *Idiolektale literarästhetische Textverstehenskompetenz* bezeichnet die Fähigkeit, sprachlich-ästhetische Besonderheiten, gattungsspezifische Formelemente und einen selbstreferentiellen Sprachgebrauch im Hinblick auf deren ästhetische Funktion respektive die im poetischen Sprachgebrauch realisierte Textstrategie erfassen und bestimmen zu können.
- Die *Kompetenz zur Verarbeitung intendierter Emotionen* bezeichnet die Fähigkeit, die emotionale Rezeptionssteuerung literarischer Texte rekonstruieren zu können.
- *Literarisches Fachwissen* bezeichnet die Fähigkeit, im Umgang mit literarischen Texten literaturspezifisches (Schema-)Wissen zur Einordnung von semantischen und formalen, auf den literarischen Idiolekt bezogenen Textelementen sowie Wissen über Textsorten, historische Kontexte, intertextuelle Bezüge etc. zu aktivieren.

Nach wie vor besteht ein wesentliches literaturdidaktisches Desiderat in der Profilierung eines (Anwendungs-)Wissens, das über die Erschließung eines einzelnen Textes hinaus ein hohes Transferpotenzial aufweist, ohne dass dessen Applikation zu brachialen Komplexitätsreduktionen führt (Brüggemann, 2013, S. 153). Transferpotenzial bergen die fünf Dimensionen literarischer Verstehenskompetenz, insofern sie mit prototypischen Verstehensanforderungen korrespondieren, die viele literarische Texte (höheren Emissionsniveaus) aufweisen. Es kann indes nur genutzt werden, wenn Heranwachsende lernen, diese Verstehensanforderungen zu erschließen. Dazu müssen sie – jeweils mit Blick auf die vielfältigen konkreten Verstehensanforderungen eines literarischen Texts – „lernen, die richtigen Fragen zu stellen, wenngleich sowohl die *speziellen* Fragen und Antworten erst singulär gefunden werden müssen" (Ossner, 2013, S. 46; Hervorhebung, J.B.). Als *textübergreifende* Fragen mit hohem Transferpotenzial, die als Ausgangspunkt der Formulierung *konkreter*, d. h. textbezogener Fragen (und hypothetischer Antworten) genutzt werden können, zählen mit Blick auf die fünf Dimensionen literarischer Verstehenskompetenz: 1. Welche Textelemente sind (besonders) auffällig hinsichtlich ihrer sprachlichen bzw. formalen Gestaltung? 2. Welche Verstehensprobleme beinhaltet der Text in inhaltlicher Hinsicht? 3. Welche Verstehensprobleme beinhaltet der Text in idiolektaler Hinsicht (respektive: Zu welchem Zweck könnten die in Frage 1 identifizierten Textelemente auf diese Art gestaltet worden sein?)? 4. Welche Emotionen bzw. emotionalen Reaktionen könnte der Text beim Lesen hervorrufen sollen? 5. Welches Fachwissen könnte hilfreich sein, um die Verstehensanforderungen zu bewältigen bzw. sie professionell zu beschreiben? Wer in dieser Hinsicht seine Verstehenskompetenz aktiviert, stößt in jedem Kompetenz- bzw. Anforderungsbereich auf eine Reihe erklärungsbedürftiger Textelemente, die jeweils zum Gegenstand einer differenzierten Befragung gemacht werden können. Im Folgenden soll am Beispiel von Bertolt Brechts „Der hilflose Knabe" erläutert werden, inwiefern die prototypischen Verstehensanforderungen textseitig konkretisiert und für die Entwicklung von Erarbeitungsaufgaben genutzt werden können. Dass die Demonstration anhand eines Textes erfolgt, der nicht selten bereits im achten Jahrgang zur Förderung des literarischen Verstehens eingesetzt wird, ist auch durch das Anliegen motiviert, auf die Notwendigkeit einer vertieften Auseinandersetzung mit schwierigkeitsgenerierenden Text- und Aufgabenmerkmalen aufmerksam zu machen.

3.   Textseitige Verstehensanforderungen: Konkretisierungen

Bertolt Brecht: Der hilflose Knabe (1949)

Herr K. sprach über die Unart, erlittenes Unrecht stillschweigend in sich hineinzufressen, und erzählte folgende Geschichte: „Einen vor sich hin weinenden Jungen fragte ein Vorübergehender nach dem Grund seines Kummers. ‚Ich hatte zwei Groschen für das Kino beisammen', sagte der Knabe, ‚da kam ein Junge und riß mir einen aus der Hand', und er zeigte auf einen Jungen, der in einiger Entfernung zu sehen war. ‚Hast du denn nicht um Hilfe geschrien?' fragte der Mann. ‚Doch', sagte der Junge und schluchzte ein wenig stärker. ‚Hat dich niemand gehört?' fragte ihn der Mann weiter, ihn liebevoll streichelnd. ‚Nein', schluchzte der Junge. ‚Kannst du denn nicht lauter schreien?' fragte der Mann. ‚Nein', sagte der Junge und blickte ihn mit neuer Hoffnung an. Denn der Mann lächelte. ‚Dann gib auch den her', sagte er, nahm ihm den letzten Groschen aus der Hand und ging unbekümmert weiter.

Brechts Text birgt eine Reihe von Verstehensanforderungen, die die Aktivierung der fünf Dimensionen literarischer Verstehenskompetenz erfordern. Wer seine *ästhetische Aufmerksamkeit* aktiviert, kann auf sprachlich-stilistische und strukturelle Auffälligkeiten stoßen, die zum Gegenstand einer vertieften Interpretation gemacht werden können. Dazu zählen z. B. das hohe Ausmaß an Dialogizität, der unvermittelte Wechsel von Rede und Gegenrede, die Pointiertheit, die typisierte und klischeehafte Figurendarstellung, das Spiel mit Erwartungen oder die Diskrepanz zwischen Rahmen- und Binnenhandlung.

Wer Brechts Text in *semantischer* Hinsicht angemessen verstehen will, muss einerseits klären, was unter der im rahmenden Einleitungssatz besagten „Unart" zu verstehen sein könnte, „erlittenes Unrecht stillschweigend in sich hineinzufressen"; andererseits muss die Binnenhandlung im Hinblick auf eine verallgemeinerbare Lehre hin interpretiert werden.[4] Dazu ist es nötig, Hypothesen über das emotionale Erleben, die Intentionen und Erwartungen der Beteiligten aufzustellen, die nur indirekt präsentiert werden.

Wer den Text in *idiolektaler* Hinsicht angemessen verstehen will, muss die ästhetische Funktion jener Textelemente bestimmen, die durch die Aktivierung *ästhetischer Aufmerksamkeit* identifiziert werden können. Konkret muss man z. B. rekonstruieren, auf welche Weise der Text Lesererwartungen weckt, steigert und enttäuscht. Dazu müssen Formulierungen im Hinblick auf ihre Funktion, Lesererwartungen zu wecken, bestimmt werden. Die Erwartung, dass der Mann dem Jungen hilft, wird nicht nur thematisch durch die Geschichte des Diebstahls, sondern auch durch Formulierungen wie „Der hilflose Knabe", „weinenden Jungen", „schluchzte ein wenig stärker" geweckt, die (als Mittel zur Evokation von Leseremotionen – vgl. Hillebrand, 2011, S. 102 ff.; Fehlberg, 2014) an das Mitleid der Leser appellieren; aber auch durch die wiederholten Nachfragen des Mannes und insbesondere durch Formulierungen wie „ihn liebevoll streichelnd" oder „blickte ihn mit neuer Hoffnung an", die den Eindruck erwecken, dass sich der Mann um den Knaben sorgt. Darüber hinaus muss die Pointe als Mittel zur Erzeugung von Überraschung bzw. Enttäuschung erkannt werden, deren Realisierung den (kritischen) Lesern die Erfahrung bescheren kann, durch die (mehrdeutigen) Worte des Mannes auf die falsche Fährte gelockt worden zu sein.

Ein weiteres Objekt idiolektaler Verstehensbemühungen ist die Diskrepanz von Rahmen- und Binnenhandlung, die den Modus betreffen, in dem die Rede der Rahmenhandlung auf die Binnenhandlung referiert. Dabei muss der Leser Hypothesen über die illokutionäre und perlokutionäre Funktion von Herrn Keuners Rede bzw. der Rahmenhandlung aufstellen und prüfen. Wie voraussetzungsreich diese Operationen sind, wird unten genauer erläutert.

Eng verknüpft mit dem im Bereich des idiolektalen Verstehens angesiedelten Spiel mit Erwartungsbrüchen ist die Herausforderung, das Spektrum der Emotionen zu rekonstruieren, die der Text im Leser auslösen soll. Gerade weil textseitig unbestimmt ist, wer auf welche Weise was in der bzw. durch die Erzählung lernen soll, könnte im Zuge der Aktivierung der Kompetenz zur Verarbeitung der intendierten Emotionen neben dem bereits angesprochenen Mitleid und der durch die Pointe ausgelösten Überraschung eine Reihe weiterer Emotionen bzw. emotionaler Reaktionen wie Empörung, Lachen, Schmunzeln, vielleicht sogar Schadenfreude oder Irritation (als Ausdruck der Distanz gegenüber emotionalen Reaktionen) als Ziel einer (mehr oder minder) emotionalen Rezeptionssteuerung der Lesenden rekonstruiert werden.

Die Analyse zeigt deutlich, dass es sich bei der Erzählung trotz ihrer Kürze um einen schwierigen Text aufgrund des hohen Maßes an systematischer Unbestimmtheit, Indirektheit und Mehrdeutigkeit (Zabka, 2006) handelt, die die Bildung und sorgfältige Prüfung weit reichender Inferenzen erfordert. Wie diese Teilkompetenzen des literarischen Verstehens und die damit verknüpfte Thematisierung und Bewältigung

---

4 Beides ist nötig, um die Diskrepanz zwischen Rahmen- und Binnenhandlung – der Knabe frisst das erlittene Unrecht nicht stillschweigend in sich hinein – sowie deren Funktion als klärungsbedürftig zu erkennen.

von Verstehensanforderungen so eingeübt werden kann, dass der subjektive Erstzu-
griff durch konkretisierende Fragen und Antworthypothesen erweitert wird, soll nun
anhand exemplarischer Beispiele für Erarbeitungsaufgaben demonstriert werden.

4.   Erarbeitungsaufgaben

Erarbeitungsaufgaben dienen der „Weiterverarbeitung bzw. Anreicherung fachspezifischer Gegenstände" (Winkler, 2010, S. 104). Sie stellt im Bereich des literarischen Lernens eine besondere Herausforderung dar, weil Novizen häufig unklar ist, inwiefern
ein Text überhaupt klärungsbedürftig ist, da Reflexionsbedarf erst im Vollzug rekur-
siver Re-Lektüren entsteht, die Differenzen zwischen Text und Deutungsoptionen vor
Augen führen (vgl. Brüggemann, 2013, S. 153 ff.). Dass Texte durch sorgfältige Re-Lektüren nicht langweiliger, sondern komplexer und interpretationsbedürftiger werden,
ist eine Erfahrung, die Lernende nur machen, wenn Erarbeitungsaufgaben entsprechende Reflexionsprozesse auslösen. Diese können aus der Konfrontation mit konkur-
rierenden Textbeobachtungen unterschiedlicher Plausibilität heraus erwachsen, durch
die ein erweitertes Spektrum textueller Verknüpfungsmöglichkeiten erkennbar wird.
Wie durch Erarbeitungsaufgaben Anlass zur sorgfältigen Klärung textueller Bezüge
und zur Überschreitung individueller Verstehensvoraussetzungen in den skizzierten
Anforderungsbereichen erzeugt werden kann, zeigen die Aufgabenbeispiele:

1. Wie kann man die Formulierung von Herrn Keuners Gesprächsthema verstehen,
   das die „Unart" betrifft, „erlittenes Unrecht stillschweigend in sich hineinzufressen"? Überlege, was für oder gegen die folgenden Erläuterungen spricht.
   ☐ Man soll sich wehren.
   ☐ Man soll sich Hilfe suchen.
   ☐ Man soll sich über erlittenes Unrecht beschweren.
   ☐ …
   Kreuze an und begründe deine Entscheidung. Wenn deine Leseerfahrung von den
   vorgeschlagenen Reaktionsweisen abweicht, solltest du eine Formulierung suchen,
   die besser zum Text passt.

2. Welche Lehre entspricht dem Wortlaut der Geschichte von Herrn K. am ehesten?
   ☐ Man soll sich wehren.
   ☐ Man soll sich Hilfe suchen.
   ☐ Man soll über erlittenes Unrecht nicht schweigen.
   ☐ …
   Kreuze an und begründe deine Entscheidung. Wenn du mit allen Vorschlägen
   unzufrieden bist, solltest du eine Formulierung suchen, die den Wortlaut der Ge-
   schichte besser wiedergibt.

3. Notiere möglichst viele Textstellen, in denen die Erwartung geweckt wird, der
   Mann werde dem Knaben helfen.

4. Der Autor der Geschichte hat den Text immer wieder umgeschrieben. In einer früheren Version fehlt der einleitende Satz, der über das Thema der Geschichte informiert. Wie hilfreich ist der Einleitungssatz, um die Geschichte zu verstehen? Begründe deine Einschätzung.

5. Brecht hat „Der hilflose Knabe" u. a. in einem Buch namens „Kalendergeschichten" veröffentlicht. Informiere dich mit Hilfe eines Lexikons oder des Internets über die Textsorte „Kalendergeschichte". Inwiefern unterscheidet sich Brechts Erzählung hinsichtlich der Art und Weise des (Be-)Lehrens von typischen Kalendergeschichten?

6. Welche emotionalen Reaktionen soll der Text beim Leser wecken (unabhängig von deiner eigenen Gefühlslage)? Kreuze an, was zutreffen könnte und erläutere Deine Auswahl m. H. von Textstellen, die die emotionalen Reaktionen verursachen sollen.
   - ☐ Mitleid
   - ☐ Empörung
   - ☐ Bewunderung
   - ☐ Distanz gegenüber Emotionen
   - ☐ Überraschung
   - ☐ Schadenfreude

7. Notiere Fachbegriffe, mit denen du die besonders auffällige inhaltliche, sprachliche und formale Gestaltung des Textes (z. B. die Erzählperspektive) und vor allem die besonderen Auffälligkeiten bezeichnen kannst. (Umschreibe die Gestaltungsmittel, wenn dir die Fachbegriffe fehlen.)

Dieses Aufgabenset hat exemplarischen Charakter; es veranschaulicht die Aktivierung der semantischen (Aufgabe 1–2), idiolektalen (Aufgabe 3–5), emotionsbezogenen (Aufgabe 6) und fachwissensbezogenen (Aufgabe 7) Teildimensionen literarischer Verstehenskompetenz. Selbstverständlich können die Aufgaben durch andere ersetzt bzw. ergänzt werden, z. B. durch die Frage, *auf welche Weise* man in der Geschichte etwas lernen soll (a) durch Belehrung, b) durch ein Beispiel, c) durch ein Exempel, d) durch Überraschung e) …), oder durch die Frage, *wer* durch die Geschichte in der Erzählung etwas lernen soll: (a) der Leser, b) der Knabe durch den Mann, c) der Leser durch Herrn K. und den Mann, d) der Mann durch den Knaben, e) der Leser durch den Knaben, f) …).

Um die kognitiven Herausforderungen an den individuellen Verstehensvoraussetzungen der Lernenden zu orientieren, kann die Aufgabenschwierigkeit über die Variation von Offenheit und Komplexität variiert werden.[5] Um demotivierende Überforderungserfahrungen und Kompensationsstrategien zu vermeiden, müssen

---

5 Während die Komplexität über die Anzahl und den Bedarf an Vernetzung lösungsrelevanter Variablen (in Text und Aufgabenstellung) bestimmt wird, korrespondiert die Offenheit einer Aufgabenstellung mit dem Entscheidungsspielraum der Lernenden, wobei dieser umso

der Lösungsprozess und das Spektrum der Lösungsmöglichkeiten durch aufgabenimmanente Unterstützungsangebote vorstrukturiert werden, wie das bei den obigen
Beispielaufgaben etwa durch die Fragen, die Vorgabe von Antwortalternativen (mit
lösungsrelevanten Variablen) und durch Instruktionen erfolgt, die deren Überprüfung
und Vernetzung betreffen.[6] Ein Beispiel für die Reduktion der Aufgabenschwierigkeit
bestünde darin, in Aufgabe 2 nicht zur Überprüfung verschiedener selbst interpretationsbedürftiger Lehren aufzufordern, sondern Aussagen prüfen zu lassen, die den
Grund für den zweiten Raub betreffen (Der Knabe wird beraubt, weil er … a) unvor-
sichtig mit seinem Geld umgeht, b) nicht laut genug schreien kann, c) schwach und
hilflos wirkt, d) …). Auf diese Weise wird einerseits der Integrationsgrad lösungsrelevanter Variablen eingeschränkt – immerhin können die (irritierenden) Informationen
aus der Rahmenhandlung (zunächst) ignoriert werden; andererseits sinkt durch den
rein informatorischen Lesemodus der Präzisionsgrad der Lektüre, der – ebenfalls ein
schwierigkeitsgenerierendes Aufgabenmerkmal – „ein Maß für die Tiefenschärfe" ist,
„mit der die Aufgaben selbst und der Bezugstext zu lesen sind, um ggf. auch versteckte
relevante Informationen berücksichtigen zu können." (Winkler, 2010, S. 108) Leichter
wird so auch die Erschließung der Diskrepanz zwischen Rahmen- und Binnenhandlung, da die Lernenden durch die Antwortalternative b) direkter auf die Diskrepanz
zur expliziten Lehre gestoßen werden; trotzdem werden durch die Antwortalternative
c) noch Anknüpfungspunkte für einen weitergehenden Interpretationsansatz offeriert,
der in Folgeaufgaben durch kulturhistorische Kontextualisierungen (s. u.) gestützt
werden kann.

Eine Steigerung der Aufgabenschwierigkeit kann durch die Erhöhung der Anzahl
verstehensrelevanter Variablen erreicht werden. In diesem Sinne könnte alternativ zu
Aufgabe 4 untersucht werden, welche der von Brecht (1929/30, 1930, 1948) verfassten
Versionen ihre Leser mit den wenigsten Interpretationsproblemen konfrontiert – eine
Aufgabe, die auch (werkhistorische) Einblicke in die Entstehung heterogener Text-
strukturen eröffnete.

Doch gerade weil „Der hilflose Knabe" (1949) bereits in Deutschlehrwerken für
den 8. Jahrgang als Lernangebot präsentiert wird, ist grundsätzlich vor einer Unter-
schätzung der textseitigen Verstehensanforderungen und des Unterstützungsbedarfs
zu warnen. Denn es handelt sich bei dem Text auch deshalb um eine schwierige Erzählung, weil sie sich in voraussetzungsreicher Weise auf gattungs-, werk- und kultur-
historisches Kontextwissen bezieht, ohne dessen Kenntnis weder die verständnishem-
mende Diskrepanz zwischen Rahmen- und Binnenhandlung noch die aus heutiger
Sicht fragwürdige Lehre der Binnenhandlung ohne Weiteres erschlossen werden kann.
Ein Anknüpfungspunkt zur interpretatorischen Verarbeitung der verständnishem-
menden Diskrepanz könnte der Hinweis sein, dass Brecht die Erzählung (auch) als
„Kalendergeschichte" veröffentlicht hat. Erst ein Vorwissen, das die Werkgeschichte

---

höher ist, „je geringer Ausgangszustand, Lösungsprozess und das erwünschte Ergebnis der
Aufgabenbearbeitung determiniert sind" (Winkler, 2010, S. 108).

6   Über Merkmale gut und schlecht strukturierter Problemstellungen informiert Winkler
(2010, S. 108).

wie das Wissen über die Geschichte der Textsorte umfasst, ermöglicht es, den Text als Spiel mit tradierten Erwartungen gegenüber der Textsorte zu verstehen. Die Erzählung als Bruch mit der Tradition wahrzunehmen und daraus Schlussfolgerungen für die Textintention zu ziehen, dürfte Heranwachsenden allerdings kaum ohne aufgabenimmanente Unterstützung gelingen. Diese könnte etwa in Form der (informativen) Frage geleistet werden, inwiefern sich Brechts Erzählung hinsichtlich der Art und Weise des (Be-)Lehrens von konventionellen Kalendergeschichten unterscheidet (vgl. Aufgabe 5). In ähnlicher Weise dürfte die Vorgabe kulturhistorischen Kontextwissens die Erschließung der Lehre der Binnenhandlung erleichtern – etwa indem man Brechts Affinität zu einer behavioristischen Psychologie oder aber die Erfahrung von politischer Verfolgung und Exil sowie die Entwicklung eines großstädtischen Habitus als Werkkontext präsentiert (vgl. Kämper-van den Boogaart, 2005), um die Erzeugung von Hypothesen im Bereich des semantischen, idiolektalen und emotionsbezogenen Verstehens anzuregen. Tatsächlich sind derartige Verstehensanforderungen aber so komplex, dass sie nicht nur Lernende des 8. Jahrgangs überfordern könnten.

5.   Desiderate

Die zentrale „didaktische Herausforderung beim Stellen von Erarbeitungsaufgaben zum Textverstehen" besteht „darin, Demand und Support jeweils in einer Weise auszutarieren, dass die Aufgabenstellung sowohl den Voraussetzungen der Lernenden als auch den Merkmalen des gewählten Textes gerecht wird." (Winkler, 2010, S. 106) Gerade weil wir durch Regressionsanalysen im Rahmen der LUK-Forschung wissen, dass die empirische Aufgabenschwierigkeit primär durch schwierigkeitsgenerierende Aufgaben- und weniger durch Textmerkmale erklärt werden kann (vgl. Meier, Roick & Henschel, 2013), kommt der Bestimmung des Verhältnisses von Verstehensanforderungen und aufgabenimmanenter Unterstützung eine Schlüsselrolle bei der Entwicklung von Förderansätzen zu. Trotzdem ist der Einfluss von Textmerkmalen nicht zu unterschätzen – insbesondere im Rahmen von Förderangeboten, die sich am Prinzip der Prototypikalität orientieren. Inwiefern sich eine Kombination unterschiedlicher schwierigkeitsgenerierender Text- und Aufgabenmerkmale tatsächlich als lernförderlich erweist, muss über die empirische Evaluation von Förderkonzepten untersucht werden, die neben Erarbeitungs- auch Übungs- und Evaluationsaufgaben umfassen.

Literatur

Artelt, C. & Schlagmüller, M. (2004). Der Umgang mit literarischen Texten als Teilkompetenz im Lesen? Dimensionsanalysen und Ländervergleiche. In: U. Schiefele, C. Artelt, W. Schneider & P. Stanat (Hrsg.), *Struktur, Entwicklung und Förderung von Lesekompetenz. Vertiefende Analysen im Rahmen von PISA 2000* (S. 169–196). Wiesbaden: VS.

Brecht, B. (1929/30). Der böse Baal der Asoziale. In: W. Hecht, J. Knopf, W. Mittenzwei & K.-D. Müller (Hrsg.), *Werke, Stücke 10.1. Große kommentierte Berliner und Frankfurter Ausgabe* (S. 675). Frankfurt/M., Berlin, Weimar: Suhrkamp, Aufbau.

Brecht, B. (1930). Der hilflose Knabe. In: W. Hecht, J. Knopf, W. Mittenzwei & K.-D. Müller (Hrsg.), *Werke, Prosa 3. Große kommentierte Berliner und Frankfurter Ausgabe* (S. 19). Frankfurt/M., Berlin, Weimar: Suhrkamp, Aufbau.

Brecht, B. (1949). Der hilflose Knabe. In: W. Hecht, J. Knopf, W. Mittenzwei & K.-D. Müller (Hrsg.), *Werke, Prosa 3. Große kommentierte Berliner und Frankfurter Ausgabe* (S. 438). Frankfurt/M., Berlin, Weimar: Suhrkamp, Aufbau.

Brüggemann, J. (2008). *Literarizität und Geschichte als literaturdidaktisches Problem. Eine Studie am Beispiel des Mittelalters.* Frankfurt/M.: Peter Lang.

Brüggemann, J. (2013). Konstruktionsprinzipien, normative Implikationen und intendierte Wirkungen von Lernaufgaben zur Förderung literarischer Verstehenskompetenz. In S. Gailberger & F. Wietzke (Hrsg.), *Handbuch Kompetenzorientierter Deutschunterricht: Diagnostizieren – Binnendifferenzieren – Fördern* (S. 145–170). Weinheim, Basel: Beltz.

Fehlberg, K. (2014). *Gelenkte Gefühle. Literarische Strategien der Emotionalisierung und Sympathielenkung in den Erzählungen Arthur Schnitzlers.* Marburg: Verlag LiteraturWissenschaft.

Frederking, V., Brüggemann, J. & Hirsch, M. (2016). Fünf Teildimensionen literarischer Textverstehenskompetenz (literary literacy). Fünf Dimensionen von *Literary Literacy* und ihre interdisziplinären Implikationen am Beispiel der Geschichtsdidaktik. Theoretische Modellierung, empirische Überprüfung, interdisziplinäre Perspektiven. In K. Lehmann, M. Werner & S. Zabold (Hrsg.), *Historisches Denken jetzt und in Zukunft* (S. 211–234). Berlin: LIT.

Hillebrand, C. (2011). *Das emotionale Wirkungspotenzial von Erzähltexten. Mit Fallstudien zu Kafka, Perutz und Werfel.* Berlin: Akademie.

Kämper-van den Boogaart, M. (2005). Lässt sich normieren, was als literarische Bildung gelten soll? Eine Problemskizze am Beispiel von Brechts Erzählung ‚Der hilflose Knabe'. In H. Rösch (Hrsg.), *Kompetenzen im Deutschunterricht* (S. 27–50). Frankfurt/M.: Peter Lang.

Kämper-van den Boogaart, M. & I. Pieper (2008). Literarisches Lesen. *Didaktik Deutsch, 2,* 46–65.

Meier, C., Roick, T. & Henschel, S. (2013). Erfassung literarischen Textverstehens. Zu Faktoren der Aufgabenschwierigkeit bei der Konstruktion von Testaufgaben. In: C. Rieckmann & J. Gahn (Hrsg.), *Poesie verstehen – Literatur unterrichten* (S. 103–123). Baltmannsweiler: Schneider Verlag Hohengehren.

Meier, C., Roick, T., Henschel, S., Brüggemann, J., Frederking, V., Rieder, A., Gerner, V. & Stanat, P. (2016). An extended model of literary literacy. In D. Leutner, J. Fleischer, J. Grünkorn & E. Klieme (Eds.), *Competence Assessment in Education: Research, Models and Instruments.* München: Springer (im Druck).

Murakami, H. (2008). *Wie ich eines schönen Morgens im April das 100%ige Mädchen sah.* München: btb.

Ossner, J. (2013). Erklären und Zeigen. *Didaktik Deutsch, 34,* 37–51.

Spinner, K. H. (2006). Literarisches Lernen. *Praxis Deutsch, 33*(200), 6–17.

Winkler, I. (2010). Lernaufgaben im Literaturunterricht. In H. Kiper (Hrsg.), *Lernaufgaben und Lernmaterialien im kompetenzorientierten Unterricht* (S. 103–113). Stuttgart: Kohlhammer.

Zabka, T (2006). Typische Operationen literarischen Verstehens. Zu Martin Luther „Vom Raben und Fuchs" (5./6. Schuljahr). In C. Kammler (Hrsg.), *Literarische Kompetenzen – Standards im Literaturunterricht. Modelle für die Primar- und Sekundarstufe* (S. 80–101). Seelze: Friedrich.

Dimensionierung des Sachtextverständnisses durch Aufgaben

Theoretische Zugänge und empirische Befunde

Anke Schmitz

1. Einleitung

Eine gezielte Förderung des Sachtextverstehens stellt seit der Durchführung von internationalen Schulleistungsstudien ein intensiv diskutiertes Thema in wissenschaftlichen und bildungspolitischen Diskursen dar. Im Hinblick auf eine systematische Unterstützung des Lesens im Unterricht, die individuelle Lernvoraussetzungen berücksichtigt, bedarf es einer gezielten Diagnostik von kognitiven Teilfähigkeiten. Hierzu ist es bedeutsam, dass Aufgaben eingesetzt werden, die auf die Erfassung von Subdimensionen des Textverstehens ausgerichtet sind.

Die kognitionspsychologische und die differenziellpsychologische Forschung stellen zwei Forschungslinien dar, die das Konstrukt Textverständnis mehrdimensional definieren (Müller & Richter, 2014). Trotz divergierender Erkenntnisinteressen weisen sie inhaltliche Konvergenzen auf und bieten für die Operationalisierung des Sachtextverständnisses sowie die Konstruktion von Aufgaben wertvolle Ansatzpunkte. In diesem Beitrag werden zunächst Annahmen zur Modellierung des Textverstehens und die empirischen Zugänge sowie Befunde hinsichtlich der Abgrenzung von Teildimensionen erläutert und reflektiert. Anschließend wird eine empirische Studie vorgestellt, in der analysiert wurde, ob das Textverstehen mittels globaler Textkohäsion gefördert werden kann (Schmitz, 2016). Der Beitrag fokussiert jedoch nicht auf die Wirkung der Kohäsion, sondern auf die Modellierung des Textverständnisses, die Konstruktion eines Verständnistests und dessen Dimensionalität. Abschließend wird diskutiert, ob eine interdisziplinäre Zusammenarbeit von Fachwissenschaften zu einer systematischen Konzeption des Sachtextverstehens mittels Aufgaben beitragen kann und welche Konsequenzen sich für den Unterricht und die Lehrerbildung ergeben.

2. Forschungsperspektiven zum Textverständnis

In der Kognitionspsychologie ist die Binnenstruktur des Textverständnisses seit Anfang des 20. Jahrhunderts ein Diskussionsthema (Rost & Buch, 2010). Seit der Durchführung von Schulleistungsstudien wird die Dimensionierung von Leseleistungen auch in der empirischen Bildungsforschung und in den Fachdidaktiken thematisiert, da eine Differenzierung von Subdimensionen wertvolle Ansatzpunkte für die psychometrische Testentwicklung bietet. Aufgaben können zu Teilbereichen des Verstehens zielgerichtet konstruiert, und das Textverstehen niedrig-inferent diagnostiziert werden. Eindimensionale Modelle erlauben lediglich globale Vergleiche, die für unterrichtliche Implementationen bedingt zielführend sind (Bos et al., 2003).

Die Mehrdimensionalität von Leseleistungen ist jedoch an eine hinreichende Diskriminanzvalidität gebunden. Diese resultiert aus der Korrelation zwischen Konstrukten und ist gegeben, wenn sich Konstrukte sinnvoll voneinander abgrenzen lassen (Bortz & Döring, 2006). Angesichts der Formulierung von Mehrkonstruktmodellen gilt es daher zu prüfen, inwieweit sich theoretisch definierte Subdimensionen auch empirisch reproduzieren lassen (Jude & Klieme, 2007). Wie die kognitionspsychologische und die differenziellpsychologische Forschung dem Textverständnis begegnen und welche Aufgaben sie hinsichtlich des Nachweises von Subdimensionen formulieren, soll im Folgenden erläutert werden.

2.1 Kognitionspsychologischer Zugang: Nachweis von mentalen Repräsentationen

Die Konstruktions-Integrations-Theorie (Kintsch, 1998) hat die Annahme von kognitiven Teilprozessen des Textverstehens nachhaltig geprägt. Hinsichtlich der mentalen Kohärenzbildung wird postuliert, dass verschiedene Repräsentationsebenen gebildet werden. Eine Textoberflächenrepräsentation wird initiiert, sobald ein Text visuell wahrgenommen wird. Hiermit werden graphemische, syntaktische und lexikalische Eigenschaften verarbeitet. Eine propositionale Repräsentation beinhaltet semantische Informationen, die über wortwörtliche Repräsentationen hinausgehen. Propositionale Mikrostrukturen umfassen lokale Textzusammenhänge, wohingegen propositionale Makrostrukturen den Gesamtzusammenhang eines Textes repräsentieren (Kintsch, 1998). Diese Abstraktionen entlasten das Arbeitsgedächtnis. Das mentale Modell umfasst ein ganzheitliches Verständnis eines Sachverhalts und verbindet Textoberflächenelemente und Propositionen mit Wissensstrukturen (Schnotz, 1994). Angenommen wird, dass Modellrepräsentationen eine bildhafte Struktur besitzen, womit Sachverhalte interpretiert und Inferenzen erzeugt werden. Auf diese Weise können Kohärenzlücken (Leerstellen) in Texten vervollständigt und Informationen aus dem Langzeitgedächtnis hinzugefügt werden (ebd.).

Im Laufe der letzten vierzig Jahre wurde eine Vielzahl experimenteller Studien durchgeführt, um die o. g. mentalen Repräsentationen abzugrenzen. Für den Nachweis von Textoberflächenrepräsentationen wurden Wiedererkennungen und wörtliche Wiedergaben von Textinformationen genutzt. Ein Ergebnis besteht darin, dass die Aufgabenkomplexität die Repräsentationsgenauigkeit der Textoberfläche beeinflusst (Aaronson & Scarborough, 1977). Mit steigender Aufgabenanforderung richtet sich der Fokus zunehmend auf die semantische Verarbeitung des Textes, wohingegen bei leichteren Aufgaben die Textoberfläche ins Zentrum rückt (ebd.). Hinsichtlich propositionaler Repräsentationen wurde belegt, dass eine geringe Anzahl und eine konzeptionelle Einheitlichkeit von semantischen Konzepten zu besseren Erinnerungsleistungen führen (Kintsch & Keenan, 1973). Zudem werden Texte mit einer lückenlosen Propositionsstruktur schneller gelesen als solche, die wissensgeleitete Inferenzen erfordern. Kintsch (1976) führt das langsamere Lesen von Texten mit zu inferierenden Inhalten auf eine anspruchsvollere propositionale Verarbeitung zurück, da Vorwissen aus dem Langzeitgedächtnis zu aktivieren ist. Angesichts der mentalen Modellbildung wurde ihr besonderer Informationsgehalt untersucht. Analysiert wurden räumliche oder zeitliche Repräsentationen, die im Text nicht explizit benannt waren, aber von Rezipienten repräsentiert wurden. Bransford, Barclay und Franks (1972) nutzten hierzu beispielsweise zwei Textvarianten, die eine minimal unterschiedliche Textoberflächenstruktur besaßen, jedoch einen räumlichen Unterschied beinhalteten. Text A, in dem drei Schildkröten *neben* einem schwimmenden Holzstück lagen und ein Fisch unter ihnen schwamm, wurde Rezipienten präsentiert. Die Situation in Text B, in der drei Schildkröten *auf* einem schwimmenden Holzstück lagen und ein Fisch unter den Schildkröten und dem schwimmenden Holzstück schwamm, glaubten die Rezipienten jedoch gelesen zu haben. Eine Erklärung für die irrtümliche Vorstellung besteht darin, dass gelesene sowie erschlossene Informationen in ein mentales Modell integriert wurden. Schnotz (1994, S. 163) weist jedoch darauf hin, dass nach dem Lesen des Textes B auch eine propositionale Repräsentation gebildet und zusätzliche Propositionen inferiert werden könnten. Ebenso sei denkbar, dass nach dem Lesen des ersten Textes keine Propositionen inferiert würden, sondern ein mentales Modell mit räumlichen Informationen erzeugt werde. Letzteres führe ebenfalls zu der räumlichen Repräsentation des Sachverhaltes aus Text B. Ferner bedürfe es der empirischen Konkretisierung, ob es sich um eine extrinsische (textgeleitete) oder intrinsische (wissensgeleitete) sowie um eine symbolisch propositionale oder analoge Repräsentation handele (ebd.).

2.2 Differenziell-psychologische Perspektive: Modellierung von Subdimensionen

In der differenziell-psychologischen Forschung wird das Konstrukt Textverständnis ebenfalls mehrdimensional operationalisiert, was sich den Lesekompetenzmodellen der Schulleistungsstudien entnehmen lässt (Bos et al., 2012; OECD, 2010). In der PISA-Studie werden beispielsweise drei Subdimensionen mittels spezifischer Aufgaben modelliert. Ein Suchen und Extrahieren von Informationen bedeutet, dass Informationen in einem Text lokalisiert, ausgewählt und gesammelt werden. Das Anspruchsniveau solcher Verstehensaufgaben hängt von der Anzahl und der Explizitheit der Informationen sowie von der Textkomplexität ab (OECD, 2010). Das Kombinieren und Interpretieren kennzeichnet eine tiefergehende Verarbeitung des Gelesenen. Beim Kombinieren werden Inhalte in Relation zueinander gesetzt. Hierzu zählen Aufgaben zu Ursache-Wirkungs-Verhältnissen oder Problem-Lösungs-Zusammenhängen. Das Interpretieren bezieht sich auf ein „Herauslesen" (OECD, 2010, S. 47) von Inhalten. Rezipienten machen beim Interpretieren Annahmen zu einem Text und leiten sich daraus ergebende Implikationen ab. Es kann sich um Bedeutungen eines Wortes, Ausdruckes, Satzes oder längerer Textabschnitte handeln. Rezipienten, die über Texte reflektieren und Texte bewerten, erzeugen elaborative Inferenzen und aktivieren Wissen. Reflexionsaufgaben erfordern das Konstruieren von Zusammenhängen, die sich aus eigenen Erfahrungen und dem Gelesenen speisen. Beim Bewerten eines Textes steht die Urteilsbildung über einen Sachverhalt im Fokus (OECD, 2010, S. 47). Ähnliche kognitive Teilfähigkeiten werden in der Internationalen Grundschul-Leseuntersuchung (IGLU) und der Studie Deutsch Englisch Schülerleistungen International (DESI) operationalisiert.

Betrachtet man die empirische Prüfung der Dimensionalität des Textverstehens, so zeigen sich vermehrt Befunde für eindimensionale Faktormodelle. Thorndike plädiert bereits 1917 dafür, das Textverstehen als eindimensionales Konstrukt zu spezifizieren. Rost (1993) argumentiert hinsichtlich hoher attenuitätskorrigierter (um Messfehler bereinigte) Interkorrelationen der Subdimensionen ebenfalls für ein holistisches Konstrukt. Auch im Rahmen verschiedener Schulleistungsstudien werden unterschiedliche Modellierungen geprüft. In der IGLU-Studie 2003 wurde ein Mehrkonstruktmodell mit vier Subdimensionen definiert. Die Interkorrelationen dieser Verstehensleistungen lagen jedoch in einer Größenordnung von r_{AK} = .84 bis .90 (Bos et al., 2003, S. 83). Auch eine zweidimensionale Struktur mit den Faktoren textimmanente versus wissensbasierte Verstehensleistungen ergab keine hinreichende Diskriminanzvalidität (r_{AK} = 1.00). In der IGLU-Studie 2006 wurde ebenfalls nachgewiesen, dass ein Vier-Faktor-Modell die empirischen Daten schlechter abbildete als eine eindimensionale Spezifikation (Bos, Valtin, Voss, Hornberg & Lankes, 2007, S. 91). Auf ähnliche Weise wurden in der PISA-Studie 2009 Modellstrukturen geprüft (OECD, 2012, S. 195), wobei sich jedoch hohe Interkorrelationen ergaben. Das Suchen und Extrahieren korrelierte mit Kombinieren und Interpretieren zu r_{AK} = .93. Ebenso standen das Suchen und Extrahieren von Informationen und das Reflektieren und Bewerten in einem inhaltlichen Zusammenhang (r_{AK} = .90). Das Kombinieren und Interpretieren sowie Reflektieren und Bewerten wiesen ebenfalls eine Interkorrelation von r_{AK} = .94 auf. Vergleichbare Befunde ergaben sich in der Auswertung der PISA-Studie 2000, in der eine zweidimensionale Modellspezifikation inhaltliche Redundanzen (r_{AK} = .90) aufwies (Artelt et al., 2001, S. 82). Die statistischen Analysen der differenziell-psychologischen Forschung verdeutlichen somit, dass sich die Mehrdimensionalität trotz der unterschiedlichen Aufgabenanforderungen nur bedingt mit den empirischen Daten vereinbaren lässt.

2.3 Diskussion und Resümee des Forschungsstandes

Wie in den letzten Abschnitten aufgezeigt, lässt sich eine Trennung von kognitiven Prozessen mittels empirischer Informationen nicht durchweg bestätigen. Für eine systematische Erfassung von Teilfähigkeiten des Textverstehens im schulischen Kontext stellt sich daher die Frage, wie detailliert Aufgaben formuliert werden sollten, um ein mehrdimensionales Konstrukt mithilfe von empirischen Daten spezifizieren zu können. Schaffner, Schiefele, Drechsel und Artelt (2004) orientieren sich bei der Aufgabenkonstruktion eines Verständnistests an Kintsch (1998). Erfasst wurden Textoberflächenrepräsentationen, propositionale und situative Textrepräsentationen. Rekognitionsaufgaben verlangen die Beurteilung, ob Sätze wortwörtlich im Text vorhanden waren. Sofern die Sätze nicht wörtlich enthalten waren, sollte verifiziert werden, ob sie als wahr oder falsch einzuordnen sind. Für Erhebungen in unterrichtlichen Kontexten und schulisch relevante Fragestellungen sind solche Aufgaben jedoch zu artifiziell. Die in den Schulleistungsstudien vorgeschlagenen Subdimensionen und damit verbundenen Aufgabenformulierungen scheinen für die Erfassung von Leseleistungen wiederum zu unspezifisch formuliert. Nachfolgend wird eine empirische Studie vorgestellt, in der angestrebt wurde, die kognitiven Komponenten des Textverstehens hinsichtlich Texteigenschaften und Aufgabenmerkmalen gezielter zu hierarchisieren (Mosenthal, 1996).

3. Empirische Studie zur Dimensionierung des Sachtextverständnisses

Die Studie wurde im Kontext eines DFG-Projektes[1] zur Wirkung von Textkohäsion auf das Textverständnis durchgeführt. Das Ziel bestand darin zu analysieren, ob die globale Textkohäsion das Sachtextverständnis unterstützen kann (Schmitz, 2016). Bei der globalen Textkohäsion handelt es sich um ein Merkmal, das an der Textoberfläche explizite Verknüpfungen im Textganzen erzeugt. Kohärenz hingegen bezieht sich, wie in Kapitel 2.1 erwähnt, auf die mentale Verknüpfung von Zusammenhängen im Kopf von Rezipienten und kann durch die Textkohäsion unterstützt werden. Die Studie wurde mit Lernenden in neunten Klassen durchgeführt. Es nahmen 741 Personen teil, davon waren 396 Personen weiblich und 344 männlich. Deren mittleres Alter betrug $M = 15.10$ Jahre ($SD = 0.66$).

Der globale Kohäsionsgrad wurde in einem Sachtext experimentell variiert. Mittels textlinguistischer Manipulation entstanden ein weniger kohäsiver und ein stärker kohäsiver Sachtext zur wirtschaftlichen Entwicklung Afrikas. Der kohäsive Text enthielt u. a. Zwischenüberschriften, Sinnabschnitte, nominale Referenzen (mittels Wortwiederholungen über Abschnitte hinweg) und transparente funktionale Relationen (z. B. durch die Benennung von Begriffen wie *Problem, Lösung* etc.). Jeder Proband las einen der zwei Texte, der über Afrikas wirtschaftliche Entwicklung im Zeitalter der Globalisierung informiert. Als abhängige Variable wurde das Textverständnis mittels eines Verständnistests erfasst.

3.1 Konstruktion des Verständnistests

Die Konstruktion des Verständnistests orientierte sich an den kognitionspsychologisch definierten mentalen Repräsentationsebenen (Kintsch, 1998) und am Lesekompetenzmodell der PISA-Studie (OECD, 2010). Für eine systematische Zuordnung von Aufgaben zu Subdimensionen wurde der Document-Literacy-Ansatz berücksichtigt

1   Ein Dank gilt der Deutschen Forschungsgemeinschaft für die Gewährung von Sachbeihilfen unter den Geschäftszeichen GR 1863/6–1 und RU 354/8–1, in dessen Kontext die Studie entstanden ist.

(Mosenthal, 1996), womit Aufgabenhierarchien hinsichtlich Texteigenschaften und Aufgabenanforderungen ermittelt wurden (Bremerich-Vos & Grotjahn, 2007). Neun Aufgaben erwiesen sich als reliabel, um Fähigkeiten des Suchens und Extrahierens, Kombinierens und Interpretierens sowie Reflektierens und Bewertens zu erheben. Die Zuweisung der Aufgaben zu den Dimensionen basierte auf a priori definierten Aufgabenschwierigkeiten. Hierzu zählten lexikalische Überlappungen des Fragenstamms mit den Informationen des Textes; lexikalische Übereinstimmungen von Multiple-Choice-Optionen mit den Informationen des Textes; der Umfang des zu bearbeitenden Textsegmentes sowie das Format der Aufgabenstellung. Als weniger komplex wurden Items mit einem geschlossenen Fragenformat und einer lexikalischen Übereinstimmung des Fragenstamms mit den zu fokussierenden Textstellen eingeschätzt. Aufgaben, für deren Beantwortung einzelne Wörter oder Sätze des Textes ausreichten, wurden als einfacher gewertet als Aufgaben, die sich auf den gesamten Text bezogen.

Aufgaben zum Suchen und Extrahieren verlangten eine Identifikation und Auswahl explizit benannter Informationen. In diese Kategorie wurden Multiple-Choice-Fragen und halb-offene Aufgaben mit lexikalischen Übereinstimmungen zwischen dem Fragenstamm, den Multiple-Choice-Antworten und der zu bearbeitenden Textstelle eingeordnet. Bei den zu lokalisierenden Informationen handelte es sich um einzelne oder mehrere Informationen, die sich in einem Satz oder in benachbarten Sätzen befanden. Eine Beispielaufgabe für diese Subdimension lautet: *Welche Waren kauft Afrika laut Text?* Da eine lexikalische Übereinstimmung der Frage mit der relevanten Textstelle vorlag, wurden die Rezipienten explizit auf die richtige Antwort verwiesen. Aufgaben des Kombinierens und Interpretierens sollten erfassen, ob die im Text dargestellten Sachverhalte tiefer verarbeitet wurden. Kombinationsaufgaben verlangten, dass Zusammenhänge zwischen verschiedenen Textteilen erschlossen wurden, wie Ursache-Wirkungs-Verhältnisse oder Problem-Lösungs-Zusammenhänge (OECD, 2010). Die Aufgaben des Interpretierens bezogen sich auf implizite Informationen des Textes, die eigenständig zu erschließen waren. Dieser Dimension wurden halb-offene Aufgaben und Multiple-Choice-Fragen zugeordnet, bei denen wenige lexikalische Übereinstimmungen des Fragenstamms oder der Multiple-Choice-Optionen mit den zu bearbeitenden Textstellen vorlagen. Eine Beispielaufgabe lautet: *Welche Schwierigkeiten entstehen für Afrika durch den Handel mit China?* Folgende Aussagen waren als zutreffend oder als nicht zutreffend zu bewerten: (1) *die Textilpreise werden höher;* (2) *die Industrie wird vernachlässigt.* Da der Text nur implizite Hinweise für die Lösung dieser Frage anbot, waren die Konsequenzen zu inferieren. Ursprünglich waren bei den Verifikationsaufgaben vier Antwortoptionen aufgeführt, wovon zwei nach der Reliabilitätsanalyse eliminiert werden mussten. Aufgaben des Reflektierens und Bewertens verlangten, im Text dargestellte Sachverhalte mit eigenem Wissen in Beziehung zu setzen und über Zusammenhänge des Textes zu reflektieren. Im Text geschilderte Konzepte sollten auf eigene Beispiele übertragen werden. In dieser Subdimension befanden sich halboffene und offene Aufgaben, die sich auf den gesamten Text bezogen und keine Übereinstimmungen des Fragenstamms mit dem Text aufwiesen. Eine Beispielaufgabe dieser Subdimension lautet: *Inwiefern sind auch deutsche Firmen in die Ausbeutung von Entwicklungsländern verwickelt? Erläutere dies an einem Beispiel deiner Wahl.* Um die im Text beschriebene Problematik der Ausbeutung zu erläutern, war das Gelesene auf die eigene Lebenswelt zu übertragen und mittels eines Beispiels zu erläutern (Schmitz, 2016). Tabelle 1 veranschaulicht die Aufgaben des Verständnistests:

Tabelle 1: Aufgaben und deren Zuordnung zu Subdimensionen des Verständnistests.

Verständnisebene	Format	Aufgabenstellung
Suchen und Extrahieren	halb-offen	Welche Waren kauft Afrika laut Text?
	halb-offen	Für wen wird ein Wachstum von 5,7% vorhergesagt und für wen ist ein Wachstum von 5,0% festgestellt worden?
	MC	Was ist laut Text für Afrikas Zukunft wichtig? starke Erhöhung der industriellen Importe; gezielte Steigerung des Wirtschaftswachstums; gezielte Investitionen der Entwicklungshilfe; starke Erhöhung der Rohstoffexporte
Kombinieren und Interpretieren	MC (Verifikation)	Werden im Text die folgenden Aussagen getroffen? Afrika kritisiert die Preisabhängigkeit; die OECD kritisiert die Rohstoffabhängigkeit
	halb-offen	Gib die Zeilen an (Anfang und Ende), von wo bis wo die Themen im Text verteilt sind.
	MC (Verifikation)	Welche Schwierigkeiten entstehen für Afrika durch den Handel mit China? Die Textilpreise werden höher; die Industrie wird vernachlässigt
Reflektieren und Bewerten	halb-offen	Ein Preisverfall der Rohstoffe wäre katastrophal. Für wen und warum?
	offen	Was bedeutet „Hilfe zur Selbsthilfe" für Entwicklungsländer?
	offen	Inwiefern sind auch deutsche Firmen in die Ausbeutung von Entwicklungsländern verwickelt? Erläutere dies an einem Beispiel deiner Wahl.

Anmerkungen. MC = multiple choice.

Insgesamt sollten die Testaufgaben schulisch relevante Aspekte beinhalten. Dieser Anspruch wurde mittels einer Befragung von 35 Lehrkräften validiert. Sie gaben an, dass die Aufgaben für das Fach Deutsch, Politik oder Wirtschaft von Bedeutung seien. Ob die Aufgabeninhalte des Verständnistests ein Bestandteil von Unterricht sein könnten, bejahten 77% der Lehrpersonen. Ferner bestätigten sie, dass die Lernenden durch Lernstandserhebungen mit den Aufgabenformaten vertraut seien. 21% schätzten die Fragen als *sehr vertraut* ein, 70% als überwiegend vertraut und weniger als 7% als *eher vertraut* bis *nicht vertraut* (Schmitz, 2016).

Die Lernenden erreichten in diesem Verständnistest durchschnittlich $M = 10.20$ ($SD = 4.31$) Punkte. Angesichts der Textmanipulation konnte nachgewiesen werden, dass die Verständniswerte nach dem Lesen des global kohäsiven Textes signifikant besser ausfielen (ebd.).

3.2   Fragestellungen

Für eine zielgerichtete Wirkungsanalyse der globalen Textkohäsion war eine Dimensionsprüfung des Sachtextverständnisses als abhängige Variable maßgeblich. Analysiert wurde daher, ob kognitive Dimensionen des Sachtextverständnisses sinnvoll voneinander abgegrenzt werden können, oder ob die empirischen Daten ein eindimensionales Konstrukt abbilden.

1) Lässt sich das Textverständnis als dreidimensionales Konstrukt mit den Faktoren Suchen und Extrahieren, Kombinieren und Interpretieren sowie Reflektieren und Bewerten oder als zweidimensionales Konstrukt mit den Dimensionen textbasiertes und wissensbasiertes Verständnis abbilden?
2) Erweist sich das Textverständnis als eindimensionales Konstrukt?

4.   Ergebnisse

Die Dimensionsprüfung erfolgte durch konfirmatorische Faktorenanalysen mit der Software Mplus (Muthén & Muthén, 1998–2012). Das dreidimensionale Messmodell beinhaltete neun Aufgaben, von denen jeweils drei den Faktoren Suchen und Extrahieren, Kombinieren und Interpretieren sowie Reflektieren und Bewerten zugeordnet wurden. Im zweidimensionalen Modell indikatorisierten die Items zum Suchen und Extrahieren sowie zum Kombinieren und Interpretieren den Faktor textbasiertes Verständnis. Die Items zum Reflektieren und Bewerten wurden dem wissensbasierten Verständnis zugeordnet. Anschließend wurde eine eindimensionale Modellierung des Textverständnisses überprüft, in der alle Aufgaben dem Faktor Textverständnis zugeordnet wurden. Tabelle 2 veranschaulicht die Gütekriterien.

Tabelle 2:   Modellvergleich.

Modell	χ^2_{MLR} p	df	RMSEA	CFI/ TLI	SRMR	FR	DEV
Eindimensional	44.660, $p = .0177$	27	.030, CI .012-.045 $p = .989$	.984/ .979	0.025	.78	.29
Zweidimensional	39.159 $p = .0471$	26	.026, CI .003-.042 $p = .995$	.988/ .889	0.023	.42-.73	.28-.29
Dreidimensional	38.100 $p = .0339$	24	.038, CI .008-.044 $p =.989$	.987/ .981	0.022	.42-.60	.28-.33

Anmerkungen: FR = Faktorreliabilität. DEV = durchschnittlich extrahiere Varianz.

Der globale Modellfit ist für alle Modellierungen hinreichend und vergleichbar. Die RMSEA-Werte, welche die Schätzung mit einen Idealmodell vergleichen, fallen exzellent aus. Die CFI- sowie TLI-Indizes, die ein Zielmodell einem Basismodell gegenüberstellen, befinden sich im sehr guten Bereich. Die SRMR-Werte zur Bewertung der Residuen erweisen sich als gut (Geiser, 2011). Jedoch ist die Faktorreliabilität bei der drei- und zweidimensionalen Schätzung unzureichend, was darauf hindeutet, dass die Faktoren nicht zuverlässig geschätzt werden. Eine gute Faktorreliabilität ist ab einem Wert von FR $\geq$ .07 gegeben (ebd.).

Die Analyse der Diskriminanzvalidität der Subdimensionen ergibt zudem folgenden Befund: In der dreidimensionalen Schätzung besitzen das Suchen und Extrahieren und das Kombinieren und Interpretieren deutliche Konvergenzen (r_{AK} = 1.05). Zudem liegt die Interkorrelation der Konstrukte Suchen und Extrahieren mit dem Reflektieren und Bewerten bei r_{AK} = .93 und die der Faktoren Kombinieren und Interpretieren sowie Reflektieren und Bewerten bei r_{AK} = .91. Mit anderen Worten: Die drei Subdimensionen lassen sich nicht voneinander abgrenzen. Auch mit der zweidimensionalen Spezifikation lässt sich keine Unabhängigkeit der latenten Faktoren nachweisen (r_{AK} = .91), da sie eine hohe inhaltliche Überschneidung vorweisen.

Eine mehrdimensionale Modellierung des Textverständnisses kann mit den empirischen Daten dieser Studie nicht erzielt werden (Forschungsfrage 1). Es lässt sich lediglich eine eindimensionale Modellierung hinsichtlich der globalen Gütekriterien reproduzieren (Forschungsfrage 2), die zudem eine gute Faktorreliabilität besitzt.

5.   Diskussion

Kognitive Teilfähigkeiten des Textverstehens durch Aufgaben zu hierarchisieren und statistisch zu fundieren, waren bislang weitgehend erfolglos. Einen Erklärungsansatz für die Interkorrelationen der Dimensionen bieten die integrativen Ansätze der Kognitionspsychologie (Kintsch, 1998), die während des Bearbeitens von Verständnisaufgaben multiple Interaktionsprozesse aufzeigen. Beispielsweise können während des Lösens von Aufgaben, die eine Interpretation eines Satzes erfordern, zugleich eine Lokalisation von Informationen und eine Bewertung des Textes durch ein mentales Modell erfolgen. Aufgrund solcher Wechselwirkungen ist es nachvollziehbar, dass die empirischen Daten zu einer kontinuierlichen einheitlichen Dimension führen. Klieme und Leutner (2006) weisen daher darauf hin, dass es einer überfachlichen Vernetzung von kognitionspsychologischen Theorien, psychometrischen Testmodellen und der Entwicklung von Testaufgaben bedarf. Ihr Anliegen geht zurück auf Pellegrino, Chudowsky und Glaser (2001), die auf eine Vielzahl von (Lese-)Kompetenzmodellen hinweisen, deren Messbarkeit und Validität eine zentrale Herausforderung darstellt. Als mögliche Ansatzpunkte empfehlen sie folgende Teilschritte: „(1) development of cognitive models of learning that can serve as a basis for assessment design, (2) research on new statistic measurement models and their applicability, (3) research on assessment design" (S. 284). Für Forschungsprojekte, die das Textverständnis mit Testaufgaben modellieren, wäre es bedeutsam, wenn sich die Kognitionspsychologie, die

Lehr-Lernforschung und die Fachdidaktiken noch stärker austauschen. Auf diese Weise könnte das Konstrukt Textverständnis kognitionspsychologisch fundiert, bezüglich unterrichtsrelevanter Aspekte fachbezogen validiert und mit adäquaten Lernaufgaben noch systematischer erfasst werden. Ferner ließen sich mit fachdidaktischer Expertise weitere Inhalte, Texte und Lernaufgaben bestimmen, die für das zu fokussierende Unterrichtsfach von Bedeutung sind (Bohl et al., 2013).

Trotz der aufgezeigten testtheoretischen Begrenzung soll nachdrücklich darauf hingewiesen werden, dass eine systematische und kleinschrittige Formulierung von Lernaufgaben (Textdidaktisierung) für viele Lernende eine zentrale Weiche für die individuelle Unterstützung des Lesens darstellen kann. Beerenwinkel et al. (2014), Köster (2010) und Neugebauer (2008) beispielsweise bieten für verschiedene Unterrichtsfächer Anregungen, wie mittels kleinschrittiger Lernaufgaben die Arbeit am Lerngegenstand Text unterstützt werden kann. Auf diese Weise können Lernaufgaben eine Art „Wegweiser" im Textraum anbieten, wodurch das Textverständnis „erleichtert, beschleunigt und intensiviert werden" kann (Köster, 2010, S. 209). Diese Art der Textdidaktisierung verlangt jedoch spezifische Kompetenzen von den Lehrpersonen. Für die zielgerichtete Konstruktion von Lernaufgaben ist es bedeutsam, dass die Lehrpersonen in möglichst verschiedenen Phasen ihrer Ausbildung Kenntnisse darüber erlangen, welche kognitiven Prozesse das Textverstehen kennzeichnet, wie Lernaufgaben im Hinblick auf die Textmerkmale formuliert werden können und wie die Aufgaben angesichts ihrer Anforderungen voneinander zu unterscheiden sind.

Literatur

Aaronson, D. & Scarborough, H. S. (1977). Performance theories for sentence coding: Some Quantitative Models. *Journal of Verbal Learning and Verbal Behavior, 16*, 277–303.

Artelt, C., Stanat, P., Schneider, W. & Schiefele, U. (2001). Lesekompetenz. Testkonzeption und Ergebnisse. In J. Baumert, E. Klieme, M. Neubrand, M. Prenzel, U. Schiefele, P. Stanat et al. (Hrsg.), *PISA 2000 – Basiskompetenzen von Schülerinnen und Schülern im internationalen Vergleich* (S. 69–140). Opladen: Leske + Budrich.

Beerenwinkel, A., Hefti, C., Lindauer, A. & Schmellentin, C. (2014). Informationsdichte Texte. *MNU, 67*(4), S. 228–234.

Bohl, T., Kleinknecht, M., Maier, U. & Metz, K. (2013). *Lern- und Leistungsaufgaben im Unterricht.* Bad Heilbrunn: Klinkhardt.

Bortz, J. & Döring, N. (2006). *Forschungsmethoden und Evaluation. Für Human- und Sozialwissenschaftler* (4. Aufl.). Heidelberg: Springer.

Bos, W., Lankes, E., Schwippert, K., Valtin, R., Voss, A., Badel, I. et al. (2003). Lesekompetenzen deutscher Grundschülerinnen und Grundschüler am Ende der vierten Jahrgangsstufe im internationalen Vergleich. In W. Bos, E.M. Lankes, M. Prenzel, K. Schwippert, G. Walther & R. Valtin (Hrsg.), *Erste Ergebnisse aus IGLU. Schülerleistungen am Ende der vierten Jahrgangsstufe im internationalen Vergleich* (S. 69–142). Münster: Waxmann.

Bos, W., Tarelli, I., BremerichVos, A. & Schwippert, K. (2012). *IGLU 2011. Lesekompetenzen von Grundschulkindern in Deutschland im internationalen Vergleich.* Münster: Waxmann.

Bos, W., Valtin, R., Voss, A., Hornberg, S. & Lankes, E.-M. (2007). Konzepte der Lesekompetenz in IGLU 2006. In W. Bos, S. Hornberg, K.H. Arnold, G. Faust, L. Fried, E.-M. Lankes et al. (Hrsg.), *IGLU 2006. Lesekompetenz von Grundschulkindern in Deutschland im internationalen Vergleich* (S. 81–107). Münster: Waxmann.

Bransford, J. D., Barclay, J. R. & Franks, J. J. (1972). Sentence memory: A constructive versus interpretive approach. *Cognitive Psychology, 3*, 193–209.

Bremerich-Vos, A. & Grotjahn, R. (2007). Lesekompetenz und Sprachbewusstheit. Anmerkungen zu zwei aktuellen Debatten. In B. Beck & E. Klieme (Hrsg.), *Sprachliche Kompetenzen. Konzepte und Messung. DESI-Studie* (S. 158–177). Weinheim: Beltz.

Geiser, C. (2011). *Datenanalyse mit Mplus. Eine anwendungsorientierte Einführung* (2. Aufl.). Wiesbaden: VS Verlag für Sozialwissenschaften.

Jude, N. & Klieme, E. (2007). Sprachliche Kompetenz aus Sicht der pädagogisch-psychologischen Diagnostik. In B. Beck & E. Klieme (Hrsg.), *Sprachliche Kompetenzen. Konzepte und Messung* (S. 9–22). Weinheim: Beltz.

Kintsch, W. (1976). Memory for prose. In C. Cofer (Hrsg.), *The structure of human memory* (S. 90113). San Francisco, CA: Freeman.

Kintsch, W. (1998). *Comprehension: A paradigm for cognition.* Cambridge, MA: University Press.

Kintsch, W. & Keenan, J. M. (1973). Reading rate and retention as a function of the number of the propositions in the base structure of sentences. *Cognitive Psychology, 5*, 257–274.

Klieme, E. & Leutner, D. (2006). Kompetenzmodelle zur Erfassung individueller Lernergebnisse und zur Bilanzierung von Bildungsprozessen. *Zeitschrift für Pädagogik, 52*(6), 876–903.

Köster, J. (2010). Mikroprozesse der Schülerbeteiligung: Erwerb von Textverstehenskompetenz durch differenzierende Aufgabenangebote. In M. Kleinknecht, B. Kohl & A. Nold (Hrsg.), *Selbstbestimmung und Classroom-Management* (S. 207–219). Bad Heilbrunn: Klinkhardt.

Mosenthal, P. B. (1996). Understanding the strategies of document literacy and their conditions of use. *Journal of Educational Psychology, 88*(2), 314–332.

Müller, B. & Richter, T. (2014). Lesekompetenz. In J. Grabowski (Hrsg.), *Sinn und Unsinn von Kompetenzen. Fähigkeitskonzepte im Bereich von Sprache, Medien und Kultur* (S. 29–49). Leverkusen: Leske + Budrich.

Muthén, L. K. & Muthén, B. O. (1998–2012). *Mplus user's guide* (7. Aufl.). Los Angeles, CA: Muthén & Muthén.

Neugebauer, C. (2008). *Didaktisierte Lesetexte. Was ist das?* In Institut für Interkulturelle Kommunikation (Hrsg.), Online unter https://www.phzh.ch/globalassets/hochschuldi daktik.phzh.ch/04_zuendende_ideen/beispiele_fur_ausgezeichnete_lehre/tabellarische_ ubersicht/zhe_grundlagen_didaktisierung.pdf (Zugriff am 03.11.2015).

OECD (2010). *PISA 2009 Ergebnisse: Was Schülerinnen und Schüler wissen und können. Schülerleistungen in Lesekompetenz, Mathematik und Naturwissenschaften* (Bd. 1). Paris: OECD Publishing.

OECD (2012). *PISA 2009 technical report.* Paris: OECD Publishing.

Pellegrino, J. W., Chudowsky, N. & Glaser, R. (2001). *Knowing what students know. The science and design of educational assessment.* Washington, DC: National Academic Press.

Rost, D. H. (1993). Assessing different components of reading comprehension: fact or fiction? *Language Testing, 10*(1), 79–92.

Rost, D. H. & Buch, S. (2010). Leseverständnis. In D. Rost (Hrsg.), *Handbuch Pädagogische Psychologie* (S. 507–520). Weinheim: Beltz.

Schaffner, E., Schiefele, U., Drechsel, B. & Artelt, C. (2004). Lesekompetenz. In M. Prenzel, J. Baumert, W. Blum, R. Lehmann, D. Leutner, M. Neubrand et al. (Hrsg.), *PISA 2003 – Der Bildungsstand der Jugendlichen in Deutschland – Ergebnisse des zweiten internationalen Vergleichs* (S. 93–110). Münster: Waxmann.

Schmitz, A. (2016). *Verständlichkeit von Sachtexten. Wirkung der globalen Textkohäsion auf das Textverständnis von Schülern.* Dissertation: Bergische Universität Wuppertal. Wiesbaden: Springer VS Verlag für Sozialwissenschaften.

Schnotz, W. (1994). *Aufbau von Wissensstrukturen. Untersuchungen zur Kohärenzbildung beim Wissenserwerb mit Texten.* Weinheim: Beltz.

Thorndike, E. L. (1917). Reading as reasoning: A study of mistakes in paragraph reading. *Journal of Educational Psychology, 8,* 323–332.

Die Wirkungsweise stark und gering lenkender Aufgabensets

Erkenntnisse einer prozessorientierten Aufgabenwirkungsforschung

Jochen Heins

Hoffnungsfrohe Wirkungsbehauptungen allein entsprechen nicht mehr dem Selbstverständnis der Literaturdidaktik, auch eine empirisch-deskriptive Fachdidaktik zu sein. Und eine fachdidaktische Lehr-Lern-Forschung ist schon deshalb notwendig, um u. a. das Feld der Wirkungsforschung nicht einflusslos der pädagogischen Psychologie zu überlassen. Aber noch steckt die deutschdidaktische Aufgabenwirkungsforschung in den Kinderschuhen. Im vorliegenden Beitrag soll anhand von zwei Fallanalysen der Erkenntniswert einer *prozessorientierten Aufgabenwirkungsforschung* aufgezeigt werden. Dazu wird die Verstehensentwicklung von zwei Schülergruppen während der Bearbeitung von Aufgaben im Literaturunterricht rekonstruiert und der enge Zusammenhang von Aufgabenverstehens- und Textverstehensprozessen dargestellt.

1. Drei Perspektiven der Aufgabenforschung

Will man das Feld der Aufgabenforschung ordnen, so kann man die Forschungsbemühungen und -erkenntnisse in drei Perspektiven einteilen, die sich im Zugriff auf den Forschungsgegenstand ‚Aufgaben' unterscheiden: (1) die Aufgabenpotentialforschung, (2) die Verstehensproduktperspektive und (3) die Verstehensprozessperspektive der Aufgabenwirkungsforschung.[1]

1) Forschungsbemühungen, in denen das didaktische Potential von Aufgabenstellungen zur Initiierung von bestimmten Lern- und Verstehensprozesse oder zur Erreichung curricularer Intentionen im Zentrum stehen („task as plan" (Legutke, 2006, S. 141)), können der Perspektive einer *Aufgabenpotentialforschung* zugeordnet werden. Da sich zunehmend die Erkenntnis durchsetzt, dass das heuristische Potential wesentlich von den Merkmalen der Aufgabenstellung abhängt (Artelt, Stanat, Schneider, Schiefele, Lehmann, 2004, S. 151–157), werden in Studien dieser Perspektive Analysen u. a. anhand der Aufgabenmerkmale *Entscheidungsspielraum* (Offenheit) und *Integrationsgrad* (Komplexität) vollzogen (Winkler, 2011, S. 41–54). Aufgrund der eingeschränkten Fokussierung auf das theoretische Potential der Aufgabenstellungen werden Fragen nach der Angemessenheit bestimmter Merkmalskombinationen häufig mit normativem Verve, weil auf der Basis bestimmter

---

1   Siehe dazu ausführlich Heins [i. V.].

Lernbegriffe – kognitivistisch vs. konstruktivistisch (Reinmann & Mandl, 2006) – oder Ansichten über die Beschaffenheit des Gegenstandes ‚Literatur' (Scheffer, 1995) geführt. So z. B. auch die Diskussion über den angemessenen Lenkungsgrad von Aufgaben im Literaturunterricht (Fingerhut, 2010). Insbesondere gering lenkenden Aufgaben (d. h. offenen und komplexen Aufgaben) wird eine große Gegenstandsangemessenheit zugesprochen, da sie keine Beschränkungen der Verstehensmöglichkeiten auf bestimmte Bedeutungsdimensionen vornehmen und die Wege der individuellen Bedeutungskonstruktion nicht vorzeichnen. Diese Aufgaben böten Möglichkeiten zum selbstständigen Entdecken eigener Bedeutungsräume sowie die vollständige Freiheit zur Anknüpfung an persönliche Erfahrungen (Leubner & Saupe, 2008, S. 83–84). Der Blick auf tatsächliche Aufgabenergebnisse (d. h. auf die Wirkung) ist dann nicht selten ernüchternd, da sich das Aufgabenpotential gering lenkender Aufgaben nicht automatisch erfüllt, nur weil es besteht.

2) Tatsächlich erreichte Wirkungen (d. h. Aufgabenergebnisse und -produkte) stehen im Zentrum der Studien, die der *Verstehensproduktperspektive* zugezählt werden können. In Studien dieser Perspektive der Aufgabenforschung wird analog zur pädagogisch-psychologischen Unterrichtsforschung – die ebenfalls eine Wirkungsforschung ist – untersucht, *was* wirkt bzw. welche Ausprägungen von Aufgabenmerkmalen zu intendierten Verstehensprodukten führen. Als wirksam wird eine Aufgabe bezeichnet, bei der das Verstehensresultat dem intendierten Ziel entspricht. Unwirksam ist eine Aufgabe, die zu nicht intendierten Verstehensprodukten führt. In psychologisch-differenziellen Untersuchungen beispielsweise wird u. a. der Interaktion von Lernermerkmalen und Lenkungsgraden nachgegangen und die Wechselwirkung anhand der Verstehensprodukte bestimmt (Brünken & Leutner, 2005). Die Erkenntnisse sind aus fachdidaktischer Sicht nicht selten enttäuschend (Schroeder, 2006, S. 179), da sie kaum Ansatzpunkte für didaktische Schlussfolgerungen bieten, und können überspitzt auf die Formel gebracht werden: Aufgaben der Ausprägung xy können wirksam sein oder nicht und umgekehrt. Durch die Fokussierung auf das Produkt der Aufgabenbearbeitung und die Frage, *was* wirkt, fehlen den Studien der zweiten Perspektive Einblicke in den Prozess der Aufgabenbearbeitung[2], die Hinweise auf das *Wie* der erwartungsgemäßen oder -widrigen Wirkungsweise bieten könnten. Groeben warnt davor, dass die Produktorientierung den Blick auf den Lehr-Lern-Prozesses verkürze und fordert demgemäß

3) eine „deskriptiv-qualitative Rekonstruktion" (Groeben, 2005, S. 26) der Tiefenstruktur von Lehr-Lern-Prozessen. Studien, in denen die Lehr-Lern-*Prozesse* im Zentrum der Analysen stehen, können der *Verstehensprozessperspektive* der Aufgabenwirkungsforschung zugeordnet werden. Aufgabenforschung in dieser Perspektive stellt eine Form qualitativ fachdidaktischer Lehr-Lern-Forschung dar, deren Ziel in der Rekonstruktion des Zustandekommens von Ergebnissen im Ver-

---

2 Nicht gemeint ist damit die Prozessorientierung der pädagogisch-psychologischen Forschung, in der Merkmale des Unterrichts nach wissenschaftlich fundierten Qualitätsprinzipien beurteilt werden (Helmke, 2009, S. 23–24).

stehensprozess ist: Dem *Wie* der Wirkung gilt das Forschungsinteresse. Anhand tatsächlicher Verstehensprozesse nähern sich Studien in dieser Perspektive z. B. der neuralgischen Frage nach dem angemessenen Lenkungsgrad an. Welche Art von Ergebnissen Studien dieser Perspektive ermöglichen, soll im Folgenden gezeigt werden, nachdem der Gegenstand und das Design der vorliegenden Untersuchung in aller Kürze skizziert wurden.

2.   Gegenstand und Design

In der zugrunde liegenden Studie wurden die Prozesse der Bearbeitung von stark und gering lenkenden Aufgabensets durch Lernende sechster Stadtteilschulklassen untersucht.[3] Die Variante einer starken Lenkung wurde als Aufgabenset von Teilaufgaben modelliert. In dem Aufgabenset werden die Lernenden in stark strukturierten Lernschritten an das Ziel einer parabolischen Deutung herangeführt. Unmittelbar ohne Vorstrukturierungen des Verstehensprozesses setzt die Variante einer geringen Lenkung bei einer komplexen Verstehensherausforderung an. Beide Lenkungsgrade wurden in einem 2x2 faktoriellen Design mit guten und weniger guten schülerseitigen Lernvoraussetzungen gekreuzt.[4] Die Auswertung der schriftlichen Verstehensprodukte und der transkribierten Verstehensprozesse von Aushandlungen in Kleingruppen erfolgt inhaltsanalytisch auf drei Kodierdimensionen.[5] Gegenstand der Verstehensprozesse ist die Erzählung „Wie man eine Hilfe findet" (Schubiger, 1995). Es handelt sich dabei um eine moderne Parabel, in der auf die parabolische Bedeutungsdimension nicht explizit hingewiesen wird. Alleine ein Widerspruch auf der Bildebene dient als implizites Transfersignal zur parabolischen Verstehensebene (Nickel-Bacon, 2013, S. 286). Die Verstehensherausforderungen der Schubiger-Parabel können in aller Kürze wie folgt zusammengefasst werden: Ein Mädchen ist einsam und hilflos auf der Welt und sucht dringend nach Hilfe. Sie fragt nacheinander einen wilden Wolf, einen starken Stier und eine große Frau um Hilfe gegen Orientierungslosigkeit, Feuer und Überflutung. Aber keine der gefragten Figuren kann Hilfe geben. In einem Gewitter kumulieren die Gefahren. Die Figuren rücken zusammen und sind gemeinsam hilflos den Gefahren ausgeliefert. Nachdem das Gewitter vorüber ist, beschließen die Figuren, sich im Falle der Hilfsbedürftigkeit erneut zu treffen. Dass die Gemeinschaft selber die gefundene Hilfe ist, wird in der Geschichte nicht manifest ausgesagt. Die dargestellte Hilfe besteht nur als ins Bild gesetzte Bedeutung und ist Resultat parabolischen Verstehens. Dieses ist für die globale Kohärenzbildung erforderlich, weil anderenfalls die

---

3   Die Hamburger Stadtteilschulen entsprechen den Gesamt- oder Gemeinschaftsschulen in anderen Bundesländern. Ausgewählt wurden Schulen mit einem mittleren Sozialindex. Dazu, wie der Sozialindex sich zusammensetzt und wie dieser gemessen wird, siehe Schulte et al., 2014.

4   Die Einteilung der Lernenden wurde anhand der Deutschnoten sowie der Einschätzungen der Deutschlehrkräfte vorgenommen.

5   Für eine ausführliche Darstellung zum Design sowie zum methodischen Vorgehen der inhaltsanalytischen Auswertung siehe Heins [i. V.].

abschließende Entscheidung der Figuren, sich im Fall der Hilfsbedürftigkeit erneut zu treffen, unverständlich bleibt. Erst aufbauend auf diesem Verstehen ist die kohärente Integration des Titels möglich. Denn, „Wie man eine Hilfe findet", wird nicht auf der Bildebene der Parabel manifest ausgedrückt, sondern ist nur durch die Aktualisierung des parabolischen Verstehenspotentials zu verstehen.

3. Die Verzahnung von Aufgaben- und Textverstehensprozessen

Die Verstehensprozessperspektive der zugrunde liegenden Studie hat u. a. den Einblick in den engen Zusammenhang von (1) Aufgaben- und (2) Textverstehensprozessen ermöglicht. Die Rekonstruktion dieser zwei sich wechselseitig beeinflussenden Verstehensprozesse bietet einen erkenntnisreichen Ansatzpunkt, um Fragen nach dem angemessenen Lenkungsgrad von Aufgaben nicht einfach normativ zu begegnen, sondern Hinweise direkt aus den tatsächlich vollzogenen Verstehensprozessen zu ziehen.

1) Dass Textverstehen eine aktive Konstruktionsleistung von aufsteigend textbasierten und absteigend wissensbasierten Integrationsprozessen des verstehenden Subjekts ist, gilt als unbestritten. Aufbauend auf den manifesten Textinformationen konstruiert der Leser mit Rückgriff auf Welt- und Erfahrungswissen eine mentale Textweltrepräsentation.[6]

2) Auch Aufgabenstellungen sind Texte, die zur Bearbeitung verstanden werden müssen. Im Mittelpunkt des Aufgabenverstehens steht die Rekonstruktion der Aufgabenstellung. Die manifesten Informationen der Aufgabenstellung müssen zu einer mentalen Aufgabenrepräsentation verarbeitet werden, die den zu bearbeitenden Problemraum umfasst (Neber, 1987, S. 24): Dieser setzt sich mindestens zusammen aus dem unbefriedigenden Ausgangszustand der Problemsituation, einem Erkenntnisziel und einer Vorstellung über den Zielzustand.[7] Die Vorstellung über den Zielzustand lässt sich vergleichen mit einem Erwartungshorizont des Aufgabenbearbeiters über eine angemessene Problemlösung. Eine so beschaffene mentale Repräsentation der Aufgabenstellung kann ebenfalls nur auf der Basis von Vorwissen entwickelt werden. Und wie sich für den speziellen Fall des Aufgabenverstehens herausgestellt hat, ist die bereits konstruierte mentale Textweltrepräsentation, also das Ergebnis der Textverstehensprozesse besonders einflussstark für die Rekonstruktion der Aufgabenstellung.

Damit ist der Punkt bezeichnet, in dem der Aufgaben- und der Textverstehensprozess ineinandergreifen und sich gegenseitig bedingen (siehe Abb. 1). Denn die mentale Problemraumrepräsentation bestimmt, welche textverstehenden Operationen vollzogen werden und folglich auch die Beschaffenheit der neuen mentalen Textrepräsentation (mentale Textrepräsentation II). Dieser Prozess wiederholt sich in einem Aufgabenset

---

6   Siehe ausführlich z. B. Christmann und Groeben, 1999.
7   Siehe zur kognitiven Problemlöseforschung u. a. Neber, 2006.

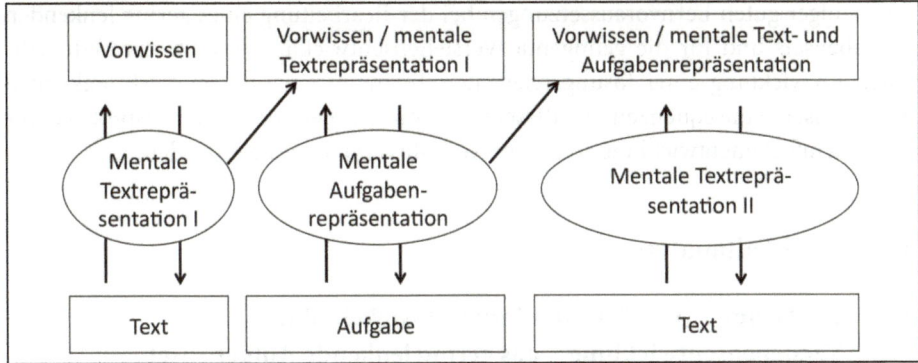

Abb. 1:   Interaktion von Aufgaben und Textverstehensprozessen (eigene Darstelleung)

mehrmals, sodass jeweils das Verstehensresultat der Bearbeitung einer vorangehenden Aufgabe Teil des Vorverstehens der nachfolgenden Aufgabe ist. Die Bedingungsseite des Wechselspiels lässt sich schematisch wie folgt zusammenfassen:

(a) Ob eine Aufgabe zu dem erwünschten Verstehensresultat führt, hängt vom Aufgabenverstehen ab.
(b) Ob eine Aufgabe wie intendiert verstanden werden kann, hängt von dem bereits entwickelten Textverstehen ab (der „lösungsrelevanten Textrepräsentation" (Winkler, 2011, S. 110)).
(c) Ob ein Vorverstehen hinreichend ist, hängt von den Anforderungen ab, die die Aufgabe an eine lösungsrelevante Textrepräsentation stellt.

Die Wirkungsseite lässt sich in gespiegelter Reihenfolge in folgenden Beziehungen beschreiben:

(c') Wenn die Anforderungen an das Vorverstehen gering oder wenn die Lernvoraussetzungen der Aufgabenbearbeiter gut sind, dann ist die Textrepräsentation eher lösungsrelevant.
(b') Wenn eine lösungsrelevante Textrepräsentation besteht, dann kann die Aufgabe wie intendiert verstanden werden.
(a') Wenn die Aufgabe wie intendiert verstanden wird, dann können gezielt Verstehensprozesse angeregt und erwünschte Verstehensresultate wahrscheinlich werden.[8]

Dieses Wechselspiel soll im Folgenden anhand von zwei Fallanalysen skizziert werden.[9] Die Fälle stehen exemplarisch für die Orientierungslosigkeit von Lernenden

---

8   Die Wirkungsseite kann selbstredend auch in negativer Ausprägung auftreten: Eine nicht lösungsrelevante Textrepräsentation führt zu einem unangemessenen Aufgabenverstehen und dementsprechend auch zu nicht intendierten Verstehensleistungen.
9   Eine detaillierte Darstellung von Interdependenzphänomenen im Aufgabenbearbeitungsprozess ist in Vorbereitung (Heins [i. V.]).

mit weniger guten Lernvoraussetzungen bei der Bearbeitung eines gering lenkenden Aufgabensets und für die gelingende Verstehensentwicklung infolge der systematischen Entwicklung einer lösungsrelevanten Textrepräsentation im stark lenkenden Aufgabenset. Konsequenzen aus diesem Zusammenspiel der Verstehensprozesse für die Lernaufgabenentwicklung sollen im Anschluss (5) dargestellt werden.

4.   Zwei Fallanalysen

4.1   Die Gruppe „Irsia": Orientierungslosigkeit ohne Verstehensentwicklung – das gering lenkende Aufgabenset

Die Anforderung der ersten Aufgabe im gering lenkenden Aufgabenset besteht darin, den letzten Satz der Geschichte zu erklären.[10] Die Aufgabe lautet: *Erkläre mit eigenen Worten, wie das Mädchen den letzten Satz meint.* Die Problemhaltigkeit dieses Satzes ist nur vor einer globalen Verstehensperspektive zu erkennen: In der Geschichte finden die Figuren gerade keine Hilfe, sodass das Wiedertreffen-Wollen unverständlich bleibt. In dieser systematischen Brüskierung des Verstehens besteht das „implizite Transfersignal" (Nickel-Bacon, 2013, S. 286) zur eigentlichen, parabolischen Bedeutung: Die Figuren finden zwar keine konkrete, aber eine Hilfe in der Gemeinschaft. Die erste Begegnung der Lernenden (TH = Thamir; MI = Milena; IR = Irsia) mit der Aufgabe führt zu Nicht-Verstehensäußerungen[11]:

TH ich check das nicht (BF_IRS:4)
MI ich versteh das nicht (BF_IRS:6)

‚Was ist an diesem Satz erklärungsbedürftig?' – scheint die Irritation der Lernenden auszudrücken. Erst die Aushandlung einer Verstehensdifferenz auf lokaler Ebene führt schließlich zur Konstruktion eines Erkenntnisziels, das aber die gegebene Komplexität der Problemstellung unwillkürlich reduziert:

TH aber sie sagt doch in einer Woche immer in einer Woche treffen wir uns auf den
    Hügel oder so was
IR in einem Monat
TH einer Woche
IR in einem Monat
TH die Frau sagt in einem Monat das Mädchen sagt in einer Woche [...]

---

10 Die letzten Sätze lauten: „Bevor sie auseinandergingen, fragte der Stier: Wann treffen wir uns wieder? Und wo? fragte der Wolf. In einem Monat, auf dem Berg, schlug die Frau vor. Das Mädchen sagte: Oder in einer Woche, wenn jemand von uns schon dann eine Hilfe braucht."

11 Aufgrund der begrenzten Zeichenzahl des Beitrages kann die Verstehensentwicklung nur anhand weniger, aber für den jeweiligen Fall und vergleichbare Fälle exemplarischer Verstehensresultate nachvollziehbar gemacht werden.

MI ja sie meinte

IR das Mädchen

MI nicht in einem Monat treffen sondern in einer Woche weil da vielleicht in diesem einen Monat auch was passieren könnte (-) fertig (BF_IRS:17–29)

Als Erkenntnisziel wird die Suche nach Gründen für ein früheres Wiedertreffen konstruiert und damit ein lokaler Problemraum betreten. Dadurch werden Verstehensprozesse aktiviert, die für das Verstehensziel einer parabolischen Lesart randständige bzw. unangemessene Bedeutungsaspekte festigen: Angst vor einem zeitnahen Eintritt einer Gefahrensituation und einfache Freude am Wiedersehen:

MI okay ich schreib weil (-) weil das Mädchen Angst hat dass in diesem Monat auch etwas passieren könnte. (BF_IRS:42)

TH schreib einfach kp sie hat einfach bock sich jede Woche einmal zu treffen. (BF_IRS:83)

Erkennbar wird bereits an dieser Stelle die negativ wirksame Beziehung zwischen Aufgaben- und Textverstehensprozessen: Die mentale Textrepräsentation ist nicht hinreichend zur Rekonstruktion der intendierten komplexen Problemstellung, weil die globalen Verstehenszusammenhänge fehlen. Infolgedessen konstruiert die Gruppe auf der eigenen Verstehensbasis ein anderes Verstehensziel mit der Folge, dass die intendierten Verstehensprozesse nicht angeregt werden und sich das Verstehen nicht in gewünschter Weise entwickelt. Für die Anforderung der zweiten Aufgabe, zu klären, „ob und wie der Titel ‚Wie man eine Hilfe findet‘ zur Geschichte passt" (Wortlaut der Aufgabe b.), fehlen damit die notwendigen semantischen Relationen. Eine Passung von Titel und Geschichte ist nur auf der parabolischen Verstehensebene möglich, die eine Rekonstruktion der Gemeinschaft als Hilfe voraussetzt. Weil diese lösungsrelevanten Zusammenhänge nicht mental repräsentiert sind, kann eine Passung nur behauptet werden:

IR ja passt, jetzt sind wir fertig (BF_IRS:290)

TH ich finde sie gut, hab ich überlegt. (BF_IRS:297–298)

MI ich sage der Titel passt. (BF_IRS: 338–339)

Die Lernenden vollziehen Urteile, für die sie keine inhaltlichen Begründungen anführen können. Wenngleich der Mangel erkannt und das Erkenntnisziel in intendierter Weise differenziert wird (s. u. MI), fehlt der Gruppe – wie die folgenden Verstehensmitteilungen zeigen – eine mentale Textrepräsentation, die angemessene Erklärungen überhaupt zulässt:

MI ja wie passt die denn zur Geschichte sie muss doch irgendwie zur Geschichte passen aber wie passt die zur Geschichte. (BF_IRS:324–327)

IR fertig *der Titel passt weil die Geschichte zum Titel passt.* (BF_IRS:396–398)

TH das ist weil die Geschichte zum Titel passt […] ja weil das Mädchen die ganze Zeit überall Hilfe holen will. (BF_IRS:458–466)

Das theoretische Aufgabenpotential des gering lenkenden Aufgabensets kann sich nicht entfalten, da die mentale Textrepräsentation der Lernenden wichtige semantische Zusammenhänge nicht umfasst, sodass die Gruppe die Aufgaben missversteht und keine angemessenen Verstehensprodukte generieren kann.

Die Folge ist, dass die Lernenden zwar eigenständig aber orientierungslos nicht angemessene Problemräume konstruieren. Von einer aufgabenbasierten Förderung der Verstehenskompetenz kann nicht gesprochen werden.

4.2   Die Gruppe „Marie": systematischer Aufbau einer mentalen Textrepräsentation – das stark lenkende Aufgabenset

Ungleich geringer sind die Anforderungen an eine angemessene Textweltrepräsentation für das intendierte Aufgabenverstehen im stark lenkenden Aufgabenset. Die ersten beiden Teilaufgaben setzen ganz grundlegend an und fordern eine Rekonstruktion der psychischen Ausgangssituation des Mädchens zu Anfang der Geschichte und ein Lokalisieren der drei Gefahrensituationen, für die das Mädchen um Hilfe bittet. Zur Bewältigung beider Problemstellungen ist die mentale Textweltrepräsentation der Gruppe „Marie" lösungsrelevant und die Lernenden entwickeln gegenstandsangemessene Verstehensresultate.[12] In Aufgabe 3 wird die Verstehensherausforderung fokussiert, die Hilflosigkeit aller Figuren zu rekonstruieren: *Was meinst du: Können der Wolf, der Stier und die Frau überhaupt Hilfe gegen die Gefahren haben?* Eine erste Aushandlungsrunde umfasst u. a. folgende Verstehensresultate von Saskia (SA), Jakob (JA) und Marie (MA):

SA   also als erstes der Wolf könnte sich in- in der weiten Welt auskennen, der stier ist groß und könnte nicht so leicht unterduggern und die Frau könnte das Feuer löschen. (NI_MAR:520–523)

JA   ja könn sie, das Mädchen hilft ihnen die Angst zu überwinden. (NI_MAR:505–506)

MA   ja können sie denn das Mädchen verbreitet den anderen Mut. (NI_MAR:547)

Auf zwei unterschiedlichen Ebenen versuchen die Gruppenteilnehmer die bestehende Hilflosigkeit der Figuren aufzulösen: Saskia ergänzt ausweitend konkrete Hilfeideen gegen die Gefahren und operiert auf der Bildebene der Parabel. Die Verstehensresultate von Jakob und Marie geben hingegen erste Hinweise auf die Rekonstruktion der ‚ins Bild gesetzten Bedeutung' (entspricht der Sachebene einer Parabel), indem sie auf die psychische Hilfe gegen die Hilflosigkeit hinweisen: Mut machen und Angst überwinden. Die beiden Verstehensebenen der Bild- und Sachebene werden in einer sich anschließenden Aushandlungsrunde im Diskurs ausdifferenziert:

SA   oh Gott was stimmt jetzt? [...]

JA   ja: das Mädchen hilft ihnen

---

12 Beide Aufgabenbearbeitungen werden an dieser Stelle nicht dargestellt.

SA   hä wie denn?

JA   also also (-) ich kann das nicht beschreiben zum Beispiel ihr braucht keine Angst haben ist ja nur ein Gewitter

SA   ja ich weiß aber guck mal gegen die Gefahren (-) Gefahren wie denn?

JA   gegen Waldbrände und Überschwemmungen?

SA   genau

JA   ja also sie kuscheln ja dicht aneinander das hat ja dies Mädchen gesagt

SA   ja aber wenn Feuer ist dann verbrennen die. (NI_MAR:549–574)

Die nicht zu voraussetzungsreiche Problemstellung, die von der Gruppe auf der Basis der bereits entwickelten Textweltrepräsentation verstanden und bewältigt werden kann, regt gezielt Verstehensprozesse an: Es werden erste verstehensrelevante Zusammenhänge zur Gleichzeitigkeit konkreter Hilflosigkeit (Bildebene) und psychischer Stärkung durch die Gemeinschaft (Sachebene: Hilfe gegen die Angst im ‚aneinanderkuscheln') aufgebaut.[13] In der Aushandlung der Motive für den Zusammenschluss der Figuren (Aufgabe 4) werden diese Verstehenszusammenhänge weiter ausdifferenziert. *Aufgabe 4: Warum schließen sich der Wolf, der Stier und die Frau in der Geschichte dem Mädchen an?*

MA   weil sie gemeinsam Hilfe suchen (-) und immer

SA   aber guck mal weil- weil sie dem Mädchen HELfen wollen die helfen ihr ja trotzdem (-) die helfen ja

MA   nein das haben sie ja nicht im Text geSAgt

SA   doch

MA   nein (-) sie haben ja nicht gesagt komm wir helfen dir (-) sie haben nur gesagt weil sie dem Mädchen helfen äm an- die die Hilfe zu suchen

SA   ja siehst du weil sie dem Mädchen helfen wollen dass meint ja mit eine Hilfe suchen wollen

MA   weil sie gemeinsam Hilfe suchen wollen. (NI_MAR:715–727)

Die auf zwei unterschiedlichen Verstehensebenen entwickelten Verstehenszusammenhänge (s. Aufgabe 3) ermöglichen es der Gruppe, die Problemhaltigkeit der Frage nach den Motiven für den Zusammenschluss wahrzunehmen und zu bewältigen. Die Aushandlungsprozesse ergänzen die Textweltrepräsentation um den Bedeutungsaspekt, dass die Figuren im Helfen-Wollen eine Hilfe in der Gemeinschaft Hilfesuchender finden. Die Anforderungen der Aufgabenstellung stehen damit in einem positiven Wechselverhältnis zum Vorverstehen der Gruppe. Auch in der Bearbeitung der Aufgaben 5 bis 7 ermöglicht die kleinschrittige Stufung der Aufgaben, dass die Anforderungen an den Aufgaben- und den Textverstehensprozess an keiner Stelle die Vorverstehensvoraussetzungen überschreiten. Dadurch wird die Textweltrepräsentation der Gruppe systematisch um neue Verstehenszusammenhänge ergänzt. Die mentale Textrepräsen-

---

13 Weitere Transkriptauszüge, die hier nicht aufgenommen werden können, bestätigen diese Beobachtung. Siehe dazu Heins [i. V.].

tation beinhaltet schließlich jene Elemente, die für das Verstehen des Wiedertreffen-Wollens notwendig sind und der Gruppe „Irsia" in der Bearbeitung des ungelenkten Aufgabensets gefehlt haben. Entsprechend gelingt es der Gruppe, so zeigt die Aushandlung des Aufgabenverstehens, den Problemraum der Aufgabe 8 wie intendiert zu rekonstruieren. Die Aufgabe lautet: *Am Ende der Geschichte heißt es, dass die Figuren sich wieder treffen wollen, wenn wieder jemand in einer Situation ist, in der er keine Hilfe hat. Geh die Geschichte noch einmal von Anfang an durch. Gibt es eine Stelle, an der die Figuren das Gefühl haben, Hilfe zu finden?*

JA   so jetzt acht kapier ich irgendwie gar nicht
SA   ich auch nicht
JA   kapier ich nicht
MA   also du musst da jetzt hier schreiben äm wie sie aussieht die Hilfe aus also jetzt
     nicht blonde Haare oder so sondern äm äm was die Hilfe (-) äm was die Hilfe
     bringt. (NI_MAR:977–988)

Die anfängliche Verstehensschwierigkeit wird von Marie behoben, indem sie die Sachebene der Parabel als Konstruktionsebene bestimmt und das Erkenntnisziel der Aufgabe darin rekonstruiert, die Form der gefundenen Hilfe aufzuzeigen. Dass diese Problemstellung auf der Basis der bisher entwickelten mentalen Textrepräsentation bewältigt werden kann, zeigen exemplarisch die folgenden Verstehensresultate von Saskia und Jakob.

SA   ich habe geschrieben sie helfen sich gegenseitig. (NI_MAR:993–994)
JA   sie haben eine Hilfe sie SIND gegenseitig die Hilfe. (NI_MAR:996–997)

Zur Bewältigung der Verstehensanforderung, das Wiedertreffen-Wollen der Figuren kohärent in das globale Verstehen der Geschichte zu integrieren, wird auf jene Verstehenszusammenhänge zurückgegriffen, in denen die Gemeinschaft als Hilfe rekonstruiert wurde (s. Aufgabe 3/4). Die Gruppe betritt damit einen parabolischen Verstehensraum, welcher der Gruppe „Irsia" verschlossen geblieben ist. Und dieser Verstehensraum ermöglicht es, die Aufgabe 9 wie intendiert zu verstehen und eine globale Deutung zu generieren, die die ins Bild gesetzte Bedeutung angemessen aufgreift: *Ein Junge sagt: „Ich finde die Überschrift passt nicht. Bei der Überschrift erwartet man, dass gezeigt wird, wie man Hilfe gegen Gefahren finden kann – aber ich finde, dass das nicht gezeigt wird." Was meinst du?*

S   die passt auch nicht dazu
J   hä die passt gar nicht wie man Hilfe findet weil die hat ja keine Hilfe gefunden die
    hat Freunde gefunden. (NI_MAR:1057–1064)
M   die Überschrift passte nicht aber äm sie brauchten ja Hilfe also sie brauchten ja
    gar keine Hilfe weil sie waren ja schon äm sie konnten sich ja schon gegenseitig
    helfen als sie zu zweit waren. (NI_MAR:1103–1108)

Im ersten Verstehensresultat wird die parabolische Bedeutung angemessen in der gefundenen Freundschaft gebündelt. Noch einen Schritt weiter geht die Ablehnung der Passung von Titel und Geschichte im zweiten Verstehensresultat: Die Hilfsbedürftigkeit wird ab dem Moment als faktisch aufgelöst angesehen, in dem zwei Figuren eine Gemeinschaft bildeten.[14] Die systematische Entwicklung der mentalen Textweltrepräsentation ermöglicht eine Passung des Vorverstehens mit den Anforderungen der Aufgabenstellung im jeweiligen Moment der Aufgabenbearbeitung, wodurch das theoretische Aufgabenpotential zur Entfaltung kommt. Aufgaben in einem solchen Fall als Schlüssel zur Kompetenz zu bezeichnen, erscheint begründet.

5. Schlussfolgerungen für die Lernaufgabenentwicklung

Die beiden und weitere Fallanalysen der Untersuchung verdeutlichen, dass ein Entdecken-Können in einem komplexen und unstrukturierten Feld hohe Anforderungen an ein angemessenes Vorverstehen stellt: Angemessen ist ein Vorverstehen, das die notwendigen Verstehenszusammenhänge beinhaltet, um überhaupt eine Problemstellung entdecken zu können. Das Fehlen einer lösungsrelevanten Textweltrepräsentation verhindert ein Entdecken neuer Verstehensräume, weil der intendierte Problemraum der Aufgabenstellung nicht rekonstruiert werden kann. Unangemessen erscheint die Annahme, diese notwendige Verstehensbasis stelle sich bei allen Lernenden automatisch ein und die Lernenden müssten nur lernen, geeignete Fragen an den Text zu stellen, was wiederum nur mit offenen und komplexen Aufgaben möglich sei. Die Anforderung, eine lösungsrelevante Textrepräsentation für komplexe und ungelenkte Verstehensprozesse selbstständig zu entwickeln, ist für Lernende mit weniger guten Lernvoraussetzungen schlicht zu hoch. Aus Überforderung reduzieren sie die Anforderungen der Aufgabe auf ein handhabbares Maß und öffnen die erstbeste Verstehenskammer. Dass Überforderung Lernen und Verstehen eher verhindert als befördert, stellt einen didaktischen Allgemeinplatz dar, der landläufig mit der Forderung nach Adaptivität und Passung von Aufgaben verbunden wird. Umso mehr verwundert es, dass die Offenheit und Komplexität von Lernaufgaben mitunter so vehement eingefordert werden (Leubner & Saupe, 2008). Es erscheint vielmehr auf der Hand zu liegen, nicht die uneingeschränkte Freiheit zum selbstständigen Entdecken, sondern eine angemessene Orientierung als Schlüssel zur Kompetenz zu bezeichnen. Wenn eine lösungsrelevante Textweltrepräsentation systematisch entwickelt wird, dann sind nämlich Lernende mit weniger guten Lernvoraussetzungen auch zu jenen komplexen Entdeckungen fähig, die den automatischen Verstehenshorizont überschreiten. Die Frage von Reinmann und Mandl, ob sich Selbststeuerung „mit dem Prinzip der Selbststeuerung als einer didaktischen Methode erreichen lässt" (Reinmann & Mandl, 2006, S. 645), ist auf der

---

14 Diese Deutung ist schon fast vergleichbar mit der Erkenntnis von Herrn Keuner in der Parabel „Herr Keuner und die Flut": „Erst als ihm das Wasser bis ans Kinn ging, gab er auch diese Hoffnung auf und schwamm. Er hatte erkannt, daß er selber ein Kahn war." (Brecht, 1975, S. 29)

Datenbasis dieser Untersuchung für Lerner mit weniger guten Lernvoraussetzungen mit *Nein* zu beantworten. Die Lernaufgabenwirkungsforschung bietet dazu in der kognitionspsychologischen Verstehenstheorie fundierte und empirisch-deskriptiv gewonnene Argumente gegen eine lern- und gegenstandsbezogene Setzung maximaler Offenheit und Komplexität. Gezeigt werden konnte, inwiefern durch Lenkung die zwingenden Bedingungen geschaffen werden, um überhaupt etwas entdecken zu können.[15] Stark lenkende Aufgabensets als Absage gegenüber einem konstruktivistischen Verstehens- und Literaturbegriff anzusehen und Offenheit als notwendiges Merkmal von Aufgaben für selbstständiges Entdecken kausal daraus abzuleiten,[16] verkennt den didaktischen Wert der Lenkung in Erwerbszusammenhängen.[17]

Literatur

Artelt, C., Stanat, P., Schneider, W., Schiefele, U. & Lehmann, R. (2004). Die PISA-Studie zur Lesekompetenz. Überblick und weiterführende Analysen. In U. Schiefele (Hrsg.), *Struktur, Entwicklung und Förderung von Lesekompetenz. Vertiefende Analysen im Rahmen von PISA 2000* (S. 139–168). Wiesbaden: VS Verlag für Sozialwissenschaften.

Brecht, B. (1975). *Geschichten vom Herrn Keuner*. Frankfurt a. M.: Suhrkamp.

Brünken, R. & Leutner, D. (2005). Individuelle Unterschiede beim Lernen mit neuen Medien – neue Wege in der ATI-Forschung. In S. R. Schilling, J. R. Sparfeldt & C. Pruisken (Hrsg.), *Aktuelle Aspekte pädagogisch-psychologischer Forschung* (S. 25–40). Münster: Waxmann.

Christmann, U. & Groeben, N. (1999). Psychologie des Lesens. In B. Franzmann & G. Jäger (Hrsg.), *Handbuch Lesen* (S. 145–223). München: Saur.

Fingerhut, K. (2010). Aufgabenkultur im kompetenzorientierten Literaturunterricht. In H. Rösch (Hrsg.), *Literarische Bildung im kompetenzorientierten Deutschunterricht* (S. 215–228). Freiburg i. B.: Fillibach.

Groeben, N. (2005). Auf dem Weg zu einer deutsch-didaktischen Unterrichtsforschung? In J. Stückrath & R. Strobel (Hrsg.), *Deutschunterricht empirisch* (S. 7–33). Baltmannsweiler: Schneider Verlag Hohengehren.

Hattie, J. (2009). *Visible learning. A synthesis of over 800 meta-analyses relating to achievement*. London: Routledge Taylor & Francis.

Heins, J. (i. V.). *Lenkungsgrade im Literaturunterricht. Zum Einfluss stark und gering lenkender Aufgabensets auf das Textverstehen von Schülerinnen und Schülern mit unterschiedlichen Lernvoraussetzungen. Eine qualitativ-empirische Untersuchung in Jahrgang 6 zu einem Text mit parabolischem Deutungspotential*. Dissertation. Hamburg.

---

15 Dass instruktionale Lenkung und Selbststeuerung keine Gegensätze sind, sondern in Erwerbszusammenhängen eine wohl orchestrierte Einheit bilden müssen, ist in der pädagogisch-psychologischen Forschung eine anerkannte Erkenntnis (Reinmann & Mandl, 2006, S. 637–644).

16 Siehe dazu auch Hattie: „Constructivism is a form of knowing and not a form of teaching, and it is important not to confuse constructing conceptual knowledge with the current fad of constructivism" (Hattie, 2009, S. 243).

17 Die Analyseebenen im Aufgabendiskurs zu trennen, stellt die noch junge Aufgabenforschung wiederholt vor Herausforderungen. Siehe dazu auch Winkler, 2008.

Helmke, A. (2009). *Unterrichtsqualität und Lehrerprofessionalität. Diagnose, Evaluation und Verbesserung des Unterrichts.* Seelze-Velber: Klett Kallmeyer.

Legutke, M. K. (2006). Aufgabe – Projekt – Szenario. Über die großen Perspektiven und die kleinen Schritte. In K. R. Bausch (Hrsg.), *Aufgabenorientierung als Aufgabe. Arbeitspapiere der 26. Frühjahrskonferenz zur Erforschung des Fremdsprachenunterrichts* (S. 140–148). Tübingen: Narr.

Leubner, M. & Saupe, A. (2008). *Textverstehen im Literaturunterricht und Aufgaben.* Baltmannsweiler: Schneider Verlag Hohengehren.

Neber, H. (1987). *Angewandte Problemlösepsychologie.* Münster: Aschendorff.

Neber, H. (2006). Problemlösen. In K.-H. Arnold, U. Sandfuchs & J. Wiechmann (Hrsg.), *Handbuch Unterricht* (S. 192–195). Bad Heilbrunn: Klinkhardt.

Nickel-Bacon, I. (2013). Von Lessing bis Kunert. Textseitige Vorgaben und Rezeptionsanforderungen des parabolischen Erzählens. In D. A. Frickel & J. M. Boelmann (Hrsg.), *Literatur – Lesen – Lernen* (S. 273–291). Frankfurt a. M.: Peter Lang.

Reinmann, G. & Mandl, H. (2006). Unterrichten und Lernumgebungen gestalten. In A. Krapp & B. Weidenmann (Hrsg.), *Pädagogische Psychologie. Ein Lehrbuch* (S. 614–658). Weinheim: Beltz PVU.

Scheffer, B. (1995). Klischees und Routinen der Interpretation. *Der Deutschunterricht, 47*(3), 74–83.

Schroeder, S. (2006). Lehr-Lern-Forschung: Unterrichtsforschung und Instruktionspsychologie. In N. Groeben & B. Hurrelmann (Hrsg.), *Empirische Unterrichtsforschung in der Literatur- und Lesedidaktik. Ein Weiterbildungsprogramm* (S. 177–238). Weinheim: Juventa.

Schubiger, J. (1995). *Als die Welt noch jung war.* Weinheim: Beltz und Gelberg.

Schulte, K., Hartig, J. & Pietsch, M. (2014). Der Sozialindex für Hamburger Schulen. In D. Fickermann & N. Maritzen (Hrsg.), *Grundlagen für eine daten- und theoriegestützte Schulentwicklung. Konzeption und Anspruch des Hamburger Instituts für Bildungsmonitoring und Qualitätsentwicklung (IfBQ)* (S. 67–80). Münster: Waxmann.

Winkler, I. (2008). Die Analyseebenen trennen! Zu Karlheinz Fingerhuts Beitrag in Didaktik Deutsch 24. *Didaktik Deutsch. 14*(25), 5–10.

Winkler, I. (2011). *Aufgabenpräferenzen für den Literaturunterricht. Eine Erhebung unter Deutschlehrkräften.* Wiesbaden: VS Verlag.

Neue Aufgabenformate für die Messung von Zuhörkompetenzen

Claudia Zingg Stamm, Ulrike Behrens, Ursula Käser-Leisibach,
Michael Krelle und Sebastian Weirich

1.   Einführung

Im Folgenden soll ein neues Testverfahren zum Hörverstehen vorgestellt werden, welches die Modalität und die Bedeutung der prosodischen Dimension gesprochener Texte differenzierter als bislang in die Modellierung von Zuhörfähigkeit einbezieht.

Erste Ansätze einer Modellierung und Testung der Zuhörkompetenz waren inspiriert von Arbeiten aus dem englischsprachigen Raum (z. B. Buck, 2001), von Vorgehensweisen im Bereich der Fremdsprachdidaktik (vgl. z. B. Nold & Rossa, 2007; Grotjahn, 2000) sowie von Formaten der Lesetestung, wie sie seit PISA auch in Deutschland geläufiger wurden (vgl. Baumert et al., 2001). Insbesondere letzterer Umstand führte dazu, dass Zuhörtests heute sehr ähnlich konstruiert werden wie Leseverstehensaufgaben: Den Testteilnehmenden werden Texte präsentiert und sie bearbeiten Fragen, die sich auf verschiedene Aspekte des Textverstehens beziehen, etwa auf das Erinnern einzelner Informationen, auf das Schlussfolgern aus mehreren Informationen oder auf die Rekonstruktion globaler Kohärenz auf Textebene (vgl. Behrens, Böhme & Krelle, 2009).

Das Spezifische an gesprochenen Texten gegenüber Lesetexten ist jedoch die prosodische Dimension. Die Art und Weise, wie Äußerungen mit der Stimme gestaltet werden, gibt zusätzliche Informationen darüber, wie die verbalen Propositionen zu verstehen und auszuwerten sind. Der Einbezug der prosodischen Dimension ist oft entscheidend, um zu einem angemessenen Hörverstehen zu gelangen. Folgende prosodische Merkmale werden zumeist unterschieden: Die *Lautstärke* und die *Dauer* dienen Hervorhebungen von Worten, Wortgruppen und Äußerungen, die *Sprechmelodie* bzw. *Intonation* zusätzlich der Rhythmisierung, der Grenzsignalisierung bei der Bildung von Teiläußerungen sowie dem Abschluss von Äußerungen. Die *Sprechgeschwindigkeit* wird vor allem bei Retardationen und Akzelerationen als auffällig wahrgenommen. Die *Pause* ist ein wichtiges Gliederungs- und damit Strukturierungssignal, das semantische und gleichzeitig rhythmisch-melodische Einheiten voneinander abgrenzt. Die *Stimmqualität* bzw. der *Stimmausdruck* schließlich wird vom Zuhörer als (Teil-)Signal für modale und emotionale Befindlichkeiten und Persönlichkeitseigenschaften bewertet (vgl. Bose et al., 2013, S. 39).

Testverfahren zur Überprüfung der Zuhörfähigkeit nehmen solche prosodischen Merkmale als Bedeutungsträger bisher nicht ausreichend in den Blick und vernachlässigen damit einen wesentlichen Aspekt des Hörverstehens.

Die Prinzipien der Aufgabenentwicklung des hier vorgestellten neuen Testverfahrens basieren auf einem an der Pädagogischen Hochschule der FHNW entwickelten Diagnoseinstrument zum Hörverstehen (Bertschin, Käser-Leisibach & Zingg Stamm, 2014). In einer Forschungskooperation mit den Universitäten Duisburg-Essen und Paderborn sowie dem Institut zur Qualitätsentwicklung im Bildungswesen (IQB) an der Humboldt-Universität Berlin wurden auf der Grundlage dieses Prototypen gestaltete Aufgaben und Teilaufgaben („Testitems") entwickelt, die im Sommer 2015 in 210 dritten Klassen (N=4158) im Rahmen der Pilotierungsstudie zu den Vergleichsarbeiten (VerA-3) evaluiert und im weiteren Auswertungsprozess zusammen mit den bislang vorliegenden Modellen im Bereich *Zuhören* skaliert werden.

In einem ersten Teil dieses Beitrages soll der theoretische Hintergrund als Basis für die Operationalisierung des neuen Aufgabentyps ausgeleuchtet werden. Im zweiten Teil werden Beispielitems und erste Ergebnisse aus der Pilotierung präsentiert.

2.   Zuhören als Kompetenz in den Bildungsstandards und in der Testsituation

In den letzten Jahren hat eine Profilierung des Kompetenzbereichs Zuhören im Rahmen der Ausarbeitung von Bildungsstandards begonnen. Normative Vorgaben zur Zuhörkompetenz finden sich in Deutschland in den Bildungsstandards der Kultusministerkonferenz (KMK, 2005), in der Schweiz bei den Grundkompetenzen für die Schulsprache (Erziehungsdirektorenkonferenz [EDK], 2011) und im neuen Lehrplan 21 (D-EDK, 2015).

Der Bereich *Sprechen und Zuhören* in den Bildungsstandards für den Primarbereich in Deutschland und der Bereich *Hören* in den Grundkompetenzen für die Schulsprache und im Lehrplan 21 in der Schweiz setzen sich aus einer breiten Palette von Standards und Kompetenzen zusammen. Das verstehende Zuhören findet sich in den Bildungsstandards als eigenständige Domäne neben *zu anderen sprechen, Gespräche führen, szenisch Spielen* und *über Lernen sprechen* und umfasst die Fähigkeiten *Inhalte zuhörend verstehen, gezielt nachfragen und Verstehen und Nichtverstehen zum Ausdruck bringen* (KMK, 2005, S. 10). Im Lehrplan 21 geht es im Teilbereich ‚Grundfertigkeiten' um basale Hörverstehensfähigkeiten, zu denen auch die Wahrnehmung von Prosodie gehört. So sollen die Schülerinnen und Schüler unter anderem den Tonfall einer Stimme in der entsprechenden Situation deuten (z. B. Lautstärke, Geschwindigkeit, Stimmlage). Im Teilbereich *Verstehen in monologischen Zuhörsituationen* geht es um die Kompetenz, wichtige Informationen aus Hörtexten zu entnehmen; im Teilbereich *Verstehen in dialogischen Zuhörsituationen* sollen die Schülerinnen und Schüler Gesprächen folgen können und der Teilbereich *Reflexion über das Hörverhalten* zielt darauf ab, das eigene Hörverhalten und Hörinteressen zu reflektieren (Lehrplan 21, 2015, S. 1–4).

Bildungsstandards und Kompetenzbeschreibungen dienen als Orientierung für Lehrpläne und Lehrmittel, aber auch als Richtlinien für die Aufgabenformate in Tests, z. B. im Rahmen der Vergleichsarbeiten (vgl. Krelle & Prengel, 2014). Die kommunikativen und reflexiven Aspekte des Zuhörens werden jedoch bei den entwickelten Aufgabentypen aus testökonomischen Gründen ausgeklammert. Das verstehende Zuhören in monologischen Zuhörsituationen nimmt hingegen einen breiten Raum ein (Behrens, Böhme & Krelle, 2009, S. 361–362).

Inhalte zuhörend zu verstehen ist eine kognitive (Re-)Konstruktionsleistung im Zusammenwirken zweier Verarbeitungsrichtungen, nämlich vom Text (bottom up) und vom Rezipienten oder von der Rezipientin ausgehend (top down) (Christmann, 2010, S. 148). Dieser Prozess wird in der Regel anhand von Theorien zum Textverstehen beschrieben. Dementsprechend ähneln sich Kategorien zum Hör- und Leseverstehen. Aus gelesener oder gehörter Information wird unter Einbezug von Welt- bzw. Vorwissen Bedeutung generiert.

Folgerichtig finden sich auch in den Kernbeschreibungen zu den einzelnen Niveaus des Kompetenzmodells zu den KMK-Bildungsstandards im Bereich Hörverstehen deutliche Parallelen zum Leseverstehen:

- „Kompetenzstufe I: prominente Einzelinformationen wiedererkennen
- Kompetenzstufe II: benachbarte Informationen verknüpfen und weniger prominente Einzelinformationen wiedergeben
- Kompetenzstufe III: verstreute Informationen miteinander verknüpfen und den Text ansatzweise als Ganzes erfassen
- Kompetenzstufe IV: auf der Ebene des Textes wesentliche Zusammenhänge erkennen und Details im Kontext verstehen
- Kompetenzstufe V: auf zentrale Aspekte des Textes bezogene Aussagen eigenständig beurteilen und begründen" (Bremerich-Vos, Krelle, Weirich & Köhler, 2012, S. 56–71).

Die Überschneidung der beiden Kompetenzbereiche zeigt sich auch empirisch: In der Pilotierungsstudie zur Evaluation der Bildungsstandards (Deutsch Grundschule) liegt die latente Korrelation zwischen Lese- und Hörverstehensleistungen bei .74 (vgl. Behrens, Böhme & Krelle, 2009). Das weist auf ein modalitätsunabhängiges Textverstehen als zugrundeliegende Komponente sowohl der Lese- als auch der Zuhörfähigkeit hin. Im Anschluss hieran stellt sich aber die Frage, worin das Spezifische des Zuhörens besteht und wie es erfasst werden kann.

Im Hinblick auf Zuhörtypisches finden sich in den Ausführungen zu den Kompetenzstufen jeweils Bemerkungen zu Schwierigkeitsfaktoren auf der akustischen Ebene, die einen Einfluss darauf haben, ob ein Hörtext nach den von Solmecke definierten Kategorien eher leicht oder eher schwierig ist (vgl. Solmecke 2000, S. 63). Beispielsweise heißt es zur Kompetenzstufe III:

„Dabei sind die Anforderungen insofern anspruchsvoller als auf den vorherigen Stufen, als die Texte länger sind, Stör- und Hintergrundgeräusche das Verstehen erschweren und mehrere Sprecherinnen und Sprecher zu Wort kommen, deren Stimmen nicht immer klar zu unterscheiden sind." (Bremerich-Vos, Krelle, Weirich & Köller, 2012, S. 58)

Der Einfluss akustischer Schwierigkeitsfaktoren auf die Zuhörkompetenz konnte jedoch bislang nicht durch ein Itemformat operationalisiert werden, sondern bezieht sich in beschreibender Form allein auf den Hörtext.

3.   Spezifika des Zuhörens gegenüber dem Lesen

Ein zentraler Unterschied zwischen Zuhören und Lesen besteht in der Flüchtigkeit des Signals. Grotjahn weist darauf hin, dass beim Hörverstehen stärker als beim Leseverstehen „real time processing" stattfindet. Der entscheidende Unterschied zum Lesen besteht daher in der mangelnden Kontrolle über den flüchtigen Gehalt einer gehörten Textpassage. Während ein Leser Textteile, die unvertraute linguistische Phänomene enthalten, mehrfach oder besonders genau lesen kann, entstehen beim Hören Verstehensprobleme, wenn die Aufnahmekapazität überbeansprucht wird und einzelne Informationen nicht verarbeitet werden (vgl. Grotjahn, 2000).

In ihrem integrierten Modell des Hör- und Leseverstehens fassen Kürschner und Schnotz ihre Ergebnisse zu den Verarbeitungsprozessen im Vergleich zwischen Hören und Lesen zusammen (Kürschner & Schnotz, 2008, S. 144). Abhängig von der Modalität kann es gemäß den Autoren zu modalitätsspezifischen Prozessen kommen, das heißt, der Modus Hören kann zu anderen Ergebnissen führen als der Modus Lesen. Dies betrifft nach Kürschner und Schnotz jedoch nur die hierarchieniedrigen Verarbeitungsschritte auf der Ebene der sensorischen Verarbeitung. Auf den höheren Verarbeitungsebenen im Arbeitsgedächtnis, wo es darum geht, mentale Repräsentationen aufzubauen, finden beim Hör- und Leseverstehen vergleichbare Verarbeitungsprozesse statt. Demnach hat die Modalität nach Kürschner und Schnotz keinen Einfluss auf die semantische Verarbeitung des Textes und auf die Ausgestaltung des mentalen Modells.

Auch Imhof vergleicht, wie Sprachinformationen beim Lesen und beim Zuhören verarbeitet werden. Sie vertritt jedoch den Standpunkt, dass die Eingangsmodalität von Informationen einen Einfluss auch auf die hierarchiehöheren Verarbeitungsstrukturen hat (vgl. Imhof, 2003, S. 27). Dabei nimmt Imhof die Kopräsenz von paraverbalen Signalen in den Blick, die auch auf der Ebene der semantischen Verarbeitung im Arbeitsgedächtnis die Verarbeitung der verbalen Informationen mitprägen: „Neben der verbalen Information sind stets simultan paralinguistische Signale präsent wie Prosodie, Lautstärke, Tempo, Timbre der Stimme, und zwar gleichzeitig und kontinuierlich und mit einer eigenständigen Informationskomponente." (Imhof, 2003, S. 30)

Der Einfluss paraverbaler Signale auf die hierarchiehöheren Verarbeitungsstrukturen wird auch gestützt durch die Experimente von Neuber. Er konnte nachweisen, dass prosodische Mittel den Aufbau globaler Kohärenz erleichtern. In einem Textexperiment lässt Neuber jeweils 100 Probandinnen und Probanden eine der von einem professionellen Sprecher „monoton" bzw. „eindringlich" gelesenen Varianten eines Versuchstexts hören. Die Ergebnisse zeigen, dass die Memorierbarkeit nach der Rezeption der „eindringlichen" Sprechweise hochsignifikant größer ist. (Neuber, 2002, S. 182)

Neubers Experimente zeigen auch, dass es zumindest für einige Emotionen internalisierte Prototypen des Emotionsausdruckes gibt. Die melodische Kontur dieser Prototypen weist eindeutige Merkmale auf. Neuber arbeitet dabei mit der im Deutschen nicht lexikalisierten *Logatomfolge /katakamala/*. Seine Probanden hatten die Logatomfolgen jeweils folgendermaßen zu sprechen:

> „1. freundlich (im Sinne einer emotionalen Ausdruckspalette zwischen erfreut und begeistert),
> 2. sachlich (im Sinne von „ohne emotionale Ausdrucksanteile"),
> 3. nachdrücklich (im Sinne von „beharrlich") und
> 4. gereizt (im Sinne von „emotional erregt")" (Neuber, 2002, S. 92).

Für alle Logatomfolgen wurden jeweils folgende Indikatoren ermittelt: Sprechmelodie, Timbre/spektrale Energieverteilung, Lautstärke/Intensität, Temporalität. Bei allen Versuchspersonen ließen sich zwar sprecherindividuelle Besonderheiten erkennen, jedoch wiesen alle Versuchspersonen auch überindividuelle Realisierungsmerkmale auf (Neuber, 2002, S. 97). In einem Folgeexperiment konnte Neuber außerdem nachweisen, dass die induzierten Sprechausdrucksvarianten auch durch unabhängige Versuchspersonen beim Hören größtenteils reidentifiziert werden können (Neuber, 2002, S. 121).

Die Kompetenz, prosodische Merkmale wahrzunehmen, zu dekodieren und in die Informationsverarbeitung zu integrieren, kann für das gelingende Verstehen also entscheidend sein. Insbesondere dann, wenn auf der lexikalischen Ebene nicht jedes Wort verstanden wird, bietet die Prosodie eine zusätzliche Entschlüsselungshilfe. In diesem Zusammenhang führt Karla Müller aus, dass das Verstehen von Figurenperspektiven mitunter auditiv besser gelingt als beim Lesen, denn „indem Unbestimmtheitsstellen des Textes durch prosodische Elemente gefüllt werden, kann der emotionale Zustand einer Figur in einer Hörfassung leichter fasslich werden." (Müller, 2012, S. 76)

Es kommen also auf einer hierarchieniedrigen Verarbeitungsebene zusätzliche Informationen hinzu. Die Redundanzen auf der verbalen und der paraverbalen Ebene unterstützen das Hörverstehen auf den höheren Verarbeitungsebenen offensichtlich.

4.   Operationalisierung von Aufgaben zu prosodischen Merkmalen

Bisher gibt es kaum Testformate, die prosodische Merkmale in das Testen von Zuhörfähigkeiten einbinden. Empfehlungen zur Vorgehensweise finden sich ansatzweise bei Buck:

> „It is important to put the emphasis on assessing those language skills that are unique to listening, because they cannot be tested elsewhere. Thus, I think listening tests ought to require fast, automatic, on-line processing of texts that have linguistic characters of typical spoken language." (Buck, 2001, S. 113)

Zwei Beispiele, die nach Buck diese Anforderung erfüllen sollen, sind hier aufgeführt:

- „Recognising intonation patterns: Test-takers listen to an utterance and choose one of three curved lines to indicate the intonation curve of the utterance.
- Recognising stress: Test-takers listen to an utterance, and then read three transcriptions of it in which capital letters indicate heavy stress; they choose the one which indicates the stress of the utterance they listen to." (Buck, 2001, S. 133)

Diese beiden erwähnten Itemtypen bewegen sich allerdings auf einer abstrakt-technischen Ebene. Das Erkennen der richtigen Intonationskurve und der korrespondierenden Betonung haben nichts mit der pragmatischen Funktion einer bestimmten Intonation oder Betonung im oben angedeuteten Sinne zu tun.

Prosodische Merkmale oder paraverbale Signale wie Lautstärke, Sprechmelodie, Sprechgeschwindigkeit und Stimmausdruck treten im kommunikativen Alltag als Merkmalsbündel auf und erfüllen wichtige pragmatische Funktionen. Bose unterscheidet zwischen:

- der kommunikativen Funktion (Hervorhebung wichtiger Informationen),
- der strukturierenden Funktion (Gliederungssignale wie Pausen),
- der syntaktischen Funktion (Markierung von Fragen, Ende einer Teiläußerung),
- der gesprächsorganisierenden Funktion (Turnübernahme, Turnfortsetzung) und
- der affektiven Funktion (emotionale und modale Sprechweise). (vgl. Bose et al., 2013, S. 40)

In diesem Sinne sollen die im Folgenden vorgestellten Itemtypen überprüfen, ob Informationen, die möglichst ausschließlich über die paraverbale Ebene transportiert werden, von den Kindern richtig interpretiert werden.

Zur pragmatischen Funktion von Betonung soll hier im Sinne einer Gegenüberstellung zur Aufgabenidee von Buck ein erstes Beispielitem präsentiert werden. Man sieht, dass es bei den Items „neuen Typs" nicht darum geht zu erkennen, *welches* Wort betont ist, sondern durch die Wahl des passenden Anschlusssatzes zu zeigen, dass die Betonung eines bestimmten Wortes richtig interpretiert und die paraverbale Markierung richtig verstanden wurde. Im folgenden Beispiel werden der Ausgangssatz sowie alle Optionen von einem Sprecher vorgelesen:

Beispiel 1

Adrian sagt: „Mein Zug fährt heute um Viertel vor zehn ab Hamburg." („heute" wird betont) Was könnte er am ehesten sonst noch dazu sagen?

☐ A) Ich fahre nicht erst morgen. („morgen" wird betont)
☐ B) Ich fahre lieber Zug als Auto. („Zug" wird betont)
☐ C) Letztes Mal bin ich von Berlin aus gefahren. („Berlin" wird betont)
☐ D) Dein Zug fährt später. („Dein" wird betont)

Kommunikativ am plausibelsten ist der Anschlusssatz A, da er mit der pragmatischen Funktion der Betonung im Satz des Itemstamms korrespondiert.

Viele der Items „neuen Typs" beziehen sich auf das Erkennen und Interpretieren von paraverbal signalisierten emotionalen Befindlichkeiten. Dabei wurden neben Aufgaben, bei denen sich mehrere Items auf einen längeren Hörtext beziehen, auch „Aufgaben ohne Stamm" entwickelt:

Bei letzteren handelt es sich um Items, die keinen oder einen sehr kurzen Aufgabenstamm aufweisen. Hier muss z. B. ein bestimmter Stimmklang wie flüstern, undeutliche Sprechen, mit erkälteter Stimme sprechen, außer Atem sein etc. erkannt werden. Weiter wurden Aufgaben zur pragmatischen Funktion der Betonung eines bestimmten Wortes im Satz (siehe Beispiel 1), zur Gliederung durch Pausen und zur Beurteilung der Vorleseleistung von Kindern entwickelt.

Die „Aufgaben mit Stamm" beziehen sich auf sechs als Lesung gesprochene literarische Texte und vier Radiosendungen über Sachthemen. Ein wichtiges Kriterium für die Auswahl der Texte war, dass Dialoge der Figuren oder Personen stattfinden und möglichst auch verschiedene Emotionen geäußert werden. Der Sprecher, der die literarischen Texte als Lesung gestaltete, bekam dazu genaue Sprech- oder Regieanweisungen. Dasselbe galt auch für die prosodische Gestaltung der vier Antwortoptionen, die oft eine identische Textbasis aufweisen. So kann die richtige Lösung nur gefunden werden, wenn die Informationen auf der paraverbalen Ebene ausgewertet werden. Die richtige Lösung kann nicht erlesen werden, denn im Testheft sieht das Itembeispiel wie folgt aus.

Beispiel 2

Die Königin ist leicht genervt, weil der König so laut ist. Wo hörst du das am besten?

☐ A: Weshalb weckst du mich mitten in der Nacht?
☐ B: Weshalb weckst du mich mitten in der Nacht?
☐ C: Weshalb weckst du mich mitten in der Nacht?
☐ D: Weshalb weckst du mich mitten in der Nacht?

Der Satz „Weshalb weckst du mich mitten in der Nacht?" findet sich nicht im Aufgabenstamm, so dass nicht durch Wiedererkennen des identisch geäußerten Satzes auf die richtige Lösung geschlossen werden kann. Die Optionen werden zum einen als neutral-interessierte Frage, zum anderen im verzweifelten, genervten und verwunderten Ton gesprochen. Alle stimmlichen Ausgestaltungen sind im Prinzip inhaltlich denkbar. Im Hörtext wird jedoch deutlich, dass die Königin verärgert ist, als sie geweckt wird. Im Aufgabenstamm heißt es: *„Was soll denn dieser Lärm?", sagte sie tadelnd.*

Um eine Vermischung zwischen inhaltlicher und paraverbaler Ebene zu vermeiden, ist es ideal, wenn im Aufgabenstamm die direkte Rede nicht durch eine Inquit-Formel begleitet wird, sondern die Emotion einzig durch die paraverbalen Signale transportiert wird. Im Folgenden sind ein Ausschnitt aus dem Hörtext als Transkript und ein weiteres Itembeispiel abgedruckt:

> *Mama hatte noch ihren grünen Bademantel an. Ludwig wusste, dass sie jetzt einige Zeit im Bad verbringen würde, dass tat sie immer, wenn sie mit Herrn Henningsen verabredet war. Dann duschte sie, wusch sich die Haare und tupfte sich einen Tropfen Parfüm hinters Ohr.*
> *„Alles wird gut gehen. Du brauchst nicht nervös zu sein."*
> *Damit schloss sie die Badezimmertür hinter sich.*

Beispiel 3

Ludwigs Mutter sagt: „Alles wird gut gehen. Du brauchst nicht nervös zu sein." Wie klingt ihre Stimme?

☐ A: beruhigend
☐ B: wütend
☐ C: aufgeregt
☐ D: aufmunternd

Jede der vier Optionen ist inhaltlich plausibel. Der Sprecher spricht die Äußerung der Mutter im Aufgabenstamm, die hier auch im Itemstamm verwendet wird, jedoch in einer aufgeregten Stimmlage, was signalisiert, dass die Mutter nervös ist und mit Ludwig mitfiebert.

Bei einem weiteren Itemformat werden die Antwortoptionen neutral gesprochen. Hier geht es darum, die pragmatische Funktion einer Äußerung zu interpretieren.

Beispiel 4

Der Drache sagt am Schluss: „Komm, Schwefelfell, wir müssen die anderen wecken." Welche Aussage passt am besten zu seiner Stimme?

☐ A: Er freut sich darauf, die anderen zu wecken.
☐ B: Er möchte die Menschen sofort angreifen.
☐ C: Er Weiß, dass die Lage sehr ernst ist.
☐ D: Er würde am liebsten noch weiterschlafen.

Der Tonfall des Drachen im Itemstamm ist sehr besorgt, daher kommt nur die Option C in Frage.

5.   Neue Darbietung der Items

Ein weiteres Merkmal der Items „neuen Typs" bezieht sich auf die Darbietung der Testfragen: In vielen bisherigen Testverfahren (DESI, Nold & Rossa, 2007; HarmoS,

Eriksson & Waibel, 2010; VERA 3, Krelle & Prengel, 2014) lösen die Kinder nach jedem akustischen Stimulus Items, die sich auf inhaltliche Aspekte des Hörtextes beziehen. Dabei sollen die Fragen und die Antwortoptionen gelesen und in der Regel in einer gewissen Zeitspanne beantwortet werden. Das bedeutet, dass zur Lösung des Items immer auch Lesekompetenz vorausgesetzt wird, der Test also in einem strengen Sinne nicht nur Zuhörkompetenz misst.

Bei der vorliegenden Untersuchung wurde daher der Modus der Itemdarbietung variiert, um zu überprüfen, ob die Schwierigkeit der Items durch diese Darbietungs-form beeinflusst wird. Zu jedem Stimulus gehören zwei Teile mit jeweils mehreren Items unterschiedlicher Formate. Die Items in Teil 1 überprüfen das Textverstehen. Im zweiten Teil lösen die Kinder Items zur Prosodie. Bezüglich der Itemdarbietung gibt es für Teil 1 und Teil 2 jeweils eine Standarddarbietung und Varianten. Diese sind im Folgenden für die jeweiligen Testteile kurz erläutert:

Testaufgabe Teil 1 (Textverstehen)

Eine Anzahl Kinder lesen und beantworten die Fragen und möglichen Antworten selbständig, wie es in Hörverstehenstests üblich ist („Standarddarbietung"). In Kon-trollgruppen („Varianten") werden die Fragen und Antwortoptionen dann zusätzlich von der Testleiterstimme auf CD vorgelesen. Die Kinder dieser Kontrollgruppe haben prinzipiell drei Möglichkeiten: Sie können zuhören, zuhören und gleichzeitig mitlesen oder auch in ihrem eigenen Tempo nur selber lesen. Bei den ersten Erprobungen dieses Präsentationsmodus hat sich gezeigt, dass die meisten Kinder sich durch die Stimme des Testleiters führen lassen und die Frage und die Antwortauswahl zu Ende hören, bevor sie sich für eine Antwort entscheiden. Nur wenige Kinder haben die Antworten der Testleiterstimme vorauseilend beantwortet. Mit der Variante „gehört und gelesen" als Vergleichswert soll der Einfluss der Lesekompetenz auf die Lösungshäufigkeit sichtbar gemacht werden.

Um die Ergebnisse der neuen Hörverstehensaufgaben noch besser einordnen und in Bezug zu den Ergebnissen mit bisherigen Aufgabenformaten und zu Leseverste-hensaufgaben setzen zu können, wurden einige kürzere Texte parallel auch als reine Leseverstehensaufgaben eingesetzt. Einem Teil der Kinder wird also der Text von der CD vorgelesen, ohne dass sie ihn im Testheft mitlesen können, während ein anderer Teil der Kinder den Text nur im Testheft abgedruckt sieht und selbst lesen muss. Die zu beantwortenden Items sind jedoch für die Kinder der beiden Testgruppen identisch und werden von beiden Gruppen gelesen.

Erste Auswertungsergebnisse zeigen, dass die Items eine signifikant geringere Lö-sungshäufigkeit aufwiesen, wenn der Text zuvor gelesen werden musste, als wenn der Text zuvor von der CD abgespielt wurde. Wurde der Text gelesen, betrug die durch-schnittliche Lösungshäufigkeit gerechnet über alle Items des ersten Testteils 50,2%. Wurde der Text zusätzlich gehört, lag sie bei 57,4%.

Der Vergleich der beiden Itempräsentationsvarianten „nur gelesen" versus „gehört und gelesen" zeigt ebenfalls deutliche Unterschiede. Dabei war die mittlere Lösungshäufigkeit in der Variante „nur gelesen" mit 53,2% signifikant geringer als in der Variante „gelesen und gehört" (56,2%).

Testaufgabe Teil 2 (Prosodie)

Im zweiten Testteil lösen die Kinder ausschließlich Items „neuen Typs" (siehe oben). Um die Kinder auf das neue Format vorzubereiten, werden sie in einer Einleitung vor dem zweiten Teil durch den Testleiter auf der CD darauf aufmerksam gemacht, dass sie bei den Fragen, die nun folgen, besonders darauf achten sollen, wie die Stimmen klingen. Der Standardpräsentationsmodus bei diesen Items war die Kombination „gehört und gelesen"; Frage und Optionen wurden also vorgelesen und waren auch im Testheft abgedruckt. Ein Unterschied zu den Testitems aus Teil 1 ist hier, dass vorauseilendes Lesen nicht möglich ist, denn die Items können nur über die Art und Weise, *wie* gesprochen wird, gelöst werden (siehe Beispiele 2,3,4). Das bedeutet, dass sich die Kinder beim Beantworten der Items in diesem Testteil an das Tempo der Audiovorlage anpassen müssen.

Als Variante werden einem Teil der Kinder sowohl die Fragen als auch die Antwortoptionen nur akustisch präsentiert. Im Testheft sieht man also lediglich die mit Buchstaben versehenen Kästchen zum Ankreuzen. Damit soll der Frage nachgegangen werden, ob die Möglichkeit, die Fragen mitzulesen, die Items leichter oder schwieriger macht. Beides ist denkbar: Da im Grundschulalter das Lesen noch nicht vollständig automatisiert ist, könnte die gleichzeitige akustische und schriftliche Präsentation die Kinder kognitiv überfordern, was im Vergleich zu geringeren Lösungshäufigkeiten führen müsste. Die Darbietung auf zwei Kanälen könnte aber auch für eine Entlastung sorgen. Erste Analysen zeigen, dass die mittlere Lösungshäufigkeit in der Variante „gelesen und gehört" mit 52,5% unwesentlich geringer ist als in der Variante „nur gehört" (53,3 %). Es muss aber noch ermittelt werden, inwieweit dieser Zusammenhang differenzierter zu betrachten ist. So könnten die Effekte etwa je nach Itemtyp und je nach Textumfang der dargebotenen Optionen unterschiedlich ausfallen. Die entsprechenden komplexen Analysen stehen noch aus.

6. Ausblick

Die Kompetenz, prosodische Merkmale entschlüsseln und für das Verstehen nutzen zu können, ist eine hochspezifische Fähigkeit für den Kompetenzbereich Zuhören, für die eine neuartige Form der Operationalisierung gelungen ist.

Weiterzuverfolgen ist zunächst, ob innerhalb des Kompetenzbereichs Zuhören empirisch zwischen inhaltlichem Textverstehen und prosodischem Verständnis getrennt werden kann. Dies wirft gleichzeitig die Frage auf, ob es zwei Teilkompetenzen innerhalb des Kompetenzbereichs Zuhören gibt, das heisst, ob für die Modellierung prosodischer Merkmale allenfalls andere Auswertungsmodelle entwickelt werden müssen als für die Aufgaben, die auf das Textverstehen abzielen.

Literatur

Baumert, J., Klieme, E., Neubrand, M., Prenzel, M., Schiefele, U., Schneider, W., Stanat, P., Tillman, K. & Weiß, M. (Hrsg.). (2001). *PISA 2000. Basiskompetenzen von Schülerinnen und Schülern im internationalen Vergleich.* Opladen: Leske + Budrich.

Behrens, U., Böhme, K., & Krelle, M. (2009). Zuhören – Operationalisierung und fachdidaktische Implikation. In A. Bremerich-Vos, G. Walther, D. Granzer & O. Köller (Hrsg.), *Evaluation der Bildungsstandards Deutsch und Mathematik* (S. 357–376). Weinheim: Beltz.

Bertschin, F., Käser-Leisibach, U. & Zingg Stamm, C. (2014). *ohrwärts. Zuhören und literarisches Hörverstehen. Kompetenzerhebung mit Förderangeboten für 9- bis 10-Jährige.* Solothurn: Solothurner Lehrmittelverlag.

Bose, I., Hirschfeld, U., Neuber, B. & Stock, E. (Hrsg.). (2013). *Einführung in die Sprechwissenschaft. Phonetik, Rhetorik, Sprechkunst.* Tübingen: Narr.

Bremerich-Vos, A., Böhme, K., Krelle, M., Weirich, S. & Köller, O. (2012). Kompetenzstufenmodelle für das Fach Deutsch. In P. Stanat, H. A. Pant, K. Böhme & D. Richter (Hrsg.), *Kompetenzen von Schülerinnen und Schülern am Ende der vierten Jahrgangsstufe in den Fächern Deutsch und Mathematik* (S. 56–71). Münster: Waxmann.

Buck, G. (2001). *Assessing listening.* Cambridge: Cambridge University Press.

Christmann, U. (2010). Lesepsychologie. In M. Kämpe-van den Boogaart & K. Spinner (Hrsg.), *Lese- und Literaturunterricht. Deutschunterricht in Theorie und Praxis, 11/1* (S. 148–200). Baltmannsweiler: Schneider Verlag Hohengehren.

D-EDK (Hrsg.). (2015). Lehrplan 21. Verfügbar unter: http://projekt-lu.lehrplan.ch/lehrplan/V5/container/LU_Fachbereich_D_1.–3.Zyklus.pdf [12.10.2015].

EDK (Schweizerische Konferenz der kantonalen Erziehungsdirektoren) (Hrsg.). (2011). *Grundkompetenzen für die Schulsprache. Nationale Bildungsstandards.* Verfügbar unter: http://edudoc.ch/record/96791/files/grundkomp_schulsprache_d.pdf [12.10.2015].

Eriksson-Hotz, B. & Waibel, S. (2010). Bildungsstandards Zuhören – ein Bericht aus dem Schweizer Bildungsstandard-Projekt HarmoS. In V. Bernius & M. Imhof (Hrsg.), *Zuhörkompetenz in Unterricht und Schule. Beiträge aus Wissenschaft und Praxis* (S. 69–80). Göttingen: Vandenhoeck & Ruprecht.

Grotjahn, R. (2000). Testen der Fertigkeit Hörverstehen. Leistungsmessung und Leistungsbeurteilung. Online unter: http://www.unileipzig.de/herder/temp/lehrende/tschirner/testen/hoeren.pdf [12.10.2015].

Imhof, M. (2003). *Zuhören. Psychologische Aspekte auditiver Informationsverarbeitung.* Göttingen: Vandenhoeck & Rupert.

KMK (2005). Bildungsstandards im Fach Deutsch für den Primarbereich. Beschluss vom 15.10.2004. Online unter: http://www.kmk.org/fileadmin/veroeffentlichungen_beschluesse/2004/2004_10_15-Bildungsstandards-Deutsch-Primar.pdf [12.10.2015].

Krelle, M. & Prengel, J. (2014). Zur Konzeption von Zuhören im Rahmen der Vergleichsarbeiten für die dritte Klasse im Fach Deutsch. In C. Spiegel & E. Grundler (Hrsg.), *Konzeptionen des Mündlichen – wissenschaftliche Perspektiven und didaktische Konsequenzen* (S. 210–228). Bern: hep Verlag.

Kürschner, C. & Schnotz, W. (2008). Das Verhältnis gesprochener und geschriebener Sprache bei der Konstruktion mentaler Repräsentationen. *Psychologische Rundschau, 59*(3), 139–149.

Müller, K. (2012). *Hörtexte im Deutschunterricht.* Seelze: Kallmeyer.

Neuber, B. (2002). *Prosodische Formen in Funktion.* Frankfurt am Main: Peter Lang.

Nold, G. & Rossa, H. (2007). Hörverstehen. In B. Beck & E. Klieme (Hrsg.), *Sprachliche Kom-petenzen. Konzepte und Messung. DESI-Studie (Deutsch Englisch Schülerleistungen International* (S. 178–196). Weinheim: Beltz.

Solmecke, G. (2000). Faktoren der Schwierigkeit von Hörtests. In S. Bolton (Hrsg.), *TEST-DAF: Grundlagen für die Entwicklung eines neuen Sprachtests. Beiträge aus einem Expertenseminar* (S. 57–76). München: Goethe-Institut.

„Interpretieren Sie das Gedicht …"

Aufgaben in zentralen Abschlussprüfungen im Fach Deutsch

Stephan Otto

1.   Einführung

In Deutschland sind im Zuge vielfältiger bildungspolitischer Reformen seit den 2000er Jahren landesweit zentrale Abschlussprüfungen (ausgenommen Rheinland-Pfalz) zum Erwerb von Schulabschlüssen am Ende der Sekundarstufen I und II eingeführt worden. Im Rahmen dieser Prüfungen bearbeiten alle Schülerinnen und Schüler eines Bundeslandes zur gleichen Zeit in bestimmten Fächern *einheitliche schriftliche Aufgaben* (bzw. aus einem Aufgabenpool mit Auswahlaufgaben), deren Grundlage die landesweit gültigen Curricula der prüfungsrelevanten Schulstufe darstellen (vgl. Beitrag von Kühn in diesem Band).

Aufgaben und Inhalte dieser Prüfungen sind Gegenstand überwiegend auf normativer Ebene geführter Diskussionen, da ihnen je nach Sichtweise entweder ein bedeutendes Potential zur flächendeckenden Implementierung fachinhaltlicher Neuerungen und innovativer Aufgabenformate zugesprochen wird bzw. gerade ein solches Potential abgesprochen wird, da in den Prüfungen lediglich ein begrenzter Kernbestand an Aufgaben und Inhalten zur Anwendung käme (Kühn, 2010).

Obgleich den Aufgaben und Inhalten zentraler Abschlussprüfungen diese bedeutenden Steuerungswirkungen zugesprochen werden, liegen bislang erst wenige fachspezifische empirische Analysen zentraler Prüfungsaufgaben vor, die hauptsächlich auf den mathematisch-naturwissenschaftlichen Bereich beschränkt sind (Kahnert, 2014; Krüger, 2015; Kühn, 2010; Kühn & Drüke-Noe, 2013). Für das Unterrichtsfach Deutsch lagen Aufgaben und Inhalte zentraler Prüfungen bislang nur sehr vereinzelt im Forschungsinteresse (Otto & Kühn, 2014; Kammler & Noack, 2010).

Der vorliegende Beitrag greift das benannte Forschungsdesiderat auf und stellt eine kategoriengeleitete Analyse zentraler Prüfungsaufgaben im Fach Deutsch im retrospektiven Längsschnittdesign (2007–2011) vor. Der Beitrag fokussiert ausgehend von der Darstellung normativer Diskurse über zentral gestellte Prüfungsaufgaben die Beschreibung der Entwicklung eines Kategoriensystems zur Aufgabenanalyse. In Anknüpfung an die Ergebnisse der Analysen schließt der Beitrag mit der Diskussion, inwieweit sich Hoffnungen und Befürchtungen bezogen auf die Prüfungen bestätigen lassen und welche Konsequenzen sich für die Schulpraxis ergeben können.

2. Zentrale Prüfungen im Fach Deutsch – von großen Hoffnungen und Befürchtungen

An die Implementierung zentraler Abschlussprüfungen in Deutschland sind zahlreiche Hoffnungen und Befürchtungen gekoppelt, die in der bildungspolitischen Öffentlichkeit, aber auch in der Wissenschaft kontrovers diskutiert werden.

Befürworter dieser Form der Prüfungsorganisation betonen, dass durch die Orientierung der Prüfungsaufgaben an bundesweit gültigen Vorgaben wie den Bildungsstandards für den mittleren Schulabschluss oder den einheitlichen Prüfungsanforderungen für die Abiturprüfung (im Folgenden EPA) kompetenzorientierte Aufgaben und vielfältige Inhalte Grundlage der Prüfungen bilden würden (Holmeier, 2013). Die Fokussierung auf die Prüfung im Rahmen des vorgelagerten Unterrichts könne dazu führen, dass Lehrkräfte ihren Unterricht den Prüfungsformaten anpassten und Unterricht kompetenzorientiert und mit breit gefächerten Inhalten ausgestalten würden (Herman, 2004).

Kritiker einer zentralen Prüfungsorganisation betonen dagegen, dass sich gegenteilige Effekte einstellen würden: Im Rahmen zentraler Prüfungen werde nämlich gerade aufgrund der Orientierung an einheitlichen Prüfungsvorgaben keinesfalls auf innovative Inhalte und Aufgaben zurückgegriffen, sondern auf einen begrenzten Bestand von Aufgabentypen und Inhalten, deren Bearbeitung lediglich die Darstellung von Wissen ermöglicht und nicht die Anwendung von Kompetenzen (Kühn, 2010). Durch die Fokussierung auf die prüfungsrelevanten Aufgaben und Inhalte käme es zu einer Engführung des Unterrichts, der lediglich wie ein Repetitorium auf die Prüfung vorbereite und die jeweilige Lehrkraft in ihrer pädagogischen Autonomie beschränke (Holmeier, 2013; Kühn, 2010).

Die fachübergreifende Diskussion zu zentralen Prüfungen lässt sich auch innerhalb der germanistischen Fachdidaktik nachweisen. Gegner der zentralen Prüfungsorganisation betonen etwa die Annahme einer thematischen Engführung des Unterrichts auf prüfungsrelevante Themengebiete, eine vergleichsweise geringere Schülerorientierung im Unterricht sowie die Marginalisierung fachinhaltlicher (z. B. aktuelle Gegenwartsliteratur nach 1989) und fachdidaktischer Neuerungen (z. B. Berücksichtigung kreativer Schreibaufgaben, Einbezug von Portfolios) (Abraham, 2010; Bekes, 2010; Leonord, 2009). Allerdings gibt es auch Vertreter innerhalb der germanistischen Fachdidaktik, die zentralen Prüfungen ein besonderes Potential im Rahmen einer *Neuen Aufgabenkultur* zuschreiben (Köster, 2003), die sich unter anderem durch eine Berücksichtigung vielfältiger Aufgabenformate und Medien sowie eine Orientierung an der Lebenswelt der Schülerinnen und Schüler auszeichnet. Durch zentrale Prüfungen gelänge es letztlich solche Elemente flächendeckend im Unterricht etablieren zu können. Hierfür gilt es allerdings zunächst herauszufinden, inwieweit Elemente dieser postulierten *neuen Aufgabenkultur* (Köster, 2003; Schmellentin, 2012) in zentralen Prüfungen auch tatsächlich implementiert sind, da innovativen Aufgaben ein besonderes Potential zur Qualitätssteigerung des Unterrichts, der Lernkultur und der Leistungsmessung zugeschrieben wird (Eikenbusch, 2001). Die hier skizzierten innovativen Aufgabenelemente können als eine mögliche Herangehensweise genutzt werden, um Bestandteile einer *Neuen Aufgabenkultur* im Rahmen zentraler Prüfungen identifizieren zu können.

Des Weiteren ist insbesondere die Frage nach einem literarischen Kanon ein kontrovers diskutiertes Thema innerhalb der germanistischen Fachdidaktik, welchem durch die Implementierung zentraler Abschlussprüfungen neue Brisanz zukam. Nachdem 1968 ein literarischer Kanon als ‚Herrschaftsinstrument' kritisiert und sich vehement gegen eine verbindliche Vorgabe lesenswerter Literatur gewehrt wurde (Schmidt, 2009), erhielt diese Diskussion mit der Einführung zentraler Prüfungen und verbindlicher Lektürevorgaben erneut Auftrieb, da hierdurch eine Beschränkung auf einen wenig umfangreichen Grundbestand an literarischen Werken vermutet wurde, welcher die Themenvarianz im Deutschunterricht wesentlich beschränken könnte (Kammler & Noack, 2010). So veröffentlichen einzelne Bundesländer im Rahmen der Prüfungsvorbereitung Lektürevorgaben, was de facto einer Rekanonisierung des zuvor kritisierten und negierten literarischen Kanons gleichkam (Schmidt, 2009). Die Zusammenschau von Kammler und Noack (2010), welche die Lektürevorgaben der Abiturprüfungen der Jahre 2008 bis 2010 bundesweit erfasst, bekräftigt den Befund, dass eine Fokussierung auf einen bestimmten Kernbestand an Autoren und Werken nachweisbar ist.

Die bundesweit gültigen Vorgaben der Bildungsstandards bzw. der EPA, welche die Grundlage für die Ausgestaltung der zentralen Prüfungen bilden, bieten grundsätzlich den Rahmen dafür, dass in den Prüfungen auf vielfältige Aufgaben und Inhalte zurückgegriffen wird. So findet sich etwa in den EPA der Hinweis darauf, dass ein breites Spektrum literarischer Epochen vom Mittelalter bis zur unmittelbaren Gegenwartsliteratur Voraussetzung für die Abiturprüfung sei (KMK, 2002). Sowohl innerhalb der Bildungsstandards (KMK, 2003) als auch innerhalb der EPA werden exemplarische Aufgaben und Bearbeitungsgrundlagen angeführt, die als Richtschnur für die Gestaltung zentraler Prüfungen etwa kreatives Schreiben und den Einbezug medial vermittelter Texte (Filme, Hörspiele) benennen. Inwieweit die Vorgaben tatsächlich in der Ausgestaltung berücksichtigt werden, stellt bislang ein bedeutendes Forschungsdesiderat dar.

Im deutschsprachigen Kontext liefert die Forschung zu zentralen Abschlussprüfungen bislang erst wenige Befunde, die auf das Abitur beschränkt sind und nicht Prüfungsverfahren am Ende der Sekundarstufe I berücksichtigen und vorwiegend auf die mathematisch-naturwissenschaftlichen Fächer beschränkt sind (Kahnert, Lorenz & Eickelmann, 2012; Maag Merki, 2012). Bezogen auf die Abiturprüfung in den naturwissenschaftlichen Unterrichtsfächern konnte Kühn (2010) etwa nachweisen, dass hier weitgehend auf die traditionelle Aufgabenkultur zurückgegriffen wird und innovative Aspekte der Aufgabengestaltung nahezu keine Berücksichtigung finden. Ebenso zeigte sich ein Zusammenhang zwischen einer tradierten Aufgabenkultur im vorgelagerten Unterricht und der Gestaltung der mathematisch-naturwissenschaftlichen Abiturprüfungen. Krüger (2015), der die Aufgabenkultur in zentralen Abschlussprüfungen im Fach Biologie international vergleichend untersucht, wies nach, dass in den zentralen Prüfungen insgesamt eine Tendenz der Anwendung kognitiv anspruchsvoller Aufgaben nachweisbar ist. Auch er geht davon aus, dass Antwortformate in zentralen

Abschlussprüfungen vermehrt im vorgelagerten Unterricht zur Anwendung kommen. Verschiedene Autoren (Kahnert, Eickelmann, Lorenz & Bos, 2015; Krüger, 2015) betonen, dass weitere Untersuchungen, die die Prüfungsverfahren anderer Fächer fokussieren, dringend notwendig sind, um Einblicke in die fachspezifische Aufgabenkultur zu erhalten und auch auf dieser Grundlage Auswirkungen der Prüfungsformate auf den Unterricht diskutieren zu können.

3. Fragestellungen, Design und Ziele des Forschungsprojekts

Aus den benannten Forschungsdesiderata zu den Aufgaben und Inhalten zentraler Prüfungen ergeben sich folgende Forschungsfragen:

1) Inwieweit werden die von Seiten der Fachdidaktik Deutsch und den Prüfungsvorgaben (Bildungsstandards; EPA) postulierten Elemente einer neuen Aufgabenkultur hinsichtlich innovativer Schreibaufgaben und Materialgrundlagen in der Gestaltung der zentralen Prüfungen berücksichtigt?
2) Inwieweit wird im Kontext zentraler Prüfungen auf einen bestimmten Grundbestand literarischer Texte (Stichwort ‚Kanon‘) als Prüfungsgrundlage zurückgegriffen?

Das vorliegende Forschungsprojekt fokussiert Prüfungen zum Erwerb des mittleren Schulabschlusses (im Folgenden MSA) und des Abiturs im Fach Deutsch aus allen zentral prüfenden Bundesländern im Längsschnittdesign (2007–2011). Dabei gilt insbesondere dem Vergleich beider Abschlussprüfungsverfahren ein besonderes Interesse, um mit Blick auf den MSA zu prüfen, ob hier möglicherweise eine Orientierung an der traditionellen Abituraufgabenkultur stattfindet oder ob mehr Wagnis bei der Aufgabenauswahl eingegangen wird und noch nicht flächendeckend etablierte Formate berücksichtigt werden (Kühn, 2013).

Um empirisch abgesicherte Antworten auf die zuvor vorgestellten Forschungsfragen geben zu können, wurden Prüfungsaufgaben des Fachs Deutsch mittels eines Kategoriensystems analysiert (vgl. Brosius, Koschel & Haas, 2009). Dabei galt es zu berücksichtigen, dass sowohl die konkreten Aufgabenstellungen als auch die jeweiligen Textgrundlagen aus insgesamt 159 Abschlussprüfungen untersucht werden müssen. Die Entwicklung des Kategoriensystems orientiert sich an inhaltsanalytischen Verfahren (z. B. Mayring, 2000) und etablierten Forschungsarbeiten zum Umgang mit Kategoriensystemen (z. B. Seidel, 2003). Zur Sicherung der Qualität des Kategoriensystems wurden verschiedene Maßnahmen durchgeführt; dazu gehörte ein intensives, mehrstufiges Training der an der Aufgabenanalyse beteiligten Beurteiler (vgl. Langer & Schulz von Thun, 2007) sowie die Berechnung der Beurteilerübereinstimmung (Wirtz & Caspar, 2002). Diese wies für alle Kategorien Werte von $\kappa \geq .75$ und eine prozentuale Übereinstimmung zwischen beiden Beurteilern von wenigstens 90 % auf.

Auf Grundlage der Durchsicht der fachdidaktischen Diskussion sowie der bundesweit gültigen Prüfungsvorgaben für den mittleren Schulabschluss sowie die Abiturprüfung wurde ein zweigeteiltes Kategoriensystem entwickelt, um die Aufgabenstellungen und die Textgrundlagen der Prüfungen untersuchen zu können.

Für den ersten Teil des Kategoriensystems zur Analyse der Aufgaben wurde hierfür auf eine mögliche Abgrenzung von traditionellen und innovativen aufgabenbezogenen Merkmalen zurückgegriffen, die sich im Rahmen fachdidaktischer Diskussionen nachzeichnen lässt. So zeichnen sich traditionelle Aufsatzformen, die schon lange im Rahmen des Deutschunterrichts zur Anwendung kommen und in diesem eine zentrale Rolle spielen, insbesondere durch spezifische Textsorten aus (Becker-Mrotzeck & Böttcher, 2006). Diesbezüglich lassen sich zumeist vier verschiedene Textsorten ausmachen, die als traditionelle Aufsatzformen bezeichnet werden: der Bericht, die Schilderung, die Beschreibung sowie die Abhandlung bzw. Erörterung (Ludwig, 1996). Auch komplexere Schreibaufgaben, wie die Textanalyse oder -interpretation umfassen diese Textsorten, da sie aus beschreibenden, berichteten sowie argumentativen Elementen bestehen (Fix, 2006). Kritik an diesen Aufsatzformen wird insbesondere deshalb geübt, da sie wenig motivierend für Schülerinnen und Schüler seien und sie keine Entsprechung in Lebens- und Berufswelt hätten (Abraham, 2010). Als einhergehend mit dem Gebrauch eines traditionellen Aufsatzes gilt im Rahmen des Kategoriensystems ebenso der Rückgriff auf eine traditionelle textuelle Bearbeitungsgrundlage in Form eines Sach- oder literarischen Textes.

In Abgrenzung zum traditionellen Aufsatz lassen sich auf Grundlage aller vorliegenden Prüfungsaufgaben, der bundesweit gültigen Vorgaben (EPA/Bildungsstandards) sowie Impulsen der Fachdidaktik zur *Neuen Aufgabenkultur* Elemente einer innovativen Aufgabengestaltung identifizieren. Zu den materialbezogenen Innovationen können der Einbezug eines Portfolios, die Anwendung medial vermittelter Texte (Filme, Hörverstehen) sowie nichtkontinuierliche Materialgrundlagen (Grafiken, Bilder etc.) gezählt werden (Franke, 2005). Zu den innovativen Schreibaufgaben zählen das kreative Schreiben, gestaltende Aufgaben (Beantwortung einer Aufgabe in nicht textueller Form, z.B. als Mind-Map), Aufgaben mit Bezug zur Lebenswelt der Schülerinnen und Schüler (Anschluss an authentischen Kontext, Bezug zu Erfahrungen und Erlebnissen Heranwachsender) (Abraham, 2010) sowie kombinierte Texterschließungsformen (Verbindung von Interpretationsaufsatz mit kreativem Schreiben, etwa das Verfassen eines Tagebucheintrags) (KMK, 2002).

Um die Prüfungsaufgaben nach einheitlichem Muster analysieren zu können, wird anknüpfend an den in bisherigen Forschungsarbeiten etablierten *engen Aufgabenbegriff* (Jordan et al., 2006) im Rahmen dieser Studie die Analyseeinheit der *Handlungsaufforderung* gewählt. Diese kann definiert werden als kleinste zusammenhängende inhaltliche Aufforderung an den Bearbeiter einer Aufgabe, die eine Sinneinheit bildet. Insgesamt wurden im Rahmen dieser Studie 2985 Handlungsaufforderungen nach vorangegangener Definition analysiert.

Der zweite Teil des Kategoriensystems fokussiert mögliche Kanonisierungstendenzen im Hinblick auf die Textgrundlagen in zentralen Prüfungen. Eine Durchsicht der länderspezifischen Vorgaben für die zentralen Prüfungen hat gezeigt, dass in den Ländern Lektürevorgaben für das Abitur (alle Länder bis auf Bayern, Sachsen-Anhalt und Thüringen), umfangreiche Lektürelisten für die Sekundarstufen (Baden-Württemberg und Sachsen-Anhalt) sowie verbindliche Ganzschriften für die Prüfung zum MSA (Baden-Württemberg, Saarland, Sachsen) zu finden sind. Die länderinternen Vorgaben für Ganzschriften wurden miteinander verglichen, um eine Übersicht von Autoren und Werken zu erstellen, die mindestens in den Vorgaben von zwei Ländern benannt worden sind. Die auf diese Weise erstellten Autor- und Werklisten dienen als Grundlage für die Analyse der den Prüfungen zugrundeliegenden Textgrundlagen (N=553).

4.   Empirische Befunde

4.1   Aufgaben in zentralen Abschlussprüfungen

Als grundlegender Befund konnte nachgewiesen werden, dass über 80 Prozent der untersuchten Handlungsaufforderungen (N=941) die Produktion eines klassischen Interpretationsaufsatzes verlangen, in dessen Rahmen die Schülerinnen und Schüler beispielsweise aufgefordert sind einen literarischen Text zu interpretieren. Bei den Prüfungen zum Abitur ist der traditionelle Aufsatz wesentlich häufiger gefordert, als dies bei Prüfungen zum MSA der Fall ist. So verlangen weniger als 10 Prozent aller analysierten Abituraufgaben die Produktion einer innovativen Aufsatzform bzw. ihnen liegt innovatives Material zugrunde, während dies in den MSA-Prüfungen für etwa ein Viertel der Aufgaben (25,3 Prozent) nachweisbar ist.

Insgesamt ließ sich innerhalb der als nichttraditionelle Aufsatzform kategorisierten Aufgaben (N=185) der Einbezug verschiedener innovativer Merkmale nachweisen. Aufgaben, die kombinierte Texterschließungsformen erfordern (34,1 Prozent), einen Bezug zur Lebenswelt der Schülerinnen und Schüler aufweisen (26,5 Prozent) oder kreatives Schreiben verlangen (25,9 Prozent), stellen hierbei den Großteil der Innovationen dar, während etwa der Einbezug eines Portfolios (2,2 Prozent), medial vermittelter Texte (1,1 Prozent) und von nichtkontinuierlichem Material (11,9 Prozent) eher marginale Bedeutung hat.[1]

4.2   Kanonisierung durch zentrale Prüfungen

Bezogen auf die zweite Frage des Forschungsprojekts zur Kanonisierung bestimmter Fachinhalte durch zentrale Prüfungen zeigte sich folgender Befund: in den Prüfungen zum Abitur wurde wesentlich häufiger auf einen bestimmten Kernbestand an Autoren zurückgegriffen als in den Prüfungen zum Erwerb des MSA. Über 60 Prozent der Textgrundlagen in Abiturprüfungen entfallen auf Autoren, die als kanonisch nach der auf Grundlage der landesweiten Lektürevorgaben erstellen Übersicht gelten, während dies bei den Prüfungen zum Erwerb des MSA nur 30 Prozent sind.

---

1   Angaben über 100 Prozent hängen damit zusammen, dass einzelne Innovationen gleichzeitig zur Anwendung kommen können, (etwa Portfolio und Lebensweltbezug)

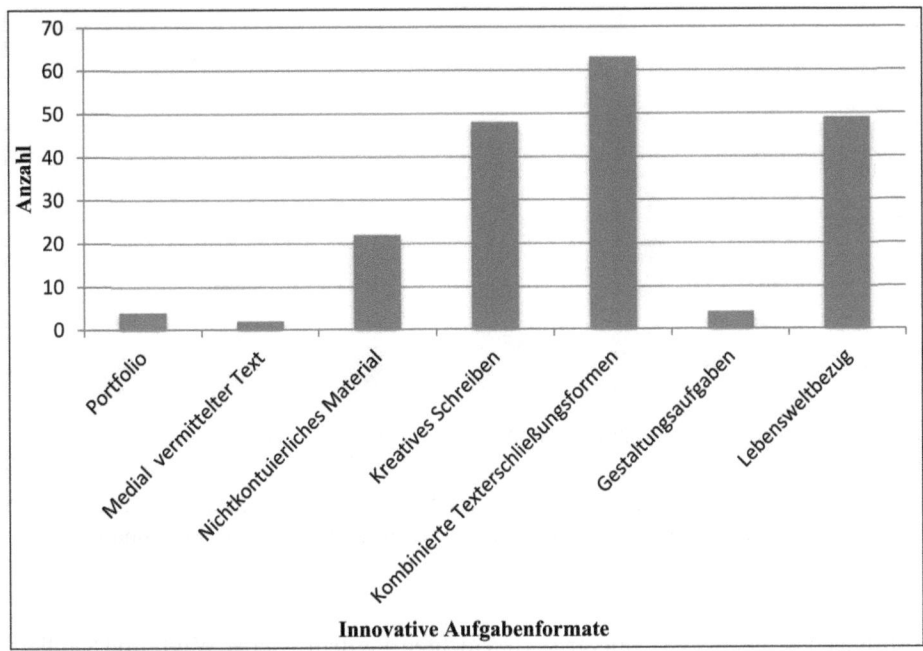

Abb. 1:   Innovative Aufgabenformate (MSA und Abitur) (N=185)

Tabelle 1:   Häufigkeiten (nicht)kanonischer Autoren – Abitur (N=175) und MSA (N=130)

	absolute Häufigkeit		relative Häufigkeit	
	MSA	Abitur	MSA	Abitur
nichtkanonischer Autor	91	65	70,0%	37,1%
kanonischer Autor	39	110	30,0%	62,9%

Betrachtet man die als kanonisch ermittelten Autoren differenzierter, zeigt sich durchaus die Tendenz zu einer konservativen Auswahl, in der Goethe, Schiller, Brecht, Eichendorff und Büchner die quantitativ größte Bedeutung haben. Mit Rückbezug zu den literarischen Epochen, in denen die Schaffensphase dieser Autoren lag, zeigt sich, dass die am häufigsten vorkommenden Autoren überwiegend dem 18. und 19. Jahrhundert entstammen und lediglich Bertolt Brecht als Autor des 20. Jahrhunderts nachweisbar ist. (vgl. Abbildung 2).

Innerhalb der als kanonisch kategorisierten Autoren zeigt sich eindeutig, dass hier starke Tendenzen zu einem *Klassiker-Kanon* der deutschen Literatur nachweisbar sind.

Die Untersuchung der literarischen Textgrundlagen konnte aufzeigen, dass auch diesbezüglich ein bestimmter Grundbestand an Werken nachweisbar ist, die vermehrt in den zentralen Abschlussprüfungen Anwendung fanden (Abbildung 3). So ließen sich insgesamt 88 Werke kanonischer Autoren nachweisen, wobei Büchners Woyzeck (5 Textgrundlagen) der am häufigsten vorkommende Text in den zentralen Abschluss-

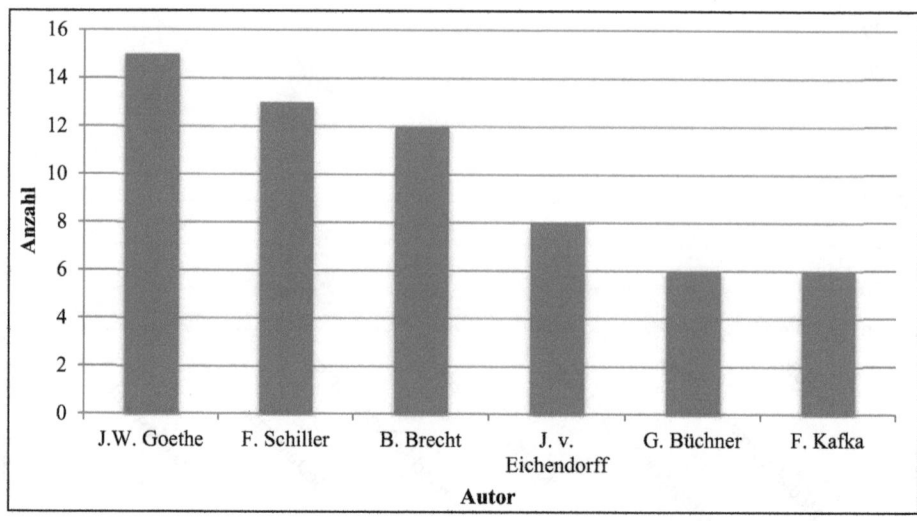

Abb. 2:   Am Häufigsten vorkommende Autoren in zentralen Prüfungen (MSA und Abitur)
          (N=149)

prüfungen ist, gefolgt von Horvárts „Geschichten aus dem Wiener Wald" und Schillers
„Don Carlos" sowie „Die Räuber" (je 4 Textgrundlagen).

Es wird deutlich, dass die am häufigsten nachweisbaren kanonischen Werke älteren
Epochen der deutschen Literatur zuzuordnen sind und sich unter den Werken kein
Opus der Gegenwartsliteratur finden lässt. Die häufigsten kanonischen Texte der Ge-
genwartsliteratur sind Daniel Kehlmanns „Die Vermessung der Welt" sowie Bernhard
Schlinks „Der Vorleser", die jeweils dreimal nachweisbar sind.

5.   Diskussion der Ergebnisse

Die kategoriengeleitete Analyse zentraler Abschlussprüfungen im Fach Deutsch für
den Erwerb des MSA sowie des Abiturs der Jahrgänge 2007 bis 2011 zeigt, dass traditionelle Aufgaben und Inhalte nach wie vor ein starkes Gewicht innerhalb der Prüfungen
haben, fachdidaktische Innovationen aber insgesamt berücksichtigt werden. Innovative Aufgabenformate im Sinne einer *neuen Aufgabenkultur* im Deutschunterricht
haben insgesamt nur einen geringen Anteil an den Prüfungsaufgaben, wobei auch
nur auf wenige innovative Aufgabenformate (kreatives Schreiben, kombinierte Texterschließungsformen, Einbezug der Lebenswelt) ein Großteil der Aufgaben entfällt,
während weitere innovative Aufgabenkonzepte (Portfolios, medial vermittelte Texte,
nichtkontinuierliches Material) eine Randerscheinung darstellen. In Bezug auf die
literarischen Texte zeigt sich, dass in zentralen Prüfungen auf einen Kernbestand an
Literatur zurückgegriffen wird: Innerhalb der Prüfungen haben traditionelle Autoren
und Werke der deutschen Literatur gegenüber der Gegenwartsliteratur eine wesentlich
stärkere Bedeutung. Die Tendenz einer *Rekanonisierung* (Abraham, 2010) bestimmter

Autoren und Werke, wie Kammler & Noack (2010) sie in ihrer Zusammenschau nachwiesen, scheint sich zu bestätigen.

Insgesamt zeigen sich deutliche Differenzen zwischen den Prüfungen für den MSA und denen für das Abitur: Die MSA-Prüfungen weisen auf allen Untersuchungsebenen ein größeres Maß an innovativen Elementen auf. Dies könnte damit zusammenhängen, dass die Aufgabenentwickler ein größeres Wagnis im Hinblick auf aus fachdidaktischer Sicht innovative Prüfungsaufgaben und Inhalte eingehen, wenngleich diese These durch weitere Studien (etwa Interviews mit den Aufgabenentwicklern) untersucht werden müsste. Insbesondere mit Blick auf die normierende Wirkung der Prüfungen auf die Unterrichtsgestaltung wäre ein verstärkter Einbezug dieser Aufgaben wünschenswert, damit innovative Aufgaben und Inhalte auch im Unterrichtsgeschehen eine stärkere Rolle gegenüber traditionellen Aufgaben spielen.

Es zeigt sich, dass insgesamt noch Optimierungsbedarf hinsichtlich des Einbezuges innovativer Aufgaben und Inhalte in zentralen Prüfungen besteht. Gerade vor dem Hintergrund erwarteter normierender Steuerungswirkungen zentraler Prüfungen auf den vorgelagerten Unterricht ist kritisch zu diskutieren, welche Auswirkungen zentrale Prüfungen auf diesen entfalten. Damit die Hoffnung erfüllt werden kann, dass inhaltliche und aufgabenbezogene Innovationen auch tatsächlich im Unterricht ankommen, wäre ein vermehrter Einbezug solcher Formate in den Prüfungen wünschenswert. Auch umgekehrt würde dies ggf. bereits innovativ gestalteten Unterricht verfestigen können, da die jeweilige Lehrkraft ihren Unterricht dann nicht an immer noch traditionell gestaltete Prüfungen anpassen müsste. Bei der Interpretation der Ergebnisse muss jedoch berücksichtigt werden, dass es sich hierbei lediglich um eine Analyse weniger Prüfungsjahrgänge handelt. Ebenso wären weitere Analysen notwendig, die das Verhältnis von Aufgaben und Inhalten genauer beleuchten, um klären zu können, ob innovative Aufgabenmerkmale auch mit innovativen Materialgrundlagen kombiniert werden oder ob der Rückgriff auf traditionelle literarische Werke zwangsläufig mit dem Gebrauch traditioneller Aufgabenformate zusammenhängt. Auch wäre danach zu fragen, wie zentrale Prüfungen tatsächlich den Unterricht sowie die Gestaltung von Klassenarbeiten bzw. Klausuren beeinflussen. Hierfür wäre es notwendig den Blick direkt auf die im vorgelagerten Unterricht berücksichtigten Aufgaben und Inhalte zu werfen. Potential böten hier qualitative Verfahren wie die Teilnehmende Beobachtung, um diese Forschungslücke ein Stück weiter zu schließen.

Literatur

Abraham, U. (2008). Zentral + Föderal = Katastrophal? Ein Länderbericht zum Zentralabitur. *Didaktik Deutsch, 25,* 52–77.

Abraham, U. (2010). Was sollen unsere Abiturienten in Zukunft können und wie lässt sich das überprüfen? *Der Deutschunterricht, 62*(1), 52–61.

Becker-Mrotzeck, M. & Böttcher, I. (2006). *Schreibkompetenz entwickeln und beurteilen. Praxishandbuch für die Sekundarstufe I und II.* Berlin.

Bekes, P. (2010). Berichte und Einschätzungen zum Zentralabitur aus fünf Bundesländern. Nordrhein-Westfalen. *Der Deutschunterricht, 62*(1), 71–86.

Bellmann, J. & Weiß, M. (2009). Risiken und Nebenwirkungen neuer Steuerung im Schulsystem. Theoretische Konzeptionalisierierung und Erklärungsversuche. *Zeitschrift für Pädagogik, 55*(2), 286–308.

Brosius, H. B., Koschel, F. & Haas, A. (2009). *Methoden der empirischen Kommunikationsforschung.* Wiesbaden.

Eikenbusch, G. (2001). *Qualität im Deutschunterricht der Sekundarstufe I und II.* Berlin.

Fix, M. (2006). *Texte schreiben. Schreibprozesse im Deutschunterricht.* Paderborn, München, Wien, Zürich.

Franke, C. (2005). Viel Lärm um Nichts? – Vom Text zum Diagramm und zurück. *Deutschunterricht, 58*(5), 10–15.

Herman, J.L. (2004). The Effects of Testing on Instruction. In S. Fuhrman & R. F. Elmore (Hrsg.), *Redesigning accountability systems for education* (S. 141–166). New York. Teachers College Press.

Holmeier, M. (2013). *Leistungsbewertung im Zentralabitur.* Wiesbaden. VS-Verlag.

Jordan, A., Ross, N., Krauss, S., Baumert, J., Blum, W., Neubrandt, M., Löwen, K., Brunner, M. & Kunter, M. (2006). *Klassifikationsschema für Mathematikaufgaben: Dokumentation der Aufgabenkategorisierung im COACTIV-Projekt.* Berlin.

Kahnert, J. (2014). *Das Zentralabitur im Fach Mathematik. Eine empirische Analyse von Abitur- und TIMSS-Daten im Vergleich.* Münster: Waxmann.

Kahnert, J., Lorenz, R. & Eickelmann, B. (2012). Zentralabitur NRW – Das Verfahren zur Qualitätssicherung. *Friedrich Jahresheft „Schule vermessen",* 54–56.

Kahnert, J., Eickelmann, B., Lorenz, R. & Bos, W. (2015). Die Steuerungsfunktion zentraler Abschlussprüfungen. Analysen und kontroverse Einschätzungen der Aufgabenschwierigkeit und deren Rückwirkungen auf den Unterricht. In H.J. Abs (Hrsg.), *Governance im Bildungssystem* (S. 89–115).

Kammler, C. & Noack, B. (2010). Literaturgeschichte und Kanon im Zentralabitur 2008–2010. *Der Deutschunterricht, 62*(1), 5–13.

Köster, J. (2003). Konstruieren statt entdecken – Impulse aus der PISA-Studie für die deutsche Aufgabenkultur. *Didaktik Deutsch, 9,* 4–17.

Kühn, S.M. (2010). *Steuerung und Innovation durch Abschlussprüfungen?* Wiesbaden: VS-Verlag.

Kühn, S. M. (2013). Vergleichbarkeit beim Mittleren Schulabschluss? Ein Überblick über die Vielfalt schulstrukturell möglicher Bildungswege und Prüfungsverfahren in den deutschen Ländern. *Die Deutsche Schule, 105*(1), 87–101.

Kühn, S. M. (2016). Aufgaben in (zentralen) Abschlussprüfungen. Theoretische und empirische Perspektiven auf ein interdisziplinäres Forschungsfeld. In S. Keller & C. Reintjes (Hrsg.): *Aufgaben als Schlüssel zur Kompetenz* (S. 73–92). Münster u. a. Waxmann.

Kühn, S. M. & Drüke-Noe, C. (2013). Qualität und Vergleichbarkeit durch Bildungsstandards und zentrale Prüfungen? Ein bundesweiter Vergleich von Prüfungsanforderungen im Fach Mathematik zum Erwerb des Mittleren Schulabschlusses. *Zeitschrift für Pädagogik, 59*(6), 912–932.

Krüger, M. (2015). *Aufgabenkultur in zentralen Abschlussprüfungen. Exploration und Deskription naturwissenschaftlicher Aufgabenstellungen im internationalen Vergleich.* Münster. Waxmann.

Langer, I. & Thun, F. S. von (2007). *Messung komplexer Merkmale in Psychologie und Pädagogik. Ratingverfahren.* Münster.

Leonord, C. (2009). *Abitur nach Partitur? Auswirkungen der Zentralabitureinführung auf die Individualkonzepte von Musiklehrern.* Bremen.

Ludwig, O. (1996). Der Unterricht findet nicht statt: Zur Schreibpraxis der reformierten Oberstufe. In A. Peyer & P. Portmann (Hrsg.), *Norm, Moral und Didaktik – Die Linguistik und ihre Schmuddelkinder* (S. 221–240). Tübingen.

Maag Merki, K. (2012). *Zentralabitur. Die längsschnittliche Analyse der Wirkung der Einführung zentraler Abiturprüfungen in Deutschland.* Wiesbaden.

Mayring, P. (2000). *Qualitative Inhaltsanalyse. Grundlagen und Techniken.* 7. Auflage. Weinheim und Basel.

Otto, S. & Kühn, S.M. (2014). Zwischen Tradition und Innovation. Eine Analyse zentraler Prüfungsaufgaben im Fach Deutsch im nationalen Vergleich. *Schulpädagogik heute,* 1/2014, 1–16.

Schmellentin, C. (2012). Kompetenzorientierung im Deutschunterricht: Auswirkungen auf Aufgaben im Bereich Grammatik. In S. Keller & U. Bender (Hrsg.), *Aufgabenkulturen. Fachliche Lernprozesse herausfordern, begleiten, reflektieren* (S. 113–124). Seelze.

Schmidt, R. (2009). Einleitung. Der literarische Kanon: ein Organ des Willens zur Macht oder des Gewinns an Kompetenzen? In N. Saul & R. Schmidt (Hrsg.), *Literarische Wertung und Kanonbildung* (S. 9–21). Würzburg.

Seidel, T. (2003). Videobasierte Kodierverfahren in der IPN Videostudie Physik. Ein methodischer Überblick. In T. Seidel, M. Prenzel, R. Duit & M. Lehrke (Hrsg.), *Technischer Bericht zur Videostudie „Lehr-Lern-Prozesse im Physikunterricht"* (S. 99–111). Kiel.

Ständige Konferenz der Kultusminister der Länder in der Bundesrepublik Deutschland (KMK) (Hrsg.) (2002). *Einheitliche Prüfungsanforderungen in der Abiturprüfung Deutsch. Beschluss der Kultusministerkonferenz vom 01.12.1989 i. d. F. vom 24.05.2002.* Verfügbar unter: http://www.kmk.org/fileadmin/pdf/PresseUndAktuelles/Beschluesse_Veroeffentlichungen/allg_Schulwesen/epa_deutsch.pdf (Zugriff am 23.10.15).

Ständige Konferenz der Kultusminister der Länder in der Bundesrepublik Deutschland (KMK) (Hrsg.) (2003). *Bildungsstandards für den Mittleren Schulabschluss im Fach Deutsch. Beschluss vom 04.12.2003.* Verfügbar unter: http://www.kmk.org/fileadmin/veroeffentlichungen_beschluesse/2003/2003_12_04-BS-Deutsch-MS.pdf (Zugriff am 23.10.15).

Wirtz, M. & Caspar, M. (2002). *Beurteilerübereinstimmung und Beurteilerreliabilität. Methoden zur Bestimmung und Verbesserung der Zuverlässigkeit von Einschätzungen mittels Kategoriensystemen und Ratingskalen.* Göttingen.

Medienintegrative Lernaufgaben im Lese- und Literaturunterricht am Beispiel des Projekts „Literaturkiosk"

Stephan Brülhart und Ruth Gschwend

1. Einleitung

Digitale Medien bestimmen den Alltag und verändern unsere Wahrnehmungs- und Kommunikationsstrukturen. Sowohl der Stellenwert wie auch die Bedeutung von Bild und Ton haben sich dadurch verändert; eine bis anhin weitgehend durch Schrift geprägte Kultur wandelt sich allmählich in eine multimediale Kultur (Mitchell, 2008, S. 101). In der Konsequenz beziehen sich Lesefähigkeiten, die Kinder und Jugendliche im Umgang mit Texten benötigen, längst nicht mehr nur auf das gedruckte Wort, sondern auch auf das kompetente „Lesen" von Bildern, Filmen, TV-Sendungen, Internet- und Multimedia-Angeboten (vgl. Bertschi-Kaufmann & Härvelid, 2007). Der Lehrperson stehen heute im Lese- und Literaturunterricht neben neueren Kinder- und Jugendbüchern eine Vielzahl von medial unterschiedlich aufbereiteten Stoffen (Hörbücher, Filme, Graphic Novels, Games usw.) zur Verfügung. Neu gehört deshalb zu den zentralen Aufgaben des Deutschunterrichts auch der Umgang mit multimedialen Inhalten, welcher gelehrt und gelernt werden muss (vgl. Frederking & Krommer, 2014).

Konfrontiert mit diesen gesellschaftlichen Veränderungen und den damit verbundenen neuen Nutzungsgewohnheiten der Jugendlichen ist die Schule gefordert, sich mit den neuen Inhalten und den damit verbundenen Anforderungen an die Lesefähigkeiten auseinanderzusetzen. Dieses Ziel verfolgt das Projekt Literaturkiosk: Es will die literarischen und medienbildnerischen Kompetenzen der Schüler und Schülerinnen unter Voraussetzung eines erweiterten Textverständnisses und unter Berücksichtigung der medialen Möglichkeiten fördern. Dabei soll bei Schülerinnen und Schülern, aber auch bei Lehrpersonen die Wahrnehmung in Bezug auf die Mediennutzung, d.h. den Umgang mit Bild, Text und Ton, sensibilisiert und das Verständnis für das vielfältige Spektrum symmedialer Ausdrucksformen erweitert und vertieft werden (Krommer, 2010, S. 238). Im Hinblick auf die Forderung (vgl. Lehrplan 21), dass Inhalte unter Nutzung der digitalen Medien bearbeitet und präsentiert werden, soll es die Fähigkeit der Lernenden fördern, ein Thema aus dem Lese- und Literaturunterricht mit unterschiedlichen Ansätzen eigenständig zu erarbeiten und zu präsentieren. Grundlage des Lehrmittels ist eine Auswahl von aktuellen Jugendbüchern, oft angeboten im Medienverbund[1], geeignet für Mädchen und Jungen, für schwächere und stärkere Leserinnen und Leser der Sekundarstufe I.

---

[1] Unter „Medienverbund" wird in Anlehnung an Maiwald (2010) verstanden, dass ein „fiktionaler Stoff in unterschiedlichen medialen Formmöglichkeiten vorliegt". Medienverbünde

Der Literaturkiosk als analoges und digitales Lehrmittel orientiert sich an den aktuellen Konzeptionen, die sich in der Mediendidaktik bzw. in der Mediendidaktik Deutsch herausgebildet haben:

1. Medienintegrativer Deutschunterricht: Diese Unterrichtsform beinhaltet neben dem Buch als Leitmedium andere Medienformate und -ästhetiken wie Hörspiel, Film, Games, Hypertexte usw. (Frederking, Krommer & Maiwald, 2008, S. 92 ff.).
2. Bring your own device: mobile Endgeräte und offene Lerninfrastrukturen im Deutschunterricht: Lernprozesse werden in reale lebensweltliche, historische und kulturelle Kontexte eingebunden, um die Motivation und den Praxisbezug zu steigern (Kerres, 2013).
3. Symmedialer Deutschunterricht: Diese Unterrichtsform besteht in der Verbindung bzw. Verschmelzung von Medien oder medialen Formen. Der Computer wird in diesem Sinn als „Symmedium" verstanden, der alle medialen Optionen (Text, Ton, Bild) zusammenführen kann (Krommer, 2010, S. 238)
4. Intermedialer Deutschunterricht: Intermedialität setzt die Existenz von mindestens zwei Medien bzw. Medienformaten voraus, die miteinander in Verbindung stehen, zum Beispiel Bild und Ton (Rajewsky, 2002, S. 25).

Deutschunterricht und Medien – der folgende Beitrag beginnt mit ein paar wenigen grundsätzlichen Überlegungen zu diesem Thema. Im Zentrum stehen die medienintegrativen Lernaufgaben des „Literaturkiosks". Sie bilden die Schnittstelle zwischen Medienbildung und Deutschunterricht und den Schlüssel zur Entwicklung von sprachlichen, literarischen Kompetenzen auf der einen, sowie medienästhetischen und medientechnischen Kompetenzen auf der anderen Seite. Als Illustration werden zwei Aufgaben aus dem Projekt „Literaturkiosk" vorgestellt, die exemplarisch die Integration digitaler Medien in den Lese- und Literaturunterricht veranschaulichen, sowie erste Erfahrungen reflektiert.

2. Deutschunterricht und Medien

2.1 Handlungsorientierung und literarisches Lernen

Im Umgang mit literarischen Texten hat sich die Handlungs- und Produktionsorientierung seit zwanzig Jahren im Unterricht etabliert (vgl. Haas, 1997). Schülerinnen und Schüler erarbeiten sich ein zunächst subjektives Verständnis eines Textes bzw. einer Textstelle und gestalten ihre Ergebnisse als Produkte. Handlungs- und produktionsorientierte Aufgaben sind zumeist lösungsoffen, d.h. innerhalb einer Klasse sind unterschiedliche Produkte zu erwarten. Damit ermöglicht diese Methode nicht nur eine Differenzierung, sondern erfordert das Gespräch über die Ergebnisse und damit

---

umfassen zudem auch Fan Merchandising und zeichnen sich dadurch aus, dass sie planvoll erzeugt worden sind. Ein viertes Merkmal des Medienverbundes sind die Interaktionsmöglichkeiten für Nutzerinnen und Nutzer (ebd. S. 139).

auch über das eigene Textverständnis hinaus. Frommer (1988) bezeichnete die Gegenüberstellung verschiedenster Produkte in einem bis heute aktuellen Verständnis von Handlungsorientierung als ein „Aufprallen von Meinungen" (ebd., S. 69), die für das Gespräch und die Interpretation im Sinne der Rückfrage an den Text genutzt werden sollte. Die Fähigkeit, über Sachtexte und literarische Texte zu sprechen, fand unter dem Begriff der „Anschlusskommunikation" in die Modellierung von Lesekompetenz (u. a. Hurrelmann, 2002; Rosebrock & Nix, 2008) Eingang und wird als wesentlicher Bestandteil von Lesekompetenz betrachtet. Gespräche über Texte können wie oben erwähnt über die von den Schülerinnen und Schülern hergestellten Produkte oder als literarische Gespräche (vgl. u. a. Wiprächtiger-Geppert, 2009) im Sinne einer ersten Annäherung an gehörte, gelesene oder gesehene Texte geführt werden.

Ziel des Umgangs mit literarischen Texten ist der Erwerb literarischer Kompetenzen. Diese unterscheiden sich neben anderen distinktiven Merkmalen (wie z. B. des Textgenres) von den in PISA formulierten Verstehenskompetenzen insofern, dass sie schwieriger zu definierende Niveaustufen aufweisen und daher weniger präzise messbar sind (vgl. Brüggemann, in diesem Band). Literarische Kompetenzen – wie sie Spinner (2006) erstmals formulierte – umfassen Fähigkeiten wie „Vorstellungen entwickeln", „Perspektivennachvollzug", „sprachliche Gestaltung wahrnehmen", „Handlungslogiken erkennen" usw. – Fähigkeiten, die seit jeher wesentlicher Bestandteil von Literaturunterricht waren, in der Diskussion um Messbarkeit und Vergleichsmöglichkeiten aber in den Hintergrund rückten. Der Erwerb literarischer Kompetenzen gehört heute zu den Zielvorgaben für den Literaturunterricht, z. B. als „Literatur im Fokus" im Lehrplan 21 (D.6).

Erfolgte der Lernprozess im handlungs- und produktionsorientierten Literaturunterricht zu Beginn weitgehend analog (Gestalten von Bildern und Plakaten, szenisches Darstellen, gestaltendes Vorlesen usw.), eröffnen sich mit den digitalen Medien neue Inhalte und Gestaltungsmöglichkeiten. Handlungsorientierte (analoge und digitale) Zugänge ermöglichen dabei nicht nur Verstehensleistungen und kreative produktive Sprachprozesse, sondern auch eine vertiefte Auseinandersetzung mit den Wirkungen von Bild und Ton (vgl. u. a. Abraham & Sowa, 2012). Durch die Integration digitaler Medien in den Literaturunterricht – wie im Projekt „Literaturkiosk" geplant und teilweise umgesetzt – besteht heute insbesondere für Lehrpersonen die angenehme Situation, dass sie auf eine Vielzahl von medial unterschiedlich aufbereiteten Stoffen zurückgreifen und damit unterschiedliche Zugänge ermöglichen können. Neben vielen Unterrichtsvorschlägen[2] stehen Lehrpersonen auch neuere Lehrmittel[3] zur Verfügung, die exemplarisch digital zur Verfügung stehende Formate, insbesondere den Film und das Hörbuch, ins literarische Lernen integrieren.

---

2   Z. B. Anders (2013), Müller (2012) in der Reihe *Praxis Deutsch*.
3   In der Schweiz z. B. das Lehrmittel *„Lesewelten"* (2006).

2.2　Symmediale Texte im Deutschunterricht

Der Begriff „Symmedium" zielt auf die Feststellung ab, dass der Computer und das Internet nicht ausschliesslich nur Simulations-, sondern auch Integrationsmedien sind, die alle medialen Optionen wie Text, Bild, Ton, Animation usw. in sich vereinen und verschmelzen lassen. Symmedialität ist keine Erfindung der digitalen Zeit – auch mittelalterliche Texte (Bild, Schrift und Erzähler) oder die Verwendung von optischen Geräten wie die Camera Obscura boten symmediale Zugänge zu Inhalten an.

Interessant ist z. B. der Vergleich der Buchseite aus dem Jahre 1350 (Abb. 1) und dem Layout eines aktuellen digitalen eMagazins (Abb. 2) oder dem Interface einer Website (Abb. 3).

Abb. 1:　Buchseite 1350

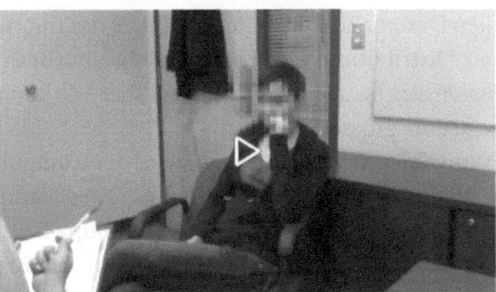

VIDEO (1:46) Sehen Sie im Video, wie die Psychologin Julia Shaw ihren Probanden falsche Erinnerungen einpflanzt.

Augen: ein großer, stämmiger Typ im Türrahmen; hinter ihm der Kollege eine Stufe tiefer auf der Treppe. Dieser schlimme Abend, der eisige Blick der Mutter – wie konnte sie das alles vergessen? Stück für Stück kommen die Erinnerungen zurück.

Glaubt Sarah jedenfalls.

In Wahrheit ist dergleichen nie geschehen. Es gab keine Steinattacke und keinen Hausbesuch der Polizei.

Die junge Frau ist auf ein Experiment hereingefallen. Die Londoner Psychologin Julia Shaw hat ihr eine falsche Erinnerung eingepflanzt. Shaw wollte herausfinden, ob unbescholtene Leute sich einreden lassen, sie hätten in ihrer frühen Jugend eine Straftat begangen.

Abb. 2:   eMagazin

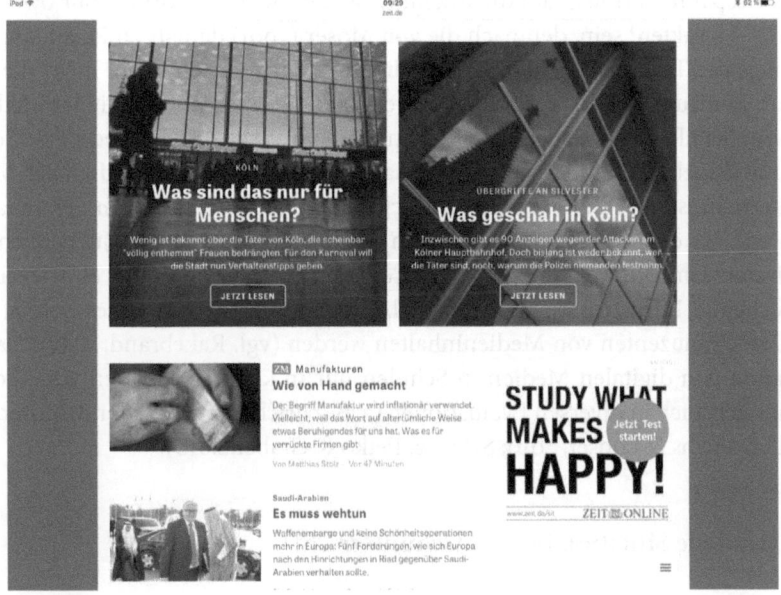

Abb. 3:   Website

Die Aufteilung von Bild und Schrift in der Abbildung aus dem Jahre 1350 (Abb.1) entspricht einem aktuellen Design. Eine Erweiterung bietet das Internet vor allem in Form der Interaktivität und Distribution. Die Einschätzung und Bewertung der Seriosität von Informationsquellen einerseits und ein Wissen über Wirkungsfragen andererseits haben darum für die Schule grosse Bedeutung.

In der Definition von Krommer (2010, S. 245) wird der Computer als „Symmedium" verstanden, der alle medialen Optionen zusammenführen kann. In dieser Hinsicht leistet ein „Symmedialer Deutschunterricht" die Verbindung bzw. Verschmelzung von Medien oder medialen Formen. Symmedialer Deutschunterricht setzt somit die Existenz von mindestens zwei Medien bzw. Medienformaten voraus, die miteinander in Verbindung stehen.

Von zentraler Bedeutung ist dabei, dass Medien für fachspezifische Aufgaben in einem konkreten, den Medienpräferenzen und Medienhandlungsmustern der Schülerinnen und Schüler entsprechenden Umfeld genutzt werden. Ob die Anwendung von Symmedialität und digitalen Medien den Unterricht bereichern kann, hängt deshalb entscheidend davon ab, wie diese in Lernaufgaben eingebettet werden und so eigenständiges Lernen ermöglichen. Weiter ist entscheidend, ob damit ein Beitrag zur Medienbildung und Lesekompetenz von symmedialen Texten in der Doppelfunktion von rezeptiver Kompetenz und praktischer Kompetenz geleistet wird (vgl. Brülhart, 2012, S. 184). Gespannt darf man auf die Erkenntnisse aus diversen „Bring your own device (BYOD)"-Projekten[4] sein, demnach die von Moser (2001) damals zu Recht aufgeworfene Frage der Technikfalle gelöst sein sollte. Im Zentrum steht nicht mehr die Technik – im Zentrum steht das Lernen. Hinweise auf die Integration digitaler Medien in Schweizer Schulen liefern auch die PISA-Studien (vgl. Shewbridge, Ikeda & Schleicher, 2006; für aktuellere Befunde vgl. www.pisa.oecd.org). Die Nutzung digitaler Medien im Unterricht ist bei einer Mehrheit der Schülerinnen und Schüler der Sekundarstufe I nach wie vor eine Seltenheit, erstaunlich wenn man bedenkt, wie Jugendliche sich im privaten Umfeld zunehmend vom „Consumer zum Prosumer" entwickeln, die entsprechende Infrastruktur besitzen (vgl. Ergebnisbericht zur James-Studie, 2014) und so zu Produzenten von Medieninhalten werden (vgl. Rakebrand, 2014). Dass die Integration von digitalen Medien in Schulen nur in kleinen Schritten vorankommt, bestätigt sich auch in diversen Evaluationen (z.B. Zürich: Berger, Keller & Moser, 2010; St. Gallen: Fuchs & Looser, 2010; Schwyz: Petko & Graber, 2010).

2.3   Aktuelle Situation im Deutschunterricht

Trotz den technischen Voraussetzungen, den Nutzungskenntnissen der Jugendlichen und dem Vorhandensein von Unterrichtsmaterialien hat der Einsatz digitaler Medi-

---

4   Vgl. dazu mehrere Beiträge über den Aufbau von „Medialiteracy"-Kompetenzen von Kerres (2013) und die laut JIM- (Deutschland 2014) und JAMES-Studie (Schweiz 2014) mindestens auf der Stufe Sek I Vollversorgung mit BYOD fähigen Geräten im Besitze der Schülerinnen und Schüler. D.h. Lehrpersonen können mit Klassen Projekte durchführen, die digital bzw. digital vernetzt und vernetzend ausgerichtet sind.

en im Lese- und Literaturunterricht vielerorts noch nicht stattgefunden. Frederking (2014) untersuchte in einer breit angelegten Studie bei Schülerinnen und Schülern der 10. Klasse den Einsatz verschiedener digitaler Medien im Deutschunterricht, wobei er sowohl Lehrkräfte wie auch Jugendliche befragte. So geben z. B. 61,3% der Lehrpersonen an, dass sie im Literaturunterricht Hörfassungen in sehr wenigen Stunden einsetzten, 6,5% der Lehrpersonen sagen in einigen und nur 9,7% in vielen Stunden (ebd., S. 373). Nur 1,1% der Schülerinnen und Schüler hingegen bejahen, im Literaturunterricht Hörtexte rezipiert bzw. behandelt zu haben, während 74% dies weitestgehend verneinten (ebd., S. 372). Für Frederking ist dies „angesichts der langen Zeitspanne, in der es auditive Speichermedien in portabler Form gibt, und der zahlreichen Unterrichtsvorschläge, die seit den siebziger Jahren veröffentlich wurden (…)[,] ein geradezu niederschmetterndes Ergebnis" (2014, S. 372/273). Frederking bilanziert:

> „Weder die digitale Revolution, die (…) alle Lebensbereiche von Kindern und Jugendlichen erfasst hat, noch die digitale Verfügbarkeit von audiovisuellen und auditiven Medien haben im Deutschunterricht bislang eine breiten Widerhall gefunden. Es gilt unverändert, dass der Deutschunterricht der Gegenwart weit davon entfernt (ist), „die Potentiale der neuen Medien auch nur annährend in fachspezifischer Perspektive ausgeschöpft zu haben" (Frederking, Kepser & Rath 2008, S. 7). Im Hinblick auf die Rahmenbedingungen fachspezifischer medialer Bildung im Zeichen der Digitalisierung sind dies sehr ernüchternde Befunde."
> (Frederking, 2014, S. 377)

Auf der Basis dieser Aussage folgern Frederking und Krommer (2014), dass die Ausbildung fachspezifischer Medienkompetenz eine zentrale Aufgabe des Deutschunterrichts und entsprechend ein zentraler Bestandteil der Mediendidaktik Deutsch darstelle.

3.   Das Projekt „Literaturkiosk"

Der „Literaturkiosk" ist wie eingangs erwähnt ein Leseförderungsprojekt, in dem digitale Medien und symmediale Texte so eingesetzt werden, dass im Umgang mit Literatur ein Beitrag zur Förderung der Lese- und der Medienkompetenz geleistet wird. Der „Literaturkiosk" zeigt sich einerseits in Form von am Kiosk üblichen „Heften" (Magazinen) und andererseits als Online-Plattform mit Zugang zu weiteren Materialien und Kollaborationen. Jedes Heft widmet sich jeweils einem Jugendbuch und/oder einem didaktischen Schwerpunkt und enthält eine Anzahl von Lernaufgaben. Inhalte und methodisches Vorgehen orientieren sich an schulischen Rahmenbedingungen (Lehrplan 21). Die Arbeitshefte für die Schülerinnen und Schüler werden als Print- oder E-Hefte (E-Magazinausgaben) abgegeben; sie ermöglichen niederschwellige Einstiege in das Arbeiten in einem medienintegrativen Deutschunterricht. Kommentare und Materialien für die Lehrpersonen sowie Zusatzaufgaben für schwächere Leserinnen und Leser sind elektronisch verfügbar. Je nach Alter, Kenntnisstand der Klasse und Zielsetzung kann die Lehrperson zwischen verschiedenen Arbeitsheften auswählen.

Im Folgenden werden zuerst konzeptionelle Überlegungen zu medienintegrativen Lernaufgaben vorgestellt; illustriert werden diese anhand von zwei Beispielen aus dem

Projekt „Literaturkiosk". Erste Erfahrungen aus dem Unterricht bringen die Sicht der Schülerinnen und Schüler ein.

3.1   Medienintegrative Lernaufgaben

In Anlehnung an das konstruktivistische Lernkonzept von Reusser (2006) verstehen wir Lernaufgaben als „Problemstellungsaufgaben" (ebd., S. 166), die von den Schülerinnen und Schülern auf individuellen Wegen gelöst werden können. Unabhängig von ihrer Offenheit sind die Aufgaben im „Literaturkiosk" so konzipiert, dass die Schülerinnen und Schüler kooperativ und selbständig auf unterschiedlichen Lernwegen ihre Lösungen erarbeiten bzw. ihre Produkte herstellen können. Allen Lernaufgaben liegt dasselbe Grundprinzip des Öffnens und Schliessens von Unterricht zugrunde: Lernaufgaben als handlungs- und produktionsorientierte Textverständnis- und Interpretationsaufgaben (vgl. Kap. 2.1) zu vorliegenden (symmedialen) Texten werden in einem ersten Schritt bearbeitet (rezeptive Anforderungen). Dabei formulieren und gestalten die Schülerinnen und Schüler unter Einbezug digitaler Medien vielfältige subjektive Interpretationen und Bedeutungszuschreibungen (produktive Anforderungen). Ergebnisse und Produkte werden in einem nächsten Schritt in der Gruppe oder in der Klasse präsentiert. Der Austauschphase (Anschlusskommunikation, vgl. Kap. 2.1) kommt eine zentrale Bedeutung zu, geht es doch um das Bilden von Meinungen zu den Ausgangstexten, um einen Austausch über medienspezifische Wirkungen sowie das Reflektieren von Lernerfahrungen (diskursive Anforderungen).

Ein grosser Teil der Lernaufgaben fokussiert in der Tradition des Literaturunterrichts das Verstehen der Texte und den Erwerb literarischer Fähigkeiten. Die zu erwerbenden Textverstehenskompetenzen beziehen sich auf das Entnehmen von Information, das Interpretieren und das Beurteilen von Textinhalten (Lehrplan 21, D.2). Aspekte literarischer Rezeptionskompetenzen (Spinner, 2006, S. 8 ff.; Lehrplan 21, D.6) fokussieren zusätzlich den Erwerb literarischer Kompetenzen (vgl. Kap. 2.1).

Der Einsatz symmedialer Texte und digitaler Medien soll die Ausbildung der ‚fachspezifischen Medienkompetenz' (Frederking & Krommer, 2014, S. 156/157) fördern, weshalb neben den literarischen auch medienspezifische Lernziele formuliert werden (z.B. das bewusste Wahrnehmen von Text und Bild, das Erkennen von Wirkungen, das eigene Umsetzen von einer medialen Ausgestaltung in eine andere). Medienspezifische Zielsetzungen unterstützen die Reflexion eigener ästhetischer Wahrnehmungen. Diese anhand der erstellten Produkte bzw. der erarbeiteten Lösungen zu versprachlichen, dient dem Erwerb von Präsentations- und Diskussionskompetenzen und dem Einüben einer literalen Praxis.

Zu fragen gilt, welche Funktionen digitale Medien in Bezug auf den Erwerb sprachlicher, literarischer, medientechnischer und medienästhetischer Kompetenzen in den Aufgabensettings übernehmen können. Digitale Medien können erstens als symmediale Texte Lerngegenstände sein, sie können zweitens im handlungs- und produktionsorientierten Umgang mit Texten als Gestaltungsmittel eingesetzt werden, und sie können drittens den Schülerinnen und Schülern als Präsentationsmedium dienen.

Symmediale Texte entsprechen tendenziell den lebensweltlichen Erfahrungen der Schülerinnen und Schüler. Medienverbünde gehören ebenso zu ihrer Alltagswelt wie das „Switchen" in den sozialen Medien zwischen Bild, Emoticons, Text und Ton. Medienverbünde und symmediale Texte bieten sich durch ihre Text-Ton-Bild-Kombinationen ausgezeichnet für vergleichende Vorgehen an (vgl. Abraham & Sowa, 2012). Vergleichende Verfahren sind analytisch, daher oft anspruchsvoller als gestaltende sie leiten jedoch Schülerinnen und Schüler zum genauen Lesen, zum genauen Sehen an.

Die im Deutschunterricht bekannteste Funktion, die digitale Medien übernehmen können, ist diejenige als Gestaltungsmittel im handlungs- und produktionsorientierten Literaturunterricht (vgl. Kap. 2.1 und Beispiel in Kap. 4.2). Mit den in den Schulen vorhandenen Geräten und den von den Jugendlichen mitgebrachten Nutzungskenntnissen eröffnen sich neue produktive digitale Möglichkeiten insbesondere für Vertonungen und Visualisierungen sowie auch für deren Distribution. Gerade schwächere Schülerinnen und Schüler finden durch die Unterstützung durch Bild und Ton eher Zugang zu literarischen Texten (vgl. Gailberger, 2010) (vgl. auch Unterrichtsbeispiel in Kap. 3.3). Selber zu Produzentinnen und Produzenten im Netz werden Schülerinnen und Schüler, wenn sie Texte zu literarischen Vorlagen digital verfassen.[5]

Eine für die Schülerinnen und Schüler unterstützende Funktion übernehmen Medien bei den Präsentationen: Die entstandenen Produkte und Ergebnisse sollen so visualisiert werden, dass die Schülerinnen und Schüler ihre Wahrnehmungen und Bedeutungszuschreibungen, aber auch ihre Lernwege versprachlichen und präsentieren können.

3.2   Unterrichtsbeispiel: „Buchtrailer erstellen"

Das Thema des ersten Hefts „Buchtrailer" bietet einen sinnvollen Einsatz von digitalen Medien im Deutschunterricht, fördert die im Lehrplan genannten literarischen Kompetenzen und lässt sich mit dem überfachlichen Thema Medienbildung (vgl. Lehrplan 21) verknüpfen.

Die Aufgabe hat als Produkt einen Werbetrailer für ein aktuelles Jugendbuch zum Ziel. Das Format Trailer entspricht weitgehend den Wirkungsmechanismen der Video- und Kinoästhetik und besitzt in der Lebenswelt der Jugendlichen eine grosse Präsenz. Mit innovativ gestalteten Videoclips von einer halben bis zwei Minuten Länge sollen mit dem entstandenen Trailer Leserinnen und Leser für die Bücher der Bibliothek angeworben werden.

Die Lernaufgabe „Buchtrailer" will Jugendliche bei ihren Medienvorlieben abholen und sie gleichzeitig anhand vom zu erarbeitenden konkreten Produkt für Hintergründe, Nutzungsmotive und mögliche Gefahren im Umgang mit Medien sensibilisieren. Auf der einen Seite geschieht dies anhand von thematischen Zugängen wie z. B. Trailer,

---

5   Leubner (2014) weist z. B. auf die unterschiedlichen strukturellen Möglichkeiten von Hypertexten hin (ebd., S. 207), die bei digitalen Formaten als produktive Handlungsmöglichkeiten den Lesenden zur Verfügung stehen.

Storyboard, Bildsprache im Film, Distribution bis hin zu Hilfestellungen im Bereich Schnitt und Vertonung und andererseits als Produkt in Form eines konkreten Auftrags, zum Beispiel einen Trailer herzustellen für die Neuanschaffungen der Bibliothek. Mit der Produktion eigener Beiträge können Schüler und Schülerinnen so nicht nur persönliche Empfehlungen und Buchkritiken formulieren, sondern bestimmte thematische Aspekte eines Jugendromans als kreative Medienarbeit in der Klasse oder im Internet präsentieren.

Ein weiteres Anliegen der Lernaufgabe Buchtrailer sind die unterschiedlichen Zugänge, sowohl die traditionell analogen, zum Beispiel beim Skizzieren des Storyboards, wie auch die Nutzung der digitalen Medien, zum Beispiel beim Filmschnitt (Montage und Effekte). So erfahren Schülerinnen und Schüler mittels analoger und digitaler Verfahren in Wort, Bild und Audio ihre Arbeit als eine Auseinandersetzung nicht nur mit dem gewählten Buch, sondern darüber hinaus als eine Aufforderung, eigene innere Haltungen und Emotionen in Form einer Produktion auszudrücken. Auf innovative Weise lässt sich damit der Umgang mit Literatur im Unterricht erweitern und Medienkompetenz aktiv fördern (Ammann, Küng & Brülhart, 2012)

Gearbeitet wird mit Fotografie, Grafik, Video und Audio. Das hört sich nach aufwendiger Infrastruktur an. Der BYOD-Ansatz *(Bring Your Own Device)* zeigt jedoch, dass sich gut mit den Geräten arbeiten lässt, die Jugendliche bereits bei sich tragen. Tablets und Smartphones lassen sich so in der Rolle als Drehbuchautor, Regisseur, Kameramann, Musiker und Cutter nutzen. Der erstellte Trailer kann mit Einverständnis aller Beteiligten direkt aus dem Schnittprogramm im Internet publiziert (YouTube, Vimeo) oder auf den PC-Stationen der lokalen Bibliothek verwendet werden.

Dem Arbeitsprozess folgt die Präsentation und Diskussion in der Klasse oder vor potentiellen „Kunden", in diesem Falle vor dem Gremium der Bibliothek. Dabei lernen die Schülerinnen und Schüler ihre Produkte mit Argumenten auch gegenüber Erwachsenen (Bibliothek, Eltern) zu präsentieren und damit auch kritikfähig zu werden. Die Lehrperson ist in diesem Teil für die Moderation zuständig, sie erhält dabei nicht nur Einblicke in die geleistete Arbeit, sie kann auch, sollte dies nötig sein, klärend, korrigierend und unterstützend eingreifen. Wann immer möglich, sollen die entstanden Produkte von der Bibliothek auch genutzt werden, z.B. auf einem Screen in der Bibliothek. Die Tatsache, dass Schülerinnen und Schüler die Erfahrung machen dürfen, dass ihr Produkt zu etwas nutze ist, motiviert Leistung zu zeigen (vgl. Oelkers, 2012).

3.3   Unterrichtsbeispiel: Hörbuch „So fern wie nah"

Grundlage für die Arbeit mit Heft 2 ist das Hörbuch „So fern wie nah" von John Boyne (2014). Das Buch erzählt aus der Sicht von Alfie, einem Jungen aus einem Londoner Arbeiterquartier, das Schicksal des Vaters, der sich 1914 freiwillig für den Krieg meldet und traumatisiert zurückkehrt, und schildert das Leben während des 1. Weltkrieges. Das Thema traumatisierter Kriegsrückkehrer ist für Schülerinnen und Schüler vermutlich neu, die Aktualität aber unübersehbar. Die Perspektive des Ich-Erzählers ermöglicht eine Innensicht mit vielen Erinnerungen und Gedanken, welche literarisch anspruchsvoll und für Leserinnen und Leser zeitweise herausfordernd ist, da sie von Zeitsprüngen geprägt ist.

Schülerinnen und Schüler bilden für die Bearbeitung des Hörbuches Arbeitsgruppen, im Arbeitsheft analog zu den bekannten Lesezirkeln „Hörzirkel" genannt. In diesen erarbeiten sie sich anhand von sieben grösseren Lernaufgaben ihr Verständnis des Hörbuchtextes, welcher ihnen idealerweise auf I-Pads zur Verfügung steht, aber auch im Klassenraum abgespielt werden kann. Die Arbeit mit dem Hörbuch ist medientechnisch gesehen nicht anspruchsvoll, daher eignet sich Heft 2 auch als Einstieg in die medienintegrative Arbeit im Deutschunterricht.

Beispielhaft wird hier der Auftrag 1 vorgestellt und analysiert. Er enthält wie alle Aufträge vier Aufgabentypen: Die *Zuhöraufgabe* erfolgt in Einzelarbeit, aber arbeitsteilig, die *Verstehensaufgabe* ermöglicht den Diskurs über das Gehörte im Hörzirkel und die *Präsentationsaufgabe* fördert das Präsentieren und Diskutieren im Klassenverband. Die *Zusatzaufgabe* fokussiert den Umgang mit Bildern und kann von schneller arbeitenden Gruppen erledigt werden. Die Erarbeitung eines Auftrages ohne den Zusatzauftrag benötigt mit dem Anhören des Textes ungefähr fünf Lektionen.

In Auftrag 1 teilen sich die Schülerinnen und Schüler nach einem ersten Anhören die verschiedenen Zuhöraufgaben zu, d. h. sie konzentrieren sich auf eine Figur, auf den Ort oder die Handlung. Sie erhalten die Aufgabe, sich beim Zuhören Notizen zu machen. Bei der *Verstehensaufgabe* geht es auf der Basis der Notizen um das Finden einer gemeinsamen sinnstiftenden Bedeutung, konkret einerseits um das Beschreiben von Personen und um das Einordnen der Ereignisse auf einem Zeitstrahl (literarische Kompetenzen: Perspektivennachvollzug und Handlungsablauf erkennen). Die Vorbereitung auf die Präsentation, welche im Klassenverband stattfindet, erfolgt ebenfalls im Hörzirkel. Die Schülerinnen und Schüler reproduzieren die Handlung, stellen Figuren vor und kommentieren ihre Zuhörerfahrungen. Abschliessend formulieren sie Unklarheiten und Nichtverstandenes.

In der Zusatzaufgabe wird zur Unterstützung des historischen Kontextes mit Bildern gearbeitet, die selbständig recherchiert und als Poster gestaltet werden.

Die Integration des Mediums „Hörbuch" in den Literaturunterricht kann vielfältig erfolgen. Hier wird das Hörbuch als alleiniger Lerngegenstand eingesetzt. Zuhören und sich dabei Notizen machen, ist für viele Schülerinnen und Schüler neu und anstrengend. Nur durch genaues Hinhören und gleichzeitigem Festhalten von ausgewählten Informationen kann aber für das Gespräch im Hörzirkel die nötige Grundlage geschaffen werden. Die Schülerinnen und Schüler klären, was sie verstanden bzw. nicht verstanden haben und kommentieren den Inhalt. Sie sollen lernen, über Unklarheiten und Nichtverstandenes zu sprechen (vgl. Gschwend, 2014, S. 156). Damit wird neben der eigentlichen Zuhörkompetenz, die sowohl das gezielte Zuhören wie das Verstehen umfasst, auch die Fähigkeit gefördert, über die Stimme des Vorlesers und die entstandene Wirkung, also über zuhör- bzw. medienspezifische Aspekte, nachzudenken. Gemäss Müller (2004, S. 9) können Hörbücher den Einstieg in ein Buch erleichtern, sie können zudem auch eine grössere emotionale Beteiligung auslösen. Wichtig für die Arbeit in Heft 2 ist daher immer auch der Aspekt der Reflexion, der insbesondere in der letzten Phase der Lernaufgabe zum Tragen kommt. Gemeinsam werden in dieser

Phase nicht nur das Verständnis geklärt, sondern auch der Lerngegenstand als auditives Medium und die eigenen erfahrenen Wirkungen und damit medienästhetische Aspekte thematisiert. Dabei werden wichtige Teilfähigkeiten literarischer Kompetenzen gefördert, etwa die Vorstellungsfähigkeit in Bezug auf Orte und Figuren, die Fähigkeit zum Perspektivennachvollzug, das Erkennen von Handlungsabläufen, das Wahrnehmen von sprachlicher Gestaltung ebenso wie das Versprachlichen wirkungsästhetischer Wahrnehmungen (vgl. auch im Folgenden Rückmeldungen der Schülerinnen).

Das Vorgehen in Heft 2 ist mit sieben Lernaufgaben („Aufträgen") ein eher geleitetes und daher auch für jüngere Schülerinnen und Schüler und eher schwächere Leserinnen und Leser geeignet; die Arbeit in den Hörzirkeln sollte aber bei allen Schülerinnen und Schülern eigenständig und kooperativ erfolgen. Dem Austausch innerhalb des Hörzirkels und abschliessend in der Klasse wird grosser Wert beigemessen. Damit können nicht nur gehörte Informationen verifiziert, sondern auch eigene Meinungen und Bedeutungszuschreibungen ausgetauscht und diskutiert werden. In diesem Sinne ist das Schliessen des Lernprozesses auch ein Erarbeiten eines überindividuellen Verständnisses (Reusser, 2006, vgl. Kap. 3.1). Das Präsentieren und Austauschen ermöglicht der Lehrperson eine gute Kontrolle, sie kann klärend und unterstützend eingreifen.

3.4   Reflexion praktischer Umsetzung

Erfahrungen im Unterricht lassen erste Aussagen über den Einsatz des Hörbuchs, über erforderliche Voraussetzungen seitens der Lernenden sowie ansatzweise über Lernerfahrungen zu. Die folgenden Aussagen von Schülerinnen und Schülern zum Literaturkiosk entstammen einer Durchführung an den Schulen Obersiggenthal und Niederwil in zwei Klassen (7. und 9. Schuljahr).

Schülerinnen und Schüler einer progymnasialen Stufe schätzten zu einem grossen Teil überraschenderweise das gemeinsame Anhören des Hörbuches: *„Ich finde, es war gut in der Schule das Hörbuch zu hören, denn ich lese nicht so gerne in der Klasse. Mit dem Hörbuch waren alle gleich weit oder gleich schnell am Ende des Hörbuches"* (C. 7.Kl.). Anscheinend knüpft der Einsatz eines auditiven Mediums an Erinnerungen an gemeinsames Zuhören von Geschichten zuhause oder im Unterricht an. Die Schülerinnen und Schüler konnten die Zuhörsituation geniessen, was für das Verstehen des Inhaltes und die Motivation wesentlich ist (vgl. Gschwend 2014). Einzig das gleichzeitige Verfassen von Notizen fanden einige Schüler etwas mühsam, ein Schüler meint: *„… ich fand es einfach doof, dass man sich Notizen machen sollte. Dann verpasst man wieder einen Satz und muss sich erst wieder einhören."* (L.7.Kl.). Die Wahrnehmung der Sprecherstimme thematisieren Schülerinnen und Schüler differenziert (*„Er variiert mit seiner Stimme sehr gut."* S. 7.Kl. oder: *„Ich finde der Erzähler liest ganz deutlich und kann seine Stimme auch gut verstellen."* C.7.Kl.); sie sind es anscheinend gewohnt, sich über ihre eigenen medienspezifischen Wahrnehmungen auszutauschen.

Schwächere Schülerinnen und Schüler einer 9. Realschulklasse (Hauptschule) hingegen zeigten beim Zuhören und gleichzeitigen Verfassen von Notizen erhebliche Mühen. Von Hörsequenzen von länger als zehn Minuten fühlten sie sich überfordert und konnten dem Inhalt nicht mehr folgen. Ob dies aufgrund mangelnder Konzentration oder fehlendem Wortschatz erfolgte, ist unklar.

Die jüngeren Schülerinnen und Schüler bewerteten die Aufgaben als gut verständlich und im Hörzirkel selbständig lösbar („*Die Aufträge empfand ich gut beschrieben …*" L. 7.Kl.). Erstaunlicherweise wurden dieselben Aufgaben von den älteren Realschülern als eher schwierig eingestuft. Für einige der Verstehensaufgaben benötigten sie Unterstützung seitens der Lehrperson und viel Zeit, was zur Folge hatte, dass die Austauschphasen verkürzt werden mussten.

Daher werden zurzeit Aufgaben entwickelt, die speziell für schwächere Schülerinnen und Schüler geeignet sind. Diese enthalten einerseits bei jedem Auftrag eine Wortschatzklärung (lexikalische Vorentlastung) und werden andererseits bei den Verstehensaufgaben vereinfacht und gekürzt. Sie können parallel zu den bis jetzt vorliegenden Aufträgen eingesetzt werden. Wesentlich ist, dass alle Schülerinnen und Schüler ihre Ergebnisse präsentieren und sich darüber austauschen können. Damit soll das Gespräch über Texte und über eigene medienästhetische Erfahrungen als wesentlicher Lernschritt gesichert werden.

Abschliessend kann festgehalten werden, dass stärkere Schülerinnen und Schüler das Zuhören und das Erarbeiten der Lernaufgaben als motivierende Abwechslung im Umgang mit literarischen Texten empfanden, für schwächere hingegen das längere Zuhören eine grosse Herausforderung darstellte, der sie sich aber im Verlaufe der Arbeit (gemäss Aussage der Lehrperson) zunehmend gewachsen fühlten.

4.   Fazit

Trotz der technischen Voraussetzungen, vorhandenem Nutzungswissen der Jugendlichen und auch vorliegenden Unterrichtsmaterialien – der zielführende Einsatz digitaler Medien im Lese- und Literaturunterricht erfolgt nur zögernd. Unsicherheiten und Bedenken seitens der Lehrpersonen und mangelnde Kenntnisse der Unterrichtsmaterialien könnten dafür Gründe sein. Das gewählte Design des Literaturkiosks und der entsprechenden wissenschaftlichen Begleitung will dabei einerseits die Entwicklungsprozesse der Lernaufgaben (Hefte) als Modell sichtbar machen, andererseits Lehrpersonen in der Entwicklung weiterer Lernaufgaben für den Literaturkiosk unterstützen. Das Projekt steht in diesem Sinne erst am Anfang und will mit dem Konzept ein erweiterbares Aufgabenfeld schaffen, um die Produktion und Reflexion aller Beteiligten anzuregen.

Durch das Erproben, Überprüfen und Rückspiegeln der mit den einzelnen Heften gemachten Aufgaben soll ein permanenter Prozess lanciert werden, um die Vielfalt der Optionen digitaler Medien im Deutschunterricht im Hinblick auf den Erwerb sprachlicher, literarischer und medienästhetischer Kompetenzen nutzbar zu machen und – eben wie bei einem Kiosk – ein breites, immer wieder aktualisiertes Angebot zu entwickeln.

Literatur

Abraham, U. & Sowa, H. (2012). Bilder lesen und Texte sehen. *Praxis Deutsch 232*, 4–11.

Anders, P. (2013). *Lyrische Texte im Deutschunterricht. Grundlagen, Methoden multimediale Praxisvorschläge*. Reihe Praxis Deutsch. Seelze: Klett, Kallmeyer.

Berger, S., Keller, F. & Moser, U. (2010). *Umfrage zum Stand der Integration von Medien und ICT in der Zürcher Volksschule*. Online unter: http://www.ibe.uzh.ch/publikationen/ICTZH_Bericht_2010.pdf [07.03.2016].

Bertschi-Kaufmann, A. & Härvelid, F. (2007). Lesen im Wandel – Lesetraditionen und die Veränderungen in neuen Medienumgebungen. In A. Bertschi-Kaufmann (Hrsg.), *Lese-kompetenz-Leseleistung-Leseförderung* (S. 29–49). Zug: Klett und Balmer.

Brülhart, S. (2012). Aufgabenkulturen im Fachunterricht Bildnerische Gestaltung/Kunst. In St. Keller & U. Bender (Hrsg.), *Aufgabenkulturen – fachliche Lernprozesse herausfordern, begleiten, reflektieren* (S. 180–190). Seelze: Klett/Kallmeyer.

Brülhart, S., Ammann, D. & Küng, B. (2013). Buchtrailer oder: Marketing fürs Lesen. *Buch & Maus 2*, 19–21.

Frederking, V. (2014). Mediale Leerstellen. Empirische Befunde zum Einsatz analoger und digitaler Medien im Deutschunterricht. In V. Frederking, A. Krommer & Th. Möbi-us (Hrsg.), *Digitale Medien im Deutschunterricht. DTP* (S. 359–379). Baltmannsweiler: Schneider Verlag Hohengehren.

Frederking, V., Kepser, M. & Rath, M. (2008). Vorwort: Neue Medien im Deutschunterricht. In dies. (Hrsg.), *LOG IN! Kreativer Deutschunterricht und neue Medien* (S. 7–16). München: kopaed.

Frederking, V. & Krommer, A. (2014). Deutschunterricht und mediale Bildung im Zeichen der Digitalisierung. In V. Frederking, A. Krommer & Th. Möbius (Hrsg.), *Digitale Medien im Deutschunterricht. DTP* (S. 150–182). Baltmannsweiler: Schneider Verlag Hohengehren.

Frederking, V., Krommer, A. & Maiwald, K. (2008). *Mediendidaktik Deutsch. Eine Einführung*. Berlin (= Grundlagen der Germanistik 44).

Frommer, H. (1988). *Lesen im Unterricht. Von der Konkretisation zur Interpretation*. Braun-schweig: Schroedel Schulbuchverlag.

Fuchs, W. & Looser, D. (2010). *Bericht: Evaluation des Informatikkonzepts in der Volksschule des Kantons St. Gallen. St. Gallen*: Pädagogische Hochschule des Kantons St. Gallen, Ins-titut für Bildungsevaluation.

Gailberger, St. (2010). Hörbücher und das simultane Lesen und Hören im Deutschunterricht. In V. Bernius & M. Imhof (Hrsg.), *Zuhörkompetenz in Unterricht und Schule. Beiträge aus Wissenschaft und Praxis*. Göttingen: Vandenhoeck & Ruprecht.

Gschwend, R. (2014). Zuhören und Hörverstehen: Aspekte, Ziele und Kompetenzen. In E. Grundler & C. Spiegel (Hrsg.), *Konzeptionen des Mündlichen* (Bd. 3, Reihe Mündlichkeit) (S. 143–160). Bern: h.e.p. Verlag.

Haas, G. (1997). *Handlungs- und produktionsorientierter Literaturunterricht* (Reihe Praxis Deutsch). Seelze-Velber: Kallmeyer'sche Verlagsbuchhandlung.

Hurrelmann, B. (2002). Prototypische Merkmale der Lesekompetenz. In N. Groeben & B. Hurrelmann (Hrsg.), *Lesekompetenz. Bedingungen, Dimensionen. Funktionen* (S. 275–286). Weinheim, München: Juventa.

James-Studie (2014). http://www.jugendundmedien.ch/fileadmin/user_upload/Fachwissen/JAMES/Ergebnisbericht_JAMES_2014.pdf (aufgerufen am: 13.03.2016).

JIM-Studie (2014). http://www.mpfs.de/?id=676 (aufgerufen am: 13.03.2016).

Kerres, M. (2013). *Bring your own device: Private, mobile Endgeräte und offene Lerninfra-strukturen an Schulen* (Schriftenreihe „Theorie und Praxis der Schulpädagogik", Bd. 19) (S. 129–145). Immenhausen.

Krommer, A. (2010). Didaktik und Ästhetik neuer Medien: Lesen und Verstehen symmedialer Texte. In: V. Frederking, H.W. Huneke & A. Krommer (Hrsg.), *Taschenbuch des Deutschunterrichts* (Bd. 2: Literatur- und Mediendidaktik) (S. 238–245). Baltmannsweiler: Schneider Verlag Hohengehren.

Lehrplan 21. D-EDK. http://konsultation.lehrplan-21.ch/downloads/container/30_1_1_3_0_1.pdf (aufgerufen am: 11.03.16).

„Lesewelten" (2006). Bern und Zürich: schulverlag blmv & Lehrmittelverlag des Kantons Zürich.

Leubner, M. (2014). Digitale literale Medien im Deutschunterricht In V. Frederking, A. Krommer & Th. Möbius (Hrsg.), *Digitale Medien im Deutschunterricht*. DTP (S. 185–212). Baltmannsweiler: Schneider Verlag Hohengehren.

Maiwald, Kl. (2010). Literatur im Medienverbund unterrichten. In H. Rösch (Hrsg.), *Literarische Bildung im kompetenzorientierten Deutschunterricht* (S. 135–156). Freiburg i.Br.: Fillibach.

Mitchell, W.J.T. (2008). *Bildtheorie*. Frankfurt: Suhrkamp.

Moser, H. (2001). *Wege aus der Technikfalle*. Zürich: Verlag Pestalozzianum.

Müller, K. (2004). Literatur hören und hörbar machen. *Praxis Deutsch 185*, 6–13.

Müller, K. (2012). *Hörtexte im Deutschunterricht. Poetische Texte hören und sprechen* (Reihe Praxis Deutsch). Seelze: Klett, Kallmeyer.

Oelkers, J. (2012). Aufgabenkultur und selbstreguliertes Lernen. In St. Keller & U. Bender (Hrsg.), *Aufgabenkulturen – fachliche Lernprozesse herausfordern, begleiten, reflektieren.* (S. 81–98). Seelze: Klett/Kallmeyer.

Petko, D. & Graber, M. (2010). *ICT im Unterricht der Sekundarstufe I. Bericht zur empirischen Bestandsaufnahme im Kanton Schwyz*. Online unter: http://www.sz.ch/documents/ICT-SekI_2010.pdf [10.03.2016].

Rajewsky, Irina O. (2002). *Intermedialität*. Tübingen und Basel: A. Francke Verlag. (= UTB für Wissenschaft: Uni Taschenbücher, 2261).

Rakebrand, T (2014). *Gehört das dann der Welt oder YouTube?* München: kopaed.

Reusser, K. (2006). Konstruktivismus – vom epistemologischen Leitbegriff zur Erneuerung der didaktischen Kultur. In M. Baer, M. Fuchs, K. Reusser, H. Wyss & P. Füglister (Hrsg.), *Didaktik auf psychologischer Grundlage. Von Hans Aeblis kognitionspsychologischer Didaktik zur modernen Lehr- und Lernforschung* (S. 151–168). Bern: h.e.p. Verlag.

Rosebrock, C. & Nix, D. (2008). *Grundlagen der Lesedidaktik und der systematischen schulischen Leseförderung*. Baltmannsweiler: Schneider Verlag Hohengehren.

Shewbridge, C., Ikeda, M. & Schleicher, A. (2006). *Are students ready for a technology-rich world? What PISA studies tell us*. Paris: OECD. Online unter: http://www.oecd.org/dataoecd/28/4/35995145.pdf. [07.03.2016].

Spinner, K. H. (2006). Literarisches Lernen. *Praxis Deutsch, 200*, 6–17.

Wiprächtiger-Geppert, M. (2009). *Literarisches Lernen in der Förderschule*. Baltmannsweiler: Schneider Verlag Hohengehren.

Primärliteratur

Boyne, J. (2014). *So fern wie nah*. Frankfurt am Main: Fischer Verlag kjb.

Bildnachweis

Bild 1: La Bouquechardière – Jean de Courcy (ca.1350–1431). Musee Conde, Chantilly, France
Bild 2: eMagazin Spiegel: Nr.1/2016
Bild 3: Website: http://www.zeit.de/index/06.01.2016

„… dann kommt alles auf die Korrekturanleitungen an …"

Eine empirische Annäherung an ein (bislang) weitgehend vernachlässigtes Forschungsfeld

Stefanie Mathes und Svenja Mareike Kühn

1. Einleitung

Mit der Einführung zentraler Abschlussprüfungen geht u.a. die Annahme einher, durch landesweit einheitliche Prüfungsaufgaben sowie vorgegebene Korrektur- und Bewertungsrichtlinien mehr Transparenz und Vergleichbarkeit bei der Vergabe von Schulabschlüssen herstellen zu können (vgl. Berkemeyer, Bos & Manitius, 2012; Klein, Kühn, van Ackeren & Block, 2009; Klemm, 2004; Kühn, 2013). Inwieweit diese intendierten Zielsetzungen in der gegenwärtigen Prüfungspraxis tatsächlich erreicht werden, ist bislang nur unzureichend empirisch überprüft worden: Empirische Analysen von Prüfungsaufgaben weisen auf eine systematische Diskrepanz zwischen den administrativen Vorgaben zur Aufgabengestaltung und deren tatsächlicher Umsetzung auf der Anwendungsebene hin (vgl. Beitrag von Kühn in diesem Band). Im Bereich der konkreten Ausgestaltung und tatsächlichen Nutzung zentraler Korrektur- und Bewertungsvorgaben steht die wissenschaftliche Auseinandersetzung hingegen noch am Anfang (siehe Abschnitt 2); die vorliegende Literatur zu diesem Thema beschränkt sich vielmehr auf unterrichtspraktische Ratgeber zum Einsatz sogenannter ‚Kriterienkataloge' zur Leistungsbeurteilung (z. B. Neuweg, 2009; Paradies, 2009; Stepath, 2008).

Der vorliegende Beitrag greift dieses Desiderat auf und stellt ein DFG-Projekt vor, in dem die Ausgestaltung von Korrektur- und Bewertungsvorgaben in Prüfungsverfahren für den Mittleren Schulabschluss (im Folgenden: MSA) aller deutschen Bundesländer – exemplarisch für das Prüfungsfach Deutsch – kategoriengeleitet untersucht wird.[1] Nach einer Einführung in das Themenfeld und der Darstellung des Forschungsstandes werden das Design der Studie beschrieben und erste Ergebnisse präsentiert. Der Beitrag schließt mit einem Ausblick auf weiterführende Forschungsperspektiven.

2. Ausgangslage

Der MSA wird an allgemeinbildenden Schulen nach der zehnten Jahrgangsstufe vergeben und ist mit derzeit 43,6 Prozent der meist erworbene Bildungsabschluss in Deutschland (vgl. Autorengruppe Bildungsberichterstattung, 2014). Er eröffnet Absolventinnen und Absolventen multiple Möglichkeiten, Bildungswege in berufs-

---

1 Das diesem Beitrag zugrunde liegende Vorhaben wird mit Mitteln der Deutschen Forschungsgemeinschaft unter dem Förderkennzeichen KU 2798/1–2 gefördert.

und studienqualifizierenden Bildungsgängen fortzusetzen und stellt insbesondere eine wesentliche Schnittstelle zwischen der Schullaufbahn und der Ausbildungs- und Arbeitswelt in den individuellen Bildungsbiographien junger Heranwachsender dar (vgl. Kühn, 2013). Im Kontext der bildungspolitischen Debatten über die Entwicklung schulischer Qualität und die Sicherung der Gleichwertigkeit schulischer Zertifikate in der letzten Dekade haben – mit Ausnahme von Rheinland-Pfalz – alle deutschen Länder (teil-)zentrale Abschlussprüfungen zum Erwerb des MSA implementiert (vgl. ebd.). Vor der Einführung zentraler Prüfungen wurde der MSA kumulativ vergeben (ohne eine gesonderte Prüfung). Die Vergabe der Abschlusszertifikate erfolgte damit ausschließlich auf Basis der an der jeweiligen Einzelschule erteilten Noten für die von den Schülerinnen und Schülern im letzten Schulhalbjahr der Abschlussklasse erbrachten Leistungen (z. B. Klassenarbeiten, mündliche Mitarbeit etc.) und lag damit in der Verantwortung der einzelnen Fachlehrkräfte. In vielen Studien hat sich jedoch gezeigt, dass schulintern vergebene Noten – und folglich auch die darauf basierenden formal gleichen Abschlusszertifikate – nur wenig vergleichbar sind, da identischen Noten oftmals unterschiedliche Leistungsniveaus zugrunde liegen. Die nachfolgend knapp skizzierten Befunde empirischer Forschung machen deutlich, dass Noten nur bedingt Rückschlüsse auf die tatsächlich erbrachte Leistung der Schülerinnen und Schüler zulassen, sondern durch leistungsfremde Faktoren beeinflusst werden bzw. Urteilsfehlern und Verzerrungen unterliegen: Der Vergleich von Fachnoten und tatsächlich erreichten Leistungen in standardisierten Tests zeigt, dass Noten je nach *Bundesland* (Baumert & Watermann, 2000; Neumann, Nagy, Trautwein & Lüdtke, 2009), *Schulform* (Köller, Baumert & Schnabel, 1999; Watermann, Nagy & Köller, 2004), *Einzelschule der gleichen Schulform* (Klieme, 2003), *Klasse* (Ingenkamp, 1969, 1995; Kronig, 2007; Trautwein & Baeriswyl, 2007) und *schülerbezogenen Faktoren* (z. B. Geschlecht, familiärer Bildungshintergrund) (zusammenfassend Holmeier, 2012a) variieren. Zudem lassen sich Urteilsfehler (z. B. Strenge- oder Mildefehler) und Verzerrungen (z. B. Halo-Effekte) bei der Leistungsbeurteilung feststellen (Sacher, 2004). Auch werden Defizite hinsichtlich der Objektivität und Reliabilität benannt, da die gleiche Leistung von unterschiedlichen Lehrkräften unterschiedlich benotet wird und die Wiederholungszuverlässigkeit nur gering ausgeprägt ist (Ingenkamp, 1995).

Mit der Einführung zentraler Abschlussprüfungen zum Erwerb des MSA ist daher auch die Zielperspektive verbunden, durch landesweit einheitliche Korrektur- und Bewertungsvorgaben die innerhalb der einzelnen Länder bestehenden Bewertungsunterschiede zwischen Schulformen, Schulen und einzelnen Klassen zu reduzieren und eine größtmögliche Vergleichbarkeit bei der Noten- und damit der Abschlussvergabe herzustellen. Auf Grundlage einheitlicher Standards zur Korrektur und Bewertung sollen also alle Schülerinnen und Schüler bei gleicher Leistung im Idealfall auch die gleiche Note erhalten. Durch die Orientierung an zentral erstellten Korrektur- und Bewertungsvorgaben soll die Leistungsbeurteilung unabhängig von sozialen Vergleichen, den individuellen Lernvoraussetzungen und leistungsfremden Faktoren, sondern immer nach sachlichen Maßstäben im Sinne der kriterialen Bezugsnorm erfolgen (Rheinberg, 2001), die festlegen, welche Leistung wie zu bewerten ist bzw. welche Leistung zu welcher Note führt. Der Begriff ‚zentrale Prüfung' verschleiert gleichwohl die Tatsache, dass die *schulextern* konzipierten Prüfungen mittels *schulextern* erstellter Korrektur- und Bewertungsvorgaben *schulintern* korrigiert und bewertet werden, d. h. durch die jeweilige Fachlehrkraft (Erstkorrektur) sowie (falls vorgesehen) eine weitere Lehrperson der gleichen Schule (Zweitkorrektur). Holmeier (2012b, S. 242) merkt daher an, dass die Determinanten der Leistungsbeurteilung im Rahmen der zentralen Prüfung den ‚Gesetzmäßigkeiten' der alltäglichen Leistungsbeurteilung entsprechen und die Gefahr unerwünschter ‚Nebenwirkungen' durch den Einfluss leistungsfremder Faktoren weiterhin bestehe, wenn die Korrektur- und Bewertungsvorgaben nicht wie vorgesehen genutzt werden. Ob und inwieweit die landesweit einheitlichen Korrektur- und Bewertungsvorgaben tatsächlich für die Leistungsbeurteilung in zentralen Prüfungen genutzt werden, ist empirisch nicht geklärt. Insgesamt kann jedoch angenommen werden, dass die Nutzung der Korrektur- und Bewertungsvorgaben maßgeblich durch deren konkrete Ausgestaltung determiniert wird. So lässt z. B. der Grad der Verbindlichkeit einen differenziellen Umgang mit diesen Vorgaben vermuten: Es ist anzunehmen, dass eine hohe Verbindlichkeit dazu führt, dass die Leistungsbeurteilung wie beabsichtigt primär auf Basis der Korrektur- und Bewertungsvorgaben erfolgt, während ein unklarer oder niedriger Grad an Verbindlichkeit mehr Raum für die Berücksichtigung eigener Beurteilungsmaßstäbe und/oder leistungsfremder Faktoren lässt. Hieraus folgt die Annahme: Soll die Leistungsbeurteilung im Rahmen der zentralen Prüfungen zum MSA trotz der schulinternen Korrektur möglichst objektiv sein, dann kommt alles auf die Korrekturanleitungen an (vgl. Köster, 2010).

In diesem Themenfeld finden sich erst wenig Forschungsarbeiten: Empirische Befunde zur Gestaltung (vgl. Baurmann, 2006; Beste, 2011; Jost & Böttcher, 2014) und Anwendung (Birkel & Birkel, 2002; Grzesik & Fischer, 1984; Krampen, 1987; Lehmann, 1988) kriterienorientierter Bewertungsmaßstäbe beziehen sich vornehmlich auf unterrichtliche Beurteilungssituationen. Im Forschungsfeld ‚zentrale Abschlussprüfungen' finden sich lediglich einzelne Studien und Erfahrungsberichte bezogen auf die Gestaltung (vgl. Appius & Holmeier, 2012; Klein et al., 2009; Schönemann, Thünemann & Zülsdorf-Kersting, 2011; Zabka & Stark, 2010) und Wahrnehmung (vgl. Odendahl, 2008) von Korrektur- und Bewertungsvorgaben im Zentralabitur am Ende der Sekundarstufe II: Im Rahmen der Deskription von Abiturprüfungsverfahren in Deutschland haben Klein et al. (2009) eine grobe Charakterisierung der länder- und fachspezifischen Beurteilungsvorgaben vorgenommen. Dabei konnten drei Varianten herausgearbeitet werden: eine detaillierte Punktevergabe für bestimmte Teilaufgaben (z. B. in Mathematik), die Vorgabe von inhaltlichen Schwerpunkten sowie groben Punkteverteilungen für bestimmte Teilbereiche (z. B. Fremdsprachen: Inhalt, Sprachrichtigkeit und Ausdrucksvermögen) oder inhaltliche Vorgaben ohne die Angabe von Verrechnungspunkten (z. B. in Deutsch). Zabka und Stark (2010) haben die Gestaltung von Korrektur- und Bewertungsvorgaben im Prüfungsfach Deutsch eingehender untersucht: Sie kommen zu dem Ergebnis, dass sich diese in formaler und inhaltlicher Hinsicht (z. B. Detailliertheits- und Verbindlichkeitsgrad) erheblich unterscheiden. Publikationen zur Wahrnehmung der Korrektur- und Bewertungsvorgaben seitens der Lehrkräfte weisen zudem auf eine ambivalente Einschätzung (in Abhängigkeit von Fach und Bundesland) durch die Lehrkräfte hinsichtlich der subjektiv wahrgenommenen Qualität und Nützlichkeit hin (Appius & Holmeier, 2012; Odendahl, 2008). Entsprechende Studien bezogen auf den MSA liegen bislang nicht vor; zudem ist nicht empirisch belegt, ob und inwieweit die landesweit einheitlichen Korrektur- und Bewertungsvorgaben tatsächlich für die Leistungsbeurteilung in zentralen Prüfungen genutzt werden.

3.   Fragestellung und Ziele

Anknüpfend an die o. g. Forschungsarbeiten kann angenommen werden, dass die Nutzung der vorgegebenen Korrektur- und Bewertungsrichtlinien maßgeblich durch deren konkrete Ausgestaltung determiniert wird. Um perspektivisch erfassen zu können, ob und inwieweit Lehrkräfte diese tatsächlich nutzen, muss also zunächst eine differenzierte Analyse der Korrektur- und Bewertungsvorgaben erfolgen. Die hier vorgestellte Studie hat daher das Ziel, die Ausgestaltung von Korrektur- und Bewertungsvorgaben in Prüfungsverfahren für den MSA aller deutschen Bundesländer – exemplarisch für das Prüfungsfach Deutsch – zu analysieren. Somit lässt sich folgende Forschungsfrage ableiten:

Wie sind die Korrektur- und Bewertungsvorgaben im Prüfungsfach Deutsch in zentralen Prüfungen zum Erwerb des MSA in den deutschen Ländern ausgestaltet?

Die Studie zielt nicht nur auf die Deskription der länderspezifischen Ausgestaltungsvarianten der Korrektur- und Bewertungsvorgaben, sondern soll es perspektivisch auch ermöglichen, Vergleichsländer bzw. Ländertypen herauszuarbeiten, die hinsichtlich der Gestaltung der Korrektur- und Bewertungsvorgaben, aber auch hinsichtlich der prüfungsorganisatorischen Rahmenbedingungen (z. B. schulinterne/-externe Korrektur, Anzahl der Korrektoren, Anonymität der Prüflinge) möglichst viele Übereinstimmungen aufweisen. Gerade dem letztgenannten Aspekt dürfte eine nicht unwichtige Rolle zukommen: Nationale und internationale Forschungsarbeiten verweisen auf differenzielle Wirkungen der vielfältigen *prüfungsorganisatorischen Rahmenbedingungen* hinsichtlich des Handelns von Lehrkräften (Klein & van Ackeren, 2012). So ist bspw. anzunehmen, dass eine schulexterne Zweitkorrektur den ‚Druck' auf den Erstkorrektor erhöht, die Korrektur- und Bewertungsvorgaben möglichst wie vorgesehen umzusetzen und subjektive Faktoren bei der Leistungsbeurteilung auszublenden. Die Typenbildung ist gleichwohl nicht Gegenstand dieses Beitrags (vgl. dazu Abschnitt 6).

4.   Methodisches Vorgehen

Zur Beantwortung der o. g. Forschungsfrage wird eine kategoriengeleitete Analyse der 14 Korrektur- und Bewertungsvorgaben[2] im Rahmen der Prüfungen zum Erwerb des

---

2   Die bundesweite Analyse von 14 Korrektur- und Bewertungsvorgaben resultiert daraus, dass in Rheinland-Pfalz der Mittlere Schulabschluss weiterhin kumulativ vergeben wird und die Bundesländer Berlin und Brandenburg seit dem Schuljahr 2011/2012 gemeinsame Prüfungen zum Erwerb des MSA durchführen.

MSA aus allen 15 beteiligten Bundesländern für das Prüfungsfach Deutsch über einen Zeitraum von 5 Jahren durchgeführt. In Anlehnung an inhaltsanalytische Verfahren (Mayring, 2010) wurde hierfür ein Kategoriensystem erstellt, mithilfe dessen sowohl formale Gesichtspunkte der Korrektur- und Bewertungsvorgaben beschrieben sowie inhaltliche Aspekte erfasst werden können. Die Entwicklung der Kategorien erfolgte sowohl induktiv als auch deduktiv.

Tabelle 1: Bereiche des Kategoriensystems

Teil 1: Deskription	Teil 2: Analysen zur Anleitungsspezifik hinsichtlich der Leistungsfeststellung, -beurteilung und -benotung
Bezeichnung	Kriterien zur Feststellung der Verstehens- und Darstellungsleistung
Umfang	Ermessensspielraum
äußere Form	Hinweise zum Umgang mit Fehlern
allgemeine und fachspezifische Handlungsanleitungen	Kriterien zur Beurteilung unterschiedlicher Leistungen
zusätzliche Informations- und Unterstützungsangebote	Kriterien zur Notenvergabe

Da die primäre Funktion von Korrektur- und Bewertungsvorgaben darin besteht, „[…] darüber Auskunft [zu geben], welche Leistungen erbracht werden müssen, um eine Aufgabe vollständig, teilweise oder in Ansätzen zu lösen" (Köster, 2010, S. 31), hängt ihre Gestaltung vom zugrundeliegenden Aufgabenformat sowie der konkreten Aufgabenstellung ab (vgl. Jost & Böttcher, 2014). Entsprechend galt es für das Kategoriensystem zu beachten, dass sowohl die Korrektur- und Bewertungsvorgaben als auch die jeweils zugrundeliegenden Aufgabenstellungen (im Rahmen der Prüfung) in den Blick genommen werden.

Das Kategoriensystem ist in zwei Teile untergliedert, die im Folgenden vorgestellt werden. Die Ergebnisse der Analyse ermöglichen erste empirisch fundierte Aussagen zu der Frage, inwiefern die Korrektur- und Bewertungsvorgaben Transparenz und Vergleichbarkeit bei der Vergabe des MSA tatsächlich befördern.

1. Deskription

Gegenstand der Analyse in diesem ersten Teil sind die Korrektur- und Bewertungsvorgaben als Ganzes: Zunächst erfolgt eine Beschreibung der Korrektur- und Bewertungsvorgaben hinsichtlich formaler Merkmale (z.B. Bezeichnung, Umfang) mit dem Ziel einer Bestandsaufnahme möglicher Gestaltungsvarianten. Darüber hinaus werden die – im Sinne einer „Gebrauchsanleitung" formulierten – Hinweise zum vorgesehenen Umgang mit den Vorgaben (z.B. Festlegung von Korrekturzeichen) sowie Hinweise auf zusätzliche Informations- und Unterstützungsangebote für die beurteilenden Lehrkräfte (z.B. Verweise auf rechtliche Grundlagen, Hinweise auf Ansprechpartnerinnen oder Ansprechpartner zur Unterstützung bei Unklarheiten) in den Blick genommen.

Auf diese Weise soll überprüft werden, ob und in welchem Umfang ein einheitlicher Umgang mit den Korrektur- und Bewertungsvorgaben systematisch angeleitet wird.

2. Analysen zur Anleitungsspezifik hinsichtlich der Leistungsfeststellung, -beurteilung und -benotung

Gegenstand der Analysen im zweiten Teil sind neben der gesamten Korrektur- und Bewertungsvorgabe außerdem die einzelnen *Lösungsdarstellungen*, also die in den Korrektur- und Bewertungsvorgaben formulierten Lösungserwartungen für eine konkrete (Teil-)Aufgabe. In die Analysen werden nur die Lösungsdarstellungen einbezogen, die sich auf Aufgaben mit einem offenen bzw. halboffenen Antwortformat beziehen. Aufgaben mit einem gebundenen Antwortformat (z. B. Mehrfachwahl-Aufgaben, Zuordnungsaufgaben) werden nicht berücksichtigt, da bereits die Vorgabe von Antwortmöglichkeiten eine hohe Auswertungsobjektivität erzeugt (vgl. Mietzel, 2007).

Im Fokus der Analyse in diesem Teil steht zunächst die Frage, ob und inwieweit eindeutige *Kriterien zur Leistungsfeststellung* in den Vorgaben vorhanden sind. Durch den Einsatz zahlreicher komplexer und offener Aufgaben im Prüfungsfach Deutsch gestaltet sich die Erstellung der zugehörigen Lösungsdarstellungen äußerst anspruchsvoll, da nicht alle korrekten Antwortmöglichkeiten der Prüflinge antizipiert werden können (vgl. Köster, 2006). Die Lösungsdarstellungen werden daher hinsichtlich ihres Detailliertheits- und Abstraktionsgrades untersucht. Hierzu wird in den Blick genommen, wie die Lösungsdarstellung gestaltet ist (z. B. Vorgabe konkreter Musterlösungen oder globaler, inhaltlich nicht konkreter Kriterien) und inwieweit eine Differenzierung in einzelne Teilleistungen erfolgt.

In einem zweiten Schritt werden Aspekte der *Leistungsbeurteilung* (z. B. die Gewichtung von Verstehens- und Darstellungsleistung) sowie abschließend die Benotung (d. h. die Zuordnung von Prüfungsleistungen zu Noten) in den Blick genommen.

5.   Erste Ergebnisse

Insgesamt ist die Ausgestaltung der Korrektur- und Bewertungsvorgaben durch eine ausgeprägte länderspezifische Heterogenität gekennzeichnet. Diese zeigt sich bereits auf den ersten Blick anhand der variierenden Seitenzahl. So existiert eine Bandbreite des Umfangs von knapp drei bis fünfundvierzig Seiten. Die Bezeichnung der Korrektur- und Bewertungsvorgaben variiert ebenfalls: Während Begrifflichkeiten wie *Handreichungen für die Lehrkraft* sowie *Lösungs- und Bewertungsvorschlag* eine vergleichsweise geringe Verbindlichkeit vermuten lassen, impliziert die Wahl der Bezeichnung *Korrekturanweisung* einen eher hohen Verbindlichkeitsgrad. Jedoch zeigt sich bei der genaueren Durchsicht der Korrektur- und Bewertungsvorgaben, dass die gewählten Begrifflichkeiten häufig etwas anderes suggerieren, als dann tatsächlich gefordert wird. So suggeriert die Begriffskombination *Unterlagen für die Lehrkraft* keinen hohen Verbindlichkeitsgrad, bezeichnet aber eine Korrektur- und Bewertungsvorgabe mit einer differenzierten, kleinschrittigen Punktevergabe, die einzelne Aufgaben bzw. Teilleistungen Bewertungseinheiten zuordnet.[3]

Auch auf inhaltlicher Ebene zeigen sich beträchtliche Unterschiede zwischen den Korrektur- und Bewertungsvorgaben der einzelnen Bundesländer. Erste Analysen der Lösungsdarstellungen zeigen, dass diese unterschiedlich differenziert und konkret ausgestaltet sind: In einigen Vorgaben liegen beispielsweise differenzierte Musterlösungen oder konkrete Beispiele für einzelne Teilleistungen/-aspekte vor, wohingegen andere Vorgaben inhaltlich nicht spezifizierte Kriterien verwenden (z. B. eine globale, inhaltsunspezifische Beschreibung, wie: *Zusammenfassung des Hauptteils*). Einige Korrektur- und Bewertungsvorgaben ermöglichen zudem die Berücksichtigung von nichtdefinierten Kriterien bei der Leistungsfeststellung (z. B. „Der Prüfling erfüllt ein weiteres aufgabenbezogenes Kriterium“) und vergrößern damit den pädagogischen Ermessensspielraum der beurteilenden Lehrkräfte.

Auch im Kontext der Leistungsbewertung existieren unterschiedliche Vorgehensweisen innerhalb der Vorgaben: Sofern eine Vergabe von Bewertungseinheiten bzw. Punkten vorgesehen ist, kann diese unterschiedlich differenziert und verbindlich erfolgen. Bei der sich anschließenden Notenvergabe ist es in Abhängigkeit von der jeweiligen Vorgabe möglich, die Note „ausreichend“ bereits bei vierzig Prozent oder erst ab sechzig Prozent der maximal zu erreichenden Punktzahl zu erhalten.

Zusammenfassend zeigt sich, dass die ersten Befunde der kategoriengeleiteten Analyse anschlussfähig an die bereits skizzierten themenbezogenen Forschungsarbeiten zur Ausgestaltung von Korrektur- und Bewertungsvorgaben im Kontext zentraler Abiturprüfungen sind (Klein et al., 2009; Zabka & Stark, 2010), da sich auch die Korrektur- und Bewertungsvorgaben im Rahmen des MSA hinsichtlich ihrer formalen und inhaltlichen Ausgestaltung deutlich unterscheiden.

6.   Ausblick

Insgesamt verweisen die ersten Analysen der Korrektur- und Bewertungsvorgaben bereits auf ein großes Spektrum von offenen, global formulierten Erwartungshorizonten ohne Verbindlichkeitsgrad bis hin zu konkreten kriteriengeleiteten Punkterastern. Trotz dieser ausgeprägten Heterogenität scheinen zwischen einigen Bundesländern jedoch Kongruenzen hinsichtlich bestimmter Merkmale des Prüfungsverfahrens und der Gestaltung der Korrektur- und Bewertungsvorgaben zu bestehen, weshalb im weiteren Projektverlauf zunächst eine Zusammenfassung zu dementsprechenden Ländertypen erfolgt.

Die Analyse der Korrektur- und Bewertungsvorgaben wird ergänzt durch Interviews mit Mitgliedern der fachlich zuständigen Abteilungen der jeweils für das Prüfungsverfahren verantwortlichen Ministerien aus allen beteiligten Bundesländern. Aus

---

3   Die Abbildung konkreter Beispiele aus den Originalvorgaben zur Illustration der hier dargelegten Ausführungen kann an dieser Stelle nicht erfolgen, da die Dokumente in der Mehrheit der Länder nicht öffentlich zugänglich sind, sondern der Vertraulichkeit unterliegen.

den Ergebnissen dieser Interviews sollen zusätzliche, in den schriftlichen Dokumenten nicht ersichtliche Aspekte abgebildet werden, wie beispielsweise die mit den Korrektur- und Bewertungsvorgaben verknüpften Steuerungsintentionen und -erwartungen (z. B. Absichten, die mit dem Zusatz „der Prüfling erfüllt ein weiteres aufgabenbezogenes Kriterium" verbunden sind).

Neben der Gestaltung der Korrektur- und Bewertungsvorgaben sollen im weiteren Projektverlauf auch die Wahrnehmung und Nutzung entsprechender Vorgaben durch die beteiligten Lehrkräfte erfasst werden. Im Rekurs auf schulische Governance-Ansätze (z. B. Altrichter, Brüsemeister & Wissinger, 2007; Altrichter & Maag Merki, 2010) ist davon auszugehen, dass die Nutzung der Korrektur- und Bewertungsvorgaben – neben deren konkreter Ausgestaltung – u.a. durch strukturelle und organisational-situative Handlungsbedingungen sowie individuelle Einstellungen, Kenntnisse und Merkmale der beurteilenden Lehrerinnen und Lehrer bedingt wird. Durch die Gespräche mit den am Korrekturvorgang beteiligten Lehrkräften im Rahmen von Gruppendiskussionen wird das Ziel verfolgt, relevante Einflussfaktoren (und ggf. deren Wechselwirkung) hinsichtlich der Nutzung der einheitlichen Korrektur- und Bewertungsvorgaben zu identifizieren und in einem Erklärungsmodell zusammenzuführen.

Literatur

Altrichter, H., Brüsemeister, T. & Wissinger, J. (2007). *Educational Governance. Handlungskoordination und Steuerung im Bildungssystem*. Wiesbaden: VS.

Altrichter, H. & Maag Merki, K. (2010). *Handbuch Neue Steuerung im Schulsystem*. Wiesbaden: VS.

Appius, S. & Holmeier, M. (2012). Beurteilung der Abituraufgaben und Korrekturhinweise. In K. Maag Merki (Hrsg.), *Zentralabitur. Die längsschnittliche Analyse der Wirkungen der Einführung zentraler Abiturprüfungen in Deutschland* (S. 353–383). Wiesbaden: VS.

Autorengruppe Bildungsberichterstattung (2014). *Bildung in Deutschland 2014. Ein indikatorengestützter Bericht mit einer Analyse zur Bildung von Menschen mit Behinderungen*. Bielefeld: wbv.

Baumert, J. & Watermann, R. (2000). Institutionelle und regionale Variabilität und die Sicherung gemeinsamer Standards in der gymnasialen Oberstufe. In J. Baumert, W. Bos & R. Lehmann (Hrsg.), *TIMSS/III. Dritte Internationale Mathematik- und Naturwissenschaftsstudie. Mathematische und naturwissenschaftliche Bildung am Ende der Schullaufbahn* (S. 317–372). Opladen: Leske + Budrich.

Baurmann, J. (2006). *Schreiben – Überarbeiten – Beurteilen. Ein Arbeitsbuch zur Schreibdidaktik*. Seelze: Kallmeyer.

Berkemeyer, N., Bos, W. & Manitius, V. (2012). *Chancenspiegel. Zur Chancengerechtigkeit und Leistungsfähigkeit der deutschen Schulsysteme*. Gütersloh: Bertelsmann.

Beste, G. (2011). Leistungen feststellen und beurteilen. In Ders. (Hrsg.), *Deutsch-Methodik. Handbuch für die Sekundarstufe I und II* (S. 262–280). Berlin: Cornelsen.

Birkel, C. & Birkel, P. (2002). Wie einig sind sich Lehrer bei der Aufsatzbeurteilung? Eine Replikationsstudie zur Untersuchung von Rudolf Weiss. *Psychologie in Erziehung und Unterricht, 49*(3), 219–224.

Grzesik, J. & Fischer, M. (1984). *Was leisten Kriterien für die Aufsatzbeurteilung? Theoretische, empirische und praktische Aspekte des Gebrauchs von Kriterien und der Mehrfachbeurteilung nach globalem Ersteindruck.* Opladen: Westdeutscher Verlag.

Holmeier, M. (2012a). Vergleichbarkeit der Punktzahlen im schriftlichen Abitur. In K. Maag Merki (Hrsg.), *Zentralabitur. Die längsschnittliche Analyse der Wirkungen der Einführung zentraler Abiturprüfungen in Deutschland* (S. 293–324). Wiesbaden: VS.

Holmeier, M. (2012b). Bezugsnormorientierung im Unterricht im Kontext zentraler Abiturprüfungen. In K. Maag Merki (Hrsg.), *Zentralabitur. Die längsschnittliche Analyse der Wirkungen der Einführung zentraler Abiturprüfungen in Deutschland* (S. 237–262). Wiesbaden: VS.

Ingenkamp, K. (1969). *Zur Problematik der Jahrgangsklasse.* Weinheim: Beltz.

Ingenkamp, K. (1995). *Die Fragwürdigkeit der Zensurengebung. Texte und Untersuchungsberichte.* Weinheim und Basel: Beltz.

Jost, J. & Böttcher, I. (2014). Leistung messen, bewerten und beurteilen. In M. Becker-Mrotzek & I. Böttcher (Hrsg.), *Schreibkompetenz entwickeln und beurteilen* (S. 113–144). Berlin: Cornelsen Scriptor.

Klein, E.D. & Ackeren, I. van (2012). Challenges and Problems for Research in the Field of Statewide Exams. A Stock Taking of Differing Procedures and Standardization Levels. *Studies in Educational Evaluation, 37*(4), 180–188.

Klein, E.D., Kühn, S.M., Ackeren, I. van & Block, R. (2009). Wie zentral sind zentrale Prüfungen? Zentrale Abschlussprüfungen am Ende der Sekundarstufe II im nationalen und internationalen Vergleich. *Zeitschrift für Pädagogik, 55*(4), 596–621.

Klemm, K. (2004). Strukturfragen und kein Ende. In H.G. Holtappels et al. (Hrsg.), *Jahrbuch der Schulentwicklung. Daten, Beispiele und Perspektiven. Band 13* (S. 83–96). Weinheim und München: Juventa.

Klieme, E. (2003). Benotungsmaßstäbe an Schulen: Pädagogische Praxis und institutionelle Bedingungen. Eine empirische Analyse auf Basis der PISA-Studie. In H. Döbert et al. (Hrsg.), *Bildung vor neuen Herausforderungen* (S. 195–210). Neuwied: Luchterhand.

Köller, O., Baumert, J. & Schnabel, K.U. (1999). Wege zur Hochschulreife. Offenheit des Systems und Sicherung vergleichbarer Standards. Analysen am Beispiel der Mathematikleistungen von Oberstufenschülern an integrierten Gesamtschulen und Gymnasien in Nordrhein-Westfalen. *Zeitschrift für Erziehungswissenschaft, 3*(2), 385–422.

Köster, J. (2006). Das Deutschabitur in Zeiten von Bildungsstandards – Vergleichbarkeit der Prüfungsleistungen und ihrer Bewertung. In *Didaktik Deutsch*, 21, S. 78–90.

Köster, J. (2010). Leistung und Qualität von Korrekturanleitungen im Zentralabitur Deutsch. In *Der Deutschunterricht, 62*(1), 31–39.

Krampen, G. (1987). Effekte von Lehrerkommentaren zu Noten bei Schülern. In R. Olechowski (Hrsg.), *Fördernde Leistungsbeurteilung. Ein Symposium* (S. 207–227). Wien [u.a.]: Jugend und Volk.

Kronig, W. (2007). *Die systematische Zufälligkeit des Bildungserfolgs.* Bern [u.a.]: Haupt.

Kühn, S.M. (2013). Vergleichbarkeit beim Mittleren Schulabschluss? Ein Überblick über die Vielfalt schulstrukturell möglicher Bildungswege und Prüfungsverfahren in den deutschen Ländern. *Die Deutsche Schule, 105*(1), 87–101.

Lehmann, R.H. (1988). Reliabilität und Generalisierbarkeit der Aufsatzbeurteilungen im Rahmen des Hamburger Beitrags zur internationalen Aufsatzstudie der IEA. *Zeitschrift für empirische Pädagogik*, 2, 349–365.

Mayring, P. (2010). *Qualitative Inhaltsanalyse. Grundlagen und Techniken.* Weinheim [u. a.]: Beltz.

Mietzel, G. (2007). *Pädagogische Psychologie des Lernens und Lehrens.* Göttingen [u. a.] : Hogrefe.

Neumann, M., Nagy, G., Trautwein, U. & Lüdtke, O. (2009). Vergleichbarkeit von Abiturleistungen. Leistungs- und Bewertungsunterschiede zwischen Hamburger und Baden-Württemberger Abiturienten und die Rolle zentraler Abiturprüfungen. *Zeitschrift für Erziehungswissenschaft, 12*(4), 691–714.

Neuweg, G.H. (2009). *Schulische Leistungsbeurteilung. Rechtliche Grundlagen und pädagogische Hilfestellungen für die Praxis.* Linz: Trauner.

Odendahl, J. (2008). Zentral, nicht zerebral. Wider die Benotung zentral gestellter Klausuren anhand eines Bewertungsrasters. *Pädagogische Rundschau, 62*(4), 451–457.

Paradies, L. (2009). *99 Tipps. Schüler gerecht bewerten.* Berlin: Cornelsen Scriptor.

Paradies, L., Linser, H.J. & Greving, J. (2011). *Diagnostizieren, Fordern und Fördern.* Berlin: Cornelsen.

Rheinberg, F. (2001). Bezugsnormen und schulische Leistungsbeurteilung. In F.E. Weinert (Hrsg.), *Leistungsmessung in Schulen* (S. 59–71). Weinheim: Beltz.

Sacher, W. (2004). *Leistungen entwickeln, überprüfen und beurteilen. Bewährte und neue Wege für die Primar- und Sekundarstufe.* Bad Heilbrunn: Klinkhardt.

Schönemann, B., Thünemann, H. & Zülsdorf-Kersting, M. (2011). *Was können Abiturienten? Zugleich ein Beitrag zur Debatte über Kompetenzen und Standards im Fach Geschichte.* Berlin: Lit Verlag.

Stepath, K. (2008). Bewertungsbögen als Unterrichtskonzept. Schüler erarbeiten induktiv die Schreibform »Problemerörterung«. *Deutschmagazin, 2,* 19–24.

Terhart, E. (2011). Die Beurteilung von Schülern als Aufgabe des Lehrers: Forschungslinien und Forschungsergebnisse. In E. Terhart, H. Bennewitz & M. Rothland (Hrsg.), *Handbuch der Forschung zum Lehrerberuf* (S. 699–717). Münster: Waxmann.

Trautwein, U. & Baeriswyl, F. (2007). Wenn leistungsstarke Klassenkameraden ein Nachteil sind. Referenzgruppeneffekte bei Übergangsentscheidungen. *Zeitschrift für Pädagogische Psychologie, 21,* 119–133.

Watermann, R., Nagy, G. & Köller, O. (2004). Mathematikleistungen in allgemeinbildenden und beruflichen Gymnasien. In O. Köller et al. (Hrsg.), *TOSCA – eine Untersuchung an allgemein bildenden und beruflichen Gymnasien* (S. 205–283). Opladen: Leske + Budrich.

Zabka, T. & Stark, T. (2010). Aufgabenstellungen und Erwartungshorizonte als Steuerungsinstrumente. *Der Deutschunterricht, 16*(1), 19–29.

Was macht gute Aufgaben für den Fremdsprachenunterricht aus?

Charakteristik guter Aufgaben und Einsichten aus der Unterrichtsbeobachtung

Ingo Thonhauser

1.　Einführung

Lernprozesse im Fremdsprachenunterricht (FSU) werden durch *Aufgaben* ausgelöst, diese Einsicht ist so alt wie die Didaktik selbst und scheint eine Banalität zu sein. Die Diskussion um *Aufgaben* hat jedoch in den letzten 20 Jahren in der Sprachdidaktik eine Art Renaissance erlebt, die gute alte *Aufgabe* ist gar zum zentralen Bestandteil der „didaktische[n] und damit präskriptive[n] Ausformung des Konzepts der Aufgabenorientierung" (Portmann-Tselikas, 2010, S. 1167) geworden, wozu nicht zuletzt auch die enge Verbindung von *Handlungsorientierung* und *Aufgaben* im siebten Kapitel des Gemeinsamen europäischen Referenzrahmens (GeR) beigetragen hat. Eine konsensfähige Definition der *Aufgabenorientierung* im Fremdsprachenunterricht dagegen steht noch aus und schon die Heterogenität der Begrifflichkeit lässt ahnen, dass sich daran wohl so bald nichts ändern wird: Im Englischen wird zwischen *task-based* und *task-supported language (teaching and) learning* unterschieden, im Französischen stehen *approche actionnelle* und *approche par (les) tâches* nebeneinander, während man im Deutschen zwar i. d. R. von *Aufgabenorientierung* spricht, damit aber, wie die Beiträge in Bausch et al. (2006) eindrücklich zeigen, bei Weitem nicht immer dasselbe meint.[1] Für die einen ist *Aufgabenorientierung* ein geradezu rezeptartiger methodischer Ansatz, der einen Arbeitsplan vorgibt, dessen Abarbeitung Lernerfolge verspricht, die anderen verbinden damit projekt- oder handlungsorientierten Unterricht im weitesten Sinne.

Bei aller konzeptuellen Heterogenität gibt es aber Hinweise auf eine hohe Tauglichkeit des Ansatzes in seinen verschiedenen Ausformungen im Unterrichtsalltag. Das Stichwort *Aufgabenorientierung* darf in Einleitungen zu Lehrwerken nicht fehlen, gehört geradezu selbstverständlich zur Ausbildung von Fremdsprachenlehrenden (z. B.

1　Dass dieses Konzept vielleicht nicht ganz so neu ist, wie die Literatur glauben macht, zeigt Christian Puren (2006) für die Didaktik des Französischen als Fremdsprache: Le modèle d'enseignement/apprentissage correspondant est connu et disponible depuis déjà longtemps, et c'est ladite « pédagogie du projet », à laquelle on peut donc prédire un bel avenir dans l'enseignement des langues en Europe au cours des décennies à venir. (Puren, 2006, S. 39). Rainer Wicke (2012) verweist auf die deutlichen Parallelen zum Projektunterricht und David Nunan spricht ebenfalls von „closely related variants such as project-based teaching and content-based instruction" (Nunan, 2013, S. 12).

Raith, 2011; 2013) und findet zusehends Eingang in Lehrpläne. *Aufgabenorientierung* ist aber auch zunehmend Gegenstand der empirischen Forschung (vgl. Shehadeh & Coombe, 2012), die ein heterogenes Bild zeichnet: *Aufgaben* können Interaktion auslösen und damit Lerngelegenheiten bieten, indem sie neben der kognitiven die soziale Dimension des Lernens in den Mittelpunkt rücken (Eckerth, 2003). Gleichzeitig wird unterstrichen, dass die *Aufgabenorientierung* kein homogenes oder gar dominantes Paradigma des Fremdsprachenunterrichts darstellt, sondern in verschiedensten Ausprägungen erprobt wird (Ellis, 2009, Adams, 2009).

Man mag *Aufgabenorientierung* eng oder weit definieren, es scheint konsensfähig, dass *Aufgaben* im Kontext des FSU Lernprozesse auslösen sollen und daher ein Kernelement des Fremdsprachenunterrichts sind (dazu und zur Polysemie des Begriffs vgl. Thonhauser, 2010). Dies ist auch der Ansatzpunkt dieses Beitrags, in dem ich davon ausgehe, dass *Aufgaben* dann gute *Aufgaben* sind, wenn sich Lernende auf sie einlassen können und in der Bearbeitung dieser *Aufgaben* die intendierten Lernfortschritte machen.[2] Kritiker der *Aufgabenorientierung* wie Michael Swan (2005) formulieren zwar aus theoretischer und unterrichtspraktischer Perspektive Zweifel an den Ansprüchen des Ansatzes, stellen aber keineswegs die Relevanz kommunikativer *Aufgaben* im Lehr- und Lernkontext des Fremdsprachenunterrichts in Abrede (zur Diskussion der Kritik vgl. Ellis, 2009).

Diese *Aufgaben* stehen also im Mittelpunkt dieses Beitrags. In einem ersten Teil wird der Versuch unternommen, eine begründete Auswahl (vgl. Abschnitt 2) aus der beeindruckenden Anzahl an Beschreibungen von *Aufgaben*, über die wir heute verfügen, zu sichten. Ziel dieser Korpus-Analyse ist es, zentrale Merkmale „guter" *Aufgaben* im oben beschriebenen Sinne zu identifizieren. Darauf folgt die Darstellung einer qualitativen Studie auf der Basis von Unterrichtsbeobachtungen aus dem Bereich des Fremdsprachenunterrichts in Westschweizer Gymnasien. In einem letzten Abschnitt werden die Konsequenzen für die Ausbildungen von Lehrenden und mögliche Fragestellungen für die empirische Forschung diskutiert.

2.   Gute *Aufgaben im Fremdsprachenunterricht*. Eine Sichtung

In der folgenden Auswahl aus der Vielzahl der existierenden Definitionen zu *Aufgaben* liegt das Augenmerk auf Definitionen oder Beschreibungen, die Aussagen zu Qualitätskriterien von *Aufgaben* enthalten. Neben Beschreibungen oder Definitionen, die in der aktuellen Diskussion sehr häufig zitiert werden, finden sich daher Texte, die Listen zu Aufgabencharakteristika enthalten. Für die Analyse wurden insgesamt 14 Texte in englischer, französischer und deutscher Sprache ausgewählt, die im Annex aufgelistet werden.[3]

---

2   Aufgaben sind in diesem Sinne ein Lernangebot, durchaus im Sinne des „Angebots-Nutzungs-Modells" von Andreas Helmke (Helmke, 2006).

3   Die Diskussion von Qualitätskriterien für *Aufgaben* ist kein Spezifikum der Fremdsprachendidaktik, vgl. z. B. die Charakterisierung „guter Lernaufgaben" in Keller und Bender (2012).

Textauswahl: Qualitätskriterien von Aufgaben
1.　Bourguignon, C. (2010)
2.　Candlin, C. (1987)
3.　Dolz, J., Schneuwly, B., Thévenaz, T., & Wirthner, M. (2002)
4.　Ellis, R. (2003)
5.　Krenn (2007)
6.　Legutke, M. (2010)
7.　Mertens, Jürgen (Hg.). (2010)
8.　Nunan, D. (2004)
9.　Portmann-Tselikas, P. (2001)
10.　Portmann-Tselikas, P. (2010)
11.　Robinson, P. (2011)
12.　Schocker-v Ditfurth, M. (2011)
13.　Skehan, P. (1998)
14.　Willis, D., & Willis, J. (2007)

Abb. 1　　Textauswahl

Einen guten Überblick über die englischsprachige Literatur, die großen Einfluss auf die deutschsprachige Diskussion ausgeübt hat, bietet van den Branden (2006, S. 7–8). Aus der englischsprachigen Literatur wurde eine frühe, ein wenig in Vergessenheit geratene erste Definition mit einem Kommentar zu didaktisch relevanten Bereichen (Candlin, 1987) berücksichtigt, dann die vier in der didaktischen Literatur am häufigsten zitierten Definitionen (Skehan, 1998; Ellis, 2003; Nunan, 2004; Willis & Willis, 2007) und schließlich eine neuere, von den vorhergehenden Texten etwas abweichende Merkmalsliste (Robinson, 2011). Aus der Didaktik des Französischen als *Schulsprache* stammt die Beschreibung von Dolz, Schneuwly, Thévenaz & Wirthner (2002), während Bourguignon (2010) den Fremdsprachenunterricht im Blick hat.[4] Die Auswahl der deutschsprachigen Texte spiegelt das zunehmende Interesse am Konzept der *Aufgabenorientierung* in den letzten Jahren wieder, weshalb hier auch die Einträge aus Fachlexika aufgenommen wurden.

　　Ziel dieser Korpusanalyse war die Erstellung einer Liste von Merkmalen, die gute *Aufgaben* im aktuellen sprachendidaktischen Diskurs charakterisieren. Dabei wurde rasch deutlich, dass eine rein quantitative Auswertung der am häufigsten genannten Merkmale dem Quellenmaterial nicht gerecht wird; zu unterschiedlich sind die Perspektiven und Schwerpunkte, die in den einzelnen Definitionen oder Beschreibungen zum Ausdruck kommen.

　　Im Folgenden werden sechs Charakteristika aufgeführt, die sich aus dieser Sichtung ergeben haben. Die ersten beiden Kriterien werden in 12 der untersuchten De-

---

　　In diesem Beitrag werden nur Ansätze aus dem Bereich der Sprachendidaktik berücksichtigt.

4　　Das im französischsprachigen Raum viel verwendete *Dictionnaire de didactique du français langue étrangère et seconde* weist zwar einen Eintrag zu *tâche* auf, dieser wiederholt jedoch nur die Definitionen von Nunan und Willis und Willis und wurde daher nicht in die Liste aufgenommen.

finitionen erwähnt und sind daher quantitativ begründbar. Die vier übrigen wurden aufgenommen, da sie zwar nur bei einer Minderheit genannt wurden, für den jeweiligen Ansatz aber besonders zentral erscheinen und ausführlich kommentiert werden.

2.1   *Aufgaben* führen zu einem Resultat/haben eine klare Zielsetzung.

„Achieving a goal" – dies ist in der Geschichte der handlungsorientierten Fremdsprachendidaktik *die* konsensfähige Eigenschaft von *Aufgaben*, wie van den Brandens Überblick (2006, S. 4) beispielhaft zeigt. Das zu erreichende Resultat wird dabei auf unterschiedliche Weise charakterisiert, wobei zu beobachten ist, dass konkrete, als Produkt greifbare Ergebnisse zunehmend von offener formulierten, kommunikativen Zielsetzungen abgelöst werden. Dies bedeutet, dass nicht nur Schülertexte als Produkte gemeint sind, sondern beispielsweise auch die Realisierung von Projekten wie einer Theateraufführung.

2.2   *Aufgaben* sind inhaltsorientiert („Focus on Meaning")

Aufgaben sollen für Lernende bedeutsam sein. Es ist aufschlussreich, dass dies die zweite Eigenschaft ist, die bei einer Mehrzahl der Definitionen erwähnt wird. Im Spannungsfeld der aktuellen Diskussion um Inhaltsorientierung und Kompetenzorientierung (Bausch, Burwitz-Melzer, Königs & Krumm, 2009) wird die Aufgaben-/Handlungsorientierung ja häufig der Kompetenzorientierung zugerechnet. In den analysierten Beschreibungen werden die für die Lernenden relevanten und interessanten Inhalte jedoch sehr betont, wobei bei manchen die Verbindung von Inhaltsorientierung und sprachlichem Lernen stark im Vordergrund steht (Robinson, 2011; Krenn, 2007; Portmann, 2010), während andere stärker den Kontrast zwischen Inhaltsorientierung und „Focus on Form" hervorheben (Nunan, 2004; Legutke, 2010).

2.3   *Aufgaben* haben einen Bezug zu den Lebenswelten der Lernenden

Der Bezug zu den Lebenswelten der Lernenden, die natürlich äußerst heterogen sind, wurde als Merkmal in die Liste aufgenommen, da er in den einflussreichen Arbeiten von Skehan (1998), Ellis (2003) und Willis und Willis (2007) von zentraler Bedeutung ist. Neun der 14 ausgewählten Texte enthalten hierzu keine expliziten Aussagen. Dies ist eine überraschende Einsicht: Die Handlungsorientierung gehört seit der kommunikativen Wende zum fremdsprachendidaktischen Repertoire und man hätte doch angenommen, dass ein Ansatz, der in dieser Tradition steht, dem Bezug zur „wirklichen Welt" außerhalb des Lehr- und Lernkontextes hohe Bedeutung zumisst.

2.4　*Aufgaben* stellen Lernende als Akteure in den Mittelpunkt (Autonomie)

Die ausgewählten Beschreibungen kommen in der Mehrzahl ohne Akteure, die Lernenden, aus. Dies ist erstaunlich für einen Ansatz, der sich als methodisch-didaktische Ausprägung des kommunikativen Ansatzes versteht (vgl. dazu Nunan, 2013, S. 12). Das Interesse an den Lernenden, an ihren Bedürfnissen und an der Förderung ihrer Autonomie charakterisiert kommunikativen Fremdsprachenunterricht bis heute (Holec, 1989; Thonhauser, 2014). Dieses Element wurde in die Liste aufgenommen, da es – nach einer frühen, pointierten Darstellung (Portmann, 2001) – in neueren Arbeiten (z. B. Bourguignon, 2010; Mertens, 2010; Schocker v. Ditfurth, 2011) zunehmende Bedeutung als Charakteristikum guter *Aufgaben* erhält.[5]

2.5　*Aufgaben* ermöglichen authentisches sprachliches Handeln im Unterricht

In den Texten ist zwar nicht immer explizit vom authentischen sprachlichen Handeln im Unterricht die Rede, die Diskussionen des Zusammenhangs von *Aufgaben* und Lernen thematisieren jedoch genau dieses Merkmal (z. B. Ellis, 2003; Nunan, 2004; Krenn, 2007) und lassen sich wie folgt resümieren:

> „Als Kernelement erscheint die authentische Kommunikationssituation, die nicht unbedingt das ‚wirkliche Leben‘ ins Klassenzimmer holen muss, sondern dadurch authentisch wird, dass Lernende engagiert an der Bewältigung einer Aufgabe arbeiten, die sie als relevant, signifikant oder wenigstens einigermaßen interessant erleben" (Thonhauser, 2010, S. 15).

2.6　*Aufgaben* ermöglichen die Entwicklung/den Ausbau von Sprachkompetenz

In der neueren Literatur zur *Aufgabenorientierung* manifestiert sich zunehmend ein Interesse am Ausbau sprachlicher Kompetenzen, meist unter dem Stichwort „focus on form". Dies mag eine Reaktion auf die Kritik aus dem Bereich des schulischen Fremdsprachenunterrichts sein. In den ausgewählten Texten findet sich nur bei zwei Autoren (Krenn, 2007; Robinson, 2011) eine ausführliche Darstellung, in den anderen Texten werden nur vereinzelt konkrete Aspekte des sprachlichen Lernens genannt. Hier wird vor allem hervorgehoben, dass *Aufgaben* zur Arbeit in allen Fertigkeitsbereichen Anlass geben sollen (Ellis, 2003; Nunan, 2004, Mertens, 2010), während Portmann-

---

5　Johannes Eckert brachte dies schon vor mehr als zehn Jahren auf den Punkt: „Obwohl Formulierungen wie ‚chances of noticing‘ und ‚opportunity for reflection and awareness‘ auf die Konzeptualisierung des Fremdsprachenlerners als aktives und selbstreflexives Subjekt referieren, wird der Lerner innerhalb der task-based research primär als ein reaktives informationsverarbeitendes System betrachtet." (Eckerth, 2003, S. 38)

Tselikas (2010) der Sprachaufmerksamkeit eine besondere Rolle einräumt. Dies mag andeuten, dass die Spracharbeit noch nicht in dem Maß Eingang in das Konzept der *Aufgabenorientierung* gefunden hat wie andere, anscheinend konsensfähigere Charakteristika. Da es in den Quellentexten ja ausnahmslos um den Lehr- und Lernkontext des Sprachenunterrichts geht, wurde dieses Merkmal explizit als sechstes Element in die Liste aufgenommen.

Zur Gültigkeit der hier beschriebenen sechs Qualitätsmerkmale von *Aufgaben* im Sprachunterricht ist Folgendes festzuhalten: Sie sind das Ergebnis der Analyse von Texten, die den fremdsprachendidaktischen Diskurs geprägt haben und aktuell weiterführen. Die gegenwärtige Diskussion um *Aufgaben* ist letztendlich eine Weiterentwicklung der kommunikativen Wende (vgl. dazu Nunan, 2013), was die Kontinuität bestimmter Gütekriterien für *Aufgaben* erklärt, wie auch Michael Longs hier noch nicht berücksichtigtes Buch *Second Language Acquisition and Task-Based Language Teaching* (Long, 2014, v. a. Kap. 4) illustriert. Dies gilt vor allem für die ersten beiden Merkmale, die vier weiteren Merkmale beruhen auf einer Gewichtung im Gesamtkontext der konsultierten Texte. Diese Gewichtung kommt nicht ohne ein gewisse Maß an Subjektivität aus, und darüber ließe sich natürlich diskutieren.[6]

Die hier präsentierte zusammenfassende Charakteristik guter *Aufgaben* dürfte in der Fremdsprachendidaktik sehr konsensfähig sein.[7] *Aufgaben* können aber nur Lernprozesse auslösen, wenn sich Lernende auf die Bearbeitung dieser *Aufgaben* einlassen. Unter welchen Voraussetzungen tun sie dies? Das nächste Kapitel zeigt Einsichten aus der Unterrichtsbeobachtung im gymnasialen Fremdsprachenunterricht, die eine zusätzliche Perspektive einbringen.

3.   *Aufgaben* im Schulalltag. Ergebnisse der Unterrichtsbeobachtung im Fremdsprachenunterricht

In diesem Abschnitt werden die Ergebnisse einer Analyse von Daten, die der Autor bei Unterrichtsbesuchen im Rahmen der Ausbildung von Lehrerinnen und Lehrern an der Pädagogischen Hochschule Lausanne gesammelt hat, diskutiert. Diese Besuche bieten Gelegenheit, Unterrichtsstunden zu beobachten, die von den Lehrenden selbst geplant und durchgeführt wurden, da im gymnasialen Fremdsprachenunterricht i. d. R. kein Lehrwerk verwendet wird. In diesen Stunden spielen *Aufgaben* eine zentrale Rolle, auch wenn es nicht unbedingt um solche handelt, die jeweils eine spezifische Ausprä-

---

6   So wurden drei weitere Merkmale (der „Prozesscharakter" von *Aufgaben*, die „kognitive Aktivierung" und der Aspekt der Rückmeldung und Korrektur als Bestandteil von Aufgaben) nicht in die Liste aufgenommen, da es sich um Charakteristika handelt, die singulär in einigen Texten genannt werden. Dies bedeutet natürlich nicht, dass es sich um irrelevante Aspekte handelt.

7   Dafür spricht die Tatsache, dass diese Liste sich auch als Präzisierung der Liste von Ellis (2003) lesen lässt, die auf einem Korpus englischsprachiger Texte basiert und die deutsch- und englischsprachige Debatte sehr geprägt hat.

gung des aufgabenorientierten Fremdsprachenunterrichts modellhaft umsetzen.[8] Ziel der Unterrichtsbesuche ist eine formative Rückmeldung in Form eines schriftlichen Berichts zu Kompetenzen, die sich in der beobachteten Planung und Umsetzung einer Unterrichtsequenz zeigen.[9]

3.1 Fragestellung und Hypothese

Die einleitend erwähnten Berichte fokussieren Beobachtungen zu Elementen des Unterrichtsverlaufs, die Rückschlüsse auf die fachlichen und didaktischen Kompetenzen der Lehrenden erlauben. Zentral geht es daher um die Umsetzung von Unterrichtsplanungen, in denen, wie gesagt, *Aufgaben* einen wesentlichen Platz einnehmen. In diesem Sinne stellten diese Berichte eine geeignete Datenquelle zur Beantwortung der folgenden Frage dar: „Involvieren die gestellten *Aufgaben* in der Klasse die Lernenden oder nicht?" Dieser Frage lag die Hypothese zugrunde, dass sich durch die Beobachtung der Umsetzung von *Aufgaben* in der Realität des Unterrichts Einsichten in die Qualität von *Aufgaben* gewinnen lassen könnten, die eine Ergänzung der beschriebenen sechs Kriterien darstellen könnten.

3.2 Methode

Mit Einverständnis der Lehrenden wurden insgesamt 18 schriftliche Berichte zu Unterrichtsbesuchen analysiert, die jeweils eine Unterrichtseinheit von 45 Minuten dokumentieren. Die Analyse mit Hilfe des Programms *HyperRESEARCH* lässt sich als qualitatives, der *Grounded Theory* verpflichtetes Verfahren charakterisieren (vgl. Dillon, 2013; Mey & Mruck, 2009, v.a. Abschnitt 3.1.2). Es handelt sich nicht um ein strikt induktives, sondern um ein von einer zentralen Frage geleitetes Vorgehen, das jedoch der Grounded Theory verpflichtet bleibt. Ziel ist nicht nur die reine Beschreibung der Daten, sondern eine Konstruktbildung, indem Faktoren identifiziert werden, die erklären, warum Lernende sich auf diese *Aufgaben* einließen oder eben nicht. Die zur qualitativen Analyse der Unterrichtsbeobachtungen herangezogenen

---

8   Hier ist zu notieren, dass sich die Lehrenden im Rahmen ihrer Ausbildung an der PH mit den didaktischen Konzepten der Handlungs- und *Aufgabenorientierung* auseinandersetzen – in den beobachteten Unterrichtsstunden wird aber nicht verlangt, dass eines dieser Konzepte strikt umgesetzt wird.

9   Konkret sind bei diesen Unterrichtsbesuchen die folgenden vier der insgesamt elf Kompetenzen des „Référentiel des compétences professionnelles" (https://www.hepl.ch/cms/accueil/formation/referentiel-de-competences.html, Zugriff 12.10.2015) der PH Lausanne in den Mittelpunkt zu stellen: 1. Agir en tant que professionnel critique et porteur de connaissances et de culture. 2. Concevoir et animer des situations d'enseignement et d'apprentissage en fonction des étudiants et du plan d'études. 3. Evaluer la progression des apprentissages et le degré d'acquisition des connaissances et des compétences des élèves. 4. Planifier, organiser et assurer un mode de fonctionnement de la classe favorisant l'apprentissage et la socialisation de l'élève.

Elemente der Grounded-Theory-Methodik haben den Vorteil, dass die Daten in einer Bottom-up-Analyse ausgehend von einer konkreten Fragestellung untersucht werden. Die Kodierungen entstehen in einem rekursiven Verfahren und haben daher emergenten Charakter, indem sich Antworten in mehreren Durchgängen aus den Daten erschließen. Die Crux ist hierbei die Frage, an welchem Punkt dieses Prozesses ein „Sättigungsgrad" erreicht ist. Im vorliegenden Fall war der entscheidende Indikator nach fünf Durchgängen die Tatsache, dass sich in überraschender Deutlichkeit ein Muster abzeichnete.

3.3   Datenauswertung und Analyse

Zur Auswertung der Daten wurden zunächst Textstellen, die Beobachtungen zur Fragestellung enthielten, identifiziert und in insgesamt fünf Durchgängen kodiert. Es handelte sich also um eine Single-Rater-Verfahren, das drei Kategorien zum Ausgangspunkt nahm: „Die Aufgabe involviert Lernende", „Die Aufgabe involviert Lernende teilweise" und „Die Aufgabe involviert Lernende nicht". Diese Kategorien wurden den in den chronologisch-narrativ gehaltenen Berichten manifesten Verhaltensweisen und Reaktionen der Lernenden zugeordnet und durch die fünf Kodierungsdurchgänge weiter differenziert, indem Neuzuordnungen, Anpassungen und Spezifizierungen der Kodes vorgenommen wurden.

Insgesamt wurden den 18 Texten 73 Kodes zugewiesen. Die Auswertung in der grafischen Darstellung fokussiert die absolute Häufigkeit der Zuordnungen einzelner Kodes (Abb. 2).

In der Grafik ergeben die absoluten Häufigkeiten der Zuordnung das durch die dunkelgrauen Linien eingegrenzte Profil, das die höchsten Abweichungen vom Mittelwert aufweist, der als graue Fläche im Zentrum erscheint. Die hellgrau dargestellte Standardabweichung entspricht daher dem Profil der absoluten Häufigkeiten. Kodes, die Erklärungen der Aufgaben charakterisieren, treten am häufigsten auf und weisen darauf hin, dass die Kommunikation der Aufgabenstellung in der konkreten Unterrichtssituation erheblich dazu beiträgt, ob Lernende sich auf eine Aufgabe einlassen (können) oder nicht. Erklärungen, die verständlich sind und klar kommuniziert werden, sind ein wesentlicher Faktor für den Erfolg von *Aufgaben* im Lehr- und Lernkontext des schulischen Fremdsprachenunterrichts. Dies korreliert mit den drei Kodes zur Rolle der Lehrpersonen, die zeigen, dass sich beratende und unterstützende Aktivitäten positiv auf das Engagement der Lernenden auswirken.

Wenn man dies nun aus der Perspektive der Unterrichtenden betrachtet, wird diese Einsicht zwar erfahrene Lehrende nicht sonderlich überraschen, sie scheint mir jedoch vor dem Hintergrund der im ersten Teil diskutierten Qualitätskriterien von *Aufgaben* relevant. In diesen Kriterien findet sich kein Hinweis darauf, wie *Aufgaben* in konkreten Lehr- und Lernkontexten bearbeitet werden. Damit soll nicht gefordert werden, dass diese systematisch in die Beschreibungen von Qualitätskriterien aufgenommen werden sollten – das wäre unrealistisch. Aufgrund der Ergebnisse lässt sich aber zumindest ein Qualitätsmerkmal guter *Aufgaben* formulieren, das Lehr und Lernkon-

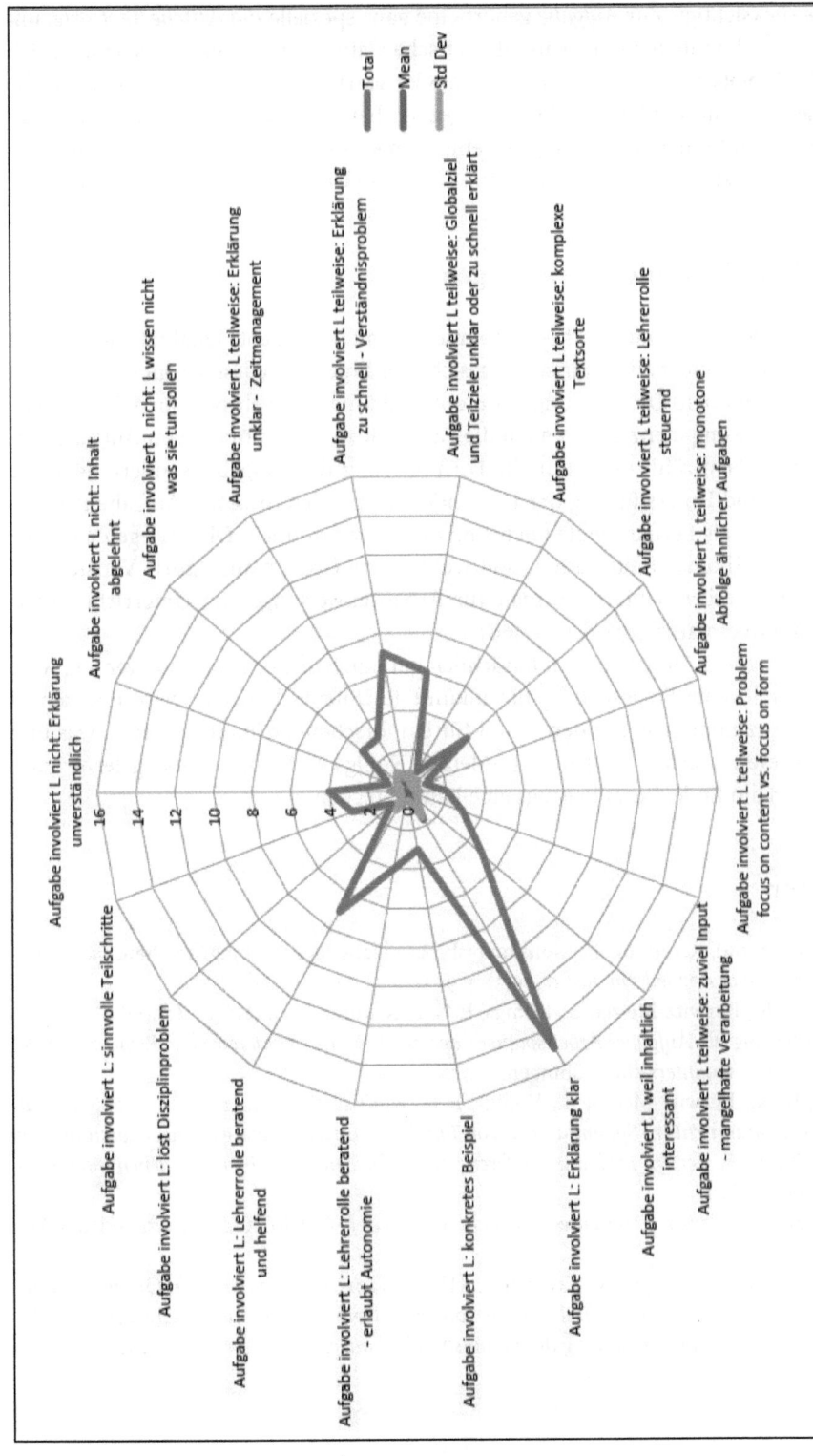

Abb. 2   Auswertung

texte berücksichtigt. Zur *Aufgabe* gehört eine ganz spezielle *didaktische Textsorte*, mit Feilke (2013) könnte man diese als „didaktische Gattung" bezeichnen: Es handelt sich um die „Arbeitsanweisung", die mündlich oder schriftlich realisiert wird und, wie die Analyse der Unterrichtsbeobachtungen gezeigt hat, erheblichen Einfluss darauf hat, inwieweit sich Lernende auf *Aufgaben* einlassen können. Gute *Aufgaben*, könnte man etwas überspitzt formulieren, sind so gut, wie sie im Unterricht kommuniziert werden.

4.   Abschließende Überlegungen

Das am Ende des letzten Abschnitts pointiert formulierte siebte Qualitätsmerkmal ist in diesem Sinne nicht als empirisch abgesichertes Ergebnis zu lesen, sondern zunächst als gut begründbare Orientierung für die Ausbildung von Lehrpersonen. Zu sprach-didaktischer Kompetenz gehört auch die Fähigkeit zur Vermittlung von Aufgaben im Unterricht. Dazu zählt nicht nur die Formulierung der Aufgabe, sondern auch die Begleitung und Unterstützung der Lernenden, damit sich diese auf Aufgaben einlassen und diese als Lernangebote auch sinnvoll nutzen können. Dies belegen auch die Studien von Thomas Raith (2011), und v. a. Simone Grossmanns (2011) Versuch, auf empirischer Basis Qualitätsmerkmale für Arbeitsanweisungen im Unterricht vorzu-schlagen (Grossmann, 2011, S. 356–360).

Wie aus guten Aufgaben auch tatsächlich gut nutzbare Lernangebote werden, wäre eine hochrelevante Fragestellung für zukünftige Untersuchungen. Diese müssten in den Klassenzimmern stattfinden – und für ein forschendes Interesse daran, was und wie an diesen „Lernorten" (Burwitz-Melzer, Königs & Riemer, 2015) gelernt wird, möchte ich am Ende dieses Beitrags eine Lanze brechen.

Literatur

Adams, R. (2009). Recent publications on task-based language teaching: a review. *International Journal of Applied Linguistics, 19*(3), 339–355.

Bausch, K.-R., Burwitz-Melzer, E., Königs, F. G. & Krumm, H.-J. (Hrsg.). (2006). *Aufgaben-orientierung als Aufgabe: Arbeitspapiere der 26. Frühjahrskonferenz zur Erforschung des Fremdsprachenunterrichts*. Tübingen: Narr.

Bausch, K.-R., Burwitz-Melzer, E., Königs, F. G. & Krumm, H.-J. (Hrsg.). (2009). *Fremd-sprachenunterricht im Spannungsfeld von Inhaltsorientierung und Kompetenzbestimmung. Arbeitspapiere der 29. Frühjahrskonferenz zur Erforschung des Fremdsprachenunterrichts.* Tübingen: Narr.

Bourguignon, C. (2010). *Pour enseigner les langues avec le CECRL. Clés et conseils.* Paris: De-lagrave.

Burwitz-Melzer, E., Königs, F.G., Riemer, C. (Hrsg.). (2015.). *Lernen an allen Orten. Die Rolle der Lernorte beim Lehren und Lernen von Fremdsprachen. Arbeitspapiere der 35. Früh-jahrskonferenz zur Erforschung des Fremdsprachenunterrichts.* Tübingen: Narr.

Candlin, C. (1987). Towards Task-Based Language Learning. In C. Candlin & D. Murphy (Hrsg.), *Language Learning Tasks* (S. 5–22). Englewood Cliffs, NJ Prentice Hall International.

Cuq, J.-P. (Hrsg.). (2003). *Dictionnaire de didactique du français langue étrangère et seconde*. Paris: CLE International.

Dillon, D. R. (2013). Grounded Theory and Qualitative Research. In C. A. Chapelle (Hrsg.), *The Encyclopedia of Applied Linguistics*. Wiley-Blackwell.

Dolz, J., Schneuwly, B., Thévenaz, T., & Wirthner, M. (2002). Les Tâches et leurs entours en classe de Français. Conférence introductive du colloque. In J. Dolz et al. (Hrsg.), *Les Tâches et leurs entours en classe de Français. Actes du 8e colloque international de la DFLM* (S. 1–15). Neuchâtel: CDROM.

Eckerth, J. (2003). *Fremdsprachenerwerb in aufgabenbasierten Interaktionen*. Tübingen: Narr.

Ellis, R. (2003). *Task-based Language Learning and Teaching*. Oxford: Oxford University Press.

Ellis, R. (2009). Task-based language teaching: sorting out the misunderstandings. *International Journal of Applied Linguistics, 19*(3), 221–246.

Feilke, H. (2013). Bildungssprache und Schulsprache am Beispiel literal-argumentativer Kompetenzen. In M. Becker-Mrotzek et al. (Hrsg.), *Sprache im Fach. Sprachlichkeit und fachliches Lernen* (S. 113–130). Münster, New York, München, Berlin: Waxmann.

Grossmann, S. (2011). *Mündliche und schriftliche Arbeitsanweisungen im Unterricht Deutsch als Fremdsprache*. Frankfurt am Main: Lang.

Helmke, A. (2006). Was wissen wir über guten Unterricht? Über die Notwendigkeit einer Rückbesinnung auf den Unterricht als dem »Kerngeschäft« der Schule. *Pädagogik* (2), 42–45.

Keller, S. & Bender, U. (Hrsg.). (2012). *Aufgabenkulturen. Fachliche Lernprozesse herausfordern, begleiten, reflektieren*. Seelze: Kallmeyer (Klett).

Krenn, W. (2007). Der aufgabenorientierte Ansatz als neue „Designmethode" der Fremdsprachendidaktik. In H.-J. Krumm & P. Portmann-Tselikas (Hrsg.), *Theorie und Praxis. Österreichische Beiträge zu Deutsch als Fremdsprache 10/2006. Schwerpunkt: Aufgaben* (S. 13–28). Innsbruck: Studienverlag.

Legutke, M. (2010). Aufgabenorientierung. In H. Barkowski & H.-J. Krumm (Hrsg.), *Fachlexikon Deutsch als Fremd- und Zweitsprache* (S. 17). Tübingen: Francke.

Long, M. H. (2014). *Second Language Acquisition and Task-Based Language Teaching*. Chichester: Wiley-Blackwell.

Mertens, J. (2010). Aufgabenorientierung. In C. Surkamp (Hrsg.), *Metzler Lexikon Fremdsprachendidaktik* (S. 7–8). Stuttgart: Metzler.

Mey, G. & Mruck, K. I. H. S. (2009). Methodologie und Methodik der Grounded Theory. In W. Kempf & M. Kiefer (Hrsg.), *Forschungsmethoden der Psychologie. Zwischen naturwissenschaftlichem Experiment und sozialwissenschaftlicher Hermeneutik. Band 3: Psychologie als Natur- und Kulturwissenschaft. Die soziale Konstruktion der Wirklichkeit* (S. 100–152). Berlin: Regener.

Müller-Hartmann, A. & Schocker-v Ditfurth, M. (2011). *Teaching English: Task-Supported Language Learning*. Paderborn: Ferdinand Schöningh.

Nunan, D. (2004). *Task-Based Language Teaching and Learning. A comprehensively revised edition of Designing Tasks for the Communicative Language Classroom*. Cambridge: CUP.

Nunan, D. (2013). The task approach to language teaching. *Fremdsprachen Lehren und Lernen (FLUL), 42*(2), 10–27.

Pluskwa, D., Willis, D. & Willis, J. (2009). L'approche actionnelle en pratique: la tâche d'abord, la grammaire ensuite! In M.-L. Lions-Olivieri & P. Liria (Hrsg.), *L'approche actionnelle dans l'enseignement des langues. Onze articles pour mieux comprendre et faire le point* (S. 206–230). Barcelona: difusión.

Portmann-Tselikas, P. (2001). Aufgaben statt Fragen. Sprachen lernen im Unterricht und die Ausbildung von Fertigkeiten. *Fremdsprache Deutsch, 24*, 13–18.

Portmann-Tselikas, P. (2010). Aufgabenorientierung. In H.-J. Krumm, C. Fandrych, B. Hufeisen & C. Riemer (Hrsg.), *Deutsch als Fremd- und Zweitsprache. Ein internationales Handbuch. 2. Halbband* (S. 1166–1172). Berlin, New York: deGruyter.

Puren, C. (2006). De l'approche communicative à la perspective actionnelle. *Le Français dans le Monde, 347*, 37–40.

Raith, T. (2011). *Kompetenzen für aufgabenorientiertes Fremdsprachenunterrichten. Eine qualitative Untersuchung zur Ausbildung von Fremdsprachenlehrkräften.* Tübingen: Narr.

Raith, T. (2013). Task-based teaching competences in individual learning environments. Foreign language learning between standards and discourse. *Fremdsprachen Lehren und Lernen (FLUL), 42*(2), 71–84.

Robinson, P. (2011). Task-Based Language Learning: A Review of Issues. *Language Learning, 61*(Suppl. 1), 1–36.

Schocker-v Ditfurth, M. (2011). Tasks – Unterrichten mit besonderen Aufgaben. *At work. Das Englischmagazin von Diesterweg, 19*, 3–5.

Shehadeh, A. & Coombe (Hrsg.). (2012). *Task-Based Language Teaching in Foreign Language Contexts. Research and implementation* (Vol. 4). Amsterdam, Philadelphia: John Benjamins.

Skehan, P. (1998). *A Cognitive Approach to Language Learning.* Oxford: Oxford University Press.

Swan, M. (2005). Legislation by Hypothesis: The Case of Task-Based Instruction. *Applied Linguistics, 26*(3), 376–401.

Thonhauser, I. (2010). Was ist neu an den Aufgaben im aufgabenorientierten Fremdsprachenunterricht? Einige Überlegungen und Beobachtungen. *Babylonia* (3), 8–16.

Thonhauser, I. (2014). Die Lernenden im Blickpunkt. Drei wegweisende Beiträge zur Fremdsprachendidaktik im aktuellen Kontext. *bulletin vals-asla, 100*, 99–105.

Van den Branden, K. (2006). Introduction: Task-based language teaching in a nutshell. In K.Van den Branden (Hrsg.), *Task-Based Language Education: From Theory To Practice.* (S. 1–16). Cambridge: Cambridge University Press.

Wicke, R. E. (2012). *Aufgabenorientiertes und projektorientiertes Lernen im DaF-Unterricht: Genese und Entwicklung.* München: Iudicium.

Willis, D. & Willis, J. (2007). *Doing Task-based Teaching.* Oxford: Oxford University Press.

Annex

Textauswahl zur Definition von Qualitätskriterien von Aufgaben

Autor/in	Definition/Charakterisierung
Candlin (1987, S. 10–12)	From the conditions above, and the criteria illustrated, we might offer the following as a working definition of language-learning task: One of a set of differentiated, sequencable, problem-posing activities involving learners and teachers in some joint selection from a range of varied cognitive and communicative procedures applied to existing and new knowledge in the collective exploration and pursuance of foreseen or emergent goals within a social milieu.

- *Input.* By this I mean whatever data are presented or selected by the learners and teacher for work, in whatever medium/media and associated with whatever personal experiences of the participants. What resources are needed for accomplishment of the task?
- *Roles.* By this I mean the specification of roles of participants in relation to the accomplishment of the task and their roles in respect of their relationships with each other. What do participants have to do and who assigns such duties? How are the participants to co-operate? What is to be their relative distance and relative powerfulness? Who acts and who monitors, who instructs, who guides?
- *Settings.* individual, pair or group work? What combinations or sequences of these? Is choice among work-settings left to the participants or stipulated? What links are there between the average classroom setting and out-of-class activity.
- *Actions.* By this I mean the procedures to be followed in the understanding, execution and accomplishment of the task. How are these set down? Is choice among them left open or fixed in advance? How is the work to be shared? What behaviours of various participants are expected, tolerated? Who does what with what with whom and how?
- *Monitoring.* How is the selection of the input, the choice of role, the adoption of setting and the effectiveness of action to be monitored and accounted? Who takes on this role? How is the monitoring to be done? How are changes of direction in terms of alternative input, setting, role or action to be captured! What are the foci of the monitoring: communication, learning, social behaviour?
- *Outcomes.* By this I mean the goals of the task. Are these to be prescribed or can they be discerned or reformulated? Are various outcomes possible, permitted? Can the criteria for achievement be determined in the process by the participants? What connections are to be/can be established with other tasks? In what terms are the various outcomes to be stated?
- *Feedback.* By this I mean the evaluation of the task. Who gives this and to whom at what stage? Is such feedback implicit in the task itself, for example, enabling other subsequent tasks to be accomplished, or is it self-contained? Does the feedback relate both to content and to the process of the task? If so, how is the latter to be formulated? What are the connections between the task and the social and cognitive worlds of the learners? How can feedback be optimally related to changes in participant behaviour?

Autor/in	Definition/Charakterisierung
Skehan (1998, S. 5)	A task is an activity in which • meaning is primary • learners are not given other people's meanings to regurgitate • there is some sort of relationship to comparable real world activities • task completion has some sort of priority • the assessment of the task is in terms of outcome.
Port-mann-Tselikas (2001, S. 16)	„Arbeitsaufträge müssen einige Bedingungen erfüllen, um als AUFGABE gelten zu können. Zu einer prototypischen Aufgabe gehört, • dass Lernende allein, zu zweit oder in einer Gruppe eine Fragestellung bearbeiten; • dass die Lernenden bei der Bearbeitung der Fragestellung für eine Weile auf sich gestellt sind und die Arbeit an der Lösung selbständig unternehmen; • dass die Lösung in geeigneter Weise als Resultat greifbar wird (als Text, als Notiz, als Arbeitsunterlage als mündliche Information für die Klasse, als Dialog oder Szene …); • dass die Lernenden selber die Informationen einholen, die ihnen fehlen, bzw. von sich aus die Hilfe der Lehrkraft in Anspruch nehmen, wenn dies nötig scheint; • dass sie selber entscheiden, wann ein Arbeitsschritt abgeschlossen ist und den Ansprüchen genügt.
Dolz, Schneuw-ly, Thévenaz, Wirthner, (2002, S. 12)	a) les tâches requièrent l'usage de la langue et s'organisent à partir d'une situation problème; b) l'exécution de la tâche implique l'intégration de ressources diverses; c) la situation-problème crée un contexte dans lequel toutes les formes linguistiques acquerront leur signification; d) les tâches proposées anticipent et actualisent des procédures d'utilisation équivalentes à celles qui sont utilisées en dehors de la classe; e) les tâches se structurent en phases et en étapes successives et corrélées, déterminées par le produit à élaborer et par des critères d'ordre pédagogique; f) les contenus et les résultats sont relativement ouverts (la prédétermination est approximative).
Ellis (2003, S. 16)	1. A task is a workplan. 2. A task involves a primary focus on meaning. 3. A task involves real-world processes of language use. 4. A task can involve any of the four language skills. 5. A task engages in cognitive processes. 6. A task has a clearly defined communicative outcome.
Nunan (2004, S. 4)	My own definition is that a pedagogical task is a piece of classroom work that involves learners in comprehending, manipulating, producing or interacting in the target language while their attention is focused on mobilizing their grammatical knowledge in order to express meaning, and in which the intention is to convey meaning rather than to manipulate form. The task should have a sense of completeness, being able to stand alone as a communicative act in its own right with a beginning, a middle and an end …

Autor/in	Definition/Charakterisierung
Willis & Willis (2007, S. 13)	We can, then, determine how task-like a given activity is by asking the following questions. The more confidently we can answer *yes* to each of these questions the more task-like the activity. 1 Does the activity engage learners' interest? 2 Is there a primary focus on meaning? 3 Is there an outcome? 4 Is success judged in terms of outcome? 5 Is completion a priority? 6 Does the activity relate to real world activities?
Krenn (2007)	1. Signifikanz: Das, was im Unterricht geschieht, muss von Lehrenden und Lernenden als wichtig und bedeutsam interpretiert werden können. Aufgaben müssen als signifikant erlebt werden, wenn sie lernwirksam sein sollen. Entscheidend dafür ist die Haltung, die Einstellung, die die Lernenden den Aufgaben gegenüber einnehmen. 2. Training: Lernende sind durchaus in der Lage, Analogien zwischen dem Fremdsprachenlernen und dem Erwerb anderer Fertigkeiten – ein Instrument lernen, eine Sportart trainieren usw. – herzustellen. Um diese Analogien allerdings deutlich zum Ausdruck zu bringen, müssen Aufgaben im Fremdsprachenunterricht folgende Kriterien erfüllen: (a) Die Aufgabe muss die Lernenden auf relevante Phänomene der Zielsprache aufmerksam machen. (b) Es muss ersichtlich sein, welche Teilfertigkeiten bzw. welche Zielfertigkeit mit Hilfe der entsprechenden Aufgabenform trainiert wird. (c) Es muss die Schwierigkeit der Aufgabenstellung das entsprechende Niveau aufweisen, das nach Vygotsky nur knapp über dem jeweiligen Niveau des Lernenden liegen sollte. *(zone of proximal development, s. Krenn 2000, 130)* (d) Die Aufgabe muss das üben, das heißt das Wiederholen des Lernstoffs provozieren bzw. ermöglichen. (e) Die Aufgabe muss die nachhaltige Speicherung der sprachlichen Information im Langzeitgedächtnis unterstützen 3. Mediation: Unter Mediation werden hier sinnvolle Prozesse der Rückmeldung verstanden, die den Lernenden helfen, den eigenen Lernprozess zu reflektieren und zu steuern. Die explizite Thematisierung des Lernprozesses im Unterricht, Strategietraining, Lernberatung, effiziente Prüfungsvorbereitung – kurz zusammengefasst: sinnvolle Rückmeldungen, die die Lernenden annehmen und umsetzen können – können wichtige Bausteine in diesem Bereich sein.

Autor/in	Definition/Charakterisierung
Bourguig-non (2010, S. 19)	La tâche sert à mettre l'apprenant en action, à le mettre dans l'action. La tâche doit permettre de rendre rapprenant autonome en tant qu'utilisateur de la langue. La tâche doit permettre à l'apprenant de mettre en relation des besoins et un objectif à atteindre en choisissant de manière pertinente les connaissances et les capacités utiles. La tâche est définie à l'aide d'un verbe d'action. A travers la tâche, on missionne l'apprenant par rapport à un objectif à atteindre. Il doit comprendre pourquoi il faut apprendre, pour pouvoir apprendre. L'apprenant devient ainsi responsable de son apprentissage.
Mertens (2010, S. 7–8)	Eine (ideale) Aufgabe (1) fördert den Gebrauch der Zielsprache als kommunikative Tätigkeit; (2) stellt den Inhaltscharakter der Mitteilung in den Mittelpunkt (->Inhaltsorientierung); (3) ermöglicht einen hohen Grad an ->Authentizität des Sprachhandelns; (4) ist realitätsbezogen; (5) fördert ->kooperatives Lernen und Arbeiten; (6) unterstützte die integrative Verwendung mehrerer ->Fertigkeiten; (7) regt die Verwendung und Weiterentwicklung ->kognitiver Lernstrategien an; (8) führt zu einem konkreten Endprodukt.
Legutke (2010, S. 17)	*Aufgaben* „sind komplexe Handlungsangebote, die Lernende dazu veranlassen, die Zielsprache zu verstehen, zu manipulieren, Äußerungen in ihr zu produzieren oder in ihr zu interagieren, wobei die Aufmerksamkeit den Bedeutungen, den zu lösenden Problemen, dem auszuhandelnden Sinn und nicht den sprachlichen Formen gilt. Bestimmungsmerkmale sind transparente Zielangaben, ein klarer Ablauf und schriftliche wie mündliche Texte als Arbeitsprodukte"
Portmann Tselikas (2010, S. 1169)	„Minimalkatalog" a) Mit Aufgaben werden fremdsprachendidaktische Ziele verfolgt (d. h.: sie müssen curricular eingebunden oder zumindest einbindbar sein), b) Aufgaben geben ein zu erreichendes Ziel vor, sie sind produktorientiert, c) sie erlauben es den Lernenden, den Arbeitsprozess im Rahmen der Vorgaben selbst zu organisieren und zu steuern, auch müssen die Lernenden die Tauglichkeit ihrer Lösungen zunächst selber beurteilen, d) sie erfordern eine Auseinandersetzung mit einem Thema im Medium der Sprache, und sie beinhalten kommunikative Aktivitäten oder führen auf solche hin, e) sie induzieren auf dem Weg zur Erreichung des Ziels Momente der Sprachaufmerksamkeit, in denen der adäquate rezeptive oder produktive Gebrauch der Sprache thematisiert wird.

Autor/in	Definition/Charakterisierung
Robinson (2011, S. 2)	• Tasks provide a context for negotiating and comprehending the meaning of language provided in task input, or used by a partner performing the same task. • Tasks provide opportunities for uptake of (implicit or explicit) corrective feedback on a participant's production, by a partner, or by a teacher. • Tasks provide opportunities for incorporation of premodified input, containing "positive evidence" of forms likely to be important to communicative success and that may previously have been unknown or poorly controlled. • Tasks provide opportunities for noticing the gap between a participant's production and input provided and for metalinguistic reflection on the form of output. • Task demands can focus attention on specific concepts required for expression in the second language (L2) and prompt effort to grammaticize them in ways that the L2 formally encodes them, with consequences for improvements in accuracy of production. • Simple task demands can promote access to and automatization of the currently emerged interlanguage means for meeting these demands, with consequences for improved fluency of production. • Task demands can also promote effort at reconceptualizing and rethinking about events, in ways that match the formal means for encoding conceptualization that L2s make available. • Sequences of tasks can consolidate memories for previous efforts at successfully resolving problems arising in communication, on previous versions, thereby strengthening memory for them. • Following attempts to perform simpler versions, complex tasks can prompt learners to attempt more ambitious, complex language to resolve the demands they make on communicative success, thereby stretching interlanguage and promoting syntacticization , with consequences for improved complexity of production. • Additionally, all of the above happen within a situated communication context that can foster form-function-meaning mapping and can do so in ways that motivate learners to learn.
Schocker-v. Ditfurt (2011, S. 5)	Eine task 1. involviert die Lerner persönlich und weckt ihr Interesse, sich sprachlich und inhaltlich auf die Aufgabe einzulassen […]. 2. lässt verschiedene Arten der Bearbeitung zu – so steht es den Schülern etwa offen, eigene Gegenstände von zu Hause mitzubringen, zu zeichnen, am Computer zu gestalten oder nur zu schreiben […]. 3. bezieht die Lerner auch in der Vorbereitung ein […]. 4. erlaubt es Schülern und Lehrer gleichermaßen, ihre Sicht auf das Thema in die Aufgabe einfließen zu lassen […]. 5. ist auf ein kommunikatives und inhaltlich für die Schüler relevantes Ziel ausgerichtet (focus on meaning) […].

Proceeding Step by Step

Kommunikationskompetenz im Englischunterricht mit standardorientierten Lernaufgaben Schritt für Schritt aufbauen

Daniel Stotz und Christoph Suter

1. Einführung

Im Fremdsprachenunterricht sind die Unterrichtsmaterialien ein wichtiger Faktor bei der Ausgestaltung von Unterrichtsprozessen (Müller-Hartmann & Schocker-v. Ditfurth, 2011, S. 79). Entsprechend kann das Lern- und Lehrverständnis, das ihnen zugrunde liegt, die Sichtweise der Lernenden und der Unterrichtenden auf das Lernen beeinflussen. Dies betrifft auch die Art und Weise, wie Lernprogression verstanden und Lernprozesse interpretiert werden, was wiederum einen direkten Einfluss auf Überlegungen bei der Unterrichtsgestaltung hat. Eine konstruktivistische Sichtweise im Kontext eines kompetenzorientierten Fremdsprachenunterrichts geht davon aus, dass Sprache durch ihren authentischen Gebrauch gelernt wird (Keller, 2013, S. 10). Konkret entwickeln die Lernenden dabei ihre kommunikativen Kompetenzen, indem sie Lernaufgaben bearbeiten, die authentische Kommunikationssituationen schaffen und so authentischen Sprachgebrauch ermöglichen (ebd., S. 13). Bei der Planung von Unterricht und der Konzeption von Unterrichtsmaterialien stellt sich entsprechend die Frage nach der Sequenzierung dieser Lernaufgaben. Dabei muss es darum gehen, in den Lernaktivitäten die Lernprogression so anzulegen, dass sie sich sowohl an den Voraussetzungen und Bedürfnissen der Lernenden als auch an den curricularen Zielen des Unterrichts orientiert. Im vorliegenden Beitrag zeigen wir auf, wie dies bei der Schaffung des Lehrmittels *voices* für die Sekundarstufe I angegangen und umgesetzt wurde. Dies einerseits aus der Perspektive der globalen Progression über mehrere Unterrichtsjahre hinweg, andererseits aber auch am Beispiel konkreter Lernaufgaben.

Im Folgenden wird zunächst das Konzept der kompetenzorientierten Lernprogression erläutert. Anschließend folgt eine Beschreibung der Umsetzung dieses Progressionsansatzes in den Unterrichtsmaterialien auf der Makroebene. Schliesslich geht es um die detaillierte Umsetzung im Klassenzimmer, wie wir sie auf der Grundlage des Konzeptes vorschlagen. Ein zusammenfassendes Fazit und ein Ausblick runden den Beitrag ab.

2. Lernprogression

Die hier vorgestellte Konzeption entstand im Zusammenhang mit der Schaffung von Unterrichtsmaterialien für den Englischunterricht der Sekundarstufe I, Klassenstufen 7 bis 9 (Stotz & Suter, 2009). Leitend war ein Curriculum, das eng an den Gemeinsamen Europäischen Referenzrahmen für Sprachen GERR (Council of Europe, 2001) angebunden ist (Erziehungsdirektoren-Konferenz Ostschweiz, 2009). Entsprechend orientiert sich die Lernprogression für die Materialien an den Kompetenzbeschreibungen der Niveaus des Referenzrahmens. Konkret werden im Curriculum die GERR-Kompetenzstufen A2 bis B1 für die drei Schuljahre festgelegt. Dabei sind die Niveaustufen einerseits zweigeteilt, also aus B1 wird dann beispielsweise B1.1 und B1.2, andererseits werden für die verschiedenen Sprachfertigkeiten teilweise unterschiedliche Zielniveaus definiert und beschrieben.

Wenn nun mit dem Begriff der Lernprogression ein Bild eines zu beschreitenden Lernweges verbunden wird, den eine Klasse oder Lerngruppe gemeinsam durchschreitet, steht dem in der Realität eine Situation gegenüber, in der die Lernenden sehr unterschiedlich weit fortgeschritten sind. Dies ist eine Erfahrung, die überall gemacht wird, wo Fremdsprachenunterricht in der Primarstufe beginnt. In unserem Kontext entwickelt sich die Englischkompetenz der Lernenden in den vorausgehenden vier bis fünf Lernjahren in unterschiedlicher Ausprägung, so dass das Curriculum am Beginn der Klassenstufe 7 die zu erwartende Kompetenz in einer Bandbreite beschreibt, die eine gesamte GERR-Niveaustufe umfasst (EDK-Ost, 2009). Das heisst konkret, dass Unterschiede zu erwarten sind, die mehr als einem Lernjahr entsprechen. Entsprechend träten Schwierigkeiten auf, wenn nun versucht würde, für eine Klasse oder Gruppe von Lernenden zu definieren, welches der nächste sinnvolle „Lernschritt" für alle sein kann. Um dieser Situation gerecht werden zu können, braucht es ein anderes Konzept von Lernprogression für die Schaffung von Unterrichtsmaterialien. Die Vorgaben des Lehrplans ermöglichten es, dass beim Lehrwerk *voices* (Stotz & Suter, 2009) auf den GERR abgestellt werden konnte, der den Lernfortschritt in den verschiedenen Sprachfertigkeiten in Form von Handlungskompetenzbeschreibungen in der Fremdsprache definiert. Dafür war eine weitere Ausdifferenzierung der Niveaustufen A1 bis B1 eine notwendige Voraussetzung. Es brauchte zumindest eine Zwischen-Niveaustufe und weitere, detailliertere Handlungskompetenzbeschreibungen. Dafür konnte glücklicherweise auf die unter dem Titel Lingualevel (Lenz & Studer, 2007) publizierte, empirisch entwickelte Datenbank zurückgegriffen werden. Sie enthält unter anderem eine grosse Zahl Kompetenzbeschreibungen oder Deskriptoren, die jeweils einem bestimmten GERR-Kompetenzniveau zugeordnet sind. Diese Deskriptoren definieren nicht ein Niveau, aber sie illustrieren schlaglichtartig, was von Lernenden auf einem bestimmten Niveau erwartet werden kann – und zwar immer in einem handlungsorientierten Kontext. Jeder Deskriptor enthält bereits eine qualitative Bandbreite der beschriebenen Sprachhandlung, die sich ja mehr oder weniger elaboriert zeigen kann. Darüber hinaus gibt es viele Deskriptoren, die in komplexerer Form auch auf dem nächsthöheren Niveau formuliert sind. So stellen diese Deskriptoren zwar noch keine Progression im eigentlichen Sinne dar, sie können aber durchaus in eine nachvollziehbar progressive Reihenfolge gebracht werden, die zur Orientierung dienen kann (analog zum GERR; vgl. lingualevel.ch).

Beim Entwerfen und Schreiben von *voices* wurden nun als Ausgangspunkt für die Gestaltung der Lernaktivitäten Deskriptoren aus der Lingualevel-Datenbank ausgewählt. Auf dieser Grundlage entstanden dann konkrete Aktivitäten, die einem spezifischen GERR-Kompetenzniveau zugeordnet sind oder auch eine über eine einzelne Niveaustufe hinaus gehende Bandbreite von Kompetenzen ansprechen können, siehe dazu auch das Beispiel in Abschnitt 3 weiter unten. Damit wird beabsichtigt, dass Lernende, die sich auf unterschiedlichen Kompetenzniveaus befinden, kooperativ an der Lernaktivität arbeiten können, im Sinne eines authentischen Sprachgebrauchs wie oben erwähnt. Ein Lernfortschritt entsteht dadurch, dass diese Lernsituationen einen solchen authentischen Sprachgebrauch ermöglichen und unterstützen, und so den Lernenden Gelegenheiten bieten, sich von ihrem Niveau ausgehend weiterzuentwickeln. Die Lernmaterialien stellen dabei variable Unterstützungsvarianten bereit, mit deren Hilfe die Lernenden idealerweise bereits auf einer Niveaustufe kommunizieren, die sie im freien Sprachgebrauch noch nicht erreicht haben. Sie bewegen sich also gleichsam in ihrer Zone der nächsten Entwicklung, um mit Vygotski (1978, S. 90) zu sprechen. Die Lernprogression lässt sich so jedoch nicht als gemeinsames lineares Fortschreiten beschreiben. Die Deskriptoren sind vielmehr Orientierungspunkte in einem System, das sich als Ganzes in Richtung eines höheren Kompetenzniveaus bewegt, vielleicht ähnlich wie Messpunkte, bei denen hoher oder tiefer Luftdruck angezeigt wird, und die in der Summe dann das Bild eines Wettersystems mit Hoch- oder Tiefdruck ergeben können. Und ebenso, wie ein Wettersystem sich als Ganzes in eine bestimmte Richtung bewegt, soll sich die Sprachkompetenz der Lernenden mit Hilfe der Lernaktivitäten in Richtung des nächsthöheren Sprachkompetenzniveaus bewegen. Die Arbeit in der Zone der nächsten Entwicklung mit Hilfe von Language support entfacht in diesem Bild dann also gleichsam eine Sogwirkung.

Das ist ein über längere Zeit stetiger, jedoch nicht linearer und individuell unterschiedlicher Prozess (Council of Europe 2001, S. 17). Die an den Lingualevel-Deskriptoren ausgerichteten Lernaktivitäten sind also nicht als in einer linearen Abfolge angeordnet zu verstehen, sondern als sich gleichsam in Clusters zu den höheren Niveaus hin bewegend. In der Abbildung 1 ist dargestellt, wie sich die Lernaktivitäten im Verlauf der drei Bände des *voices* Course Book kontinuierlich, jedoch nicht linear hin zu einem höheren Sprachkompetenzniveau verschieben. Für die graphische Darstellung wurden die verwendeten Lingualevel-Deskriptoren im Course Book auf dem ihnen zugeordneten Niveau dargestellt. Der errechnete Niveau-Mittelwert für ein Schuljahr ergibt sich aus der Summe der in den Units verwendeten Deskriptoren-Niveaus (dafür wurden den Niveaus Zahlen zugeordnet: A1.1=1 bis B1.2=6, deren arithmetisches Mittel dann als Kreismittelpunkt gesetzt wurde).

Wie die Abbildung zeigt, gibt es von Anfang an Deskriptoren, die über dem zu einem bestimmten Zeitpunkt zu erwartenden Niveau liegen, wofür in den Materialien entsprechender Language support zur Verfügung gestellt wird. Ebenso sind immer wieder Deskriptoren auf tieferen Niveaus repräsentiert, um einen breiten Einsatz der Aktivitäten zu ermöglichen. Der folgende Abschnitt zeigt nun die konkrete Umsetzung dieser Konzeption am Beispiel einer Unterrichtssequenz aus *voices*.

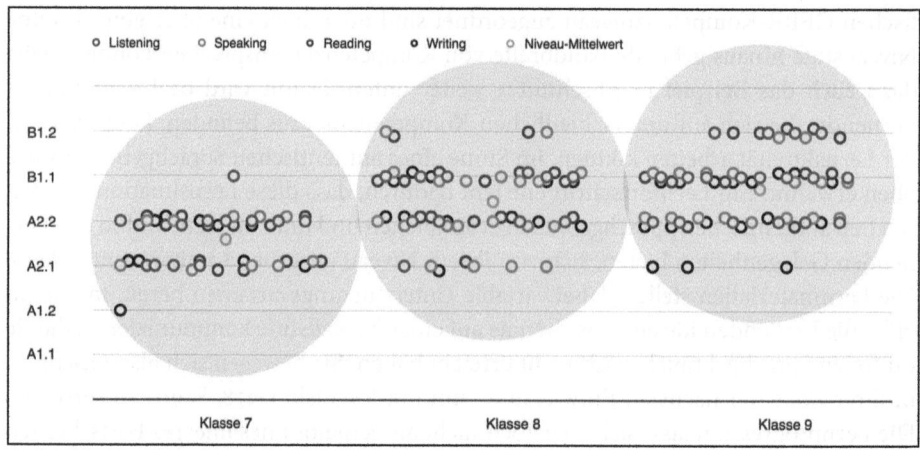

Abb. 1

3.   Aufgabenbeispiel

Das hier dargestellte Beispiel einer Aufgabe stützt sich wie die meisten anderen Aufgaben dieses Lehrwerks auf die Konzeptionen von Willis (1996) und Nunan (2004), die Tasks als Aktivitäten definieren, in denen die Zielsprache von den Lernenden mit einer kommunikativen Absicht verwendet wird, um ein bestimmtes Ergebnis (Outcome) zu erzielen. Der Prozess, den sie dabei eingehen, soll in der Lernsituation flexibel gestaltbar bleiben. Die einzelnen Schritte und Sozialformen, die im Lehrmittel ausgeschildert sind, werden als Vorschläge verstanden, die von den Lehrpersonen situativ und auf Grund ihres pädagogischen Kontextwissens angepasst werden können. Grammatikalisches und lexikalisches Wissen wird dabei gemäß Nunan mobilisiert, um Sinn (Meaning) auszudrücken und nicht um bloss Formen zu manipulieren (Nunan, 2004, S. 4).

Zu Beginn der Aufgabenstellung (Task A, „Someone I care about", Stotz & Suter, 2009, S. 8–10) werden die Schülerinnen und Schüler, die hier in den ersten Wochen der ersten Klasse in der Sekundarstufe I stehen, über den Auftrag als Ganzes orientiert. Das Ziel ist es, ein Fotoporträt eines Menschen zu gestalten, der ihnen nahe steht. Vorgängig haben die Lernenden einen Text über ein Sozialprojekt in Honolulu (Hawaii, USA) gelesen, in dem Jugendliche Familienangehörige fotografisch und textlich porträtieren. In der Hinführung zu ihrer eigenen Schreibaufgabe werten die Sekundarschülerinnen und -schüler zunächst authentische Texte der hawaiianischen Teenager aus und betrachten und interpretieren deren Fotos. Sie stellen für sich sodann in Gruppen hilfreiche Wendungen und Wörter zusammen, die sie zum Teil auch aus dem Angebot des *voices Language Guide* beziehen können, einem stufengerechten Handbuch mit Hilfen fürs Sprechen und Schreiben.

Auf dem Weg zum Fotoporträt in der Form eines kleinen Posters, versehen mit einer Aufnahme der beschriebenen Person, schreiben die Lernenden zuerst einen Entwurf und nehmen dabei je nach ihrem Lernstand und ihrem Selbstvertrauen verschiedene Unterstützungsangebote in Anspruch: die oben erwähnten Texte, den in einem Kasten dargestellten Language support sowie die selbst erarbeiteten Wendungen. Die Lehrperson kann den Umfang des Supports bis zu einem gewissen Grad steuern. Die der Schreibaufgabe zugeordneten Handlungskompetenzbeschreibungen stammen aus den Niveaus A1.2 und A2.1, entsprechend den am Ende der Primarstufe im Lehrplan (EDK-Ost, 2009) zu erwartenden Schreibkompetenzen.

> Communicative objective: Describe a member of your family or another important person in your life
> A1.2 Ich kann anderen einige grundlegende Informationen über meine Familie mitteilen, z. B. wer Mitglieder meiner Familie sind, wie alt sie sind, was sie tun.
> A2.1 Ich kann auf einfache Weise beschreiben, wie jemand aussieht.
> A2.1 Ich kann mit einfachen Sätzen und Ausdrücken über Menschen und Dinge aus meinem Alltag schreiben (Schule, Familie, Hobbys, Tagesablauf; Leute und Orte, die ich kenne). (Stotz & Suter, 2009, *voices Teacher's Pack*, S. 10)

Der Aufgabe kommt auch diagnostischer Wert zu: Die Lehrperson kann je nach Grad der Inanspruchnahme des Sprachsupports abschätzen, ob die niveaubezogenen Sprachhandlungen nach dem Übertritt in die Sekundarstufe frei oder nur mit Hilfe von Unterstützung ausgeführt werden können.

Es ist damit zu rechnen, dass die Schülerinnen und Schüler Textbausteine aus den verschiedenen Quellen übernehmen; die konstruktive Textarbeit besteht für sie darin, die Sätze und Phrasen an die von ihnen gewählte Person und ihre Wirklichkeit anzupassen. Dabei müssen sie auch die Erfordernisse der grammatikalischen Genauigkeit beachten, so z. B. die Endung mit -s bei Vollverben in der 3. Person – eine Herausforderung, die bei einem Selbstporträt nicht auftauchen würde.

Zwei Beispiele bei der Entwicklung des Textentwurfs „photo portrait" sollen diesen gestützten Konstruktionsprozess aufzeigen:

> Ausgangstext: „My dad is a funny dad. Every time I'm down, he makes me laugh."
> Language support: She/He makes me laugh/cry/care/wonder …

> Authentisches Schülerbsp. 1: „I like him very much because he makes me happy when I am sad."
> Schülerbsp. 2: „She's a funny sister. I like she very much. … She makes me everytime happy and she brings me to laugh."

Während der erste Schüler sich relativ nahe an die Muster hält und sie mit beachtlicher Genauigkeit leicht variiert, geht die zweite Schülerin größere Risiken ein, indem sie ausführlicher und etwas emphatischer schreibt; ihr Text weist kleine Interferenzen aus dem Deutschen (Pronomen she, Satzstellung) auf.

In einer „peer review"-Runde lesen die Lernenden dann gegenseitig die Entwürfe ihrer Klassenkameraden und geben einander Rückmeldungen zu spezifischen Fragen zu Inhalt und Form:

Form groups of three or four. Each pupil in your group reads the text of another member of the group. Prepare to give the writer some feedback. First, focus on the content.
- Is the text interesting to read? Would you like to meet the person?
- Can we see something of his or her personality in the photo and in the text?
- What do we learn about the relationship between the writer and the person?

Then, think about the form.
- Can you understand all the passages in the text?
- Are the sentences in a clear and logical order?
- (…)

Diese Feedbackschlaufe vor dem Verfertigen des Posters ist wichtig, weil hier bereits Inhalte gegenseitig vermittelt werden und weil mit einer geschickten Gruppeneinteilung auch ein gewisser Ausgleich zwischen Schülerinnen und Schülern unterschiedlicher Kompetenzstufen erreicht werden kann.

Das Endprodukt wird dann wieder individuell gestaltet, und die Aufforderung an die Schülerinnen und Schüler, im Sinne der hawaiianischen Kultur viel Aloha (etwa: geistvolle Liebe) in die Poster zu legen, wird in den von uns gesammelten Produkten jeweils auf oft anrührende Weise erfüllt. Damit gehen viele Lernende inhaltlich und affektiv über die Kann-Beschreibungen hinaus, welche dieser Aufgabe zugeordnet wurden.

Zu anregenden Diskussionen in Workshops der Lehrerbildung führt immer wieder die Fragestellung, ob Aufgabenprodukte wie diese Porträts ohne Eingriff und Korrektur der Lehrperson, also mit kleinen und größeren formalen Fehlern und Unzulänglichkeiten, z. B. den Eltern oder anderen Besuchern gezeigt werden sollen. In der Regel wird eine solche Ausstellung befürwortet, sieht man doch daran authentisch die Bandbreite der momentanen Kompetenzstände der Schülerinnen und Schüler und ihre Anstrengungen, sich nicht nur basal verständlich zu machen, sondern auch der beschriebenen Person gerecht zu werden. Dass sie dabei auch lernen, mit Textbausteinen und halbfertigen Wendungen umzugehen, ist durchaus im Interesse eines konstruktivistisch zu verstehenden Schreibprozessaufbaus.

4. Beurteilung von Sprachhandlungskompetenzen im Kontext des aufgabenorientierten Fremdsprachenunterrichts

Gemäß dem Grundsatz „test what you teach" dürfen Lernende in einem aufgabenorientierten Lernarrangement erwarten, dass bei der Erhebung von Lernleistungen ähnliche Prinzipien angewendet werden wie im Klassen-, Gruppen- und Einzelunterricht. Dies würde im Sinne des oben diskutierten Beispiels heißen, dass auch Beurteilungsaufgaben ergebnisoffen sein und dass die Lernerleistungen nicht ausschließlich normreferenziert bewertet werden sollten, d. h. also weniger an der Leistung der Klasse gemessen, sondern – vor dem Hintergrund breit akzeptierter Standards – an früheren Leistungen des Schülers in vergleichbaren Settings (ipsative Beurteilung, vgl. Hughes, 2011).

Diese Anforderungen lassen sich jedoch in Prüfungen nicht immer einfach umsetzen. Zu diskutieren gilt beispielsweise die Frage, inwiefern individuell angepasster Sprachsupport eingesetzt werden soll, und ob dieser nicht die Leistungsmessung verfälschen könnte. Es ist zu bedenken, dass die Kann-Beschreibungen in den Lehrplänen oder in Instrumenten wie Lingualevel meist verstanden werden als Kompetenzen, die ohne zusätzliche Unterstützung demonstriert werden können. Zudem sollte es sich bei einer Beurteilungsaufgabe nicht um die einfache Wiederholung einer Aufgabe handeln, die bereits im Unterricht oder im selbst organisierten Lernen auf identische Weise durchgeführt wurde. Ein weiteres Problem ergibt sich aus der Tatsache, dass für die Bewertung in Zeugnissen in der Regel die sprachlichen Fertigkeiten „sortenrein" überprüft werden sollen, d.h. also dass zum Beispiel in die Beurteilung der Sprachaktivität „Zuhören/Listening" keine Schreib- oder Lesefertigkeiten einfließen dürfen. Schliesslich stellt sich die Frage, ob allein die Testsituation als solche der Aufgabe den Rest von Authentizität raubt, die sie allenfalls hatte, beispielsweise in der oben dargestellten Aufgabe des Fotoporträts.

Die Mustertests des *voices Assessment Pack* (Keller-Bolliger & Haller, 2010) stellen sich diesen Herausforderungen mit verschiedenen Strategien. Ein Beispiel aus dem Assessment Pack 1 (Abb. 2) illustriert drei der oben angesprochenen Punkte. Sprachunterstützung wird bei produktiven und interaktiven Kommunikationsaufgaben sparsam zur Verfügung gestellt (grau unterlegte Kästchen), wobei möglichst wenig inhaltliche Füllung angeboten wird.

Someone he/she cares about

Du sprichst über das Fotoporträt, zu dem du in Schritt 6 eine Rückmeldung gegeben hast.

Stell der Klasse das Fotoporträt vor und beschreib es möglichst genau. Falls das Porträt sehr kurz ist und zu wenig Informationen enthält, kannst du zusätzlich dein eigenes Fotoporträt vorstellen.

Du hast 2 Minuten Zeit, um dich darauf vorzubereiten und ein paar Stichworte aufzuschreiben.

Zu den folgenden Punkten musst du etwas sagen:
• Sag, wem das Porträt gehört.
• Beschreib das Foto.
• Erzähl der Klasse von der Person auf dem Foto.
• Beschreib das Verhältnis, das dein Klassenkamerad/deine -kameradin zu dieser Person hat.
• Kommentiere das Poster und sag, was dir daran gefällt und was nicht.

This is ...'s portrait of ...

I (don't) like this portrait because ...
It's a good/bad portrait because ...

This person
The man/woman in
the picture

is important to him/
her because ...
is special because he/she ...
likes (doing) ...
makes ...

Abb. 2:   Testaufgabe aus *voices 1 Assessment Pack*

Um eine simple Wiederholung zu vermeiden und eine Transferleistung abzurufen, wird in dem Beispiel in Abb. 2 der Inhalt der Lernaufgabe vom schriftlichen ins mündliche Medium verlegt: Die Testkandidaten sprechen jetzt über das Porträt eines Klassenkameraden. Die Erfordernisse der Aufgabenoffenheit und der Authentizität werden teilweise abgedeckt, indem die Sprachproduktion vor der Zuhörerschaft der Klasse stattfindet und zum bereits bekannten Porträt neue Aspekte und Perspektiven hinzukommen (was dem Vortragenden am Porträt gefällt und was nicht).

5.   Implikationen für die Unterrichtspraxis

Das Beispiel der Aufgabe „Someone I care about" illustriert die grundlegende Aussage zur aufgabengestützten Lernprogression in der Einführung. Zentral wichtig ist, dass trotz unterschiedlicher Ausgangspunkte und allenfalls divergierender Lerntempi die Sprachlernenden in der „Zone der nächsten Entwicklung" gemäß Vygotski arbeiten, dass sie also dank dem Einsatz von Unterstützungstechniken (scaffolding) das Risiko des „Gerade-noch-Könnens" oder des „Noch-nicht-ganz-Könnens" einzugehen wagen.

Die Lehrenden und Lernenden nutzen dabei den Spielraum bei der Gestaltung und Bearbeitung von Aufgaben in möglichst authentischen Settings. Dabei können auch die kommunikativen Zielsetzungen der Aufgabe innerhalb der Klasse variieren.

Die naturgemäß unterschiedlichen Arbeitsergebnisse zeigen die Bandbreite der Performanz, wobei die Ansprüche an sprachliche Korrektheit sich jeweils aus der Kommunikationssituation ergeben. Zu bedenken ist, dass formatives Feedback nur möglich ist, wenn Fehler erlaubt sind und sichtbar werden. Es versteht sich von selbst, dass die überarbeiteten Texte auch gewürdigt werden sollen, und dass sie zum Beispiel in diesem Fall in einem Portfolio abgelegt werden sollten; eine Reihung von solchen Arbeiten lässt individuelle Fortschritte oder allenfalls auch Stagnation weit besser erkennen als eine Reihe von Prüfungsnoten oder nicht verbesserten Testblättern. Aufgabenorientierte summative Tests mit Transferleistungen ergänzen die formative Beurteilung und bilden eine Basis für objektivierbare, an Standards orientierte Leistungserhebung.

Als Fazit kann gesagt werden, dass die empirisch abgestützten Kompetenzstandards des Gemeinsamen Europäischen Referenzrahmens für Sprachen, die mit Lingualevel verfeinert wurden und in leicht abgewandelter Form im Deutschschweizer Lehrplan 21 aufgenommen worden sind, sich gut mit einer konstruktivistisch geprägten Sicht des Lernens verbinden lassen. Sorgfältig und differenziert entwickelte Aufgaben mit Sprachsupport, wie die im Beispiel aufgezeigten, machen kompetenzorientiertes Lernen entlang einer Handlungsprogression erst möglich.

Das in diesem Beitrag dargelegte Verständnis von Lernprogression betrachten wir als unabdingbare Voraussetzung für einen Englischunterricht, an dem Lernende, die sich auf unterschiedlichen Kompetenzniveaus befinden, miteinander teilnehmen und sich entsprechend ihrem Lernstand individuell weiterentwickeln können. Bei der Konzeption und Schaffung von Unterrichtsmaterialien, bei deren Umsetzung im

Unterricht wie auch bei der Beurteilungspraxis ergeben sich so tragfähige Lösungsvorschläge, wie die Beispiele in diesem Artikel zeigen.

Auch für zukünftige fachdidaktische Forschung und Entwicklung bleibt dies ein interessantes Arbeitsgebiet. Ein vielversprechender Ansatz wird es zum Beispiel sein zu verfolgen, wie sich die Unterrichtsansätze von Lehrpersonen entwickeln, die auf der Grundlage des geschilderten Progressionsverständnisses arbeiten.

Literatur

Council of Europe. Council for Cultural Co-operation (2001). *Common European Framework of Reference for Languages: Learning, Teaching, Assessment.* Cambridge: Cambridge University Press.

Erziehungsdirektoren-Konferenz Ostschweiz (2009). *Lehrplan Englisch Primarstufe und Sekundarstufe I.* Zürich: Lehrmittelverlag Zürich.

Hughes, G. (2011). Aiming for Personal Best: a Case for Introducing Ipsative Assessment in Higher Education. *Studies in Higher Education* 36(3), 353–367.

Keller, S. (2013). *Kompetenzorientierter Englischunterricht.* Berlin: Cornelsen Scriptor.

Keller-Bolliger, R. & Haller, K. (2010). *Voices 1 Assessment Pack.* Zürich: Lehrmittelverlag Zürich.

Lenz, P. & Studer, T. (2007). *Lingualevel: Instrumente zur Evaluation von Fremdsprachenkompetenzen: 5.–9. Schuljahr.* Bern: Schulverlag.

Müller-Hartmann, A. & Schocker-v. Ditfurth, M. (2011). *Teaching English: Task-Supported Language Learning.* Stuttgart: UTB GmbH.

Nunan, D. (2004). *Task-based Language Teaching.* Cambridge, UK: Cambridge University Press.

Stotz, D. & Suter, C. (2009). *Voices: English for secondary schools.* 1. Lehrmittelverlag Zürich.

Vygotsky, L. (1978). *Mind in Society. The Development of Higher Psychological Processes.* Cambridge: Harvard University Press.

Willis, J. (1996). *A Framework for Task-Based Learning.* London: Longman.

Testaufgaben im kommunikativen Fremdsprachenunterricht

Schlüssel zu nachhaltigen Reformen

Ruth Keller-Bolliger und Karin Haller

1. Aufgabenstellungen und Reformen im Fremdsprachenunterricht

Die kognitive Wende der Lernpsychologie bzw. die damit verbundene Entwicklung weg vom Behaviorismus und hin zum Kognitivismus reformierte im ausgehenden 20. Jahrhundert auch die methodisch-didaktischen Ansätze des Fremdsprachenunterrichts, der sich ursprünglich am Unterricht in den alten Sprachen Latein und Griechisch orientiert hatte. Da schulisches Lernen nicht nur durch Aufgaben gesteuert, sondern dessen Erfolg auch mithilfe von Aufgaben erfasst wird, lassen sich diese Entwicklungen gut an den sich ändernden Aufgabenstellungen illustrieren.

Im frühen *Grammar-translation*-Ansatz, der auf den Erwerb von grammatischen Strukturen ausgerichtet war, nahmen Übersetzungsaufgaben eine prominente Stellung ein. Der damit verbundene Hauptfokus auf Korrektheit und damit auf die formalen Aspekte einer Sprache prägte auch die späteren behavioristischen Ansätze. Hier erfolgte das Erlernen einer Fremdsprache bzw. der Aufbau neuer sprachlicher Gewohnheiten mehrheitlich durch Imitation und drillartiges Üben. Dieses Verständnis von Fremdspracherwerb zeigt sich exemplarisch im audiolingualen Ansatz mit seinen mechanischen Umformungsaufgaben.

Die Sicht änderte sich ab den 70er-Jahren des vergangenen Jahrhunderts grundlegend, als sich das Konzept der kommunikativen Kompetenz zunehmend konkretisierte. Dieses beschreibt Kommunikation als Zusammenspiel von sprachlichen Kompetenzaspekten, namentlich von linguistischen (Grammatik und Vokabular), soziolinguistischen (situationsspezifischer Sprachgebrauch) und strategischen Kompetenzen sowie von Diskurskompetenz. Abbildung 1 illustriert neben diesen zentralen Aspekten auch die Komplexität des nach wie vor relevanten Konzepts kommunikativer Handlungskompetenz.

Wie gut das Kodieren (Textproduktion) bzw. Dekodieren (Textrezeption) gelingt, ist somit nicht nur von kommunikativen und strategischen Kompetenzen der Interaktionspartner abhängig, sondern wird auch durch allgemeine und persönlichkeitsspezifische Kompetenzen sowie den Kontext einer Sprachhandlung beeinflusst. Lernaufgaben im aktuellen schulischen Fremdspracherwerb tragen diesen Gegebenheiten Rechnung und initiieren kommunikative Sprachhandlungen im Sinne eines realitätsnahen Informationsaustausches, der all diese Kompetenzaspekte beinhaltet und dabei die Verständlichkeit ins Zentrum stellt.

Zusammenfassend resultierten die wichtigsten Reformen des Fremdsprachenunterrichts der vergangenen 50 Jahre zunächst in einem Wechsel von (oft schriftlichen)

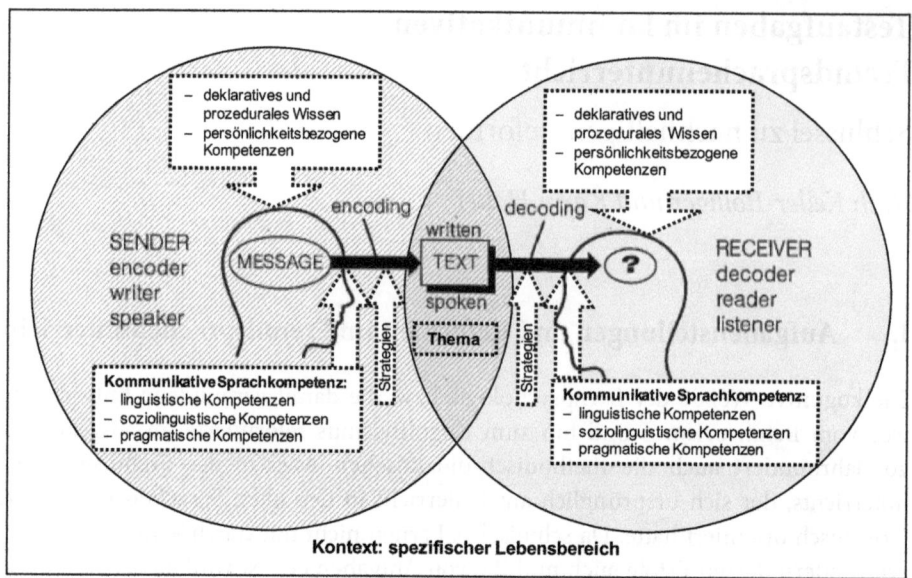

Abb. 1:   Kommunikative Handlungskompetenz und deren beeinflussende Faktoren (aus:
          Keller-Bolliger, 2012, S. 45).

grammatisch orientierten Umformungsaufgaben und Übersetzungen zum (oft mündlichen) Automatisieren von vorgegebenen Sprachmustern, beides unter dem Primat
der Korrektheit. Die kommunikative Wende brachte in der Folge nicht nur situierte
Aufgabenstellungen, deren Bearbeitung einen realitätsnahen Sprachgebrauch simu-
liert, sondern auch eine Verschiebung der Gewichtung von Korrektheit zu Kommunikationsfähigkeit.

Während mittlerweile sowohl zeitgemässe Fremdsprachenlehrmittel als auch nationale Curricula wie bspw. der Schweizer Lehrplan 21 (D-EDK, 2014) den Aufbau
von kommunikativer Handlungskompetenz ins Zentrum stellen, zeichnet die Beurteilungspraxis im Fremdsprachenunterricht oft ein anderes Bild. Wie Beobachtungen im
Unterrichtsalltag zeigen, sind Aufgabenstellungen zu grammatischen Umformungen
oder Ergänzungen sowie Übersetzungen – und damit Konstrukte aus längst abgelös-
ten methodischen Ansätzen und Lehrmitteln – in schulischen Tests weiterhin keine
Seltenheit.

Aus unterrichts- und testtheoretischer Perspektive ist jedoch die Forderung *test
what you teach* weit mehr als eine Phrase. Vielmehr gelten Reformen der Beurteilungspraxis – im Einklang mit dem Titel dieses Artikels – als zentrale Gelingensfaktoren
von Unterrichtsreformen (u. a. Stiggins, 2014). Wenn sich der kommunikative Ansatz
also nachhaltig im Fremdsprachenunterricht etablieren soll, brauchen wir nicht nur
Lehrmittel bzw. Lernaufgaben, die den Aufbau kommunikativer Kompetenzen ermöglichen, sondern auch valide Testaufgaben, welche die Erfassung und Beurteilung
kommunikativer Handlungskompetenz erlauben. Da deren Entwicklung jedoch ein

komplexes und vor allem ein zeitintensives Unterfangen ist, sind die Forderungen der Unterrichtspraxis nach praktikablen Lösungen nachvollziehbar und legitim.

Entwicklung von kommunikativen Testaufgaben: exemplarischer Einblick

Im Bestreben, Einblicke in die Entwicklung geeigneter Testinstrumente zu gewähren, illustrieren und erläutern die nachfolgenden Ausführungen am Beispiel der Konzeption von Begleittests zum Englischlehrmittel *voices* (Keller-Bolliger et al., 2009–2011) die zentralen Charakteristika kommunikativer Testaufgaben. *voices* verpflichtet sich dem inhaltsorientierten und kommunikativen Sprachlehransatz von *Content and Language Integrated Learning* (CLIL) sowie *Task-based Learning* (TBL) und ist für den Unterricht auf allen Leistungsniveaus der Sekundarstufe I konzipiert. Das vielfältige Inputmaterial der drei Bände wird durch komplexe, bedeutungsvolle und relevante Lernaufgaben (*Tasks*) erschlossen, die sowohl kommunikative Handlungskompetenzen als auch interkulturelle und methodische Kompetenzen entwickeln und festigen.[1]

In Übereinstimmung mit Müller-Hartmann, Schocker und Pant (2013) werden durch deren Bearbeitung die kommunikativen Sprachfertigkeiten integriert sowie mit Lernunterstützung (*Task support*) und in problemlösender Interaktion aufgebaut. Schülerinnen und Schüler werden angeregt, über Sprache und linguistische Strukturen nachzudenken, ihr Lernen zu reflektieren und ihre Lernfortschritte anhand von *can-do-statements* zu überprüfen.

Zur summativen Evaluation der im Unterricht aufgebauten kommunikativen Handlungskompetenz mittels *end-of-unit-tests* bieten die drei dazugehörigen *voices Assessment Packs* (Keller-Bolliger & Haller, 2010–2012) je eine Testserie für Lernende eines tieferen (*one-star-test*) bzw. höheren Leistungsniveaus (*two-star-test*) an, bestehend aus den in Tabelle 1 dargestellten drei Komponenten:

Tabelle 1:   Komponenten des *voices Assessment Packs* (Keller-Bolliger & Haller, 2010–2012).

Communication matters	Testaufgaben zur Überprüfung der Hör-, Lese- und Schreibkompetenz
Speaking matters	Testaufgaben zur Überprüfung der produktiven und interaktiven Sprechkompetenz
Language matters	Testaufgaben zur expliziten Überprüfung von Sprachstrukturen und Wortschatz fakultativ

Bei der Konzipierung der Tests wurden die im folgenden Kapitel skizzierten Aspekte einer theoriegeleiteten und kompetenzorientierten Evaluationspraxis berücksichtigt.

---

1   Aktuelle Kompetenzmodelle für Fremdsprachen, z. B. jenes der Schweizer Bildungsstandards (EDK, 2011), umfassen neben den funktionalen kommunikativen Kompetenzen auch überfachliche Kompetenzen (interkulturelle Kompetenz und methodische Kompetenzen). Im Rahmen dieses Beitrags wird auf eine präzise Beschreibung des Kompetenzbegriffs verzichtet.

2. Kompetenzorientierte Testaufgaben

Kompetenzorientierte Testaufgaben erfassen die unterschiedlichen Facetten fremd-sprachlicher Kompetenz und gewichten sie entsprechend ihrem Stellenwert im kommunikativen Ansatz (u. a. Keller, 2013). Theoriegestützte Testaufgaben erfüllen folgende Merkmale (u. a. Hallet, 2011):

- *Authentizität*: Um der noch oft beobachteten Testpraxis entgegenzuwirken, in welcher Sprachrichtigkeit im Zentrum steht (vgl. oben), enthalten kompetenzorientierte Tests handlungsorientierte Aufgaben, mittels derer in authentischen Settings die kommunikativen Kompetenzen in den Bereichen Hören, Lesen, Sprechen und Schreiben isoliert und möglichst ausgewogen evaluiert werden. Sprachliche Mittel werden einerseits innerhalb der kommunikativen Testaufgaben mitgeprüft, andererseits können sie auch explizit in einem separaten Teil, jedoch eingebettet in Sprachhandlungen und im thematischen Kontext, evaluiert werden.
- *Transparente Lernzielorientierung*: Die Testaufgaben überprüfen die im Unterricht genannten und mittels Lernaufgaben aufgebauten kommunikativen Kompetenzen. Die Orientierung an klar definierten Kompetenzzielen wie bspw. an den Deskriptoren des *Gemeinsamen europäischen Referenzrahmens* für Sprachen (Europarat, 2001) bzw. des *Europäischen Sprachenportfolios* (EDK, 2005) ermöglicht eine transparente und faire Beurteilung.
- *Praktikabilität*: Die summative Beurteilung soll für die Durchführung nicht zu viel Zeit beanspruchen und für die Lehrpersonen möglichst korrekturfreundlich sein.
- *Objektivität, Reliabilität und Validität*: Die Testaufgaben sind so konstruiert, dass die Gütekriterien Objektivität und Reliabilität ausreichend berücksichtigt sind. Damit Auswertung und Interpretation der Ergebnisse möglichst standardisiert sind, kann den Lehrpersonen zusätzlich zu einem präzisen Antwortschlüssel und zu Beurteilungsrastern ein Evaluationsschema für die Schlussbewertung jeder Teilkompetenz (Abstufungen *sehr gut – gut – genügend – ungenügend*) zur Verfügung gestellt werden. Die Validität bei Testaufgaben zur Überprüfung einer kommunikativen Teilkompetenz wird insofern selten erreicht, als dass indirekt auch andere Teilkompetenzen, z. B. Leseverstehen, mitgeprüft werden (Hughes, 2011). Um solche Inferenzen zu vermeiden, können Arbeitsanweisungen auf Deutsch formuliert werden.
- *Differenzierung*: Um der Heterogenität der Schülerinnen und Schüler Rechnung zu tragen, ist es wichtig, dass Testaufgaben mit unterschiedlichen Anforderungen vorhanden sind. Dabei werden sowohl qualitative als auch quantitative Mittel der Differenzierung eingesetzt.
- *Nützlichkeit*: Unter Nützlichkeit wird das Zusammenspiel von Reliabilität, Validität, Authentizität, Rückwirkungseffekt und Praktikabilität verstanden. Die Testleistungen informieren nicht nur die Lehrpersonen über den Kompetenzstand der Schülerinnen und Schüler und bilden damit die Basis für die Konzeption des weiteren Unterrichts, sondern sie helfen auch den Lernenden, ihre Fortschritte und Problempunkte zu erkennen und damit ihr Lernen zu steuern (Bachman & Palmer, 1996).

2.1 Erfassung und Beurteilung rezeptiver Kompetenzen

Hör- und Leseverstehen sind komplexe kognitive Tätigkeiten. Das Dekodieren eines gehörten bzw. gelesenen Textes geschieht auf verschiedenen Ebenen und ist ein Zusammenspiel zwischen *Top-down-* und *Bottom-up-*Verarbeitungsprozessen. Da weder Prozesse des Verstehens noch das erzielte Verständnis unmittelbar beobachtbar sind, muss mittels der Beantwortung von Fragen auf mentale Konstrukte geschlossen werden (Grotjahn, 2013). Damit eine valide Messung gewährleistet werden kann, sind bei der Entwicklung von Hör- und Leseverstehenstests deshalb gewisse Anforderungen zu beachten. Im Folgenden werden einige dieser Kriterien primär am Beispiel einer Testeinheit des Bereichs Hören illustriert.

Obwohl der Kompetenzaufbau des Hörverstehens meist an eine Interaktion gekoppelt ist (vgl. Abb. 1), wird auch diese Teilkompetenz so weit wie möglich isoliert getestet (Hughes, 2011). Beim Verfassen der Input-Texte wird darauf geachtet, dass sie gut strukturiert und dem Niveau der Lernenden angepasst sind. Im Gegensatz zu Hörtexten in Übungsaufgaben enthalten sie nur bekannten bzw. bereits erworbenen Wortschatz. Als Textsorten eignen sich im Bereich Hörverstehen Monologe, Interviews oder Gespräche, beim Leseverstehen bspw. Artikel aus Jugendzeitschriften oder E-Mails.

Der Hörtext zum Testbeispiel *Steps to a healthy America* in Abbildung 2 ist ein adaptierter Ausschnitt aus einer Radiosendung, in der eine Sprecherin mit einem leichten amerikanischen Akzent über verschiedene Essgewohnheiten und ein amerikanisches Gesundheitsprojekt berichtet.

Steps to a healthy America

Du hörst einen Radiobericht über ein amerikanisches Gesundheitsprojekt.

1 Schau das Logo des amerikanischen Gesundheitsprojekts *MyPyramid* und die Tabelle genau an.

2 Hör dir den Bericht des amerikanischen Jugendsenders *Young Voices of America* an, in dem eine Reporterin das *MyPyramid*-Projekt vorstellt.
Ergänze in der Tabelle die Zeilen a–f.

	colour of stripe	food group represented by stripe
a		grains
b	green	
c		
d	yellow	
e		
f	purple	

Abb. 2: Höraufgabe Teil 1 aus dem *voices Assessment Pack one* (Keller-Bolliger & Haller, 2010; *two-star-test* der Unit 6).

Entscheidend ist, dass sich die Input-Texte sowohl sprachlich wie auch thematisch eng auf die im Unterricht aufgebauten Kompetenzen beziehen. So überprüft die Testaufgabe zum Hörverstehen in Abbildung 2 das in der entsprechenden Unit bearbeitete Kompetenzziel auf Niveau A 2.2: „Wenn ich längere Tonaufnahmen oder Gespräche höre, kann ich meistens verstehen, worum es geht; wichtig ist aber, dass Standardsprache verwendet wird und dass mir das Thema nicht fremd ist" (*Lingualevel*, BKZ et al., 2009). Das Thema des obigen Beispiels ist den Lernenden insofern bekannt, als dass sie sich während einer Unterrichtseinheit vertieft mit Nahrungsmitteln und Gesundheit beschäftigten und innerhalb einer *Task* anhand der Lebensmittelpyramide ihre eigenen Ess- und Trinkgewohnheiten mündlich und schriftlich dargestellt haben.

Ein weiteres Kriterium bezieht sich auf die Konzipierung der Aufgabenstellungen bzw. die Testinstruktion, die einfach und klar sein muss (Grotjahn, 2013). Als Entlastung werden die Lernenden schrittweise durch den Hörtest geführt, und um das Verständnis der Instruktion zu erleichtern, können Anweisungen auf Deutsch formuliert werden. Der Test ist so konzipiert, dass hinsichtlich der Aufgabenschwierigkeit eine Progression besteht: Während der erste Hördurchgang mit einer relativ leichten Einstiegsaufgabe beginnt (vgl. Abb. 2), steigert sich das Anspruchsniveau beim zweiten Durchgang (vgl. Abb. 3). Diese Strukturierungshilfe berücksichtigt, dass das Hörverstehen im Gegensatz zum Leseverstehen in Echtzeit abläuft.

---

3 Lies die Aussagen g–k durch und hör dir den Bericht danach ein zweites Mal an.

4 Entscheide für die Aussagen g–k, ob sie richtig (**R**) oder falsch (**F**) sind oder ob June nichts dazu sagt (**N**). Setz ein Kreuz in die entsprechende Spalte.

		R	F	N
g	Today, Americans of all age groups are fatter than they used to be.			
h	All fat Americans have health problems.			
i	People should mainly choose whole-grain products from the grains group.			
j	It is only in the fruit and the milk food group that some products are healthier than others.			
k	Teens who sit around all day should eat less than teens who move a lot.			

5 Ergänze diese Liste mit den fehlenden Informationen l–n in Stichworten.

The three most important messages of the *MyPyramid* project that are represented in the logo are:

l   – ....

m   – ....

n   – ....

Abb. 3:   Höraufgabe Teil 2 aus dem *voices Assessment Pack one* (Keller-Bolliger & Haller, 2010; *two-star-test* der Unit 6).

Zur Überprüfung der rezeptiven Kompetenzen werden pro Testeinheit zwei bis maximal drei verschiedene Aufgabentypen verwendet, mit denen globales, detailliertes und schlussfolgerndes Textverstehen getestet werden (Hughes, 2011). Mitgeprüft werden dabei auch im Unterricht aufgebauter Wortschatz (z. B. in Abb. 3 *whole-grain products*, Item i) und linguistische Strukturen (z. B. *language of comparison* in Items g und k). Im obigen Beispiel (Abb. 2 und 3) wurden folgende Aufgabentypen verwendet: eine Zuordnung (Items a–f, Kurzantwort), eine Dreifachwahlaufgabe (Items g–k) sowie eine offenere Fragestellung, in der das Wichtigste auf Englisch zusammengefasst werden muss (Items l–n). Im Gegensatz zu den ersten beiden geschlossenen Aufgabentypen, die mit richtig oder falsch beurteilt werden, erfasst die offene Evaluationsaufgabe komplexere rezeptive Sprachfähigkeiten und lässt bei der Evaluation einen gewissen Beurteilungsspielraum zu (Keller, 2013). Dieser Teil wird kurz gehalten, um eine möglichst valide Überprüfung des Hörverstehens sowie eine optimale Auswertungsobjektivität und -ökonomie zu gewährleisten.

Ein übersichtlicher Lösungsschlüssel mit konkreten Lösungsvorschlägen zur Bewertung der offenen Aufgaben enthält auch klare Angaben zu deren Gewichtung. Hier kann zudem bspw. auch darauf verwiesen werden, dass bei kommunikativen Aufgabenstellungen zur Erfassung von rezeptiven Kompetenzen grammatische und orthografische Fehler in den Antworten nicht berücksichtigt werden.

Die hier diskutierte Testeinheit (Abb. 2 und 3) ist für die Lernenden des höheren Leistungsniveaus konzipiert. Um Aufgaben für Lernende mit tieferem Niveau zu generieren, werden sowohl die Input-Texte als auch die Aufgabenformate angepasst. Vereinfachte Texte enthalten sowohl eine geringere Informationsdichte als auch einfachere Satzstrukturen. Hörtexte werden – in der Regel von einer geringeren Zahl von Sprechern – langsamer vorgetragen und deutlicher artikuliert. Unterstützend wirken zudem sprachliche und ikonische Vorentlastungen (Hughes, 2011). In der vereinfachten Version der oben abgebildeten Testeinheit ist z. B. die Pyramide mit den Begriffen *bottom of the pyramid, top of the pyramid, step* und *stairs* versehen. Die Aufgaben sind inhaltlich und sprachlich weniger komplex, d. h. sie enthalten bspw. weniger Distraktoren oder Auswahlmöglichkeiten, jedoch mehr ikonisches Material.[2]

Im Gegensatz zum Hörverstehen können die Lernenden beim Lesen bestimmte Teile des Textes besonders genau oder mehrfach lesen. Dies ist ein Grund, weshalb die Aufgabenstellungen im Bereich Leseverstehen anspruchsvoller konzipiert sind. Um zu vermeiden, dass die Lernenden über Schlüsselwörter die richtige Antwort erraten bzw. aus dem Text kopieren können, werden Synonyme oder Paraphrasierungen verwendet. Prinzipiell entsprechen die Testeinheiten zum Leseverstehen denjenigen des Hörverstehens: Sie beinhalten offene, halboffene und geschlossene Aufgabentypen, wobei Letztere stets mindestens drei Auswahlmöglichkeiten enthalten (Grotjahn, 2013).

---

2   Da die Antizipation von Schwierigkeiten für Testentwickler nur begrenzt möglich ist (Grotjahn, 2013), empfiehlt sich eine Erprobung der Testserien.

2.2   Erfassung und Beurteilung produktiver Kompetenzen

Produktiven Kompetenzen kommt in authentischen Situationen der Sprachverwendung eine zentrale Bedeutung zu. Ihr Aufbau ist daher eine wichtige, gleichzeitig aber auch eine komplexe Zielsetzung des aktuellen Fremdsprachenunterrichts. Im Zentrum steht ein mündlicher oder schriftlicher Text, das Resultat der Kodierung einer Information. Dieser löst stets eine gewisse Beurteilung aus wie bspw. die spontane Reaktion des Interaktionspartners, der sein Verstehen oder Nichtverstehen signalisiert.

Im schulischen Unterricht wird die (mündliche oder schriftliche) Textproduktion in Lern- wie auch in Testsituationen durch eine offene Aufgabenstellung initiiert und gesteuert. Valide Testaufgaben gewährleisten das Generieren von Produkten, die eine gewisse Bandbreite an kommunikativer Kompetenz abdecken. Gleichzeitig grenzen sie jedoch die inhaltliche Bandbreite der Produkte durch eine präzise Beschreibung der erwarteten Aspekte so weit wie möglich ein und sichern damit die Reliabilität der Evaluation bzw. vergleichbare Anforderungen an alle Lernenden.

Mit Blick auf das Anspruchsniveau – das sich für produktive Aufgaben allerdings nur grob umreissen lässt – orientiert sich die Aufgabenentwicklung an der Argumentation von Robinson (2001), der in diesem Kontext *cognitive task complexity* vereinfachend als ein Zusammenspiel von vorhandenem Vorwissen, Strukturiertheit der Aufgabe sowie Anzahl der zu berücksichtigenden Teilaspekte beschreibt. Konkret bedeutet dies für Testaufgaben zur Erfassung produktiver Kompetenzen, dass sie sich nicht nur in thematischer und sprachformaler Hinsicht auf die entsprechende Lerneinheit abstützen, sondern zudem eingängig und gleichförmig strukturiert sind. Zusammen mit einem variablen Angebot an sprachlichem und/oder inhaltlichem Support bilden die Merkmale von Aufgabenkomplexität die Grundlage für differenzierende Aufgaben.

Testaufgaben

Die Entwicklung von Aufgabenstellungen zur Erfassung und Beurteilung von Sprech- und Schreibkompetenz – im Sinne des *direct testing* (u. a. Weigle, 2002) bzw. der Produktion von kreativen Texten (u. a. Pommerin et al., 1996) – bezieht zudem folgende Anforderungen ein:

- *Textsorten:* Die Aufgabe zielt jeweils auf eine Haupttextsorte ab, ein Beurteilungszyklus umfasst jedoch stets unterschiedliche Textsorten.
- *Themen:* Auf einer allgemeinen Ebene berücksichtigen Themen den Erfahrungshintergrund der Zielgruppe, entsprechen deren soziokulturellen Gegebenheiten und gewährleisten realitätsnahe Sprachhandlungen. In einer spezifischen Testsituation bestimmt die dazugehörige Lerneinheit die thematische Ausrichtung der Aufgabe und stellt damit sicher, dass im Unterricht erworbenes inhaltliches und sprachspezifisches Hintergrundwissen in die Bearbeitung der Aufgabe einfliessen kann.

- *Aufgabendesign:* Die Testaufgaben sind so gestaltet, dass nur Sprech- bzw. Schreib-kompetenz erfasst wird. Benötigte Informationen werden nonverbal, z. B. mithilfe von Illustrationen, vermittelt, um die Beeinflussung durch Lesekompetenz zu ver-meiden. Die Formulierungen sind so knapp wie möglich und so ausführlich wie nötig.

Am Beispiel einer Schreibaufgabe illustriert Abbildung 4 zusammenfassend die Um-setzung dieser theoriegestützten Anforderungen an Testaufgaben, die eine valide Erfassung von produktiver Kompetenz in Englisch als Fremdsprache ermöglichen. Gleichzeitig verweist sie auf Möglichkeiten zur Differenzierung nach Anspruchsni-veau.

Hinter der konkreten Umsetzung in dieser Aufgabe stehen die folgenden Überle-gungen:

1 *Differenzierung nach Anspruchsniveau:* Anweisungen in Deutsch (*one-star-test*) bzw. Englisch (*two-star-test*), variable Anzahl Aspekte, variable Textlänge, variables Unterstützungsangebot (vgl. Punkt 5)
2 *Thematische Ausrichtung:* analog zur Lerneinheit (Sport), hier ausgeweitet auf Frei-zeitaktivitäten, um nichtsportlichen Lernenden eine Alternative zu bieten
3 *Textsorte:* Blog als realitätsnahe, zielgruppengerechte und attraktive Schreibsituati-on
4 *Aufgabendesign:* informativer Titel und überblicksartige Situierung, knappe und klar formulierte Aufgabenstellung, Auflistung der erwarteten Aspekte, Angabe zur erwarteten Textlänge
5 *Unterstützungsangebot:* spezifischer Wortschatz als *Language support* im tieferen Anspruchsniveau
6 *Visueller Input:* Illustrationen als Ideengenerator

Beurteilungsinstrument

Während im Produktionsprozess folglich aus der Interaktion zwischen Lernenden und einer offenen Aufgabenstellung ein mündlicher oder schriftlicher Text entsteht, muss in einer Testsituation der nachfolgende Beurteilungsprozess sicherstellen, dass die Analyse dieses Produkts zu objektiven bzw. intersubjektiv nachvollziehbaren Aussagen über die darin gezeigten Kompetenzen führt. Dies geschieht am einfachsten mittels Abstützung auf eine Beurteilungsskala, welche zum einen den wesentlichen theore-tischen Konzepten von produktiver Kompetenz und zum andern den spezifischen Charakteristika der Testaufgabe gerecht wird.

In schulischen Testsituationen spielt zudem die Handhabbarkeit eines solchen Instruments eine wesentliche Rolle. Im Unterrichtsalltag ist sie sogar das ausschlag-gebende Kriterium für die Bereitschaft einer Lehrperson, sich auf eine veränderte Be-urteilungspraxis einzulassen. Idealerweise stützt sich die kriterienbasierte Beurteilung von mündlichen und schriftlichen Texten hier auf möglichst identische holistische

★ Test
Communication matters

Free time blog

Du schreibst einen Beitrag für einen englischsprachigen Blog über Freizeitbeschäftigungen.

Berichte über eine Freizeitbeschäftigung, die dir wichtig ist, zum Beispiel über eine Sportart. Du kannst diesen *Language support* als Hilfe benutzen.

Zu den folgenden Punkten musst du etwas schreiben:

- was du in deiner Freizeit tust und welche Beschäftigung dir am besten gefällt
- wann, wo und seit wann du diese Beschäftigung ausübst
- mit wem sie sie ausübst
- was es dafür braucht
- was dir daran gefällt

useful nouns	useful verbs	useful adverbs
passion/favourite leisure activity	take something up/try out	often/sometimes/usually
sports gear/practice kit	be in favour of	always/never
strength/energy	practise/win	3 times a week

Textlänge: 70–80 Wörter.

Free time blog

★★ Test
Communication matters

Free time blog

You are going to write a text for a blog about free time.

Describe one of your favourite leisure activities, for example a sport. Include the following points:

- what you do in your leisure time and which activity you like most
- when and where you do this activity
- when you started this activity
- who you do this activity with
- what is needed to do it (materials, special skills)
- what you like about it

Write 80–90 words.

Free time blog

Abb. 4:   Zentrale Merkmale von Testaufgaben zur Erfassung produktiver Kompetenz (aus: *voices Assessment Pack two*, Keller-Bolliger & Haller, 2011; Schreibaufgabe aus *Communication matters* der Unit 3).

Skalen, die gleichzeitig die Besonderheiten der drei Produktionsformen (monologisches bzw. dialogisches Sprechen sowie Schreiben) berücksichtigen. Dies betrifft zum einen die Struktur dieser Skalen, wobei sich eine übersichtliche Tabelle, die z. B. auf einer DIN-A4-Seite drei bis fünf relevante Kompetenzaspekte auf drei bis fünf Kompetenzstufen darstellt, als besonders benutzerfreundlich erweist. Von primärer Bedeutung sind jedoch die eigentlichen Beurteilungskriterien in Form knapper und präziser Kompetenzbeschreibungen, deren Formulierung sich als besondere Herausforderung erweist.

Auswahl und Entwicklung der Beurteilungskriterien orientieren sich einerseits an einem aktuellen und breit rezipierten Kompetenzmodell und tragen andererseits den testtheoretischen Gegebenheiten Rechnung. Im Bestreben, gleichzeitig auch die Handhabbarkeit des Instruments optimal zu gestalten, werden diese Kompetenzbeschreibungen produktspezifisch (s. o.) und gleichzeitig möglichst analog sowie prägnant formuliert. Dies erlaubt eine schnelle Vertrautheit mit den Besonderheiten der Skalen und optimiert damit den Beurteilungsaufwand.

Beurteilung Schreiben   Unit _____   Name _____

	Handlungsorientierung		Textmerkmale		Wortschatz		Grammatische Strukturen
6	• durchwegs klare und verständliche Aussagen zu allen Aspekten • meist differenzierte, relevante Aussagen	3	• ausreichend langer Text mit variierenden Satzmustern • mit mehreren Mitteln strukturierter, durchwegs kohärenter Text	3	• breites Spektrum an grundlegenden Wörtern, teilweise auch erweiterter Wortschatz • meist korrekte Verwendung der grundlegenden Wörter	3	• breites Spektrum an einfacheren grammatischen Strukturen, einige komplexere Strukturen • meist korrekte Verwendung der einfacheren grammatischen Strukturen
5		2.5		2.5		2.5	
4	• meist verständliche Aussagen zu fast allen Aspekten • eher einfache, vorwiegend relevante Aussagen	2	• knapper Text mit eher einförmigen Satzmustern • mit wenigen und/oder ganz einfachen Mitteln strukturierter, teils kohärenter Text	2	• hinreichendes Spektrum an grundlegenden Wörtern • einige gravierende Fehler bei der Verwendung der Wörter	2	• hinreichendes Spektrum an einfacheren grammatischen Strukturen • einige gravierende Fehler bei der Verwendung der grammatischen Strukturen
3		1.5		1.5		1.5	
2	• teilweise schwer verständliche Aussagen, die 2 oder mehr Aspekte ausser Acht lassen • (sehr) einfache und/oder oft irrelevante Aussagen	1	• (sehr) kurzer Text, teilweise mit Satzfragmenten • Auflistung von isolierten Sätzen oder Satzfragmenten	1	• begrenztes Spektrum an hoch frequenten Wörtern • mehrere gravierende Fehler bei der Verwendung der Wörter	1	• begrenztes Spektrum an einfachen und hoch frequenten grammatischen Strukturen • mehrere gravierende Fehler bei der Verwendung der grammatischen Strukturen
1		0.5		0.5		0.5	
0	kein bewertbarer Text vorhanden	0	kein bewertbarer Text vorhanden	0	kein bewertbarer Text vorhanden	0	kein bewertbarer Text vorhanden

Punktetotal _____

Abb. 5:   Beispiel einer Beurteilungsskala für schriftliche Texte (aus: *voices Assessment Pack one*, Keller-Bolliger & Haller, 2010; Guidelines, S. 40).

Die in Abbildung 5 gezeigte Skala zur Beurteilung schriftlicher Texte steht exemplarisch für ein valides und benutzerfreundliches Beurteilungsinstrument, das sich auf das Konzept kommunikativer Kompetenz in einer Fremdsprache stützt. Folgende Überlegungen sind in die Entwicklung der Beurteilungsskala eingeflossen:

- *Kompetenzaspekte:* Beurteilt werden insgesamt vier Kompetenzaspekte, zwei pragmatische (*Handlungsorientierung* und *Textmerkmale*) und zwei linguistische (*Wortschatz* und *Grammatische Strukturen*), die auch für die mündliche Produktion und Interaktion Gültigkeit besitzen. Bei Letzteren liegt der Fokus auf Korrektheit, Bandbreite und Komplexität.

- *Kompetenzstufen:* Die Beschränkung in der Beschreibung auf drei Niveaus ist der Übersichtlichkeit bzw. der einfachen Handhabung der Beurteilungsinstrumente geschuldet. Dennoch besteht die Möglichkeit einer differenzierten Beurteilung, indem gezeigte Kompetenzen auch einer Zwischenstufe zugeordnet werden können.
- *Kompetenzbeschreibungen:* Die je zwei Deskriptoren pro Kompetenzaspekt und -stufe, die sich hier auf schriftliche Produkte beziehen, können mit geringen Anpassungen in eine Skala zur Beurteilung von Sprechkompetenz überführt werden. Der Aufwand für die Beurteilung von schriftlichen (und mündlichen) Texten mithilfe dieser Skala hält sich dank der Beschränkung auf 24 knapp formulierte Kompetenzbeschreibungen in Grenzen.
- *Gewichtung:* Indem die Handlungskompetenz mit einem Maximum von 6 Punkten im Vergleich zu den andern Kompetenzaspekten doppelt gewichtet wird, spiegelt die Skala das zentrale Anliegen beim Aufbau kommunikativer Handlungskompetenz wider: die Produktion verständlicher Informationen.

Testsetting

Im Gegensatz zum Schreiben, das sich gut in einen *end-of-unit-test* integrieren lässt, wird im Fremdsprachenunterricht die summative Beurteilung von Sprechkompetenz oft vernachlässigt, da sie generell nicht nur als besonders zeitintensiv, sondern auch als umständlich hinsichtlich der Organisation wahrgenommen wird. Gemessen am Stellenwert, der dem Sprechen im kommunikativen Unterricht zukommt, ist es absolut notwendig, das Sprechen in die Beurteilung fremdsprachlicher Kompetenz einzubeziehen, wenn Lern- und Testsituationen die geforderte Übereinstimmung aufweisen sollen. Gefragt sind somit innovative Ansätze der Erfassung von Sprechkompetenz mit einem besonderen Augenmerk auf die Praktikabilität im Unterrichtsalltag.

Als erfolgversprechender Lösungsansatz erweist sich die Ablösung der spezifischen Testsituation durch eine Integration von Testaufgaben zur Erfassung von Sprechkompetenz in den regulären Unterricht. Konkret empfiehlt sich die Nutzung von Lernsettings, die ein möglichst authentisches (mündliches oder schriftliches) Produkt generieren. Mittels Einsatz von leicht adaptierten Transferaufgaben kann im Anschluss an die Bearbeitung einer solchen *Task* im Klassenverbund die produktive oder interaktive Sprechkompetenz einer kleinen Gruppe von Lernenden erfasst und beurteilt werden. Abbildung 6 illustriert diese Verknüpfung von Lern- und Testaufgabe an einem konkreten Beispiel.

Da die zu erwartende Sprechzeit für Lernende der Sekundarstufe I im Schnitt zwischen einer und drei Minuten liegt, beansprucht ein Testsetting, das nach diesem Konzept die mündliche Produktionskompetenz von vier (bei monologischen Aufgabenstellungen) bzw. acht (bei dialogischen) Lernenden beurteilt, lediglich rund 20 Minuten Unterrichtszeit. Bei einer durchschnittlichen Klassengrösse bearbeiten auf diese

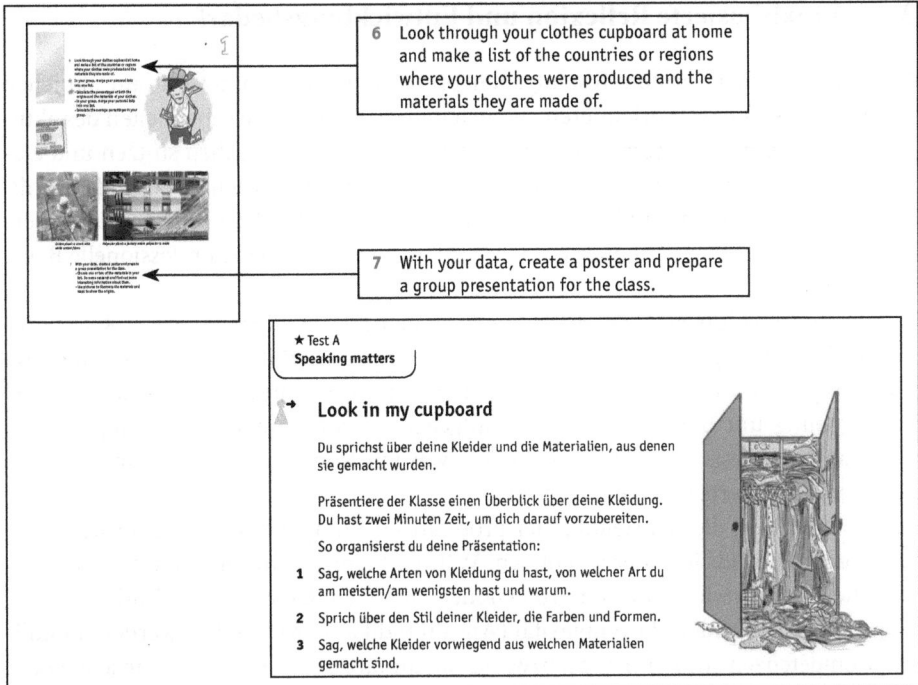

Abb. 6: Koppelung von Lern- und Testaufgaben zur Erfassung von Sprechkompetenz (aus: *voices Assessment Pack two*, Keller-Bolliger & Haller, 2011; Auszüge aus dem *one-star-test* Unit 1, *Speaking matters*, sowie aus dem *voices Course Book two*, Unit 1, Task A).

Weise innerhalb eines Beurteilungszyklus alle Lernenden zwei bis drei Testaufgaben zur Sprechkompetenz.

Eine hohe Vertrautheit mit dem Beurteilungsinstrument vorausgesetzt, kann die Lehrperson das entstehende mündliche Produkt fortlaufend evaluieren, indem sie die zutreffenden Kompetenzbeschreibungen ankreuzt (vgl. dazu die nachfolgenden Ausführungen zur kriterienorientierten Beurteilung). Daraus resultiert eine unmittelbare Beurteilung des mündlichen Textes, die mit leistbarem Aufwand eine transparente Beschreibung der gezeigten Kompetenz sowie eine unmittelbare Rückmeldung an die Testperson erlaubt.

In diesem Setting lässt sich auch eine weitere Schwierigkeit traditioneller Testsituationen problemlos vermeiden: Damit die Klasse nicht allein beschäftigt werden muss, während die Lehrperson in einem andern Raum Sprechtests durchführt – bzw. um die Evaluation von Sprechkompetenz voll und ganz in den Unterricht zu integrieren –, generieren jene Lernenden, die nicht getestet werden, insofern eine realitätsnahe Sprechsituation, als sie mithilfe zusätzlicher Höraufgaben zu aktiven Zuhörerinnen und Zuhörern werden.

3.   Praxisbasierte Reflexion und Entwicklungsbedarf

In diesem Beitrag wurden Testaufgaben präsentiert, die sich sowohl am aktuellen Kompetenzverständnis orientieren als auch den spezifischen Gegebenheiten des aktuellen Fremdsprachenunterrichts Rechnung tragen. Solche Aufgaben stützen und etablieren Unterrichtsreformen, sofern sie adäquat eingesetzt werden. Da fremdsprachlicher Kompetenzaufbau und dessen Überprüfung hochkomplexe Prozesse darstellen, garantieren kompetenzorientierte Testaufgaben allein noch keine professionelle Beurteilungspraxis.

Die Rückmeldungen von Lehrpersonen zu den Testaufgaben des *voices Assessment Packs* (Keller-Bolliger & Haller, 2010–2012), bspw. in Weiterbildungen, sind grundsätzlich sehr positiv. Geschätzt werden der klare und transparente Aufbau sowie die Übereinstimmung mit den im Unterricht aufgebauten kommunikativen Kompetenzen. Erst durch die Tests sei ihr klar geworden, was mit Kompetenzorientierung wirklich gemeint sei, äusserte bspw. eine Lehrerin.

Generell wird die Beurteilung der produktiven Kompetenzen als anspruchsvoller wahrgenommen als jene der rezeptiven. Während einige Lehrpersonen die kriterienorientierten Beurteilungsskalen professionell einsetzen, haben andere Vorbehalte bezüglich Zeitaufwand und Komplexität (Anzahl Indikatoren).[3] Zudem werden mündliche Kompetenzen aus Zeitmangel bzw. aus organisatorischen Gründen nur selten oder gar nicht überprüft. Da diese Vernachlässigung wesentlicher Kompetenzbereiche den Zielen des kommunikativen Testens widerspricht (vgl. Kap. 2.2), gilt es zu eruieren, welche Ursachen hinter den unterschiedlichen Einschätzungen der Machbarkeit liegen und wie diese Probleme gelöst werden können.

Eine weitere Divergenz zwischen Intention der Entwickler und Nutzung der Praktiker betrifft die sprachliche Korrektheit: Um die kommunikative Handlungsfähigkeit ins Zentrum zu stellen, wurde der Testteil *Language matters* bewusst kurz gehalten und sogar als fakultativ deklariert. Nicht selten werden jedoch in der Praxis – eventuell auf Kosten der Überprüfungen der mündlichen Kompetenzen – zusätzlich „klassische" Grammatikprüfungen im Sinne des *Grammar-translation*-Ansatzes eingesetzt, oft mit Verweis auf die Selektionsfunktion von Korrektheit an den Schnittstellen des Bildungswesens.

Schliesslich spiegeln die Reaktionen auf die Tests und der Umgang damit bis zu einem gewissen Grad die Professionalität der Lehrpersonen wider (Stiggins, 2014). Trotz Handreichungen, in welchen bspw. Charakteristika der Kompetenzorientierung oder der formativen Beurteilung erläutert werden, zeigen sowohl Rückmeldungen von Lehrpersonen als auch Beobachtungen im Schulfeld deutlich, dass eine elaborierte Beurteilungspraxis mit dem Aufbau kommunikativer Kompetenzen im Zentrum noch nicht überall etabliert ist. In Anbetracht ihrer Komplexität benötigt die Umsetzung solcher Reformen aber wohl mehr Zeit.

---

3   Im Rahmen einer Masterarbeit wird der Umgang der Lehrpersonen mit den Beurteilungsskalen aktuell beforscht.

Im kompetenzorientierten Fremdsprachenunterricht spielt die formative Funktion der Beurteilung eine zentrale Rolle, weil relevantes und lernförderliches Feedback sowie adaptive Unterstützung für effektive Lernprozesse unabdingbar sind (u. a. Keller, 2013). Weiter sollten Selbstbeurteilung und Peerfeedbacks selbstverständliche Bestandteile der Beurteilungspraxis sein (u. a. Hallet, 2011). Um auch die im Fremdsprachenunterricht aufgebauten, aber schwer messbaren interkulturellen oder methodischen Kompetenzen evaluieren zu können, stellen Portfolios, in denen die Lernenden anhand exemplarischer Texte ihre Lernprozesse sowie fachliche und überfachliche Kompetenzen schriftlich oder auch mündlich dokumentieren, vielversprechende Instrumente dar (u. a. Keller, 2013).

Damit diese anspruchsvollen Konzepte und Instrumente souverän eingesetzt werden können, sind Weiterbildungen und kooperative Arbeitssettings unerlässlich. Zudem wäre zu wünschen, dass fremdsprachliche Kompetenzen auch im Zeugnis adäquat abgebildet werden; eine Ziffer sagt wenig über die Leistungen der Schülerinnen und Schüler aus und ist doch hochrelevant für ihre Berufsoptionen.

Welchen konkreten Beitrag Testaufgaben zu nachhaltigen Reformen im Fremdsprachunterricht leisten bzw. wie die formative und summative Beurteilung von Fremdsprachenlehrpersonen praktiziert wird, ist noch wenig erforscht. Es wäre relevant zu wissen, wie mit zur Verfügung gestellten Tests und Testinstrumenten gearbeitet wird, wie Schülerinnen und Schüler die unterschiedlichen Beurteilungspraxen wahrnehmen und welche Effekte diese auf das Fremdsprachenlernen haben.

Literatur

Bachman, L. F. & Palmer, A. S. (1996). *Language testing in practice*. Oxford: OUP.

BKZ, NW-EDK, EDK-Ost (Hrsg.). (2009). *Lingualevel. Instrumente zur Evaluation von Fremdsprachenkompetenzen. 5.–9. Schuljahr*. Bern: Schulverlag.

D-EDK. (2014). *Lehrplan 21*. https://www.lehrplan.ch/ (Zugriff: 15. Oktober 2015).

EDK. (2004). *Sprachenunterricht in der obligatorischen Schule: Strategie der EDK und Arbeitsplan für die Gesamtschweizerische Koordination*. Bern: EDK.

EDK. (2011). *Grundkompetenzen für die Fremdsprachen. Nationale Bildungsstandards*. Bern: EDK.

Europarat (Hrsg.). (2001). *Gemeinsamer europäischer Referenzrahmen für Sprachen: lernen, lehren, beurteilen*. Berlin: Langenscheidt.

EDK (Hrsg.). (2005). *Europäisches Sprachenportfolio. ESP II*. Bern: Schulverlag.

Hallet, W. (2011). *Lernen fördern Englisch. Kompetenzorientierter Unterricht in der Sekundarstufe I*. Seelze: Klett Kallmeyer.

Grotjahn, R. (2013). *Testen und Evaluieren fremdsprachlicher Kompetenzen: Ein Arbeitsbuch*. Tübingen: Narr.

Hughes, A. (2011). *Testing for Language Teachers* (2nd edition). Cambridge: University Press.

Keller, S. (2013). *Kompetenzorientierter Englischunterricht*. Berlin: Cornelsen Scriptor.

Keller-Bolliger, R. (2012). *Kommunikative Schreibkompetenz in der Fremdsprache erfassen und beurteilen*. Berlin: epubli.

Keller-Bolliger, R. (Projektleitung) und Autorenteam. (2009–2011). *voices – Englisch for Secondary Schools 1–3*. Zürich: Lehrmittelverlag des Kantons Zürich.

Keller-Bolliger, R. & Haller, K. (2010–2012). *voices Assessment Pack 1–3*. Zürich: Lehrmittelverlag des Kantons Zürich.

Müller-Hartmann, A., Schocker, M. & Pant, H. A. (Hrsg.). (2013). *Lernaufgaben Englisch aus der Praxis*. Braunschweig: Diesterweg.

Pommerin, G., Kupfer-Schreiner, C., Lamprecht, S., Meyer, U., Schloss, I., Akman, I., Mayr, J. & Quitz, H. (1996). *Kreatives Schreiben: Handbuch für den deutschen und interkulturellen Sprachunterricht in den Klassen 1–10*. Weinheim: Beltz.

Robinson, P. (2001). task complexity, task difficulty and task production: Exploring Interactions in a Componential Framework. *Applied Linguistics, 1*(22), 27–57.

Stiggins, R. (2014). *Defensible Teacher Evaluation. Student Growth Through Classroom Assessment*. Thousand Oaks: Corwin.

Weigle, S. C. (2002). *Assessing writing*. New York: Cambridge University Press.

Autonomie, Motivation und Interaktion im aufgabenorientierten Französischunterricht

Das Modell AMI

Carine Greminger Schibli, Lilli Papaloïzos und Eric Sauvin

1.   Einführung

Der folgende Artikel präsentiert eine Studie, die auf der Aktionsforschung basiert und im Laufe derer das Autorenteam ein auf Lernaufgaben beruhendes Interaktionsmodell (AMI) entwickelt hat, welches sich auf drei Pfeiler stützt: Autonomie, Motivation und Interaktion. Diese drei Forschungsfelder wurden in den letzten Jahrzehnten in der fachwissenschaftlichen Literatur ausführlich behandelt und dienen als theoretische Leitlinien für unser Forschungsprojekt.

Das Interaktionsmodell versteht sich als Entwurfsmuster, welches im Laufe der Fallstudie mit einer Klasse der Sekundarstufe I entwickelt, untersucht und weiterentwickelt wurde. Unser Forschungsansatz basiert also auf der reflexiven Praxis, einem regelmässigen Hin und Her zwischen Schulpraxis und Wissenschaft (vgl. Müller-Hartmann & Schocker-v. Ditfurth in diesem Band).

Dieselbe Auseinandersetzung bereicherte die Arbeit im interdisziplinären Diskurs zwischen Didaktik und Linguistik, da das Autorenteam diese beiden Disziplinen vertritt.

Nach einer begrifflichen Klärung rund um die Lernaufgabe erläutert der Artikel die methodologische Vorgehensweise der Fallstudie. In einem nächsten Schritt werden das Interaktionsmodell AMI präsentiert und dessen Auswirkungen auf das Unterrichtssetting diskutiert. Zum Abschluss erlauben wir uns einen konkreten Ausblick auf mögliche Konsequenzen im Schulalltag des Fremdsprachenunterrichts.

2.   Eine Fallstudie zum aufgabenorientierten Französischunterricht

2.1   Definition der Lernaufgabe

Vor der Vertiefung in die Vorgehensweise der Fallstudie geht es darum, die Begrifflichkeit rund um die Lernaufgabe zu schärfen. Der Begriff ‚Lernaufgabe' (auf französisch tâche) grenzt sich für uns klar vom Begriff Übung ab, indem Lernaufgabe ein umfassenderes Lernarrangement bezeichnet, während Übung aus fremdsprachendidaktischer Sicht eine stark strukturierte, formfokussierende Übung als sprachliche Vertiefung oder Vorbereitung für eine kommunikative Aktivität bezeichnet: „La notion de tâche permet alors d'envisager les apprentissages plus globalement que celle d'exercice: on peut la considérer comme synonyme de situation-problème (tâche ouverte, intégration de ressources diverses, création d'un contexte donnant sens à des apprentissages langagiers, etc.)" (Reuter, 2007, S. 220). Gemeinsam mit Caspari (Manno, 2012, S. 133) wird Übung als eine Aktivität verstanden, die eine spezifische sprachliche Schwierigkeit fokussiert mit dem Ziel der sprachlichen Automatisierung und so auf eine Lernaufgabe vorbereitet. Sie hat einen „beschränkenden und isolierenden Charakter" (Brinkmann, 2012, S. 141). Die Lernaufgabe besteht in unserem Verständnis aus verschiedenen Aktivitäten, die jeder Schüler und jede Schülerin je nach Lernstand und Interesse benutzen bzw. wählen kann oder nicht. Des Weiteren umfasst der Begriff Lernaufgabe aus unserer Sicht neben der sprachlichen auch eine metakognitive, reflexive Auseinandersetzung mit dem Thema und dem Arbeitsprozess, die unter anderem in der Aushandlung und Evaluation zwischen Lernenden untereinander oder mit der Lehrperson entsteht. Durch diesen Ansatz, den man als interdisziplinär bezeichnen kann, nutzen wir die Synergie von fachdidaktischen Anliegen der Kommunikation sowie linguistischen Erkenntnissen zur Interaktion.

2.2   Praktische Umsetzung: *Paris*

Ausgehend von dieser Definition der Lernaufgabe formulierten wir auf der Basis eines Modulheftes[1] des Lehrmittels envol eine Lernaufgabe mit unterschiedlichen, darauf bezogenen Aktivitäten. Deren Umsetzung fand in einer integrativen Klasse des neunten Schuljahrs statt.

Übersicht über die Rahmenbedingungen:
- Klasse: 9. Schuljahr mit integrativem Bildungsgang. 3 ½ Jahre Französischunterricht à 3 Wochenlektionen (rund 400 Französischlektionen).
- Lerngruppe: Sehr heterogenes Leistungsniveau, 11 Schülerinnen und Schüler (5 Mädchen und 6 Jungen).
- Lehrmittel: envol 8, bestehend aus Schülerbuch, Arbeitsheft und je einem thematischen Modulheft zu den 8 Lerneinheiten (unités).
- Zur Verfügung stehende Zeit für die individuelle Bearbeitung der Aufgabe: 7 Einzellektionen à 45 min.
- Produkte: einen guide touristique zu Paris (schriftlich) und eine Präsentation des zweitägigen Aufenthaltes in derselben Stadt (mündlich)

Das Setting umfasst nach einer Einführungslektion sieben Unterrichtsstunden selbständiger Arbeit, welche jedoch von der Lehrperson systematisch auf organisatorischer, sprachlicher und lerntechnischer Ebene unterstützt wird. Sie schliesst mit einer Präsentation der Resultate ab. Thematisch handelt die Lernaufgabe von Paris, angelehnt an das entsprechende Modul Paris des Lehrmittels envol 8[2]. Inhaltlich sollen die

---

1   Das Lehrmittel besteht neben dem Schülerbuch aus 8 Modulheften, die Texte verschiedener Schwierigkeitsgrade enthalten und sich thematisch auf den Inhalt je einer unité des Lehrmittels beziehen.

2   Klee (2001).

Jugendlichen einen Kurzaufenthalt von zwei Tagen in der französischen Hauptstadt planen und sich dabei in mindestens drei frei wählbare Themen rund um Paris vertiefen. Einerseits stehen den Lernenden verschiedene Texte im Modulheft zu Themen wie La Tour Eiffel, Das Leben eines SDF (sans domicile fixe: französische Bezeichnung für einen Obdachlosen) oder Le métro zur Verfügung, andererseits können sie in Aushandlung mit der Lehrperson auch den Rahmen des Lehrmittels verlassen und weiterführende Themen ausserhalb des Lehrmittels angehen. Als Output wird je ein schriftliches und ein mündliches Produkt erwartet: Zuerst erstellen die Lernenden einen guide touristique, der den zweitägigen Aufenthalt in Paris dokumentiert. Mit Hilfe dieses guides sollen sie sich dann die Planung ihres fiktiven Parisaufenthaltes gegenseitig mündlich präsentieren. Was die Sozialform betrifft, können die Schülerinnen und Schüler zwischen Einzel- und Partnerarbeit wählen.

Nach der Einführungslektion, in der die Klasse unter Leitung der Lehrperson das vorhandene Wissen und die eigenen Erfahrungen zu Paris in einem Cluster sammelte und durch die Lektüre eines ergänzenden Textes und Informationen erweiterte, wurden die Jugendlichen in die selbständige Arbeit eingeführt. Zu diesem Zeitpunkt wurden den Lernenden auch die Beurteilungskriterien für die beiden erwarteten Resultate, schriftlich und mündlich, bekannt gegeben.

In einer Tabelle, als Übersichtsplan gedacht, notierten sie die gewählten Themen. Einzelne Lernende fertigten einen Arbeitsplan an, der ihr Vorgehen zeitlich strukturierte. In Bezug auf die Sozialform entschied sich interessanterweise die Mehrheit der Lernenden für eine Einzelarbeit, nur vier Schülerinnen und Schüler arbeiteten im Tandem. Dies wird im Zusammenhang mit dem Fokus auf die Interaktion eine wichtige Rolle spielen.

In den darauffolgenden Lektionen vertieften sich die Lernenden selbständig in ihre Themen. Die Unterstützung der Lehrperson war auf organisatorischer Ebene gefragt in Bezug auf die Strukturierung des Prozesses, auf sprachlicher Ebene bei der Suche nach passenden Textquellen, bei der Absicherung des Textverständnisses oder der Korrektur von eigenen Textproduktionen, und auf lerntechnischer Ebene bei motivationalen Schwierigkeiten, die im Laufe der Arbeit auftauchten, gegen Ende – sozusagen bei Zieleinlauf – jedoch ganz verschwanden.

Nach sieben Lektionen erfolgte die Präsentation der Arbeiten in zwei getrennten Gruppen. Die Reduktion der Anzahl Referate auf fünf pro Gruppe sollte dazu dienen, die konzentrierte Aufmerksamkeit der Zuhörenden zu fördern und das Peerfeedback effizient zu gestalten. Jeder und jedem Jugendlichen wurde ein Beobachtungsfokus (Sprache, Inhalt, Präsentation …) zugeteilt, zu dem sie im Anschluss an jedes Referat kurz Stellung nahmen.

Am Ende der Arbeit holte die Lehrperson ein schriftliches, anonymes Feedback der Lernenden ein, das die drei Themen „selbständiges Arbeiten", „Motivation" und „Sprachverwendung", die Grundpfeiler unseres Konzeptes, ins Zentrum setzte und sowohl mit vorgegebenen Skalen als auch mit offenen Fragen operierte. Die Antworten der elf Jugendlichen sind eine wichtige Quelle für die kritische Betrachtung der Vorgehensweise und der dabei entstandenen Lernaufgabe, und werden unten bei Abschnitt 4 geschildert.

Wir beschreiben als nächstes jedoch zuerst das Modell AMI, welches wir – im Sinne der Aktionsforschung – während der Durchführung dieser Unterrichtseinheit gemeinsam entwickelten.

3.   Das Modell AMI

Wir erachten die Begriffe Autonomie, Motivation und Interaktion (AMI) als zentral für das Gelingen des aufgabenorientierten Unterrichts;[3] sie liegen als Prinzip unserer Aufgabenkonstruktion zugrunde und helfen der Lehrperson in der konkreten Umsetzung, den Unterricht einerseits zu strukturieren und andererseits zu analysieren. Zudem sind diese Prinzipien aufs Engste verbunden mit der Selbstbestimmungstheorie von Deci und Ryan (1985; 2000). Gemäss dieser Theorie fördert Unterricht die selbstbestimmte Lernmotivation, wenn Schülerinnen und Schüler die eigene Kompetenz wahrnehmen, z. B. indem sie Aufgaben erfolgreich bewältigen und dazu auch positive Rückmeldungen erfahren („need for competence"). Diesem Punkt wird bei AMI durch die Betonung des interaktiven Lernens Rechnung getragen. Zweitens ist es der Lernmotivation förderlich, wenn Schülerinnen und Schüler Gelegenheit haben, autonom und selbstbestimmt zu handeln und Entscheidungen treffen zu können („need for autonomy"). Drittens ist es zentral, sich einer Gruppe zugehörig zu fühlen, die ähnliche Ziele und Interessen verfolgt („need for social relatedness"). In Kombination erhöhen diese Faktoren die Chance, dass Lernende ein situationales und über die Zeit hinweg ein stabiles individuelles Interesse am Lerngegenstand entwickeln. Diesen Prinzipien wurde bei AMI mit einem Interaktionskonzept Rechnung getragen, in dem alle Beteiligten als Akteure wahrgenommen werden und aktiv an der Ko-konstruktion der Kommunikation partizipieren.

3.1   AMI – ein Interaktionsmodell für Unterricht mit
vier interaktiven Räumen

Das unten stehende Schema ist um zwei Achsen herum konstruiert: Eine horizontale Achse, die von der Schulsprache zur Zielsprache führt, und eine vertikale Achse, die von weniger Formalisierung zu mehr Formalisierung geht (d. h. von einem informellen, alltäglichen Sprachgebrauch hin zu einem stärker formalisierten Gebrauch der Fremdsprache). Die horizontale Achse verweist auf ein zentrales Ziel des Fremdsprachenunterrichts, nämlich, dass sich die Lernenden von der Schulsprache in Richtung Zielsprache bewegen (in unserem Fall von der Schulsprache Deutsch ins Französische). Die vertikale Achse bezieht sich auch auf die fortschreitende Strukturierung in der L2,

---

3   Bange (1996) definiert Lernen in der Fremdsprache als kontinuierlichen Übergang von der Fremdregulierung des Lehrenden zur Selbstregulierung der Lernenden. Nach Deci & Ryan (1985, S. 32) fusst die intrinsische Motivation auf dem Bedürfnis der Lernenden nach Selbstbestimmung, auf der Erfahrung individueller Kompetenz und der sozialen Eingebundenheit. Ellis (2013, S. 240) betrachtet Interaktion als Quelle des Lernens.

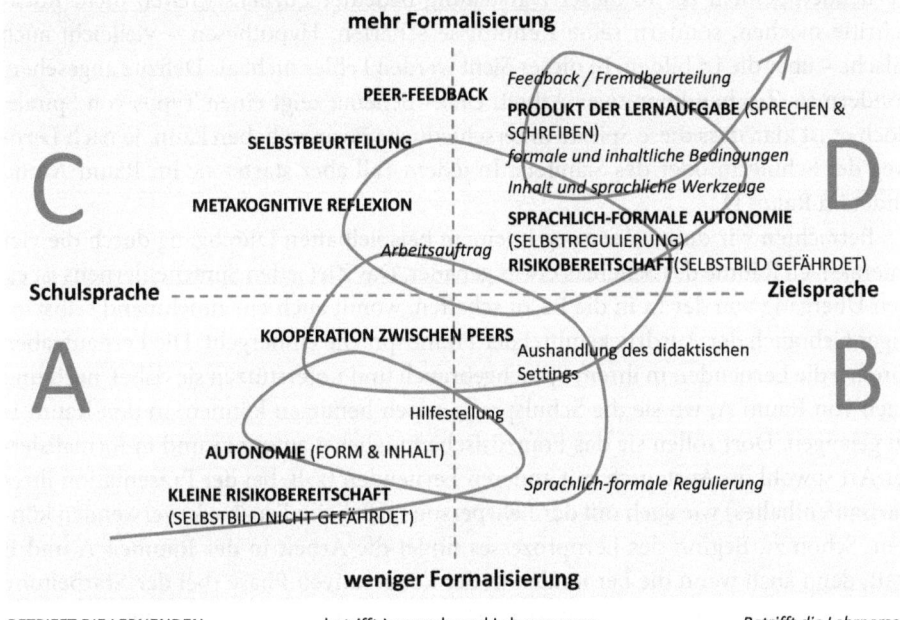

Abb. 1:   Das Modell AMI

worunter wir die situationsadäquate Anwendung der Zielsprache (z. B. eine mündliche Präsentation oder eine schriftliche Anleitung) sowie die dazu nötigen formalen Kompetenzen verstehen. In der Tat werden die formalen Kompetenzen beim schulischen Fremdsprachenlernen, sowohl im Mündlichen wie im Schriftlichen, stärker gewichtet als im natürlichen Sprachmilieu. Die Spirale stellt den Lernprozess dar, der innerhalb einer Lernaufgabe dank der Interaktion begangen wird.

Für die Autoren sind die vier Räume, die durch die beiden Achsen definiert werden, interaktive Räume. Es muss präzisiert werden, dass sie durchlässig sind – daher sind die Achsen als gestrichelte Linien gezeichnet – der Übergang von einem Raum in den andern ist dank Interaktion möglich: Diese gestaltet die Räume durchlässig und dynamisch. Die Räume sind mit den Buchstaben ABCD bezeichnet, da Ziffern von 1 bis 4 den Eindruck entstehen lassen, dass die Progression in einer strikten Chronologie erfolgt, was nicht der Fall ist. Zwar beginnen die Lernenden ihren Lernprozess (also die Entwicklung der sog. „Interimssprache") im Raum A und bewegen sich, begleitet durch die Lehrperson, zum Raum D hin. Dieser Prozess geschieht jedoch nicht linear, die Lernenden können zwischen den verschiedenen Räumen hin und her wechseln. Häufig wird diese Interimssprache (d. h. die Entwicklungssprache der Lernenden) als Treppe dargestellt, was den Eindruck erweckt, die Lernenden machten Rückschritte, wenn sie eine Stufe zurückgehen, aber auch, sie stiegen die Treppe ohne jegliche Hilfe hoch. Indem wir den Lernprozess mit Hilfe einer Spirale darstellen, fügen wir die Dimension der Interaktion an und zeigen auf, dass es bei der von Vygotsky definierten Zone proximaler Entwicklung tatsächlich um einen Raum geht, der Lehrenden und

Lernenden gemein ist. In dieser Darstellung bedeutet Zurückschreiten nicht Rück-schritte machen, sondern seine Kenntnisse schärfen, Hypothesen – vielleicht auch falsche – über die L2 bilden. In dieser Sicht werden Fehler nicht als Defizite angesehen, sondern als Zeichen kognitiver Arbeit. Unser Schema zeigt einen Typus von Spirale, doch es ist klar, dass diese Spirale unterschiedliche Formen haben kann, je nach Lern-weg der Schülerin oder des Schülers. In jedem Fall aber startet sie im Raum A und endet im Raum D.

Betrachten wir diesen Lernweg in einem beispielhaften Durchgang durch die vier interaktiven Räume des Schemas etwas genauer. Das Ziel jeden Sprachenlernens ist es, den Übergang von der L1 in die L2 zu schaffen, womit auch ein zunehmend selbstän-diger Gebrauch der Ausdrucksmittel der Fremdsprache einhergeht. Die Lernaufgaben fördern die Lernenden in ihrem Sprachgebrauch und unterstützen sie dabei, nach und nach von Raum A, wo sie die Schulsprache noch benutzen können, in den Raum D zu gelangen. Dort sollen sie das Französische möglichst autonom und in formalisier-ter Art sowohl im Austausch mit anderen Lernenden (z. B. bei der Präsentation ihres Parisaufenthaltes) wie auch mit der Lehrperson (z. B. beim Feedback) verwenden kön-nen. Schon zu Beginn des Lernprozesses findet die Arbeit in der Räumen A und B statt, denn auch wenn die Lernenden in der kooperativen Phase (bei der Erarbeitung der Texte) die Tendenz haben, in der L1 zu kommunizieren, um sich über die gele-senen Texte und ihre eigenen Ideen auszutauschen oder letztere weiterzuentwickeln, brauchen sie Wortschatz und Sätze in der L2. So haben sie z. B. Verständnisfragen zu den Texten und bitten die Lehrperson um Unterstützung. Die Rolle der Lehrperson besteht darin, die Lernenden zu Raum B und schliesslich in den Raum D zu begleiten, indem sie möglichst konsequent die L2 einsetzt, sowohl auf inhaltlicher Ebene bei der Aushandlung der Themen wie auch auf motivationaler Ebene durch gezielte Ermunte-rung oder organisatorische Hinweise zum Arbeitsprozess, falls die Lernenden sich zu „verirren" drohen.

Auf der formalen Ebene gibt die Lehrperson ihren Lernenden Inputs, das heisst, sprachliche Werkzeuge, die zur Erfüllung der Lernaufgabe nötig sind. Lernende müs-sen begründen, erklären, aushandeln. Dies geht weit über die Kompetenz der Alltags-kommunikation hinaus. Beim Übergang in den Raum D müssen die Lernenden mehr und mehr linguistische, pragmatische und soziokulturelle Kompetenzen entwickeln: Sie müssen Texte über Paris lesen und zum Lernen nutzen, um Informationen für ih-ren guide touristique formulieren zu können, und sie müssen auch lernen, sich in der Präsentation gemäss den linguistischen und pragmatischen Normen des Mündlichen zu äussern.

Es ist wohl ein Gemeinplatz zu sagen, dass man „nur durch Kommunikation lernt zu kommunizieren", doch in einer fremden Sprache zu sprechen geht nicht von selbst und beinhaltet Risiken, hauptsächlich bei Anfängerinnen und Anfängern. Auch wenn heutzutage die Lehrperson nicht auf Fehler fixiert sein sollte, sprechen viele Lernende nicht gerne, weil es ihnen an Selbstsicherheit fehlt, an Textkompetenz mangelt oder sie Angst haben, Fehler zu machen. Daher haben wir die Risikobereitschaft in unser Sche-ma aufgenommen. Diese ist im Feld A noch schwach ausgeprägt, viel stärker jedoch im Feld D. Die Aufgabe der Lehrperson ist es, einerseits den Lernenden Sprachmittel zu geben, aber vor allem auch, sie zum Sprechen zu ermutigen, damit es ein Vergnügen werde, sich in der Zielsprache auszudrücken.

Sobald die Aufträge ausgehandelt und das sprachliche Material verteilt sind (wir bewegen uns hier hauptsächlich in der Zielsprache, also in den Räumen B und D), nimmt sich die Lehrperson während der Phasen der autonomen Lernarbeit zurück und interveniert lediglich, wenn die Lernenden sie um Hilfe bitten. So wird die Selbststeuerung maximal gefördert.

Die Rolle der Lehrperson wird im Anschluss an die Lernaufgabe zentral (Raum D), wenn es darum geht, Feedback zu geben und zu evaluieren. Dies kann zu neuen formalen Aktivitäten über die Sprache führen, um die metalinguistische Reflexion und die Behaltensleistung bei den Lernenden zu fördern.

3.2   AMI – ein Analyse- und Strukturierungsinstrument für Unterricht

Weiter oben haben wir festgehalten, dass die drei Begriffe der Autonomie, Motivation und Interaktion der Lehrperson erlaubten, den Unterricht zu strukturieren und auch zu analysieren:

Das Modell AMI unterstützt die Strukturierung des Unterrichts:
- Autonomie: Die Lehrperson hilft den Lernenden autonom zu werden, indem sie diese in ihrem Sprachgebrauch von der Fremdregulierung zur Selbstregulierung führt;
- Motivation: Die Lehrperson kann die Lernenden motivieren, indem sie diese in die Verantwortung nimmt und indem sie ihnen eine Auswahl ermöglicht (siehe unten verschiedene Motivationsfaktoren);
- Interaktion: Die Lehrperson fördert die Interaktion dank der Gruppenarbeiten und dank der Tatsache, dass die Lernenden Inhalte und Lernformen aushandeln.

Das Modell AMI unterstützt die Analyse des Unterrichts:
- Autonomie: Der Grad der Autonomie ist für die Lehrperson ein Hinweis, wo sich der Lernende auf dem Weg von der Hetero- zur Selbstregulierung befindet.
- Motivation: Die Beobachtung des motivationalen Verhaltens der Lernenden (z. B.: effektive Lernzeit, konzentriertes Arbeit, Risikobereitschaft, Kooperation) hilft der Lehrperson, ihr Verhalten zu adaptieren.
- Interaktion: Die Analyse der Interaktion erlaubt es, die Rollen der Lernenden und der Lehrperson zu definieren. Je nach Situation kann die Lehrperson ihre Beiträge in der Interaktion ausweiten oder einschränken. Sie kann auch die Sozialformen in der Arbeit ändern mit dem Ziel, den Gestaltungsspielraum der Lernenden zu optimieren.

Bei einer Gesamtsicht des Schemas fällt auf, dass die Lernenden die Hauptakteure ihres eigenen Lernens sind. Trotz dieser offensichtlichen Tatsache zeigen viele Untersuchungen (Manno, 2012; Ellis, 2013, S. 116), dass die Lehrperson noch häufig die zentrale

Person im Klassenzimmer ist und dass die Lernenden eher re-agieren als ko-agieren und ihre Autonomie sehr beschränkt ist. Es versteht sich von selbst, dass Lernende mit einem schwachen linguistischen Niveau auf sprachlicher Ebene nicht autonom sein können. Wenn man aber in Betracht zieht, dass die Interaktion über das strikt linguistische Niveau hinausgeht, so kann eine gewisse Autonomie auf andere Weise erreicht werden, zum Beispiel durch das Aushandeln der Lerninhalte. Es ist also vordringlich, dass die Lehrperson den Lernenden ermöglicht, echte Akteure zu sein, auch wenn die ihnen übergebene Autonomie nicht rein linguistischer Art ist: Die neue Lernkultur bedingt auch eine Neudefinition der Lehrerrolle, denn „den Schülern Raum zur Aufgabenbearbeitung zu geben bedeutet, Arbeit in die Vorbereitung der Aufgaben zu investieren, sich aber im Unterricht selbst stark zurückzunehmen" (Leupold, 2007).

Damit die Lernenden Akteure sein können, müssen sie Lust haben zu agieren, müssen also motiviert sein. Um durch eine Lernaktivität die Motivation der Lernenden zu fördern, schlägt Viau (2000) Kriterien vor, die uns bei der Ausarbeitung der Lernaufgabe inspiriert haben (siehe Kapitel 4).

Die Motivation beinhaltet Aspekte auf der Ebene der Kognition wie auch der Beziehung und sie wird nie ein für alle Mal erreicht: Der Prozess muss immer wieder reaktiviert werden, da andernfalls kein Lernen entstehen kann. So hängt die erste Bedingung – dass eine Aktivität sinnstiftend sein muss – stark von der Autonomie ab, die dem Lernenden im Auswahlprozess überlassen wird (Deci & Ryan, 2000). Diese Auswahl wird ebenso von affektiven, sozialen und kulturellen wie auch von kognitiven und linguistischen Kriterien gesteuert. Die Möglichkeit der Auswahl wird indessen den Lernenden oft nicht geboten und sie bleiben passiv, weil die ihnen vorgeschlagenen Aktivitäten keine ausreichende Bedeutung haben, um die notwendige Anstrengung zu kompensieren. Die fremde Sprache wird nicht als „Tor zur Welt" (Portmann & Schmölzer-Eibinger, 2008, S. 10) erfahren.

Wir haben die Interaktion ins Zentrum unseres Modells gestellt, weil sie einerseits Lernziel ist, aber auch den Weg aufzeigt, wie dieses Ziel erreicht werden kann. Sie bietet auch den Rahmen, in dem interne und externe Phänomene des Lernens (kognitive Prozesse bzw. ko-konstruktives Lernen) ihren Platz haben. Trotzdem darf die Interaktion nicht auf einen reinen Kontext reduziert werden, sondern muss, wie Ellis präzisiert, als Quelle des Lernens betrachtet werden: „[…] evidence for learning does not come from the interaction itself but, independently, from the tests or tasks that precede and follow the interaction, reflecting the fact that interaction is seen as the source, not the context, of learning. " (2013, S. 240).

Die Interaktion liefert den Lernenden Material, doch dieses Material muss in eine kognitive Arbeit münden, soll sie zum Spracherwerb führen. Die Interaktion erlaubt es, die Aufmerksamkeit auf spezifische linguistische Formen zu legen, beispielsweise dank dem Verhandeln über Sinn und Form. Sprachlich gesehen umfasst die Interaktion auf diesem Niveau mehr als reine Alltagskommunikation (BICS[4]), denn es geht auch darum, Informationen „kohärent und nachvollziehbar" (Portmann & Schmöl-

---

4   Cummins (1991), BICS (Basic Interpersonal Communicative Skills) im Gegensatz zu CALP
     (Cognitive Academic Language Proficiency)

zer-Eibinger, 2008, S. 7) zu formulieren, sowohl in einer schriftlichen Arbeit wie auch in einer mündlichen Präsentation.

4.   Analyse der Schülerrückmeldungen

In der folgenden Analyse reflektieren wir die Arbeit und das Resultat aufgrund der schriftlichen Feedbacks der Jugendlichen kritisch. Zitate aus den Feedbackbögen illustrieren einige zentrale Aspekte dieser Analyse.

4.1   Rückmeldungen zum Thema „Autonomie"

„Ich hatte Mühe, weil ich nicht wusste, welche Themen nehmen."

Das aufgabenorientierte Setting ermöglicht den Lernenden Wahlfreiheiten, verlangt von ihnen Selbständigkeit; eine nicht alltägliche Schulsituation, die ihre Tücken enthält.

Die Jugendlichen nannten in ihrem Feedback zwei Kriterien zur erfolgreichen Bewältigung der Lernaufgabe, die über rein sprachliche Kompetenzen hinausgehen: die Strukturierung der Arbeit und die Anwendung von Arbeitsstrategien bei der Erarbeitung der Texte.

Sowohl die Strukturierung der Arbeit über die ganze Zeit der Lernaufgabe, z. B. durch einen Arbeitsplan („Nicht alles auf den letzten Drücker machen; man sollte alles im Voraus planen"), wie auch die Selbstorganisation in den einzelnen Lektionen stellte für sie eine echte Herausforderung dar.

Hingegen fühlte sich die Mehrheit der Lernenden dem selbständigen Umgang mit Texten durch ihre Texterschliessungs- und Textverarbeitungsstrategien (u. a. dank des Konzeptes der clés magiques aus envol) gewachsen, was Nennungen wie „Das Wichtige herausschreiben", „Notizen machen" untermauern.

4.2   Rückmeldungen zum Thema „Motivation"

„Als es wirklich zur Sache ging, fing es an Spass zu machen, wodurch natürlich auch die Arbeitsmotivation stieg."

Wenn eine Aufgabe der „Gehaltlosigkeit von Unterricht" (Portmann & Schmölzer-Eibinger, 2008, S. 10) entgegenwirkt und ihn mit mehr Inhalt versieht, wenn Jugendliche Sinn in einer Aufgabe entdecken, entwickeln sie Freude und arbeiten motiviert.

Die Lernenden äusserten sich mehrheitlich positiv zur bevorstehenden Arbeit, weil sie in verschiedenen Bereichen (z. B. Themen, Sozialform, Produkte) wählen konnten, was gemäss der Selbstbestimmungstheorie von Deci und Ryan (1985) im Zusammenhang mit der Entwicklung von Motivation erwartungskonform ist. Der Motivationsschub war förmlich sichtbar durch die engagierte und neugierige Art, mit der die Lernenden die Arbeit angingen, in den vorliegenden Texten blätterten und sich untereinander austauschten, um für sich die geeigneten Themen zu wählen. Die meisten Lernenden fanden ihre Themen schnell, wagten jedoch auch mutig den Schritt in Neues, das ihren persönlichen Interessen mehr entsprach.

Der Hauptfokus betreffend Motivation wurde auf die Wahlmöglichkeit gelegt, wodurch die Lernenden in die Verantwortung für ihr Lernen miteinbezogen wurden: „responsabiliser l'élève en lui permettant de faire des choix" (Viau, 2000). Um die Lernenden aus ihrer Rolle der Reagierenden herauszuholen und zu Mitagierenden zu machen, erlaubte ihnen die Lernaufgabe eine grosse thematische Wahlfreiheit im Rahmen des eingrenzenden Oberthemas Paris. Die Unterthemen sollten für die Lernenden bedeutsam und sinnstiftend sein und dadurch die Motivation stärken. Obwohl wenige Jugendliche es wagten, in ganz neue Gebiete vorzudringen wie le cinéma à Paris oder Vélib, bewahrheitete sich für die meisten Lernenden allein schon die Wahlfreiheit als Motivationsschub: „Ich bin motiviert, weil ich gute Themen habe." Nicht zu unterschätzen ist das Gefühl der Überforderung, das die freie Wahl oder auch die sprachliche Schwierigkeit der authentischen Textquellen hervorrufen kann. Die Lehrperson nimmt hier eine wichtige Rolle in der individuellen Begleitung und Beratung der Jugendlichen ein. Von grossem Vorteil in dieser Unterrichtsphase ist ein Textkorpus (wie z. B. im neu erschienenen Französischlehrmittel Clin d'oeil), der für die Lernenden bewältigbare Texte im Rahmen ihrer jeweiligen Zone der proximalen Entwicklung vorschlägt („Mich würden etwas einfachere Texte motivieren") und weiterführende Quellenangaben im Sinne einer inneren Differenzierung enthält.

Das verlangte Produkt der Lernaufgabe liess eine weitere Wahlfreiheit zu. Die Erarbeitung eines guide wirkte motivierend, was u. a. seinem fachübergreifenden Ansatz (Viau, 2000: „caractère interdisciplinaire") zuzuschreiben ist: Neben dem Inhalt war auch die ästhetische Gestaltung zentral.

4.3   Rückmeldungen zum Thema „Interaktion"

> „Unter Kolleginnen habe ich häufig Deutsch gesprochen, weil es verlockend ist und einfacher mich richtig auszudrücken."

Lernende untereinander zur echten Kommunikation in der Fremdsprache zu führen, ist eine der grossen Herausforderungen im aufgabenorientierten Unterricht, der den primären Fokus auf den Inhalt legt.

Viau fordert von einem motivierenden Unterricht, dass er eine echte Interaktion und Zusammenarbeit zwischen den Lernenden ermöglicht (Viau, 2000). Da die meisten Lernenden als Sozialform die Einzelarbeit wählten, war die Kooperation zwischen ihnen deutlich vermindert, und die Möglichkeiten von Interaktionen während der Aushandlung der Themen, der Diskussion der Texte und der Präsentation war reduziert. Bei den beiden Zweiergruppen, die zu den schwächeren Lernenden gehörten, fanden die Interaktionen mehrheitlich in Deutsch statt, aus Gründen der Effizienz und Einfachheit der Verständigung. Echte Kommunikationsanlässe des Aushandelns und der

Kollaboration sind zwar motivierend, aber sprachlich auch anspruchsvoll, da sie über die Kompetenz der Alltagskommunikation hinausgehen. Sicher spielt die Risikobereitschaft in der Fremdsprache eine entscheidende Rolle. Nach einer formal-sprachlich fokussierten Phase als Vorbereitung auf die Präsentation waren die Jugendlichen in der Schlussphase, der Peerevaluation, fähig zu einer authentischen Interaktion, da sie für das Feedback an ihre Kollegen über hilfreiche chunks und strukturierende Ausdrücke im Sinne eines Scaffoldings verfügten (z. B.: Comment a-t-il/elle parlé? Lentement, sans hésiter, librement, de manière motivée …/A-t-il utilisé des gestes et la mimique?).

Die mündlichen Resultate der Arbeiten tendierten in zwei Richtungen: Eine Gruppe der Jugendlichen wagte es, anhand von Stichworten und mit Hilfe des Flyers eine echte mündliche Präsentation zu zeigen und die Sätze ad hoc zu formulieren. Eine andere Gruppe – ausschliesslich Mädchen –, die weniger Risikobereitschaft zeigte und eine höhere formale Korrektheit anstrebte, las einen mehr oder weniger fertig formulierten Text vor, was nicht den eigentlichen Vorgaben entsprach und im Feedback auch entsprechend diskutiert wurde.

Interaktionen mit der Lehrperson fanden in der Regel in der Zielsprache statt. Die Jugendlichen nannten in ihrem Feedback drei verschiedene Gründe dafür: Erstens verliessen sich die Lernenden darauf, dass die Lehrperson weiterhalf, wenn sie selber Wörter nicht fanden oder syntaktisch vor Schwierigkeiten standen („weil sie mir helfen kann."). Das Selbstbild war weniger gefährdet. Zweitens wirkte das konsequente Verwenden der Zielsprache durch die Lehrperson ansteckend und motivierend („Sie spricht mit mir Französisch, also probiere ich es auch."). Schliesslich spielte für die Lernenden das didaktische Setting eine entscheidende Rolle: „Es wird verlangt."

5. Zusammenfassung und Ausblick

Die vorliegende Fallstudie veranlasste die Autoren dazu, im Rahmen eines Aufgabensettings das Modell AMI zu entwickeln, das auf Grund erster Beobachtungen in einer Klasse der Sekundarstufe I konstruiert und nach und nach dank stetigem Hin und Her zwischen theoretischer Reflexion und praktischer Umsetzung und Anpassung verfeinert wurde. Eine solche reflexive Praxis erlaubte es, die interdisziplinäre Verbindung zwischen der didaktischen Perspektive und dem linguistischen Ansatz herzustellen.

In unseren Augen ermöglicht dieses interaktive und dynamische Modell, die Rolle der Lehrperson besser zu definieren: Diese verändert sich in einem aufgabenorientierten Kontext im Vergleich zum herkömmlichen Unterricht und nähert sich stark der Rolle der Lernbegleiterin bzw. des Lernbegleiters an. Unser Modell macht deutlich, wie die Lehrperson und die Lernenden bei der Bearbeitung einer Lernaufgabe interagieren. Die vier Räume unseres Modells sind virtuell und wenn die Lehrperson sie auseinanderhält, ohne sie voneinander zu trennen, dann kann sie das Modell als Werkzeug benutzen, um ihren Unterricht zu analysieren und zu strukturieren. Trotzdem scheint es uns unabdingbar, die formalen und die inhaltlichen Ziele des Unterrichts in der L2 auseinanderzuhalten. Die formale Beschäftigung mit der Sprache dient dazu, sprachliche Lücken, die sich den Lernenden bei der Beschäftigung mit den Inhalten stellen, zu erkennen und anzugehen.

In der Schweiz beginnen die Lehrmittel in diese Richtung zu gehen. Sie sind Werkzeuge, nicht Selbstzweck: Die Lehrmittel sind da, um die Kommunikation zu unterstützen, die Kommunikation ist nicht da, um die Lehrmittel zu rechtfertigen. Pseudo-Kommunikation soll soweit als möglich vermieden werden.

Für uns ist klar, dass das Modell der Interaktiven Räume kein definitives Produkt ist, sondern als Entwurfsmuster betrachtet werden muss, das durch die Lehrpersonen im Unterricht verfeinert, vertieft und ergänzt werden kann und soll.

Literatur

Bange, P. (1996). Considérations sur le rôle de l'interaction dans l'acquisition d'une langue étrangère, *Les carnets du Cediscor* 4.

Brinkmann, M. (2012). *Pädagogische Übung, Praxis und Theorie einer elementaren Lernform.* Paderborn: Schöningh.

Caspari, D., Grotjahn, R. & Kleppin, K. (2010). Testaufgaben und Lernaufgaben. In R. Porsch, B. Tesch & O. Köller (Hrsg.), *Standardbasierte Testentwicklung und Leistungsmessung. Französisch in der Sekundarstufe I* (S. 46–68). Münster: Waxmann.

Caspari, D. & Kleppin, K. (2008). Lernaufgaben. Kriterien und Beispiele. In B. Tesch, E. Leupold & O. Köller (Hrsg.), *Bildungsstandards Französisch: konkret. Sekundarstufe I: Grundlagen, Aufgabenbeispiele und Unterrichtsanregungen* (S. 88–148). Berlin: Cornelsen.

Cummins, J. (1991). Conversational and Academic Language Proficiency in Bilingual Contexts. In J. H. Hulstijn & J. F. Matter (Hrsg.), *Reading in Two Languages* (S. 75–89). Amsterdam: AILA review 8.

Cuq, J. P. (2003). *Dictionnaire de didactique du français langue étrangère et seconde.* Paris: CLE international.

De Pietro, J. F. (2008). Dépasser les listes de mots pour s'intéresser … aux mots. *Babylonia* 4/08, 19.

Deci, E.L. & Ryan, R.M. (1985). *Intrinsic motivation and self-determination in human behavior.* New York.

Dolz, J., Schneuwly, B., Thévenaz-Christen, T. & Wirthner, M. (Hrsg.). (2002). *Les tâches et leurs entours en classe de français. Actes du 8e colloque international de la DFLM.* Neuchâtel.

Ellis, R. (2003). *Task-based Language Learning and Teaching.* Oxford: Oxford University Press.

Ellis, R. (2013). *Language Teaching Research and Language Pedagogy.* Chichester: Wiley-Blackwell.

Gehr, G. & Greminger Schibli, C. (2015). „Un weekend à Paris?!" *Schulblatt AG/SO*, 21, 42.

Kerbrat-Orecchioni, C. (2005). *Le discours en interaction.* Paris: Colin.

Klee, P. (2003). *Paris. Modulheft 14.* 2. Ausgabe. Lehrmittelverlag des Kantons Zürich.

Kraus, A. & Nieweler, A. (2011). La tâche: von der Übung zur Aufgabe. *Der Fremdsprachliche Unterricht Französisch*, 112, 2–8.

Leupold, E. (2007). *Kompetenzentwicklung im Französischunterricht: Standards umsetzen – Persönlichkeit bilden.* Seelze: Kallmeyer.

Manno, G. (2012). Aufgabenorientierung im Französischen als Fremdsprache. In S. Kelle & U. Bender (Hrsg.), *Aufgabenkulturen. Fachliche Lernprozesse herausfordern, begleiten, reflektieren.* (S. 128–141) Seelze: Kallmeyer.

Manno, G. & Sauvin, E. (2010). Erfahrungen mit ‚envol‘. *Schulblatt AG/SO, 4,* 26–27.

Müller-Hartmann, A. & Schocker-v. Ditfurth, M. (2010). Task-Based Language Teaching und Task-Supported Language Teaching. In W. Hallet & F.G. Königs (Hrsg.), *Handbuch Fremdsprachdidaktik* (S. 203–207).

Portmann, P. R. & Schmölzer-Eibinger, S. (2008). Textkompetenz. *Fremdsprache Deutsch. Zeitschrift für die Praxis des Deutschunterrichts, 29,* 5–16.

Reuter, Y. (Hrsg.). (2007). *Dictionnaire des concepts fondamentaux des didactiques.* Bruxelles: de Boek.

Ryan, R.M. & Deci, E.L. (2000). „Self determination theory and the facilitation of intrinsic motivation, social development, and well being." *American Psychologist, 55,* 68–78.

Thonhauser, I. (2010). Was ist neu an den Aufgaben im aufgabenorientierten Fremdsprachenunterricht? *Babylonia. 3/10,* 8–16.

Viau, R. (2000). Des conditions à respecter pour susciter la motivation des élèves. *Revue Correspondance 5/3.* Verfügbar unter: http://correspo.ccdmd.qc.ca/Corr5-3/Viau.html (zuletzt abgerufen am 12.01.2016).

Erzählung oder Argumentation?

Zum Einfluss von Textgenre, Aufgabenprompt und Materialauswahl auf das historische Erzählen

Monika Waldis

1. Historisches Erzählen als Konstituens historischen Wissens und als Lernziel des Geschichtsunterrichts

Erzählen ist in den geschichtstheoretischen Debatten der letzten Jahrzehnte zum Grundbegriff des Historischen avanciert (van Norden, 2013). Erzählen gilt nicht nur als Voraussetzung für das Erkennen der Vergangenheit, sondern auch als Konstituens historischen Wissens. Historisches Wissen liegt stets in der eigentümlichen Form einer Erzählung vor, die auf bestimmte Weise zuvor zusammenhangslose Sachverhalte („Ereignisse") sinngebend in zeitlicher Hinsicht miteinander verbindet. Geschichtsschreibung artikuliert sich demzufolge in Narrationen, die Dauer und Wandel in Zeitverläufen darstellen, und ist – angestossen durch neue Erkenntnisse oder Blickrichtungen – dauernd in Veränderung begriffen (Barricelli, 2008; Barricelli, Gautschi & Körber, 2012). Dem schulischen Geschichtsunterricht kommt die Aufgabe zu, Schülerinnen und Schüler in diese Eigenart historischen Erzählens einzuführen; um sie zu einem eigenständigen Umgang mit historischen Deutungsangeboten in der Gesellschaft sowie zu einem aufgeklärten Umgang mit der eigenen Existenz im Wandel der Gesellschaft zu befähigen. Was allerdings die Spezifik des ‚historischen Erzählens' ausmacht, ist nur auf den ersten Blick klar. Werden Schülerinnen und Schüler beispielsweise aufgefordert, mündlich oder schriftlich zu erzählen, so werden mit grosser Wahrscheinlichkeit fiktionale Erzählungen darunter sein (Pandel, 2010). Im Zusammenhang mit Historischem sind jedoch weder die in der alltäglichen kommunikativen Praxis entstehenden fiktiven und persönlich erfahrenen Geschichten noch literarische Erzählungen gemeint. Unmittelbarkeit und Anschaulichkeit des Erfahrungszusammenhangs sind dem Geschichtsbegriff weitgehend fremd: Hier geht es nicht um die subjektiven Geschichten von Individuen, die auf konkreten Erfahrungen basieren, sondern vielmehr um intersubjektives, durch Abstraktion und Methode generiertes Wissen, das zwar durchaus auf der Grundlage von subjektiven Erfahrungen – abgebildet in Quellen – gewonnen werden kann, jedoch eine eigene Wissensform darstellt (Hartung, 2013). Entsprechend sind historische Texte keine fiktiven Erzählungen, sondern eine sinnbildende und evidenzbasierte Darstellung historischer Sachverhalte. Unter dem Überbegriff ‚historische Narration' lassen sich verschiedenste Erzählformen und Textmuster zusammenfassen.

Im Folgenden unterscheiden wir zwischen der Erzählung, in der Zeiterfahrung schwergewichtig diachron zu verarbeiten gesucht wird, und der Argumentation, in welcher unter der Berücksichtigung von Zeitlichkeit Sinn ausgehandelt wird, etwa indem verschiedene Perspektiven auf ein Ereignis verglichen oder kausale Verknüpfungen gezogen werden. Das Verfassen von Narrationen als zentrale Möglichkeit der Ergebnisdarstellung eigener historischer Erkundungen erfordert Kompetenzen historischen Denkens, wie sie bei Gautschi (2009) oder Körber und Mitautoren (2007) beschrieben sind: Methodenkompetenz zum Erschliessen der zugrunde gelegten Quellen oder die Kompetenz zur historischen Orientierung. Im Folgenden werden Aufgabensettings beschrieben, die auf der Basis von Materialien zum historischen Erzählen anleiten.[1] Es wird danach gefragt, wie Aufgabenprompt und Materialauswahl die Struktur und Qualität von historischen Texten beeinflussen. Auf der Grundlage von zwei Textbeispielen werden Qualitätsmerkmale einer historischen Erzählung und einer Argumentation herausgearbeitet und einander gegenübergestellt. Danach werden die Ergebnisse des Ratings der Textqualität von 60 Studierendentexten aus einer laufenden Studie dargestellt, um den Einfluss von Textgenre und Aufgabenprompt auf die Textqualität empirisch abzusichern.

2. Fachliche Schreibanlässe zur Förderung historischen Verstehens bzw. von Kompetenzen historischen Denkens

Aus sprachdidaktischer Sicht wird die epistemische Funktion des Schreibens als Werkzeug zur Wissenserarbeitung seit längerer Zeit hervorgehoben: Durch das Entwickeln von Texten und die damit eingeforderte gedankliche Klarheit und Struktur wird eine vertiefte Auseinandersetzung mit dem Thema angeregt; der Stoff wird kognitiv durchdrungen. Insbesondere den sogenannten „self-explanations" (Chi et al., 1994) wird wegen der Verlangsamung der Sprach- und Gedankenproduktion durch das schriftliche Ausformulieren beim Schreiben eine erkenntnisfördernde Wirkung zugeschrieben (Feilke, 2011; Pohl & Steinhoff, 2010). Die Nutzung dieses Potentials im Fachunterricht bedeutet, dass Lernende dazu angeregt werden, sich schreibend den Sachverhalten anzunähern und dabei systematisch unterstützt werden, z.B. durch die Vermittlung von Schreibstrategien sowie die Wahl geeigneter Materialien und Aufgabenstellungen.

Für historische Narrationen ist konstitutiv, dass sie auf Quellen basieren. Voss und Wiley (1997) stellten schon früh fest, dass Argumentationsaufgaben auf der Basis von Quellen sich eignen, historisches Denken zu evozieren, hingegen Aufgabenstellungen, die zum Erzählen auffordern, die Inhaltswiedergabe anregen. Ihre Untersuchung legt zudem nahe, dass argumentatives Schreiben geeignet ist, über die Kenntnisnahme von historischen Fakten hinaus ein Verständnis von historischen Zusammenhängen zu generieren. Der Prozess des Argumentierens ermöglichte darüber hinaus bei den Lernenden Einsicht in die Konstruktivität von Geschichte: Hatten sie vorher historische Darstellungen und Überreste als tendenziell „fremd" und als „objektiv wahr" empfunden, erkannten sie durch das Argumentieren, dass Geschichte(n) konstruiert sind. Ausgehend von diesen Ergebnissen und weiteren Arbeiten (McCarthy Young

---

1   Abweichend von einer solchen Konzeption arbeitet beispielsweise Memminger (2007) mit Fiktionalität, um Schülerinnen und Schüler Texte erstellen zu lassen.

& Leinhardt, 1998; Wineburg, 1991) wird in der anglo-amerikanischen Forschung der Ansatz des Argumentierens stark betont. Monte-Sano (2010) machte darauf aufmerksam, dass historische Argumentationen u. a. Elemente enthalten, wie sie im allgemeinen Argumentationsschema von Toulmin beschrieben werden: Behauptung (*claim*), Daten (*data*), Schlussregel (*warrant*) und Ausnahmebedingungen (*rebuttal*). Als domänenspezifisches Merkmal wird zudem der Umgang mit Evidenzen, d. h. die empirische Absicherung der Aussagen auf der Basis von Quellen, hervorgehoben. Auf der Grundlage einer empirischen Studie bei 56 Jugendlichen auf der Basis von Essays, zu deren Niederschrift eine Quelle und drei Darstellungen zur Verfügung standen, identifizierte Monte-Sano (2010) fünf Kriterien, die sie als charakteristisch für den Umgang mit Evidenzen im Fach Geschichte bezeichnet: (1) Die korrekte Wiedergabe von Inhalten und zeitlichen Folgen (*factual and interpretative accuracy*), (2) das Belegen von Behauptungen und Aussagen mit relevanten Evidenzen (Materialverweis), (3) das Benennen des Verfassers der Dokumente und das Beachten von dessen Perspektive, (4) die Begründung von Behauptungen und das Einbeziehen von Gegenargumenten sowie (5) das Situieren und Bewerten von Aussagen durch Kontextwissen. Auch andere Autoren heben die Rolle der empirischen Absicherung der Aussagen („making supported claims") heraus, welche auf einer sorgfältigen Analyse von historischen Quellen beruhen (De La Paz, 2005; Rouet, Britt, Mason & Perfetti, 1996; Van Drie, Braaksma & Van Boxtel, 2015). Im Ansatz des „historical reasoning" wird der argumentative Umgang mit Geschichte breit gefasst, indem Aktivitäten wie historische Fragen stellen, Aussagen aus Quellen erarbeiten, deren Kontextualisierung sowie die Verwendung von historischen Konzepten und Meta-Konzepten (z. B. Dauer, Wandel) als zentrale Komponenten historischen Begründens bestimmt und in Schreibprodukten von Schülerinnen und Schülern nachgewiesen werden (Van Drie, Braaksma & Van Boxtel, 2015).

Im deutschsprachigen Raum ist keine derart klare Favorisierung des historischen Argumentierens erkennbar. Es bestehen jedoch Überlegungen zu Teilschritten, welche beim historischen Erzählen involviert sind. So beschreibt Ziegler (2007) historisches Erzählen als Prozess der „Re-Konstruktion": Die Feststellung und Erschliessung von Vergangenheitspartikeln in Quellen stehen am Anfang bei der Erstellung einer eigenen Narration. Mit Hilfe von Methoden der Quellenkritik werden aus dem vorliegenden Material bedeutsame Informationen herausgearbeitet. Die Beachtung der Perspektivität und der Kontextgebundenheit der Quellen sind dabei wichtige Voraussetzungen für die Einordnung und das Verstehen der vorliegenden Informationen; zudem müssen Informationslücken erkannt und Widersprüche herausgearbeitet werden. Nach der ersten Sichtung vorliegender Informationen steht eine Präzisierung der Fragestellung an, macht es doch nur Sinn, jene Fragen weiterzubearbeiten, zu denen Quellen und Darstellungen informative Aussagen bereithalten. Konträre Sichtweisen und Interpretationen oder dem eigenen Argument entgegenstehende Quellenbefunde müssen erwogen und geprüft werden sowie Entscheidungen für Kontextualisierung und Perspektivierung herausgearbeitet und transparent gemacht werden. Die Verschriftlichung der Narration in nächsten Schritt erfordert die fortwährende Überprüfung der Aussagenlogik und der narrativen Verknüpfungen, hinzu kommen Materialbelege zur

Unterstützung der Evidenz. Ergänzt werden muss, dass eine in sich geschlossene historische Erzählung in der Regel über den Prozess der „Re-Konstruktion" hinausführt. Sinnvollerweise endet sie mit einer Schlussfolgerung, welche die Bedeutung des Erarbeiteten in der damaligen Zeit herausarbeitet und/oder einen Bezug zur Gegenwart macht (historische Orientierung). Allenfalls können auch weiterführende Fragen genannt werden. Historische Narrationen enthalten somit idealerweise eine historische Frage bzw. die Formulierung des Erkenntnisinteresses, die Darlegung der Sachverhalte mit entsprechenden Materialverweisen sowie eine schlussfolgernde Deutung.[2] Beim historischen Schreiben sind demzufolge Kompetenzen historischen Denkens wie historische Frage-, Methoden- und Orientierungskompetenz (Körber, Schreiber & Schöner, 2007) gefordert; zugleich ist zu vermuten, dass regelmässige Schreibanlässe zur Kompetenzförderung beitragen.

3.   Der Einfluss von Textgenre und Aufgabenprompt auf historisches Erzählen

In jüngerer Zeit wird der Einfluss des Textgenres auf historisches Erzählen betont (van Drie, Braaksma & Van Boxtel, 2015; De La Paz & Wissinger, 2015). So stellt die Nacherzählung einer Biografie oder eine chronologische Darstellung historischer Ereignisse andere Anforderungen an Textproduzenten als das Verfassen eines argumentativen Textes. Auf einer systemisch funktionalen Linguistik aufbauend entwickelte Coffin (2006) ein Modell historischer Schreibentwicklung, welches entlang der drei Textgenres – Nacherzählung (*recording genre*), Erklärung (*explaining genre*) und Argumentation (*arguing genre*) – verläuft. Charakterisierend für diese Dreiteilung sind der zunehmende Abstrahierungsgrad und damit einhergehend die Zunahme des Bewusstseins von Historizität. Darüber hinaus beobachtete Coffin in Texten von Schülerinnen und Schülern zunehmend komplexere Analysen, in denen gesellschaftliche Strukturen Beachtung fanden. Ebenfalls hinzu kam die Nutzung des Meta-Konzepts „Kausalität", indem auf Einflussfaktoren, Gründe und Konsequenzen eingegangen wurde. Rege diskutiert wurde im Anschluss an die Arbeit von Coffin die Frage, ob sich historische Erzählung und Argumentation hinsichtlich textstruktureller Merkmale unterscheiden lassen. So merken beispielsweise Henriquez und Ruiz (2014) an, dass Erzählungen eher temporale Verknüpfungen von historischen Ereignissen und Sachverhalten aufweisen, in Argumentationen hingegen kausale Verknüpfungen oder die Einordnung von historischen Sachverhalten unter ein fachliches Konzept (z. B. Revolution) oder ein Meta-Konzept (z. B. Kontinuität und Wandel) wichtig sind. Allerdings kommen

---

2   Der Prozess der Re-Konstruktion folgt dem Rahmen der Absicherung, der von Rüsen (1983) unter dem Aspekt der Triftigkeit beschrieben wird. Die *empirische Triftigkeit* bedeutet, dass nur jene Aussagen aufrecht erhalten werden können, zu denen kein systematischer Widerspruch in Quellen gefunden wird, die *narrative Triftigkeit* meint eine schlüssige argumentative Verknüpfung der gewonnenen historischen Aussagen und die *normative Triftigkeit* bezieht sich auf die transparente Ableitung der vorgenommenen bzw. zu hinterfragenden Orientierung durch Offenlegung aktueller Normen.

Henríquez und Ruiz (2014) zum Schluss, dass eine strikte Trennung kaum möglich ist und historische Texte immer erzählende und argumentative Elemente beinhalten.

Im deutschsprachigen Kontext liegen noch nicht allzu viele Erkenntnisse zum Einfluss von Textgenre und Aufgabenkonzeption auf die Qualität historischen Erzählens vor. Die Gruppe „narratio" (Hodel et al., 2013) analysierte 187 Texte von Schülerinnen und Schülern der 9. bis 11. Klasse (Gymnasialstufe) und wies systematische Zusammenhänge zwischen Textgenre und Textbausteinen nach: Blogeinträge und Vorbereitungen zur Podiumsdiskussion enthielten mehr Werturteile als Schülerzeitungsartikel; letztgenanntes Format beinhaltete hingegen mehr Materialbezüge. Die Textstruktur unterschied sich zudem nach Thema: Beim geschichtskulturell omnipräsenten und emotional aufgeladenen Thema „Nationalsozialismus" wiesen die Schülertexte vermehrt Werturteile auf, hinzu kamen Bezüge zum eigenen Vorwissen. Beim Thema „Japanische Handelsbeziehungen in der Frühen Neuzeit" wurden mehr Materialbezüge und historische Sachurteile festgestellt. Hartung (2015) untersuchte Schülertexte zu drei Textgenres: a) eine argumentative Erörterung über die Vor-/Nachteile der Weimarer Republik, b) eine Rede mit Rollenvorgabe, welche die mimetische Imagination von Handlungsmotiven und -kontexten historischer Akteure anstiess, sowie c) ein darstellender Text in der Form eines Zeitschriftenessays über das kulturelle Leben in der Weimarer Republik. Für die Lösung der Aufgaben standen den Schülerinnen und Schülern jeweils ausgewählte Bild- und Textquellen zur Verfügung. Hartung berichtet, dass das ‚Reden schreiben' den Lernenden einfacher fiel als das Verfassen der Erörterung oder der Darstellung (Zeitschriftenessay). In den appellativen Reden wurden zeitentsprechende Motive und Ziele historischer Akteure beschrieben und begründet; hier fanden sich zudem häufig finale Verknüpfungen. Die Erörterungen enthielten verhältnismässig häufig Schilderungen von Zu- und Umständen und Motiven sowie Sachurteile, die sowohl kausale als auch konditionale Verknüpfungen aufwiesen. In den Zeitschriftenessays überwogen Beschreibungen von Zu- und Umständen und temporale Verknüpfungen. Hartung (2015) plädiert für die Verwendung verschiedener Aufgabentypen, da den verschiedenen Textgenres offenbar unterschiedliche Wirkung im Hinblick auf die Förderung historischer Kompetenzen zukommt.

Jüngere Forschungsergebnisse aus dem anglo-amerikanischen Raum weisen der Aufgabenstellung[3] ein erhebliches Gewicht zu. In einer Studie mit 101 amerikanischen Schülerinnen und Schülern der 10. und 11. Jahrgangsstufe legten Monte-Sano und De La Paz (2012) den Probandinnen und Probanden vier verschiedene Schreibprompts vor: Den Lernenden wurde nach dem Zufallsprinzip aufgetragen, sich entweder in einen fiktiven historischen Beteiligten zu versetzen, die Absichten der Autorinnen und Autoren der Quellen zu hinterfragen, die Aussagen der vorgelegten Materialien durch Gegenüberstellung zu überprüfen oder sich mit einer aus den Materialien hervorgehenden Kausalfrage zu befassen. Im Ergebnis fiel die erste Aufgabenstellung deutlich ab, während die letzteren drei qualitativ vergleichbare Argumentationen zur Folge hatten. De La Paz und Wissinger (2015) fanden wiederum moderate Effekte des Textgenres auf die Schreibleistungen von Schülerinnen und Schülern. Darüber hinaus erwies

---

3   Vgl. als konziser Forschungsüberblick van Drie, van Boxtel & Braaksma (2014).

sich deren inhaltliches Vorwissen als bedeutsam. Sie beobachteten in argumentativen Texten mehr Elaborationen und Erklärungen von historischen Sachverhalten als in zusammenfassenden oder nacherzählenden Texten. Weitere Aspekte wie Kontextualisierung, Perspektivenübernahme oder Substantivierungen unterschieden sich nicht zwischen den Textgenres.

Zusammenfassend lässt sich feststellen, dass weiterer Forschungsbedarf zum Einfluss von Textgenre, Schreibprompt und fachlichem Vorwissen auf die Textqualität besteht. Die Befunde der anglo-amerikanischen Forschung zu fachlichen Schreibprozessen sind nur begrenzt auf andere Schulkontexte und Schreibkulturen übertragbar. Noch kaum reflektiert ist zudem der Einfluss der Materialauswahl auf die Textqualität, wie zum Beispiel die Kontroversität und Perspektivität der zur Verfügung gestellten Materialien sowie deren argumentative Anlage oder narrative Anordnung. Im Folgenden wird danach gefragt, ob und in welchen Aspekten sich die Aufgabenstellung mit einer expliziten Aufforderung zum Erzählen bzw. Argumentieren und die dazu vorgenommene Materialauswahl sich auf die Textqualität historischer Narrationen niederschlägt.

4.   Methodisches Vorgehen

4.1   Erhebungsdesign

Im Rahmen der Studie „VisuHist – Ausbildung und Genese professionellen Wissens bei Geschichtslehrpersonen" (Waldis, Marti & Nitsche, 2015) wurde an fünf Pädagogischen Hochschulen und zwei Universitäten bei angehenden Geschichtslehrpersonen Sek I und Sek II zu Beginn und am Ende der fachdidaktischen Ausbildung[4] das Fachwissen und das fachdidaktische Wissen erhoben. Der Paper- & Pencil-Test zur Erfassung des Fachwissens enthielt in Testzeitpunkt 2 nebst geschlossenen Aufgabenformaten eine Schreibaufgabe, die auf der Basis ausgewählter Quellen und einem Darstellungstext zu einer historischen Erzählung oder Argumentation aufforderte. Für deren Bearbeitung standen 45 Minuten zur Verfügung. Die in Kohorte 1 eingesetzte Aufgabe beinhaltete die Aufforderung, auf der Basis einer Darstellung und fünf ausgewählten Bild- und Textquellen eine Geschichte zu erzählen. Die in Kohorte 2 verwendete Aufgabe forderte zum Verfassen einer Argumentation auf. Zur Verfügung stand dieselbe Darstellung wie in Kohorte 1; hinzu kamen zwei Textquellen, die teilweise argumentative Passagen enthielten (vgl. Kap. 5.1). Bei der Auswahl der Quellen wurde darauf geachtet, dass sie mehrperspektivisch angelegt waren. Der historische Inhalt der beiden Aufgaben war derselbe. Es ging um die schweizerische Migration nach Brasilien. Das curriculumferne Thema wurde gewählt, um allen Studierenden – unabhängig von bereits behandelten schulischen Inhalten – eine ähnliche Ausgangslage zu ermöglichen. Die auf der Basis unterschiedlicher Schreibprompts und teilweise unterschiedlicher Materialien entstandenen Texte können im Folgenden miteinander verglichen werden. Es wird eine Fallanalyse und eine vergleichende Analyse einer grösseren Anzahl von Studierendentexten durchgeführt.

---

4   Die fachdidaktische Ausbildung umfasst in der Regel zwei Semester.

4.2   Stichprobe

Im Rahmen der Studie „VisuHist" wurden bis zum jetzigen Zeitpunkt rund 350 Geschichtslehrerstudierende getestet und befragt. Die Auswertung der offenen Schreibaufgabe ist derzeit noch im Gange. Für die nachfolgende Analyse wurden rund 60 Texte zufällig aus dem Datensatz gezogen. Es waren 28 Texte zum Schreibprompt „Erzählung" und 32 Texte zum Prompt „Argumentation". Hinsichtlich zentraler Hintergrundmerkmale wie Geschlecht, Semesterzahl, Geschichts- und Deutschnote im Maturitätszeugnis, sozioökonomischer Hintergrund der Herkunftsfamilie (Bücheritem) liegen keine systematischen Unterschiede zwischen den beiden Gruppen vor (Tab. 1). Auch bezüglich der Sachkompetenz, welche mittels vier Aufgaben[5] aus dem HITCH-Kompetenztest (vgl. Trautwein et al., 2016) getestet wurde, liegen keine Gruppenunterschiede vor. Hingegen waren die Studierenden, die eine Argumentation schrieben, durchschnittlich etwas älter. Es waren zudem sieben Studierende in dieser Gruppe, die an der Universität das Lehrdiplom für die Sekundarstufe II erwarben und somit ein Fachstudium Geschichte absolvierten.

Die Studierenden waren zum Testzeitpunkt 30.85 Jahre (SD = 10.63) alt. 50 Prozent sind weiblich. Der hohe Altersdurchschnitt liegt darin begründet, dass 14 Studierende (23.3 Prozent) den Studiengang für Quereinsteigerinnen und -einsteiger absolvierten, welcher sich an bereits Erwerbstätige richtet, die eine neue Herausforderung im Schuldienst antreten wollen. 15 Prozent der Studierenden waren im 2. Semester, 20 Prozent im 4. Semester, 23.4 Prozent im 6. Semester, weitere 15 Prozent im 7. Semester; die Weiteren verteilten sich auf das erste, dritte, fünfte, achte und neunte Semester. 86.7 Prozent der Getesteten gaben an, das Lehrdiplom für die Sekundarstufe I zu erwerben, 11.7 Prozent für die Sekundarstufe II und eine Person (1.6 Prozent) gab den Erwerb der Lehrbescheinigung für beide Stufen als Ziel an.

Tabelle 1:   Hintergrundmerkmale der Studierenden nach Aufgabengruppe

	Aufgabe „Erzählung"	Aufgabe „Argumentation"	t-Test für unabh. Stichproben	
	M (SD)	M (SD)	t	p
Alter	27.39 (6.23)	33.97 (12.74)	-2.56	.02
Geschlecht	0.46 (.51)	0.53 (.51)	-.51	n. s.
Deutschnote	4.89 (.66)	4.93 (.55)	-.26	n. s.
Geschichtsnote	4.98 (.56)	5.05 (.49)	-.50	n. s.
SES	4.32 (.98)	4.44 (1.39)	-.38	n. s.
Anzahl Semester	4.82 (2.41)	4.32 (2.07)	.86	n. s.
Sachkompetenz	15.71 (3.73)	15.47 (3.87)	.25	n. s.

5   Es mussten in diesen Aufgaben ausgewählte historische Ereignisse, Schlüsselereignisse und Wandlungsprozesse zueinander in eine temporale Beziehung gesetzt werden (vgl. Trautwein et al. 2016).

4.3   Rating der Textqualität

Zur Feststellung der Textqualität wurde ein Rating durchgeführt. Die an den ganzen Text angelegten Kategorien waren auf drei Stufen einzuschätzen (0 = nicht vorhanden/ intransparent, 1 = in Ansätzen vorhanden, 2 = in deutlicher Ausprägung vorhanden/ transparent) (vgl. Waldis, Marti & Nitsche, 2015). Ein derartiges Vorgehen hat den Vorteil, dass Informationen in die Beurteilung einbezogen werden können, die quer über einen Text verteilt sind, jedoch massgeblich zur Textqualität beitragen (z. B. Strukturierung/Gliederung). Es war ein Anliegen der Forschergruppe, ein übersichtliches Ratingsystem zu generieren, das zentrale Gütekriterien historischer Narrationen erfasst. Diese wurden aus den dargestellten theoretischen Überlegungen zum historischen Erzählen (Monte-Sano, 2010; Rüsen, 1983; Ziegler, 2007) abgeleitet und an die Texte angelegt. Es wurde ein Rating der folgenden Aspekte vorgenommen: Kenntlichmachung des Erkenntnisinteresses, Absicherung der genannten Sachverhalte mittels Materialbezug (Evidenz), Eigenständigkeit der Verarbeitung der vorgelegten Materialien (Verarbeitungsmodus und inhaltliche Verknüpfung), externe Kontextualisierung der in den Quellen angesprochenen Sachverhalte, Offenlegung des Konstruktionscharakters sowie Vornahme einer historischen Orientierung. Hinzu kam die Beurteilung der Textgliederung und der Verwendung sprachlicher Konnektoren (Tab. 2). Das Rating wurde von zwei Geschichtsdidaktikern des Forschungsteams vorgenommen. Die Reliabilitätsprüfung anhand von je 10 Textdokumenten ergab bei den Narrationen eine Übereinstimmung von 89.0 Prozent, bei den Argumentationen eine Übereinstimmung von 80.2 Prozent. Im anschliessend durchgeführten Textrating wurde im ersten Durchgang jeder Text von beiden Ratern in allen Kategorien beurteilt. Im zweiten Durchgang wurden Nicht-Übereinstimmungen diskutiert und im Konsensverfahren bereinigt.

Im folgenden Ergebniskapitel wird an zwei Textbeispielen die Anwendung der Ratingkategorien aufgezeigt. Es handelt sich um zwei ausführlichere Texte des vorliegenden Datensatzes, die mehrheitlich auf Stufe 1 oder 2 geratet wurden und gewisse genrespezifische Textausprägungen aufweisen, deren Vorkommen im grösseren Datensatz systematisch überprüft werden soll. Im Anschluss daran werden die Ergebnisse des Ratings der Textqualität auf der Grundlage von 60 Studierendentexten dargestellt.

Tabelle 2:   Ratingkategorien und deren Abstufung

Kategorie	Definition	Abstufung
Fachspezifische Qualitätsmerkmale		
Kenntlich-machung des historischen Erkenntnis-interesses	Fragen oder Hypo-thesen, die explizit auf Vergangenes gerichtet sind und die Erzählung strukturieren	Frage oder Hypothese ist: • *intransparent (0)* • *einfach (1)*, auf chronologische Abläufe (Was? Wie?) bzw. auf Wiedergabe des Quelleninhalts gerichtet • *komplex (2)*, auf Erklärungen bzw. Zusammenhänge (Warum? In welchem Zusammenhang? usf.) angelegt
Materialbe-zug	Aussagen über Vergangenes nehmen Bezug zu Materialien A (Darstellung), B bis F (Quellen)	Materialbezug ist: • *nicht vorhanden (0), kein Bezug zu Materialien* • *intransparent (1)*, angedeutet in Umschreibungen, z. B. „sie waren vertraglich gebunden", aus denen der Rückschluss möglich ist, dass das vorliegende Material zur Kenntnis genommen wurde • *transparent (2)*, es wird explizit auf Material verwie-sen z. B. „Material A" oder „der Vertrag von XY"
Verar-beitungs-modus	Vorgehen, wie im Text historische Aussagen generiert werden	Verarbeitungsmodus ist (eine): • *intransparent (0)* • *Nacherzählung/nachvollziehende Sinnbildung (1)*, die Aussagen meist aus den Materialien, z. B. in der Abfolge, dem Sinn nach, übernommen werden • *Interpretation/eigenständige Sinnbildung (2)*, die Aussagen sind aus dem Material abgeleitet, gehen aber z. B. durch Vergleich, Schlussfolgerungen, darüber hinaus
Inhaltliche Verknüp-fung	Feststellung, ob Materialien miteinander und/ oder mit externen Kontextualisierun-gen überprüfbar verknüpft werden	Verknüpfung ist: • *nicht vorhanden (0)* • *vorhanden, intransparent (1)*, mehrere Materialien werden miteinander verknüpft oder es wird eine externe Kontextualisierung gemacht. Die Verknüp-fungen entziehen sich der Überprüfbarkeit • *vorhanden, konsensfähig (2)*, mehrere Materialien und/oder externe Kontextualisierungen miteinan-der. Die dabei entstandenen historischen Aussagen sind nachvollziehbar und korrekt
Externe Kontextuali-sierung	Aussagen über Ver-gangenes, die nicht aus den Materialien hergeleitet sind. Diese werden an-hand von zeitlicher Einordnung oder konkreten Fachbe-griffen sichtbar	Externe Kontextualisierung ist: • *nicht vorhanden (0)* • *strittig (1)* oder falsch, weil sie dem Forschungs-stand nicht entsprechen • *konsensfähig (2)*, externe Bezüge entsprechen dem Forschungsstand

Kategorie	Definition	Abstufung
Offenlegung des Konstruktionscharakters	Ausmass der Offenlegung der Konstruktionsprinzipien der Erzählung (z. B. Begründung der Auswahl, Perspektivität durch Beachtung der Kontexte der Quellenproduzenten usw.)	Konstruktionscharakter ist: • *nicht offengelegt (0)* • *in Ansätzen offengelegt (1)*, durch Verweis auf *ein* Prinzip wie Konstruktivität, Selektivität, Partialität, Perspektivität • *offengelegt (2)*, durch Beachtung mehrerer Prinzipien
Historische Orientierung	Aspekte, die eine gegenwärtige Positionierung des Subjekts verdeutlichen, die durch die ganze Erzählung gezogen sein kann. Es wird erkennbar, was Einzelne aus dem Geschriebenen lernen oder wie sie sich orientieren	Historische Orientierung ist: • *nicht vorhanden (0)* • *subjektiv (1)*, da der Rahmen unspezifisch bleibt („… ein lukratives Geschäft … “ – „aus meiner Sicht, aus heutiger Sicht“ usw.) • *hergeleitet (2)*, da mindestens an einer Stelle der Referenzrahmen konkret benannt wird; etwa durch Bezugnahme auf wirtschaftliche, politische oder moralische Kriterien

Fachunspezifische Merkmale

Kategorie	Definition	Abstufung
Gliederung	Nachvollziehbarkeit des Textaufbaus dadurch, dass sich ein Anfangs-, Hauptteil und Schlussteil identifizieren lässt	Gliederung ist: • *unstrukturiert (0)*, da Einleitung und Schlussteil nicht erkennbar sind • *teilweise strukturiert (1)*, weil entweder die Einleitung oder der Schlussteil klar abgegrenzt wird. • *strukturiert (2)*, klar erkennbarer Anfangs- und Schlussteil und vom Hauptteil unterscheidbar
Sprachliche Konnektoren	Sprachliche Verbindungen, die den/ die Leser/in führen und die Erzählung inhaltlich ordnen (da, folglich, deshalb, einerseits, andererseits usw.)	Konnektoren sind: • *unfunktional (0)*, weil sie nicht vorkommen oder die Textteile nicht verknüpfen • *teilweise funktional (1)*, weil sie in weniger als der Hälfte des Textes zur Verknüpfung beitragen • *durchgängig funktional (2)*, weil sie durchgängig die verschiedenen Textteile verbinden

5.   Ergebnisse

5.1   Qualitative Analysen: zwei Textbeispiele

Die nachfolgende Textanalyse verdeutlicht die Anwendung der oben genannten Ratingkategorien an zwei Textbeispielen. Zugleich werden weitere Qualitätsmerkmale
herausgearbeitet, die in diesen beiden Texten beobachtbar sind, jedoch in das Rating-
prozedere nicht einbezogen werden konnten.

A) Erzählung

Diese Aufgabe enthielt die Aufgabenstellung, eine einführende Darstellung der Histo-
rikerin Béatrice Ziegler sowie fünf Quellen:

(1) ein Titelblatt aus „Der Colonist", eine Zeitschrift für Schweizer Auswanderer, wel-
    che für die Emigration warb,[6]
(2) den Vertrag zwischen der Kolonisationsgesellschaft „HH Vergueiro" und den
    schweizerischen Übersiedlerfamilien,[7] der die wechselseitigen Verpflichtungen
    regelte,
(3) einen Auszug aus einem Brief des Abgesandten der Herkunftskantone der Ausge-
    wanderten, Jakob Christian Heusser (1826–1909), in dem er die prekäre Situation
    der Kolonisten schildert,[8]
(4) eine Karikatur, welche die Situation der Auswanderer in den Kontext der Sklaverei
    rückt,[9]
(5) eine Fotografie, welche von der Einweihung der Kirche in Helvetia, einer Schweizer
    Kolonie in São Paulo, stammt.[10]

Die Studierenden wurden gebeten, die Materialien sorgfältig zu analysieren und anschließend drei Fragen zu formulieren, um auf der Basis einer dieser Fragestellungen
eine Narration zu verfassen. Die Aufgabenstellung lautete: „*Erzählen Sie – ausgehend
von einer Ihrer Fragen – mit Hilfe der Materialien eine Geschichte zur schweizerischen
Auswanderung nach Brasilien. Die Geschichte soll sich an geschichtsinteressierte Schülerinnen und Schüler als auch an Ihre Geschichtslehrerkolleginnen und -kollegen richten.
Stellen Sie dabei klare Bezüge zu den Materialien her und formulieren Sie eine Schlussfolgerung.*" Mit der Formulierung eigener Fragen an das Material sollte erreicht werden,
dass die Studierenden über mögliche Erkenntnisinteressen ihres Textes nachdachten
und ausgehend von dieser Basis zur Niederschrift der eigenen Erzählung ansetzten.
Der nachfolgende Studierendentext stellt ein Antwortbeispiel dar (Abb. 1).

---

6   Rossfeld & Ziegler (2003, S. 45).
7   Ziegler (1985).
8   Ziegler (1985).
9   Ziegler (1985, S. 230 f.).
10 http://www.suicosdobrasil.com.br/colonias/, 07.05.2014.

1	Schweizer statt Sklaven in Brasilien
2	Im Folgenden soll geklärt werden, wie wohl Béatrice Ziegler zum Titel ihres Buches „Schweizer
3	statt Sklaven" kommt, zuerst einmal zur Vorgeschichte.
4	Weshalb Schweizer nach Brasilien auswanderten
5	In der Schweiz herrschte im 19. Jahrhundert vor allem in ländlichen Regionen, in denen Heim-
6	industrie betrieben wurde, Armut. Die Gemeinden unterstützten oft solche verarmten Menschen,
7	was dazu führte, dass auch Gemeinden hohe Schulden hatten. Dazu kam, dass Getreidemissernten
8	zu Mangel und anschliessend zu teureren Lebensmitteln führten. Schweizerinnen & Schweizer
9	entschieden sich manchmal freiwillig, manchmal unfreiwillig, weil die Gemeinden die „teuren
10	Einwohner" los werden wollten, dazu auszuwandern. Sie erhofften sich eine bessere Zukunft, denn
11	auch aus Zeitungsartikeln konnte entnommen werden, wie schön das sein sollte.
12	Wie Schweizer Familien auswanderten
13	Die auswanderungswilligen Personen konnten einen Halb-Pacht-Vertrag mit der Gesellschaft
14	Vergueiro abschliessen. Diese Gesellschaft übernahm einen Teil der Beförderung und den
15	Unterhalt. Sie stellte ihnen Kaffeebäume zur Verfügung. Der Haken an der Sache war, dass das
16	Geld zu 6% Zinsen zurückbezahlt werden musste und jeweils die Hälfte des Ertrages auch an die
17	Gesellschaft ging.
18	Die Wirklichkeit in Brasilien
19	Die Personen, die einen solchen Vertrag unterschrieben, die stammten wie bereits angetönt aus
20	armen Verhältnissen und es ist wohl auch die einzige Chance gewesen, auszuwandern. So legten
21	sie sich hohe Rückzahlungen auf und mussten sehr hart dafür arbeiten. Die erhoffte Zukunft erwies
22	sich als weniger rosig. Denn die Gesellschaft hat die Misslage, in der die Personen in der Schweiz
23	waren, ausgenutzt. Jakob Christian Heusser war 1857 in Brasilien und untersuchte die Lebens-
24	bedingungen auf den Plantagen. Er schreibt in einen Brief an den Bundesrat: „Die Schweizer, die
25	durch Vergueiro nach der Provinz St. Paul eingeführt wurden, sind durch Wucher auf eine so
26	schandhafte Weise ausgebeutet, die Contrakte [Verträge] sind von hiesigen Grundbesitzern so
27	willkürlich ausgelegt, auch gar nicht gehalten worden. [...]"
28	So legt auch die Karikatur (S. 8) nahe, dass die Weissen dazu gebraucht wurden die Plantagen zu
29	bearbeiten, wie dies Sklaven getan hätten. Es soll jedoch betont werden, dass die Karikatur immer
30	eine überspitzte Wirklichkeit darstellt. (RRA22)

Abb. 1:   Studierendentext zur Aufgabenstellung „historische Erzählung"

Der Text legt in Zeile (Z) 2 und 3 das historische Erkenntnisinteresse offen: Es gehe im Folgenden um die Wahl des Buchtitels „Schweizer statt Sklaven". Der Text führt dann anschliessend (Z 4–11) in Gründe für die Schweizerische Auswanderung ein. Ausgangspunkt bildet in Zeile 6 die Armut in ländlichen Regionen; mit der Erwähnung der Heimindustrie erfolgt ein Verweis auf eine externe Information. Diese vorgenommene externe Kontextualisierung ist als strittig einzuschätzen. In der Folge werden weitere Gründe für die Auswanderung wie Getreidemissernten sowie Anwerbungen in Zeitungen genannt. Zeile 11 enthält einen indirekten Verweis auf Quelle 1. Nachvollziehbar verknüpft werden in diesem Abschnitt somit Informationen aus dem Darstellungstext und aus Quelle 1. Im nächsten Abschnitt (Z 12–17) werden die Auswanderungsbedingungen genauer dargestellt. Der Begriff „Halbpacht-Vertrag" sowie die Informationen zu Beförderung, Unterhalt und Kaffeebäumen wurden der Quelle 2 entnommen; es handelt sich hierbei ebenfalls um einen indirekten Materialbezug. Der vorliegende Vertrag wird in Zeile 15 als unfair beurteilt, indem der kritische Punkt an der Sache – die hohen Rückzahlungsforderungen – als „Haken an der Sache" bezeichnet wird. Dies ist ein Sachurteil, welches mit einer Bewertung einhergeht. Im nachfolgenden Abschnitt (Z 18–27) werden zwei Auswanderungsgründe (Armut, Auswanderung als Ausweg) erwähnt. Die eingegangene Pachtbedingung (hohe Rückzahlungen) wird als Grund dafür aufgeführt, dass die Emigrierten in den Plantagen hart arbeiten mussten. Es folgt ein abschliessendes Urteil „Ausnutzung der Schweizer durch die Übersiedlungsgesellschaft", welches mit einem Zitat von J. Chr. Heusser belegt wird (Z 24–27). Der Materialbezug ist an dieser Stelle transparent; die vorgenommene historische Orientierung wird als subjektiv beurteilt. Das Urteil „Ausnutzung" wird mit einem weiteren Materialverweis (Z 28) unterstützt; jedoch wird der für die Orientierung notwendige Referenzrahmen nicht deutlich gemacht. Der Text bricht an dieser Stelle ab. Es fehlt ein abschliessender Rückbezug auf das eingangs formulierte Erkenntnisinteresse, die Ergründung der Wahl des Buchtitels. Hinweise auf die Konstruktivität der vorliegenden Erzählung bzw. Partialität und Selektivität vorliegender Informationen liegen – mit der Ausnahme der Einschätzung der Karikatur, deren Aussagekraft relativiert wird – nicht vor.

Insgesamt folgt der Text einem erzählenden Stil. Argumentative Textpassagen, die auf unterschiedliche Perspektiven der untersuchten Materialien eingehen und auf Widersprüche hinweisen, fehlen. Inhaltliche Aspekte der Schweizer Auswanderung nach Brasilien werden einerseits zeitlich verordnet und zugleich in einen chronologischen Ablauf gebracht und mit Verweisen auf Quellen belegt. Die vorgenommene historische Orientierung „Ausnutzung der Schweizer" liegt in dieser Form nicht in den Materialien vor und stellt somit eine eigenständige Denkleistung dar. Eine externe Kontextualisierung findet im ersten Abschnitt statt. Das eingangs formulierte Erkenntnisinteresse hat eine komplexe historische Sinnbildung zum Ziel; im Textverlauf wird es nicht vollends beantwortet. Entscheidend für die vorliegende Textausprägung dürfte zudem sein, dass der Aufgabenprompt selbst Narrativität evoziert mittels des Auftrags „Erzählen Sie … eine Geschichte". Darüber hinaus funktionieren die zur Verfügung gestellten Quellen in ihrer Anordnung narrativ: Der Verheissung eines „besseren Lebens" im Titelblatt der Auswandererzeitschrift folgt der Vertrag, welcher die eingegangenen Verpflichtungen darstellt, die nachfolgenden beiden Quellen (Brief und Karikatur) enthalten Kommentare zu den harten Lebensumständen der Emigrierten und führen zu der vorliegenden Schlussfolgerung „Ausnutzung" hin.

B) Historische Argumentation

Diese Aufgabe enthielt dieselbe Darstellung von Ziegler sowie zwei längere Textquellen. Der erste Text repräsentierte einen Ausschnitt aus der Auswandererzeitschrift „Der

Kolonist" (30/1853) und war von einem unbekannten Autor[11] geschrieben. Beim zweiten Text handelte es sich um einen Bericht von Thomas Davatz, ehemaliger Schweizer Kolonist in Brasilien, an die Regierung des Kantons Graubünden im Jahr 1856.[12] Der Aufgabenprompt lautete: *Nutzen Sie die untenstehende Darstellung von Béatrice Ziegler sowie Ihr Vorwissen und bringen Sie die Quellen in einen historischen Zusammenhang. Nehmen Sie auf dieser Grundlage kritisch und begründet Stellung zu der vorgelegten These: „Die beiden Textquellen zeigen Aspekte des Phänomens der Migration, die auch heute zu finden sind." Bitte achten Sie darauf, einen zusammenhängenden Text zu verfassen. Für die Aufgabe können Sie rund 45 Minuten Bearbeitungszeit einplanen.* Im Unterschied zur ersten Aufgabe wurde hier eine kritische und begründete Stellungnahme zu einer vorformulierten These und somit ein argumentatives Vorgehen eingefordert. Der nachfolgende Text stellt ein Antwortbeispiel dar (Abb. 2).

Der Titel dieses Textes (Z 1) enthält eine vage Ankündigung des Erkenntnisinteresses des Autors/der Autorin, welches jedoch im weiteren Verlauf nicht bearbeitet wird. Den Auftakt des Textes (Z 2–4) bildet die Feststellung, dass sich die Aussagen der beiden Quellentexte als gegensätzlich gegenüber stehen, im Sinne eines „claims". Es folgt eine Paraphrasierung von Quelle 1 mit transparentem Materialbezug (Z 4–11). Im zweiten Absatz (Z 12–13) wird die Quelle als „Werbung des Hauses Vergueiro" eingeschätzt. Anschliessend erfolgt die Paraphrasierung von Quelle 2 (Z 13–18); der Materialbezug ist ebenfalls transparent. Beide Abschnitte habe das Ziel, Daten zum behandelten Zeitabschnitt aufzuarbeiten. Im nächsten Absatz werden die Aussagen der beiden Quellen verglichen. Es wird auf die Adressaten der Quelle („Deutsche" vs. Regierung des Kantons Graubünden/andere Kantonsregierungen) eingegangen und auf die eingenommene Perspektive der beiden Texte aufmerksam gemacht (sachliche Darstellung/Bericht aus persönlicher Perspektive). Somit ist der Konstruktionscharakter der auf der Basis dieser beiden Quellendokumente erstellten Argumentation offengelegt. Im Anschluss daran folgt die Feststellung, dass es „Ausbeuter und Ausgebeutete" gab. Dieses Werturteil wird mit dem Verweis auf Quelle 2 „Davatz spricht von Sklaverei" gestützt. Die vorgenommene Ortientierungsleistung kann somit als hergeleitet gelten. Den Sachverhalt der Ausbeutung bezeichnet der Autor/die Autorin als „uralt", wobei dieser Ausdruck als Synonym für „wiederkehrend" zu verstehen ist. Die Herleitung dieses Urteils erfolgt unter Verweis auf die „conquista". Es findet somit eine externe Kontextualisierung statt, in deren Rahmen auf eine davor liegende Zeit verwiesen wird. Damit wurde zumindest in Ansätzen eine zeitliche Einordnung vorgenommen. Die Schlussfolgerung, dass hier für einmal die Europäer die Ausgebeuteten sind und die Bevölkerung Südamerikas die Ausbeutenden, wird als hergeleitete historische Orientierung bewertet (Z 30–31). Im letzten Absatz (Z 32–35) findet sich eine nächste, allerdings sehr vage gehaltene Schlussfolgerung. Unklar bleibt, ob hier das Thema der Ausbeutung gemeint ist. Wenn ja, wird diese als Fehler bezeichnet (Z 34)

---

11 Digital unter: http://kbaargau.visual-library.de/periodical/pageview/9590, zuletzt aufgerufen: 05.05.15.
12 Digital unter: http://download.burgenverein-untervaz.ch/downloads/dorfgeschichte/1858-Behandlung%20der%20Kol%20I.pdf, zuletzt aufgerufen: 07.05.15.

1	Sein und Schein – was es mit der brasilianischen Verlockung auf sich hatte
2	Obwohl in beiden Quellentexten vom gleichen Sachverhalt, nämlich von der Auswanderung von
3	sogenannten Kolonisten, gesprochen wird, stehen sie sich in vielerlei Hinsicht völlig gegensätzlich
4	gegenüber. In der Quelle 1 (Auswanderungszeitschrift) wird von einem unbezahlten Autor für eine
5	Auswanderung nach Brasilien geworben, wobei sich der Artikel besonders zu Deutsche wendet,
6	indem er aufzählt, wie viele von ihnen bereits in Brasilien arbeiten und welche ihrer Eigenschaften
7	sowohl von den Pflanzern wie auch von den Gutsbesitzern geschätzt werden. Das System, den
8	Grundbesitzer 50% der Erträge als Abgaben abzuliefern, wird als gerecht und schlussendlich auch
9	vorteilhaft für den Kolonisten dargestellt. In jedem Falle lohne sich die Auswanderung und die
10	Vermittlung von europäischen Arbeitskräften sollte in grösserem Masse und professionell
11	vorangetrieben werden.
12	Im Gegensatz zu diesem Text, der sich wie eine Werbung des Hauses Vergneiro liest, steht der
13	Bericht des heimgekehrten Thomas Davatz. Finanziell am Ende und völlig desillusioniert ist er nur
14	alleine darüber schon glücklich in die Schweiz zurückkehren zu können. Er betrachtet sich als einer
15	der Sklaverei entronnener Mensch, der Gott dankt, der Ausbeutung durch den Plantagenbesitzer
16	Vergeins entkommen zu sein. Der Kontrakt mit diesem Haus hat sich, dies im Gegensatz zu den
17	Ausführungen in Q1, als fatal erwiesen, da er den Kolonisten verunmöglichte, je aus der
18	finanziellen Abhängigkeit entlassen zu werden.
19	Nicht nur der Inhalt von Q1 und Q2 sind sehr unterschiedlich, sondern auch der Ton, in welchen sie
20	geschrieben wurden. Bemüht sich Q1 um eine Art sachliche Darstellung, so berichtet Davatz aus
21	einer sehr persönlichen Perspektive. Will Q1 viele Menschen im deutschsprachigen Raum
22	ansprechen, so geht Davatz Bericht an die Regierung des Kantons Graubünden, wobei er an
23	anderen Schweizer Kantonsregierungen weitergereicht werden soll. Dabei ist es den Verfasser von
24	Q2 ein Anliegen, dass erstens den in Brasilien verbliebenen Schweizern und Deutschen geholfen
25	werden soll, zweitens sollen Auswanderungswillige dadurch erklären, was in Brasilien wirklich auf
26	sie wartet. Der Vergleich der beiden Quellen ergibt ein uraltes Bild, nämlich dasjenige von
27	Ausbeutern und Ausgebeuteten. Davatz spricht von Sklaverei, nur findet diese hier aus
28	europäischer Sicht unter umgekehrten Vorzeichen statt. Besinnt man sich auf die „conquista"
29	zurück, so waren es damals im 15. Jahrhundert die grossen seefahrenden Nationen Europas,
30	welche die Urbevölkerung der beiden Amerikas unterdrückten und wirtschaftlich ausbeuteten. In
31	der Quelle Q2 werden nun die Kolonisten als ungerecht Behandelte dargestellt.
32	Wie muss man das nun historisch einordnen? Wo bleibt hier die vielzitierte Idee, dass man aus der
33	Vergangenheit lernen soll, lernen kann? Man lernt es eben nicht aus der Geschichte, weil die
34	Bedingungen und Situationen immer wieder andere sind, man immer wieder neue Fehler begehen
35	kann. Es bleibt nur der Versuch, sich zu verbessern und nicht in die alten Irrtümer zurückzufallen.
	(OGH23)

Abb. 2:   Studierendentext zur Aufgabenstellung „historische Argumentation"

und es wird danach gefragt, ob aus der Geschichte gelernt werden kann. Allerdings ist der mit dieser Frage angezogene Gegenwartsbezug nicht abschliessend ausformuliert. Die hier vorliegende historische Orientierung ist als subjektiv zu beurteilen.

Im Überblick ist dem Text ein argumentativer Stil zu attestieren. Dieser zeigt sich einerseits in der Grobstruktur des Textes, welcher dem Muster „Feststellung, Daten, Schlussfolgerung" folgt, und andererseits in Abschnitt drei, wo die beiden Materialien miteinander verknüpft werden, die Schlussfolgerung „Ausbeutung" gezogen und der historische Sachverhalt in den weiteren historischen Kontext eingebettet wird. Hinzu kommt die zweite Schlussfolgerung „für einmal Europäer als Ausgebeutete". Abgesehen von der vage angedeuteten Zeitdifferenz „Emigration – conquista im 15. Jh." bleibt unklar, mit welchem Zeitausschnitt sich der Text beschäftigt. Der Schlussteil beinhaltet ein allgemeines Fazit, das mit der argumentativen Passage in Abschnitt drei sowie mit dem ganzen Thema kaum in Zusammenhang steht. Eine Bearbeitung der in der Aufgabenstellung vorgelegten These *die beiden Textquellen zeigen Aspekte des Phänomens der Migration, die auch heute zu finden sind"* findet nicht statt, dennoch ist der Text mehrheitlich argumentativ verfasst. Dieser Umstand dürfte u. a. dadurch befördert worden sein, dass die erste Quelle an sich schon argumentativ aufgebaut ist, indem der unbekannte Autor in der Auswandererzeitschrift „der Kolonist" erste Vorwürfe betreffs der vorgefundenen Lebensbedingungen der Emigrierten mit Gegenargumenten zu entkräften sucht und Gründe für die Auswanderung aufführt. Weitere Argumente finden sich in der zweiten Quelle, welche die harten Lebensbedingungen beschreibt.

5.2   Quantitative Analysen der Textqualität

Im Folgenden wird nach der Ausprägung der beobachteten Textmerkmale in Erzählungen und Argumentationen gefragt sowie untersucht, ob systematische Unterschiede in den Qualitätsratings in Abhängigkeit zur Aufgabenstellung bestehen. Es wurden die Ratngkategorien von Tabelle 2 angewandt. Abbildung 3 zeigt die Abstufungen der Qualitätsratings der Texte (vgl. Abschnitt 4.2), welche auf der Grundlage des Schreibprompts „Erzählung" (n = 28) entstanden. Die Formulierung des Erkenntnisinteresses ist in mehr als der Hälfte der Texte nicht vorhanden und nur in 10.7 Prozent der untersuchten Texte transparent formuliert. Der Verarbeitungsmodus ist in 53.6 Prozent der Fälle nacherzählend; in rund 43 Prozent der Texte ist eine eigenständige Sinnbildung erkennbar. In rund 57 Prozent der Texte liegt eine intransparente Handhabung des Materialbezugs vor; in lediglich 10 Prozent der Texte gilt er als transparent. Eine Verknüpfung der Materialien wird in 97 Prozent der Texte vorgenommen; zumeist wurde sie als intransparent eingeschätzt. 80 Prozent der Texte gehen nicht über das vorgelegte Material hinaus bzw. beziehen weitere historische Informationen mit ein; d.h. eine externe Kontextualisierung liegt nicht vor. In 50 Prozent der Texte ist der Konstruktionscharakter angedeutet, jedoch nicht vollständig offen gelegt. In fast allen Texten (90 Prozent) finden sich historische Orientierungen subjektiver Art. Dies bedeutet, dass der Referenzrahmen für die vorgenommene Gegenwartsorientierung wie z. B. politische oder moralische Kriterien nicht konkret benannt wird. Textgliederung und sprachliche Konnektoren wurden mehrheitlich als teilweise strukturiert bzw. teilweise funktional eingeschätzt.

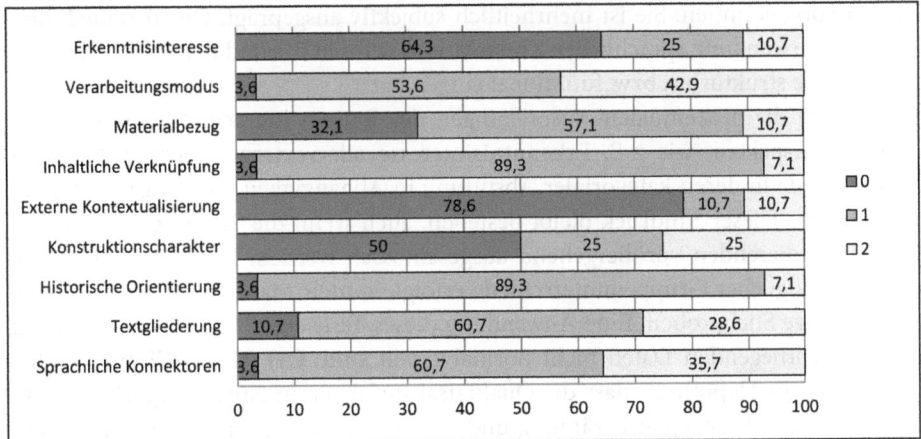

Abb. 3:   Qualitätsstufen der Erzählungen (in %)

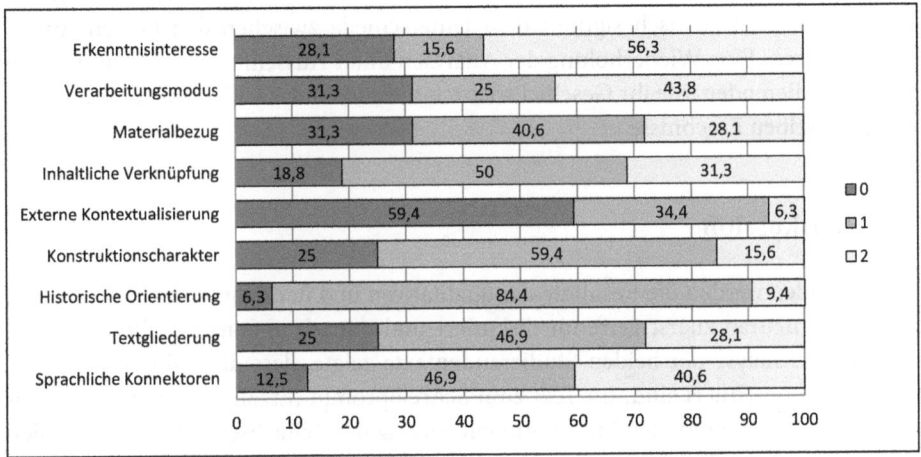

Abb. 4:   Qualitätsstufen der Argumentationen (in %)

In Abbildung 4 sind die Ratings der Texte abgebildet, welche auf der Basis des Schreibprompts Argumentation (n = 32) verfasst wurden. In rund 16 Prozent der Texte ist
das Erkenntnisinteresse angedeutet, in mehr als der Hälfte der Texte offengelegt. Eine
eigenständige Sinnbildung, die über das präsentierte Material hinausgeht und eine eigenständige Verarbeitung darstellt, ist in rund 44 Prozent der Texte zu beobachten. 25
Prozent der Texte beinhalten eine nachvollziehende Sinnbildung, d.h. Informationen
aus den Materialien werden zusammenfassend wiedergegeben. In 28 Prozent der Texte
wird der Materialbezug transparent gehandhabt; in einem grösseren Anteil der Texte ist er intransparent ausgeprägt oder nicht vorhanden. Inhaltliche Verknüpfungen
sind in 80 Prozent der Texte beobachtbar. In 40 Prozent der Texte wird eine externe
Kontextualisierung vorgenommen. Diese ist zumeist historisch strittig. Der Konstruktionscharakter ist in drei Vierteln der Texte zumindest in Ansätzen offen gelegt, d.h.
es wird auf die unterschiedlichen Perspektiven und die kontroversen Aussagen der
beiden Textquellen eingegangen. Eine historische Orientierung wird in den meisten

Texten vorgenommen. Sie ist mehrheitlich subjektiv ausgeprägt. Die Textgliederung und die Verwendung sprachlicher Konnektoren wurden in rund der Hälfte der Texte als teilweise strukturiert bzw. funktional eingeschätzt.

Werden die prozentualen Ausprägungen der Ratings betrachtet, so scheinen in gewissen Aspekten, wie z.B. Erkenntnisinteresse oder externe Kontextualisierung, Unterschiede in deren kategorialer Abstufung in Abhängigkeit zur Aufgabenstellung vorzuliegen. Dieser Eindruck bleibt bestehen, auch wenn die Texte der sieben Universitätsstudierenden vorübergehend ausgeschlossen werden. Die statistische Absicherung möglicher Gruppenunterschiede erfolgte mittels Mann-Whitney-U-Test für unabhängige Stichproben. Eine Anwendung dieses Tests ergibt sich aus dem Befund, dass die vorliegenden Daten nicht normalverteilt sind. Der Mann-Whitney-U-Test untersucht die Hypothese, dass die Qualitätsabstufungen in einer Kategorie über die beiden Vergleichsgruppen Erzählung und Argumentation gleich verteilt sind. Diese Nullhypothese muss für die Kategorie Erkenntnisinteresse verworfen werden ($p <$ .001). Für alle anderen Kategorien ist sie beizubehalten, d.h. es bestehen in diesen Aspekten keine statistisch signifikanten Unterschiede zwischen den beiden Aufgabenstellungen. Eine Wiederholung der Analysen unter Ausschluss der Datensätze der sieben Studierenden, die ihr Geschichtslehrerstudium an der Universität absolvierten, ergibt dieselben Ergebnisse.

6.   Diskussion

Im Folgenden werden die Resultate der qualitativen und der quantitativen Teilstudien in diesem Beitrag zuerst getrennt diskutiert und danach aufeinander bezogen. Die qualitative Analyse der beiden Studierendentexte zeigte, dass diese durchaus unterschiedlich konstruiert sind. Im Text zum Schreibprompt ‚Erzählung' wurden die aus den Quellen entnommenen Informationen entlang der Zeitachse in einen temporalen Zusammenhang gebracht. Im Text zum Schreibprompt ‚Argumentation' wurden die Aussagen der beiden Quellen zusammengefasst und die vorliegenden Informationen argumentativ gegeneinander abgewogen. Die beiden Beispieltexte zeigen demnach typische genrespezifische Merkmale auf. In beiden Texten kommen transparente Materialbezüge vor; es wird auf die vorgelegten Quellen verwiesen. Externe Kontextualisierungen und die Offenlegung des Konstruktionscharakters sind vorhanden, jedoch nicht vollständig explizit gemacht. Eine konkrete zeitliche Verortung, wie sie in der Erzählung zu finden ist, fehlt in der Argumentation. Augenfällig ist, dass in beiden Texten das Erkenntnisinteresse bzw. die historische Fragestellung nur vage ausformuliert ist und eine daran anknüpfende Schlussfolgerung fehlt. Die Textgliederung scheint demnach eher implizit als explizit vorgenommen zu sein; eine Strukturierung des Textes nach der Vorlage eines bestimmten Textmusters wie es beispielsweise bei einer Argumentation zu erwarten wäre, wurde nicht durchgängig umgesetzt. Es ist möglich, dass dieser Befund der Erhebungssituation geschuldet ist, welche das handschriftliche Verfassen eines Textes innerhalb von 45 Minuten einforderte. Eine andere

Erklärung besteht darin, dass solche Textmuster den Studierenden nicht hinlänglich vertraut sind und demzufolge in eigenen Texten nicht umgesetzt werden.

Die quantitativen Analysen auf der Basis von 60 Texten deuten durchaus auf unterschiedliche Textqualitäten hin. So ist bei den Argumentationen auf ein verstärktes Vorkommen der Ratingstufen 1 und 2 bei den Kategorien Materialbezug, inhaltliche Verknüpfung, Verarbeitungsmodus, externe Kontextualisierung und Offenlegung des Konstruktionscharakters beobachtbar. Allerdings ergibt die statistische Absicherung dieser Beobachtung keine systematischen Unterschiede. Die Ausnahme dazu bildet das Merkmal ‚Kenntlichmachung des Erkenntnisinteresses‘, welches in den Texten zur Argumentationsaufgabe signifikant höher ausgeprägt ist. Interessanterweise wurde das Erkenntnisinteresse in der Aufgabe 2, die zum Argumentieren aufforderte und das Vorgehen offen liess, durchschnittlich höher geraten als in Aufgabe 1, in der mittels der Aufforderung, zunächst drei Fragen zu formulieren und ausgehend von einer dieser Fragen eine Gechichte zu erzählen, das Vorgehen vorstrukturiert war. Der Befund, dass der Schreibprompt bzw. das Textgenre sich nicht in der fachlichen Qualität der Texte widerspiegelt, geht einher mit empirischen Befunden der anglo-amerikanischen Forschung zum „historical writing". So fanden beispielsweise De La Paz und Wissinger (2015) keine Unterschiede hinsichtlich Kontextualisierung oder Perspektivenübernahme zwischen verschiedenen Aufgabentypen. Es bestehen jedoch auch gegenläufige Befunde. So stellten beispielsweise Monte-Sano und De La Paz (2012) eine deutlich höhere Absicherung von Aufgaben anhand von Materialbezügen bzw. Gegenüberstellung von Materialien in Argumentationen fest. Die Frage nach dem Einfluss von Aufgabenformat, Textgenre und Materialauswahl auf die Qualität der Texte kann demnach nicht abschliessend beantwortet werden.

Welche schulpraktischen Schlussfolgerungen lassen sich aus dem Festgestellten ziehen? Die vorliegenden Texte befördern die Vermutung, dass das Schreiben von Narrationen im Geschichtsunterricht als Möglichkeit der intensiven Auseinandersetzung mit Materialien keinen unterrichtlichen Standard darstellt. Die getesteten Geschichtslehrerstudierenden bekundeten teilweise Mühe, Texte zu verfassen, die geschichtswissenschaftlichen Gütekriterien entsprechen. Dieser Befund bezieht sich auf angehende Lehrpersonen, die Geschichte als Studienfach gewählt haben und ein entsprechendes Interesse dafür aufbringen. Für die grosse Breite von Geschichtslernerinnen und -lernern dürften die Ergebnisse prekärer ausfallen. Empirische Studien aus dem anglo-amerikanischen Raum legen nahe, dass eine gezielte Förderung des historischen Schreibens durchaus in früheren Schuljahren einsetzen kann (Coffin, 2006; De La Paz, 2005). Darüber hinaus zeigen Studien in der Sekundarstufe I, dass materialbasierten Schreibaufgaben in Geschichte durchaus Potential zur Förderung historischer Kompetenzen (De la Paz & Wissinger, 2015; Voss & Wiley, 1997) zukommt, indem Aussagen aus Quellen für die Argumentation genutzt werden, multiple und strukturelle Ursachen benannt sowie externe Kontextualisierungen vorgenommen werden. Selbstverständlich müssen jüngere Schülerinnen und Schüler an das Schreiben historischer Texte herangeführt werden; einzelne Schritte der Quellenerschliessung und der Einbindung von Informationen in eigene Texte sollten eingeübt werden. Die Beobachtungskategorien des durchgeführten Textratings stellen einen Vorschlag dar, auf welche fachspezifischen Merkmale hin Narrationen bewertet werden können. Das Analyseraster könnte auch in formativer Funktion für die Textüberarbeitung genutzt werden (Nitsche & Waldis, 2016). Es zeigte sich, dass die gewählten Beobachtungskriterien sowohl auf den narrativen als auch auf den argumentativen Text angewendet werden können. Wünschenswert ist die Erweiterung der Analysekriterien um die Kategorie „Umgang mit Zeit" bzw. Sichtbarmachung der Zeitdifferenz, temporale Einordnung, Längs- oder Querschnitt. Die mehrere Facetten umfassende Kategorie stellt bei der Operationalisierung in klare Beobachtungskriterien derzeit noch eine Herausforderung dar.

Die vorliegende Analyse und die Ergebnisse der berichteten Studien zum „historical writing" machen deutlich, dass historisches Erzählen bzw. Argumentieren anspruchsvoll ist. Regelmässig praktiziert dürften fachliche Schreibanlässe sehr geeignet sein, die vertiefte Auseinandersetzung mit der Vergangenheit anzustossen und über die Kenntnisnahme von historischen Sachverhalten hinaus einen kritisch-reflexiven Umgang mit Geschichte anzuregen. Der weiteren Forschung kommt die Aufgabe zu, die Schreibentwicklung von Schülerinnen und Schülern unter Einbezug geeigneter Aufgabenstellungen, Schreibprompts, Materialauswahl sowie weiterer didaktischer Hilfestellungen wie z. B. fachlicher Schreibstrategien zu beobachten, um auf diesem Weg Empfehlungen für die Praxis formulieren zu können.

Literatur

Barricelli, M. (2008). ‚The story we're going to try and tell. Zur andauernden Relevanz der narrativen Kompetenz für das historische Lernen. *Zeitschrift für Geschichtsdidaktik, 7*, 140–153.

Barricelli, M., Gautschi, P. & Körber, A. (2012). Historische Kompetenzen und Kompetenzmodelle. In Barricelli, M. & Lücke, M. (Hrsg.), *Handbuch Praxis des Geschichtsunterrichts* (S. 207–235). Schwalbach/Ts.: Wochenschau.

Chi, M. T. H., de Leeuw, N., Chiu, M-H, Lavancher, Ch. (1994). Eliciting Self-Explanations improves Understanding. *Cognitive Science 18*, 439–477.

club60.blog.de: http://club60.blog.de/2011/12/27/geschichten-schweizern-brasilien-12359795/ 31.08.2015.

Coffin, C. (2006). *Historical discourse. The language of time, cause and evaluation*. London/ New York: Continuum.

De La Paz, S. (2005). Effects of historical reasoning instruction and writing strategy mastery in culturally and academically diverse middle school classrooms. *Journal of Educational Psychology, 97*(2), 139–156.

De La Paz, S. & Wissinger, D. R. (2015). Effects of Genre and Content Knowledge on Historical Thinking With Academically Diverse High School Students. *The Journal of Experimental Education, 83*(1), 110–129.

Feilke, H. (2011). Literalität und literale Kompetenzen: Kultur, Handlung, Struktur. *Leseforum. ch*, 1–18.

Gautschi, P. (2009). *Guter Geschichtsunterricht*. Schwalbach/Ts.: Wochenschau.

Hartung, O. (2013). *Geschichte Schreiben Lernen*. Berlin: Lit.

Hartung, O. (2015). Generisches Geschichtslernen. Drei Aufgabentypen im Vergleich. *Zeitschrift für Geschichtsdidaktik, 14*, 25–46.

Henriquez, R. & Ruiz, M. (2014). Chilean students learn to think historically: Construction of historical causation through the use of evidence in writing. *Linguistics and Education 25*, 145–157.

Hodel, J., Waldis, M., Thünemann, H. & Zülsdorf-Kersting, M. (2013). Schülernarrationen als Ausdruck narrativer Kompetenz. *Zeitschrift für Didaktik der Gesellschaftswissenschaften 4*(2), 121–145.

Körber, A., Schreiber, W. & Schöner, A. (Hrsg.). (2007). *Historisches Denken. Ein Kompetenz-Strukturmodell.* Neuried: Ars Una.

McCarthy Young, K., Leinhardt, G. (1998). Writing from primary document. A way of knowing in history. *Written communication, 15*(1), 25–68.

Memminger, J. (2007). *Schüler schreiben Geschichte. Kreatives Schreiben im Geschichtsunterricht zwischen Fiktionalität und Faktizität.* Schwalbach/Ts.: Wochenschau.

Monte-Sano, C. (2010). Disciplinary literacy in history: An exploration of the historical nature of adolescents' writing. *Journal of the Learning Sciences, 19*(4), 539–568.

Monte-Sano, C. & De La Paz, S. (2012). Using Writing Tasks to elicit Adolescents' Historical Reasoning. *Journal of Literacy Research, 44*(3), 273–299.

Nitsche, M. & Waldis, M. (2016). Narrative Kompetenz von Studierenden erfassen – zur Annäherung an formative und summative Vorgehensweisen im Fach Geschichte. *Zeitschrift für Didaktik der Gesellschaftwissenschaften, 7*(1), 17–35.

Pandel, H.-J. (2010). *Historisches Erzählen. Narrativität im Geschichtsunterricht.* Schwalbach/Ts.: Wochenschau.

Perfetti, C. A., Britt, M. A. & Georgi, M. C. (1995). *Text-based learning and reasoning: Studies in history.* Hillsdale, NJ: Erlbaum.

Pohl, T. & Steinhoff, T. (2010). *Textformen als Lernformen* (Kölner Beiträge zur Sprachdidaktik (KöBeS) 7) (S. 5–26). Duisburg: Gilles & Francke.

Rossfeld, R. & Ziegler, B. (2003). (Hrsg.). *Der Traum vom Glück. Schweizer Auswanderung auf brasilianische Kaffeeplantagen 1852–1888.* Baden: Hier & Jetzt.

Rouet, J.-F., Britt, M. A., Mason, R. A. & Perfetti, C. (1996). Using multiple sources of evidence to reason about history. *Journal of Educational Psychology, 88*(3), 478–493.

Rüsen, J. (1983). *Historische Vernunft. Grundzüge einer Historik I: Die Grundlagen der Geschichtswissenschaft.* Göttingen: Vandenhoeck & Ruprecht.

suicosdobrasil.com: http://www.suicosdobrasil.com.br/colonias/07.05.2014.

Trautwein U., Bertram Ch., Körber A., Kühberger Ch., Meyer-Hamme J., Schreiber W., Wagner W., Waldis M., Werner M., Ziegler B. (2016). *HiTCH – Historische Kompetenzen von Schülerinnen und Schülern der Sekundarstufe I messen. Ergebnisse des dreijährigen BMBF-Projekts.* Weinheim: Kohlhammer.

Van Drie, J., Braaksma, M. & van Boxtel, C. (2015). Writing in History: Effects of writing instruction on historical reasoning and text quality. *Journal of Writing Research, 7*(1), 123–156.

Van Drie, J. & Van Boxtel, C. (2008). Historical reasoning: towards a framework for analyzing students' reasoning about the past. *Educational Psychology Review, 20*(2), 87–110.

Van Drie, J., van Boxtel, C. & Braaksma, M. (2014). Writing to Engage Students in Historical Reasoning. In Perry D. Klein et al. (Hrsg.), *Writing as a Learning Activity* (S. 94–119). Leiden, Brill.

Van Norden, J. (2013). Geschichte ist Narration. *Zeitschrift für Didaktik der Gesellschaftswissenschaften, 2*, 20–35.

Voss, J. F. & Wiley, J. (1997). Developing understanding while writing essays in history. *International Journal of Educational Research, 27*(3), 255–265.

Waldis, M., Marti, P. & Nitsche, M. (2015). Angehende Geschichtslehrpersonen schreiben Geschichte(n). Zur Kontextabhängigkeit historischer Narrationen. *Zeitschrift für Geschichtsdidaktik, 14,* 63–86.

Wineburg, S. (1991). Historical Problem Solving: A Study of the Cognitive Processes Used in the Evaluation of Documentary and Pictorial Evidence. *Journal of Educational Psychology, 83*(1), 73–87.

Ziegler B. (2007). Die Graduierung der Re-Konstruktionskompetenz. In A. Körber, W. Schreiber & A. Schöner (Hrsg.), *Kompetenzen Historischen Denkens. Ein Strukturmodell als Beitrag zur Kompetenzorientierung in der Geschichtsdidaktik* (S. 523–545). Neuried, Ars Una.

Ziegler, B. (1985). *Schweizer statt Sklaven. Schweizerische Auswanderer in den Kaffee-Plantagen von São Paulo (1852–1866).* Steiner Verlag: Stuttgart.

3. Teil
Gesellschaftswissenschaften, Kunst und Sport

Zusammenhänge zwischen Aufgaben und Schülerbeteiligungsverhalten im Unterrichtsprozess

Ergebnisse einer Videostudie

Johannes Appel

1. Aufgaben im Kontext der Unterrichtsforschung

Aufgaben sind ein konstitutives Element von Prozessen schulischen Unterrichts. Sie sind sowohl Träger der Lerninhalte als auch Strukturgeber für die Aktivitäten von und Interaktionen zwischen Lehrkraft und Schülerinnen und Schülern (Bromme, Seeger & Steinbring, 1990; Doyle, 1983). Über die im Unterrichtsverlauf gestellten Aufgaben wird der Kontakt zu den Lerngegenständen hergestellt und die Auseinandersetzung mit den Inhalten angeregt. So gesehen definieren Aufgaben „die Grundstruktur potenzieller Lerngelegenheiten" (Jordan et al., 2006, S. 11) im Unterricht; ihnen kommt damit eine zentrale Steuerungs- und Organisationsfunktion für den Unterrichtsprozess zu. In Anbetracht dessen erscheint es zunächst überraschend, dass die systematische Modellierung und Analyse von Aufgaben aus allgemeindidaktischer Perspektive als eher vernachlässigt gilt (Blömeke & Müller, 2008). Die Auseinandersetzung mit Aufgaben im Kontext schulischen Unterrichts findet überwiegend in den Fachdidaktiken statt (Maier, Bohl, Kleinknecht & Metz, 2013). Fächerübergreifende Aspekte der Aufgabenqualität werden in der empirischen Unterrichts- und Bildungsforschung zwar verschiedentlich thematisiert – teils aus allgemeindidaktischer Perspektive (z.B. Blömeke, Risse, Müller, Eichler & Schulz, 2006; Maier, Kleinknecht, Metz & Bohl, 2010), teils fachspezifisch konzipiert, aber unter Verwertung der Forschungserkenntnisse in einem breiteren Kontext (z.B. Klieme, Schümer & Knoll, 2001). Allerdings bestehen nach wie vor Lücken in der Herausarbeitung gegenseitig anschlussfähiger Modellierungen oder Analyse- und Beschreibungsansätze (Bohl, 2013).

Ein Bereich innerhalb der Unterrichtsforschung, der auf die Herausarbeitung allgemeingültiger Kennzeichen unterrichtlichen Lernens abzielt und in diesem Zuge vielfältige Berührungspunkte zu Fragen der Aufgabenqualität aufweist, ist die auf die Forschungstradition „effektiven Unterrichts" zurückgehende Unterrichtsqualitätsforschung (Ditton, 2002; Helmke, 2012). Angesichts der beschriebenen Funktionen von Aufgaben verwundert es nicht, dass dieses Feld an vielen Stellen von Aspekten der Aufgabenqualität durchzogen ist. Besonders in der konkreten Ausformulierung von Erhebungsvariablen stellen sich Aufgaben als Träger vielfältiger Merkmale heraus. Zu veranschaulichen ist dies anhand der Erhebungsinstrumente im Rahmen des deutsch-schweizerischen Forschungsprojekts „Unterrichtsqualität, Lernverhalten und mathematisches Verständnis" (Klieme, Pauli & Reusser, 2006). Darin werden eine Reihe von Eigenschaften des Aufgabenangebots zur Beurteilung der verschiedenen Untersuchungsdimensionen herangezogen, wie etwa die Anwendungsmöglichkeiten der

Aufgabeninhalte im alltäglichen Kontext, das Vorhandensein von Entscheidungsspiel-
räumen in der Auswahl und Bearbeitung von Aufgaben, das inhaltliche Anspruchsniveau der Aufgaben, die Bezugnahme auf Vorwissen in den Aufgabenstellungen, die
Offenheit der Aufgabenlösungen oder die Klarheit in der Formulierung der Aufgabenstellungen.

An dieser wie auch an anderen Stellen in diesem Forschungsfeld wird deutlich, dass
Aufgaben als Gegenstand damit zumeist nur fragmentarisch in den Blick genommen
und kaum als eigene unterrichtliche Prozessgröße beschrieben werden. Aufgrund der
überfachlichen Perspektive der Unterrichtsqualitätsforschung erhält damit das bereits
erwähnte Desiderat fehlender einheitlicher bzw. interdisziplinär anschlussfähiger
Aufgabenbeschreibungssystematiken besondere Geltung. An diesem Punkt setzt der
vorliegende Beitrag an: Mithilfe des Argumentationsrahmens der Unterrichtseffektivitätsforschung wird ein Ansatz zur überfachlichen Beschreibung von Aufgaben im Unterricht aufgezeigt und ausgewählte Ergebnisse aus einer empirischen Untersuchung
zu den an die Aufgaben geknüpften Wirkzusammenhängen im Unterrichtsprozess
werden berichtet.

2.   Eine Videostudie zur Bedeutung von Aufgaben für die Wirksamkeit des Unterrichtsprozesses

Das Ziel der nachfolgend vorgestellten Studie bestand darin, das Aufgabenangebot im
Unterricht aus überfachlicher Perspektive mithilfe videobasierter Beobachtungen und
unter Berücksichtigung der Mikroprozessebene mittels niedrig-inferenter Kodierverfahren zu charakterisieren und die Wirkungen auf das Beteiligungsverhalten der
Schülerinnen und Schüler zu untersuchen (Appel, 2015). Die Datengrundlage dieser
in einem breiteren Projektkontext (Appel, Römer & Rauin, 2011) entstandenen Studie
besteht aus Videoaufnahmen von 16 Unterrichtsstunden im Fach Englisch in sechs
Klassen der sechsten Jahrgangsstufe aus unterschiedlichen Schulen in der Rhein-
Main-Region.[1] Der aufgezeichnete Unterricht unterlag keinen inhaltlichen Einflüssen
oder Vorgaben durch die Forschergruppe. Die Aufnahmen wurden aus zwei unterschiedlichen Kameraperspektiven und mithilfe mehrerer Mikrofone durchgeführt.
Flankierend zu den audiovisuellen Aufzeichnungen des Unterrichtsgeschehens standen im Vorfeld erhobene Befragungs- bzw. Testdaten der Schülerinnen und Schüler
sowie klassenorganisatorische Daten (Sitzpläne und Klassenlisten) zur Verfügung. Das
Untersuchungsziel dieser Studie wird nachfolgend anhand des theoretischen Rahmens
begründet.

---

1   Zu gleichen Teilen Hauptschulen, Realschulen und Gymnasien. Für weitere Erläuterungen
     zur Stichprobe sowie zu den verwendeten Erhebungs- und Auswertungsinstrumentarien
     siehe Appel (2015).

2.1   Theoretischer Rahmen und Untersuchungsziel

Ein theoretischer Ansatz innerhalb der Unterrichtseffektivitätsforschung, welcher den Prozesscharakter des Unterrichts aufgreift und gleichzeitig Aspekte der Aufgabenqualität berücksichtigt, ist das QAIT-Modell von Slavin (1994). Das Modell basiert auf vier Komponenten effektiver Unterrichtsdurchführung, die in Kombination unterrichtsbedingte Lernzuwächse bei den Schülerinnen und Schülern begünstigen: klare, konsistente Darstellungen der Inhalte und eine gute Unterrichtsorganisation (quality of instruction), ein angemessener Schwierigkeitsgrad der Anforderungen (appropriate levels of instruction), ein hoher Motivierungsgrad der Inhalte und Aktivitäten (incentive) und eine hohe Rate an zur Verfügung stehender Lernzeit (time).

In Anknüpfung an die Grundüberlegungen von Carroll (1963) wird eine zentrale Variable des Modells, die aktive Beteiligung der Schülerinnen und Schüler an den gebotenen Lerngelegenheiten, zeitbasiert konzipiert und folglich als „engaged time" bzw. „time on task" bezeichnet. Durch die Positionierung dieser Größe als Moderatorvariable zwischen den individuellen Lernvoraussetzungen, den Komponenten der Unterrichtseffektivität und möglichen Lernerträgen erlangt das Konstrukt die Rolle eines prozessimmanenten Indikators für die Effektivität von Unterricht – eine Auffassung, die in ihren Grundzügen vielfach geteilt wird (Helmke, 2012; Fredricks, Blumenfeld & Paris, 2004; Creemers & Kyriakides, 2008).

Über die formulierten Annahmen zur Beeinflussbarkeit der time on task durch die vier Komponenten effektiver Unterrichtsdurchführung werden auch Anhaltspunkte zur Rolle des Aufgabenangebots geliefert. Eine Schlüsselgröße ist der Faktor der Motivierungsqualität (incentive): Maßnahmen wie interessante Darstellungen der Inhalte, die Herstellung von inhaltlichen Bezügen zur alltäglichen Lebenswelt oder die Sicherstellung hoher Bewältigungschancen in den Aufgabenbearbeitungen setzen Anreize, durch die die Schülerinnen und Schüler zur Partizipation an den Lerngelegenheiten bewogen werden (ebd.). Demnach sollte der Grad der Hinwendung der Schülerinnen und Schüler zu den verfügbaren Lerngelegenheiten erkennbar mit der Beschaffenheit derselben zusammenhängen. Dieser Zusammenhang bildet den heuristischen Rahmen für das Ziel dieser Untersuchung.

2.2   Erfassung und Beschreibung von Aufgaben und Schülerbeteiligung als Prozessmerkmale des Unterrichts

Die empirische Beschreibung von einzelnen Aufgaben als Prozesskomponente des Unterrichts bedarf einer begrifflichen Definition der entsprechenden Geschehenseinheit. Im Hinblick auf die didaktische Grundfunktion (vgl. Kiper, 2010) folgt der Aufgabenbegriff im Kontext der Unterrichtsforschung mehrheitlich dem Typ der Lernaufgaben, was auch im vorliegenden Kontext gelten soll. Allerdings hält auch diese Eingrenzung Spielräume bereit: Lernaufgaben können als sehr kleinteilige Ereignisse beschrieben werden (z. B. Renkl, 1991) oder auch als Repräsentanten fachlicher Sinneinheiten mehrere Unterrichtsaktivitäten oder gar -stunden umfassen (z. B. Neubrand, 2002). Die

Spanne der Zahl von empirisch als Aufgaben zu erfassenden unterrichtlichen Phänomenen pro Unterrichtsstunde reicht dementsprechend sehr weit, von ca. sechs bei
Jatzwauk, Rumann und Sandmann (2008) bis hin zu ca. 50 bei Renkl (1991).

Um die Zusammenhänge im Unterrichtsprozess möglichst detailliert beschreiben
zu können, wurde für die eigene Untersuchung ein vergleichsweise hoher Auflösungs-
grad gewählt. In der Videoauswertung wurden in Anlehnung an Renkl (1991) sowie
ferner Doyle (1979) und Jatzwauk et al. (2008) all jene Ereignisse als Aufgaben erfasst,
die erkennbar waren als an die Schülerinnen und Schüler gerichtete, öffentliche Denk-
und Handlungsaufforderungen mit Bezug zu den Unterrichtsinhalten und der Aufforderung zur Erzeugung eines Produkts oder des Vollzugs bestimmter Verhaltens- und
Handlungsweisen. Dieser Definition folgend wurden die Aufgaben mittels Setzung
von Anfangs- und Endzeitpunkten in ihrer exakten zeitlichen Lage und Ausdehnung
im Geschehensstrom des Unterrichts festgehalten (timed-event recording, Bakeman
& Quera, 2011).

Nach der Identifikation und Lokalisierung der Aufgaben galt es im nächsten
Schritt, sie hinsichtlich ihrer Eigenschaften zu beschreiben. Das eingangs mit Bezug
auf Bohl (2013) und andere (Blömeke & Müller, 2008; Maier et al., 2010) formulierte
Desiderat fehlender einheitlicher bzw. zueinander anschlussfähiger Systeme zur Analyse von Aufgabeneigenschaften gilt auch – wenn nicht gar in besonderer Weise – für
einen auf die Mikroprozess-Ebene des Unterrichts abzielenden Untersuchungsansatz.
Daher wurden zum Zwecke der Zusammenstellung eines eigenen Analyseinstruments
in einer systematischen Prüfung unterschiedlicher fachdidaktischer, allgemeindidaktischer und lernpsychologischer Beschreibungssysteme Überschneidungen hinsichtlich
der Beschreibungsgrößen identifiziert, diese im Hinblick auf die Passung zum gewählten Theorierahmen selektiert und schließlich die Anwendbarkeit verschiedener Aus-
formulierungen der Größen auf die eigene Ereignisdefinition geprüft. Das Ergebnis
ist ein Analysesystem, welches aus insgesamt 13 Kategorien in drei übergeordneten
Bereichen besteht (Tab. 1).

Tabelle 1:   Übersicht über die Analysekategorien zur Beschreibung der Aufgaben

Einführung und Präsentation der Aufgabe

- Sprache der Aufgabenstellung
- Umfang der Aufgabenstellung
- Hilfestellungsmaßnahmen in der Aufgabenstellung
- Medieneinsatz (Darstellungsformen, Geräte/Materialien, Bekanntheitsgrad, Umfang der
  Inhalte)

Aufgabeninhalte

- Lebensweltbezug
- Abstraktheit

Anforderungen der Bearbeitung

- Kognitiver Prozess
- Wissensdimension
- Format des geforderten Produkts
- Art des geforderten Produkts

Parallel dazu wurde das Verhalten der Schülerinnen und Schüler mithilfe eines Ko-
diersystems anhand der beiden Verhaltenskategorien „on task/off task" auf Individu-
alebene erfasst. Die Kodierung geschah entlang eines Zeitstichprobenplans (interval
recording, Bakeman & Quera, 2011) mit Zeitintervallen von einer Minute. Aufgrund
der hohen Spezifität der unterrichtlichen Verhaltenserwartungen in Abhängigkeit vom
jeweiligen situativen Kontext (Blömeke & Müller, 2008) wurde das Schülerverhalten
nur in Klassengesprächsphasen, auch zu bezeichnen als „öffentlicher Unterricht" (Hugener, 2006), erhoben.

3.   Beschreibung des Aufgabenangebots und dessen Wirkungen auf den Unterrichtsprozess

Durch die beschriebene Erhebungsstrategie konnten sowohl Aufgabenangebot als
auch Schülerbeteiligungsverhalten zeitlich exakt und vollständig abgebildet werden.
Um Einflüsse der Aufgaben auf das Beteiligungsverhalten prüfen zu können, wurden
die erzeugten Daten über die in Abb. 1 dargestellte Datenstruktur zueinander in Beziehung gesetzt.

Die Daten zum Beteiligungsverhalten wurden in Form des Anteils der zum jeweiligen Beobachtungszeitpunkt als „on task" kategorisierten Schülerinnen und Schüler in
die Auswertung einbezogen (prozentuale On-Task-Rate, s. Abb. 1). Indem sich dieser
Wert auch über den Zeitraum ausgewählter Sequenzen des Unterrichts mitteln lässt,
können jeder Aufgabe eine gleichzeitige Beteiligungsrate zugeordnet und mögliche

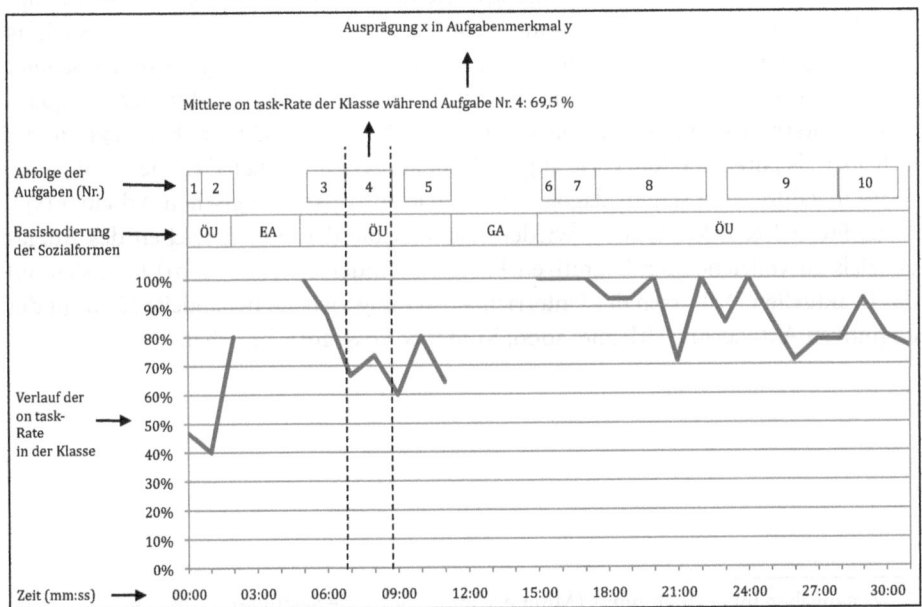

Abb. 1:   Schematische Darstellung von Datenstruktur und Auswertungssystematik anhand
von Beispieldaten einer Unterrichtsstunde (Appel, 2015)

Abhängigkeiten des On-Task-Niveaus von den Eigenschaften der zeitgleich präsenten Aufgaben geprüft werden. Bevor einige ausgewählte Ergebnisse aus den Prüfungen dieser Merkmalsbeziehungen dargestellt werden, werden im Folgenden zunächst deskriptive Befunde zur Ausprägung des Aufgabenangebots in der Stichprobe gezeigt.

3.1 Deskriptive Ergebnisse zum Aufgabenangebot

In den untersuchten Unterrichtsstunden wurden insgesamt 165 Aufgaben erfasst, 144 davon innerhalb von Phasen öffentlichen Unterrichts. Die daraus resultierende durchschnittliche Anzahl von 10 Aufgaben pro Unterrichtsstunde erscheint in Anbetracht der relativ fein auflösenden Ereignisdefinition vergleichsweise niedrig, könnte aber mit einer speziellen Kodierregel zusammenhängen, welche die Kodierung einer neuen Aufgabe erst bei der Ausprägungsveränderung in mindestens einer der berücksichtigten Aufgabeneigenschaften vorsah.

Die Aufgaben hatten eine durchschnittliche Gesamtdauer von 03:18[2], allerdings bei großer Spannweite der Werte (SD[3]: 03:17). Den größten Zeitanteil der Aufgaben nahm deren Bearbeitung ein (M: 02:49, SD: 02:50), die Aufgabenstellungen einen entsprechend weitaus geringeren Anteil (M: 00:28, SD: 00:48). Die hohe Streuung der Aufgabendauer war in allen untersuchten Unterrichtsstunden in ähnlicher Weise festzustellen. Die mithilfe des Kategoriensystems bestimmten Aufgabeneigenschaften zeigen hingegen allesamt, bis auf eine Ausnahme, statistisch bedeutsame Ausprägungsunterschiede zwischen den Stunden.[4] In den qualitativen Merkmalen der Aufgaben unterscheiden sich die Stunden demnach deutlich.

Ergebnisse zu einzelnen Ausprägungsverteilungen werden an dieser Stelle exemplarisch für zwei besonders bedeutsame Merkmale dargestellt: Der Grad der Herstellung von Bezügen der Aufgabeninhalte zum lebensweltlichen Erfahrungsraum der Schüler (Lebensweltbezug; Maier et al., 2010) ist zentral für den Aspekt der Motivierungsqualität des Unterrichts im Rahmen von Slavins Modell effektiven Unterrichts (1994), findet sich aber als „ureigene Kategorie allgemeindidaktischen Denkens" (Maier et al., 2013, S. 36) in zahlreichen schulpädagogischen sowie auch psychologischen Arbeiten (vgl. Götz, Frenzel & Pekrun, 2010) wieder. Die Variable der zum Erreichen des Aufgabenziels zu vollziehenden kognitiven Prozesse (Anderson et al., 2001) lässt sich auf das in aktuellen Diskursen der Unterrichtsforschung vielfach behandelte Konzept der kognitiven Aktivierung (Klieme, 2006; Kunter & Voss, 2011) beziehen.

---

2 Zeitangaben im Format mm:ss (Minute Minute : Sekunde Sekunde)
3 SD = Standardabweichung (standard deviation), M = arithmetisches Mittel (mean)
4 Geprüft mithilfe von χ^2-Unabhängigkeitstests (Bortz, 2010)

Tabelle 2:   Ausprägungen ausgewählter Aufgabeneigenschaften in der Stichprobe

	Beobachtete Häufigkeit	
Aufgabenmerkmal und Ausprägungsstufen	absolut	prozentual
Lebensweltbezug (n = 161 Aufgaben)		
ohne	39	24 %
konstruiert	76	47 %
authentisch	46	29 %
real	0	0 %
Kognitiver Prozess (n = 142 Aufgaben)		
Erinnern	27	19 %
Verstehen	51	36 %
Anwenden	42	30 %
Analysieren	15	11 %
Evaluieren	6	4 %
Gestalten	1	1 %

Abweichende Stichprobenumfänge bei den einzelnen Merkmalen (Klammerwerte) bedingt durch Häufigkeit des Codes „nicht bestimmbar".

Wie in Tab. 2 zu sehen ist, zeigt knapp ein Viertel der analysierten Aufgaben (24 %) keinerlei inhaltlichen Bezug zur Lebenswelt der Schülerinnen und Schüler. Aufgaben dieser Art beziehen sich in der Regel auf rein fachliche Phänomene, wie z. B. Grammatikregeln. Ein weitaus größerer Anteil der Aufgaben (47 %) stellt konstruierte Lebensweltbezüge her, meist in Form von Beispielsituationen aus dem Leben fiktiver Personen. Bezüge zur tatsächlichen Lebenswelt („authentisch") sind in 29 % der Fälle erkennbar, allerdings weist keine der untersuchten Aufgaben einen vollständig „realen" Lebensweltbezug auf.

Hinsichtlich der kognitiven Anforderungen der Aufgabenbearbeitung ist ein starkes Gewicht auf Prozessen des Verstehens (36 %) und Anwendens (30 %) bei geringeren Anteilen von Prozessen des Erinnerns (19 %) oder des Analysierens (11 %) und marginalen Anteilen von Prozessen des Evaluierens (4 %) und Gestaltens (1 %) festzustellen. Eine Befundlage, die im Verhältnis zu Vergleichsergebnissen aus fachlicher Sicht weiter zu reflektieren wäre: Die Häufigkeit von Anwendungsprozessen steht im Kontrast zu Befunden aus dem Physikunterricht (Schabram, 2007), wo Anwendungsaufgaben in ca. 6 % und so genannte Wissensaufgaben in ca. 60 % der Fälle auftraten, sowie des Biologieunterrichts, wo Wissens- und Verstehensaufgaben deutlich überwiegen (Jatzwauk, Rumann & Sandmann, 2008).

3.2   Ergebnisse zu Beziehungen zwischen Aufgaben und Beteiligungsverhalten der Schülerinnen und Schüler

Im nächsten Schritt wurde geprüft, ob sich die Schülerbeteiligungsraten während der Aufgaben in Abhängigkeit von Ausprägungsunterschieden in den einzelnen Aufgabenmerkmalen systematisch voneinander unterscheiden. Tab. 3 zeigt die beobachteten On-Task-Raten für die einzelnen Ausprägungsstufen sowie deren Häufigkeitsverteilung.

Tabelle 3:   Mittlere Beteiligungsraten für Ausprägungen zweier Aufgabenmerkmale

Aufgabenmerkmal und Ausprägungsstufen	Häufigkeit	Mittlere On-Task-Rate M (SD)
Lebensweltbezug d. Aufgabeninhalte		
ohne Lebensweltbezug	34	90, 0 % (7,5 %)
konstruierter Lebensweltbezug	63	86,2 % (9,6 %)
authentischer Lebensweltbezug	37	85,8 % (16,5 %)
Kognitiver Prozess d. Bearbeitung		
Erinnern	22	83,5 % (14,6 %)
Verstehen	45	89,7 % (9,6 %)
Anwenden	36	87,4 % (11,8 %)
Analysieren	11	90,1 % (6,0 %)
Evaluieren	5	89,3 % (4,7 %)

Bei beiden Merkmalen wird ersichtlich, dass sich die On-Task-Raten zwischen Aufgaben mit den verschiedenen Ausprägungsstufen nur unwesentlich voneinander unterscheiden. Dies belegen auch die statistischen Unterschiedsprüfungen, die an beiden Stellen nicht signifikant ausfallen (Appel, 2015). Mit Blick auf den Theoriehintergrund und den Forschungsstand ist dies insofern bemerkenswert, dass die Annahme einer aktivierenden Wirkung von Aufgaben mit inhaltlichem Bezug zur Alltagswelt der Schülerinnen und Schüler (Slavin, 1994; Fredricks, Blumenfeld & Paris, 2004) an dieser Stelle nicht belegt werden kann. Aufgaben ohne jeglichen Lebensweltbezug zeigen hingegen sogar eine schwache Tendenz zu höheren Beteiligungsraten als bspw. Aufgaben mit „authentischem" Lebensweltbezug. Diese Befunde könnten einerseits als Hinweise auf eine mögliche Verfehlung des didaktisch intendierten Authentizitätseffektes gelesen werden, andererseits manifestieren sich darin möglicherweise auch Unzulänglichkeiten in der Validität des Beurteilungsinstruments. Das nahezu gleichmäßige Ausprägungsmuster bei den zur Bearbeitung notwendigen kognitiven Prozessen kann vor dem Hintergrund von Forschungserkenntnissen gelesen werden, die auf die Vielschichtigkeit des theoretischen Konzepts der kognitiven Aktivierung und daraus resultierender Anforderungen an dessen Operationalisierung verweisen (Praetorius et al., 2014). Demnach kann angenommen werden, dass herausfordernde

Aufgaben mit hohem kognitivem Anspruchsniveau nicht in jedem situativen Kontext sinnvoll sind und dementsprechend wahrscheinlich auch unterschiedliche situations- spezifische Reaktionsmuster bei den Schülerinnen und Schülern bestehen.

Über die exemplarisch aufgezeigten Teilergebnisse hinaus sind auch für die ande- ren untersuchten Aufgabenmerkmale kaum nennenswerte Effekte festzustellen (Ap- pel, 2015). Eine Prüfung von Interaktionen zwischen den Aufgabeneigenschaften in ihrer Wirkung auf das Beteiligungsverhalten erbrachte ebenfalls keine signifikanten Ergebnisse. Das Ausbleiben von Effekten kann zu Teilen durch das insgesamt hohe – wenn auch in der einschlägigen Forschung gewöhnliche (ebd.) – Werteniveau im be- obachteten Beteiligungsverhalten (M = 83,4 %; SD = 12,3 %) erklärt werden. Daneben kommt auch eine mögliche mangelnde Sensibilität des gewählten Untersuchungsan- satzes als Ursache in Frage: Neben der Untersuchung des Zusammenhangs zwischen Aufgaben und Schülerbeteiligungsverhalten auf Mikroprozessebene des Unterrichts bestand ein Teil der Studie darin, die zusammenfassende stundenspezifische Variabili- tät der Aufgabenmerkmale zur stundenweise aggregierten On-Task-Rate in Beziehung zu setzen. Die entsprechenden Ergebnisse deuten darauf hin, dass die Perspektive auf die stundenspezifische Gesamtkonstellation an Aufgaben einen Untersuchungsansatz darstellt, den es flankierend zu verfolgen gilt.

4.   Zusammenfassung und Ausblick

In diesem Beitrag wurde ein Ansatz zur Untersuchung von Aufgaben als Prozessmerk- mal des Unterrichts mittels niedrig-inferenter Videobeobachtung vorgestellt. Es wurde aufgezeigt, dass aus theoretischer und forschungskonzeptioneller Sicht die Notwen- digkeit besteht, Aufgaben als zentrales Element zur Steuerung und Organisation von Unterrichtsprozessen aus fächerübergreifender Perspektive detailliert und zugleich in fachlich anschlussfähiger Weise empirisch zu beschreiben. Die auf diese Weise erzeugten Ergebnisse, die aufgrund der begrenzten Vergleichbarkeit mit anderen Wissensbeständen der Unterrichtsforschung als überwiegend explorative Befunde zu sehen sind, bieten vielfältige Anschlussmöglichkeiten zu unterschiedlichen fachlichen Diskussionslinien, welche in unterschiedlicher Weise auf Aufgaben zurückgreifen. So deutet etwa die Tatsache fehlender Effekte auf Mikroprozessebene darauf hin, dass Effekte von Aufgaben auf das Beteiligungsverhalten der Schülerinnen und Schüler womöglich weniger in einer „Sofortwirkung" zu suchen sind als im summativen Zu- sammenwirken der stundenspezifischen Aufgabenabfolge, im Sinne von Aufgaben als Systemen (Bromme, Seeger & Steinbring, 1990) oder einer Vernetztheit von Aufgaben (Neubrand, 2002).

Mit Blick auf den überwiegend hoch-inferenten Untersuchungsansatz in der Un- terrichtsqualitätsforschung (Clausen, Reusser & Klieme, 2003) ist das Anschlusspoten- zial dieser Forschungslinie für die Perspektive der Unterrichtspraxis als ausbaufähig zu bezeichnen (Ditton, 2002). Vor diesem Hintergrund scheinen Ansätze wie der hier dargestellte durchaus geboten. Zudem findet auf diese Weise eine Kernidee der For- schung zur Unterrichtseffektivität, die Bedeutung der Zeitebene des Unterrichts (Karweit, 1989), Berücksichtigung. Zugleich besteht darin die Chance, durch die konkrete Ausformulierung von unterrichtlichen Geschehenskomponenten die gegenseitige Anschlussfähigkeit der mit Unterricht befassten Disziplinen im Sinne einer Fachdidaktiken und empirische Unterrichtsforschung verbindenden Forschung zu fördern (Klieme & Rakoczy, 2008).

Literatur

Anderson, L. W., Krathwohl, D. R., Airasian, P. W., Cruikshank, K. A., Mayer, R. E., Pintrich, P. R., ... Wittrock, M. C. (Hrsg.). (2001). *A Taxonomy for Learning, Teaching, and Assessing: A Revision of Bloom's Taxonomy of Educational Objectives.* New York: Addison Wesley Longman.

Appel, J. (2015). *Die Bedeutung der Aufgaben für das Beteiligungsverhalten der Schüler – Eine Videostudie zur Wirksamkeit des Unterrichtsprozesses* (Dissertation). Goethe-Universität Frankfurt am Main.

Appel, J., Römer, J. & Rauin, U. (2011). *Strategien des Unterrichts in heterogenen Klassen unterschiedlicher Größe und ihre Wirkung auf Schüleraktivität – Fokus Zeitnutzung.* Vortrag an der 13. Fachgruppentagung Pädagogische Psychologie der DGPs in Erfurt am 15. September.

Bakeman, R. & Quera, V. (2011). *Sequential Analysis and Observational Methods for the Behavioral Sciences.* Cambridge: University Press.

Blömeke, S. & Müller, C. (2008). Zum Zusammenhang von Allgemeiner Didaktik und Lehr-Lernforschung im Unterrichtsgeschehen. *Zeitschrift für Erziehungswissenschaft,* Sonderheft 9, 239–258.

Blömeke, S., Risse, J., Müller, C., Eichler, D. & Schulz, W. (2006). Analyse der Qualität von Aufgaben aus didaktischer und fachlicher Sicht. *Unterrichtswissenschaft, 34*(4), 330–357.

Bohl, T. (2013). *Was wissen wir über die Praxis und die Wirkungen der Aufgabenkulturen (und Unterrichtsskripts)?* Vortrag an der Tagung der Kommission „Professionsforschung und Lehrerbildung" der DGfE in Frankfurt a. M. am 6. September.

Bortz, J. & Döring, N. (2006). *Forschungsmethoden und Evaluation* (4. Aufl.). Heidelberg: Springer.

Bromme, R., Seeger, F. & Steinbring, H. (1990). Aufgaben, Fehler und Aufgabensysteme. In R. Bromme, F. Seeger & H. Steinbring (Hrsg.), *Aufgaben als Anforderungen an Lehrer und Schüler* (S. 1–30). Köln: Aulis Verlag Deubner.

Carroll, J. B. (1963). A model of school learning. *Teachers College Record, 64*(8), 723–733.

Clausen, M., Reusser, K. & Klieme, E. (2003). Unterrichtsqualität auf der Basis hoch-inferenter Unterrichtsbeurteilungen. Ein Vergleich zwischen Deutschland und der deutschsprachigen Schweiz. *Unterrichtswissenschaft, 31*(2), 122–141.

Creemers, B. P. M. & Kyriakides, L. (2008). *The Dynamics of Educational Effectiveness.* New York: Routledge.

Ditton, H. (2002). Unterrichtsqualität – Konzeptionen, methodische Überlegungen und Perspektiven. *Unterrichtswissenschaft, 30*(3), 197–212.

Doyle, W. (1979). Classroom tasks and students' abilities. In P. Peterson & H. Walberg (Hrsg.), *Research on Teaching: Concepts, Findings, Implications* (S. 183–209). Berkeley: McCutchen Publishing.

Doyle, W. (1983). Academic work. *Review of Educational Research, 53*(2), 159–199.

Fredricks, J. A., Blumenfeld, P. C. & Paris, A. H. (2004). School Engagement: Potential of the Concept, State of the Evidence. *Review of Educational Research, 74*(1), 59–109. doi:10.3102/00346543074001059

Götz, T., Frenzel, A. C., Pekrun, R. (2010). Psychologische Bildungsforschung. In R. Tippelt & B. Schmidt (Hrsg.), *Handbuch Bildungsforschung* (S. 71–91). Wiesbaden: VS Verlag für Sozialwissenschaften.

Helmke, A. (2012). *Unterrichtsqualität und Lehrerprofessionalität* (4. Aufl.). Seelze-Velber: Klett/Kallmeyer.

Hugener, I. (2006). Sozialformen und Lektionsdauer. In Klieme, E., Pauli, C. & Reusser, K. (Hrsg.), *Dokumentation der Erhebungs- und Auswertungsinstrumente zur schweizerisch-deutschen Videostudie „Unterrichtsqualität, Lernverhalten und mathematisches Verständnis"* (Teil 3: Hugener, I., Pauli, C. & Reusser, K.: Videoanalysen) (S. 55–61). Frankfurt am Main: GFPF.

Jatzwauk, P., Rumann, S. & Sandmann, A. (2008). Der Einfluss des Aufgabeneinsatzes im Biologieunterricht auf die Lernleistung der Schüler – Ergebnisse einer Videostudie. *Zeitschrift für Didaktik der Naturwissenschaften, 14,* 263–283.

Jordan, A., Ross, N., Krauss, S., Baumert, J., Blum, W., Neubrand, M. … Kunter, M. (2006). *Klassifikationsschema für Mathematikaufgaben: Dokumentation der Aufgabenklassifikation im COACTIV-Projekt.* Berlin: Max-Planck-Institut für Bildungsforschung.

Karweit, N. (1989). Time and Learning: A Review. In R. E. Slavin (Hrsg.), *School And Classroom Organization* (S. 69–95). Hillsdale: Lawrence Erlbaum Associates.

Kiper, H. (2010). Der systematische Ort von Aufgaben in Theorien des Unterrichts. In H. Kiper, W. Meints, S. Peters, S. Schlump & S. Schmit (Hrsg.), *Lernaufgaben und Lernmaterialien im kompetenzorientierten Unterricht* (S. 44–59). Stuttgart: Kohlhammer.

Kleinknecht, M., Maier, U., Metz, K. & Bohl, T. (2011). Analyse des kognitiven Aufgabenpotenzials. *Unterrichtswissenschaft, 39*(4), 328–345.

Klieme, E. (2006). Empirische Unterrichtsforschung: Aktuelle Entwicklungen, theoretische Grundlagen und fachspezifische Befunde. *Zeitschrift für Pädagogik, 52*(6), 765–773.

Klieme, E., Pauli, C. & Reusser, K. (2006). (Hrsg.). *Dokumentation der Erhebungs- und Auswertungsinstrumente zur schweizerisch-deutschen Videostudie „Unterrichtsqualität, Lernverhalten und mathematisches Verständnis".* Frankfurt am Main: GFPF.

Klieme, E. & Rakoczy, K. (2008). Empirische Unterrichtsforschung und Fachdidaktik. Outcome-orientierte Messung und Prozessqualität des Unterrichts. *Zeitschrift für Pädagogik, 54*(2), 222–237.

Klieme, E., Schümer, G. & Knoll, S. (2001). Mathematikunterricht in der Sekundarstufe I: „Aufgabenkultur" und Unterrichtsgestaltung. In BMBF (Hrsg.), *TIMSS – Impulse für Schule und Unterricht. Forschungsbefunde, Reforminitiativen, Praxisberichte und Video-Dokumente* (S. 43–57). Bonn.

Kunter, M., & Voss, T. (2011). Das Modell der Unterrichtsqualität in COACTIV: Eine multikriteriale Analyse. In M. Kunter, J. Baumert, W. Blum, U. Klusmann, S. Krauss & M. Neubrand (Hrsg.), *Professionelle Kompetenz von Lehrkräften – Ergebnisse des Forschungsprogramms COACTIV* (S. 85–113). Münster: Waxmann.

Maier, U., Bohl, T., Kleinknecht, M. & Metz, K. (2013). Allgemeindidaktische Kategorien für die Analyse von Aufgaben. In M. Kleinknecht, T. Bohl, U. Maier & K. Metz (Hrsg.), *Lern- und Leistungsaufgaben im Unterricht. Fächerübergreifende Kriterien zur Auswahl und Analyse* (S. 9–46). Bad Heilbrunn: Julius Klinkhardt.

Maier, U., Kleinknecht, M., Metz, K. & Bohl, T. (2010). Ein allgemeindidaktisches Kategorien-system zur Analyse des kognitiven Potenzials von Aufgaben. *Beiträge Zur Lehrerbildung,* 28(1), 84–96.

Neubrand, J. (2002). *Eine Klassifikation mathematischer Aufgaben zur Analyse von Unter-richtssituationen: Selbsttätiges Arbeiten in Schülerarbeitsphasen in den Stunden der TIMSS-Video-Studie.* Hildesheim: Verlag Franzbecker.

Praetorius, A.-K., Pauli, C., Reusser, K., Rakoczy, K., & Klieme, E. (2014). Learning and Inst-ruction. *Learning and Instruction, 31*(C), 2–12.

Renkl, A. (1991). *Die Bedeutung der Aufgaben- und Rückmeldungsgestaltung für die Leistungs-entwicklung im Fach Mathematik* (Dissertation). Universität Heidelberg.

Schabram, K. (2007). *Lernaufgaben im Unterricht: Instruktionspsychologische Analysen am Beispiel der Physik* (Dissertation). Universität Duisburg-Essen.

Slavin, R. E. (1994). Quality, appropriateness, incentive, and time: A model of instructional effectiveness. *International Journal of Educational Research, 21*(2), 141–157.

Lernaufgaben und Diversität im gesellschaftswissenschaftlichen Fachunterricht

Sven Oleschko

1. Zum Verständnis und zur Bedeutung von Lernaufgaben

Lernaufgaben stellen ein zentrales Steuerungs- und Strukturierungsinstrument (vgl. Weißeno, 2006, S. 115) für schulische Lernprozesse in allen Unterrichtsfächern dar. Sie dienen dazu, fachspezifische und überfachliche Lerngelegenheiten zu schaffen und werden von Lehrkräften in vielfältiger Weise – mündlich oder schriftlich – eingesetzt. Im Unterricht werden sie angeboten, um bei Lernaktivitäten bestimmte Wirkungen zu evozieren (in Anlehnung an das Angebots-Nutzungs-Modell des Unterrichts nach Helmke, 2009, S. 73). Sie dienen immer dazu, Lernprozesse zu steuern, zu verändern oder zu begleiten. Jede eingesetzte Lernaufgabe kann somit als Intervention im schulischen Lernprozess verstanden werden. Denn die Lehrerinnen und Lehrer verfolgen mit der Formulierung von Fragen oder dem Stellen konkreter Aufgaben bestimmte Zielsetzungen (vgl. Abbildung 1). Im Unterschied zu Leistungsaufgaben, die in Tests und Klausuren, also zur summativen Überprüfung eines Lernstandes eingesetzt werden, sollen Lernaufgaben der formativen Begleitung eines Lernprozesses dienen (vgl. Lindauer & Schneider, 2007, S. 114). Dabei werden Erarbeitungs- und Übungsaufgaben eingesetzt, damit sich ein bestimmter Lerngegenstand erschließen lässt. Diese Aufgaben sollen im Lernprozess die Lernenden unterstützen, bestimmte Kompetenzen und Fertigkeiten aufbauen zu helfen bzw. zu verändern (vgl. Leutner et al., 2008, S. 169). Hierdurch können kognitive Prozesse angeregt werden, welche zur Aneignung neuen Wissens, zum Ausbau bestehender Wissensnetze oder deren Vertiefung führen (vgl. Oleschko & Manzel, 2015, S. 199).

Die Betrachtung des gesellschaftswissenschaftlichen Unterrichts gewinnt an Bedeutung, da zunehmend verschiedene Bundesländer in der Bundesrepublik Deutschland, der Schweiz und Österreich ein Konglomeratsfach Gesellschaftswissenschaften (z. B. Hamburg), Gesellschaftslehre (z. B. Hessen und NRW), Räume/Zeiten/Gesellschaften (z. B. Kanton Basel-Stadt) oder Geschichte und Sozialkunde (z. B. Österreich) implementiert haben. Hier wird in der Regel ein Fächerverbund aus zwei oder mehr der folgenden Bezugsdisziplinen unterrichtet: Geographie, Geschichte, Politik, Sozialwissenschaften (einschließlich Soziologie und Wirtschaft). Allerdings findet die universitäre Ausbildung der Lehrerinnen und Lehrer für diesen Fächerverbund (in Deutschland) ausschließlich in einer der Bezugsdisziplinen statt, da es kein Ausbildungsfach Gesellschaftswissenschaften und auch kaum Lehrstühle für Didaktik der Gesellschaftswissenschaften gibt (mit Ausnahme der Universität Aachen und der Pädagogischen Hochschule FHNW). Aufgrund dieser Besonderheit lassen sich für den gesellschaftswissenschaftlichen Fachunterricht kaum Forschungsarbeiten finden,

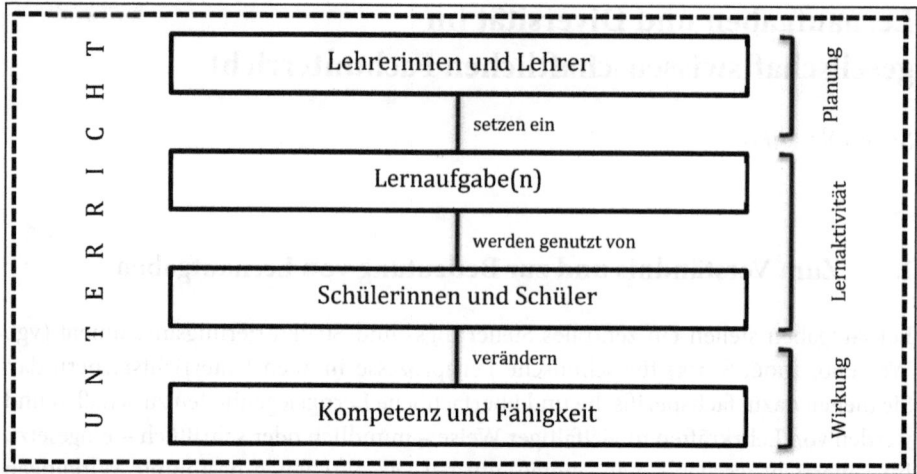

Abb. 1:   Lernaufgaben im Unterricht (eigene Darstellung)

sondern lediglich für den eigenständigen Fachunterricht in der jeweiligen Bezugsdis-ziplin.[1] Dabei wird dieser Fächerverbund in Deutschland ausschließlich in nichtgym-nasialen Schulformen wie Stadtteilschulen (Hamburg) oder Gesamtschulen (Hessen und NRW) angeboten. Diese Schulen setzen sich in der Regel durch eine vielfältigere Schülerschaft zusammen (hinsichtlich sozialer Milieus und bildungssprachlicher Fä-higkeiten), wodurch sich bestimmte negative Kompositionseffekte ergeben, welche differenzielle Anregungs- und Entwicklungsmilieus ausbilden (vgl. Racherbäumer et al., 2013, S. 243). Hierdurch ergäbe sich nach Racherbäumer et al. (2013, S. 252) ein Entwicklungsmilieu, welches institutionell vorgeformt sei und den Lernenden eine günstigere Lern- und Leistungsentwicklung erschwere.

1.1   Lernaufgaben und Diversität

Im Kontext des gesellschaftswissenschaftlichen Unterrichts an Schulen mit weniger günstigen Entwicklungsmilieus ergibt sich die Notwendigkeit, die Diversität der Ler-nenden genauer zu betrachten. Denn nur die Kenntnis darüber, was diese im Fachun-terricht leisten können, kann helfen, Lernumgebungen zu entwickeln, die ermöglichen, dass die Lern- und Leistungsentwicklung unabhängiger von der Schulform und dem Schulstandort wird. Bisher kann für den gesellschaftswissenschaftlichen Fachunter-richt nicht benannt werden, wie Lernende mit Lernaufgaben, die Schreibprodukte von ihnen verlangen, umgehen und wo spezifische Herausforderungen liegen. Dabei ist bekannt, dass Lernaufgaben von Schülerinnen und Schülern subjektiv mit Bedeutung versehen werden und so von der intendierten Zielsetzung der Lehrerinnen und Lehrer abweichen können (vgl. Hascher & Hofmann, 2008, S. 48). Daher erscheint das Kor-rekturverhalten und die Rückmeldepraxis in formativen Lernsituationen bedeutsam

---

1   Im Folgenden werden daher Forschungserkenntnisse aus den jeweiligen Bezugsdisziplinen des Gesellschaftslehreunterrichts herangezogen.

für den Lernprozess der Schülerinnen und Schüler. Denn sie sollen über Lernsituationen Gelegenheit erhalten, an ihren spezifischen Entwicklungsfeldern arbeiten zu
können, wozu sie konkrete Hinweise benötigen und eine transparente Zielerwartung.
Da sich Schülerinnen und Schüler in einer Vielzahl von Merkmalen unterscheiden,
kann es auch nicht die eine Aufgabe geben, die für alle gleichermaßen gut und zielführend ist. Aufgrund dieser Verschiedenheit sei „ein differenzierter Unterricht
Voraussetzung für den Lernerfolg" (Fuchs, Niehaus & Stoletzki, 2014, S. 122), womit
Schulbücher und andere Unterrichtsmaterialien eine Binnendifferenzierung anbieten
sollten, die es allen Schülerinnen und Schülern ermöglichen, individualisiert zu lernen
(vgl. Fuchs, Niehaus & Stoletzki, 2014, S. 112). Bisher liegen im Kontext der fachdidaktischen Forschung des gesellschaftswissenschaftlichen Unterrichts kaum Erkenntnisse vor, wie Schulbücher sowie andere Unterrichtsmaterialien eingesetzt werden und
welche Wirkung diese bei den Schülerinnen und Schülern erzielen (vgl. für Politik
Langner, 2007, S. 62). Forschungsarbeiten aus der Geschichtsdidaktik formulieren,
dass die Überwindung der Barrieren beim Einsatz von Quellen (hier vor allem auch
die Sprache) Herausforderungen für den Geschichtsunterricht bedeuteten (vgl. Barsch
& Dziak-Mahler, 2014, S. 127). Die bisher vorliegenden Forschungsarbeiten sind stark
an Gymnasien orientiert und lassen deshalb kaum fachdidaktische Erkenntnisse für
divers(er) zusammengesetzte Lerngruppen zu. Dies kann ursächlich im marginali-
sierten Diskurs zum Umgang mit Diversität im Gesellschaftslehreunterricht gesehen
werden (vgl. für Geschichte z. B. Heuer, 2010, S. 85; Lässig, 2010). Gerade die schülerseitigen Herausforderungen mit Lernaufgaben und häufig deren Anders-Verstehen
der lehrerseitigen Intention führen dazu, dass die Lernaktivitäten erwartungswidrige
Wirkungen erzielen können. Damit ein lernförderlicher Unterricht für alle ermöglicht
werden kann, sind Mechanismen der Exklusion aufzuheben (vgl. Barsch & Dziak-
Mahler, 2014, S. 127). Solche Mechanismen werden seit mehr als 80 Jahren u. a. in der
Sprachverwendung der Schule gesehen (vgl. u. a. Bernstein, 1959, S. 69; Spanhel, 1973;
Schlee, 1973; Bock, 1975; Hoadley, 2012). Die Sprachverwendung in der Schule zeichne
sich demnach dadurch aus, dass sie jener der Lehrerinnen und Lehrer mehr entsprä-
che und dadurch Schülerinnen und Schüler prädisponiert, die aufgrund ihrer sozialen
Herkunft ein bildungssprachlich stärkeres Anregungspotential durch die Familie erleben (vgl. Sertl, 2014, S. 76). Damit sind diese Schülerinnen und Schüler auch mit den
„schichtspezifisch habitualisierten Lerngewohnheiten" (Maaz, Baumert & Trautwein,
2010, S. 16) vertrauter, da diese in Schule verlangt und vermittelt werden, und können
so Leistungsanforderungen eher entsprechen.

1.2   Aufgabenkultur in gesellschaftswissenschaftlichen Unterrichtsfächern

Für die fachdidaktische Forschung der Bezugsdisziplinen des Gesellschaftslehreunterrichts wird zunehmend die Bedeutung der Sprachfähigkeit für das fachliche
Lernen herausgearbeitet (vgl. für Geschichte Handro, 2015, für Geographie Budke
et al., 2015 oder für Politik Weißeno, 2015). Dabei werden unterschiedliche Aspekte
der Koinzidenz von fachlichem und sprachlichem Lernen fokussiert: Im Diskurs der

politikdidaktischen Arbeiten werden die Bedeutung der Fachkonzepte und deren konstituierenden Begriffe betont (vgl. Weißeno, 2015), in geschichtsdidaktischen Arbeiten wird über das Konzept der Narrativität der Einfluss der Sprachfähigkeit (vgl. Hartung, 2013) abgeleitet, und im Kontext der geographiedidaktischen Arbeiten steht der Kompetenzbereich Kommunikation im Fokus (vgl. Kniffka & Neuer, 2008). In den einzelnen Arbeiten wird sich zum einen unterschiedlich intensiv mit benachbarten Diskursen zur Sprachfähigkeit und Sprachbildung auseinandergesetzt und auch die Lernaufgaben scheinen nur eine nebengeordnete Rolle zu spielen. Der Fächerverbund Gesellschaftswissenschaften ist dabei – wie jede einzelne seiner Bezugsdisziplinen – auf eine hinreichende Sprachfähigkeit der Lernenden angewiesen, da die Lerngegenstände und die konstituierenden Konzepte in den Fächern nur über sie erfahrbar gemacht werden können. Vor allem die epistemische Funktion der Bildungssprache (vgl. Morek & Heller, 2012) wird besonders bedeutsam, da die Lernenden Konzepte wie *Demokratie, Zeit* oder *Raum* nur erfassen können, wenn sie lernen sich zunehmend selbstständig mit diesen auseinanderzusetzen. Hierzu benötigen sie eine andere als im Alltag genutzte Sprachfähigkeit. Diese für den gesellschaftswissenschaftlichen Fachunterricht benötigte Bildungs- und Fachsprache unterstützt somit das fachliche Lernen. Damit dieses fachliche Lernen durch Lehrerinnen und Lehrer begleitet und unterstützt werden kann, ist die Kenntnis über Voraussetzungen und Ziele von Lernaufgaben bedeutsam, da diese die Lernaktivitäten steuern.

2.   Anlass und Ziel der Studie: Sprachhandlung und Lernaufgaben

Gerade in der fachspezifischen Betrachtung zeigt sich, dass Lernaufgaben unmittelbar für den Zusammenhang von fachlichen und sprachlichen Lernprozessen heranzuziehen sind. Denn nach Thürmann (2012, S. 8) sei jeder operatoreneingeleiteten Aufgabenstellung dieser Zusammenhang eingeschrieben: Das Lösen einer Aufgabe erfordert sowohl das Verstehen der kognitiven Dimension als auch der sprachlichen Aktivität. In der Schule wird alles Wissen in sprachlicher Form dargeboten und muss vom Schüler sprachlich bewältigt werden (vgl. Roeder, 1965, S. 12). Daher ist die Bedeutung der Sprachfähigkeit für das Aufgabenlösen in doppelter Hinsicht relevant: Zum einen müssen die Schülerinnen und Schüler die Aufgabe lesen und damit eine von den Schulbuchautoren oder Lehrerinnen und Lehrern intendierte Zielsetzung antizipieren, zum anderen müssen sie ihre subjektiv konstruierte Aufgabe dann bearbeiten und extern repräsentieren, damit deren Zielerreichung eingeschätzt werden kann. Zurzeit können keine systematischen Aussagen zur Aufgabenkultur im gesellschaftswissenschaftlichen Fachunterricht formuliert werden. Es zeigt sich aber, dass sich das schriftliche Lösen von Aufgaben zur Betrachtung anbietet, da Schülerinnen und Schüler bestimmte Sprachhandlungen im Verlaufe der Sekundarstufe I eher implizit erwerben (vgl. Gantefort & Roth, 2010, S. 575). Diese Sprachhandlungen aber wiederum weisen eine hohe Fachspezifität auf (vgl. Erath & Prediger, 2014) und erscheinen den vielfältig genutzten Operatoren in Schulbüchern und Kernlehrplänen übergeordnet (vgl. Oleschko, Altun & Günther, 2015). Damit besitzen sie für schulische Lernprozesse eine hohe Relevanz, da sie besonders in gesellschaftswissenschaftlichen Unterrichtsfächern von Schülerinnen und Schülern in unterschiedlichen Kontexten (mündlich oder schriftlich) verlangt werden. Die Betrachtung von Sprachhandlungswissen ermöglicht zudem, texttiefenorientierte Merkmale (Konnektoren, Nominalphrasen u. ä.) in den Blick zu nehmen, und so die kognitive Funktion von Sprache für das fachliche Lernen genauer zu untersuchen. Denn es ist bekannt, dass die Wortebene für Schülerinnen und Schüler weniger Herausforderungen darstellt (vgl. Steinmüller & Scharnhorst, 1987, S. 7), und die Realisierung von zentralen Sprachhandlungen (für den Gesellschaftslehreunterricht u. a. beschreiben, erklären oder argumentieren) ein hinreichendes Wissen um Diskursmittel und deren Funktion(en) verlangt. Im Gesellschaftslehreunterricht wird mit einer Vielzahl abstrakter Konzepte operiert, welche Schülerinnen und Schüler nicht als „Vokabeln" können müssen, sondern das sich dahinter liegende Wissensnetz muss erworben werden. Bei Begriffen wie *Sozialisation, Erziehung, Exklusion* oder auch *Demokratie* geht es darum, die Konstitution dieser Begriffe zu antizipieren, das eigene Wissensnetz weiter auszubauen und zu aktualisieren.

Im gesellschaftswissenschaftlichen Fachunterricht ist die Sprachhandlung *beschreiben* sowohl im Kernlehrplan als auch in den Schulbüchern am häufigsten vertreten (vgl. Oleschko & Moraitis, 2012, S. 36; Günther & Altun, 2015, S. 5). Sie kann daher als eine der grundlegendsten Sprachhandlungen angesehen werden (vgl. Klotz, 2013). Dennoch gilt das Beschreiben häufig als fachunspezifisch, da es laut der Einheitlichen Prüfungsanforderung für die Abiturprüfung in Deutschland (vgl. EPA der einzelnen Unterrichtsfächer, die von der Kultusministerkonferenz veröffentlicht sind) lediglich dem Anforderungsbereich I (Reproduktion) zugeordnet ist. In der fachdidaktischen Forschung finden sich daher eher Arbeiten, die das *Argumentieren* oder *Urteilen* in den Blick nehmen. Dabei ist zu hinterfragen, ob operatoren-eingeleitete Aufgabenstellungen zum Beschreiben lediglich reproduktive Tätigkeiten von Schülerinnen und Schülern verlangen (vgl. Oleschko, 2014a, S. 92).

2.1 Fragestellung der Studie

Aufgrund der wenigen empirischen Untersuchungen zum Gesellschaftslehreunterricht (und im Besonderen zum Zusammenhang von Sprachfähigkeit und Lernaufgaben), wird nachfolgend eine Studie vorgestellt, welche die Sprachfähigkeit von Schülerinnen und Schülern bei schriftlich anzufertigenden wissensbasierten Beschreibungen untersucht. Dabei ist der für den Gesellschaftslehreunterricht in Schulbüchern und Kernlehrplänen typische und am häufigsten vorkommende Operator *beschreibe* ausgewählt. Die Auswahl erfolgte erstens auf Grund seiner hohen Verbreitung und andererseits aufgrund der Tatsache, dass die genaue Bedeutung dieses Operators für den gesellschaftswissenschaftlichen Fachunterricht oft undeutlich bleibt (vgl. Oleschko, 2014b). In einer ersten Pilotstudie (vgl. Oleschko, 2014a; Oleschko & Schmitz, im Druck) konnte aufgezeigt werden, dass die untersuchten Probanden unterschiedliche Realisierungstypen einer Beschreibung anfertigen, welche in einem funktional-pragmatischen Kontinuum verortet werden können (vgl. Oleschko & Schmitz, im Druck).

Im Rahmen der Dissertationsstudie „Sprachfähigkeit im Kontext von Mehrsprachigkeit und sozialer Herkunft. Eine empirische Analyse am Beispiel des Gesellschaftslehreunterrichts" geht Oleschko der Frage nach, wie der Zusammenhang zwischen der von den Lernenden subjektiv wahrgenommenen Unterrichtsqualität bezüglich des sprachlichen Interaktionsrahmens, ihrer sprachlichen Sozialisation und ihrer sozialen Herkunft mit der Performanz bei der Sprachhandlung ‚wissensbasiertes beschreiben' als Ausschnitt der Bildungssprache im Fachunterricht Gesellschaftslehre erklärt werden kann. Die Daten der Arbeit und erste deskriptive Analysen liegen bereits vor, so dass aktuell am Strukturgleichungsmodell gearbeitet wird, um zu weiteren Einsichten zu der Forschungsfrage zu gelangen. In diesem Beitrag werden erste Erkenntnisse hinsichtlich der Bedeutung von Lernaufgaben für das sprachliche Handeln von Schülerinnen und Schülern berichtet, welche auf die Analyse von Schülertexten der Dissertationsstudie gründen und erste berichtete Ergebnisse (vgl. Oleschko, 2015; Oleschko, under review) ergänzen.

2.2   Methode und Daten

Für die Dissertationsstudie ist ein Mixed-Method-Design gewählt, welches aus einem standardisierten Fragebogen und einer offenen Schreibaufgabe (mit einer Originallernaufgabe aus Gesellschaftslehreschulbüchern) besteht. Ein Quasi-Kohortenvergleich ist über die Stichprobenziehung der Schülerinnen und Schüler ($N = 1792$), die aus den Jahrgängen 5, 8 und 10 stammen, angestrebt. Alle Schülerinnen und Schüler fertigten randomisiert Beschreibungen zu Schaubildern aus den Bezugsdisziplinen Geschichte, Geographie und Sozialwissenschaften/Politik an und beantworteten einen standardisierten Fragebogen zu den Konstrukten ‚subjektiv wahrgenommene Unterrichtsqualität', ‚sprachliche Sozialisation' und ‚soziale Herkunft'. Die Zusammensetzung der Stichprobe kann Abbildung 2 entnommen werden. In allen drei Jahrgängen wurden die gleichen Instrumente eingesetzt, wobei die Schülerinnen und Schüler aus dem Jahrgang 5 eine Unterrichtsstunde mehr Zeit hatten, um das Schaubild und den Fragebogen zu beantworten. Die Erhebung fand von Januar 2014 bis Juli 2014 an fünf Gesamtschulen in Deutschland im Bundesland Nordrhein-Westfalen statt.

Jahrgang	Anzahl N	Erstsprache	
		deutsch	nicht deutsch
5	579	293 (54,3%)	247 (45,7%)
8	582	334 (58,3%)	239 (41,7%)
10	612	352 (58,1%)	254 (41,9%)
Gesamt	1773	979 (57,0%)	740 (43,0%)

Abb. 2:   Stichprobe der Studie

2.3   Ergebnisse

An zwei Schülertexten soll exemplarisch illustriert werden, dass der Blick auf Merkmale der Textoberfläche (hier: Orthografie) und Rückmeldungen hierzu für das
fachsprachliche Lernen wenig hilfreich sind. Denn wie zuvor ausgeführt, können die
Sprachhandlungen für den Fachunterricht und seine spezifischen Sprachanforde-
rungen als entscheidender gelten. Daher sind andere Sprachmerkmale als solche der
Textoberfläche in den Blick zu nehmen. In Abbildung 3 ist ein Schülertext aus dem
Jahrgang 5 hinsichtlich der Orthografie korrigiert.

„Es gibt eigentlich garkeine wasserknappheit. Wiso? „Weil die Welt mehr aus Wassa besteht als Land." Mann könnte saltz aus saltz wasser holen, dann hat mann saltz und das Wasser das mann benutzt hat. Das Wasser könnte mann dann noch in eine Wasser flasche kippen und in die sprudel maschiene tuen (wenn mann eine hat). Dann hat mann sprudel wasser. Wer es aber einfacher haben möchte der geht nach Netto und kauft wasser."	„Es gibt eigentlich gar keine Wasserknapp-heit. Wieso? „Weil die Welt mehr aus Wasser besteht als aus Land." Mann könnte Salz aus Salzwasser holen, dann hat man Salz und das Wasser, dass man benutzt hat. Das Wasser könnte man dann noch in eine Wasserfla-sche kippen und in die Sprudelmaschine tun (wenn man eine hat). Dann hat man Sprudelwasser. Wer es aber einfacher haben möchte, der geht nach Netto und kauft Wasser."
Schüler_in: SI-5-4-90	Orthografie korrigiert

Abb. 3:   Schülertext mit korrigierter Orthografie

Es zeigt sich, dass die zielsprachliche Realisierung der Orthografie zu keiner Verbesserung in der durch die Aufgabe verlangten Sprachhandlung führt. Durch Veränderung
von Textoberflächenmerkmalen (hier: Orthografie) bleibt die Qualität der fachsprach-
lichen Realisierung (hier: wissensbasiertes Beschreiben) unberührt.

Sprachmerkmale, die texttiefenorientiert sind und damit die Kohärenz und sachlogische Struktur in den Blick nehmen, bieten einen verlässlicheren Indikator für
die fachsprachliche Qualität eines Schülertextes, da diese unmittelbar auch mit dem
Fachwissen zusammenhängen. Solche texttiefenorientierten Sprachmerkmale können
u. a. *Nominalphrasen*, *Konnektoren* und *Verben* sein. Diese helfen, Kompaktheit und
Komplexität in Texten zu erzeugen, womit Wissensbestände sprachlich organisiert
werden können, in denen Abhängigkeiten zwischen Informationen z. B. im Sinne
eines Ursache-Wirkungszusammenhangs markiert sind. Oleschko (2015, S. 75 ff.) hat
ein Instrument zur Messung der domänenspezifischen Textqualität vorgeschlagen.
Bei diesem werden u. a. Indikatoren wie *Konnektoren*, *Nominalphrasen* oder *Verben*
genauer untersucht, da diese nicht nur helfen, Wissensbestände sprachlich zu organisieren, sondern auch mit der Themenentfaltung korrelieren (vgl. Oleschko, under
review). Diese Indikatoren lassen wiederum Hinweise auf das Fachwissen und das au-
torenseitig präsentierte Fachkonzept zu. Am zweiten Beispiel eines Schülertextes lässt
sich dies demonstrieren:

> „Der Wasserkreislauf
> Die Weissenwolken im Himmel machen einen niederschlag mit sehr viel Wasser das wasser giest auf die Erde. Und dann verdunstet es. Es fällt sehr oft in Ozeane oder seen weil es sehr viele davon auf der Erde gibt. fällt es auf sand oder auf sehr sonnige inseln mit einem strand dann fliest es ein kleines Stück runter unt es wird in denn nächsten Ozean oder in den nechsten see geschuttet.
> Wenn das Wasser auf beume oder auf Pflanzen fällt dann entstet soetwas wie Schmelzwasser das wasser verdunstet nach ein Paar tagen oder manchmal auch monaten. auf dem festland entsteht eine flüssigkeit die nent man Sicker wasser das heisst wenn wasser im sand ist sickert es langsam Runter und fliest durch den Grundwasser Fluss wieder in den Ozean oder in den See. "
> Schüler_in: SI-5-5-116

Bei der Analyse dieses Schülertextes zeigt sich hinsichtlich der oben genannten Indikatoren, dass Kompetenzen in folgenden Bereichen festgestellt werden können:

- temporaler („*dann*") und konsekutiver („*wenn*") *Konnektorengebrauch* (sprachliches Mittel, um inhaltliche Komplexität auszudrücken)
- *Nominalphrasen* („*ein kleines Stück*") und *Relativsätze* („*eine Flüssigkeit, die*") (um Kompaktheit im Text zu realisieren)
- Partikel- und Präfixverben („entstehen" oder „runterfließen")
- Überschrift und *evaluative Zusammenfassung* am Schluss (deutlicher Hinweis auf Leseradressierung)

2.4   Diskussion

Die vorgestellte Analyse zeigt, dass ein potentialorientierter Blick auf texttiefenorientierte Merkmale für den gesellschaftswissenschaftlichen Fachunterricht förderlicher erscheint, da diese sprachlichen Merkmale helfen, die von den Schülerinnen und Schülern verlangte Sprachhandlung zu realisieren. Darüber hinaus können Kompetenzen und Fähigkeiten festgestellt werden, die mit einer reinen Korrektur der Textoberfläche übersehen werden könnten. Auf diese Weise können Lehrpersonen mit ihren Rückmeldungen direkt an den spezifischen Entwicklungsfeldern der Schülerinnen und Schüler ansetzen. Damit diese in das sprachliche Handeln hineinwachsen können, welches für das fachliche Lernen eine Voraussetzung darstellt, sollten sprachliche Merkmale in den Blick genommen werden, die helfen, den engen Zusammenhang von Sprache und Kognition für die Lernenden sichtbar zu machen. Denn damit kann sowohl das sprachliche als auch das fachliche Lernen unterstützt werden. Die Schülerinnen und Schüler erhalten zum einen einen Einblick in das, was sie schon können, und zum anderen verweisen solche Rückmeldungen auf bestimmte Entwicklungsfelder, so dass zukünftige Texte noch besser werden können. In dem analysierten Beispiel würden sich Rückmeldungen auf die Verwendung von Verben beziehen. Es zeigen sich darin Herausforderungen mit der Fachsprache im *verbalen Bereich*: Es werden Dummyverben (machen, tun) und solche aus der Alltagssprache („giest", „fällt") genutzt, welche durch fachsprachlichere Verben zu ersetzen wären. Eine solche Orientierung, die von vorhandenen Fähigkeiten ausgeht, hilft diese weiter auszubauen und erkennt das Entwicklungspotential der Lernenden an.

3.   Ausblick

Die Illustration der beiden Schülertexte zeigt, dass die Orientierung an Textoberflächenmerkmalen für das schriftliche Realisieren fachspezifischer Sprachhandlungen wenig zielführend ist. Stattdessen können texttiefenorientierte Merkmale in den Blick genommen werden, die die enge Verknüpfung von fachlichen und sprachlichen Dimensionen aufzeigen. Denn der Zusammenhang von Kognition und Sprache ist im Sachfachunterricht nicht aufzulösen, indem sich ausschließlich dem fachlichen Lerngegenstand gewidmet wird. Jede im Fachunterricht gestellte Lernaufgabe verlangt von Schülerinnen und Schülern die kognitive Beschäftigung mit einem spezifischen Fachinhalt, wobei jede Kommunikation über und jede Sichtbarmachung zu diesen Aktivitäten eine hinreichende Sprachfähigkeit verlangt. Das fachliche ist ohne das sprachliche Lernen nicht zu denken. Für die Kompetenzentwicklung im Verlaufe der Schulzeit benötigen die Schülerinnen und Schüler daher fachspezifische Lernsituationen, um in die durch das Fach verlangte Sprache hineinwachsen zu können. Komplexer werdende Lerngegenstände verlangen eine Sprachfähigkeit, die eine zunehmende selbstständige Auseinandersetzung mit ihnen erlaubt. Dazu sollte der Fachunterricht Lernumgebungen bereitstellen, die es den Schülerinnen und Schülern ermöglichen, die im Fach verlangten Inhalte und deren spezifische Sprachverwendungsweisen zusammen erlernen zu können. Denn nur so können in formativen Lernprozessen Kompetenzen weiterentwickelt und aufgebaut werden. Für das fachspezifische Schreiben bedeutet dies, dass es Lernsituationen im gesellschaftswissenschaftlichen Fachunterricht geben sollte, welche gehaltvolle Prozesse des Planens und Überarbeitens von Texten mit einbezieht. Fachsprachliche Strukturen können dann erworben werden, indem Texte geplant, formuliert und überarbeitet werden. Die Lernaufgaben als zentrales Steuerungsinstrument für fachliche und sprachliche Lernprozesse sollten daher mehr Aufmerksamkeit in der fachdidaktischen Forschung erfahren. Dazu wären mehr empirische Arbeiten in bestimmten fachlichen Entwicklungsfeldern nötig, in denen die Voraussetzungen, Ziele der Lernaufgaben und notwendige Unterstützungsleistungen für Schülerinnen und Schüler gezielt untersucht würden.

Literatur

Barsch, S. & Dziak-Mahler, M. (2014). Problemorientierung inklusive – Historisches Lernen im inklusiven Geschichtsunterricht. In B. Arnheim & M. Dziak-Mahler (Hrsg.), *LehrerInnenbildung gestalten: Fachdidaktik inklusiv* (S. 119–132). Münster: Waxmann.

Bernstein, B. (1959). Soziokulturelle Determinanten des Lernens. In P. Heintz (Hrsg.), *Sozio-logie der Schule* (S. 52–79). Opladen: Westdeutscher Verlag.

Bock, I. (1975). *Das Phänomen der schichtspezifischen Sprache als pädagogisches Problem.* Darmstadt: Wissenschaftliche Buchgesellschaft.

Budke, A., Creyaufmüller, A., Kuckuck, M., Meyer, M., Schlüter, K. & Weiss, G. (2015). Ar-gumentationsrezeptionskompetenzen im Vergleich der Fächer Geographie, Biologie und Mathematik. In A. Budke, M. Kuckuck, M. Meyer, F. Schäbitz, K. Schlüter & Weiss, Gün-ther (Hrsg.), *Fachlich argumentieren lernen. Didaktische Forschungen zur Argumentation in den Unterrichtsfächern* (S. 273–297). Münster: Waxmann.

Erath, K. & Prediger, S. (2014). Was wird zum Erklären gelernt? Konstitution eines Lernge-genstands in der Klasseninteraktion. In J. Roth & J. Ames (Hrsg.), *Beiträge zum Mathema-tikunterricht* (S. 345–348). Münster: WTM Verlag.

Fuchs, E., Niehaus, I. & Stoletzki, A. (2014). *Das Schulbuch in der Forschung. Analysen und Empfehlungen für die Bildungspraxis.* Göttingen: V&R unipress.

Gantefort, Chr. & Roth, H.-J. (2010). Sprachdiagnostische Grundlagen für die Förderung bil-dungssprachlicher Fähigkeiten. *Zeitschrift für Erziehungswissenschaft, 13*, 573–591.

Hascher, T. & Hofmann, F. (2008). Aufgaben – noch unentdeckte Potenziale im Unterricht. In J. Thonhauser (Hrsg.), *Aufgaben als Katalysatoren von Lernprozessen* (S. 47–64). Münster: Waxmann.

Handro, S. (2015). Sprache und historisches Lernen. Zur Einführung. *Zeitschrift für Ge-schichtsdidaktik,* Heft 14, 5–24.

Hartung, O. (2013). *Geschichte – Schreiben – Lernen. Empirische Erkundungen zum konzeptio-nellen Schreibhandeln im Geschichtsunterricht.* Münster: Lit-Verlag.

Helmke, A. (2009). *Unterrichtsqualität und Lehrerprofessionalität. Diagnose, Evaluation und Verbesserung des Unterrichts.* Seelze-Velber: Kallmeyer.

Heuer, Chr. (2010). Für eine neue Aufgabenkultur – Alternative für historisches Lehren und Lernen an Hauptschulen. *Zeitschrift für Geschichtsdidaktik, 9*, 79–97.

Hoadley, U. (2012). Vermittlungsstrategien und soziale Reproduktion. Ein Analysemodell. In U. Gellert & M. Sertl (Hrsg.), *Zur Soziologie des Unterrichts. Arbeiten mit Basil Bernsteins Theorie des pädagogischen Diskurses* (S. 241–264). Weinheim: Beltz Juventa.

Klotz, P. (2013). *Beschreiben: Grundzüge einer Deskriptologie.* Berlin: Erich Schmidt Verlag.

Kniffka, G. & Neuer, B. (2008). „Wo gehts hier nach Aldi?" – Fachsprache lernen im kulturell heterogenen Klassenzimmer. In A. Budke (Hrsg.), *Interkulturelles Lernen im Geographie-unterricht* (S. 121–135). Potsdam: Universitätsverlag.

Langner, F. (2007). Diagnostik als Herausforderung für die Politikdidaktik. In J. Schattschnei-der (Hrsg.), *Domänenspezifische Diagnostik* (S. 58–70). Schwalbach: Wochenschau.

Leutner, D., Fischer, H. E., Kauertz, A., Schabram, N. & Fleischer, J. (2008). Instruktions-psychologische und fachdidaktische Aspekte von Lernaufgaben und Testaufgaben im Physikunterricht. In J. Thonhauser (Hrsg.), *Aufgaben als Katalysatoren von Lernprozessen* (S. 169–182). Münster: Waxmann Verlag.

Lindauer, Th. & Schneider, H. (2007). Lesekompetenz ermitteln: Aufgaben im Unterricht. In A. Bertschi-Kaufmann (Hrsg.), *Lesekompetenz, Leseleistung, Leseförderung. Grundlagen, Modelle und Materialien* (S. 109–126). Velber: Kallmeyer.

Lässig, S. (2010). Wer definiert relevantes Wissen? Schulbücher und ihr gesellschaftlicher Kontext. In E. Fuchs, J. Kahlert & U. Sandfuchs (Hrsg.), Schulbuch konkret. Kontexte Produktion Unterricht (S. 199–218). Bad Heilbrunn: Klinkhardt.

Maaz, K., Baumert, J. & Trautwein, U. (2010). Genese sozialer Ungleichheit im institutionellen Kontext der Schule: Wo entsteht und vergrößert sich soziale Ungleichheit? *Zeitschrift für Erziehungswissenschaft*, 11–46.

Morek, M. & Heller, V. (2012). Bildungssprache – Kommunikative, epistemische, soziale und interaktive Aspekte ihres Gebrauchs. *Zeitschrift für angewandte Linguistik*, 57(1), 67–101.

Oleschko, S. (2014a). Lernaufgaben und fachdidaktische Aufgabenanalyse in Politik. Zur Bedeutung der Sprache bei Aufgabenanalysen. In C. Schelle & G. Weißeno (Hrsg.), *Empirische Forschung in gesellschaftswissenschaftlichen Fachdidaktiken* (S. 83–95). Wiesbaden: Springer VS.

Oleschko, S. (2014b). Sprachfähigkeit in der Domäne der Gesellschaftswissenschaften am Beispiel funktionaler Beschreibungen. In B. Ahrenholz & P. Grommes (Hrsg.), *Zweitspracherwerb im Jugendalter* (S. 193–210). Berlin: DeGruyter.

Oleschko, S. (2015). Herausforderungen einer domänenspezifischen Sprachdiagnostik – Eine empirische Überprüfung am Beispiel einer wissensbasierten Beschreibung im Kontext historischen Lernens. *Zeitschrift für Geschichtsdidaktik*, 14, 65–81.

Oleschko, S. (under review). Domänenspezifische Schreibfähigkeit messen. In B. Ahrenholz, B. Hövelbrinks & C. Schmelentin (Hrsg.), *Fachunterricht und Sprache in schulischen Lehr-/Lernprozessen*. Tübingen: Gunter Narr.

Oleschko, S., Altun, T. & Günther, K. (2015). Lernaufgaben als zentrales Steuerungsinstrument für sprachbildend-inklusive Lernprozesse im Gesellschaftslehreunterricht. *transfer Forschung – Schule*, Heft 1, 13–23.

Oleschko, S. & Manzel, S. (2015). Epistemologische und kommunikative Aspekte von Lernaufgaben im Politikunterricht. Erste Ergebnisse eines quasi Mixed-Methods-Ansatzes aus zwei Fachperspektiven. In Riegel, U. (Hrsg.), *Kompetenzmodellierung und -messung in den Fachdidaktiken* (S. 195–210). Münster: Waxmann.

Oleschko, S. & Moraitis, A. (2012). Die Sprache im Schulbuch: erste Überlegungen zur Entwicklung von Geschichts- und Politikschulbüchern unter Berücksichtigung sprachlicher Besonderheiten. *Bildungsforschung*, 9(1), 11–46.

Oleschko, S. & Schmitz, A. (im Druck). Sprachliche Diversität und Themenentfaltungsmustern in Schülertexten. In U. Behrens & O. Gätje (Hrsg.), *Themenentfaltungsmuster in Mündlichkeit und Schriftlichkeit*. Frankfurt a. M.: Peter Lang.

Racherbäumer, K., Funke, Chr., van Ackeren, I. & Clausen, M. (2013). Schuleffektivitätsforschung und die Frage nach guten Schulen in schwierigen Kontexten. In R. Becker & A. Schulze (Hrsg.), *Bildungskontexte: Strukturelle Voraussetzungen und Ursachen ungleicher Bildungschancen* (S. 239–267). Wiesbaden: VS Verlag.

Roeder, P. M. (1965). Sprache, Sozialstatus und Bildungschancen. In P. M. Roeder, A. Pasdzierny & W. Wolf (Hrsg.), *Sozialstatus und Schulerfolg. Bericht über empirische Untersuchungen* (S. 5–32). Heidelberg: Quelle & Meyer.

Schlee, J. (1973). *Sozialstatus und Sprachverständnis*. Düsseldorf: Pädagogischer Verlag Schwann.

Sertl, M. (2014). Was trägt die Unterrichtsgestaltung zur Reproduktion von sozialer Ungleichheit bei? Ein Plädoyer für die Wiederbelebung der „Kompensatorischen Erziehung". *Erziehung und Unterricht*, 1-2, 72–81.

Spanhel, D. (1973). *Die Sprache des Lehrers. Grundformen des didaktischen Sprechens*. Düsseldorf: Pädagogischer Verlag Schwann.

Steinmüller, Ulrich & Scharnhorst, Ulrich (1987). Sprache im Fachunterricht – Ein Beitrag zur Diskussion über Fachsprachen im Unterricht mit ausländischen Schülern. *Zielsprache Deutsch, 18*(4), 3–12.

Thürmann, E. (2012). Lernen durch Schreiben. In *dieS-online*, 1, 1–28. Online Dokument unter http://geb.uni-giessen.de/geb/volltexte/2012/8668/pdf/DieS_online-2012–1.pdf (letzter Aufruf 04.02.2016).

Weißeno, G. (2006). Lernaufgaben als Instrument der Unterrichtssteuerung und der empirischen Forschung. In D. Richter & C. Schelle (Hrsg.), *Politikunterricht evaluieren. Ein Leitfaden zur fachdidaktischen Unterrichtsanalyse* (S. 115–140). Baltmannsweiler: Schneider Verlag Hohengehren.

Weißeno, G. (2015). Inklusiver Politikunterricht – Förderung der Politikkompetenz. In Chr. Dönges, W. Hilpert & B. Zurstrassen (Hrsg.), *Didaktik der inklusiven politischen Bildung* (S. 78–86). Bonn: Bundeszentrale für politische Bildung.

Fächervernetzende Lernaufgaben in Englisch und Hauswirtschaft

Ergebnisse einer empirischen Untersuchung

Maleika Krüger, Ute Bender und Stefan Keller

1.   Einleitung

Schulische Bildung soll junge Menschen unterstützen, die Kompetenzen zu erwerben, die sie für ihr späteres Leben in der modernen Gesellschaft benötigen. Da Englisch als Weltsprache einen immer wichtigeren Stellenwert dabei einnimmt, sollten Schülerinnen und Schüler am Ende der obligatorischen Schulzeit[1] in der Lage sein, Englisch sicher in Schul- und Alltagssituationen einzusetzen. Eine Möglichkeit dazu besteht im Einsatz des „content and language integrated learning" (CLIL), wobei ein Unterrichtsfach, wie beispielsweise Mathematik oder Geschichte, in der Fremdsprache unterrichtet wird (Dalton-Puffer, 2008). Dabei können entweder im Rahmen des Englischunterrichts Themen des so genannten Sachfaches behandelt werden, oder Englisch kann als Unterrichtssprache im jeweiligen Sachfach zum Einsatz kommen (Coyle, 2007; Dalton-Puffer, 2008; Dalton-Puffer, Nikula & Smit, 2010; Lasagabaster, 2008; Zydatiß, 2007).

CLIL ist jedoch anspruchsvoll in der Umsetzung und verlangt von den Lehrkräften ein hohes Maß an sachfach-spezifischer und sprachlicher Kompetenz. Vor allem in der Sekundarstufe mit ihren teils komplexen fachlichen Themen ist die Implementation von CLIL daher oft nur schwer umsetzbar. Auch weisen Studien darauf hin, dass Schülerinnen und Schüler teilweise mit CLIL überfordert sind, da diese Form des Unterrichtens in der Sekundarstufe I schon ein relativ hohes Sprachniveau voraussetzt (Apsel, 2012; Cummins 1979; Lim Falk, 2015; Zydatiß, 2012).

Im Projekt LEENA („Lernen in Ernährungsbildung und Englisch durch neue Aufgabenkultur")[2] wurde aus diesem Grund eine neue Art von fächerübergreifendem Unterricht[3] realisiert, in deren Rahmen Lehrkräfte aus den Fächern Englisch und

---

1   Die obligatorische Schulzeit umfasst in der Schweiz zwei Jahre Vorschule, 6 Jahre Primarschule und 3 Jahre Sekundarschule (EDK, 2015).

2   Aufgabenkultur impliziert hier vor allem eine bestimmte Form des fächerübergreifenden Unterrichts zwischen Englisch und Hauswirtschaft (Ernährungsbildung). Sie kann als „neu" gesehen werden, da innerhalb der habitualisierten („alten") Aufgabenkulturen der genannten Fächer diese spezifische Form der Zusammenarbeit unseres Wissens nach bis jetzt nicht genutzt wird. Aufgaben werden im Projekt definiert als „Anforderungen ..., mit denen Schülerinnen und Schüler im Unterricht seitens der Lehrperson konfrontiert werden" (Blömeke, et al. 2006, S. 331; vgl. Keller & Bender, 2012).

3   Der Begriff wird im Folgenden als Überbegriff für alle Formen der Kooperation zwischen Fächern genutzt (Stübig, 2009).

Hauswirtschaft/Ernährungsbildung (im Folgenden mit HW abgekürzt) miteinander kooperieren. Anders als bei CLIL blieben die beteiligten Fächer dabei allerdings organisatorisch voneinander getrennt, d. h. HW wurde weiterhin in der primären Schulsprache Deutsch unterrichtet und im Englischunterricht fanden keine praktischen Aufgaben in der Nahrungszubereitung (Kochen) statt. Die „Fächervernetzung" im Projekt wurde vielmehr durch eine neue Art von Lernaufgaben erreicht, wobei spezifische Impulse innerhalb dieser Aufgaben die Lernenden dabei unterstützen sollten, eine Verbindung zwischen den beiden Fächern herzustellen.

2.   Forschungsstand

Bisherige empirische Untersuchungen zu den Wirkungen von fächerübergreifendem (monolingualem) Unterricht auf die Lernprozesse von Schülerinnen und Schülern beschränken sich vor allem auf fächerintegrierende Lernarrangements; also Arrangements, bei denen die Fachstrukturen für den Unterricht weitgehend aufgelöst waren, etwa Unterrichtsprojekte (Budde, 2011; Artmann, Hertzmann & Rabenstein, 2011; Idel & Neto Carvalho, 2011; Labudde, 2006). Dabei wurden in erster Linie die Motivationen der Lernenden oder die Einschätzungen von Lehrpersonen (Idel & Neto Carvalho, 2011) erhoben, und nicht die Leistungen der Schülerinnen und Schüler (Ausnahme: Wasmann-Frahm, 2008).

LEENA wählte mit der „Fächervernetzung" (oder „Fächerkoordinierung", Huber, 1999) einen anderen Weg und nutzte eine neue Modalität fächerübergreifenden Unterrichts: Es ging nicht darum, die Fächer zu integrieren, sondern ein „mittleres Prinzip der Organisation" zwischen den Fächern zu realisieren. Kennzeichen der Fächervernetzung waren „Prompts" und „Links", die in den Unterricht der beiden Fächer eingebaut wurden. Unter „Prompts" versteht man in der Lernpsychologie gezielte Impulse, um bei Lernenden bereits Gelerntes ins Gedächtnis zu rufen und sie zu motivieren, dieses zur Bewältigung neuer Fragestellungen einzusetzen (Bannert, 2009). Ihr Ziel liegt also nicht darin, neues Wissen zu vermitteln, sondern vielmehr bereits vorhandenes Wissen zu reaktivieren (Wirth, 2009, S. 91). Im Rahmen von LEENA wurden vor allem kognitive, die Informationsverarbeitung unterstützende, Prompts genutzt: „Instructional prompts are classified [...] as cognitive prompts if they directly support a student's processing of information, for example by stimulating memorizing/rehearsal, elaboration, organization, and/or reduction learning activities" (Bannert, 2009, S. 140).

Die günstigen Auswirkungen von Prompts auf die Lernprozesse der Schülerinnen und Schüler wurden in Lernpsychologie und Fachdidaktik bereits vielfach nachgewiesen. Studien zur Wirksamkeit verschiedener Prompting-Massnahmen bezogen sich bis jetzt unter anderem auf die Erstellung von Lernjournalen durch Schülerinnen und Schüler oder durch Studierende, wobei die Prompts auf die Nutzung von Lernstrategien abzielten (Berthold, Nückles & Renkl, 2007; Glogger, et al., 2012; Nückles, Hübner & Renkl, 2009; Nückles, et al., 2010). So konnten Glogger et al. (2012) zeigen, dass Lernende, welche nach dem Prompting verschiedene Lernstrategien häufiger und intensiver nutzten, auch bessere Lernergebnisse in den betreffenden Fächern (Biologie und

Mathematik) zeigten. Des Weiteren wurden kognitive und metakognitive Prompts im naturwissenschaftlichen Unterricht und/oder in computergestützten Lernumgebungen zur Unterstützung selbstregulierten Lernens erfolgreich eingesetzt und ihre Wirksamkeit auf die Verwendung von Lern- und Forschungsstrategien erforscht (Bannert & Reimann, 2012; Thillmann, Künsting, Wirth & Leutner, 2009; Wirth et al., 2008; Wirth, 2009; Yildiz-Feyzioğlu, Akpinar & Tatar, 2013; Zhang et al., 2015).

Zusammenfassend kann festgestellt werden, dass sich die Forschungen zu Prompts bisher häufig auf die Förderung von Lern- und Forschungsstrategien, Reflexion und Metakognition und, sofern sie in schulischen Kontexten stattfinden, auf naturwissenschaftliche Fächer, Informatik oder Mathematik, bezogen. Sofern man Prompts im oben definierten Sinn versteht (und nicht nur sehr allgemein mit „kurzen Impulsen" oder „Anweisungen" gleichsetzt, wie dies teilweise in der englischsprachigen Literatur der Fall ist), finden sich keine Forschungen zum fächerübergreifenden Prompting mit Schülerinnen und Schülern. Ansatzpunkte dafür, dass Fächervernetzungen mit Prompts aussichtsreich sind, bieten besonders die Studien von Harr, Eichler & Renkl (2014; 2015) über Studierende des Lehramts in Deutschland. In dieser Studie wurden Studierende erfolgreich durch Prompts darin unterstützt, fachdidaktisches professionelles Wissen und pädagogisch/psychologisches Wissen zu verknüpfen.

Damit im Projekt LEENA eine erfolgreiche Vernetzung zustande kommen konnte, war es allerdings notwendig, dass die Lernenden auch Verbindungen anbahnten, die sich auf die nachfolgenden Unterrichtsstunden richteten. Diese Vernetzungsimpulse wurden im Projekt als „Links" bezeichnet. Links verfolgen das Ziel, den Wissensaufbau aus einem Fach weiterzuführen. Die Auseinandersetzung mit dem Lernthema mit einem weiteren Experten (hier: der Lehrperson) im anderen Fach sollte zum einen den Lernprozess vertiefen und zum anderen einen neuen Blickwinkel auf das Gelernte ermöglichen. Im Projekt entstand also eine neue Kultur von Lernaufgaben, wobei durch spezifische Aufgabenelemente immer wieder auf den vor- und nachgängigen Unterricht im „Partnerfach" verwiesen wurde.

Die übergeordnete Forschungsfrage des Projekts richtete sich darauf, ob der so konzipierte fächervernetzende Unterricht mit Prompts und Links in gesteigertem Maße den Wissensaufbau der Schülerinnen und Schüler fördern konnte. Aus dem Stand der Forschung ließen sich folgende Forschungshypothesen ableiten:

1) Der vernetzte Unterricht hat einen positiven Effekt auf den jeweiligen Aufbau des fachspezifischen Wissens in Englisch und Hauswirtschaft.
2) Die Intervention des vernetzen Unterrichts hat einen positiven Effekt auf die Fähigkeit der Lernenden, Wissen aus beiden Fächern miteinander zu verbinden.

3. Studiendesign und Operationalisierung

3.1 „Healthy Breakfast" als Unterrichtsthema

Unterrichtsthema für den fächervernetzenden Unterricht war „Healthy Breakfast and Healthy Living", da „Gesundheit" explizit als eines der fächerübergreifenden Themen im künftigen nationalen Curriculum der Schweiz genannt wird (D-EDK, 2015). Internationale Studien zeigen, dass gerade Jugendliche oft nur ein geringes Wissen über gesunde Lebensweisen haben und vor allem dazu neigen, das Frühstück zu vernachlässigen (Currie, Zanotti, Morgan, Currie, de Looze et al., 2012; Hallström et al., 2011). Darüber hinaus bildet auch im Fach Englisch der Themenkomplex Essen, persönliche Lebensweise, Gesundheit und tägliche Routine einen wichtigen Bestandteil des Curriculums der Sekundarstufe I. Das didaktische Konzept von LEENA zielte darauf ab, „horizontale Vernetzungen" zwischen den beiden Fächern zu „Healthy Breakfast" herzustellen und das Curriculum somit an alltagsweltlich relevanten Problemstellungen zu orientieren (Dumont, Istance & Benavides, 2010, S. 14; Weinert, 2001).

3.2 Studiendesign

LEENA wurde als quasi-experimentelle Studie (mit zwei Kontrollgruppen) für Klassen des 8. Jahrgangs (Schweiz) konzipiert. Im Ganzen umfasste die Intervention 18 Unterrichtsstunden (9 in Englisch und 9 in HW) im Rahmen von ca. vier Wochen. Die Lehrpersonen und Schulen wurden über Projektbeschreibungen in Schulzeitungen eingeladen, an der Studie teilzunehmen. Mit interessierten Lehrkräften wurden zuerst Informationsabende durchgeführt; bei definitiver Zusage wurden sie zu einer vom Projektteam durchgeführten Schulung eingeladen (ein- bis zweimal, jeweils halbtags, je nach Bedarf und Kenntnisstand). Die Lehrkräfte erhielten dabei jeweils detaillierte Manuals mit allen Materialien und Aufgaben. Anhand des Manuals wurde die Durchführung jeder einzelnen Unterrichtsstunde sorgfältig besprochen und der Einsatz der einzelnen Lernaufgaben und Materialien geklärt. Besondere Aufmerksamkeit erhielten zudem die Links und Prompts, die in der Interventionsgruppe den Kern der durch LEENA angestrebten neuen Aufgabenkultur darstellten und auf keinen Fall vergessen oder umformuliert werden sollten. Im Rahmen der Projektdurchführung wurde der Grad der Umsetzung des Manuals mit Hilfe eines Unterrichtsprotokolls überprüft. Dabei sollten die Lehrkräfte eintragen, wie sie im Unterricht vorgegangen und wo sie evtl. vom Manual abgewichen waren. Eine spätere Evaluation dieser Protokolle zeigte, dass das Manual insgesamt gut umgesetzt worden war, dass es an einigen Stellen aber auch zu Verzögerungen oder Komplikationen durch Unterrichtsausfälle und unzureichende Absprachen kam (Bender, Krüger & Keller, 2016).

Wie bereits erwähnt, enthielt das Manual, das den Unterricht der Interventionsgruppe (IG) konzipierte und regulierte, für jede Lektion mehrere wörtlich ausformulierte Links und Prompts. So sollten die Lehrpersonen die Schülerinnen und Schüler beispielsweise auffordern, im Englischunterricht über ihr Wunschfrühstück zu diskutieren, eine Liste der Zutaten zu erstellen und diese anschließend mit in die nächste HW-Unterrichtsstunde zu nehmen (Link). Der entsprechende HW-Unterricht wurde dann mit folgendem Prompt eingeleitet: „Im Englischunterricht habt ihr darüber diskutiert, wie ein ‚gesundes Frühstück‘ aussehen könnte. Was hast du dabei erfahren und welche Fragen hast du noch dazu?"

Für die Kontrollgruppen wurde eine angepasste Version des Manuals verwendet, die auf Prompts und Links verzichtete. In der Kontrollgruppe HW (KG-HW) fand der Unterricht in HW gemäß dieses Manuals statt und es wurden, soweit möglich, dieselben Aufgaben wie in der Interventionsgruppe verwendet. Hingegen folgte der Englischunterricht der KG-HW dem üblichen Schulbuch und thematisierte dabei den Inhalt „Healthy Living" ohne explizite Verweise auf HW. Umgekehrt arbeiteten die Klassen der Kontrollgruppe Englisch (KG-Eng) mit Englischaufgaben, die den Aufgaben der Interventionsgruppe entsprachen, d. h. Aufgaben zu gesunden Frühstückszutaten, zur Ernährungspyramide oder zu einzelnen Nährstoffen. In den HW-Stunden folgte der Ernährungsunterricht dem üblichen Stoffverteilungsplan, der sich auch mit der Lebensmittelpyramide befasste (ohne Verweise auf Englisch).[4] Der durch den Wegfall der Vernetzungen entstandene Zeitgewinn in der KG wurde zur jeweils fachinternen vertieften Bearbeitung des Themas genutzt. Der Unterricht in der IG und in je einem Fach in der KG sollte sich also nur durch die Prompts und Links voneinander unterscheiden. Abbildung 1 zeigt das Studiendesign grafisch. Die Vernetzung wird durch die gestrichelten Pfeile in der Mitte symbolisiert. Der Verlauf in den Kontrollgruppen ist durch die jeweiligen schwarzen Pfeile dargestellt.

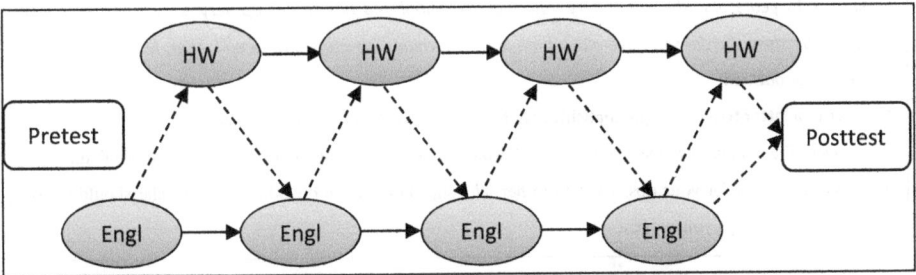

Abb. 1:   Studiendesign

3.3   Stichprobe und Messinstrumente

Insgesamt wurden 35 Klassen an 13 Sekundarschulen in drei Kantonen der deutschsprachigen Schweiz (Basel Stadt, Basel Land, Aargau) rekrutiert (freiwillige Anmeldung, siehe oben). Klassen aus allen drei Bildungsniveaus waren beteiligt (hohes, mittleres und grundlegendes Bildungsniveau). Die Stichprobe bestand aus N = 553 Schülerinnen

---

4   Für die Lernenden in den Kontrollgruppen entstand keine Benachteiligung. Ihr Unterricht folgte dem gewohnten getrennten Unterricht in den beiden Fächern, sodass keine ethischen Bedenken gerechtfertigt wären. Lernzeit und behandelter Unterrichtsstoff waren in allen Gruppen (praktisch) identisch.

und Schülern, die klassenweise auf die Interventions- und Kontrollgruppe aufgeteilt wurden. Da es für das Design der Studie nötig war, für die Klassen der Interventionsgruppe sowohl die Lehrkraft für das Fach Englisch sowie beide Lehrpersonen für das Fach HW[5] zu rekrutieren, war eine randomisierte Zuteilung nicht zu realisieren: Klassen, in denen jeweils nur die Lehrkräfte eines Faches zur Teilnahme bereit waren, wurden den Kontrollgruppen zugeordnet. Auf diese Weise entstanden eine Interventionsgruppe mit N = 341 sowie eine Kontrollgruppe mit N = 212.[6]

Zur Erfassung des *fachspezifischen* Wissens in Englisch wurden relevante Items aus dem Aufgabenpool des Cambridge Key English Test (KET) ausgewählt sowie weitere Aufgaben zum „breakfast vocabulary" entwickelt. In Hauswirtschaft wurde das fachspezifische Wissen mit Hilfe einer angepassten Version des Nutritional Knowledge Test (NKT; Sichert-Hellert, Béghin, De Henauw, Grammatikaki, Hallström et al., 2011) erfasst. Daneben wurden einige neue Items entwickelt, die darauf abzielten, das „Frühstücks-Wissen" der Schülerinnen und Schüler noch eingehender zu ermitteln. Mit beiden Tests fand sowohl eine Vorher- (t_1) wie auch eine Nachher-Messung (t_2) statt.

Zur Erfassung des *vernetzten* Wissens zwischen beiden Fächern wurde darüber hinaus zu t_2 ein speziell entwickelter Vernetzungstest verwendet, wobei die Lernenden einen englischen Brief an eine (hypothetische) Mitschülerin schreiben und diese zu ihrem Frühstück beraten sollten:

Read the following story about Melissa:

Melissa is 15 years old. She has a very long way to school and has to get up very early. She never has breakfast because she doesn't have much time in the morning. She prefers to sleep longer. Melissa does not like muesli or oatmeal.

Now write a letter to Melissa (in English). Give her three good tips for her breakfast:

- Describe in detail *what* she could eat and drink and what she could do to solve her time problem.

- Give reasons for your tips. Explain to her *why* she should have breakfast and *why* she should eat or drink the things you suggest.

Abb. 2:   Essayaufgabe des Vernetzungstests

Die Aufgabe wurde mit zwei getrennten Kategoriensystemen aus Englisch und Hauswirtschaft ausgewertet. Das Scoring der Antworten der Lernenden war so angelegt, dass in jedem Fach eine Punktzahl zwischen 1 und 12 erreicht werden konnte.[7] Die Summe

---

5   Im Fach HW sind die Klassen halbiert. Der Unterricht findet zeitgleich statt.

6   N=73 entfallen auf die Kontrollgruppe Englisch (KG-Eng) und N=103 auf die Kontrollgruppe Hauswirtschaft (KG-HW). Bei drei Klassen (N=36) führten Schwierigkeiten in der Unterrichtsdurchführung dazu, dass die Daten nicht in die Analyse einbezogen werden konnten.

7   Antworttexte der Schülerinnen und Schüler wurden von jeweils zwei Ratern in Englisch (Englischstudierende der Universität Basel) und HW (Ernährungsexpertinnen aus dem Forschungsteam) ausgewertet. Die Rater wurden im Vorfeld anhand von Beispieltexten geschult. Die erreichte Inter-Rater-Reliabilität war mit $\kappa \leq .75$ zufriedenstellend.

aus beiden Systemen wurde anschließend errechnet. Um eine hohe Gesamtpunktzahl zu erhalten, mussten die Lernenden also sowohl eine hohe Punktzahl in Englisch (d. h. z. B. ein breites Spektrum an Vokabeln, eine korrekte Grammatik) wie auch in HW (d. h. sachlich korrekte Ausführungen) aufweisen. Zusätzlich zu dieser Schreibaufgabe wurde ein Multiple-Choice-Test zur Fächervernetzung eingesetzt. Dabei mussten z. B. Fehler in einem Text zu „Breakfast" korrigiert werden, wobei die Lernenden entscheiden mussten, ob es sich um sprachliche oder inhaltliche (ernährungsbezogene) Fehler handelte. Die produktive Schreibaufgabe und die eher rezeptiven Text-Aufgaben operationalisierten zusammen das Konstrukt des fächervernetzenden Wissens.

Um die unterschiedlichen Lern- und Leistungsvoraussetzungen der Klassen bzw. Lernenden zu kontrollieren, wurden sowohl individuelle Faktoren (z. B. Bereitschaft zur Anwendung von Lernstrategien) sowie Hintergrundfaktoren (z. B. Bildungsniveau der Klassen) in die Analyse des Vernetzungstests einbezogen. Zur Erfassung der Lernstrategien kam u. a. die Skala „Elaboration" aus dem „Kieler Lernstrategieninventar" (KSI, Heyn, Baumert & Köller, 1994) beim ersten Messzeitpunkt zum Einsatz. Die Identifizierung des Bildungsniveaus erfolgte klassenweise mit Hilfe einer dreistufigen kategorialen Variabel.

4.   Ergebnisse

Die beiden Forschungshypothesen gehen von durchschnittlich höheren Leistungen der Interventionsgruppe im Vergleich zu den Kontrollgruppen ($\mu_{IG} > \mu_{KGs}$) aus, ausgelöst durch die vernetzende Wirkung der Prompts und Links in der Aufgabenkultur der Interventionsgruppe. Zum einen wird damit für die Interventionsgruppe ein höherer Anstieg zwischen Vorher- (t_1) und Nachher-Messung (t_2) im fachspezifischen Wissen der beiden Fächer erwartet (Hypothese 1), zum anderen eine durchschnittlich höhere Leistung im Zuge des Vernetzungstests (Hypothese 2).

Auf Grund von unvollständig ausgefüllten Tests konnten nicht alle Teilnehmenden aus der ursprünglichen Stichprobe zur Analyse herangezogen werden. Dies betraf u. a. vor allem die Tests der Schülerinnen und Schüler des grundlegenden Bildungsniveaus, sodass diese in der folgenden Analyse komplett ausgeschlossen wurden. Schlussendlich umfassten die Stichproben daher N = 380 für die Analyse der Vorher- Nachher-Messung und N = 416 für den Vernetzungstest.

4.1   Fachspezifisches Wissen

Tabelle 1 zeigt die durchschnittlichen Testwerte für die fachspezifischen Tests in den drei Gruppen in Englisch und HW zu den beiden Zeitpunkten.

Tabelle 1:   Durchschnittliche Testwerte im fachspezifischen Wissen in Englisch und HW

	English				HW			
	$\bar{X}_{t1}$	SD	$\bar{X}_{t2}$	SD	$\bar{X}_{t1}$	SD	$\bar{X}_{t2}$	SD
IG	11.14	4.53	15.68	5.87	11.07	2.91	12.17	3.89
KG-HW	10.15	4.50	10.41	4.64	10.54	2.96	11.30	3.66
KG-Eng	9.82	5.15	13.63	4.86	10.00	2.45	9.61	2.73
Total	10.75	4.63	14.30	5.88	10.81	2.88	11.64	3.80

Mit Ausnahme des HW-spezifischen Wissens in der Kontrollgruppe Englisch verzeichneten alle Gruppen einen, wenn auch unterschiedlich starken, Anstieg des fachspezifischen Wissens zwischen Vorher- und Nachher-Messung.

Um zu überprüfen, inwieweit die eingesetzte Intervention tatsächlich einen signifikanten Unterschied beim Wissenszuwachs der Gruppen verursachen konnte, wurden für die Testergebnisse in Englisch und HW zwei zweifaktorielle Varianzanalysen (ANOVA) mit Messwiederholung berechnet. Tabelle 2 veranschaulicht die Ergebnisse der ANOVA für die Englisch- und HW-Testwerte.

Tabelle 2:   Ergebnisse der zweifaktoriellen ANOVA mit Messwiederholung für Englisch und HW

	Englisch					HW				
	SS	F	df	η^2_p	Trenn-schärfe	SS	F	df	η^2_p	Trenn-schärfe
Intervention	625.16***	15,18	2	.075	.999	148.57***	10,33	2	.052	.987
Messwiederholung	1'032.18***	99.47	1	.209	1.000	30.02*	3.97	1	.010	.511
Interaktion: Messwiederholung *Intervention	551.97***	26.60	2	.124	1.000	47.92*	3.17	2	.017	.605

Signifikanzlevel * $p \leq 0.05$; ** $p \leq 0.01$; *** $p \leq 0.001$; SS = Quadratsumme; η^2_p = partielles Eta^2

Wie erwartet zeigte sich in den Ergebnissen des Englischtests ein signifikanter Interventionseffekt. Der Post-Hoc-Test (Tukey-HSD-Test) ergab, dass die Interventionsgruppe höhere Werte erreichte als die beiden Kontrollgruppen (IG > KG-Eng, p = .04; IG > KG-HW, p < .001). Obwohl der gefundene Effekt vergleichsweise eher klein war (η^2_p = .075), der Haupteffekt der Intervention also nur 7.5% der Gesamtvarianz erklärte, ist die Schärfe des Effektes mit .999 dennoch hoch. Für das fachspezifische Wissen in Englisch ließ sich also ein positiver Effekt der Intervention nachweisen.

Auch für das fachspezifische Wissen in HW ergab sich ein signifikanter Interventionseffekt. Der Post-Hoc-Test zeichnete hier jedoch ein weniger eindeutiges Bild: Zwar unterschied sich die Interventionsgruppe signifikant von der KG-Eng (IG > CG-Eng, p < .001), aber nicht von der KG-HW (p = .112). Zudem unterschieden sich die Testergebnisse aus beiden Kontrollgruppen nicht signifikant voneinander (p = .054). Darüber hinaus konnten die Schülerinnen und Schüler der KG-Englisch ihre Werte im Verlauf der Studie nicht nur nicht steigern, sondern verschlechterten sich von 10.00 zu t_1 auf 9.61 zu t_2 (Diskussion unten). In beiden Analysen fand sich ebenfalls ein signifikanter Effekt der Messwiederholung, d.h. die Lernenden vollzogen im Durchschnitt einen Leistungszuwachs zwischen den beiden Zeitpunkten (Englisch: $t_1 < t_2$, p < .001; HW: $t_1 > t_2$, p = .047).

In beiden Modellen wurden darüber hinaus signifikante Interaktionseffekte für die Messwiederholung und die Intervention gefunden. Dies zeigt, dass die Gruppen über die Zeit nicht nur ihr Wissen steigern konnten, sondern dass diese Steigerung von der Gruppenzugehörigkeit der Lernenden beeinflusst wurde. Hypothesenkonform gelang es den Lernenden der Interventionsgruppe, zwischen t_1 und t_2 einen stärkeren Wissenszuwachs zu realisieren als denjenigen der beiden Kontrollgruppen.

4.2 Vernetztes Wissen

Für die Auswertung des Vernetzungstests (t_2) wurde eine einfaktorielle ANOVA ohne Messwiederholung eingesetzt. Die Ergebnisse sind in Tabelle 3 zu sehen. In Modell 1 der ANOVA wurde zunächst nur die Intervention als Faktor einbezogen, während Modell 2 darüber hinaus für das Bildungsniveau und Modell 3 zusätzlich für die Elaborationsfähigkeit kontrolliert.

Tabelle 3:   Ergebnisse der einfaktoriellenANOVA für den Vernetzungstest

	Modell 1					Modell 2					Modell 3				
	SS	F	df	η^2_p	Trennschärfe	SS	F	df	η^2_p	Trennschärfe	SS	F	df	η^2_p	Trennschärfe
Intervention	979.34***	7.99	2	.04	.96	69.07	.59	2	.003	.148	49.09	.46	2	.003	.125
Klassenniveau						1067.64***	18.28	1	.043	.989	1'047.86***	19.69	1	.051	.993
Interaktion: Intervention*Klassenniveau						76.04	1.30	1	.003	.207	89.62	1.68	1	.005	.253
Elaboration											581.96***	10.93	1	.029	.910

Signifikanzlevel * p ≤ 0.05; ** p ≤ 0.01; *** p ≤ 0.001; SS = Quadratsumme; η^2_p = partielles Eta²

Auf den ersten Blick bestätigte Modell 1 auch hier die Forschungshypothese: Die ANOVA und der anschließende Tukey-HSD-Test ergaben, dass die Interventionsgruppe im Vernetzungstest signifikant besser abschnitt als die beiden Kontrollgruppen (IG > KG-Eng, p = .002; IG > KG-HW, p = .013). Wurde allerdings die Zugehörigkeit der Schülerinnen und Schüler zu einem der beiden Bildungsniveaus (hohes und mittleres) kontrolliert (Modell 2), zeigte sich der Haupteffekt der Intervention als nicht mehr signifikant – wohl aber der Effekt des Bildungsniveaus. Obgleich dieser nicht übermäßig groß war (η^2_p = .051), wies auch er eine hohe Trennschärfe auf (.993). Wie Abbildung 3 zeigt, liegen die Ergebnisse, welche die Lernenden des höheren Bildungsniveaus erzielen, in jedem Fall über den Ergebnissen der Lernenden des mittleren Niveaus, unabhängig davon, in welcher Gruppe (IG oder KG) die Schülerinnen und Schüler waren.

Darüber hinaus ließ sich erkennen, dass in den Klassen des mittleren Niveaus die Lernenden der Interventionsgruppe im Schnitt bessere Ergebnisse erzielten als die Lernenden der beiden Kontrollgruppen. Dies war nicht der Fall bei den Lernenden des höheren Niveaus: Hier übertrafen die Lernenden der KG-HW beim Vernetzungstest die Lernenden der IG deutlich. (Der KG-Eng gehörten keine Klassen auf höherem Niveau an.) Obwohl also der Effekt der Intervention unter Kontrolle des Bildungsniveaus

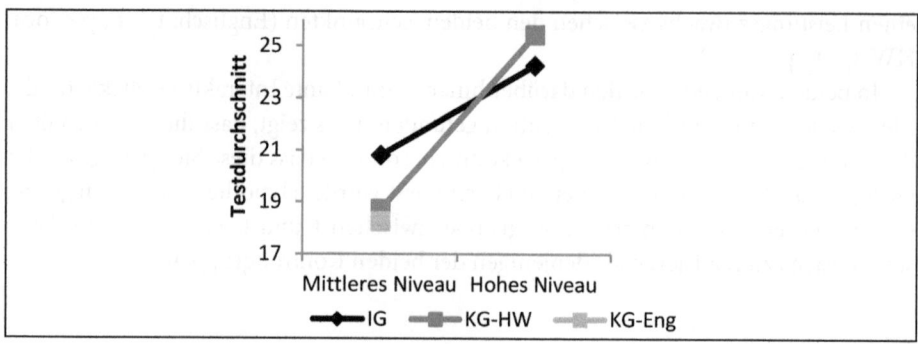

Abb. 3:   Testergebnisse des Vernetzungstests nach Klassenniveau (Anmerkung: die Teilstich-
probe KG-Eng umfasste keine Klassen auf hohem Niveau)

in Modell 2 nicht mehr signifikant war, zeichnete sich dennoch für die Lernenden des
mittleren Niveaus in unserer Stichprobe der erwartete Vorsprung der Interventionsgruppe ab.

Im Hinblick auf die Elaborationsbereitschaft und -fähigkeit zeigten die Analysen
einen signifikanten Effekt und unterstützten damit die Annahme, dass Lernende mit
einer Tendenz zur Elaboration besonders gut im Vernetzungstest abschneiden. Ein
T-Test für unabhängige Stichproben zwischen den beiden Bildungsniveaus ergab
darüber hinaus, dass sich die Elaborationsbereitschaft der Lernenden des hohen Bildungsniveaus ($\bar{x}$ = 2.818, SD = .373) signifikant positiv von denen des mittleres Bildungsniveau ($\bar{x}$ = 2.73, SD = .435) unterschied ($\bar{x}_{diff}$ = -.088, $t(361)$ = -2.102, p < .05).

5.   Diskussion und Ausblick

Die Ergebnisse legen nahe, dass die Intervention zur Vernetzung der beiden Schulfächer Englisch und HW mit Hilfe von Prompts und Links dazu beitrug, sowohl den
Aufbau des spezifischen Fachwissens als auch den Aufbau des fächervernetzenden
Wissens positiv zu beeinflussen. Im Fall des fachspezifischen Wissens in Englisch
konnten die Lernenden der Interventionsgruppe ihre Testleistungen signifikant stärker steigern als die Teilnehmenden der Kontrollgruppe. Obwohl dieser Effekt klein
war, wies er doch eine hohe Trennschärfe auf.

Die Ergebnisse des Tests im fachspezifischen Wissen in HW waren dagegen teilweise widersprüchlich. Zwar lagen die Werte aus der Interventionsgruppe im Schnitt
vor den Werten der KG-Englisch, allerdings nicht vor denjenigen der KG-HW; zudem
unterschieden sich die Kontrollgruppen untereinander nicht signifikant. Ebenfalls
bemerkenswert ist die Verschlechterung der Werte der KG-Englisch beim fachspezifischen HW-Wissen zwischen t_1 und t_2. Unter den gegebenen Umständen kann die
Forschungshypothese für das Fach HW somit nur als eingeschränkt unterstützt angesehen werden. Neben der Möglichkeit, dass die Intervention als solche einen eher
geringen Effekt beim Aufbau des fachspezifischen Wissens in HW gezeigt hat, gibt
es allerdings eine Reihe anderer Faktoren, welche die Ergebnisse hinsichtlich des Er-

nährungswissens beeinflusst haben könnten. Gerade für die Werte der KG-Englisch waren vermutlich zwei Aspekte ausschlaggebend: (1) Das Thema Healthy Breakfast wurde für die KG-Englisch nur von einem „Nicht-Experten" – der Englischlehrperson – unterrichtet, die nicht über Hintergrundwissen zu dem Thema verfügte. (2) Obwohl die Schülerinnen und Schüler der KG-Englisch der Thematik Healthy Breakfast ausschließlich im Englischunterricht begegneten und ihre Unterrichtsstunden in HW dem normalen Stoffverteilungsplan folgten, wurden sie gebeten, zweimal einen (ernährungsbezogenen) HW-Test auszufüllen (t_1 und t_2). Hierzu schienen die Jugendlichen nur wenig motiviert. So berichtete die Testleiterin, dass gerade beim HW-Test die Schülerinnen und Schüler der KG-Englisch mehrmals aufgefordert werden mussten, die Multiple-Choice-Antworten sorgfältig anzukreuzen.

Darüber hinaus unterlag der Ernährungstest in HW in besonderem Maße der Gefahr des Einflusses von Drittvariablen und Umwelteinflüssen. Zum einen verfügen die meisten Jugendlichen bereits über diverses Vorwissen über gesunde Ernährung, etwa aus Familie, Freundeskreis und Medien, zum anderen ist HW in der Schweiz bislang zumeist ein stark praktisch orientiertes Fach. Ein Großteil der Unterrichtszeit wird mit dem Zubereiten von Speisen verbracht (Bender, 2011; 2012). Obwohl der Aufbau praktischer Fertigkeiten ein Teil des Unterrichts im Sinne des Manuals war, erfasste der eingesetzte Test nur den Aufbau des kognitiven Ernährungswissens und vermochte somit nicht das ganze Spektrum der Fähigkeiten und Fertigkeiten zu messen, welches sich die Lernenden zu diesem Thema angeeignet haben könnten. Bei zukünftigen ähnlichen Forschungsprojekten wäre es daher erforderlich, für Unterrichtsfächer wie HW einen umfassenderen Modus der Testung zu finden.

In Bezug auf Forschungshypothese 2 konnten die Analysen ebenfalls nur eingeschränkt die Verwerfung der Nullhypothese rechtfertigen. Zwar zeigte sich bei der Analyse des Vernetzungstests auf den ersten Blick ein Interventionseffekt, dieser verschwand jedoch unter der Kontrolle des Klassenniveaus: Die Lernenden der Klassen des hohen Bildungsniveaus wiesen durchgehend höhere Leistungen auf, unabhängig davon, ob sie der Interventions- oder Kontrollgruppen angehörten. Das erlangte Vernetzungswissen wurde somit zu einem Großteil vom Bildungsniveau beeinflusst und nicht so sehr von der eingesetzten Intervention.

Darüber hinaus spielte, wie vermutet, die Elaborationsbereitschaft der Schülerinnen und Schüler eine positive Rolle beim Aufbau eines vernetzen Wissenspools. Lernende mit einer stärkeren Bereitschaft zur Elaboration schnitten signifikant besser im Vernetzungstest ab. Es ist anzunehmen, dass dies auch ein weiterer Grund für die starken Testleistungen der Jugendlichen des hohen Bildungsniveaus ist. Andere empirische Studien zeigten, dass vor allem diese Lernenden die Bereitschaft und Fähigkeit zur Elaboration aufwiesen, was ihnen einen weiteren Vorsprung im hier eingesetzten Test gegeben haben dürfte (Ainley, 1993; Artelt, 1999; Artelt, Baumert, Julius-McElvany & Peschar, 2004).

Einer der Ansprüche des Forschungsprojektes LEENA war, eine spezifische Form des fächerübergreifenden Unterrichtens zu entwickeln und zu untersuchen, auf welche Weise das fremdsprachliche Lernen und das Lernen in einem Sachfach vernetzt und schulorganisatorisch leichter umzusetzen wäre als bei CLIL. Trotz der Einschränkungen in den Ergebnissen weist die im Projekt LEENA entwickelte Aufgabenkultur ein großes Potenzial auf. Allerdings benötigt auch der fächervernetzende Unterricht in den meisten Fällen vor allem am Anfang eine relativ zeitintensive Phase der Absprachen und Koordination zwischen den Lehrpersonen. Insofern zeigt das Projekt, dass es keine „Patentlösungen" für die Kooperation zwischen Fächern gibt. Weitere Untersuchungen, welche die angesprochenen Herausforderungen im Fach HW genauer in den Blick nehmen, sowie ein Forschungsdesign, das eine genauere Einhaltung und Kontrolle des experimentellen Settings erlaubt (Randomisierung, Ausschaltung von Umweltfaktoren und Störvariablen), als dies bei LEENA der Fall gewesen ist, würden fruchtbare Ansätze bieten, um Fächervernetzungen noch eingehender zu untersuchen. Auch der direkte Vergleich der Lerneffekte des fächervernetzenden Unterrichts mit denen von CLIL kann für die Zukunft lohnende und spannende Forschungsansätze eröffnen.

Literatur

Ainley, M.D. (1993). Styles of engagement with learning: multidimensional assessment of their relationship with strategy use and school achievement. *Journal of Educational Psychology 85*(3), 395–405.

Apsel, C. (2012). Dropouts from CLIL Streams in Germany. *International CLIL Research Journal, 1*(4), 47–56,

Artelt, C. (1999). Lernstrategien und Lernerfolg – Eine handlungsnahe Studie. *Zeitschrift für Entwicklungspsychologie und Pädagogische Psychologie, 31*(2), 86–96.

Artelt, C., Baumert, J., Julius-McElvany, N. & Peschar, J. (2004). *Das Lernen lernen. Voraussetzungen für lebensbegleitendes Lernen. Ergebnisse von PISA 2000.* OECD. http://www. mpib-berlin.mpg.de/pisa/LearnersForLife_GER.pdf

Artmann, M., Hertzmann, P., & Rabenstein, K. (Hrsg.) (2011). *Das Zusammenspiel der Fächer beim Lernen.* Reihe: Theorie und Praxis der Schulpädagogik Bd. 11. Immenhausen: Pro-Verlag.

Bannert, M. (2009). Promoting self-regulated learning through prompts. *Zeitschrift für Pädagogische Psychologie, 23,* 139–145.

Bannert M. & Reimann P. (2012). Supporting self-regulated hypermedia learning through prompts. *Instructional Science, 40,* 193–211.

Bender, U. (2011). Der Stellenwert des „Praktischen" im Hauswirtschaftsunterricht – alte und neue Fragen. *Hauswirtschaft und Wissenschaft, 59*(3), 117–124.

Bender, U. (2012). „Rezepte" überwinden – Aufgabenkulturen in der Ernährungs- und Konsumbildung im Fach Hauswirtschaft. In S. Keller & U. Bender (Hrsg.), *Aufgabenkulturen. Fachliche Lernprozesse herausfordern, begleiten, auswerten* (S. 191–201). Seelze: Friedrich Verlag.

Bender, U., Keller, S. & Zeltner, C. (2016). Fächervernetzende Lernaufgaben: Theorie, Umsetzung und Wahrnehmung durch Lernende. Resultate aus dem Projekt LEENA. *Die Deutsche Schule, 108*(1), 67–80.

Bender, U., Krüger, M. & Keller S. (2016). Fächerübergreifender Unterricht als Kooperation von Lehrpersonen – das Projekt LEENA aus Sicht der Lehrerkooperationsforschung. *Schulpädagogik heute 7*(13), 1–17. online//www.schulpaedagogik-heute.de/

Bender, U., Krüger, M., Keller, S. & Zeltner, C. (2015). Ernährungsbildung über Fächergrenzen hinweg – eine Interventionsstudie zum fächervernetzenden Lernen in den Fächern Hauswirtschaft und Englisch. *Ernährungsumschau* 6, S. 92–98.

Berthold, K., Nückles, M., & Renkl, A. (2007). Do Learning Protocols Support Learning Strategies and Outcomes? The Role of Cognitive and Metacognitive Prompts. *Learning and Instruction*, 17, 564–577.

Blömeke, S., Risse, J., Müller, C., Eichler, D. & Schulz, W. (2006). Analyse der Qualität von Aufgaben aus didaktischer und fachlicher Sicht. *Unterrichtswissenschaft*, 34, 330–357.

Budde, J. (2011). Fächerübergreifender Projektunterricht. Lernbezogene und soziale Auswirkungen von geöffnetem Unterricht in der Sekundarstufe I. In Artmann, M., Hertzmann, P., & Rabenstein, K. (Hrsg.), *Das Zusammenspiel der Fächer beim Lernen.* Reihe: Theorie und Praxis der Schulpädagogik Bd. 11. (S. 66–93). Immenhausen: Pro-Verlag.

Coyle, D. (2007). Content and language integrated learning: Towards a connected research agenda for CLIL pedagogies. *International Journal of Bilingual Education and Bilingualism*, 10(5), 543–562.

Cummins, J. (1979a). Cognitive/Academic Language Proficiency, Linguistic Interdependence, the Optimum Age Question and Some Other Matters. *Working Papers on Bilingualism*, 19, 121–129.

Currie, C., Zanotti, C., Morgan, A., Currie, D., de Looze, M., Roberts, C., Samdal, O., Smith, O. & Barnekow, V. (Hrsg.). (2012). *Social determinants of health and well-being among young people: Health behaviour in school-aged children (HBSC) study. International report from the 2009/2010 survey.* Copenhagen: WHO Regional Office for Europe.

Dalton-Puffer, C. (2008). Outcomes and processes in Content and Language Integrated Learning (CLIL): current research from Europe. In W. Delanoy and L. Volkmann (Hrsg.), *Future Perspectives for English Language Teaching* (S. 139–157). Heidelberg: Carl Winter.

Dalton-Puffer, C., Nikula, T. & Smit, U. (Hrsg.). (2010). *Language use and language learning in CLIL Classrooms.* Amsterdam: Benjamins.

Diehl, J.M. (1999). Ernährungswissen von Kindern und Jugendlichen. Appendix: Literatur und Test. *Verbraucherdienst*, 44, 282–287.

Dumont, H., Istance, D. & Benavides, F. (2010). Executive Summary. In H. Dumont, D. Istance & F. Benavides (Hrsg.), *The nature of learning. Using research to inspire practice. CERI Centre of Educational Research and Innovation* (S. 13–18.). Paris: OECD.

D-EDK Deutschschweizer Erziehungsdirektoren-Konferenz (2015). *Lehrplan 21. Grundlagen.* Bereinigte Fassung vom 26.03.2015 Luzern: Geschäftsstelle D-EDK. www.lehrplan.ch

EDK (2015). *Bilanz 2015. Hamonisierung der verfassungsmässigen Eckwerte (Art. 62 ABs. 4 BV) für den Bereich der obligatorischen Schule.* http://www.edk.ch/dyn/28725.php

Glogger, I., Schwonke, R., Holzäpfel, L., Nückles, M.& Renkl, A. (2012). Learning Strategies Assessed by Journal Writing. Prediction of Learning Out-comes by Quantity, Quality, and Combinations of Learning Strategies. *Journal of Educational Psychology.* Advance online publication. DOI: 10.1037/a0026683.

Hallström, L., Vereecken, C. A., Ruiz, J. R., Patterson, E., Gilbert, C. C., Catasta, G. & Sjöström, M. (2011). Breakfast habits and factors influencing food choices at breakfast in relation to socio-demographic and family factors among European adolescents. The HELENA Study. *Appetite*, 56, 649–657.

Harr, N., Eichler, A., & Renkl, A. (2014). Integrating pedagogical content knowledge and pedagogical/psychological knowledge in mathematics. *Frontiers of Psychology*, 5(924), 1–11. doi:10.3389/fpsyg.2014.00924

Harr, N., Eichler, A., & Renkl, A (2015). Integrated learning: ways of fostering the applicability of teachers' pedagogical and psychological knowledge. *Frontiers in Psychology*, 6(738), 1–16. doi: 10.3389/fpsyg.2015.00738

Heyn, S., Baumert, J. & Köller, O. (1994). *Kieler LernStrategien-Inventar KSI. Skalendokumentation*. Kiel: IPN.

Huber, L. (1999). Vereint, aber nicht eins: Fächerübergreifender Unterricht und Projektunterricht. In D. Hänsel (Hrsg.), *Handbuch Projektunterricht* (S. 31–53). Weinheim/Basel: Beltz.

Hübner, S., Nückles, M. & Renkl, A. (2010). Writing learning journals: Instructional support to overcome learning-strategy deficits. *Learning and Instruction*, 20, 18–29.

Idel, T.-S. & Neto Carvalho, I. (2011). Empirie des Projektlernens. Forschungsbefunde zur Sekundarstufe I. In M. Artmann, P. Hertzmann & K. Rabenstein (Hrsg.), *Das Zusammenspiel der Fächer beim Lernen*. Reihe: Theorie und Praxis der Schulpädagogik Bd. 11 (S. 46–65). Immenhausen: Pro-Verlag.

Keller, S. & Bender, U. (Hrsg.). (2012). *Aufgabenkulturen. Fachliche Lernprozesse herausfordern, begleiten, reflektieren*. Seelze: Klett Kallmeyer.

KET, Key English Test (2011). *Past Paper Pack*. Cambridge: Cambridge University Press.

Labudde, P. (2006). Fachunterricht und fächerübergreifender Unterricht. Grundlagen. In K.-H. Arnold, U. Sandfuchs & J. Wiechmann (Hrsg.), *Handbuch Unterricht* (S. 441–447). Bad Heilbrunn: Klinkhardt.

Lasagabaster, D. (2008). Foreign Language Competence in Content and Language Integrated Courses. *The Open Applied Linguistics Journal*, 1, 31–42.

Lim Falk, M. (2015). English and Swedish in CLIL student texts, *The Language Learning Journal*, 43(3), 304–318, DOI: 10.1080/09571736.2015.1053280.#

Nückles, M., Hübner, S., Glogger, I., Holzäpfel, L., Schwonke, R. & Renkl, A. (2010). Selbstreguliert lernen durch Schreiben von Lerntagebüchern. In M. Gläser-Zikuda (Hrsg.), *Lerntagebuch und Portfolio aus empirischer Sicht* (S. 35–58). Verlag Empirische Pädagogik.

Nückles, M., Hübner, S. & Renkl, A. (2009). Enhancing self-regulated learning by writing learning protocols. *Learning and Instruction*, 19, 259–271.

Peterßen, W. H. (2000). *Fächerverbindender Unterricht. Begriff, Konzept, Planung, Beispiele*. München: Oldenbourg

Sichert-Hellert, W., Beghin, L., De Henauw, S., Grammatikaki, E., Hallström, L., Manios, Y., Mesana, M., Molnár, D., Dietrich, S., Piccinelli, R., Plada, M., Sjöström, M., Moreno, L. A. & Kersting, M., on behalf of the HELENA Study Group (2011). Nutritional knowledge in European adolescents: results from the HELENA (Healthy Lifestyle in Europe by Nutrition in Adolescence) study. *Public Health Nutrition*, 14(12), 2083–2091.

Stübig, F. (2009). Fächerübergreifender Unterricht. In S. Blömeke, T. Bohl, L. Haag, G. Lang-Wojtasik & W. Sacher (Hrsg.), *Handbuch Schule* (S. 313–317). Bad Heilbrunn: Klinkhardt/UTB.

Thillmann, H., Künsting, J., Wirth, J., & Leutner, D. (2009). Is it merely a question of "what" to prompt or also "when" to prompt? The role of point of presentation time of prompts in self-regulated learning. *Zeitschrift für Pädagogische Psychologie*, 23, 105–115.

Tyack D. & Tobin, W. (1994). The grammar of schooling: Why has it been so hard to change? *American Educational Research Journal*, 31(3), 453–479.

Wasmann-Frahm, A. (2008). *Lernwirksamkeit von Projektunterricht*. Baltmannsweiler: Schneider Verlag Hohengehren.

Weinert, F. E. (2001). Concepts of competence: A conceptual clarification. In D. Rychen & L.H. Salganik (Hrsg.), *Defining and Selecting Key Competencies* (S. 45–65). Göttingen: Hogrefe & Huber Publishers.

Wirth, J. (2009). Promoting self-regulated learning through prompts. *Zeitschrift für Pädagogische Psychologie, 23,* 91–94.

Wirth, J., Thillmann, H., Künsting, J., Fischer, H. E., Leutner, D. (2008). Das Schülerexperiment im naturwissenschaftlichen Unterricht. *Zeitschrift für Pädagogik, 54,* 361–375.

Yildiz-Feyzioğlu, E., Akpınar, E., Tatar, N. (2013). Monitoring students' goal setting and metacognitive Knowledge in technology-enhanced learning with metacognitive prompts. *Computers in Human Behaviour, 29,* 616–625.

Zhang, W.-X., Hsu, Y.-S., Wang, C.-Y. & Ho, Y.-T. (2015). Exploring the Impacts of Cognitive and Metacognitive Prompting on Students' Scientific Inquiry Practices Within an E-Learning Environment. *International Journal of Science Education, 37*(3), 529–553, DOI: 10.1080/09500693.2014.996796

Zydatiß, W. (2007). *Deutsch-Englische Züge in Berlin (DEZIBEL). Eine Evaluation des bilingualen Sachfachunterrichts an Gymnasien.* Frankfurt a. M.: Peter Lang.

Zydatiß, W. (2012). Linguistic Tresholds in the CLIL Classroom? The Treshold Hypothesis Revisited. *International CLIL Research Journal, 1*(4), 17–28.

„Das trau ich meiner Klasse zu!"

Gestaltungsaufgaben im Fach Kunst und ihr Zusammenhang zur Einschätzung des Klassenleistungsniveaus durch die Lehrperson

Nicole Berner, Caroline Theurer und Miriam Hess

1. Einleitung

Lernaufgaben sind von zentraler Bedeutung im Unterricht, werden durch sie doch Lernprozesse ausgelöst und gesteuert (Keller & Bender, 2012; Tulodziecki, Herzig & Blömeke, 2004). Sie sollten dabei am Lernniveau der Schülerinnen und Schüler ausgerichtet sein und nicht über-, aber auch nicht unterfordern (Meyer, 2014). Insofern sind für die Gestaltung von Aufgaben im Besonderen, wie auch für die Planung und Durchführung von Unterricht im Allgemeinen, diagnostische Fähigkeiten von Lehrpersonen eine wichtige Voraussetzung.

Im Fach Kunst spielen *Gestaltungs*aufgaben für das ästhetische Lernen eine wichtige Rolle (Kirchner & Kirschenmann, 2015). Ausgehend von einer bildnerischen Problemstellung führen sie in der bildnerischen Auseinandersetzung zu verschiedenen bildnerischen Lösungen. Damit sind weitere Herausforderungen an das Stellen von Gestaltungsaufgaben verbunden. Dies betrifft u.a. die Darstellung des bildnerischen Problems, wie z.B. vorgegebene oder zu entdeckende bildnerische Problemstellungen präsentiert werden. Weiter ergeben sich Anforderungen auch in Bezug auf die Strukturierung der Gestaltungsaufgabe, z.B. wie detailliert die Aufgabe gestellt wird und welche Impulse die Ideenfindung und gestalterische Umsetzung unterstützen. Dabei ist anzunehmen, dass subjektive Einschätzungen der Lehrperson über den Leistungsstand der Schulklasse entscheidend dazu beitragen können, wie Gestaltungsaufgaben gestellt werden.

Ziel des folgenden Beitrags ist es, den Zusammenhang zwischen ausgewählten Merkmalen von Gestaltungsaufgaben im Fach Kunst und der Lehrereinschätzung der klassenbezogenen Leistungsstärke zu untersuchen. Hierfür werden Daten der Grundschulstudie PERLE (Persönlichkeits- und Lernentwicklung von Grundschulkindern; Lipowsky, Faust & Kastens, 2013) genutzt. Dabei wird die über Lehrerfragebögen eingeschätzte Leistungsstärke der Klasse in Bezug gesetzt zum Grad an Offenheit und Fantasieanregung der Aufgabenstellungen, die über systematische videobasierte Unterrichtsbeobachtungen eingeschätzt wurden.

2.   Theoretischer Hintergrund

Im folgenden Teil wird zunächst auf die kunstpädagogische Diskussion Bezug genommen, um darauf aufbauend die Relevanz diagnostischer Fähigkeiten von Lehrpersonen für das Stellen von Aufgaben im Fach Kunst zu erläutern.

2.1   Aufgaben in der kunstpädagogischen Diskussion

In der kunstpädagogischen Diskussion lassen sich unterschiedliche Positionen ausmachen, welche Funktionen Aufgaben in Bezug auf das Lernen im Fach Kunst erfüllen sollten und wie Aufgaben dementsprechend zu stellen und zu formulieren sind. Dies korrespondiert oft mit der jeweiligen kunstpädagogischen Perspektive auf Lehr- und Lernprozesse. Werden unter ästhetischem Lernen z. B. eher künstlerische Prozesse verstanden, so bieten sich offenere Aufgaben an, die mehr Raum für eigene Auslegungen und Ideen ermöglichen sowie auf individuelle Erfahrungsprozesse fokussieren (Busse, 2003). Geht es dagegen mehr um den sukzessiven Aufbau von Wissen und Können, so sind eher handwerkliche, gestalterische und inhaltliche Anforderungen mit der Aufgabenstellung verbunden (Krautz & Sowa, 2015).

Um individuelle Gestaltungs- und Lernprozesse in Gang zu setzen, sollten Aufgaben im Fach Kunst grundlegend „sinnvoll verantwortete Spielräume des freien und personalen Ausdrückens, Meinens und Bedeutens" (Sowa, 2010, S. 2) ermöglichen. Angesprochen ist hier die Offenheit von Aufgabenstellungen. Offene Aufgabenstellungen im Fach Kunst erfordern, dass die Schülerinnen und Schüler eigenständig in den gestalterischen Prozess finden, eigene Fragestellungen und Ziele formulieren sowie eigene Vorstellungen und Ideen entwickeln und diese bildnerisch umsetzen. Der Grad der Offenheit von Aufgabenstellungen dürfte sich insofern daran ausrichten, ob und wie Lehrpersonen entstandene Spielräume begründen und verantworten. Hierzu dürfte neben anderen Faktoren, wie z. B. dem Wissen um fachspezifische Anforderungen an Gestaltungsaufgaben, auch das Leistungsniveau der Schülerinnen und Schüler bzw. die Leistungseinschätzung der Lehrperson entscheidend beitragen. Je offener eine Aufgabe formuliert ist, desto mehr Spielraum haben die Schülerinnen und Schüler vermutlich, um eigene Vorstellungen und Fantasie zu entwickeln und zu individuellen Umsetzungen zu gelangen (Berner & Lotz, 2015; Marr, 2014). Dabei dürften mit dem Grad an Offenheit einer Aufgabe aber auch die Anforderungen an die Lernenden steigen (Lipowsky & Lotz, 2015). So erfordern offene Aufgabenstellungen, dass sich die Lernenden einen eigenen Zugang zum Thema erarbeiten und ihre Vorstellungen, Erlebnisse und ihr Vorwissen selbstständig aufeinander beziehen können. Aus anderen Lernbereichen ist bekannt, dass gerade schwächere Schülerinnen und Schüler von offenen Lernsituationen weniger profitieren als leistungsstärkere (u. a. Connor, Morrison & Petrella, 2004; Giaconia & Hedges, 1982; Lipowsky, 1999).

Im Fach Kunst werden offene Gestaltungsaufgaben häufig als fantasieanregend eingeschätzt und daher als geeignet zur Förderung von Kreativität angesehen (Schäfer, 2006). Fantasie kann dabei als individuelle Auseinandersetzung mit sich und der Umwelt verstanden werden: Vorstellungen, Gefühle, Erfahrungen, Erlebnisse, Wünsche sowie Bilder aus der Lebenswelt der Kinder (z. B. Kunstwerke, Alltagsbilder, Filme) werden aufeinander bezogen und führen zu individuellen Ideen (Kirchner, 2009; Wichelhaus, 2003). Da dadurch eine vertiefte Auseinandersetzung ermöglicht werden soll, ist Fantasie „für das Erschließen und Erfinden neuer Bildideen und gestalterischer Lösungen" (Eid, Langer & Ruprecht, 2002, S. 182) relevant. Gestaltungsaufgaben sollten demnach so gestellt sein, dass die Fantasie- und Vorstellungstätigkeit angeregt werden und in der Bearbeitung eine individuelle Auseinandersetzung stattfinden kann. Wichtig dürfte es dabei aber sein, in welchem Grad die Aufgabe offen gestellt wird, um die Lernenden nicht zu unter-, aber auch nicht zu überfordern (Schoppe, 2016). Es kann davon ausgegangen werden, dass auch der Stukturierungsgrad und die impliziten Hilfestellungen und Anregungen einer Aufgabe die Fantasie fördern. Entsprechende Annahmen lassen sich z. B. aus der Metaanalyse von Alfieri, Brooks, Aldrich und Tenenbaum (2011) ableiten: Für unterschiedliche Lernbereiche zeigte sich, dass sich offene Unterrichtsformen im Sinne entdeckenden Lernens dann als effektiver für das Lernen erweisen, wenn diese gleichzeitig mit einer stärkeren Lehrerlenkung und -strukturierung einhergehen.

2.2   Lernvoraussetzungen als Orientierung für das Stellen von Aufgaben

Lernangebote und damit auch Aufgabenstellungen sollten grundsätzlich am Lern- und Leistungsniveau der Schülerinnen und Schüler orientiert sein. Hierfür ist es notwendig, dass sich die Lehrperson ein Urteil über das Lern- und Leistungsniveau der Schülerinnen und Schüler bildet, um daran die Unterrichtsplanung sowie mögliche Differenzierungen auszurichten (Meyer, 2014). Auch im Fach Kunst sollten „Lernaufgaben [...] grundsätzlich am Vorwissen, den Fähigkeiten und Fertigkeiten der Schülerinnen und Schüler an[knüpfen]" (Kirchner & Kirschenmann, 2015, S. 184; s. a. Schoppe, 2016). Lehrpersonen sollten demnach ihre Schülerinnen und Schüler in ihrem Leistungsniveau einschätzen können, um daran ihren Unterricht auszurichten. Woran bemisst sich aber im Fach Kunst die Einschätzung der Lehrperson, wenn sie sich ein Urteil über die Lern- und Leistungsvoraussetzungen ihrer Schülerinnen und Schüler bilden möchte? Es ist anzunehmen, dass sich Kunstlehrpersonen in ihren diagnostischen Urteilen auf verschiedene Schülermerkmale beziehen, die im Gestaltungsprozess relevant erscheinen. In das Urteil dürften Einschätzungen der kognitiven Fähigkeiten (z. B. Problemlöse- und Vorstellungsfähigkeiten), der motivational-emotionalen Schülermerkmale (z. B. Durchhaltevermögen und Ambiguitätstoleranz) sowie der bildnerischen Fertigkeiten der Lernenden einfließen. Zudem kann vermutet werden, dass die Einschätzung von anderen Merkmalen der Lehrperson beeinflusst wird, z. B. von deren Lehr-Lernüberzeugungen oder subjektiven Wertvorstellungen.

2.3 Einschätzung der Klassenleistungsstärke als Hinweis auf diagnostische Fähigkeiten von Lehrpersonen

Für das Fach Kunst liegen bisher keine empirischen Befunde zu diagnostischen Fähigkeiten von Lehrpersonen vor. Die meisten Studien beziehen sich ausschließlich auf andere Schulfächer, wie Mathematik-, Sprach- und Literaturunterricht. Bisherige Studien und Metaanalysen zu diagnostischen Fähigkeiten von Lehrpersonen zeigen, dass Lehrpersonen die Leistungen ihrer Schülerinnen und Schüler relativ gut einschätzen können, wenn es darum geht, die Lernenden einer Schulklasse in eine Rangreihe zu bringen (u.a. Hoge & Coladarci, 1989: $r = .66$; Schrader & Helmke, 1987: $r = .67$; Südkamp, Kaiser & Möller, 2012: $r = .53$). Es zeigt sich, dass die Urteilsgenauigkeit dann etwas höher ausfällt, wenn die Lehrpersonen über den Gegenstand der Beurteilung informiert waren und die Schülerleistung in einer tatsächlichen Aufgabe direkt einschätzten, als wenn sie indirekt eher global das fachspezifische Leistungsniveau der Lernenden beurteilten (Feinberg & Shapiro, 2003; Hoge & Coladarci, 1989; Südkamp, Kaiser & Möller, 2012). Wird nicht die Rangreihe, sondern die mittlere Abweichung zwischen der Lehrereinschätzung und der tatsächlichen Schülerleistung untersucht, so zeigt sich, dass das Leistungsniveau der Lernenden häufig überschätzt wird (u.a. Feinberg & Shapiro, 2003; Schrader & Helmke, 1987).

Geht es darum zu untersuchen, wie Lehrpersonen Lernende in ihrer Leistungsstärke einschätzen, um davon ausgehend Unterricht zu planen und durchzuführen, so erscheint es sinnvoll, sich nicht nur an der individuellen Leistung einzelner Schülerinnen oder Schüler, sondern an der durchschnittlichen Leistung der Klasse auszurichten. Anzunehmen ist, dass „Informationen über Schülermerkmale […] in Form genereller, das heißt schülerunspezifischer und auf die Klasse als Ganzes bezogener Erwartungen in die Unterrichtsplanung ein[gehen]" (Schrader, 1989, S. 51). Da die Aufgabenstellungen für die Gestaltungspraxis zunächst an die ganze Klasse gerichtet sind, wird in diesem Beitrag die Einschätzung der mittleren Klassenleistungsstärke im Fach Kunst durch die Lehrperson herangezogen und im Zusammenhang mit dem Stellen von Aufgaben untersucht.

3. Fragestellung und Hypothesen

Für das Fach Kunst fehlen bislang empirische Befunde über Leistungsniveaueinschätzungen von Lehrpersonen sowie zu deren Zusammenhang mit dem Unterrichtshandeln respektive dem Stellen von Aufgaben. Entsprechend wird folgende Frage für die vorliegende Untersuchung formuliert:

Zeigen sich Zusammenhänge zwischen der Einschätzung der Klassenleistungsstärke im Fach Kunst durch die Lehrperson und dem Stellen von Gestaltungsaufgaben?

In welcher Weise die Gestaltungsaufgaben gestellt werden, soll über den Grad an Offenheit von Aufgaben sowie die Förderung von Fantasie und Vorstellungsbildung durch die Aufgabenstellung betrachtet werden, da für ästhetisches Lernen die Offenheit der Aufgabe, verschiedene Bearbeitungswege zu gehen, und damit auch die Förderung von Fantasie und Kreativität von Bedeutung sein dürften.

Ist mit offenen Aufgabenstellungen ein hoher Anspruch an das eigenständige Lernen der Schülerinnen und Schüler verbunden, wäre anzunehmen, dass leistungsschwache Schülerinnen und Schüler eher Schwierigkeiten in offenen Lernsituationen haben könnten als leistungsstarke. In verschiedenen Studien im Grundschulbereich zeigen sich hierfür empirische Hinweise (zsf. Lipowsky & Lotz, 2015). Allerdings eignen sich offene Aufgaben auch dafür, dass Schülerinnen und Schüler die Aufgabe entsprechend ihrem eigenen Leistungsniveau bearbeiten können. Dies dürfte jedoch entscheidend damit zusammenhängen, wie die Lernenden, aber auch Lehrpersonen mit offenen Aufgaben und daraus entstehenden Unsicherheiten umgehen (Hascher & Hofmann, 2008). Gerade im bildnerischen Gestalten ist der Umgang mit Unsicherheiten, das Sich-Einlassen auf einen unbestimmten Ausgang des Gestaltungsprozesses und damit verbunden das Erkunden und Erproben vielfältiger Bearbeitungs- und Lösungswege eine wichtige Komponente ästhetischen Lernens (Kirchner, 2009). Folgende Hypothese soll daher geprüft werden:

Es ist anzunehmen, dass Lehrpersonen dann offene Aufgaben stellen, wenn sie ihre Klasse eher als leistungsstark einschätzen. Da neben der Leistungseinschätzung noch weitere Faktoren relevant sein dürften, wie u. a. der eigene Umgang mit Unsicherheiten der Lehrperson oder Lehr-Lernüberzeugungen, ist mit einem eher schwachen positiven Zusammenhang zu rechnen.

Aus der Perspektive der Förderung von Fantasie und Kreativität sollten im Fach Kunst die Schülerinnen und Schüler in ihrer Fantasietätigkeit angeregt werden, um ihnen eine individuelle ästhetische Auseinandersetzung im praktischen Gestalten zu ermöglichen (Kirchner, 2009). Dadurch kann den Schülerinnen und Schülern der Zugang zu ihren Vorstellungen, Gefühlen und Erinnerungen erleichtert werden (Wichelhaus, 2003). Insofern erscheinen einerseits fantasieanregende Aufgabenstellungen sowohl für leistungsschwächere als auch für leistungsstärkere Schülerinnen und Schüler didaktisch sinnvoll zu sein. Hieraus lässt sich ableiten, dass der Grad an Fantasieanregung durch Aufgabenstellungen unabhängig von der Einschätzung der Klassenleistungsstärke sein sollte. Allerdings lässt sich andererseits mit einer gewissen Plausibilität annehmen, dass sich Lehrpersonen insbesondere in leistungsschwächeren Klassen bemühen dürften, die Fantasie ihrer Schülerinnen und Schüler durch entsprechende Impulse anzuregen, um diese zu unterstützen. Da verschiedene Zusammenhangsmuster (kein Zusammenhang bzw. negativer Zusammenhang) plausibel erscheinen, wird an dieser Stelle keine gerichtete Hypothese formuliert.

4.   Methodisches Vorgehen

Zur Beantwortung der Fragestellung werden Daten der Grundschulstudie PERLE (Persönlichkeits- und Lernentwicklung von Grundschulkindern; Lipowsky, Faust

& Kastens, 2013) herangezogen. Im Rahmen der PERLE-Videostudie Kunst wurden Qualitätsmerkmale von Aufgabenstellungen ausgewertet. Weiter liegen Einschätzungen des Klassenleistungsniveaus durch die Lehrpersonen vor. Im Folgenden werden die Datengrundlage, die Stichprobe, die Auswertungsmethode sowie die entwickelten Instrumente vorgestellt.

4.1   Datengrundlage, Stichprobe und Analysen

Im Rahmen der PERLE-Studie (Lipowsky, Faust & Kastens, 2013) wurden die Unterrichtsgestaltung und -qualität anhand von Videostudien in den Fächern Deutsch, Mathematik und Kunst untersucht. Die Aufnahmen im Fach Kunst fanden im September 2007 statt. Zu dieser Zeit waren die Schülerinnen und Schüler in der zweiten Grundschulklasse und durchschnittlich sieben Jahre und fünf Monate alt. Insgesamt nahmen 28 Lehrpersonen in 33 Schulklassen aus 18 Schulen teil. Die Schulen stammten aus den neuen deutschen Bundesländern Sachsen, Thüringen, Berlin und Mecklenburg-Vorpommern. Gefilmt wurde in allen 33 Schulklassen eine Doppelstunde zum Thema „Joan Miró – Bildbetrachtung und plastisches Gestalten". Um die Vergleichbarkeit der Unterrichtsaufnahmen zu gewährleisten, wurden die Lehrpersonen zur Gestaltung der Doppelstunde um die Einhaltung einiger inhaltlicher Vorgaben gebeten. So sollten die Lehrpersonen u. a. das Gemälde von Joan Miró „Gepflügte Erde" (vgl. Abbildung 1) mit der Klasse besprechen und im praktischen Teil der Kunststunde mit den Schülerinnen und Schülern mit Modelliermasse und Draht plastisch gestalten (vgl. Berner, Kirchner, Peez & Faust, 2013, S. 39). Eine exemplarische Schülerarbeit ist in Abbildung 1 dargestellt.

Darüber hinaus wurden die Kunstlehrpersonen im ersten Halbjahr (Herbst/Winter 2006) des ersten Schuljahres mittels eines Fragebogens um die Einschätzung der aktuellen Leistung ihrer Klasse im Fach Kunst gebeten.

Abb. 1:   links: „Gepflügte Erde" von Joan Miró (1923–1924) © Sucessió Miró/VG Bild-Kunst, Bonn 2016, rechts: „Ein Menschenbaum", Schülerarbeit eines 8-jährigen Mädchens

Insgesamt liegen von 21 Kunstlehrpersonen Videodaten und Einschätzungen der Leistungsstärke der Schulklasse vor. Diese haben durchschnittlich 14 Jahre Berufserfahrung (*Min* = 1.0; *Max* =29.0). Ausnahmslos handelt es sich um Lehrerinnen.[1]

Zur Beantwortung der Fragestellungen wurden Rangkorrelationen nach Spearman berechnet, welche mindestens ordinalskalierte Daten erfordern, was für die vorliegenden Daten gegeben ist.

4.2 Zur Erfassung von Qualitätsmerkmalen für Aufgabenstellungen im Fach Kunst

Ziel der Auswertungen war es, die Aufgabenstellungen für den praktischen Teil der Doppelstunde Kunst in ihrer Struktur und Qualität zu beschreiben (vgl. Berner & Lotz, 2015). Mittels systematischer Videoanalyse wurden in einem deduktiv-induktiven Vorgehen insgesamt 40 niedrig bis hoch inferente Rating- und Kategoriensysteme entwickelt, die inhaltlich allgemein- und kunstdidaktischen Qualitätsdimensionen zugeordnet sind. Für den folgenden Beitrag werden die beiden hoch inferent eingeschätzten Qualitätsmerkmale *Offenheit* sowie *Fantasieanregung der Aufgabenstellung* zum plastischen Gestalten herangezogen. Beide Merkmale wurden jeweils auf einer vierstufigen Skala von zwei Auswerterinnen eingeschätzt, wobei die 1 für eine sehr geringe und die 4 für eine sehr hohe Ausprägung des jeweils interessierenden Merkmals steht. Jede Skalenstufe war definiert und mittels Ankerbeispielen veranschaulicht.

Zur Prüfung der Objektivität wurde die Interraterreliabilität mittels des relativen Generalisierbarkeitskoeffizienten geprüft (Cronbach, Gleser, Nanda & Rajaratnam, 1972). Dieser ist mit $g \geq .97$ als sehr gut zu bewerten, sodass von einer objektiven Erfassung der Daten ausgegangen werden kann (vgl. Lotz, Berner & Gabriel, 2013; Berner & Lotz, 2015). Eine ausführliche Beschreibung des methodischen Vorgehens und der definierten Skalenstufen findet sich bei Berner und Lotz (2015). Im Folgenden werden die beiden hoch inferent erfassten Merkmale kurz vorgestellt. Zur Verdeutlichung der Abstufungen werden in Klammern Beispiele aus den Unterrichtsaufnahmen gegeben.

Offenheit

Bei „sehr offen" formulierten Aufgaben waren die Schülerinnen und Schüler vollkommen frei in ihrem Gestaltungsprozess, und es wurden von der Lehrperson keine weiteren Angaben zur Ideenfindung gegeben (*„Wir möchten heute ähnlich wie Miró aus unserer Fantasie gestalten."*). Eine „geschlossene" Aufgabenstellung dagegen gibt die Ideenfindung und -umsetzung relativ eindeutig vor (*„Wir wollen heute eine kleine Schnecke oder Raupe gestalten, die auf einem Blatt sitzt und dieses Blatt anknabbert."*).

---

1 Dieser hohe Anteil an Lehr*erinnen* entspricht der ungleichen Verteilung an deutschen Grundschulen. So lag über die vier in die Studie einbezogenen Bundesländer hinweg der Anteil der Grundschullehr*erinnen* im Schuljahr 2007/08 bei 93 %, für Gesamtdeutschland bei 88 % (Statistisches Bundesamt, 2009, S. 133).

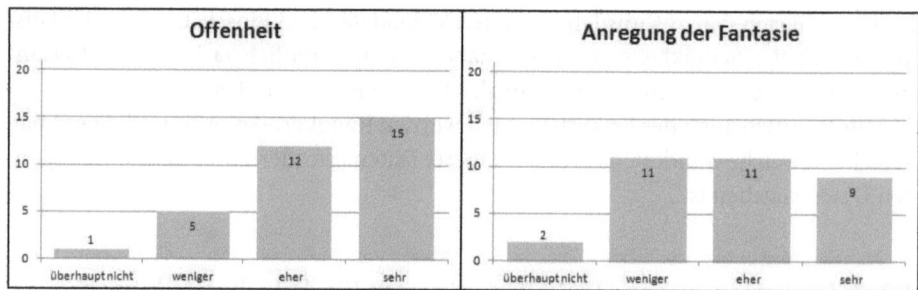

Abb. 2:   Verteilung der erfassten Merkmale der Aufgabenstellungen

Insgesamt haben die meisten Lehrpersonen offene oder sehr offene Aufgaben zum plastischen Gestalten gestellt (M = 3.24, SD = 0.85; vgl. Abbildung 2).

Anregung der Fantasie

Aufgabenstellungen, die u. a. Vorstellungen, Erfahrungen, Emotionen und Wünsche aktivieren und kombinieren, wurden als „sehr fantasieanregend" gewertet (*„Wir er-innern uns nochmal an die Geschichte, die wir uns zu Joan Mirós Gemälde ‚Gepflügte Erde' ausgedacht haben. Dazu wollen wir jetzt ein Fantasiewesen gestalten."*; vgl. Abbil-dung 1). Aufgabenstellungen, die das Thema stark eingrenzen und an der Wirklichkeit orientiert sind, wurden dagegen als „überhaupt nicht fantasieanregend" gewertet. Meist sind damit auch starke inhaltliche und technische Vorgaben verbunden, welche die individuelle Ideenfindung einschränken (*„Wir möchten ein Tier gestalten, das auf der Wiese lebt. Miro hat ja auch Tiere aus seiner Heimat dargestellt. Daher möchten wir auch ein heimisches Tier gestalten."*). Insgesamt kamen die Rater zu dem Schluss, dass der Grad der Fantasieanregung der Aufgabenstellungen insgesamt weder sehr ge-ring noch sehr hoch ausgeprägt war, sondern sich eher im mittleren Bereich bewegte (M = 2.79; SD = 0.09; vgl. Abbildung 2).

Zwischen dem Grad an Offenheit und der Anregung der Fantasie besteht kein sig-nifikanter linearer Zusammenhang (r = .13; p =.464; Berner & Lotz, 2015; S. 394).

4.3   Zur Erfassung von Lehrereinschätzungen der Klassenleistungsstärke im Fach Kunst

Die Lehrpersonen wurden im ersten Halbjahr des ersten Grundschuljahres in einem Lehrerfragebogen gebeten, auf einer fünfstufigen Skala ihre an der PERLE-Studie teilnehmende/n Klasse/n in ihrer aktuellen Leistung im Bereich Kunst/Kreativität im Vergleich zu anderen ersten Klassen einzuschätzen (Rein & Faust, 2009, S. 121; 5 = leis-tungsstark, 1 = leistungsschwach). Insgesamt haben die Lehrpersonen die Klassen eher als durchschnittlich bis leistungsstark eingeschätzt ($M = 3.48$, $SD = 0.68$, $Min = 3$, $Max = 5$).[2]

Da zwischen der Erfassung der Lehrereinschätzung der Klassenleistungsstärke und der Videostudie Kunst knapp ein Jahr liegt, ist zu berücksichtigen, dass damit lediglich Hinweise auf die tatsächliche Leistungseinschätzung der Lehrpersonen gegeben sind, mit der diese ihren Unterricht geplant und durchgeführt hatten.

5.   Ergebnisse und Diskussion

Zwischen der Einschätzung der Klassenleistungsstärke durch die Lehrperson und der Offenheit der Aufgabenstellungen zeigt sich entgegen der aufgestellten Hypothese kein signifikanter Zusammenhang ($r = .11$, $p = .636$). Die Offenheit der Aufgabenstellung scheint damit im Rahmen dieser Untersuchung unabhängig von der Einschätzung der Klassenleistungsstärke zu sein.

Mit dem Grad der Fantasieanregung weist die Einschätzung der Klassenleistungs-stärke durch die Lehrperson dagegen einen mittleren signifikant negativen Zusam-menhang von $r = -.44$ ($p \leq .05$) auf. Dies bedeutet, dass die PERLE-Lehrpersonen dann stärker fantasieanregende Aufgaben stellten, wenn sie ihre Klasse als weniger leistungs-stark einschätzten. Dabei ist zu berücksichtigen, dass die Lehrpersonen insgesamt die Klassen mindestens durchschnittlich in ihrer Leistung im Vergleich zu anderen Klassen beurteilt hatten. Keine Lehrperson hatte also ihre Klasse als leistungsschwach eingeschätzt.

Da die Fantasie- und Vorstellungsbildung gerade für das Entwickeln von Ideen zur plastischen Umsetzung notwendig ist, könnte es für die Lehrpersonen ein Handlungs-motiv gewesen sein, bei der Aufgabenstellung hierauf nochmals verstärkt einzugehen – gerade auch in weniger leistungsstarken Klassen. Traut die Lehrperson ihren Schü-lern dagegen zu, von sich aus fantasievoll zu gestalten, so scheinen – zumindest im Rahmen der Aufgabenstellung – weniger fantasieanregende Impulse gegeben worden zu sein. Bei der Interpretation muss berücksichtigt werden, dass nur zwei Lehrperso-nen Aufgaben gestellt haben, die als überhaupt nicht fantasieanregend eingeschätzt wurden (vgl. Abbildung 2). Die Befunde zeigen, dass ein erheblicher Teil der Varianz in der Fantasieanregung der Aufgabenstellungen nicht durch die Leistungseinschätzung der Lehrperson aufgeklärt werden kann. Insgesamt werden lediglich 19% der Varianz durch die Einschätzung der Klassenleistungsstärke aufgeklärt. Dies bedeutet, dass 81% der Varianz durch andere Faktoren erklärbar sind. Wie Aufgaben im Unterricht gestellt werden, hat insofern nicht nur damit zu tun, wie die Lehrperson ihre Klasse in ihrer Leistung einschätzt. Vielmehr kann angenommen werden, dass neben dem Zutrau-en der Lehrperson in die Klasse weitere Faktoren eine wichtige Rolle spielen. Dabei dürften unmittelbar die Unterrichtssituation, aber auch Lehr-Lernüberzeugungen der

---

2   Die Bestimmung der Urteilsgenauigkeit der Einschätzungen der Klassenleistungsstärke im Fach Kunst ist anhand der PERLE-Daten nicht möglich, da kein adäquates Leistungsmaß der eingeschätzten Klassenleistungsstärke im Fach Kunst gegenübersteht.

Lehrperson sowie deren Fach- und fachdidaktisches Wissen entscheidend sein (u.a. Kunter et al. 2002).

Als inhaltlich wie methodisch problematisch erweist sich die Einschätzung der Klassenleistungsstärke durch die Lehrperson. Erstens ist die Einschätzung inhaltlich schwierig zu interpretieren. Grundsätzlich kann nicht verlässlich angenommen werden, dass alle Lehrpersonen ihren Urteilen ein gleiches Verständnis von Leistung im Fach Kunst zugrunde legen. Zweitens wird die Interpretation durch die zeitliche Distanz der Erhebungen erschwert. Aufgaben sollten grundsätzlich immer an den aktuellen Leistungsstand der Schülerinnen und Schüler angepasst sein (Meyer, 2014). Es ist davon auszugehen, dass sich Einschätzungen der Lehrpersonen im Laufe eines Schuljahres verändern und demnach eine Betrachtung mit mehreren Messzeitpunkten – die zeitlich dichter beieinander liegen – fundiertere Ergebnisse liefern würde. Darüber hinaus ist anzunehmen, dass die Lehrperson ihre Einschätzung, mit der sie den Unterricht plant und durchführt, vorrangig auch an ihren Vorerfahrungen mit der Klasse orientiert.

Gerade im Verlauf des ersten Schuljahres lernen Lehrpersonen ihre Schülerinnen und Schüler genauer kennen. Demnach dürfte die Einschätzung im ersten Schulhalbjahr der ersten Klasse nicht mehr unbedingt der Einschätzung des Leistungsniveaus zu Beginn des zweiten Schuljahres entsprechen, auf die sich die Lehrpersonen in ihrer Unterrichtsplanung und -durchführung beziehen. Auch dies könnte erklären, warum sich zwischen der Offenheit der Aufgabenstellungen und der Einschätzung des Klassenleistungsniveaus nicht der erwartete Zusammenhang zeigt. Durch die zeitliche Distanz der Lehrereinschätzungen und des beobachteten Unterrichts können die Befunde demnach nur als erste Hinweise für mögliche Zusammenhänge zwischen der Einschätzung der Klassenleistungsstärke durch die Lehrperson und dem Stellen von Aufgaben im Unterricht verstanden werden.

6.   Ausblick

In diesem Beitrag wurden Aufgabenstellungen und deren Zusammenhang mit der Lehrereinschätzung der Klassenleistungsstärke auf Ebene der Unterrichtsgestaltung betrachtet. Da die Befunde keine Aussagen über gerichtete Zusammenhänge zulassen, wären weitere Studien mit einem aufwändigerem Design notwendig. Die Daten der vorliegenden Studie lassen durch die Datenstruktur sowie die geringe Fallanzahl keine komplexeren statistischen Analyseverfahren zu. Wünschenswert wäre neben der längsschnittlichen Betrachtung zur Abbildung von Entwicklungen vor allem auch die Berücksichtigung weiterer relevanter Merkmale auf Seiten der Lehrpersonen, wie beispielsweise die oben bereits genannten Überzeugungen, die tatsächlichen diagnostischen Kompetenzen sowie das Fachwissen und das fachdidaktische Wissen der Lehrperson.

Trotz der mit der Studie verbundenen Einschränkungen ergeben sich Hinweise auf die Relevanz diagnostischer Fähigkeiten der Lehrperson für das Stellen von Gestaltungsaufgaben im Fach Kunst. Je nach Lernziel und klassenbezogener Einschätzung der Lern- und Leistungsvoraussetzungen wären Aufgaben in ihrem Grad an Offenheit und Fantasieanregung differenziert zu formulieren. Dabei wäre zu erwägen, ob Aufgaben im Fach Kunst nicht grundsätzlich einen gewissen Grad an Offenheit und Fantasieanregung benötigen, um ästhetisches Lernen überhaupt zu ermöglichen (Schoppe, 2016). Obwohl Diagnosefähigkeiten für das Stellen von Aufgaben relevant erscheinen, ist anzunehmen, dass diese während der Aufgaben*bearbeitung* besonders bedeutsam sind, gerade was Feedback, Hilfestellungen und mögliche Differenzierungsmaßnahmen für schwächere Schülergruppen anbelangt.

Im Fach Kunst besteht allerdings gegenüber der Diagnose und Beurteilung von Schülerleistungen ein zwiespältiges Verhältnis. Einerseits scheint sich das mit der Beurteilung bildnerischer Leistungen verbundene subjektive ästhetische Urteil einer objektiven Einschätzung zu entziehen, andererseits erfordert der Unterrichtsalltag zahlreiche diagnostische Urteile, wenn es u. a. darum geht, Aufgaben zu stellen, Lernprozesse zu begleiten und letztlich Leistungen zu beurteilen (Peez, 2009; Staudte, 1982). Demnach geht es auch darum, objektive Methoden der produkt- und prozessbezogenen Lern- und Leistungsbeurteilung im Fach Kunst kennenzulernen. Die Entwicklung und Förderung diagnostischer Fähigkeiten stellt daher auch für die Aus- und Weiterbildung von Lehrpersonen für das Fach Kunst einen wichtigen Inhalt in Bezug auf das Stellen von Aufgaben dar. Neben formellen Beurteilungsmöglichkeiten, wie z. B. kriterienbezogene Beurteilungen von Lernprozessen und Lernergebnissen (Peez, 2009), scheinen insbesondere informelle Diagnosemethoden, wozu während des Unterrichts gebildete Leistungseinschätzungen zählen, für unterrichtsbezogene Entscheidungen von besonderer Relevanz zu sein (vgl. van Ophuysen & Behrmann, 2015). Abzuwägen ist dann, welche Leistungserwartungen vorliegen, welche Informationen über die Schülerleistung in das Urteil eingehen und welche impliziten Theorien und Vorstellungen der Lehrperson über das ästhetische Lernen in das Urteil einfließen (Wichelhaus, 2006).

Literatur

Alfieri, L., Brooks, P. J., Aldrich, N. J. & Tenenbaum, H. R. (2011). Does discovery-based instruction enhance learning? *Journal of Educational Psychology, 103*(1), 1–18.

Berner, N., Kirchner, C., Peez, G. & Faust, G. (2013). Die Videostudie im Fach Kunst: „Joan Miró – Bildbetrachtung und plastisches Gestalten". In M. Lotz, F. Lipowsky & G. Faust (Hrsg.), *Dokumentation der Erhebungsinstrumente des Projekts „Persönlichkeits- und Lernentwicklung von Grundschulkindern" (PERLE) – Teil 3. Technischer Bericht zu den Videostudien* (S. 37–43). Frankfurt am Main: GFPF.

Berner, N. & Lotz, M. (2015). Aufgabenkultur im Kunstunterricht der Grundschule. In G. Mehlhorn, K. Schöppe & F. Schulz (Hrsg.), *Begabungen entwickeln & Kreativität fördern* (S. 348–396). München: Kopaed.

Busse, K.-P. (2003). Leerstellen individuell füllen. Offene Aufgaben im Fach Kunst. *Friedrich Jahresheft,* XXI, 47–49.

Connor, C. M., Morrison, F. J. & Petrella, J. N. (2004). Effective reading comprehension instruction: Examining child x instruction interactions. *Journal of Educational Psychology, 96*(4), 682–698.

Cronbach, L. J., Gleser, G. C., Nanda, H. & Rajaratnam, N. (1972). *The dependability of behavioral measurements: Theory of generalizability for scores and profiles.* New York: Wiley.

Eid, K., Langer, M. & Ruprecht, H. (2002). *Grundlagen des Kunstunterrichts. Eine Einführung in die kunstdidaktische Theorie und Praxis.* Paderborn: Schöningh.

Feinberg, A. B. & Shapiro, E. S. (2003). Accuracy of teacher judgments in predicting oral reading fluency. *School Psychology Quarterly, 18*(1), 52–65.

Giaconia, R. M. & Hedges, L. V. (1982). Identifying features of effective open education. *Review of Educational Research, 52*(4), 579–602.

Hascher, T. & Hofmann, F. (2008). Aufgaben – noch unentdeckte Potenziale im Unterricht. In J. Thonhauser (Hrsg.), *Aufgaben als Katalysatoren von Lernprozessen. Eine zentrale Komponente organisierten Lehrens und Lernens aus der Sicht von Lernforschung, allgemeiner Didaktik und Fachdidaktik* (S. 47–64). Münster: Waxmann.

Hoge, R. D. & Coladarci, T. (1989). Teacher-based judgments of academic achievement: A review of literature. *Review of Educational Research, 59*(3), 297–313.

Keller, S. & Bender, U. (Hrsg.). (2012). *Aufgabenkulturen. Fachliche Lernprozesse herausfordern, begleiten, auswerten.* Seelze: Friedrich.

Kirchner, C. (2009). *Kunstpädagogik für die Grundschule.* Bad Heilbrunn: Klinkhardt.

Kirchner, C. & Kirschenmann, J. (2015). *Kunst unterrichten. Didaktische Grundlagen und schülerorientierte Vermittlung.* Seelze: Kallmeyer.

Krautz, J. & Sowa, H. (2015). Lernen, Üben, Können und Wissen im Kunstunterricht. In A. Glas, U. Heinen, J. Krautz, M. Miller, H. Sowa & B. Uhlig (Hrsg.), *Kunstunterricht verstehen. Schritte zu einer systematischen Theorie und Didaktik der Kunstpädagogik* (S. 459–471). München: Kopaed.

Kunter, M., Baumert, J., Blum, W., Klusmann, U., Krauss, S. & Neubrand, M. (Hrsg.). (2011). *Professionelle Kompetenz von Lehrkräften. Ergebnisse des Forschungsprogramms COACTIV.* Münster: Waxmann.

Lipowsky, F. (1999). *Offene Lernsituationen im Grundschulunterricht.* Frankfurt (Main): Peter Lang.

Lipowsky, F., Faust, G. & Kastens, C. (Hrsg.). (2013). *Persönlichkeits- und Lernentwicklung an staatlichen und privaten Grundschulen. Ergebnisse der PERLE-Studie zu den ersten beiden Schuljahren.* Münster: Waxmann.

Lipowsky, F. & Lotz, M. (2015). Ist Individualisierung der Königsweg zum erfolgreichen Lernen? Eine Auseinandersetzung mit Theorien, Konzepten und empirischen Befunden. In G. Mehlhorn, K. Schöppe & F. Schulz (Hrsg.), *Begabungen entwickeln & Kreativität fördern* (S. 155–219). München: Kopaed.

Lotz, M., Berner, N. & Gabriel, K. (2013). Auswertung der PERLE-Videostudien und Überblick über die Beobachtungsinstrumente. In M. Lotz, F. Lipowsky & G. Faust (Hrsg.), *Dokumentation der Erhebungsinstrumente des Projekts „Persönlichkeits- und Lernentwicklung von Grundschulkindern" (PERLE) – Teil 3. Technischer Bericht zu den Videostudien* (S. 83–103). Frankfurt am Main: GFPF.

Marr, S. (2014). *Kunstpädagogik in der Praxis. Wie ist wirksame Kunstvermittlung möglich? Eine Einladung zum Gespräch.* Bielefeld: Transcript.

Meyer, H. (2014). *Leitfaden Unterrichtsvorbereitung.* Berlin: Cornelsen Scriptor.

Peez, G. (Hrsg.). (2009). *Beurteilen und Bewerten im Kunstunterricht. Modelle und Unterrichtsbeispiele zur Leistungsmessung und Selbstbewertung.* Seelze-Velber: Kallmeyer.

Rein, A.-L. & Faust, G. (2009). Fachspezifische Einschätzung der Klassenleistungsstärke. In F. Lipowsky, G. Faust & K. Greb (Hrsg.), *Dokumentation der Erhebungsinstrumente des Projekts „Persönlichkeits- und Lernentwicklung von Grundschulkindern" (PERLE) – Teil 1. PERLE-Instrumente: Schüler, Lehrer, Eltern (Messzeitpunkt 1)* (S. 121). Frankfurt am Main: GFPF.

Schäfer, L. (2006). Ideen finden. Förderung von Kreativität in offenen Prozessen. *Kunst + Unterricht,* (307/308), 32–34.

Schoppe, A. (2016). Aufgaben im Kunstunterricht. Motoren für Lernprozesse – Werkzeuge der Diagnose – Schlüssel zum Kompetenzerwerb. *Kunst + Unterricht,* (399/400), 6–14.

Schrader, F.-W. (1989). *Diagnostische Kompetenzen von Lehrern und ihre Bedeutung für die Gestaltung und Effektivität des Unterrichts.* Frankfurt am Main: Peter Lang.

Schrader, F.-W. & Helmke, A. (1987). Diagnostische Kompetenz von Lehrern: Komponenten und Wirkungen. *Empirische Pädagogik,* 1(1), 27–52.

Sowa, H. (2010). Kompetenzorientierte Aufgabenstellungen. *Kunst + Unterricht,* (341), 2–3.

Statistisches Bundesamt. (2009). *Statistisches Jahrbuch 2009 für die Bundesrepublik Deutschland.* Wiesbaden: Statistisches Bundesamt.

Staub, F. C. & Stern, E. (2002). The nature of teachers' pedagogical content beliefs matters for students' achievement gains: Quasi-experimental evidence from elementary mathematics. *Journal of Educational Psychology,* 94(2), 344–355.

Staudte, A. (1982). Subjektivität als Problem oder Chance – Leistungsbeurteilung in der Ästhetischen Erziehung. *Kunst + Unterricht/Sonderheft,* 137–144.

Südkamp, A., Kaiser, J. & Möller, J. (2012). Accuracy of teachers' judgments of students' academic achievement: A meta-analysis. *Journal of Educational Psychology,* 104 (3), 743–762.

Tulodziecki, G., Herzig, B. & Blömeke, S. (2004). *Gestaltung von Unterricht: Eine Einführung in die Didaktik.* Bad Heilbrunn: Julius Klinkhardt.

van Ophuysen, S. & Behrmann, L. (2015). Die Qualität pädagogischer Diagnostik im Lehrerberuf – Anmerkungen zum Themenheft „Diagnostische Kompetenzen von Lehrkräften und ihre Handlungsrelevanz". *Journal for Educational Research Online,* 7(2), 82–98.

Wichelhaus, B. (2003). Fantasiereisen – Fantasiegeschichten. *Kunst + Unterricht,* (278), 4–11.

Wichelhaus, B. (2006). Diagnostizieren. *Kunst + Unterricht,* (Exkurs 307/308), 2–11.

Wann ist Abseits?

Modellbasierte fachliche und sprachliche Aufgabenentwicklung im Fachbereich Bewegung und Sport

André Gogoll

1.   Einleitung

In der aktuellen deutschsprachigen fachdidaktischen Diskussion um das Schulfach Sport gewinnen konzeptuelle Überlegungen an Bedeutung, die die reflexive Ausein-andersetzung der Schülerinnen und Schüler mit den Praxisformen der Bewegungs- und Sportkultur und die daraus resultierenden kognitiven Lernerträge in den Vor-dergrund der wissenschaftlichen und unterrichtspraktischen Aufmerksamkeit rücken (vgl. Serwe-Pandrick, 2016). Dazu gehören insbesondere solche Ansätze, die sich an aktualisierten fachlichen Bildungsvorstellungen zu einer operativen und reflexiven Handlungsfähigkeit im Feld des Sports orientieren (vgl. Gogoll, 2013b; i.Dr.; Thiele & Schierz, 2011) und die sich darum bemühen, diese Vorstellungen in einem Fachmodell fachdidaktisch auszudeuten (vgl. Schierz & Thiele, 2013) oder sie mit Hilfe des Kom-petenzkonstrukts auf der Ebene psychischer Dispositionen konkreter zu fassen und damit auch empirisch messbar zu machen (vgl. Gogoll, 2012; 2013a; 2014).

Kognitive Aspekte von Schülerleistungen im Schulfach Sport finden darüber hinaus auch in aktuellen Sportlehrplänen eine stärkere Beachtung. So wird etwa im Fachbe-reichslehrplan Bewegung und Sport des schweizerischen Lehrplans 21 (D-EDK, 2015) nicht mehr nur erwartet, dass Schülerinnen und Schüler mehr oder minder schwierige sportliche Techniken zunehmend routinierter ausführen können. Vielmehr spiegelt sich in den formulierten Grundansprüchen auch die Erwartung wieder, dass Schü-lerinnen und Schüler sportrelevante Kenntnisse erwerben und diese auf ihr eigenes sportliches Handeln anwenden können sollen. So richtet sich etwa an Schülerinnen und Schüler der dritten und vierten Jahrgangsstufe im Handlungsbereich „Werfen" die Erwartung, sie „… können wichtige Merkmale der Wurftechnik mit 3-Schrittanlauf nennen und anwenden" (D-EDK, 2015).

Sowohl die aktuellen fachdidaktischen Diskussionen zum Schulfach Sport als auch die in jüngster Zeit erarbeiteten deutschsprachigen Lehrpläne erweitern demnach das Spektrum der von den Schülerinnen und Schülern im Sportunterricht erwarteten An-eignungsformen, Lernergebnisse und Leistungen: Curricular gefordert werden nicht mehr nur das Trainieren von motorischen Fähigkeiten wie Kraft, Beweglichkeit und Ausdauer und der Erwerb von sportmotorischen Fertigkeiten, mit denen sportarten-spezifische Techniken wie etwa der Fosbury-Flop im leichtathletischen Hochsprung oder der Korbleger im Basketball zunehmend flüssiger und sicherer ausgeführt wer-den können. Erwartet wird vielmehr zunehmend auch die reflexive Aneignung von gut verstandenem handlungsrelevantem Wissen, das für Leistungen unterschiedlicher

Reichweite genutzt werden können soll – von der kompetenten Selbststeuerung des eigenen sportlichen Handelns bis hin zur kompetenten Einschätzung der Bedeutung, die Bewegung und Sport im individuellen Lebensentwurf einnehmen sollen.

Über den skizzierten Begründungsdiskurs hinaus liegen für den fachdidaktisch und fachpraktisch zunehmend wichtiger werdenden Leistungsbereich der *auf das sportliche Handeln bezogenen kognitiven Kompetenzen* bislang nur wenige Arbeiten vor, die sich mit konkreten unterrichtspraktischen Förderinstrumenten, wie etwa darauf bezogene verstehensfördernde Lernaufgaben, befassen (vgl. Pfitzner, 2014). Testinstrumente zur Erfassung von im Sportunterricht zu erwerbenden Leistungs-dispositionen existieren dagegen bis jetzt lediglich für die Bereiche der motorischen Fähigkeiten (z.B. Bös & Schlenker, 2009) oder der sportmotorischen Grundkompe-tenzen (z.B. Herrmann, Gerlach & Seelig, 2015). Dieses Desiderat aufnehmend stellt der vorliegende Beitrag erste Ergebnisse zur Entwicklung eines Testinstruments zur Erfassung des auf das sportliche Handeln bezogenen kognitiven Leistungsbereichs vor. Konzeptionell schliesst die Erarbeitung des Testinstruments an eigene Vorarbeiten zur Modellierung von Kompetenzkonstrukten für das Schulfach Sport an. Organisatorisch erfolgte die Entwicklung und empirische Prüfung erster Testaufgaben für ein solches Instrument im Rahmen der *Arbeitsgruppe Fach und Sprache,* die sich aus empirischen Bildungsforschern sowie Fachdidaktikern der Fächer Mathematik, Physik, Deutsch, Musik und Sport zusammensetzt.[1]

Im Folgenden wird zunächst das fachbezogene Kompetenzmodell hergeleitet, auf dem die Entwicklung der Testaufgaben basiert hat. Daran anschliessend werden Methodik und Ergebnisse einer ersten Pilotstudie vorgestellt, in der die Testaufgaben empirisch untersucht wurden.

2.   Zur Modellierung fachlicher Kompetenzen im Bereich Bewegung und Sport

Das Schulfach Sport – so ein Minimalkonsens im Hinblick auf dessen Zielsetzung – soll Schülerinnen und Schüler darauf vorbereiten, Anforderungen, die sich ihnen im Sport (auch neben der Schule und nach der Schulzeit) stellen, angemessen, wirksam, verantwortlich und vor allem auf eine selbstbestimmte Weise zu meistern – also ohne, dass ihnen jemand sagen müsste, was sie zu tun oder zu lassen hätten. Um diesen Anforderungen zu genügen, ist es nötig, dass man sein sportliches Handeln klar analy-sieren, sachlich und evaluativ einschätzen und es selbst regulieren kann. Eine erziehe-

---

1   Die Arbeitsgruppe zielt darauf ab, ein Verständnis für fachbezogene Denk- bzw. Lösungs-prozesse in aufgabenbasierten Lehr-Lernarrangements unter Berücksichtigung der sprach-lichen Heterogenität der Schülerinnen und Schüler zu entwickeln. Dazu widmet sie sich ak-tuell der Frage, wie fachliche und sprachliche Anforderungen von Aufgaben modellbasiert systematisch variiert werden können (vgl. http//www.fach-und-sprache.de). Bei der Erar-beitung des Testinstruments sind daher nicht nur fachbezogene Überlegungen eingegangen, sondern von vorne herein auch den heterogenen sprachlichen Fähigkeiten der Schülerinnen und Schüler bei der Entwicklung der Testaufgaben Rechnung getragen worden.

rische Aufgabe des Sportunterrichts wäre dementsprechend – neben der Vermittlung der motorischen Bewegungsabläufe selbst – vor allem die Schaffung einer möglichst vollständigen Orientierungsgrundlage; einer Basis, auf der Schülerinnen und Schüler ihr sportliches Handeln zunehmend besser analysieren, einschätzen und auch selber regulieren können (vgl. Gogoll, 2013a).

Dazu gehört, dass Schülerinnen und Schüler *motorische Bewegungsabläufe* nicht nur auf eine Weise lernen, dass sie sie zunehmend automatisiert (und damit zunehmend blind, weil ohne bewusste Steuerung) durchführen können. Sie sollen vielmehr auch so lernen, dass sie trotz zunehmender Prozeduralisierung des Bewegungsablaufes selbst ein besseres Verständnis von den Bewegungsabfolgen erwerben; sie also die Abfolge einer sportlichen Technik nicht nur zu durchlaufen, sondern auch zu verstehen lernen. Darüber hinaus wäre es hilfreich, wenn Schülerinnen und Schüler im Sportunterricht auch ein zunehmend besseres Verständnis vom Handlungscharakter ihres sportlichen Handelns gewinnen würden. Dazu gehören ein Verständnis von den

- unterschiedlichen *Intentionen*, die ihr sportliches Handeln auf ein Ziel hin ausrichten, und davon, wie diese die Ausführung ihres Handelns beeinflussen,
- verschiedenen *normativen* (formellen und informellen [Spiel]Regeln) und *kognitiven* Aspekten (Taktiken und Strategien), die ihr sportliches Handeln formatieren und ebenfalls davon, wie diese die Ausführung ihres Handelns beeinflussen,
- Voraussetzungen und Gesetzmäßigkeiten ihres *Körpers* sowie von den
- *Sportgeräten und Sportmaterialien*, und wiederum davon, wie diese ihr sportliches Handeln beeinflussen.

Je besser Schülerinnen und Schüler ihr sportliches Handeln nicht nur ausführen können, sondern es auch verstehen lernen, desto vollständiger ist ihre Orientierungsgrundlage, auf der sie etwa die sachliche Angemessenheit („richtig macht man das so!") oder auch die selbstbezogene oder soziale Gültigkeit ihres sportlichen Handelns beurteilen können („ich, für mich, mache das am Liebsten so – auch, wenn ihr das vielleicht lieber anders machen würdet"). Darüber hinaus dürfte aber auch die produktive Seite des Meisterns von Anforderungen im Sport von einer möglichst vollständigen Orientierungsgrundlage profitieren: So wäre es etwa für eine realistische Planung einer Handlungsausführung und den dabei zu treffenden Entscheidungen wichtig zu wissen, welche Ziele (in der gegebenen Situation, aber auch mit Bezug auf die eigenen Ressourcen) überhaupt erreichbar sind und welche Strategien zur Realisierung dieser Ziele eingesetzt werden können. Die Ausführung einer sportlichen Handlung zu kontrollieren, meint, den zur Strategieumsetzung gewählten motorischen Ablauf zu beobachten und zu regulieren, falls sich dies im Verlauf der Ausführung als nötig erweisen würde. Auch hier dürfte einen Vorteil haben, wer schon weiß, welche Einflussgrößen diesen Ablauf beeinflussen, welche Wirkungen er erzeugen wird, und woran und an welchen Stellen eine Regulation der Strategieumsetzung dann überhaupt zielführend sein kann. Und schließlich sollte auch die Einschätzung der Handlungsergebnisse und das Ableiten von Konsequenzen für das zukünftige sportliche Handeln davon profitie-

Sportbezogene Inhaltsbereiche im LP 21	Sportbezogene Wissensbereiche					
	Bewe-gungsab-lauf	Intentio-nen	Regeln	Taktiken/ Strategien	Körper	Geräte/ Materia-lien
Laufen, Springen, Werfen						
Bewegen an Geräten		(3)				
Darstellen und Tanzen						
Spielen			(2)			(1)
Gleiten, Rollen, Fahren						
Bewegen im Wasser						

Abb. 1:   Systematik inhaltsbezogenen Handlungswissens im Sport

ren, dass man auf einem fundierten Verständnis vom sportlichen Handeln aufbauen kann.

Abbildung 1 systematisiert die zur Entwicklung einer möglichst vollständigen Orientierungsgrundlage nötigen Wissensaspekte um das sportliche Handeln und bringt sie zusammen mit den Praxisformen der Bewegungs- und Sportkultur. Die Kategorisierung der Praxisformen korrespondiert mit den sechs Bewegungsfeldern im Fachbereichslehrplan Bewegung und Sport im Lehrplan 21. Die auf diese Weise resultierende Matrix strukturiert das für jeden sportbezogenen Inhalt konkretisier-bare sportbezogene Handlungswissen und erlaubt eine systematische Einordnung des fachlich relevanten inhaltsbezogenen Handlungswissens. So lassen sich etwa die in die Pilotierungsstudie eingegangenen Wissensaspekte folgendermassen in die Matrix einordnen:

1) Wissen um die Eigenschaften verschiedener Bälle unterschiedlicher Sportspiele,
2) Wissen um die Abseitsregel im Fussballspiel,
3) Wissen um die spannende Gestaltung von Wagnisstationen im Geräteturnen.

Schülerinnen und Schüler entwickeln in jedem der 36 möglichen inhaltsbezogenen Wissensbereiche fachliche Kompetenzen, die sich auf das Meistern unterschiedlich anspruchsvoller Anforderungen beziehen. Im Einklang mit den anderen Fachdidaktiken der Arbeitsgruppe „Fach und Sprache" sowie mit den deutschen KMK-Bildungsstandards für die Fächer Deutsch und Mathematik werden drei Anforderungsbereiche unterschieden, für deren Meistern Schülerinnen und Schüler über zunehmend komplexere kognitive Ressourcen und Operationsmöglichkeiten verfügen müssen: vom einfachen isolierten Wissen, das wiedergegeben werden muss, bis hin zu einem gut verstandenen Wissenssystem, mit dem komplexe Problemlöseaktivitäten durchgeführt werden können. Dazu gehören

1. Anforderungen, in denen deklaratives Wissen (etwa zur Grösse von unterschiedlichen Spielbällen) einfach wiedergegeben wird, oder prozeduralisiertes Wissen (etwa zum Seitstoss im Fussball), welches direkt zur Ausführung von Routinetätigkeiten angewendet werden muss (Stufe 1: Reproduktion).

2. Anforderungen, in denen ein bekannter Sachverhalt dadurch erfolgreich bearbeitet wird, dass einzelne fachliche Kenntnisse, Fähigkeiten oder Fertigkeiten miteinander verknüpft werden. So erfordert etwa die Frage, warum offiziell im Fussball im Verein mit Abseitsregel gespielt wird, in der Schule aber nicht, dass die Schülerinnen und Schüler die wichtigsten Merkmale der Abseitsregel kennen und sie mit den unterschiedlichen Spielbedingungen in Verein und Schule zusammenbringen (Stufe 2: Zusammenhänge herstellen).

3. Anforderungen, in denen komplexe oder unbekannte Sachverhalte dadurch erfolgreich bearbeitet werden, dass über sie reflektiert wird und dabei komplexe Lösungsprozesse in Gang gesetzt werden, wie etwa das Strukturieren der Merkmale des komplexen Problems, das Bewusstwerden von Mustern, das Entwickeln, Beurteilen und Umsetzen von Lösungsstrategien oder das Verallgemeinern von Erkenntnissen, die in einer anderen Problemsituation gewonnen wurden. So erfordern etwa die Planung und der Aufbau von Stationen für einen aufregenden und spannenden Bewegungsparcours, dass die Schülerinnen und Schüler darüber reflektieren, was einen solchen Parcours aufregend und spannend macht und dies etwa mit Sicherheitsaspekten in Verbindung bringen, die sie beim Geräteturnen bereits gelernt haben (Stufe 3: Verallgemeinern und Reflektieren).

Die in die Pilotstudie eingegangenen Testaufgaben zur Messung der fachlichen Kompetenz von Schülerinnen und Schülern im Fachbereich Bewegung und Sport korrespondieren mit den zur Veranschaulichung der Anforderungsbereiche aufgeführten Beispielen.

3. Zur Pilotstudie

3.1 Entwicklung und Eigenschaften der Testaufgaben

Das Ziel der vorgestellten Studie bestand in der Erarbeitung von Testaufgaben für die Fächer Mathematik, Physik, Deutsch, Musik und Sport, deren fachliche und sprachliche Anforderungen systematisch und auf der Basis von Modellen variiert und empirisch abgebildet werden können (vgl. Domenech, Neumann, Ehmke & Schwippert, i. Vorb.). Um zu untersuchen, auf welche Weise sich die fachliche und sprachliche Variation der Aufgaben der berücksichtigten Fächer empirisch abbilden lässt, wurden insgesamt 45 schulbuch-ähnliche Aufgaben entwickelt, welche die drei Aspekte Fach (Mathematik, Physik, Sport, Musik, Deutsch), fachliches Anforderungsniveau (leicht, mittel, schwer) und sprachliches Anforderungsniveau (leicht, mittel, schwer) systematisch berücksichtigen. Jedes beteiligte Fach hat zunächst drei Testaufgaben entwickelt, deren fachliches Schwierigkeitsniveau nach den drei Anforderungsbereichen

Reproduzieren, Zusammenhänge herstellen sowie Reflektieren und Verallgemeinern variieren sollte. In einem zweiten Schritt wurde jede der resultierenden 15 Testaufgaben entlang von drei Sprachniveaustufen in sprachlicher Hinsicht unterschiedlich schwierig formuliert.

Modell zur Operationalisierung sprachlicher Anforderungsniveaus

Zur Unterscheidung der Sprachniveaustufen hat die Arbeitsgruppe Fach und Sprache ein Modell erarbeitet, in das verschiedene schwierigkeitsgenerierende Aspekte der Textgestaltung einbezogen wurden. Sie lassen sich ordnen unter den *Dimensionen* Lexik, Syntax, Morphosyntax, Textkohäsion und Layout des Aufgabentextes sowie der Dimension Basiswerte, hinter der die Länge und Anzahl der für die Testaufgabe verwendeten Wörter steht, und die sich teilweise in Form eines Lesbarkeitsindex (LIX-Wert) ausdrücken lässt. Für jede Dimension wurde dann bestimmt, was kennzeichnend ist für ein einfaches Sprachniveau Stufe I (Umgangssprache; Sprache der Nähe und der Situationsgebundenheit), für ein schwieriges Sprachniveau Stufe III (Bildungssprache; das formellere sprachliche Register; eher distanzierend und relativ situationsungebunden) und für ein mittleres Sprachniveau Stufe II, das vom Anspruch her zwischen Umgangssprache und Bildungssprache liegt. Abbildung 2 gibt einen Auszug des komplexen Sprachmodells wieder und zeigt exemplarisch einzelne Kriterien, die in den Dimensionen Basiswerte, Lexik, Morphosyntax, Syntax und Informationsstrukturierung zur Variation der sprachlichen Aufgabenschwierigkeit der Testaufgaben genutzt wurden:

	Stufe I **Umgangssprache**	**Stufe II**	**Stufe III** **Bildungssprache**
LIX	25 ø	35 ø	45 ø
Lexik	hochfrequente Wörter, geringe Varianz	frequente Wörter, „normale" Varianz	mittelfrequente Wörter, hohe Varianz
Morphosyntax	möglichst keine Veränderung der Grundformen	transparente, frequente Veränderung der Grundformen	vielfältige Veränderungen der Grundformen
Syntax	Standardwortstellung, einfache Satzglieder	Varianz der Wortstellung, ergänzte Satzglieder	hohe Varianz der Wortstellung, komplexe Satzglieder
Informationsstrukturierung	vor allem optisch, lineare Propositionsanordnung, explizit (keine Proformen)	optisch & sprachlich, lineare Propositionsanordnung, implizit (Proformen)	vor allem sprachlich, auch nichtlineare Propositionsanordnung, implizit (Proformen)

Abb. 2: Beispiele für Kriterien der Textgestaltung zur Variation sprachlicher Schwierigkeitsniveaus von Testaufgaben

Testaufgaben für das Schulfach Sport

Für das Fach Sport wurden folgende drei Aufgaben entwickelt:

- Aufgabe 1 – Anforderungsbereich Reproduzieren: David und seine Klasse lernen im Sportunterricht unterschiedliche Spiele kennen. Besonders gerne spielt die Klasse Ballspiele, weil diese so viel Spaß machen. In den letzten Wochen haben sie Handball, Volleyball, Tennis, Fußball und Golf gespielt. Sortiere die Spiele nach der Ball-Größe. Beginne mit dem größten Ball.
- Aufgabe 2 (*Multiple-Choice*-Format) – Anforderungsbereich Zusammenhänge herstellen: In seiner Freizeit trainiert Paul in einem Verein Fußball, in dem es die Abseits-Regel gibt. Im Sportunterricht in der Schule soll die Klasse von Paul aber ohne Abseits spielen. Paul und seine Mitschüler diskutieren: Viele Schüler finden die Idee gut. Sie meinen, dass die Regel sehr kompliziert ist. Außerdem spielt die Klasse nur auf einem sehr kleinen Spielfeld und mit kleinen Mannschaften. Einige Schüler aber sind dagegen, weil sie mit den gleichen Regeln wie die Profis spielen wollen. Und wenn sie sich eine Taktik (z. B. die Abseitsfalle) überlegen möchten, dann funktioniert das nur mit der Regel.
  Unten siehst Du die Gründe aus der Diskussion. Welche Gründe gehören auf welche Seite? Kreuze an!

Spiel MIT Abseits	Gründe	Spiel OHNE Abseits
	Die Regel ist sehr schwer.	X
	Wir möchten mit den gleichen Regeln spielen wie die Profis.	
	Wir spielen nur auf einem sehr kleinen Feld und mit einer kleinen Gruppe.	
	Wir möchten uns eine Taktik überlegen, z. B. die Abseitsfalle.	

- Aufgabe 3 (offenes Format) – Anforderungsbereich Reflektieren und Verallgemeinern: Heute hat Peter Sportunterricht. Dafür soll er in einer Halle verschiedene Stationen aufbauen. Wichtig ist, dass alle Kinder aus Peters Klasse mitmachen können und für jeden eine spannende Aufgabe dabei ist. Peter denkt über die Stationen nach. Was muss Peter beachten?

Alle Aufgaben sind auf dem sprachlich mittleren Niveau wiedergegeben. Für den in der Studie eingesetzten Test wurde jede Aufgabe entlang der drei Sprachniveaustufen I–III in sprachlicher Hinsicht unterschiedlich schwierig formuliert.

3.2   Testaufbau und Testdurchführung

Da nicht alle befragten Schülerinnen und Schüler in der zur Verfügung stehenden Zeit alle 45 Testaufgaben hätten bearbeiten können, erfolgte die Testkonzeption in einem multiplen Matrixdesign, welches die Rotation der Aufgaben über drei Testhefte vorsieht. Jedes Testheft enthielt 15 Aufgaben, deren fachliche und sprachliche Schwierigkeiten systematisch variiert wurden. Zusätzlich enthielt jedes Testheft einen C-Test zur Erfassung der allgemein-sprachlichen Fähigkeiten der Schülerinnen und Schüler sowie einen kurzen Fragebogen zur Erfassung soziodemografischer Merkmale. Insgesamt dauerte die im Winter 2014/15 durchgeführte Bearbeitung des Tests 90 Minuten.

3.3   Beschreibung der Stichprobe

Insgesamt wurden 671 Testhefte herausgegeben. Davon konnten die Testhefte von N=601 Schülerinnen und Schülern für die Auswertung berücksichtigt werden. Die Stichprobe besteht aus Schülerinnen (49.7%) und Schülern (50.3%) der siebten und achten Klassen (M=12,7 Jahre) unterschiedlicher Schultypen aus den deutschen Bundesländern Baden-Württemberg Hamburg, Hessen, Niedersachsen und Nordrhein-Westfalen.

4.   Ausgewählte Ergebnisse

Im Folgenden werden vorrangig die Ergebnisse zu den Testaufgaben für das Schulfach Sport vorgestellt. Abbildung 3 zeigt die Lösungsraten für die fachlich leichteste Testaufgabe über alle drei Sprachniveaus (Gesamt). Darüber hinaus sind die Lösungsraten für die Gruppe von Schülerinnen und Schülern berichtet, die sich im Hinblick auf ihre im C-Test gezeigten sprachlichen Fähigkeiten entweder im untersten oder im obersten Quartil einordnen lassen.

Insgesamt zeigt sich, dass die Aufgabe offenbar nicht so einfach war wie erwartet: Nur 61% der Schülerinnen und Schüler haben die Ballsortieraufgabe richtig lösen können. Zudem wird ersichtlich, dass das Löseergebnis entgegen der Erwartung, wonach die sprachlich schwierigeren Aufgaben auch seltener gelöst werden, kaum über die sprachlichen Niveaustufen variiert. Differenziert man die Ergebnisse jedoch nach den allgemeinen sprachlichen Fähigkeiten der Schülerinnen und Schüler, so zeigen sich für die Schüler des obersten und untersten Quartils im C-Test erhebliche Differenzen: So lösen die sprachlich Leistungsschwächeren im C-Test diese Aufgabe auch insgesamt schlechter; umgekehrt lösen die sprachlich Stärkeren die Ballsortieraufgabe wesentlich besser.

Noch grösser sind die Unterschiede in der Lösungshäufigkeit zwischen den sprachlich schwachen und starken Schülerinnen und Schülern bei der fachlich schwierigen Aufgabe (vgl. Abbildung 4). Auch hier liegen die Lösungsraten über alle Sprachniveaus der Aufgabenstellung hinweg bei etwa 60%. Während die Lösungsraten bei den

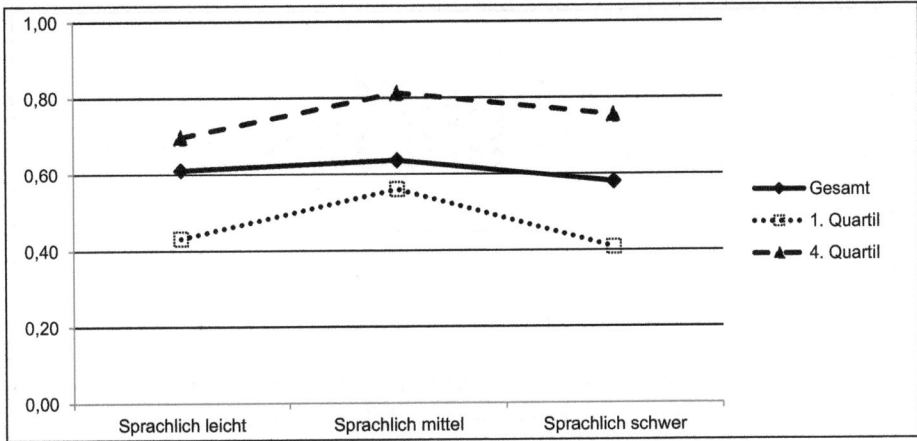

Abb. 3:   Itemschwierigkeiten der fachlich leichten Testaufgabe nach Sprachniveau der Aufgabe differenziert nach sprachlicher Fähigkeit der Schülerinnen und Schüler.

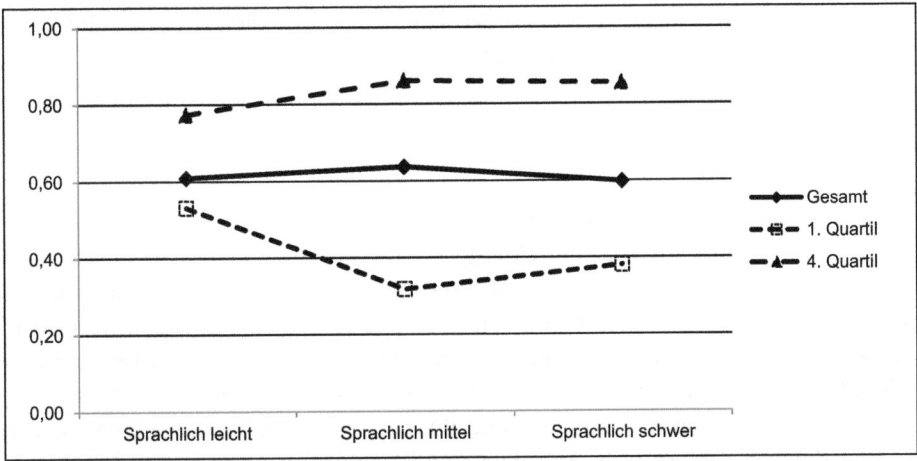

Abb. 4:   Itemschwierigkeiten der fachlich schwierigen Testaufgabe nach Sprachniveau der
Aufgabe differenziert nach sprachlicher Fähigkeit der Schülerinnen und Schüler.

sprachlich Schwächeren zwischen der sprachlich leichten und den sprachlich mittleren bzw. schweren Aufgabe sogar erwartungskonform sinken, nehmen sie umgekehrt
bei den sprachlich stärkeren Schülerinnen und Schülern mit steigender sprachlicher
Schwierigkeit der Aufgabe erwartungswidrig zu.

Die Ergebnisse der für die sportbezogenen Testaufgaben durchgeführten Rasch-
Analyse weisen zunächst auf geringe Abweichungen der für die einzelnen Aufgaben
ermittelten gewichteten Mean-Square-Fit-Statistiken hin. Alle gewichteten Itemfit-
Werte liegen im als akzeptabel erachteten Bereich von 0.8 bis 1.2 (vgl. Bond & Fox,
2007) und lassen keine Probleme der Aufgaben erkennen.

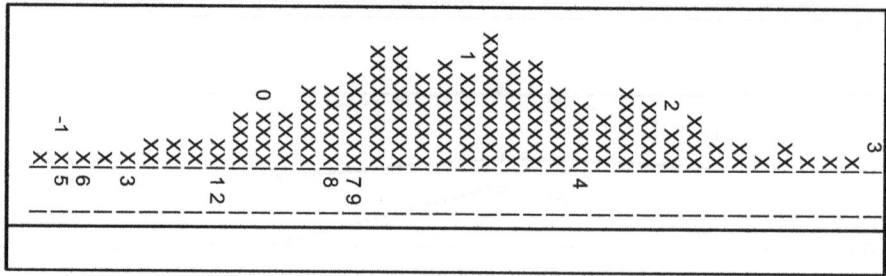

Abb. 5:   Wright-Map der Testaufgaben Sport

Die Analyse der Wright-Map zeigt, dass die fachlich leichten Aufgaben 1–3 auch von Schülerinnen und Schülern mit geringen fachlichen Kompetenzen gelöst werden konnten. Die schweren Aufgaben (7–9) liegen jedoch ebenfalls im mittleren Bereich des Fähigkeitsspektrums. Größere Probleme zeigen sich bei der fachlich mittleren Aufgabe: Während die sprachlich schweren Aufgaben 5 und 6 selbst von den schwächsten Schülerinnen und Schülern gelöst werden konnten, wurde die sprachlich einfachste Aufgabe 4 lediglich von den guten Schülerinnen und Schülern gelöst.

5.   Diskussion

In diesem Beitrag wurden erste Ergebnisse aus einer Pilotstudie zur modellbasierten fachlichen und sprachlichen Entwicklung von Testaufgaben für das Schulfach Sport vorgestellt. Es hat sich gezeigt, dass die Ergebnisse sowohl in fachlicher als auch in sprachlicher Hinsicht empirisch von den zu Grunde liegenden Modellen abweichen. Weder die fachlichen noch die sprachlichen Anforderungen ließen sich in den entwickelten Aufgaben angemessen abbilden. Die aufgrund der ersten Analysen vorgenommene Reflexion der Aufgaben und ihrer Entwicklung hat gezeigt, dass neben handwerklichen Fehlern (z. B. Aufgaben 1 und 2 sind auch ohne Stamm beantwortbar, so dass sprachliche Aspekte bei der Bearbeitung nicht stark ins Gewicht fallen dürften) vor allem die curriculare Validität der Testaufgaben für das Schulfach Sport nicht gegeben ist. In einem Folgeprojekt soll daher ein Test entwickelt werden, der eine kontextualisierte Erfassung von handlungsbezogenen kognitiven Kompetenzen im Schulfach Sport ermöglicht. Mit ihm könnten die in aktuellen Sportlehrplänen erwarteten kognitiven Schülerkompetenzen ökologisch valide gemessen werden und aus den gewonnenen Resultaten u. a. Empfehlungen für deren alters- und entwicklungsgerechte Angemessenheit als Grundanspruch gegeben werden.

Literatur

Bös, K. & Schlenker, L. (2009). *Deutscher Motorik-Test 6–18 (DMT 6–18): Erarbeitet vom ad-hoc-Ausschuss „Motorische Tests für Kinder und Jugendliche" der Deutschen Vereinigung für Sportwissenschaft (dvs)*. Hamburg: Czwalina.

Bond, T. G. & Fox, C. M. (2007). Applying the Rasch model: Fundamental measurement in the human sciences. Mahwah, NJ: Lawrence Erlbaum.

Deutschschweizer Erziehungsdirektoren-Konferenz (D-EDK) (2015). *Lehrplan 21 – von der D-EDK Plenarversammlung am 31.10.2014 zur Einführung in den Kantonen freigegebene Vorlage. Bereinigte Fassung vom 26. März 2015.* Verfügbar unter: http://vorlage.lehrplan.ch/index.php [25.10.2015].

Domenech, M., Neumann, A., Ehmke, T. & Schwippert, K. (in Vorbereitung). Schwer – schwierig – diffizil: Sprachliche und fachliche Variation von Unterrichtsaufgaben in der Sekundarstufe I.

Fankhauser, D., Ferrari, I., Huber, C., Messmer, R., Moshfegh, Y., Plattner, M. & Steinegger, A. (2015). Aufgaben im Sportunterricht. Verfügbar unter: https://itunes.apple.com/ch/book/aufgaben-im-sportunterricht/id952652427?mt=13-&ls=1 [25.10.2015].

Gogoll, A. (im Druck). Handlungsfähigkeit im Sport – transversal und reflexiv. In V. Schürmann, J. Mittag, G. Stibbe, J.-U. Nieland, J. Haut (Hrsg.), *Bewegungskulturen im Wandel. Der Sport der Medialen Moderne – Gesellschaftstheoretische Verortungen.* Bielefeld: Transkript.

Gogoll, A. (2012). Sport- und bewegungskulturelle Kompetenz. *sportpädagogik, 35*(5), 46–51.

Gogoll, A. (2013a). Sport- und bewegungskulturelle Kompetenz. Zur Begründung und Modellierung eines Teils handlungsbezogener Bildung im Fach Sport. *Zeitschrift für sportpädagogische Forschung, 1*(2), 5–24.

Gogoll, A. (2013b). Handlungsfähigkeit, Sinn und Kompetenz im Sportunterricht. In E. Balz & P. Neumann (Hrsg.). *Sportdidaktik – Grundzüge, Perspektiven und Herausforderungen einer pragmatischen Fachdidaktik.* Cornelsen.

Gogoll, A. (2014). Kompetenzmodellierung in den Fachdidaktiken – Grundannahmen und Potenziale für die Sportdidaktik. *Sportunterricht, 63*(6), 163–167.

Herrmann, C., Gerlach, E. & Seelig, H. (2015). Development and validation of a test instrument for the assessment of basic motor competencies in primary school. *Measurement in Physical Education and Exercise Science, 19*(2), 80–90.

Pfitzner, M. (2014). *Aufgaben im Sportunterricht – Konzepte und Forschungsbefunde zum kompetenzorientierten Sportunterricht.* Wiesbaden: VS-Verlag.

Schierz, M. & Thiele, J. (2013). Weiter denken – Umdenken – Neu denken? Argumente zur Fortentwicklung der sportdidaktischen Leitidee der Handlungsfähigkeit. In H. Aschebrock & G. Stibbe (Hrsg.), *Didaktische Konzepte für den Schulsport* (S. 122–147). Meyer & Meyer: Aachen.

Serwe-Pandrick, E. (2016). Der Feind in meinem Fach? Reflektierte Praxis zwischen dem Anspruch des Machens und dem Aufstand des Denkens. *Zeitschrift für sportpädagogische Forschung, Sonderheft 1,* 15–30.

Thiele, J. & Schierz, M. (2011). Handlungsfähigkeit revisited. Plädoyer zur Wiederaufnahme einer didaktischen Leitidee. *Spectrum der Sportwissenschaften, 23*(1), 52–75.

4. Teil
Mathematik und Naturwissenschaften

Aufgabensettings als Werkzeuge für systemische Unterrichtsentwicklung

Volker Ulm

1. Einführung

Der sog. „Rocard-Report" (European Commission, 2007) entwickelte in den letzten Jahren erheblichen Einfluss auf die Bildungspolitik in Europa. In dieser Expertise wurde das Bildungssystem Europas in Bezug auf mathematisch-naturwissenschaftlichen Unterricht analysiert. Das zentrale Anliegen war, wirkungsvolle Strategien zu identifizieren, mit denen in einzelnen Ländern das Schulsystem weiterentwickelt wurde, um diese Strategien ggf. auf die europäische Ebene zu übertragen. In diesem Zusammenhang wurde das Projekt „SINUS-Transfer" hervorgehoben. Es war Kernstück eines groß und langfristig angelegten, deutschlandweiten Innovationsprozesses des mathematisch-naturwissenschaftlichen Unterrichts, der 1998 begann und an dem mehrere Tausend Schulen der Primar- und Sekundarstufe beteiligt waren bzw. im Jahr 2016 noch sind.

Der „Rocard-Report" beschreibt dazu: „Sinus-Transfer is characterized by a long-term, school-based and collaborative approach that is focused on students' learning. It relates to didactical problems in science classrooms and stimulates teachers to evaluate and reflect their teaching in a process of continuous quality development. During the process a strong cooperation is established between teachers within and between schools as well as between researchers and practitioners. [...] The evaluations conducted show significant positive impact on student attainment, especially for weaker students." (ebd., S. 15)

In der Folge förderte die Europäische Union eine Reihe von Unterrichtsentwicklungsprojekten, die ähnliche Strukturmerkmale wie SINUS-Transfer aufweisen sollten (z. B. Fibonacci, PATHWAY, KeyCoMath, siehe Abschnitt 4). Lehrerfortbildung in Schulnetzwerken und die Arbeit mit konkreten Aufgabensettings sollten jeweils als Schlüssel für systemische Weiterentwicklungen des Unterrichts dienen. Lehrkräfte wurden anhand von Aufgabensettings mit innovativen pädagogisch-didaktischen Konzepten vertraut gemacht, sie entwickelten selbst Aufgabensettings für ihren Unterricht, setzten diese in ihren Klassen ein und reflektierten Erfahrungen in kollegialen Netzwerken. Die charakteristischen Strukturmerkmale dieser Projekte werden im Folgenden dargestellt und begründet, eine empirische Studie gibt Hinweise auf ihre Wirksamkeit. Auch wenn sich die angesprochenen Projekte nur auf den mathematisch-naturwissenschaftlichen Unterricht bezogen haben, so besitzen die diesen Projekten zugrunde liegenden Strukturen und die damit gewonnenen Erfahrungen ein Transferpotential, das bei der Konzeption künftiger Entwicklungsvorhaben in allen Fächern bzw. im Bildungssystem als Ganzes Orientierung bieten kann.

2.   Aufgabensettings für forschendes Lernen

2.1   Forschendes Lernen

Die in Abschnitt 1 erwähnten Projekte sollten forschendes Lernen im mathematisch-naturwissenschaftlichen Unterricht – im Englischen: „inquiry-based science education" – stärker verankern. Eine Hauptaussage des „Rocard-Reports" lautet dazu: „Inquiry-based science education (IBSE) has proved its efficacy at both primary and secondary levels in increasing children's and students' interest and attainments levels while at the same time stimulating teacher motivation. IBSE is effective with all kinds of students from the weakest to the most able and is fully compatible with the ambition of excellence. Moreover IBSE is beneficial to promoting girls' interest and participation in science activities. Finally, IBSE and traditional deductive approaches are not mutually exclusive and they should be combined in any science classroom to accommodate different mindsets and age-group preferences." (ebd., S. 2) Darauf aufbauend empfiehlt die Expertenkommission: „the introduction of inquiry-based approaches in schools, actions for teachers training to IBSE, and the development of teachers' networks should be actively promoted and supported." (ebd., S. 3)

Forschendes Lernen lässt sich dadurch charakterisieren, dass der Lernende ein ihm zunächst unbekanntes, subjektiv als komplex wahrgenommenes Themenfeld durch eigenständige kognitive Aktivität zumindest partiell erschließt. Diese Begriffsbildung betont den subjektiven Charakter des Forschens. Das bearbeitete Themenfeld muss für den Lernenden unbekannt und komplex sein. Dies schließt nicht aus, dass die Thematik bereits an anderer Stelle vollständig erschlossen ist. So können beispielsweise Schülerinnen und Schüler im Unterricht forschend erlernen, was im Wissen der Menschheit bereits seit Jahrtausenden bekannt ist. Sie können dennoch ihr individuelles Lernen als Forschungsprozess gestalten und wahrnehmen. Dabei ist forschendes Lernen stets in soziale Kontexte eingebunden. Gerade in der Schule bietet dieses Konzept vielfältige Möglichkeiten, um die Kooperation und die Kommunikation der Schülerinnen und Schüler, gemeinsames Diskutieren und Aushandeln von Ergebnissen zu fördern (vgl. Abschnitt 2.4).

Das didaktische Konzept des forschenden Lernens gründet sich auf gemäßigt konstruktivistische Auffassungen von Lernen. Sie konzipieren menschliches Lernen als aktiven, individuellen, selbstgesteuerten, situierten und sozialen Prozess der Konstruktion von Wissen, der in der Schule mit der Anleitung und Begleitung durch die Lehrkraft gefördert wird (vgl. z. B. Reinmann-Rothmeier & Mandl, 1998; Krapp & Weidenmann, 2006).

Forschendes Lernen steht in engem inhaltlichen Bezug zu Konzepten wie etwa „entdeckendem Lernen", „problembasiertem Lernen", „selbstorganisiertem Lernen" und „kooperativem Lernen". Es vereinigt Elemente dieser Konzepte, indem es ausgehend von Problemkontexten individuelle kognitive Aktivität mit Kommunikation und Kooperation der Lernenden verbindet (Artigue, Dillon, Harlen & Léna, 2012). Damit bietet dieses didaktische Konzept auch vielfältige Freiräume, um die Diversität von Schülerinnen und Schülern im Unterricht produktiv für Lernen zu nutzen (vgl. Abschnitt 2.3).

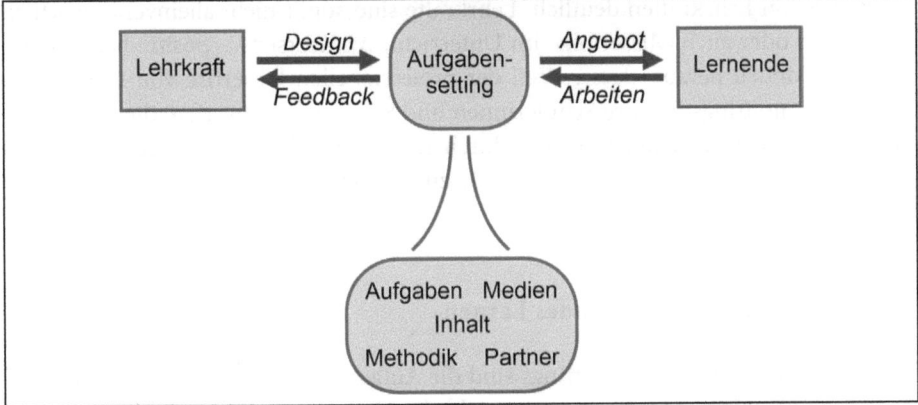

Abb. 1:   Modell des Lehrens und Lernens mit Aufgabensettings

2.2   Aufgabensettings als didaktisches Rahmenkonzept

Das Lehren und Lernen in der Schule ist ein sehr vielschichtiger Prozess. Mit Modellen wird versucht, komplexe Sachverhalte vereinfacht darzustellen, dabei aber grundlegende Strukturen herauszuschälen und damit greifbar zu machen. Auf der Basis gemäßigt konstruktivistischer Lernauffassungen erscheint das in Abb. 1 dargestellte Modell des Lehrens und Lernens mit Aufgabensettings natürlich.

In diesem Modell stellt das Aufgabensetting ein Bindeglied zwischen Lehrkraft und Lernenden dar. Es gehört zu den professionellen Tätigkeiten einer Lehrkraft, das Aufgabensetting für ihre Schülerinnen und Schüler als Lernangebot zu schaffen. Diese arbeiten mit dem Aufgabensetting und werden dabei durch die Lehrkraft begleitet und ggf. weiter unterstützt. Hierdurch erhält die Lehrkraft wiederum Feedback über die Lernenden, aber auch über die Wirkung des Aufgabensettings.

Der Begriff des Aufgabensettings umfasst dabei mehrere Komponenten: Die Lehrkraft stellt *Aufgaben* für die Lernenden zusammen, die zu einem Beschäftigen mit fachlichen *Inhalten* herausfordern. Im Klassenkontext verbindet dies die Lehrkraft mit einer *Unterrichtsmethode* und stellt ggf. *Medien* zur Verfügung. Dabei sind sowohl die Lehrkraft als auch Mitschüler *Partner* im Lernprozess jedes Einzelnen. Diese Komponenten können in einem Aufgabensetting mehr oder weniger explizit herausgestellt werden. Mit Aufgaben wie beispielsweise „Diskutiere deine Ideen mit deinem Nachbarn." oder „Präsentiert eure Ergebnisse im Klassenplenum." kann die Lehrkraft die intendierte Unterrichtsmethode und die Rolle der Lernpartner im Aufgabensetting verankern und damit für die Schüler klar akzentuieren.

Das Modell in Abb. 1 erweitert didaktische Konzepte wie etwa das der „substanziellen Lernumgebungen" von Wittmann (1995; 2001) oder der „starken Lernumgebungen" von Dubs (1995). Natürlich vereinfacht das Modell die Realität – wie jedes Modell. Es zeigt aber einerseits, dass die Lehrkraft das Lernen von Schülerinnen und Schülern nicht erzwingen und direkt steuern kann. Dadurch werden Grenzen der Wirkmöglichkeiten von Lehrkräften deutlich. Lehrkräfte sind somit nicht alleinverantwortlich für Erfolge oder auch Misserfolge im Unterricht. Andererseits – positiv betrachtet – stellt das Modell heraus, dass es Teil der professionellen Expertise von Lehrkräften ist, Aufgabensettings für ihre Schülerinnen und Schüler zu entwerfen, die Lernenden beim Arbeiten zu begleiten und die dadurch gewonnenen Rückmeldungen für weitere Diagnose- und Fördermaßnahmen sowie zur Bewertung von Schülerleistungen zu nutzen.

2.3 Aufgaben für forschendes Lernen

Das Herzstück von Aufgabensettings sind die Aufgabenstellungen für die Lernenden. Sie schaffen fachbezogene Situationen und geben Impulse für fachliches Denken und Lernen. Es stellt sich die Frage, ob es Kriterien gibt, die eine Aufgabe hierfür als besonders geeignet oder auch ungeeignet erscheinen lassen. Sicherlich ist eine Aufgabe nicht an sich „gut" oder „schlecht". Es kommt entscheidend darauf an, welche Ziele man mit der Aufgabe anstrebt und wie sie dazu in ein Aufgabensetting im Sinne von Abschnitt 2.2 eingebettet wird. Allerdings können durchaus Merkmale von Aufgaben identifiziert werden, die sich angesichts schulischer Rahmenbedingungen besonders gut eignen, um forschendes Lernen im Unterrichtsalltag anzustoßen und zu fördern (vgl. Ulm, 2008; 2012):

- Aufgaben für forschendes Lernen sollten *offen* sein – zumindest zu einem gewissen Grad –, d. h., sie sollten eine fachbezogene Situation umreißen, die zu vielfältigen Bearbeitungsmöglichkeiten einlädt.
- Die Aufgaben sollten *fachlich reichhaltig* sein, d. h., sie sollten sich auf Fachinhalte einer gewissen Komplexität und Tiefe beziehen, so dass es für die Lernenden lohnenswert ist, sich mit den Aufgaben über einen gewissen Zeitraum zu befassen, um fachbezogene Kompetenzen weiterzuentwickeln.
- Sie sollten für alle Schülerinnen und Schüler *leicht zugänglich* sein, d. h. keine hohen Einstiegshürden besitzen, so dass sich alle Lernenden substanziell mit den Aufgaben beschäftigen können und sie Erfolgserlebnisse beim Arbeiten erleben.
- Aufgaben für forschendes Lernen sollten die Erkundung einer Thematik *auf verschiedenen Niveaus* zulassen, so dass sowohl Leistungsschwächere als auch Leistungsstärkere ihren individuellen Fähigkeiten entsprechend lernen können.

Anhand von Aufgaben mit diesen Eigenschaften lässt sich die natürliche Diversität in einer Klasse für substanzielles Lernen aller Schülerinnen und Schüler produktiv nutzen. Es gehört zur professionellen Kompetenz von Lehrkräften, für ihre Lernenden passende Aufgaben zu erstellen bzw. auszuwählen und sie in geeignete Aufgabensettings einzubetten.

2.4 Unterrichtsmethodik für forschendes Lernen

Aufgaben für forschendes Lernen können ihr Potenzial nur in Verbindung mit Unterrichtsmethoden entfalten, die entsprechend exploratives Arbeiten der Schülerinnen und Schüler anstoßen und fördern. Dazu erscheint das folgende methodische Konzept für forschendes Lernen im Unterrichtsalltag natürlich und tragfähig. Es verbindet eigenständiges und kooperatives Lernen mit Präsentationen, Diskussionen und Unterrichtsgesprächen im Klassenverband. Seine Grundstruktur ist nicht neu und unter verschiedenen Schlagworten verbreitet, z. B. „Ich-du-wir" (Gallin & Ruf, 2014), „Think-Pair-Share" (Green & Green, 2005) oder „Japanisches Modell" (Ulm, 2004).

- *Individuelles Arbeiten*: Jeder einzelne Schüler macht sich eigenständig mit einem fachbezogenen Phänomen oder einer Problemstellung vertraut, stellt Bezüge zum eigenen Ich, zum persönlichen Vorwissen her und erkundet das zu Grunde liegende Themenfeld auf individuellen Lernwegen.
- *Forschen in Partner- und Kleingruppenarbeit*: Jeder Schüler tauscht sich mit einem Partner oder in einer Kleingruppe aus, erklärt die eigenen Ideen, vollzieht die Gedanken des bzw. der anderen nach und dringt so tiefer in das Themenfeld ein. Kooperativ wird weiter an der Erforschung und Erschließung des Themenfeldes gearbeitet.
- *Präsentation und Diskussion*: Die Schülerarbeitsgruppen stellen ihre Überlegungen und Forschungsergebnisse im Klassenplenum vor. Die gemeinsame Diskussion dieser Beiträge vertieft die Durchdringung des Themenfelds.
- *Ergebnissicherung*: Unter der fachkundigen Leitung der Lehrkraft werden die Resultate der Schülerarbeitsgruppen zusammengeführt, es werden Gemeinsamkeiten und Unterschiede herausgearbeitet und dabei ein Gesamtergebnis der Forschungen fixiert.

Dieses methodische Konzept ist nur eine idealisierende Modellierung realer Unterrichtsverläufe. In der Schulpraxis werden sich Phasen überlappen oder es werden Zyklen durchlaufen. Allerdings hilft ein derartiges Konzept, Aufgabenstellungen für die Schülerinnen und Schüler so zu formulieren und den Unterrichtsverlauf so zu strukturieren, dass forschendes Lernen durch die Unterrichtsmethode unterstützt wird.

3. Innovationen in komplexen Systemen

Weltweit bestehen Bemühungen, das Bildungssystem weiterzuentwickeln – auf regionaler, nationaler oder internationaler Ebene. Um die Struktur von derartigen Initiativen zu analysieren, ist es nützlich, einen kurzen Exkurs in die Theorie der Systemkybernetik und des Managements komplexer Systeme zu machen. Dies wird theoretisch begründete Strategien liefern, wie Innovationen im Bildungssystem wirkungsvoll angestoßen und unterstützt werden können.

3.1   Komplexe Systeme

In der Systemtheorie bezeichnet man ein System als komplex, wenn es so viele Zustände annehmen kann, dass ein einzelner Mensch nicht alle möglichen Systemzustände und Zustandsübergänge kognitiv erfassen kann (Malik, 2008; Vester, 2015).

Beispiele sind etwa die Biosphäre unserer Erde, ein Wirtschaftsunternehmen, das Schulsystem eines Landes oder auch eine konkrete Schule. Kein Mensch kann diese Systeme vollständig kognitiv erfassen. Damit stellt sich folgendes fundamentales Problem der Systemkybernetik: Wie leitet man ein komplexes System Erfolg versprechend? Vor derartigen Fragen stehen etwa Manager von Wirtschaftsunternehmen, aber auch Verantwortliche im Bildungssystem.

3.2   Steuerung komplexer Systeme

Nach Malik (2008) lassen sich zwei Dimensionen der Steuerung komplexer Systeme unterscheiden. Die in Abb. 2 dargestellte horizontale Dimension bezieht sich auf die Art und Weise des Steuerns, die vertikale Dimension betrifft die Zielebene von Steuermaßnahmen.

Die Methode des *analytisch-direktiven* Steuerns benötigt einen „Steuermann", der das System in umfassender Weise kennt, Ziele definiert und die jeweils optimalen Entwicklungswege für das System festlegt. Autoritär-hierarchisch gesteuerte Systeme basieren auf diesem Prinzip. Dabei entstehen allerdings gerade aufgrund der Komplexität des Systems fundamentale Probleme, da in komplexen Systemen eben niemand alle Systemzustände und Entwicklungsmöglichkeiten überblicken kann.

Als Gegenpol gründet sich *inkremental-evolutionäres* Steuern auf die Annahme, dass komplexe Systeme das Resultat von Wachstums- und Entwicklungsprozessen sind. Die Steuerbemühungen versuchen deshalb, evolutionär die natürliche Entwicklung des Systems in Erfolg versprechende Richtungen zu lenken. Sie zielen auf inkrementale Veränderungen ab, d.h. auf Entwicklungen in kleinen Schritten, weil schlagartige, große Veränderungsmaßnahmen unvorhersehbare Folgen haben können. Dennoch können sich durch inkremental-evolutionäre Prozesse wesentliche Veränderungen ergeben – und zwar zum einen, wenn solche Prozesse kumulativ wirken und sich überlagern, sowie zum andern, wenn sie auf der Meta-Ebene wirken.

Die zweite Dimension unterscheidet zwischen der Objekt- und der Meta-Ebene. Die *Objekt-Ebene* enthält alles Konkrete und Fassbare in einem System. Im Schulsystem sind hier beispielsweise Bücher, Arbeitsmaterialien, Gebäude etc. eingeschlossen.

Die *Meta-Ebene* umfasst entsprechend das Nicht-Fassbare, also etwa Entscheidungsstrukturen, soziale Beziehungen, Vorstellungen zu den Aufgaben von Schule oder Beliefs von Lehrkräften zum Lehren und Lernen (Maaß & Schlöglmann, 2009; Pehkonen & Törner, 1996; Leder, Pehkonen & Törner, 2002).

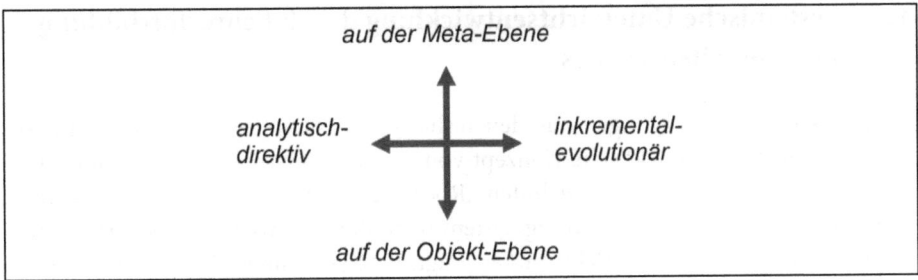

Abb. 2:   Steuerung komplexer Systeme

3.3   Innovationen in komplexen Systemen

Eine entscheidende Frage für Führungspersonen im Bildungssystem ist: Wie können im komplexen System einer Bildungsinstitution oder auch im Bildungssystem als Ganzes substanzielle Innovationen angestoßen und durchgeführt werden? Die Theorie der Systemkybernetik gibt dazu wertvolle Hinweise.

Versuche des analytisch-direktiven Steuerns scheitern langfristig, da sie die Komplexität des Systems ignorieren. Es entstehen beispielsweise Widerstände im System, Reformbemühungen bleiben oberflächlich. Veränderungen auf der Objekt-Ebene müssen nicht notwendig strukturelle Veränderungen des Systems nach sich ziehen. Man kann etwa innovative Schulbücher anschaffen, ohne dass sich die Art des Unterrichtens ändert.

Gemäß der kybernetischen Theorie aus Abschnitt 3.2 ist es Erfolg versprechender, inkremental-evolutionäre Veränderungen auf der Meta-Ebene (vgl. Abb. 3) anzustoßen und zu unterstützen. Sie stehen in Einklang mit der Komplexität des Systems und gefährden nicht seine Existenz; sie können substanzielle und nachhaltige Wirkungen entfalten, wenn sie kumulativ auf der Metaebene wirken.

Die Strategie, komplexe Systeme durch inkremental-evolutionäre Veränderungen auf der Meta-Ebene systemisch weiterzuentwickeln, wird im nächsten Abschnitt für das Bildungssystem und Unterrichtsentwicklung spezifiziert.

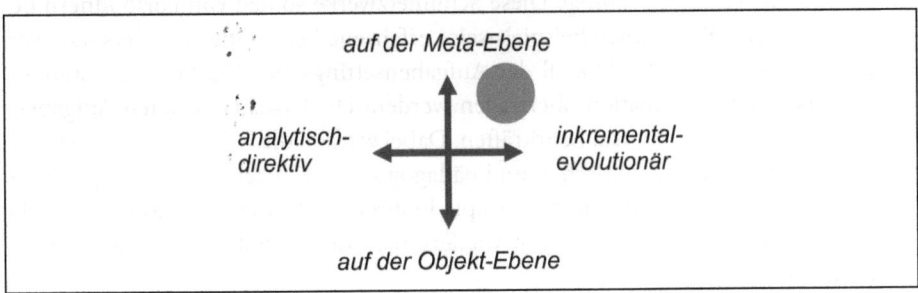

Abb. 3:   Innovationen in komplexen Systemen

4.   Systemische Unterrichtsentwicklung durch Lehrerfortbildung mit Aufgabensettings

Führen wir die Überlegungen aus den bisherigen Abschnitten zusammen. In Abschnitt 2 wurde das didaktische Konzept von Aufgabensettings für forschendes Lernen entwickelt. Gemäß dem erwähnten „Rocard-Report" besteht eine fundamentale Herausforderung darin, das Bildungssystem so weiterzuentwickeln, dass forschendes Lernen den regulären Unterricht stärker prägt. Eine zentrale Rolle kommt dabei den Lehrkräften zu, denn ihr Denken und Handeln bestimmt den Unterricht und damit das Lernen der Schülerinnen und Schüler. Gefordert sind also tragfähige Konzepte für Lehrerfortbildung. Nur sehr begrenzt wirkungsvoll sind „traditionelle" Lehrerfortbildungsveranstaltungen, die oft nicht länger als einen Tag dauern und aus Vorträgen für alle Teilnehmer bestehen. Lehrkräfte erwerben dabei evtl. Wissen über innovative didaktische Konzepte, aber sie handeln in ihrem Unterrichtsalltag nicht danach – und zwar, weil die Meta-Ebene der innersten Überzeugungen nicht erreicht wird. Die Lerneffekte bleiben oberflächlich, es entstehen träges Wissen und eine „Kluft zwischen Wissen und Handeln" (Mandl & Gerstenmaier, 2000).

Die Ergebnisse aus Abschnitt 3 zu Innovationen in komplexen Systemen zeigen hingegen auf, wie Projekte zur Weiterentwicklung des Unterrichts zielführend konzipiert werden sollten. Dazu wird abschließend ein Handlungskonzept für Innovationen im Schulsystem entworfen, das sich argumentativ auf die vorherigen Abschnitte gründet.

1) *Lehrkräfte als Zielgruppe*: Die Schlüsselpersonen für Innovationen des Unterrichts sind die Lehrkräfte. Ihre Überzeugungen, Beliefs und professionellen Kompetenzen sind maßgeblich für den Unterricht. Das Lehramtsstudium kann hier natürlich Grundlagen legen, für Innovationen im Bildungssystem ist systematische, langfristig konzipierte Lehrerfortbildung aber noch wichtiger (vgl. Kunter et al., 2011).

2) *Netzwerke von Schulen*: Da Lernen auch ein sozialer Prozess ist, empfiehlt es sich, Netzwerke von Schulen und Lehrkräften einzurichten. Sie dienen als Rahmenstruktur für kooperatives Lernen der Lehrkräfte, für den Austausch von Erfahrungen und gemeinsame Unterrichtsentwicklung.

3) *Coaches für Lehrerfortbildung*: Diese Schulnetzwerke sollten von Fortbildnern betreut werden. Dies können beispielsweise erfahrene Lehrkräfte oder Personen von Universitäten sein. Das Modell der Aufgabensettings aus Abschnitt 2.2 kann auf diese Fortbildungssituation übertragen werden: Die Coaches schaffen Aufgabensettings für das Lernen von Lehrkräften. Dabei werden die Lehrkräfte beispielsweise mit allgemeinen didaktischen und pädagogischen Konzepten vertraut gemacht, sie erhalten Aufträge, um diese Konzepte in ihrem Unterricht umzusetzen und die hierbei gewonnenen Erfahrungen wiederum in die Fortbildungsarbeit im Netzwerk einfließen zu lassen.

4) *Überschaubare Handlungsfelder*: Entsprechend dem Gedanken, dass substanzielle Innovationen inkremental-evolutionär ablaufen, sollte man nicht versuchen, sofort den gesamten Unterricht zu revolutionieren. Vielmehr erscheint es sinnvoll, ausgehend von diagnostizierten Problemen des Unterrichts überschaubare Handlungs-

bereiche zu definieren, denen man sich im Schulnetzwerk widmet. Sie könnten beispielsweise lauten: Forschendes Lernen, Kooperation von Schülern, Förderung besonders Begabter, Grundwissen sichern etc. Schulen arbeiten dann an ein oder zwei Handlungsfeldern. Es ist für Lehrkräfte wichtig zu spüren, dass sie nicht ihren gesamten Unterricht ändern sollen. Dies würde ihnen sonst die Handlungssicherheit nehmen und damit auch den Erfolg des Unterrichts und des Innovationsvorhabens gefährden.

5) *Abzielen auf die Meta-Ebene*: In Abschnitt 3.3 wurde betont, dass es notwendig ist, auf die Meta-Ebene der Vorstellungen von Unterricht abzuzielen. Wenn man dies erreichen will, genügt es nicht, in Lehrerfortbildungen nur Unterrichtsmaterialien und Aufgabensammlungen zu verbreiten. Dies ist nur die Objektebene. Wenn man aber auf die Ebene der Überzeugungen und Beliefs abzielt, müssen Lehrkräfte über Unterricht reflektieren, sich mit pädagogisch-didaktischen Theorien kritisch auseinandersetzen und sie auf das eigene Handeln beziehen. Nur so kann die oben erwähnte Kluft zwischen Wissen und Handeln überwunden werden.

6) *Arbeiten mit Aufgabensettings*: Es klingt abstrakt und anspruchsvoll, „auf die Meta-Ebene abzuzielen". Allerdings bietet das Konzept der Aufgabensettings hierfür sehr konkrete Wege.

Einerseits können bei Treffen im Schulnetzwerk Aufgabensettings von Fortbildnern genutzt werden, um daran für die Lehrkräfte allgemeine pädagogisch-didaktische Konzepte greifbar und verständlich zu machen. Beispielsweise kann durch die Bearbeitung und die Diskussion von konkreten Aufgabensettings für forschendes Lernen das Allgemeine an diesem Konzept von den Teilnehmern erfahren und erschlossen werden.

Andererseits sollten die Lehrkräfte im Schulnetzwerk kooperativ Aufgabensettings für ihre Klassen konzipieren und dadurch die von den Fortbildnern gegebenen Impulse umsetzen. Sie nutzen diese Aufgabensettings dann in ihrem eigenen Unterricht, gewinnen dabei Erfahrungen und reflektieren diese anschließend im kollegialen Austausch im Fortbildungsnetzwerk. Vor dem Erfahrungshintergrund aus der Unterrichtspraxis werden die Aufgabensettings gemeinsam überarbeitet und ggf. verbessert. Daraufhin kann der Zyklus des Unterrichtseinsatzes, der Reflexion und der Optimierung evtl. wiederholt werden.

Insgesamt dient also das Arbeiten an und mit Aufgabensettings für den Unterrichtsalltag dazu, grundlegende didaktische Ideen zu vermitteln, Entwicklungen auf der Meta-Ebene der Beliefs anzustoßen und somit das Handeln der Lehrkräfte in ihrer beruflichen Praxis zu verändern. Insofern werden Aufgabensettings als Werkzeuge für systemische Unterrichtsentwicklung genutzt.

7) *Universitäten als Innovationszentren*: Bei diesen Entwicklungsprozessen im Schulsystem können Universitäten als Impulsgeber und Begleiter wirken. Sie können systematisch Fortbildungen für Lehrkräfte anbieten sowie die Coaches für ihre Aufgaben weiterbilden und sie bei ihren Fortbildungstätigkeiten betreuen. Auch hierbei kann das Konzept der Aufgabensettings dazu dienen, allgemeine didaktische und pädagogische Theorien auf Unterricht zu beziehen und damit greifbar zu machen.

8) *Austausch auf überregionaler Ebene*: Es ist ausgesprochen förderlich, wenn Lehrkräfte Gelegenheiten erhalten, sich auf regionaler, nationaler oder auch internationaler Ebene im Rahmen von Fortbildungsangeboten auszutauschen. Dadurch
   erfahren sie, dass individuell empfundene Probleme des Unterrichts überhaupt
   nicht spezifisch für den eigenen Wirkungskreis sind, sondern systemischer Natur
   sind. Zudem können sie dabei von der umfangreichen Expertise eines weiten Kol-
   legenkreises profitieren.

9) *Evolutionäre Prozesse brauchen Zeit*: Da substanzielle Innovationen evolutionär
   verlaufen, ist klar, dass solche Prozesse Zeit brauchen (Cambone, 1994). Dies klingt
   ziemlich offensichtlich, aber man kann keine tiefgreifenden Innovationen im
   Bildungssystem innerhalb der üblichen Projektförderperioden von zwei bis drei
   Jahren erwarten. Um substanzielle Entwicklungen auf der Ebene der Vorstellungen
   und Beliefs einer „kritischen Masse" von Lehrkräften zu erreichen, sind Anstrengungen über etwa 10 Jahre erforderlich, ggf. im Rahmen aufeinander aufbauender
   Projekte. Allerdings werden dazu langfristige und vorausschauende Planungen in
   der Bildungsverwaltung, an Hochschulen und in der Politik benötigt.

Diese neun Strukturmerkmale lassen sich bei mehreren Projekten wiederfinden, die
in den letzten Jahren und Jahrzehnten substanziellen Einfluss im Bildungssystem auf
deutscher und europäischer Ebene entwickelt haben. Die deutschen Projekte SINUS
(1998–2003), SINUS-Transfer (seit 2003) und SINUS Grundschule (seit 2004) sowie
ihre Erweiterungen zu den EU-Projekten Fibonacci (2010–2013), PATHWAY (2011–
2014) und KeyCoMath (2013–2015) besaßen jeweils die beschriebene Struktur. Die the-
oriebezogenen Analysen aus den Abschnitten 2 und 3 legen nahe, dass diese Struktur
maßgeblich zum Erfolg und zu den Wirkungen dieser Projekte im Bildungssystem
beigetragen hat. (Die Adressen der Websites der Projekte sind am Ende dieses Beitrags
angegeben.)

5.   Statistische Analysen zur Wirksamkeit der Strukturmerkmale für Unterrichtsentwicklungsprojekte

Um empirische Hinweise zur Wirksamkeit der in Abschnitt 4 beschriebenen Strukturmerkmale für Unterrichtsentwicklungsprojekte zu gewinnen, wird im Folgenden das
Projekt Fibonacci an Grundschulen in Bayern genauer betrachtet. Bei diesem Projekt
wurde das beschriebene Konzept zur systemischen Unterrichtsentwicklung durch
Lehrerfortbildung mit Aufgabensettings vollständig umgesetzt.

5.1   Struktur der Projektaktivitäten

Im Rahmen des Fibonacci-Projekts wurde in Bayern ein Schulnetzwerk aus 94 Grundschulen mit etwa 500 teilnehmenden Lehrkräften eingerichtet. Dieses untergliederte
sich weiter in regionale Sub-Netzwerke aus jeweils vier bis sechs Schulen mit ca. 25

Lehrkräften. Jedes Sub-Netzwerk wurde durch zwei bis drei Coaches betreut. Die Lehrkräfte trafen sich in den regionalen Sub-Netzwerken mit ihren Coaches ca. fünfmal
pro Jahr und erarbeiteten gemeinsam Wege zur Weiterentwicklung ihres Unterrichts.
Sie setzten sich mit allgemeinen pädagogisch-didaktischen Konzepten auseinander
und bezogen diese eng auf ihre Unterrichtspraxis, indem sie kooperativ entsprechende
Aufgabensettings für ihren eigenen Unterricht entwickelten. Die Lehrkräfte nutzten
die Aufgabensettings in ihren Klassen und reflektierten anschließend Erfahrungen in
der Fortbildungsgruppe (vgl. Punkt 6 in Abschnitt 4).

Des Weiteren fanden auf überregionaler Ebene für alle beteiligten Lehrkräfte zweimal pro Jahr eintägige Fortbildungsveranstaltungen statt, die durch die Universität
Augsburg organisiert wurden. Hierzu wurden einerseits externe Referenten eingeladen,
um der Unterrichtsentwicklungsarbeit Impulse von außen zu verleihen. Andererseits
dienten auch diese Treffen dem vertieften Austausch aller Beteiligten untereinander.

5.2   Forschendes Lernen im Unterrichtsalltag als Fokus der Unterrichtsentwicklung

Das Hauptziel des Fibonacci-Projekts war es, forschendes Lernen im Mathematikunterricht stärker zu verankern. Dazu war auf Seiten der Lehrkräfte insbesondere die
Selbstsicherheit zu fördern, ihren Unterricht gemäß den in Abschnitt 2 dargestellten
didaktischen Konzepten für forschendes Lernen zu gestalten. Für derartiges Unterrichten haben die Lehrkräfte vielfältige Herausforderungen in verschiedenen Phasen
des Unterrichts zu bewältigen: Beispielsweise müssen sie die Lernenden – z. B. anhand
entsprechender Aufgabensettings – ermutigen, eigene Forschungen zu planen, sorgfältige Beobachtungen durchzuführen, Zusammenhänge zu erkunden, sich dabei mit
Mitschülerinnen und Mitschülern auszutauschen, Fehler zu analysieren, Überlegungen zu dokumentieren und Ergebnisse zu präsentieren. Zudem sind die Lehrkräfte
gefordert, auch die Leistungen der Schülerinnen und Schüler in Phasen forschenden
Lernens zu bewerten und zu beurteilen. Diese Anforderungen an Lehrkräfte standen
regelmäßig bei den in Abschnitt 5.1 beschriebenen Projekttreffen im Fokus.

5.3   Erfassung der Wirkungen der Fortbildungsmaßnahmen

Um Entwicklungen bei den Lehrkräften im Laufe der Projektarbeit zu erfassen, nahmen zu Beginn der Fortbildungen im Herbst 2010 sowie am Ende der Maßnahme
im Winter 2012 je 150 jeweils zufällig ausgewählte Lehrkräfte aus dem Netzwerk von
94 Schulen an einem *Pre-Test* bzw. einem *Post-Test* teil. Ihnen wurden – gemäß den
in Abschnitt 5.2 dargestellten Herausforderungen – jeweils die folgenden 12 Fragen
schriftlich vorgelegt:

Wie sicher fühlen Sie sich als Lehrerin bzw. Lehrer bei folgenden Anforderungen?
- Schüler ermutigen, eigene Forschungen zu planen
- Schüler ermutigen, sorgfältige Beobachtung durchzuführen

- Schüler ermutigen, Vermutungen aufzustellen, Vorhersagen zu treffen, selbst über Zusammenhänge nachzudenken
- Gruppen- bzw. Teamarbeit anregen
- Schüler ermutigen bzw. Schülern helfen, Notizen über Experimente und Beobachtungen anzufertigen
- Schüler anhalten, Beobachtungen oder Ergebnisse zu erklären und Schlüsse daraus zu ziehen
- Schülern helfen, Beobachtungen und Ergebnisse zu verallgemeinern
- Schüler anhalten, ihre Ergebnisse oder Lösungen zu präsentieren
- Schüler ermutigen, mathematische Begriffe korrekt zu benutzen
- Schüler ermutigen, ihre Fehler selbst zu analysieren
- den Unterricht für Entdeckungen außerhalb des Lehrplans öffnen (besonders für begabte Schüler)
- unterschiedliche Beurteilungsformen nutzen (Tests, freie Produktionen, mündliche Beiträge, praktische Aufgaben)

Bei jedem Item standen auf einer fünfstufigen Ratingskala die Antworten „0 = überhaupt nicht sicher", „1 = eher nicht sicher", „2 = etwas sicher", „3 = ziemlich sicher" oder „4 = völlig sicher" zur Auswahl. Aufgrund der sprachlichen Abstufungen dieser Antwortmöglichkeiten wird ein Intervallskalenniveau der Antwortdaten angenommen. Dadurch lässt sich das arithmetische Mittel der Antworten jeder Lehrkraft als Index für ihre Selbstsicherheit zur Gestaltung forschenden Mathematikunterrichts interpretieren. Dieser Index ist aufgrund der Codierung eine rationale Zahl zwischen 0 und 4.

Um Langzeitwirkungen der Fortbildungsmaßnahme zu forschendem Lernen zu erfassen, wurden im Sommer 2015 zweieinhalb Jahre nach der Intervention wiederum 150 Lehrkräfte aus dem Netzwerk der 94 Schulen zufällig ausgewählt und gebeten, die obigen Fragen zu beantworten (*Follow-up-Test*). Die Schulen hatten in der Zwischenzeit, d.h. von 2013 bis 2015, im gleichen Schulnetzwerk an einem Projekt KeyCoMath teilgenommen, das allerdings nicht explizit auf forschendes Lernen abzielte (sondern auf die Diagnose und Bewertung von Schülerkompetenzen und die Förderung von Schlüsselqualifikationen).

5.4 Ergebnisse statistischer Analysen

Einerseits stellt sich die Frage, ob sich während der zweijährigen Fortbildungsmaßnahme zu forschendem Lernen die Selbstsicherheit der Lehrkräfte verbesserte, in ihrem Unterricht forschendes Lernen zu realisieren. Andererseits ist von Interesse, ob ggf. eingetretene Veränderungen auch längerfristig wirksam sind. Zu diesen Fragen liefert ein Vergleich von Pre-, Post- und Follow-up-Test aus den Jahren 2010, 2012 und 2015 empirische Hinweise.

Für jede der drei Befragungen wurde für jeden Teilnehmer der Index der Selbstsicherheit zur Gestaltung forschenden Mathematikunterrichts gemäß Abschnitt 5.3 berechnet. Die Boxplots in Abb. 4 sowie die Daten in Tab. 1 zeigen statistische Kennwerte der jeweiligen Verteilung beim Pre-, Post- und Follow-up-Test. (Beim Follow-up-Test

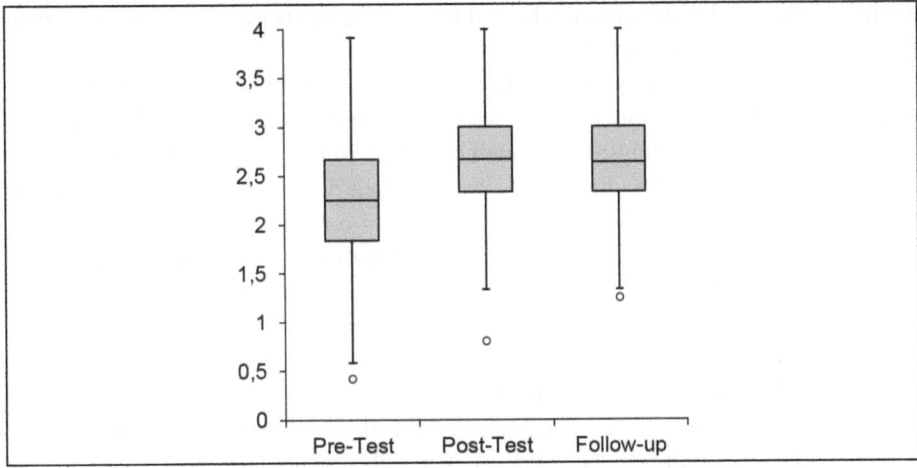

Abb. 4: Boxplots zum Vergleich von Pre-, Post- und Follow-Up-Test

im Schulnetzwerk wurde auch gefragt, ob die Lehrkraft am Fibonacci-Projekt zweieinhalb Jahre vorher teilgenommen hatte. In die folgende Auswertung sind nur diejenigen
95 Personen einbezogen, die dies bejahten.)

Tab. 1: Statistische Kennwerte zum Vergleich von Pre-, Post- und Follow-Up-Test

	Pre-Test (2010)	Post-Test (2012)	Follow-up-Test (2015)
Stichprobengröße	$n_1 = 150$	$n_2 = 150$	$n_3 = 95$
Unteres Quartil	$Q_{0.25;1} = 1.83$	$Q_{0.25;2} = 2.33$	$Q_{0.25;3} = 2.33$
Median	$Q_{0.5;1} = 2.25$	$Q_{0.5;2} = 2.67$	$Q_{0.5;3} = 2.64$
Oberes Quartil	$Q_{0.75;1} = 2.67$	$Q_{0.75;2} = 3.00$	$Q_{0.75;3} = 3.00$
Arithmetisches Mittel	$\bar{x}_1 = 2.24$	$\bar{x}_2 = 2.68$	$\bar{x}_3 = 2.66$
Standardabweichung	$s_1 = 0.62$	$s_2 = 0.60$	$s_3 = 0.52$

Bereits ein direkter Vergleich der Boxplots und der statistischen Kennwerte macht
deutlich, dass sich während der zweijährigen Fortbildungsmaßnahme die Selbstsicherheit der Lehrkräfte zur Förderung von forschendem Lernen gesteigert hat und diese
Zunahme nach Ende der Intervention zeitlich stabil blieb. Dies lässt sich statistisch
weiter absichern:

Zunächst werden die Daten von Pre- und Post-Test verglichen. Die Nullhypothese, dass sich die Selbstsicherheit der Lehrkräfte zur Förderung forschenden Lernens
während der Projektmaßnahmen nicht erhöht hat, kann mit einem einseitigen t-Test
auf einem Signifikanzniveau von $\alpha = 0.01$ abgelehnt werden ($t_{emp} = -6.17 < -2.34 = t_{cr}$).
Der Test besitzt dabei die Post-hoc-Teststärke (vgl. Bühner & Ziegler, 2009) von
$1 - \beta = 1.00$. Die Effektstärke nach Cohen von $d = -0.71$ weist auf einen mittleren bis
starken Effekt hin. Die Zunahme der Selbstsicherheit für die Umsetzung forschenden

Lernens während der zweijährigen Fortbildungsphase ist also sowohl statistisch hoch-signifikant als auch inhaltlich bedeutsam.

Ein Vergleich von Post- und Follow-up-Test gibt Aufschluss darüber, ob diese Selbstsicherheit nach der Intervention wieder zurückgegangen ist oder ob langfristige Wirkungen der Fortbildungsmaßnahmen bestehen. Mit einem einseitigen t-Test lässt sich keine signifikante Abnahme der Selbstsicherheit der Lehrkräfte feststellen, selbst nicht auf einem Signifikanzniveau von $\alpha = 0.3$ ($t_{emp} = 0.28$; $p = 0.39$). Auch die zugehö-rige, sehr geringe Effektstärke von $d = 0.04$ deutet darauf hin, dass zwischen Post- und Follow-up-Test kein relevanter Abnahmeeffekt zu verzeichnen ist – in Übereinstim-mung mit den Daten in Abb. 4 und Tab. 1. Die positive Wirkung der Fortbildungsmaß-nahmen blieb also auch zweieinhalb Jahre nach Abschluss des Fibonacci-Projekts in der Gruppe der beteiligten Lehrkräfte erhalten.

Bei der Interpretation dieser Ergebnisse ist natürlich eine gewisse Vorsicht geboten. Es gibt starke statistische Hinweise darauf, dass während des Fortbildungsprojekts die Selbstsicherheit der teilnehmenden Lehrkräfte zur Umsetzung forschenden Lernens deutlich und nachhaltig gesteigert wurde. Natürlich müssen diese Effekte nicht aus-schließlich durch die Projektarbeit hervorgerufen worden sein, es sind auch weitere Einflussfaktoren zu bedenken (wie z. B. andere Fortbildungsangebote oder generelle Entwicklungen pädagogischer Überzeugungen im Schulsystem). Allerdings waren die am Fortbildungsprojekt beteiligten Lehrkräfte ausgesprochen intensiv in die Projektmaßnahmen involviert – mit ca. sieben Treffen pro Jahr (vgl. Abschnitt 5.1). Deshalb kann durchaus angenommen werden, dass das Fibonacci-Projekt während der Projektlaufzeit einen wesentlichen Einfluss auf die Entwicklung berufsbezogener Überzeugungen und Kompetenzen der Teilnehmer hatte.

6.   Zusammenfassung und Ausblick

Auf der Basis theoriebezogener Überlegungen zum Lehren und Lernen sowie zur Steuerung komplexer Systeme wurde ein Konzept für systemische Unterrichtsentwick-lung durch Lehrerfortbildung entworfen und begründet. Gleichzeitig wurden damit Strukturmerkmale von Projekten identifiziert und herausgeschält, die sich bereits seit Jahren in der Praxis bewährt haben und die von vielen Seiten als erfolgreich einge-schätzt werden – beispielsweise in Deutschland die seit 1998 aufeinander aufbauenden Projekte SINUS, SINUS-Transfer und SINUS Grundschule sowie auf europäischer Ebene die Projekte Fibonacci, PATHWAY und KeyCoMath. Die dargestellte empiri-sche Untersuchung gibt Hinweise zur Wirksamkeit der Fortbildungsmaßnahmen auf der Meta-Ebene der Überzeugungen von Lehrkräften.

Eine Herausforderung für die Zukunft ist, Innovationsbemühungen im Bildungs-system in allen Ländern, Schulen und Fächern weiterzuführen. Das Bildungssystem ist niemals „fertig entwickelt", da sich die Gesellschaft und die Welt stets wandeln. Für die Konzeption künftiger Entwicklungsmaßnahmen können die im vorliegenden Artikel kondensierten Erfahrungen Anregungen bieten. Eine andere Herausforderung ist aber auch, die Wirkungen derartiger Schulentwicklungsmaßnahmen auf den verschiedenen Ebenen wie etwa dem Wissen und den Beliefs von Lehrkräften, ihrem Handeln im Unterricht sowie den damit geförderten Schülerkompetenzen weiter qualitativ und quantitativ differenziert zu erfassen (vgl. Lipowsky, 2004; 2010).

7. Danksagung

Dieser Artikel wurde im Zuge der Projekte Fibonacci und KeyCoMath im Siebten Rahmenforschungsprogramm bzw. im „Lifelong Learning Programme" mit Unterstützung der Europäischen Kommission finanziell gefördert. Die Verantwortung für den Inhalt dieser Veröffentlichung trägt allein der Verfasser; die Europäische Kommission haftet nicht für die weitere Verwendung der darin enthaltenen Angaben.

Literatur

Artigue, M., Dillon, J., Harlen, W. & Léna, P. (2012). *Learning Through Inquiry.* Background Resources for Implementing Inquiry in Science and in Mathematics at School. Verfügbar unter: www.fibonacci-project.eu [01.02.2016].

Bühner, M. & Ziegler, M. (2009). *Statistik für Psychologen und Sozialwissenschaftler.* München: Pearson Education.

Cambone, J. (1994). Time for Teachers in School Restructuring. In R. J. Anson (Ed.), *Systemic Reform. Perspectives on Personalizing Education* (S. 47–78). Washington, DC: Office of Educational Research and Improvement.

Dubs, R. (1995). Konstruktivismus. Einige Überlegungen aus der Sicht der Unterrichtsgestaltung. *Zeitschrift für Pädagogik, 41*(6), 889–903.

European Commission (2007). *Science Education Now – A Renewed Pedagogy for the Future of Europe.* Brüssel: European Communities.

Gallin, P. & Ruf, U. (2014). *Dialogisches Lernen in Sprache und Mathematik.* Seelze: Kallmeyer.

Green, N. & Green, K. (2005). *Kooperatives Lernen im Klassenraum und im Kollegium.* Seelze: Kallmeyer.

Krapp, A. & Weidenmann, B. (2006). *Pädagogische Psychologie.* Weinheim, Basel: Beltz.

Kunter, M., Baumert, J., Blum, W., Klusmann, U., Krauss, S. & Neubrand, M. (Hrsg.). (2011). *Professionelle Kompetenz von Lehrkräften. Ergebnisse des Forschungsprogramms COACTIV.* Münster: Waxmann.

Leder, G., Pehkonen, E. & Törner, G. (Hrsg.). (2002). *Beliefs – a hidden variable in mathematics education?* Dordrecht: Kluwer Publications.

Lipowsky, F. (2004). Was macht Fortbildungen für Lehrkräfte erfolgreich? *Die deutsche Schule, 96,* 462–479.

Lipowsky, F. (2010). Lernen im Beruf. Empirische Befunde zur Wirksamkeit von Lehrerfortbildung. In F. Müller, A. Eichenberger, M. Lüders & J. Mayr (Hrsg.), *Lehrerinnen und Lehrer lernen. Konzepte und Befunde zur Lehrerfortbildung* (S. 51–72). Münster: Waxmann.

Malik, F. (2008). *Strategie des Managements komplexer Systeme.* Bern: Paul Haupt.

Maaß, J. & Schlöglmann, W. (Hrsg.). (2009). *Beliefs and Attitudes in Mathematics Education, New Research Results.* Rotterdam: Sense Publishers.

Mandl, H. & Gerstenmaier, J. (Hrsg.). (2000). *Die Kluft zwischen Wissen und Handeln. Empirische und theoretische Lösungsansätze.* Göttingen: Hogrefe.

Pehkonen, E. & Törner, G. (1996). Mathematical beliefs and their meaning for the teaching and learning of mathematics. *Zentralblatt für Didaktik der Mathematik, 28*(4), 101–108.

Reinmann-Rothmeier, G. & Mandl, H. (1998). Wissensvermittlung. In F. Klix & H. Spada (Hrsg.), *Enzyklopädie der Psychologie.* C/II/6 (S. 457–500). Göttingen: Hogrefe.

Vester, F. (2015). *Die Kunst vernetzt zu denken. Ideen und Werkzeuge für einen neuen Umgang mit Komplexität.* München: dtv.

Ulm, V. (2004). *Mathematikunterricht für individuelle Lernwege öffnen.* Seelze: Kallmeyer.

Ulm, V. (2008). Mit „guten Aufgaben" arbeiten. In V. Ulm (Hrsg.), *Gute Aufgaben Mathematik.* Lehrerbücherei Grundschule (S. 8–11). Berlin: Cornelsen.

Ulm, V. (2012). Inquiry-based Mathematics Education in Primary School: Overview and Examples. In P. Baptist & D. Raab (Hrsg.), *Implementing Inquiry in Mathematics Education,* Companion Resources For Implementing Inquiry in Science and Mathematics at School (S. 65–81). Bayreuth.

Wittmann, E. (1995). Mathematics Education as a 'Design Science'. *Educational Studies in Mathematics, 29,* 355–374.

Wittmann, E. (2001). Developing Mathematics Education is a Systemic Process. *Educational Studies in Mathematics, 48,* 1–20.

Webadressen der erwähnten Projekte

SINUS und SINUS-Transfer: sinus-transfer.de
SINUS Grundschule: sinus-an-grundschulen.de
Fibonacci: fibonacci-project.eu
PATHWAY: pathway-project.eu
KeyCoMath: keycomath.eu

Prozessmodell kompetenzfördernder Aufgabensets

Ein Beispiel für den NMG-Unterricht aus biologischer Perspektive

Markus Wilhelm, Herbert Luthiger und Gaby Schweizer

1. Einleitung: Die Kompetenzorientierung verändert die Unterrichtsplanung

Durch die Kompetenzorientierung bekommt der Umgang mit Wissen einen anderen Stellenwert: Schülerinnen und Schüler eignen sich Wissen an, um konkrete Probleme zu lösen. Damit verändert sich auch der Fokus auf die Planung von Unterrichtseinheiten, bei denen ein vollständiger Lernzyklus abgebildet wird: Die Planung beginnt nun mit der Frage, was Schülerinnen und Schüler *am Ende* können sollen, welche Fachkonzepte und Handlungsweisen so bedeutsam und ergiebig sind, dass es sich lohnt, sich damit zu beschäftigen. Die erste Frage bei der Planung lautet deshalb: *Welche Kompetenzen sollen die Schülerinnen und Schüler am Ende entwickelt haben und woran kann ich den Kompetenzzuwachs der Schülerinnen und Schüler erkennen?* Davon ausgehend wird der Unterricht konzipiert, indem sozusagen *„rückwärts"* die Etappen eines kumulativen Kompetenzerwerbs festgelegt werden.

Diese langfristige Planung dient der Lehrperson als Leitfaden und gibt ihr Sicherheit und Orientierung. Denn die Lehrperson gibt sich darüber Rechenschaft, welches Verstehen und Können im Voraus zu klären ist, was und wie beurteilt wird, wie Materialien und Lehrwerke eingesetzt sowie welche methodisch-didaktischen Entscheidungen gefällt werden müssen. Diese Planungen geben Lehrenden und Lernenden später den Freiraum, mit dem Blick aufs Ziel eigene Wege zu gehen (Wilhelm et al., 2015).

Um der Lehrperson diese anspruchsvolle Planungsarbeit zu erleichtern, wird nachfolgend das *Prozessmodell kompetenzfördernder Aufgabensets* eingeführt. Es ist theoretisch breit fundiert und wird in einer laufenden Studie empirisch validiert.

2. Grundlagen: Aufgabenorientierung

2.1 Von der Kompetenzorientierung zur Kompetenzförderung

Kompetenz entwickelt sich in *Situationen* – nämlich immer dann, wenn die nötige Kompetenz schon gefordert wäre. Kompetenzentwicklung lässt sich folglich im Unterricht über *Aufgaben* erreichen, die bereits von der Anforderungssituation ausgehen und danach die Lernenden schrittweise an die geforderte Problemlösefähigkeit heranführen. Kompetenzorientierung bedeutet deshalb mehr als das oft genannte Bemühen, Inhalte und Handlungen im Unterricht gewissenhafter zu verknüpfen: Entscheidend ist, dass die Lernenden kompetent werden, das heisst, dass sie auf Denk- und Handlungsoptionen hinarbeiten, die sie in Realsituationen *der Lebenswelt handlungsfähig* machen. Im Sinne von Weinert (2002) wird sich kompetenzorientierter Unterricht am „Bewähren im Leben" ausrichten.

Werden darüber hinaus die gestellten unterrichtlichen Anforderungssituationen individuell auf den Lernprozess von Schülerinnen und Schülern zugeschnitten, sprechen wir – in Erweiterung des kompetenzorientierten Unterrichts – von einem kompetenzfördernden Unterricht.

2.2   Der didaktisch richtige Zeitpunkt einer Aufgabe

Kompetenzorientierung bei der Unterrichtsgestaltung bedeutet, verstärkt mit *Aufgaben* zu arbeiten. Dabei können den Aufgaben vielfältige *Funktionen* zugewiesen werden: Sie zielen auf den Auf- und Ausbau fachlicher und überfachlicher Kompetenzen, sie strukturieren Lernprozesse und sie geben Auskunft über die Kompetenzentwicklung der Schülerinnen und Schüler (z. B. Abraham & Müller, 2009; Luthiger, 2014).

Doch beim aktuellen Diskurs zur Frage, welche Lernaufgaben kompetenzorientiert sind und welche nicht, wird übersehen, dass Kompetenzförderung ein Prozess ist, der Zeit braucht und stets über mehrere Stationen erfolgt. Zumeist reicht dazu eine einzelne Aufgabe nicht, sondern es braucht mehrere, oft aufeinander aufbauende Aufgaben – also ein Set von Aufgaben, welches die richtigen Impulse für eine wirksame Kompetenzentwicklung setzt: Aufgabensets und sehr oft nicht Einzelaufgaben bilden somit das „Rückgrat (fach-)didaktischer Lernarrangements" (Reusser 2014, S. 77).

Das sich aus den Lernprozessmodellen nach de Haan (2009) und nach Reusser (1999, 2014) ergebende *Modell der didaktischen Funktionen von Lernaufgaben* (Abb. 1) startet – und endet – in der Lebenswelt der Schülerinnen und Schüler, also im Denken und Handeln der Lernenden, das durch ihre individuellen Kompetenzen beeinflusst wird und umgekehrt (vgl. rechtsdrehende Pfeile in Abb. 1).

1. *Divergierendes Denken*: Als Verknüpfungsglied zwischen Lebenswelt und Unterricht stehen *Konfrontationsaufgaben* (Kontakt herstellen). Sie beruhen auf lebensweltlichen Problemen bzw. fachauthentischen Phänomenen, machen neugierig, irritieren, werfen Fragen zur Kernidee des Unterrichts auf und wecken somit das Bedürfnis, etwas zu verstehen oder neu zu können. Sie fördern divergierendes Denken, lassen alle Assoziationen zu und können die Lernenden während der gesamten Unterrichtssequenz begleiten.
2. *Konvergierendes Denken*: Die nachfolgende Phase des konvergenten Denkens und Handelns beginnt in der Regel mit kognitiv aktivierenden *Erarbeitungsaufgaben* (Aufbauen). Klare Strukturierung und unmittelbare Feedbacks ermöglichen eine Verknüpfung der subjektiven Konzepte und Handlungsweisen mit dem „regulären Fachwissen". Mittels Übungsaufgaben bzw. *Vertiefungsaufgaben* werden die unterschiedlichen Aspekte des Lerngegenstandes schliesslich flexibilisiert und konsolidiert (Flexibilisieren und Konsolidieren).

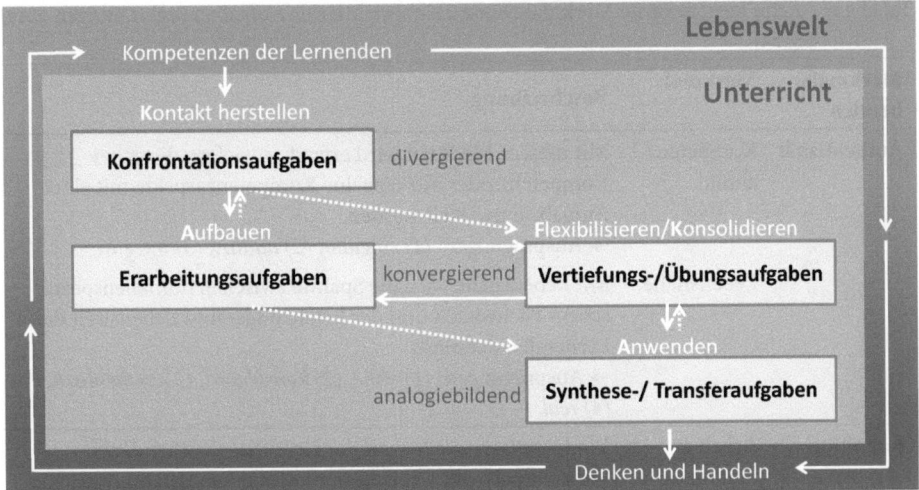

Abb. 1: Modell der didaktischen Funktionen von Lernaufgaben

3. *Analogiebildung*: Den Abschluss bildet die Phase der Analogiebildung. Die Lernenden nutzen Bekanntes, um Neues zu erschliessen. Sie können in dieser Phase nochmals auf die Konfrontationsaufgabe treffen, die nun aber zu einer Syntheseaufgabe umformuliert und/oder in eine Transferaufgabe überführt wurde (Anwenden). Dadurch erweitern sie ihre erworbenen Denk- und Handlungsoptionen und erreichen bei gelingendem Unterricht das Niveau der angestrebten Kompetenz.

2.3 Die lernrelevanten Merkmale von Aufgaben

Ob Aufgaben lernwirksam sind, hängt nicht nur von ihrer chronologisch-sachlogischen Einbettung und dem geschickten Zusammenspiel innerhalb des Kompetenzaufbaus ab, sondern wesentlich auch von der Qualität lernrelevanter Merkmale: (1) *Kompetenzabbild*, (2) *Lebensnähe*, (3) *Arbeit an Präkonzepten*, (4) Wissensart, (5) *Kognitiver Prozess*, (6) *Strukturierung der Aufgabe*, (7) *Repräsentationsformen*, (8) *Offenheit der Aufgabe*, (9) *Lernunterstützung*, (10) *Vielfalt der Lernwege* (Tab. 1). Dieser Einteilung liegen empirische und theoretische Arbeiten zur Analyse des kognitiven Potentials von Aufgaben zugrunde (z. B. Abraham & Müller, 2009; Blömeke, Risse, Müller, Eichler, & Schulz, 2006; Bruder, 2010; Büchter & Leuders, 2005; Köster, 2008; Maier, Bohl, Kleinknecht & Metz, 2013) sowie grundlegende Erkenntnisse aktueller Forschung zur Unterrichtsqualität (Hattie, 2013; Helmke, 2014; Meyer, 2004; Wellenreuther, 2004).

Tabelle 1:   Zehn lernrelevante Merkmale kompetenzorientierter Aufgaben (vgl. Luthiger, 2015, S. 25)

Merkmals-bereich	Merkmal	Beschreibung
Authentizität	Kompetenz-abbild	Mit diesem Merkmal wird erfasst, inwiefern die ganze Kompetenz oder nur einzelne Kompetenzaspekte mit einer Aufgabe entwickelt werden. → Ausprägungen: *(1) singulär, (2) additiv, (3) integral.*
	Lebensnähe	Mit Lebensnähe wird die Spanne zwischen domänenspezifischem Fachwissen und der Erfahrungs- und Lebenswelt der Lernenden definiert. → Ausprägungen: *(1) ohne, (2) konstruiert, (3) authentisch, (4) real.*
Kognition	Arbeit an Präkonzepten	Kompetenzen werden auf der Grundlage vorhandener Vorstellungen aktiv revidiert, um- oder ausgebaut. Aufgaben unterscheiden sich dadurch, wie mit Vorstellungen der Lernenden gearbeitet wird. → Ausprägungen: *(1) ohne, (2) implizit, (3) explizit, (4) reflektierend.*
	Wissensart	Dieses Merkmal beschreibt die Grundelemente, die beim Lösen einer Aufgabe von den Lernenden verlangt sind. → Ausprägungen: *(1) Fakten, (2) Fertigkeiten, (3) Konzepte, (4) Metakognition.*
	Kognitiver Prozess	Dieses Merkmal beschreibt die Art der Leistung, die eine Aufgabenbearbeitung von den Lernenden einfordert. Grundsätzlich kann zwischen einer Reproduktionsleistung und einer Transferleistung (naher, weiter, kreativer) differenziert werden. → Ausprägungen: *(1) Reproduktion, (2) Naher Transfer, (3) Weiter Transfer, (4) Kreativer Transfer.*
Komplexität	Strukturierung der Aufgabe	Die Fragestellung einer Aufgabe besteht in der Regel aus einer oder verschiedenen Teilaufgaben. Von Bedeutung ist, inwiefern der Aufbau dieser Teilaufgaben mit dem Bearbeitungsprozess der Aufgabe strukturgleich ist. → Ausprägungen: *(1) vorstrukturiert, (2) teilstrukturiert, (3) unstrukturiert.*
	Umgang mit Repräsentationsformen	Eine Vielfalt von Repräsentationsformen innerhalb einer Aufgabe wirkt komplexitätssteigernd. Mit diesem Merkmal wird analysiert, in welchen Formen die für die Aufgabenbearbeitung notwendigen Informationen präsentiert werden und in welchen Repräsentationsformen die Lösung verlangt wird. → Ausprägungen: *(1) singulär, (2) integrierend, (3) transformierend.*

Differenzie-rung	Offenheit der Aufgabe	Aufgaben lassen sich dahingehend einordnen, ob Informationen über die Ausgangssituation (Start) eindeutig oder vieldeutig und das Ergebnis (Ziel) offen oder geschlossen sind. → Ausprägungen: *(1) eindeutig – geschlossen, (2) vieldeutig – geschlossen, (3) eindeutig – offen, (4) vieldeutig – offen.*
	Lernunter-stützung	Damit individuelle Lernwege innerhalb einer Aufgabe möglich sind, können an bestimmten Stellen Hilfen – sog. Scaffolds – angeboten werden, die die Lernenden bei Bedarf individuell in Anspruch nehmen können. Die Hilfen können in der Aufgabe bereits integriert sein oder von Peers oder der Lehrperson in Form von Rückmeldungen erfolgen. → Ausprägungen: *(1) keine, (2) integriert, (3) rückmeldend.*
	Vielfalt der Lernwege	Aufgaben, die individuelle Lern- und Bearbeitungswege auf unterschiedlichen Leistungsniveaus (Orientierung am Kompensationsprinzip) und/oder mit unterschiedlich ausgeprägten Interessen (Orientierung am Profilprinzip) zulassen, sind wichtig. → Ausprägungen: *(1) ohne, (2) kompensierend, (3) profilbildend, (4) selbstdifferenzierend.*

3. Neuerung: kompetenzfördernde Aufgabensets

3.1 Das Prozessmodell im Allgemeinen

Die lernrelevanten Merkmale können in das Modell der didaktischen Funktionen von Lern- und Leistungsaufgaben (Abb. 1) integriert werden. Das sich daraus ergebende Prozessmodell (Abb. 2) beschreibt idealtypisch den Aufbau kompetenzfördernder Aufgabensets (Tab. 1). Selbstverständlich bildet das Prozessmodell nie die gesamte Unterrichtswirklichkeit ab (Luthiger, Wilhelm & Wespi, 2014). Auch verläuft der Kompetenzaufbau nicht derart linear, wie es das Modell suggeriert.

3.2 Das Prozessmodell an einem Unterrichtsbeispiel

Die Fortpflanzung ist die zentrale Grundeigenschaft von Lebewesen. Ihre Nachkommen wachsen und entwickeln sich, bis sie selber den Zyklus schliessen und neue Nachkommen auf die Welt bringen. Im vorliegenden Unterrichtsbeispiel betrachten, dokumentieren und vergleichen die Schülerinnen und Schüler die Entwicklung und Fortpflanzung verschiedener Organismen aus Wiese und Gewässer (vgl. Lehrplan 21 NMG 2.1 d, c). Sie beobachten und dokumentieren, dass Entwicklung und Wachstum Zeit brauchen und sich der Körper der Tiere dabei verändert.

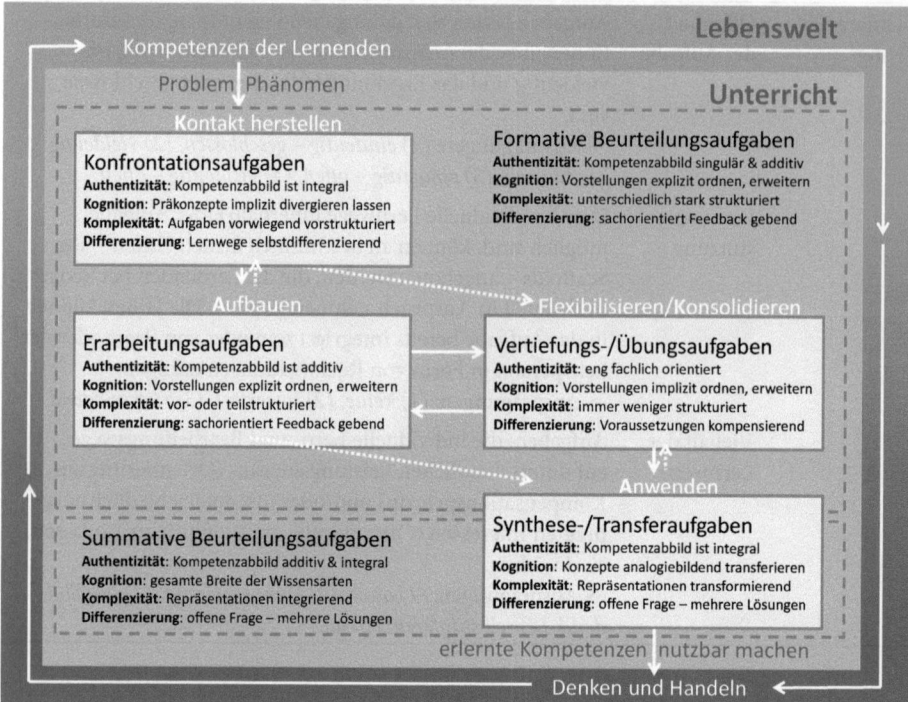

Abb. 2   Prozessmodell kompetenzfördernder Aufgabensets (Wilhelm, Luthiger & Wespi, 2015)

3.2.1 Konfrontationsaufgaben

Konfrontationsaufgaben steuern möglichst viele Teilaspekte einer Kompetenz an und bilden Situationen ab, die zwar konstruiert sind, aber mit dem Alltag der Lernenden zu tun haben (Merkmalsbereich Authentizität). Sie knüpfen an die Vorstellungen der Schülerinnen und Schüler an und initiieren das Erschliessen von neuen Denk- und Handlungsaspekten und sachbezogenen Konzepten (Merkmalsbereich Kognition). Die Konfrontationsaufgabe „Der Schmetterlingsstrauch und die Schmetterlinge" (Abb. 3) eröffnet das Aufgabenset zum Thema „Entwicklung und Fortpflanzung betrachten, dokumentieren und vergleichen" mit einer authentischen Problemstellung (Grad der Authentizität) und lässt die Lernenden zunächst über die unterschiedlichen Bedürfnisse von Raupen und Schmetterlingen nachdenken. Die Schülerinnen und Schüler arbeiten Gemeinsamkeiten und Unterschiede der beiden Lebensformen heraus und nutzen diese für eine begründete Entscheidung (Merkmalsbereich Kognition). Sie werden dabei von konkreten Fragen geleitet, die die Komplexität der Fragestellung verringern (Merkmals-bereich Komplexität). Da es keine absolut richtige Lösung für das Problem gibt, sind alle Beiträge der Schülerinnen und Schüler bedeutend. Die Konfrontationsaufgabe ist somit selbstdifferenzierend (Grad der Differenzierung) und genügend offen, um im Verlauf der nachfolgenden Unterrichtssequenz auf die Ideen der Lernenden zurückzukommen.

KONFRONTATIONSAUFGABE

Der Schmetterlingsstrauch und die Schmetterlinge
Entwicklung und Fortpflanzung – vergleichen und beurteilen

Aus dem Gartenkatalog: Der Duft und Nektar des Schmetterlingsstrauches zieht Schmetterlinge wie magisch an. Sie saugen den Nektar aus den Blüten, so dass du sie gut beobachten kannst. Sei ein Schmetterlingsfreund und pflanze einen Schmetterlingsstrauch im Garten an! Und der Schmetterlingsstrauch ist schön. Er kann bis in den Herbst blühen.

Aus dem Internet: Für Raupen ist der Schmetterlingsstrauch nutzlos, sie können seine Blätter nicht fressen. Weil der Strauch ausserdem sehr rasch wächst, verdrängt er Pflanzen, von denen sich Raupen ernähren könnten. In anderen Worten: Der Strauch schadet Raupen. Reisse den Schmetterlingsstrauch deshalb samt Wurzeln aus und verbrenne ihn!

Auftrag
- Was würdest du deinen Eltern oder Nachbarn empfehlen? Ausreissen oder anpflanzen? Begründe deine Antwort mit «weil».
- Was sagst du zur Aussage eines Nachbarn: «Hauptsache dem Schmetterling geht es gut!»

Abb. 3 Konfrontationsaufgabe

3.2.2 Erarbeitungsaufgaben

Die hier skizzierte Erarbeitungsaufgabe (Abb. 4) widmet sich dem Betrachten und Vergleichen verschiedener Lebensphasen der Schmetterlinge und der Frösche. Die Schülerinnen und Schüler sollen durch Betrachten und Vergleichen der Eigenschaften von Lebewesen (Grösse, Form, Farbe usw.) lernen, auf deren Lebensweise zu schliessen. Die Erarbeitungsaufgabe schlägt somit eine Brücke zur Fachwissenschaft und bringt die Ideen und Erfahrungen der Lernenden aus dem Konfrontationsprozess in Einklang mit den Erkenntnissen der Fachwissenschaft. Hierzu nutzen die Schülerinnen und Schüler Bilder von Lebewesen, damit sie in der nachfolgenden Übungsaufgabe den Lebenszyklus lebender Tieren (z.B. Ameisen, Marienkäfer) beobachten und interpretieren können. Diese Übungsaufgabe wird hier nicht im Detail ausgeführt. Die Lernenden profitieren während der Phase der Erarbeitung von einem diskursiven Feedback und können bei der Lehrperson Lösungshilfen einholen. Somit weist das vorliegende Beispiel alle für Erarbeitungsaufgaben typischen Merkmale auf: *Erarbeitungsaufgaben* unterstützen die Lernenden, mehrere Teilaspekte einer Kompetenz nach- und nebeneinander zu erlernen (Merkmalsbereich Authentizität) und individuelle Vorstellungen explizit zu ordnen und zu erweitern (Merkmalsbereich Kognition). Sie sind vor- oder teilstrukturiert (Merkmalsbereich Komplexität), ermöglichen Lernunterstützung sowie ein zeitnahes sachorientiertes Feedback (Merkmalsbereich Differenzierung).

3.2.3 Übungs- und Vertiefungsaufgaben

Typisch für Übungs- und *Vertiefungsaufgaben* ist, dass sie eng fachlich orientiert sind, individuelle Vorstellungen implizit ordnen und erweitern, sehr oft weniger strukturiert sind als Erarbeitungsaufgaben und schliesslich unterschiedliche Lernvoraussetzungen kompensieren. Auch das vorliegende Beispiel weist diese lernwirksamen Merkmale

```
┌─────────────────────────────────────────────────────────────────────┐
│ ERARBEITUNGSAUFGABE                                                   │
│                                                                       │
│ Lebensphasen von Schmetterlingen und Fröschen                         │
│ Entwicklung und Fortpflanzung – betrachten und vergleichen            │
├───────────────────────────────────────────────────────────────────── │
│ Stell dir vor, du triffst einen Roboter, der sprechen und denken kann.│
│ Roboter sehen ihr ganzes Leben gleich aus. Deshalb kann er nicht      │
│ verstehen, weshalb sich Lebewesen verändern, Weisst du, weshalb es    │
│ junge und erwachsene Tiere gibt und was ihre Aufgaben sind?           │
│                                                                       │
│ Auftrag 1                                                             │
│ •  Betrachte zuerst das Bild¹ zu den Lebensphasen der der Frösche.    │
│    Folge mit deinen Augen den Pfeilen und betrachte jede Zeichnung    │
│    genau. Vergleiche die jungen und die erwachsenen Tiere: Wie        │
│    sehen sie aus? Was machen sie? Wann wachsen sie nicht mehr? Wo ...? │
│ •  Gehe beim Bild zu den Lebensphasen der Schmetterlinge gleich vor.  │
│    Vergleicht eure Antworten.                                         │
│ •  Gibt es Dinge, die bei den Schmetterlingen und den Fröschen        │
│    gleich ablaufen (z.B. Eier legen)?                                 │
│                                                                       │
│ Auftrag 2                                                             │
│ Der intelligente Roboter stampft ungeduldig von einem Fuss auf den    │
│ anderen: „Sag mir nun endlich, weshalb verändern sich Lebewesen       │
│ während ihres Lebens?"                                                │
│ •  Erkläre ihm mit Hilfe er Bilder: Warum gibt es junge Tiere und     │
│    weshalb verändern sie sich? Warum gibt es erwachsene Tiere und     │
│    weshalb verändern sie sich kaum?                                   │
│ •  Besprecht eure Antworten in der Klasse und schreibt die            │
│    überzeugendsten Antworten auf.                                     │
│                                                                       │
│ Auftrag 3                                                             │
│ Auch diese Knacknuss kann der Roboter nicht lösen. Kannst du es?      │
│ •  Alle Raupen haben einen Mund und fressen viel. Aber nicht alle     │
│    Schmetterlinge können fressen. Kannst du das mit Hilfe der Bilder  │
│    erklären?                                                          │
│ •  Höre dir die Erklärung deiner Lernpartnerin bzw. deines            │
│    Lernpartners an. Melde zurück: Findest du die Erklärung sinnvoll?  │
│    Kannst du die Erklärung ergänzen? Kann dir die Lehrperson helfen?  │
│                                                                       │
│ ¹Aus Platzgründen fehlen hier die Bilder zu den Lebenszyklen der      │
│ Frösche und Schmetterlinge                                            │
└─────────────────────────────────────────────────────────────────────┘
```

Abb. 4 Erarbeitungsaufgabe

von Übungs- und Vertiefungsaufgaben auf. Die in der Konfrontationsaufgabe aufgeworfenen Fragen werden aufgenommen (Merkmalsbereich Kognition), diesmal aber fokussierter (Merkmalsbereich Authenzität) gestellt und mit übersichtlich strukturierten Informationen unterfüttert (Merkmalsbereich Komplexität). Dank den individuellen Vertiefungsmöglichkeiten können die Lernenden bei Bedarf ihre unterschiedlichen Lernvoraussetzungen kompensieren (Merkmalsbereich Differenzierung).

3.2.4 Synthese- und Transferaufgaben

Lernende werden durch *Synthese- und Transferaufgaben* angeregt, die Teilaspekte der zu erlernenden Kompetenz möglichst breit und realitätsnah zu nutzen. Sie erweitern ihre Vorstellungen und bilden Analogien im Denken und Handeln, indem sie auf Bekanntes zurückgreifen können. Das ist auch im vorliegenden Beispiel mit der Rede der Raupe der Fall (Abb. 6), denn die Rede nimmt direkten Bezug auf die Konfrontationsaufgabe. Es fällt aber auf, dass die Aufgabe nicht die gesamte Kompetenz „Entwicklung und Fortpflanzung von Pflanzen und Tieren betrachten, dokumentieren und vergleichen können" abdeckt (Merkmalsbereich Authentizität). Das erlernte Beobachten von Entwicklungseigenschaften der Lebewesen ist nicht abgedeckt (Merkmalsbereich Kognition). Eine zusätzliche Transferaufgabe könnte deshalb lauten: „In

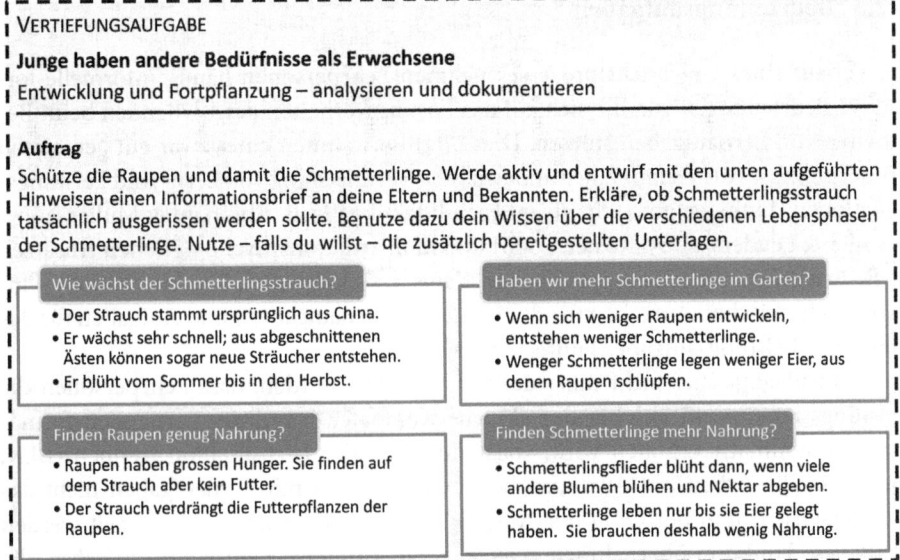

VERTIEFUNGSAUFGABE

Junge haben andere Bedürfnisse als Erwachsene

Entwicklung und Fortpflanzung – analysieren und dokumentieren

Auftrag

Schütze die Raupen und damit die Schmetterlinge. Werde aktiv und entwirf mit den unten aufgeführten Hinweisen einen Informationsbrief an deine Eltern und Bekannten. Erkläre, ob Schmetterlingsstrauch tatsächlich ausgerissen werden sollte. Benutze dazu dein Wissen über die verschiedenen Lebensphasen der Schmetterlinge. Nutze – falls du willst – die zusätzlich bereitgestellten Unterlagen.

Wie wächst der Schmetterlingsstrauch?
- Der Strauch stammt ursprünglich aus China.
- Er wächst sehr schnell; aus abgeschnittenen Ästen können sogar neue Sträucher entstehen.
- Er blüht vom Sommer bis in den Herbst.

Haben wir mehr Schmetterlinge im Garten?
- Wenn sich weniger Raupen entwickeln, entstehen weniger Schmetterlinge.
- Wenger Schmetterlinge legen weniger Eier, aus denen Raupen schlüpfen.

Finden Raupen genug Nahrung?
- Raupen haben grossen Hunger. Sie finden auf dem Strauch aber kein Futter.
- Der Strauch verdrängt die Futterpflanzen der Raupen.

Finden Schmetterlinge mehr Nahrung?
- Schmetterlingsflieder blüht dann, wenn viele andere Blumen blühen und Nektar abgeben.
- Schmetterlinge leben nur bis sie Eier gelegt haben. Sie brauchen deshalb wenig Nahrung.

Abb. 5   Vertiefungsaufgabe

vielen Spielzeugläden kannst du Experimentierkästen kaufen, um aus winzigen Eiern Pfeilschwanzkrebse zu züchten. Wenn du einen solchen Kasten jemandem schenken könntest: Welche Ideen für Betrachtungsfragen würdest du ihm geben? Nutze dazu die Bilder und Grafiken". Damit sind auch weitere Anforderungen an lernwirksame Synthese- und Transferaufgaben erfüllt: das Zulassen offener Fragestellungen mit mehreren möglichen Lösungen bzw. Lösungswegen (Merkmalsbereich Differenzierung) und das Transformieren von Informationen, hier von Bildern in Worte (Merkmalsbereich Komplexität).

SYNTHESE- UND TRANSFERAUFGABE

Die Rede der kleinen Raupe

Entwicklung und Fortpflanzung – analysieren und beschreiben

Es war einmal eine Raupe, die wollte kein Schmetterling werden. „Weshalb soll ich diese Mühe auf mich nehmen?", dachte sie. „Die Verwandlung kostet mich Kraft und Zeit – und vielleicht überlebe ich sie nicht einmal. Lieber bleibe ich eine Raupe und geniesse mein Paradies in den Brennnesseln, wo ich genügend Nahrung und Schutz finde." Sie rief alle Raupen zusammen und sprach: „Lasst uns für immer Raupen bleiben! Die Verwandlung ist zu mühsam und zu gefährlich. Unsere Kinder und Enkel werden uns für diese Entscheidung dankbar sein!" Alle nickten begeistert. Nur eine kleine Raupe runzelte die Stirn und sprach: „..."

Auftrag

Formuliere für die kleine Raupe eine überzeugende Rede.

Tipp 1: Was könnte die kleine Raupe stören? Begründe die Aussagen jeweils mit dem Wort weil, z.B. „Das könnt ihr nicht tun, weil...".

Tipp 2: Hier findest du einige durcheinander geratene Bausteine für deine Rede. Formuliere die Rede in deinen eigenen Worten! «Alle Lebewesen pflanzen sich fort», «Raupen pflanzen sich nicht fort», «Veränderungen brauchen Zeit», «Veränderungen gehören zu Lebewesen», «Wir haben mit anderen Tieren viel gemeinsam», «Blumen müssen bestäubt werden»

Abb. 6   Synthese- und Transferaufgabe

3.2.5 Beurteilungsaufgaben

Im Verlauf eines Unterrichtsprozesses nehmen Lehrpersonen häufig informelle formative Beurteilungen vor, die sich auf das Lösungsverhalten der Lernenden beim Bearbeiten von Lernaufgaben stützen. Dies birgt im Rahmen eines zwar gut gemeinten Förderprozesses die Gefahr einer unbewussten Vermischung von Lern- und Leistungssituationen (Luthiger, 2014). In vielen Fachdidaktiken (z. B. Abraham & Müller, 2009; Büchter & Leuders, 2005; Köster, 2008) und in instruktionspsychologischen Ansätzen (z. B. Astleitner, 2006; Leutner, Fischer, Kauertz, Schabram & Fleischer, 2008) wird denn auch zwischen Aufgaben für das Lernen (= Lernaufgaben) und Aufgaben für das Leisten (= Leistungsaufgaben) unterschieden.

Aus pädagogischer Sicht muss deshalb gefordert werden, dass Lehrpersonen die Leistungssituation, in welcher der aktuelle Kompetenzstand der Lernenden formativ oder summativ erhoben wird, vollständig von der Lernsituation trennen (BLK, 1997). Für die Arbeit mit Aufgaben bedeutet dies, dass mit Lernaufgaben nicht das Vorhandensein und der Grad der Ausprägung einer Kompetenz festgestellt werden soll. Diese Funktion übernehmen eigenständige formative *Beurteilungsaufgaben*, die Erarbeitungs- und Übungsaufgaben gleichen und im Verlauf des gesamten Unterrichtsprozesses eingesetzt werden können. Ebenso sind eigenständige *summative Beurteilungsaufgaben* notwendig. Im kompetenzfördernden Unterricht weisen sie hohe Merkmalsähnlichkeit mit Synthese- und Transferaufgaben auf und reichen in den Naturwissenschaften von Portfolios, über praktische Laborarbeit bis hin zur klassischen Prüfung. Im vorliegenden Beispiel könnten die Lernenden beispielsweise folgendes Problem lösen: „In der Wohnsiedlung deines Freundes klagen die Leute über viele Mücken im Sommer. Viele von ihnen sammeln in Regentonnen Wasser für ihren Garten. Hättest du Ideen, wie die Mückenplage gemindert werden könnte? Studiere dazu zuerst das Bild zu den Lebensphasen der Mücken."

4.   Ausblick

Die ausgeführten Merkmale kompetenzfördernder Lern- und Leistungsaufgaben führten zu einem theoretisch fundierten Prozessmodell zur Entwicklung von kompetenzfördernden Aufgabensets. Dieses Prozessmodell soll Lehrpersonen, aber auch Entwicklerinnen und Entwickler von Lehrmitteln unterstützen, zielgerichtet Aufgaben auszuwählen und zu gestalten.

Eine aktuell laufende quantitative Forschungsstudie hat zum Ziel, das theoretisch fundierte Prozessmodell empirisch zu überprüfen und Rückschlüsse auf dessen Gültigkeit zu ermöglichen. Hierzu wurde im Rahmen dieser Studie – in Zusammenarbeit mit einem Lehrmittelverlag – ein Aufgabenset, eine Aufgabensammlung und ein dazugehöriger Kompetenztest entwickelt. Es wird erwartet, dass Lernende, die mit dem kompetenzfördernden Aufgabenset unterrichtet werden, kompetenter sind als Lernende, die zum selben Thema mit einer reinen Aufgabensammlung arbeiten.

Ausserdem gehen wir davon aus, dass insbesondere schwache Lernende bei Lehrpersonen mit niedrigen professionellen Kompetenzen in hohem Mass vom kompetenzfördernden Aufgabenset profitieren.

Literatur

Abraham, U. & Müller, A. (2009). Aus Leistungsaufgaben lernen. *Praxis Deutsch, 36*(214), 4–12.

Astleitner, H. (2006). *Aufgaben-Sets und Lernen: Instruktionspsychologische Grundlagen und Anwendungen.* Frankfurt am Main, New York: Lang.

Blömeke, S., Risse, J., Müller, Ch., Eichler, D., & Schulz, W. (2006). Analyse der Qualität von Aufgaben aus didaktischer und fachlicher Sicht. Ein allgemeines Modell und seine exemplarische Umsetzung im Unterrichtsfach Mathematik. *Unterrichtswissenschaft, 34*(4), 330–357.

BLK (Hrsg.) (1997). *Gutachten zur Vorbereitung des Programms „Steigerung der Effizienz des mathematisch-naturwissenschaftlichen Unterrichts".* Bonn: Bund-Länder-Kommission für Bildungsplanung und Forschungsförderung.

Bruder, R. (2010). Lernaufgaben im Mathematikunterricht. In: H. Kiper, W. Meints, S. Peters, S. Schlump & S. Schmit (Hrsg.), *Lernaufgaben und Lernmaterialien im kompetenzorientierten Unterricht* (S. 114–124). Stuttgart: Kohlhammer.

Büchter, A. & Leuders, T. (2005). *Mathematikaufgaben selbst entwickeln. Lernen fördern – Leistung überprüfen.* Berlin: Cornelsen Scriptor.

De Haan, R. L. (2009). Teaching Creativity and Inventive Problem Solving in Science. *CBE-Life Science Education, 8*(3), 172–181.

Hattie, J. (2013). *Lernen sichtbar machen.* Überarbeitete deutschsprachige Ausgabe von „Visible Learning", besorgt von Wolfgang Bewyl und Klaus Zierer. Baltmannsweiler: Schneider Verlag Hohengehren.

Helmke, A. (2014). *Unterrichtsqualität und Lehrerprofessionalität. Diagnose, Evaluation und Verbesserung des Unterrichts.* Seelze-Velber: Klett-Kallmeyer.

Köster, J. (2008). Lern- und Leistungsaufgaben im Deutschunterricht. *Deutschunterricht, 61*(5), 4–8.

Leutner, D., Fischer, H. E., Kauertz, A., Schabram, N. & Fleischer, J. (2008). Instruktionspsychologische und fachdidaktische Aspekte der Qualität von Lernaufgaben und Testaufgaben im Physikunterricht. In J. Thonhauser (Hrsg.), *Aufgaben als Katalysatoren von Lernprozessen. Eine zentrale Komponente organisierten Lehrens und Lernens aus der Sicht von Lernforschung, allgemeiner Didaktik und Fachdidaktik* (S. 169–181). Münster, New York, München, Berlin: Waxmann.

Luthiger, H. (2014). *Differenz von Lern- und Leistungssituationen. Eine explorative Studie zu ihrer theoretischen Grundlegung und empirischen Überprüfung.* Münster: Waxmann.

Luthiger, H. (2015). Kompetenzförderndes Aufgabenset. In H. Luthiger (Hrsg.), *Unterrichtseinheiten planen – Bausteinheft 5* (S. 20–26). Luzern: Pädagogische Hochschule Luzern.

Luthiger, H., Wilhelm, M. & Wespi, C. (2014). Entwicklung von kompetenzorientierten Aufgabensets. *Journal für Lehrerinnen- und Lehrerbildung, 14*(3), 56–66.

Maier, U., Bohl, T., Kleinknecht, M. & Metz, K. (2013). Allgemeindidaktische Kategorien für die Analyse von Aufgaben. In: M. Kleinknecht, T. Bohl, U. Maier & K. Metz (Hrsg.), *Lern-

und Leistungsaufgaben im Unterricht: Fächerübergreifende Kriterien zur Auswahl und Analyse (S. 9–45). Bad Heilbrunn: Klinkhardt.

Meyer, H. (2004). *Was ist guter Unterricht?* Berlin: Cornelsen Scriptor.

Reusser, K. (1999). *Skript zur Vorlesung Allgemeine Didaktik.* Zürich: Pädagogisches Institut der Universität Zürich.

Reusser, K. (2014). Aufgaben – Träger von Lerngelegenheiten und Lernprozesse im kompetenzorientierten Unterricht. *Seminar, 4,* 77–101.

Wellenreuther, M. (2004). *Lehren und Lernen – aber wie? Empirisch-experimentelle Forschungen zum Lehren und Lernen im Unterricht (2).* Baltmannsweiler: Schneider Verlag Hohengehren.

Weinert, F.E. (2002). Vergleichende Leistungsmessung in Schulen – eine umstrittene Selbstverständlichkeit. In F.E. Weinert (Hrsg.), *Leistungsmessung in Schulen* (27 f.). Weinheim: Beltz.

Wilhelm, M., Wespi, C., Luthiger, H. & Rehm, M. (2015). Lern- und Leistungsaufgaben richtig einsetzen – ein Prozessmodell. *Naturwissenschaften im Unterricht Chemie, 149,* 9–16.

Kompetenzentwicklung im Fach Mathematik

Das Beispiel Argumentieren

Torsten Linnemann und Regina Bruder

1. Einleitung

In den verschiedenen Kompetenzmodellen, die im Rahmen der Erstellung von Bildungsstandards im deutschsprachigen Raum formuliert wurden, werden jeweils Kompetenzbereiche wie zum Beispiel Zahl und Variable, Raum und Form unterschieden von Handlungsaspekten, wie zum Beispiel Operieren, Modellieren oder Argumentieren. Mit den Handlungsaspekten geraten die Denkprozesse beim Lösen mathematischer Probleme in den Vordergrund. Lange bekannt sind hier Polyas Heurismen des Problemlösens (Polya, 1949). Auch der Modellierungskreislauf ist gut untersucht (z. B. Blum et al., 2006). Anders sieht es in der fachdidaktischen Diskussion zum Argumentieren aus: „Insgesamt gibt es gegenwärtig im Bereich „Argumentieren und Beweisen" mehr Fragen als Antworten" (Jahnke & Ufer., 2015, S. 350).

Dieser Beitrag zeigt auf, wie sich vorhandene Ansätze zur unterrichtlichen Behandlung des mathematischen Argumentierens im Rahmen von „Kompetenztrainings" konkretisieren lassen. Wir sprechen von einem Kompetenztraining, wenn über mehrere Unterrichtsstunden nicht die Anreicherung fachlicher Kompetenzbereiche im Zentrum der Aufmerksamkeit steht, sondern ein bestimmter Handlungsaspekt. Nach der Darstellung des Handlungsaspekts „Argumentieren" werden dazu zwei verschiedene Projekte vorgestellt: im Projekt LEMAMOP liegt der Fokus auf Aufgaben, die in den Sekundarstufen I und II zur Förderung der Argumentationskompetenz eingesetzt werden können. In diesen Kompetenztrainings geht es insbesondere auch um intelligentes Wissen über das mathematische Argumentieren. Die vorgestellten Aufgaben des Projekts KAMM dienen dazu, im schulischen Unterricht eine Kultur des mathematischen Argumentierens zu etablieren.

2. Beweisen und Argumentieren als mathematischer Handlungsaspekt

„A mathematician is a machine for turning coffee into theorems" (Erdös, Rényi, zitiert nach Schechter, 2000)

Dieses Zitat ist eines unter vielen, die zeigen, dass Mathematikerinnen und Mathematiker ihre Haupttätigkeit im Beweisen von Zusammenhängen sehen. Sie bezeichnen Mathematik als eine beweisende Disziplin (vgl. Heintz, 2000).

Aus normativer Sicht ist klar, dass das Beweisen, und wie unten aufgeführt wird, das Argumentieren, im Mathematikunterricht thematisiert werden muss (Jahnke & Ufer, 2015, S. 349). Dies korrespondiert mit der Forderung von Winter (1995), „Mathematik als deduktives System" im allgemeinbildenden Mathematikunterricht erfahrbar zu machen.

Der Aufbau einer mathematischen Theorie, die von Axiomen ausgeht, lässt sich in der Schule nicht abbilden – hierzu bedarf es einer langjährigen Enkulturation im Bereich der Mathematik (Jahnke & Ufer, 2015). Fischer & Malle (2004) schlagen deshalb für die Schule die folgende Definition eines Beweises vor: „Eine Begründung auf Grund einer vorgegebenen Argumentationsbasis soll als ein *Beweis bezüglich dieser Argumentationsbasis* bezeichnet werden." Argumentieren wird in der fachdidaktischen Community oft noch in einem erweiterten Sinn verstanden. Es sind auch Begründungen zulässig, die nicht völlig gesichert sind, die allenfalls Ausnahmen zulassen. Damit ist auch im Mathematikunterricht das Argumentationsschema von Toulmin (1958) von Bedeutung, das auch unsichere Aussagen und Ausnahmen zulässt. Ein zweiter Grund für den Einsatz dieses Schemas ist die nicht fertige, sich entwickelnde Mathematik. Auf dem Weg zu den Sätzen muss „experimentiert" werden, und es werden Zusammenhänge erforscht. Im 20. Jahrhundert haben an der Mathematikdidaktik interessierte Wissenschaftler wie zum Beispiel Piaget, Freudenthal und Polya diesen Aspekt betont. So schreibt Polya: „Die streng dargestellte Mathematik ist eine systematische, deduktive Wissenschaft, aber Mathematik im Entstehen ist eine experimentelle induktive Wissenschaft" (Polya, 1949, S. 136). Was eine gute Begründung ist, hängt ab von einer Argumentationskultur (Jahnke & Ufer, 2015, S. 345), die im Laufe der Schulzeit weiterentwickelt wird.

Phasen des aktiv entdeckenden Lernens im Mathematikunterricht gewinnen damit auch beim Argumentieren an Bedeutung. Mit dem Zahlenbuch in Deutschland und der Schweiz und dem Schweizer Mathbuch sind in den letzten 20 Jahren Lehrmittel entstanden, die diesen Ansatz prototypisch umsetzen. In den Schweizer HarmoS-Bildungsstandards in Mathematik (EDK, 2011) gibt es eigens den Handlungsaspekt „Explorieren". Schülerinnen und Schülern soll die Möglichkeit gegeben werden, selbst experimentierend Zusammenhänge in der Mathematik zu entdecken, vgl. dazu auch Bruder (2014).

An diesen Prozess des Explorierens von Zusammenhängen und des Formulierens von Hypothesen schliesst sich in der Mathematik traditionell ein Beweis an. Der Grad der formellen Strenge eines Beweises kann in der Mathematik sehr unterschiedlich ausfallen, wie Heintz (2000) darlegt: von den strengen Beweisen der formalen Logik hin zu den Beweisen in der frühen Differential- und Integralrechnung, die noch ohne einen exakten Grenzwertbegriff auskamen. Gerade in der Anfangszeit einer Theorie sind Begründungen wichtig, die überzeugen, auch wenn sie noch keinen präzisen Beweis darstellen – ähnlich haben überzeugende Begründungen, insbesondere durch Beispiele, eine Rolle im Schulunterricht: Sie können Zusammenhänge oft besser erklären als der Beweis selbst. So haben sowohl das Beweisen als auch das überzeugende Begründen eine Funktion in der Schulmathematik. Wichtig ist, beiden einen gebührenden Platz zu geben. Das Aushandeln der zugehörigen Argumentationskultur ist Thema des im Folgenden vorgestellten Kompetenztrainings im Projekt KAMM.

3.   Das Projekt KAMM – Kompetenzentwicklung in der Sekundarstufe II

Das Kompetenztraining ist Teil des grösseren Projekts KAMM (Kognitiv aktivierender Mathematikunterricht in der Mittelschule), das einen Beitrag zur Entwicklung einer für die Fachmittelschule spezifischen Didaktik liefern soll. Die Fachmittelschule ist eine schweizerische Schulform, die beispielsweise für die Aufnahme einer Ausbildung als Pflegefachperson oder für das Studium zur Primarlehrkraft qualifiziert.[1]

3.1   Aufgabenentwicklung im Projekt KAMM

Aufgabenentwicklung ist ein zentrales Ziel des Projekts KAMM. Die Aufgaben werden theoriegeleitet entworfen, eingesetzt und weiterentwickelt. Parallel dazu werden Forschungsfragen bearbeitet. Insofern steht das Projekt KAMM in der Tradition der Mathematikdidaktik als Design Science (Wittmann, 1998). Auch dieser Schwerpunkt der Mathematikdidaktik ist empirische Forschung, da er „die mathematisch-logische Stoffanalyse der Lerninhalte verknüpft mit der Berücksichtigung empirischen Materials, (…) wie die „empirischen Befunde über Lernvoraussetzungen, Lernprozesse der Kinder auf der jeweiligen Klassenstufe, typische Hürden innerhalb dieser Lernprozesse." (Gaidoschik, 2015).

Beispielhaft soll hier eine Begründungs-Lernumgebung an der Hundertertafel dargestellt werden (Fahse & Linnemann, 2015). Mit Hilfe der 10x10-Hundertertafel können multiplikative Strukturen und das Distributivgesetz sehr gut visualisiert werden. Ausserdem ist die Hundertertafel wegleitend beim Verständnis der Bündelungsvorgänge, die unserem Dezimalsystem zu Grunde liegen (nach Gaidoschik, 2015).

Die unten vorgestellte Lernumgebung repräsentiert damit, wie von Wittmann (1998) gefordert, „zentrale Ziele, Inhalte und Prinzipien des Mathematikunterrichts", sie bietet „reiche Möglichkeiten für mathematische Aktivitäten", indem Sie verschiedenste Herangehensweisen zulässt. Schliesslich können die Aufgaben „leicht an die speziellen Gegebenheiten einer speziellen Klasse angepasst werden". Beim Einsatz der Lernumgebung in der Fachmittelschule bieten sich dabei inhaltlich gute Wege von der Arithmetik zur Algebra via Mustererkennung. In diesem Beitrag soll aber nicht auf die Hundertertafel fokussiert werden, sondern auf Begründungsprozesse von Schülerinnen und Schülern.

3.2   Begründen mit der Hundertertafel

Zentral bei der Lernumgebung zur Hundertertafel ist die folgende Aufgabenstellung:
Aufgabe 1: a) Wählen Sie ein Quadrat mit vier Zahlen in der Hundertertafel. Bilden Sie die Summe der Diagonalen (beispielsweise 16+27 und 17+26). Führen Sie das für

---

1   http://web.fhnw.ch/ph/mathematikdidaktik/forschungs-und-entwicklungsprojekte/kamm/

mehrere Beispiele durch. Was stellen Sie fest? Begründen Sie Ihre Vermutung so, dass jemand aus dem Kurs Ihre Begründung gut verstehen kann. b) Wie sieht es mit den Produkten aus, beispielsweise 16 • 27 und 17 • 26? Begründen Sie auch hier Ihre Beobachtungen. Eine genauere Analyse der Begründungen der Schülerinnen und Schüler findet sich in Linnemann & Fahse (2016). Exemplarisch sollen hier zwei Bearbeitungen dargestellt werden, eine aus einer FMS-Klasse und eine aus einem deutschen Leistungskurs, in dem die Lernumgebung auch erfolgreich eingesetzt wurde.

Ein Schüler (FMS, Aufgabe 1a) gibt zunächst ein konkretes arithmetisches Beispiel an (16•27=10•20+10•7+6•20+6•7 und 17•26=10•20+10•6+7•20+6•7), erkennt dann offensichtlich die Notwendigkeit einer allgemeinen Begründung, die er wie folgt realisiert: *„Der einzige Unterschied ist, man rechnet einmal die kleinere Zahl der ersten Stelle mit der grösseren der zweiten Stelle* und einmal die grössere Zahl der ersten Stelle mit der kleineren Zahl der zweiten Stelle und umgekehrt." (Hervorhebung und Rechtschreibung abweichend vom Original). Der kursiv gedruckte Satzteil legt durch Pfeile und Bezugszeichen, die sich auf die verschiedenen Zahlen des Beispiels bezieht, folgende Interpretation nahe: „Die kleineren Zehner (10 im ersten Faktor 16) mit der größeren Einerstelle (7 im zweiten Faktor 27)" (Linnemann & Fahse, 2016).

Der Schüler nutzt das Distributivgesetz und die Bündelung im Zehnersystem, um zu einer korrekten und allgemein gültigen Lösung zu kommen. Der Weg ist allerdings nur schwer verständlich und würde durch Verwendung von Algebra wesentlich einfacher darstellbar werden.

Andererseits erhielt aber auch der rein algebraisch orientierte Zweizeiler „a + a+11 = a+1 + a+10//2a+11 = 2a+11" (Leistungskurs 11, Aufgabe 1a) nur zwei von 15 möglichen Zustimmungen des Leistungskurses. Die meiste Zustimmung (10 von 15 Stimmen) erhielt der Text eines Schülers, der von einem arithmetischen Beispiel ausgehend die Struktur der Hundertertafel darstellte (Linnemann & Fahse, 2016)

Eine Befragung der Schülerinnen und Schüler in der Fachmittelschulklasse ergab unter anderem die folgenden Forderungen an gute Begründungen:

- Für mich ist eine Begründung gut, wenn man viele Beispiele macht und dann in eigenen Worten die Beispiele erklärt. Eine Begründung muss auf den Punkt sein und nicht langes „Herumgefasel". Sie muss in einem verständlichen und guten Deutsch geschrieben sein (einfach).
- Eine gute Begründung ist kurz und bündig. Lieber ein allgemeines Beispiel als irgendwelche Zahlen.
- Die Erklärung ist verständlich aufgeschrieben. Zudem ist sie nicht sehr lang. Eine gute Erklärung kann ohne Zahlen auskommen, diese jedoch als Hilfestellung verwenden.
- Beispiele dienen zur Veranschaulichung – stellen aber keine eigenständige Begründung dar (Fahse & Linnemann, 2015)

Es zeigt sich, dass die Schülerinnen und Schüler Beispiele wertschätzen, aber auch erkennen, dass diese nicht ausreichen. Bei der Entwicklung einer Argumentationskultur in einer Klasse bietet dies einen guten Ansatzpunkt, die „Einsicht in die Beweisnotwendigkeit" (Jahnke & Ufer, 2015, S. 341) herauszuarbeiten.

3.3   Umsetzung des Kompetenztrainings in der Klasse

1. Stunde

Die Schülerinnen und Schüler finden Antworten zur Frage: „Was ist eine gute Begründung in Biologie, Geographie, Alltag …?" Die Antworten werden im Klassenverband besprochen.

Die beiden obigen Begründungsaufgaben zur Hundertertafel werden gestellt. Die Lehrperson sammelt die Bearbeitungen ein und erstellt eine Autographensammlung mit typischen oder besonderen Bearbeitungen.

2. Stunde

Die Schülerinnen und Schüler geben Kommentare zur Autographensammlung: Sie beantworten schriftlich die Fragen: Versuchen Sie, die Begründungen zu verstehen.

- Nennen Sie bis zu zwei Begründungen, die Ihnen gut gefallen haben: Weshalb haben Ihnen diese Begründungen gefallen?
- Formulieren Sie allgemein (also unabhängig von den konkreten Aufgaben) Ihre Ansicht: «Was zeichnet eine gute Begründung aus?»

Die Lehrperson ordnet die Bearbeitungen, erstellt eine Statistik.

3. Stunde

Die Auswertung wird in der Klasse besprochen. Hier ist Sensibilität der Lehrperson gefragt: Die Antworten der Schülerinnen und Schüler geben wichtige Hinweise, können leitend sein für die Akzeptanz von Begründungen im weiteren Verlauf des Mathematikunterrichts. Sie stellen insofern auch eine Leitlinie dar, wie die Lehrperson in dieser Klasse erklären sollte. Andererseits muss darauf geachtet werden, dass inhaltlich nicht tragfähige Begründungen erkannt werden. In den Klassen, in denen das Kompetenztraining bislang eingesetzt wurde, war dies nicht von vornherein der Fall.

4. Stunde

Eine weitere Begründungsaufgabe zur Hundertertafel wird gestellt, die Bearbeitungen werden eingesammelt und den Schülerinnen und Schülern rückgemeldet. So kann das Gelernte gesichert werden.

4. LEMAMOP – Kompetenztrainings am Beispiel Argumentieren für die Jahrgangsstufen 5–12

Ein langfristig angelegter Kompetenzaufbau im Fach Mathematik erfordert Lern- bzw. Reflexionsanlässe und -gelegenheiten mit unterschiedlichen Perspektiven und mit einem Explizieren der jeweiligen Ziele. Für das niedersächsische Projekt LEMAMOP[2], das sich eine explizite Förderung der prozessbezogenen mathematischen Kompetenzen[3] Argumentieren, Modellieren und Problemlösen an Gymnasien von Klasse 5 bis zum Abitur zum Ziel gestellt hat, wurden sogenannte Kompetenztrainings entwickelt. Diese jeweils etwa vierstündigen Unterrichtssequenzen sollen die bereits meist implizit im Unterricht zu verschiedenen Themen und Inhalten umgesetzten Handlungsaspekte – hier also das Argumentieren – aufgreifen und für die Lernenden bewusst machen sowie schrittweise über die Jahrgangsstufen hinweg als Lernzuwachs erkennbar werden lassen.

4.1 Konzeptualisierung des Begriffs „Argumentieren"

Im Projekt LEMAMOP wird dem Ansatz gefolgt, dass „Argumentieren" als ein Sammelbegriff fungieren soll „für jegliche Aktivitäten des Suchens, Auswählens, Verwendens und des Beurteilens von Argumenten und deren Verknüpfung in vielfältigen inner- und außermathematischen Zusammenhängen. Mathematisches Begründen und Beweisen sind damit Bestandteile eines Argumentierenkönnens in einem weiter und damit auch fachübergreifend gefassten Sinne" (Bruder & Pinkernell, 2011, S. 2 f.).

Die konstituierenden Elemente mathematischer Argumentationen sind zum einen die als zulässig anerkannten Argumente in Form von mathematischen Begriffen mit ihren Definitionen, mathematischen Sätzen und Verfahren und zum anderen die logischen Schlussweisen, mit denen die jeweiligen Argumente verknüpft werden. Diese Argumentverknüpfungen können unterschiedlich dargestellt werden bzgl. Anschaulichkeit und fachsprachlicher Abstraktheit und Formalisierung. Typisch für Argumentationen sowohl in der Schule als auch in der Hochschule sind fünf Begründungstypen (Bruder & Pinkernell, 2011), die sich als Elementarschritte in komplexen Beweisen und damit als Grundaufgabenformate für Lernsituationen zum Argumentieren beschreiben lassen. Wir verstehen darunter folgende mathematische Tätigkeiten:

---

2   LEMAMOP steht für „Lerngelegenheiten für mathematisches Argumentieren, Modellieren und Problemlösen" und ist ein niedersächsisches Modellprojekt zur Materialentwicklung und Lehrerfortbildung von 2013–2016 unter der wissenschaftlichen Begleitung von Regina Bruder, TU Darmstadt, das vom DZLM unterstützt wird und an dem 15 niedersächsische Schulen (mit gymnasialer Oberstufe) mit jeweils 2 Lehrkräften und ausgewählten Klassen von Jahrgang 5 bis 12 beteiligt sind, vgl. Bruder et al. (2014).

3   Im Sprachgebrauch der BRD werden die schweizerischen Handlungsaspekte prozessbezogene Kompetenzen genannt oder auch allgemeine Kompetenzen.

- Begründung durch Identifizieren oder/und Realisieren einer Definition eines mathematischen Begriffes
- Begründung durch Identifizieren oder/und Realisieren eines mathematischen Satzes
- Begründung durch Identifizieren oder/und Realisieren eines mathematischen Verfahrens
- Schluss mit Kontraposition
- Schluss mit Gegenbeispiel.

Wenn es darum gehen soll, mathematisches Argumentieren im allgemeinbildenden Mathematikunterricht im Sinne von Winter (1995) als eine Grunderfahrung zu kultivieren, spielen diese Begründungsgrundtypen eine wichtige Rolle. Ausgehend von diesen ursprünglichen Begründungstypen können Kompetenzstufen aufgestellt werden, die wie bei Meyer (2007) mit zunehmender Stufe an Komplexität und an Selbststeuerung angereichert werden. In Siller et al. (2014) werden solche Stufen für die österreichische Reifeprüfung formuliert:

1. Einfache fachsprachliche Begründungen ausführen: Das Zutreffen eines Zusammenhangs oder Verfahrens bzw. die Passung eines Begriffes auf eine gegebene (innermathematische) Situation prüfen.
2. Verstehen, Nachvollziehen, Erläutern mathematischer Begriffe, Sätze, Verfahren, Darstellungen, Argumentationsketten und Kontexte.
3. Mathematische Argumentationen prüfen bzw. vervollständigen, mehrschrittige mathematische Standard-Argumentationen durchführen und beschreiben.
4. Eigenständige Argumentationsketten aufbauen, fachlich und fachsprachlich korrekte Erklärung von mathematischen Sachverhalten, Resultaten und Entscheidungen.

Mit dieser Kompetenzstufung liegt ein zwar grobmaschiges, aber dennoch weit greifendes Modell vor. In schriftlichen Reifeprüfungen, Abitur- oder Maturaprüfungen sind Fragen zu erwarten, die größtenteils auf Stufe 1 und 2 bleiben, mit der Möglichkeit der Stufe 3. Die Stufe 4 wird eher anspruchsvollen Lernangeboten oder auch speziellen Begabungsförderungsprojekten vorbehalten bleiben.

Der Orientierung an den fünf Begründungstypen, die auch als Heurismen des Argumentierens aufgefasst werden können, steht eine weitere Betrachtung des Argumentierens zur Seite: die Betonung der sprachlichen Aspekte. Linneweber (2014) stellt dar, dass sich das Argumentieren nicht ohne sprachliche Kompetenzen beschreiben lässt. Darüber hinaus ist eine Gegenüberstellung von üblichen Alltagsargumentationen und mathematischen Begründungen von besonderer Bedeutung für den Aufbau eines adäquaten Mathematikbildes und nicht zuletzt auch rückwirkend für eine Qualifizierung sachlicher Kommunikation im Alltag.

4.2   Zum Aufbau der Kompetenztrainings am Beispiel Argumentieren

Alle Kompetenztrainings im Projekt LEMAMOP zum Argumentieren von Klasse 5 bis
12 haben eine ähnliche Struktur:

- Phase 1: Argumente vereinbaren als Identifizierungshandlung
- Phase 2: Argumente im Einsatz als Realisierungshandlung
- Phase 3: Argumentationstraining zum Aufbau von Handlungskompetenz
- Phase 4: Trainingsrückblick zur Förderung von Metakompetenz

Vorwiegend in Phase 1 und 2 werden auch Argumente aus dem Alltag thematisiert.
Auch die Teilaufgaben im Trainingsrückblick, der eine zentrale Rolle für die Reflexion
der Trainings spielt, folgen in der Regel einem bestimmten Aufbau:

- Aufgabe 1 (Identifizierungshandlung): Die neu kennengelernten Argumente bzw.
  Argumentationstypen sollen in einem gegebenen Beispiel erkannt, benannt und
  ggfs. beschrieben werden. „Argumente identifizieren" gilt als elementare Operationalisierung der ersten Kompetenzstufe (siehe oben im Stufenmodell von Siller et
  al. 2014) und soll in höheren Jahrgangsstufen bis zur Kompetenzstufe 3 ausgebildet
  werden.
- Aufgabe 2 (Realisierungshandlung): Hier soll eine Argumentation mit Hilfe der
  bewusst gewordenen mathematischen Argumente bzw. Argumentationstypen ausgeführt werden. Es handelt sich um ein analoges Beispiel zu den im Training ge-
  übten Realisierungen mit zunächst niedriger Komplexität. Es wird in den unteren
  Klassen auf der Kompetenzstufe 1 gestartet, um langfristig möglichst auch Stufe 3
  zu erreichen.
- Aufgabe 3 (sprachliche Repräsentation): Mit dieser Aufgabe sollen die Schülerinnen und Schüler den Kern des Neuerarbeiteten (kennen gelernte Argumente bzw.
  Argumentationstypen) mit eigenen Worten an einem Beispiel erläutern (angestrebt
  wird Kompetenzstufe 2).
- Aufgabe 4 (individuelle Reflexion): Bei höheren Jahrgängen steht hier eine Aufgabe, in welcher auf individuelle Präferenzen, wiederkehrende Schwierigkeiten oder
  „typische Fehler" eingegangen wird.

Die Phasen 1 und 2 der Kompetenztrainings sind meist Gegenstand der ersten Stunde
und enthalten diskursive Elemente mit Aushandlungsprozessen. Hier erfolgt die Bereitstellung bzw. Reaktivierung derjenigen Argumente und Schlussweisen, die dann in
der 3. Phase trainiert werden sollen. Für die dritte Phase sollte möglichst eine Doppelstunde vorgesehen werden und die vierte Stunde ist dann der Reflexion vorbehalten,
die einer sorgfältigen Moderation der Lehrkräfte bedarf. Die Trainingsrückblicke aus
den einzelnen Schuljahren werden im Sinne eines Portfolios gesammelt, um den eigenen Lernfortschritt sichtbar zu machen.

Das verwendete Aufgabenkonzept nutzt Erkenntnisse zu gestuften Schülerhandlungen, die für ein grundlegendes Verständnis mathematischer Inhalte relevant sind.

Die auf Rubinstein (1973) zurückgehende Vorstellung von kognitiven Prozessen als Einheit von Analyse und Synthese wurde von Lompscher zur Beschreibung der Struktur geistiger Fähigkeiten mit den Bestandteilen *geistige Operationen* und *Verlaufsqualitäten* ausgearbeitet. Die Darstellung von Lompscher (1972, S. 46) zu den modellhaften Wechselbeziehungen analytisch-synthetischer Operationen in der geistigen Tätigkeit wurde von Bruder und Brückner (1989) aufgegriffen. Nach diesem Ansatz lassen sich das Identifizieren und Realisieren von mathematischen Inhalten auf der Grundlage definierter geistiger Operationen als Elementarhandlungen beschreiben. Empirische Studien geben erste Hinweise auf Evidenz für die Unterscheidbarkeit dieser beiden Elementarhandlungen und zu den komplexer aufgebauten Grundhandlungen wie Beschreiben und Begründen – jeweils bezogen auf bestimmte mathematische Begriffe, Zusammenhänge oder Verfahren (vgl. Nitsch, 2015; Nitsch & Bruder, 2016). Mit einem solchen hierarchischen Ansatz zum Beschreiben von Lernhandlungen ergibt sich eine Konstruktionsheuristik für Lern- und Testaufgaben (vgl. den allgemeinen aufgabentheoretischen Ansatz bei Bruder, 2003), die sich bereits bei theoretischen Kompetenzmodellierungen bewährt hat (vgl. auch Siller et al., 2014). Ferner wird eine strukturelle Typisierung von Aufgaben in acht Zieltypen nach Bekanntheit des Gegebenen, Gesuchten und der Transformationen zwischen Gegebenem und Gesuchtem verwendet, die sich bereits in verschiedenen Projekten zur Entwicklung von Lernmaterialien bewährt hat, vgl. u. a. Bruder (2000).

4.3 Aufgabenbeispiele für ein Kompetenztraining zum Argumentieren in der 8. Schulstufe

4.3.1 Argumente vereinbaren

Aufgabe 1

In dieser Aufgabe geht es um mögliche Begründungen zu den gegebenen Sätzen, indem die Sätze ergänzt werden sollen. Ferner sollen Gemeinsamkeiten und Unterschiede im Hinblick auf die Argumentationen und Begründungen herausgearbeitet werden.

- Aussage A
  Paul: „Vollmilch ist besser als Zartbitter, weil … "
  Paula: „Zartbitter ist besser als Vollmilch, weil … "
- Aussage B
  Paul: „Wir benötigen auf unserem Schulhof ein Basketball-Spielfeld, weil …"
  Paula: „Ich bin dagegen, weil …"
- Aussage C
  Uli: „5 ist eine Primzahl, weil …"

Aufgabe 2

Hier werden den Lernenden mehrere Aussagen vorgelegt zu verschiedenen mathematischen Themen und es soll jeweils (durch Anwendung eines Begründungsgrundtyps) herausgefunden werden, ob die Aussage wahr oder falsch ist.

4.3.2 Argumente im Einsatz

Unter Bezugnahme auf die bisherigen Erfahrungen der Lernenden, dass schon mehrfach im Unterricht begründet bzw. etwas bewiesen wurde, sollen solche Begründungen jetzt noch einmal aufgegriffen werden. Dazu wird ein Fehlschluss vorgelegt (Thema Primzahlen, länger zurückliegend):

> Ulf-Hermann behauptet: „Für alle natürlichen Zahlen n ist $n^2 + n + 5$ eine Primzahl. Ich habe es für n=1 und n=2 ausprobiert. Passt!"

Danach werden zwei unterschiedliche Angebote zur Widerlegung des Schlusses vorgestellt. Die Lernenden werden nun aufgefordert beide Widerlegungen zu vergleichen und die verwendeten Argumente jeweils anzugeben.

4.3.3 Argumentationstraining

Für eine Doppelstunde werden Wahlaufgaben bereitgestellt, die z.B. mit Sternchen zur Beschreibung der Schwierigkeit markiert sind. Diese Aufgaben können allein oder mit dem Lernpartner (auch im Tandem mit Bereitstellung von Lösungserwartungen) bearbeitet werden, vgl. Beispielaufgabe 11.

Ein anderes Aufgabenformat, welches sich sehr gut für diese Phase eignet, sind sogenannte Blütenaufgaben mit etwa 3 bis 5 in der Schwierigkeit bzw. Offenheit aufsteigenden Teilaufgaben zu einem gemeinsamen Aufgabenkontext. Die Lernenden werden aufgefordert „so weit wie möglich zu kommen" und sollen aber eine Mindestzahl von Teilaufgaben in vorgegebener Zeit bewältigen (vgl. u. a. Bruder, 2013).

4.3.4 Trainingsrückblick

Im Folgenden werden die jeweils typischen Argumentationsübungen auf einer Metaebene vorgestellt.

- Intelligentes Wissen: Es werden verschiedene Argumentationsbeispiele vorgelegt und es wird gefragt: Welche Art der Argumentation liegt hier vor?
- Handlungskompetenz: Hier werden Grundaufgaben zum Durchführen von Argumentationen gestellt.

Aufgabe 11   **Berni ist verwirrt**

Berni hat ausgerechnet, dass 2 gleich 1 ist.

Hier ist sein Beweis:

Es sei a = b.

a = b	$\mid \cdot a$
$a^2 = ab$	$\mid - b^2$
$a^2 - b^2 = ab - b^2$	
$(a - b)(a + b) = b(a - b)$	$\mid : (a - b)$
a + b = b	
b + b = b	(da die Voraussetzung a = b gilt)
2b = b	$\mid : b$
2 = 1	

Erkläre, wie Berni zu diesem falschen Ergebnis gekommen ist.

Welches zentrale Argument hast du verwendet, um Bernis Fehler zu entlarven?

Abb. 1:   Aufgabe 11 – Berni ist verwirrt

- Beispiel: Ist die Summe von sechs aufeinander folgenden Zahlen durch 6 teilbar?
- Begründe, dass die Summe von n aufeinander folgenden Zahlen (n ungerade) stets durch n teilbar ist.
- Reflexion: Schau dir die Aufgabenstellungen in den Aufgaben 1 und 2 noch einmal an.
  - Welche Aufgaben sind dir leicht gefallen, welche waren schwierig?
  - Welche typischen Fehler solltest du versuchen zu vermeiden?

5.   Evaluation

Das niedersächsische Kerncurriculum für das Fach Mathematik am Gymnasium bildete die Grundlage für die inhaltlichen Schwerpunktsetzungen innerhalb der Kompetenztrainings. Mit Hilfe des oben dargestellten Stufenmodells (Siller et al., 2014) und den bekannten Schülerhandlungen nach Bruder und Brückner (1989) ließen sich auf den Evaluationsrahmen abgestimmte Aufgaben für die Kompetenz Argumentieren entwickeln. Um in einem ersten Ansatz den Effekt der Kompetenztrainings zum Argumentieren zu evaluieren, wurden die Diagnoseaufgaben auch von Kontrollgruppen bearbeitet, die nicht am Projekt beteiligt waren. Auch wenn mit diesem Vorgehen im relativ kurzen Projektzeitraum von drei Jahren keine Aussagen über einen langfristigen Kompetenzzuwachs über mehrere Schuljahre möglich waren, konnte eindrucksvoll ein deutlicher Kompetenzvorsprung der LEMAMOP-Gruppen gegenüber den Kontrollgruppen in allen Jahrgängen festgestellt werden (vgl. Beiträge im Themenheft 198 „Langfristiger Kompetenzaufbau" der Zeitschrift Mathematik lehren (2016)).

Mit den Kompetenztrainings wird bei der Entwicklung kompetenzorientierten Mathematikunterrichts ein wichtiger Schritt getan: Lag bislang der Fokus darauf, wie prozessbezogene Handlungsaspekte mit inhaltsbezogenen Kompetenzbereichen verbunden werden können, wird jetzt die langfristige Entwicklung innerhalb der Handlungsaspekte in den Fokus genommen. Im Projekt LEMAMOP wurden auch erfahrungsbasiert Beschreibungen entwickelt, welche Kompetenzfacetten des jeweiligen Handlungsaspekts in welchem Schuljahr entwickelt und auch ansatzweise diagnostiziert werden können.

Literatur

Blum, W., Drüke-Noe, Ch., Hartung, R. & Köller, O. (Hrsg.). (2006). *Bildungsstandards Mathematik: konkret. Sekundarstufe I: Aufgabenbeispiele, Unterrichtsanregungen, Fortbildungsideen.* Berlin: Cornelsen Scriptor.

Bruder, R. (2000). Mit Aufgaben arbeiten. *mathematik lehren,* 101, 12–17.

Bruder, R. (2003). Konstruieren – auswählen – begleiten. Über den Umgang mit Aufgaben. *Lernen fördern – Selbstständigkeit entwickeln* (Jahresheft „Aufgaben"), 12–15.

Bruder, R. (2013). Nicht alle üben alles! *Mathematik 5–10*(23), 38–41.

Bruder, R. (2014). Forschen, Explorieren, Problemlösen. In H. Linneweber-Lammerskitten (Hrsg.), *Fachdidaktik Mathematik: Grundbildung und Kompetenzaufbau im Unterricht der Sek. I und II (Lehren lernen – Basiswissen für die Lehrerinnen- und Lehrerbildung)* (S. 141–158). Klett.

Bruder, R., Krüger, U.-H. & Bergmann, L. (2014). LEMAMOP – ein Kompetenzentwicklungsmodell für Argumentieren, Modellieren und Problemlösen wird umgesetzt. In J. Roth & J. Ames (Hrsg.), *Beiträge zum Mathematikunterricht 2014* (S. 261–264). Münster: WTM-Verlag,.

Bruder, R., & Pinkernell, G. (2011). Die richtigen Argumente finden. *mathematik lehren,* 168, 2–7.

EDK, Schweizerische Konferenz der kantonalen Erziehungsdirektoren (2004). *Rahmenlehrplan für Fachmittelschulen.* http://edudoc.ch/record/2033/files/5–1d.pdf [15.10.2015].

EDK, Schweizerische Konferenz der kantonalen Erziehungsdirektoren (2011). *Basisstandards für die Mathematik.* http://edudoc.ch/record/36469/files/Standards_Math_d.pdf [15.10.2015].

Fahse, C. & Linnemann, T. (2015). Genügt der Beweis, oder soll ich das auch erklären? *Praxis der Mathematik,* 64, 19–23.

Fischer, R. & Malle, G. (2004). *Mensch und Mathematik. Eine Einführung in didaktisches Denken und Handeln* (2. Aufl.). München: Profil-Verlag.

Gaidoschik, M. (2015). Einige Fragen zur Didaktik der Erarbeitung des „Hunderterraums". *Journal für Mathematikdidaktik,* 36, 163–190.

Heintz, B. (2000). *Die Innenwelt der Mathematik. Zur Kultur und Praxis einer beweisenden Disziplin.* Wien: Springer.

Jahnke, H.-N. & Ufer, S. (2015). Argumentieren und Beweisen. In R. Bruder, L. Hefendehl-Hebeker, B. Schmidt-Thieme & H.-G. Weigand: *Handbuch der Mathematikdidaktik*. Heidelberg: Springer.

Linneweber, H. (2014). Darstellen und Kommunizieren, Argumentieren und Begründen, Interpretieren und Reflektieren von Resultaten. In Linneweber-Lammerskitten, H. (Hrsg.), *Fachdidaktik Mathematik: Grundbildung und Kompetenzaufbau im Unterricht der Sek. I und II (Lehren lernen – Basiswissen für die Lehrerinnen- und Lehrerbildung)* (S. 179–200). Klett.

Linnemann, T. & Fahse, C. (2016). „Wie begründet man gut?" – Kompetenztraining und Schülervorstellungen. In F. Caluori, H. Linneweber-Lammerskitten & C. Streit (Hrsg.), *Beiträge zum Mathematikunterricht 2015*. Münster: WTM-Verlag

Lompscher, J. (1972). Wesen und Struktur allgemeiner geistiger Fähigkeiten. In J. Lompscher (Hrsg.), *Theoretische und experimentelle Untersuchungen zur Entwicklung geistiger Fähigkeiten* (S. 17–72). Berlin: Volk und Wissen.

Meyer, H. (2007). *Leitfaden Unterrichtsvorbereitung*. Berlin: Cornelsen Scriptor.

Nitsch, R. (2015). *Diagnose von Lernschwierigkeiten im Bereich funktionaler Zusammenhänge*. Springer Fachmedien Wiesbaden.

Nitsch, R. & Bruder, R. (2016). *Schülerhandlungen als Elemente fachdidaktisch motivierter Kompetenzmodellierungen*. Verfügbar unter: http://link.springer.com/article/10.1007/s13138-015-0084-y)

Polya, G. (1949). *Schule des Denkens. Vom Lösen mathematischer Probleme*. Bern: Francke-Verlag.

Schechter, B. (2000). *My Brain is Open: The Mathematical Journeys of Paul Erdős*. New York: Simon and Schuster.

Siller, H.-St., Bruder, R., Hascher, T., Linnemann, T., Steinfeld, J., Sattlberger, E. & Schodl, M. (2014). Stufenmodellierung mathematischer Kompetenz am Ende der Sekundarstufe II – eine Konkretisierung. *Beiträge zum Mathematikunterricht, 2014*, 1135–1139.

Toulmin, S. (1958). *The Uses of Argument*. Cambridge: Cambridge Univ. Press.

Winter, H. (1995). Mathematik und Allgemeinbildung. *Mitteilungen der Gesellschaft für Didaktik der Mathematik, 61*, 37–46.

Wittmann, E. C. (1998). Design und Erforschung von Lernumgebungen als Kern der Mathematikdidaktik. *Beiträge zur Lehrerbildung, 16*(3), 329–342.

Kompetenzstufenmodell zu Reifeprüfungsaufgaben und deren Eignung für einen kompetenzorientierten Mathematikunterricht

Hans-Stefan Siller, Regina Bruder, Tina Hascher, Torsten Linnemann, Jan Steinfeld und Eva Sattlberger

Im Jahr 2015 wurde an österreichischen Gymnasien erstmals eine kompetenzorientierte schriftliche Reifeprüfung im Unterrichtsfach Mathematik durchgeführt. Im Kontext dieser grundlegenden Bildungsreform wurde ein Konzept entwickelt, das insbesondere auf die Erstellung von Prüfungsaufgaben Einfluss nehmen, aber auch Auswirkungen auf den Unterricht und die dort vorhandene Aufgabenkultur haben soll. Im Beitrag wird die Entwicklung vorgestellt und aufgezeigt, inwieweit Prüfungsaufgaben Potenziale und Möglichkeiten für eine „neue Unterrichtskultur" eröffnen.

Die Entwicklung einer standardisierten, kompetenzorientierten schriftlichen Reifeprüfung für Mathematik an Allgemeinbildenden Höheren Schulen in Österreich wurde im Jahr 2008 unter der Leitung von W. Peschek und R. Fischer (vgl. AECC, 2009) begonnen. Die beauftragte Projektgruppe, bestehend aus Mathematik-Didaktikerinnen und Mathematik-Didaktikern, Mathematikerinnen und Mathematikern sowie Lehrkräften, erstellte ein bildungstheoretisch fundiertes Konzept „Standardisierte schriftliche Reifeprüfung aus Mathematik – Sicherung von mathematischen Grundkompetenzen" auf Basis des gültigen Mathematik-Lehrplans der gymnasialen Oberstufe an Allgemeinbildenden Höheren Schulen (AHS, vergleichbar mit Gymnasien; BMUKK, 2004) sowie wissenschaftlicher Erkenntnisse der Fachdidaktik und der Bildungswissenschaft. Darin wurde auch der besondere Stellenwert des Fachs Mathematik im Kanon der allgemeinbildenden Unterrichtsfächer verdeutlicht. In der Folge wurde das Konzept überarbeitet (vgl. BIFIE, 2013a). Wesentliche Bereiche des mathematischen Kompetenzaufbaus im Gymnasium (Grundwissen, Grundfertigkeiten und Grundvorstellungen) konnten identifiziert und festgelegt sowie die standardisierte Reifeprüfung an den formulierten Grundkompetenzen und der zughörigen Bildungstheorie orientiert werden. Im Folgenden wird der Hintergrund für die Aufgabenentwicklung zur schriftlichen Reifeprüfung in Österreich erläutert. Zudem werden erste Ergebnisse der empirischen Überprüfung des Aufgabenratings vorgestellt.

1. Bildungstheoretischer Hintergrund zur Beschreibung von Grundkompetenzen

Ausgangspunkt der bildungstheoretischen Orientierung, welche den mathematischen Grundkompetenzen zu Grunde liegt, ist das Individuum und dessen Rolle in unserer hochdifferenzierten, arbeitsteilig organisierten, demokratischen Gesellschaft, analog zu bildungstheoretischen Konzeptionen von beispielsweise Klafki (1963) oder Heymann (1996); und nicht die (objektive Seite der) Mathematik. Im vorliegenden Konzept zur schriftlichen Reifeprüfung Mathematik an österreichischen Gymnasien wurden die konzeptionellen Überlegungen der „Höheren Allgemeinbildung" von Fischer (2001) aufgegriffen. Dieses Konzept präzisiert zum einen, wie viel und welche Mathematik Absolventinnen und Absolventen der AHS zu ihrem eigenen Nutzen und zum Nutzen unserer Gesellschaft benötigen. Zum anderen wird für Erziehungsberechtigte, tertiäre (Bildungs-)Institutionen und Abnehmerinnen in der Wirtschaft verdeutlicht, welche mathematischen Inhalte von Schülerinnen und Schülern und zum Nutzen der Gesellschaft mindestens erlernt werden und langfristig verfügbar sein sollten.

Für Abiturientinnen und Abiturienten wird die Befähigung zur Kommunikation mit Expertinnen und Experten einerseits und der Allgemeinheit andererseits als das zentrale Lernziel identifiziert (Fischer, 2012, S. 12). In vielen Situationen des öffentlichen, beruflichen und privaten Lebens geht es darum, Informationen einzuholen oder Aussagen von Expertinnen und Experten zu verstehen, zu bewerten und zur eigenen Erfahrungswelt in Beziehung zu setzen, um z. B. Entscheidungen treffen zu können. Die jungen Erwachsenen können hier eine wichtige Vermittlerrolle zu mathematischen Themen einnehmen, da sie in der Lage sein sollten, Meinungen zu sammeln, diese zu verstehen, Expertisen verständlich zu erklären und Vorschläge für die Bewertung und Integration solcher Informationen zu entwickeln, so dass sie als *entscheidungskompetente bzw. entscheidungsbefugte Laien"* (Fischer, 2012, S. 14) fungieren können. Um über mathematische Inhalte gewinnbringend kommunizieren zu können, ist sowohl Grund- als auch Reflexionswissen bzw. -vermögen in und mit Mathematik notwendig.

Unter Grundwissen werden fundierte Kenntnisse hinsichtlich grundlegender (mathematischer) Begriffe, Konzepte, Darstellungsformen und Anwendungsgebiete verstanden. Der verständige Umgang mit Grundwissen, insbesondere die Beurteilung von Expertisen und deren Integration in den jeweiligen (mathematischen) Kontext, erfordert Reflexionswissen bzw. -vermögen. Zudem sollen die Wirkungsweise von Begriffen und Verfahren, ihre Leistung im jeweiligen Kontext oder ihre Grenzen hinterfragt werden können. Auf dieser Grundlage wurden die in AECC (2009) bzw. BIFIE (2013a, S. 2) formulierten Grundkompetenzen als „sorgsam ausgewählte und gut begründete Kompetenzen, die aufgrund ihrer fachlichen und gesellschaftlichen Relevanz grundlegend und unverzichtbar sind" (AECC, 2009, S. 6) erarbeitet.

Mathematische Grundkompetenzen umfassen eine Vielzahl von Teilkompetenzen. Dazu gehört u. a. der verständige Umgang mit grundlegenden Begriffen und Konzepten sowie deren geometrische Veranschaulichung, die Verwendung von Funktionen als (mathematische) Werkzeuge, die Generalisierung und operative Beweglichkeit sowie die Nutzung bereitgestellter Konzepte zur formalen und operativen Beschreibung diskreter und stetiger Änderungsverhalten oder die Verwendung von Darstellungsformen und (grundlegenden) Verfahren der Statistik und Wahrscheinlichkeitstheorie.

Mathematische Grundkompetenzen sind aufgrund ihrer fachlichen und gesellschaftlichen Relevanz grundlegend und unverzichtbar. Folglich müssen sie in der Schule einer schriftlichen Überprüfung zugänglich gemacht werden, damit diagnostiziert werden kann, ob bzw. inwieweit sie erreicht werden. Ziele und Inhalte, auf die in Prüfungssituationen fokussiert werden soll, müssen darüber hinaus für das Fach grundlegend sein, so dass (Wissens-)Defizite in diesen Bereichen einen verständigen Umgang mit den geforderten mathematischen Inhalten und erfolgreiches Weiterlernen beeinträchtigen würden.

2.   Klausuraufgaben für die schriftliche Reifeprüfung

Ein Team, bestehend aus Mathematiklehrkräften sowie Mathematik-Didaktikerinnen und –didaktikern, wurde vom Bundesinstitut für Bildungsforschung, Innovation und Entwicklung des österreichischen Schulwesens (BIFIE) eingesetzt, um Aufgaben für die standardisierte schriftliche Reifeprüfung auf Basis der formulierten Grundkompetenzen (BIFIE, 2013b) zu entwickeln. Diese Aufgaben lassen sich anhand von zwei Charakteristika unterscheiden und werden als Typ-1- bzw. Typ-2-Aufgaben (vgl. BIFIE, 2013b, S. 23) bezeichnet. Sie variieren sowohl in Bezug auf die inhaltlich-strukturellen Merkmale als auch auf die Anforderungen, die mit diesen Aufgaben verbunden sind. Dies impliziert, dass die beiden Aufgabentypen konsekutiv, in zwei voneinander getrennten Testheften (Teil 1/2) bearbeitet werden (BIFIE, 2014):

1. Typ-1-Aufgaben sind „Aufgaben, die auf die im Konzept zur schriftlichen Reifeprüfung angeführten Grundkompetenzen fokussieren. Bei diesen Aufgaben sind kompetenzorientiert (Grund-)Wissen und (Grund-)Fertigkeiten ohne darüber hinausgehende Eigenständigkeit nachzuweisen" (vgl. BIFIE, 2013b, S. 23). Verschiedene gebundene Antwortformate wie das Multiple-Choice-Format und das Lückentextformat ermöglichen eine objektive Punktevergabe. Zur Vergabe der Punkte bei Aufgaben mit offenem und halboffenem Antwortformat werden für die Auswertung Lösungserwartungen und klar formulierte Lösungsschlüssel angegeben.
2. Typ-2-Aufgaben sind

   „Aufgaben zur Anwendung und Vernetzung der Grundkompetenzen in definierten Kontexten und Anwendungsbereichen. Dabei handelt es sich um umfangreichere kontextbezogene oder auch innermathematische Aufgabenstellungen, im Rahmen derer unterschiedliche Fragestellungen bearbeitet werden müssen und bei deren Lösung operativen Fertigkeiten gegebenenfalls größere Bedeutung zukommt. Eine selbstständige Anwendung von Wissen und Fertigkeiten ist erforderlich" (vgl. BIFIE, 2013b, S. 23).

   Auch diese Aufgaben sind in Aufbau und Darstellungsweise sowie hinsichtlich der Punktevergabe differenziert gestaltet (vgl. BIFIE, 2013a).

Neben den formulierten Grundkompetenzen sollte außerdem noch ein Kompetenzstufenmodell entwickelt werden, das insbesondere die Komplexität und Art der Vernetzung der in den Grundkompetenzen geforderten mathematischen Handlungen beschreibt. Ein solches Stufenmodell ist als verlässliche Vergleichsgrundlage für das Anforderungsniveau der Prüfungsaufgaben notwendig. Es kann Unterstützung für die

Erstellung von Prüfungsaufgaben bieten. Gleichzeitig kann ein solches Stufenmodell Orientierung für das Anforderungsniveau des Unterrichts geben, auch wenn es kein Modell für die individuelle Kompetenzentwicklung der Lernenden darstellt.

3.   Kompetenzstufenmodell O-M-A

Kompetenzstufen in Kompetenzmodellen des deutschsprachigen Raums (AECC, 2008; Ehmke et al., 2006; HarmoS, 2011; KMK, 2012) sind bislang eher vage formuliert – und lassen sich am ehesten anhand der empirischen Aufgabenschwierigkeit beschreiben (Ramseier et al., 2011). Um ein Kompetenzstufenmodell zu erstellen, das auch die Konstruktion von Prüfungsaufgaben unterstützt, ist die Charakterisierung von Leuders (2014, S. 10) hilfreich:

> „Diskutiert wird ein Modell, welches (i) a priori Stufen beim Erwerb einer bestimmten Kompetenz postuliert, (ii) durch gestufte Aufgabensituationen und durch (iii) hierarchisch geordnete, kategoriale latente Fähigkeitsvariable beschreibt. Dies erlaubt (iv) Feststellungen, darüber, welche Schülerinnen und Schüler welche Kompetenz auf welcher Stufe besitzen.“

Kompetenzstufenmodelle erfüllen damit zwei Funktionen: Sie sollen die Entwicklung von Kompetenzen beschreibbar sowie den Kompetenzstand der Lernenden messbar machen. Es sollen also Möglichkeiten sowohl zur Diagnose als auch Bewertung geboten werden. Das Denken in (Kompetenz-)Stufen ist im schulischen Alltag nicht ungewöhnlich, da auch Curricula und Lehrmittel auf dieser Sichtweise aufbauen (vgl. z. B. Kiper, Meyer, Mischke & Wester, 2004).

Die Konstruktion von Stufen im vorliegenden Kompetenzstufenmodell O-M-A (vgl. Siller et al., 2013, 2014, 2015; Linnemann et al., 2016; siehe Tab. 1) erfolgte theoriegeleitet in Anlehnung an Meyer (2012) und in Verbindung mit Erkenntnissen der von Lompscher (1985) weiterentwickelten Tätigkeitstheorie zu Lernhandlungen, die in Verbindung mit einer konkreten Anforderungssituation ad hoc auf einem bestimmten Orientierungslevel angelegt werden. Basierend auf den Arbeiten von Galperin lassen sich als Orientierungslevel eine sogenannte Probierorientierung, Muster- oder Beispielorientierung und eine Feldorientierung unterscheiden. Ähnlich unterscheidet Meyer (2012, S. 157) die folgenden vier Stufen (vgl. Abb. 1):

1. Ausführen einer Handlung durch weitgehend unreflektiertes Nachvollziehen (Stufe 1)
2. Ausführen einer Handlung nach Vorgabe (Stufe 2)
3. Ausführen einer Handlung nach Einsicht (Stufe 3)
4. Selbstständige Prozesssteuerung (Stufe 4)

Stufe 1 und 2 bei Meyer (2012) korrespondieren mit einer elementaren bzw. schematischen Musterorientierung, Stufe 3 erreicht bereits Feldorientierung, die sich z. B. auch darin zeigt, dass die Lernenden in der Lage sind, eigene Beispiele zu generieren. Die Komplexität der Anforderungen (Mehrschrittigkeit) unterscheidet insbesondere Stufe

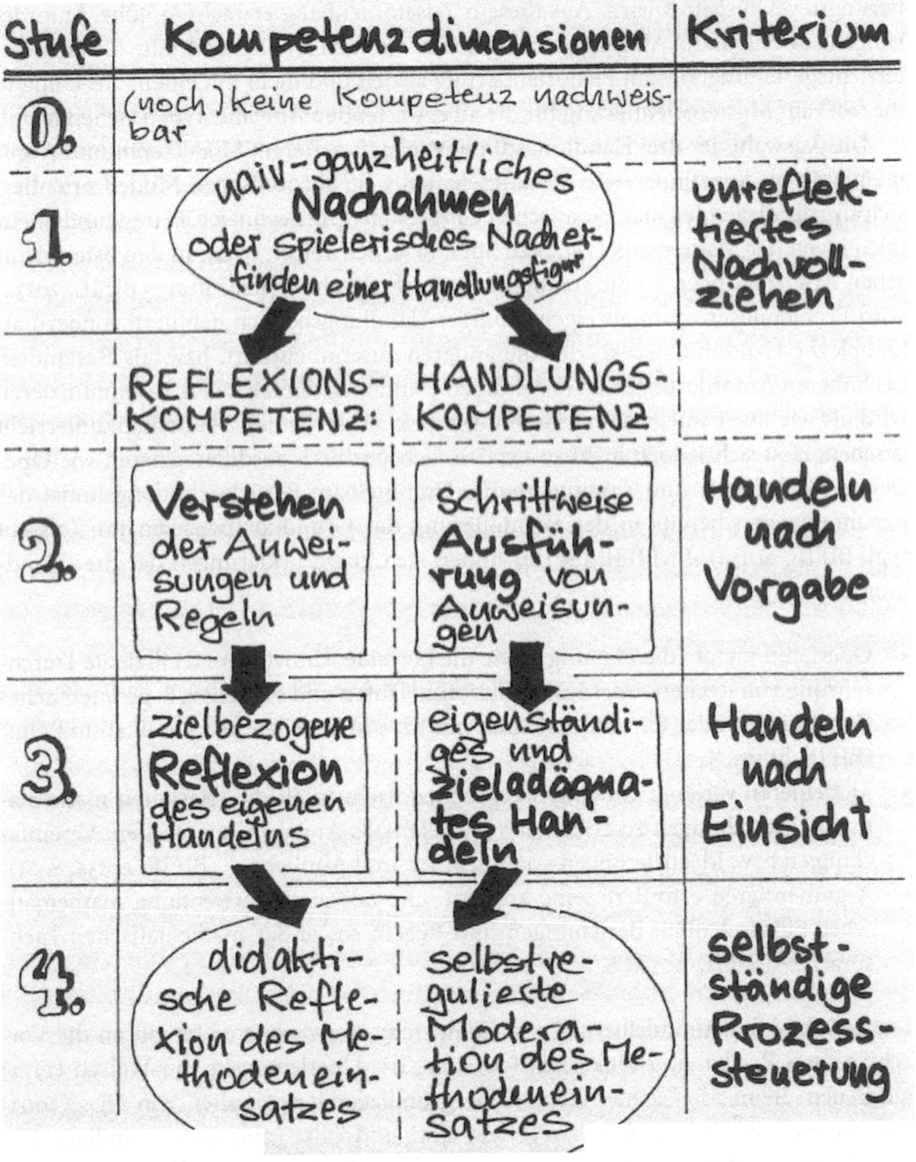

Stufe	Kompetenzdimensionen		Kriterium
0.	(noch) keine Kompetenz nachweisbar		
1.	naiv-ganzheitliches **Nachahmen** oder spielerisches Nacherfinden einer Handlungsfigur		unreflektiertes Nachvollziehen
	REFLEXIONS-KOMPETENZ:	HANDLUNGS-KOMPETENZ	
2.	**Verstehen** der Anweisungen und Regeln	schrittweise **Ausführung** von Anweisungen	Handeln nach Vorgabe
3.	zielbezogene **Reflexion** des eigenen Handelns	eigenständiges und **zieladäquates** Handeln	Handeln nach Einsicht
4.	didaktische Reflexion des Methodeneinsatzes	selbstregulierte **Moderation** des Methodeneinsatzes	selbstständige Prozesssteuerung

Abb. 1:   Pragmatisches Kompetenzstufenmodell nach Meyer (2012, S. 157)

2 von Stufe 1. Mit dem tätigkeitstheoretischen Ansatz wird deutlich, dass ein höheres Orientierungslevel (= Stufe) ohne die Beherrschung des vorigen Levels nicht erreicht werden kann. Mit diesem Modell ist auch erklärbar, warum „objektiv schwierige" Aufgaben mitunter mittels Musterorientierung erfolgreich bearbeitet werden können. Durch gezieltes Aufgabentraining können Automatisierungsprozesse auch bei komplexen Anforderungen stattfinden. Es hängt folglich insbesondere auch von den unterrichtlichen Vorerfahrungen und Wiedererkennungseffekten ab, welches Orien-

tierungslevel ausgelöst wird. Aus diesem Zusammenhang erwachsen hohe Anforderungen sowohl an die Aufgabenkonstrukteure als auch an die Lehrkräfte für eine Unterrichtsgestaltung, die auf Feldorientierung abzielt und nicht mit einem „teaching to the test" auf Musterorientierung für die zu erwartenden Aufgabentypen stehen bleibt.

Die Auswahl der drei Handlungsdimensionen Operieren, Modellieren und Argumentieren als konstituierende Stufungselemente im theoretischen Modell orientiert sich an grundlegenden mathematischen Tätigkeiten (z. B. Lechner, o. J.) und fundamentalen Ideen der Mathematik (vgl. Schreiber, 1979; Schweiger, 1992). In den österreichischen Anforderungen an die standardisierte schriftliche Reifeprüfung (BIFIE, 2013a) wird Problemlösen nicht als eigenständiger Handlungsbereich definiert, sondern als komplexer Handlungsaspekt, der die anderen zusammenführt, bzw. als Bestandteil bei höheren Anforderungen an die anderen Handlungsdimensionen. Kommunizieren wird als wichtiger integrativer Handlungsaspekt auch für den Mathematikunterricht gesehen, lässt sich jedoch nicht so explizit fachspezifisch ausdifferenzieren wie Operieren, Modellieren und Argumentieren. Unmittelbare Berücksichtigung findet das Kommunizieren bereits in der Formulierung der Grundkompetenzen im Konzept (vgl. BIFIE, 2013a). In BIFIE (2013c) finden sich kurze Erklärungen der drei Handlungsdimensionen:

- Operieren meint „die Planung sowie die korrekte, sinnvolle und effiziente Durchführung von Rechen- oder Konstruktionsabläufen und schließt z. B. geometrisches Konstruieren oder (…) das Arbeiten mit bzw. in Tabellen und Grafiken mit ein." (BIFIE, 2013c, S. 21)
- Modellieren verlangt „in einem gegebenen Sachverhalt die relevanten mathematischen Beziehungen zu erkennen (…), allenfalls Annahmen zu treffen, Vereinfachungen bzw. Idealisierungen vorzunehmen und Ähnliches." (BIFIE, 2013c, S. 21)
- Argumentieren erfordert „eine korrekte und adäquate Verwendung mathematischer Eigenschaften, Beziehungen und Regeln sowie der mathematischen Fachsprache." (BIFIE, 2013c, S. 22)

Die gewählte Stufenmodellierung zur Kompetenz *Argumentieren* knüpft an die Vorschläge von Bruder und Pinkernell (2011) an, die Überlegungen von Walsch (1972) aufgreifen. Beim *Modellieren* dienten die grundlegenden Arbeiten von Niss (2003) und anderen, z. B. von Böhm (2013) bzw. Götz und Siller (2012), als Grundlage. Relativ wenige Vorarbeiten gibt es zu einer gestuften Auffassung von Kompetenzen im mathematischen *Operieren*. Wie Drüke-Noe (2012) zeigt, werden bereits in frühen Klassenstufen komplexe Algorithmen verlangt. Für eine hohe Kompetenz im mathematischen Operieren ist es aber nicht nur notwendig, komplexe Algorithmen einsetzen zu können, sondern auch, sinnvolle Einsatzgebiete der Verfahren zu finden und gegebenenfalls auch verschiedene Algorithmen miteinander zu kombinieren.

Das Ergebnis unserer Überlegungen ist eine Kompetenzstufenmodellierung mit drei grundlegenden mathematischen Handlungsaspekten (vgl. Tab. 1), welche die zentralen Aspekte mathematischen Arbeitens in der Schule im Wesentlichen so erfasst, wie sie national und international (mit unterschiedlichem Vokabular) diskutiert werden.

Andere Kompetenzmodelle wie jenes in Deutschland (KMK, 2012) und der Schweiz (HarmoS, 2011) sehen andere Einteilungen vor. Das Kompetenzstufenmodell O-M-A zielt darauf ab, alle wesentlichen Anforderungen hinsichtlich der Konzeption mathematischer Lernergebnisse im österreichischen Mathematikunterricht der Sekundarstufe II auf der Handlungsebene abzubilden.

Tabelle 1: Das Kompetenzstufenmodelle O-M-A (*Operieren – Modellieren – Argumentieren*) Stand Siller et al. (2014)

Stufe	Operieren	Modellieren	Argumentieren
1	Identifizieren der Anwendbarkeit eines gegebenen bzw. vertrauten Verfahrens Abarbeiten/Ausführen einer gegebenen bzw. vertrauten Vorschrift	Durchführung eines Darstellungswechsels zwischen Kontext und mathematischer Repräsentation; Verwendung vertrauter und direkt erkennbarer Standardmodelle zur Beschreibung einer vorgegebenen Situation mit entsprechender Entscheidung	Einfache fachsprachliche Begründungen ausführen; das Zutreffen eines Zusammenhangs oder Verfahrens bzw. die Passung eines Begriffes auf eine gegebene (innermathematische) Situation prüfen
2	Abarbeiten/Ausführen mehrschrittiger Verfahren/Vorschriften, ggf. mit Rechnereinsatz und Nutzung von Kontrollmöglichkeiten	(deskriptive) Beschreibung der vorgegebenen Situation durch mathematische Standardmodelle bzw. mathematische Zusammenhänge; Erkennen und Setzen von Rahmenbedingungen zum Einsatz von mathematischen Standardmodellen	Verstehen, Nachvollziehen, Erläutern mathematischer Begriffe, Sätze, Verfahren, Darstellungen, Argumentationsketten und Kontexte
3	Erkennen, ob ein bestimmtes Verfahren/eine bestimmte Vorschrift auf eine gegebene Situation passt, das Verfahren/die Vorschrift passend machen und ausführen	Anwenden von Standard-Modellen auf neuartige Situationen, Finden einer Passung zwischen geeignetem mathematischen Modell und realer Situation	Mathematische Argumentationen prüfen bzw. vervollständigen, mehrschrittige mathematische Standard-Argumentationen durchführen und beschreiben
4	Makros (aggregierte mathematische Vorschriften) entwickeln/bilden und bereits verfügbare Makros neu zusammenfügen	Komplexe Modellierung einer vorgegebenen Situation; Reflexion der Lösungsvarianten bzw. der Modellwahl und Beurteilung der Exaktheit bzw. Angemessenheit zugrunde gelegter Lösungsverfahren	Eigenständige Argumentationsketten aufbauen, fachlich und fachsprachlich korrekte Erklärung von mathematischen Sachverhalten, Resultaten und Entscheidungen

4.   Empirische Evidenz des Modells O-M-A

Welche empirische Evidenz gibt es für die Differenzierung der drei Kompetenzbereiche Operieren, Argumentieren und Modellieren und ihrer Stufung in vier Ausprägungen? Die Frage bzgl. der Trennung der drei Kompetenzbereiche (Handlungsdimensionen) und der Stufung kann nur vor dem Hintergrund einer ausreichenden Anzahl von bearbeiteten Aufgaben zu jedem Kompetenzbereich beantwortet werden. Hierfür waren die bisher durchgeführten Feldtestungen in Vorbereitung auf die standardisierte schriftliche Reifeprüfung 2015 noch nicht aussagekräftig genug.

Zur Analyse wurden deshalb Daten vom so genannten „Schulversuch 2014" herangezogen: Bevor die standardisierte schriftliche Reifeprüfung in Österreich flächendeckend im Schuljahr 2014/2015 (in der AHS) eingeführt wurde, gab es einige Schulversuche, zu deren Teilnahme sich Schulen freiwillig meldeten. Die Aufgaben wurden unter den gleichen Rahmenbedingungen wie bei der verpflichtenden standardisierten Reifeprüfung bearbeitet und waren verbindlich (notenrelevant) für die Schülerinnen und Schüler. Insgesamt beteiligten sich 803 Schülerinnen und Schüler (m = 345, w = 458) aus 42 Klassen in 9 österreichischen Bundesländern. Die Prüfung bestand aus zwei zeitlich voneinander getrennten Teilen mit Typ-1- bzw. Typ-2-Aufgaben (vgl. BIFIE, 2013b, S. 23).

Im Kompetenzbereich *Operieren* wurden im Schulversuch 2014 insgesamt 16 Aufgaben, im Kompetenzbereich *Modellieren* 2 Aufgaben und im Kompetenzbereich *Argumentieren* 4 Aufgaben eingesetzt. Damit können keine Dimensionsanalysen zwischen den Kompetenzbereichen vorgenommen werden. Die vorliegenden Ausführungen beziehen sich daher auf die Differenzierung zwischen Stufen (siehe Tab. 2). Auch hier muss allerdings einschränkend erwähnt werden, dass nicht der gesamte Rang der Stufung von 1 bis 4 analysiert werden kann, da nur wenige Aufgaben auf einem höheren Niveau als Stufe 1 angesiedelt waren. Die Ergebnisse lassen sich wie folgt zusammenfassen:

- Auffällig ist eine relativ hohe Streuung der Lösungshäufigkeit bei den Typ-1-Aufgaben (d.h. bezogen auf Grundkompetenzen) innerhalb des Kompetenzbereiches Operieren (vgl. Tab. 2), was mit der Heterogenität der gestellten Aufgaben insbesondere im Hinblick auf ihre Bekanntheit bzw. Trainiertheit erklärt werden könnte.
- Zwei der Typ-1-Aufgaben befinden sich auf Kompetenzstufe 2. Bei diesen Aufgaben zeigt sich ebenfalls ein heterogenes Bild. Während Aufgabe 2 (siehe Abb. 2 links) seltener gelöst werden konnte, wurde Aufgabe 16 (siehe Abb. 2 rechts) von den Schülerinnen und Schülern gut bewältigt.
- Bei den Typ-2-Aufgaben gibt es genügend Items, denen nach dem O-M-A-Modell Stufe 2 zugewiesen wurde. Die Ergebnisse in Abbildung 3 zeigen erwartungsgemäß, dass die auf Stufe 2 eingeschätzten Aufgaben in der Regel schwieriger sind. Mit Hilfe der (zugeordneten) Kompetenzstufe einer Typ-2-Aufgabe kann somit eine relativ valide Aussage über deren Schwierigkeitsgrad getätigt werden.

Tabelle 2:   Lösungshäufigkeiten der Teil-1-Aufgaben sortiert nach O-M-A

Aufgabe	Handlungsdimension	Schwierigkeitsgrad (% gelöst)
3	Operieren	0,81
4	Operieren	0,84
7	Operieren	0,98
8	Operieren	0,94
9	Operieren	0,84
10	Operieren	0,87
12	Operieren	0,87
13	Operieren	0,59
14	Operieren	0,88
15	Operieren	0,56
17	Operieren	0,84
18	Operieren	0,57
21	Operieren	0,80
22	Operieren	0,49
23	Operieren	0,81
24	Operieren	0,58
19	Modellieren	0,51
20	Modellieren	0,91
1	Argumentieren	0,80
5	Argumentieren	0,73
6	Argumentieren	0,94
11	Argumentieren	0,64

Kritisch muss festgehalten werden, dass das Datenmaterial aus dem Schulversuch 2014 nicht ausreicht, um Fragen nach der Dimensionalität und Stufung des Kompetenz-stufenmodells vollständig empirisch zu bestätigen. Aus den Ergebnissen lassen sich eher erste Hypothesen als gesicherte Aussagen formulieren. Sie zeigen in erster Annä-herung, dass sich die theoretische Modellierung ansatzweise empirisch belegen lässt. Nicht kontrollierbare Einflussfaktoren, wie z. B. Trainingseffekte, sind jedoch nicht auszuschließen. Weitere Untersuchungen zur Absicherung des Stufenmodells sind daher notwendig.

Aufgabe 2

Punktladungen

Der Betrag F der Kraft zwischen zwei Punktladungen q_1 und q_2 im Abstand r wird beschrieben durch die Gleichung $F = C \cdot \dfrac{q_1 \cdot q_2}{r^2}$ (C ... physikalische Konstante).

Aufgabenstellung:

Geben Sie an, um welchen Faktor sich der Betrag F der Kraft ändert, wenn der Betrag der Punktladungen q_1 und q_2 jeweils verdoppelt und der Abstand r zwischen diesen beiden Punktladungen halbiert wird!

Aufgabe 16

Eigenschaften einer Funktion

Von einer reellen Polynomfunktion f sind der Graph und die Funktionsgleichung der Ableitungsfunktion f' gegeben: $f'(x) = -x + 2$.

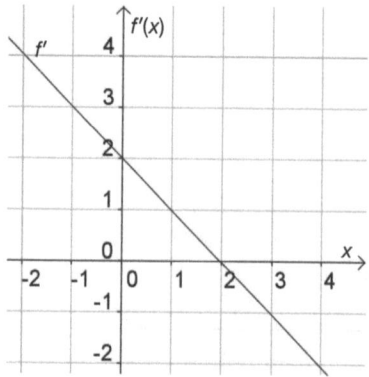

Aufgabenstellung:

Kreuzen Sie die beiden zutreffenden Aussagen an!

Die Stelle $x_1 = 0$ ist eine Wendestelle von f.	☐
Im Intervall [0; 1] ist f streng monoton fallend.	☐
Die Tangente an den Graphen der Funktion f im Punkt $(0\,|\,f(0))$ hat die Steigung 2.	☐
Die Stelle $x_2 = 2$ ist eine lokale Maximumstelle von f.	☐
Der Graph der Funktion f weist im Intervall [2; 3] eine Linkskrümmung (positive Krümmung) auf.	☐

Abb. 2:   Aufgabe 2 (oben) und Aufgabe 16 (unten) aus Teil 1 der Prüfungsaufgaben zum HT 2014 – abrufbar unter BIFIE (2014)

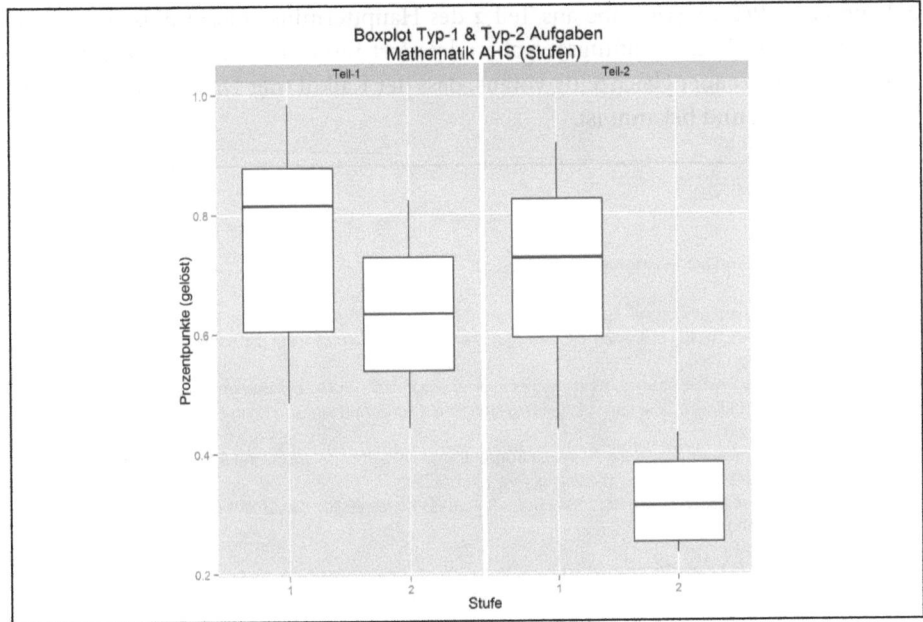

Abb. 3: Empirische Schwierigkeit (Boxplot) der Prüfungsaufgaben getrennt nach Typ und
Stufe (n=803)

5. Prüfungsaufgaben als Orientierungshilfe für den Mathematikunterricht

Die Neu-Konzeption von Prüfungsaufgaben ist nicht nur unter diagnostischen und testtheoretischen Fragestellungen relevant, denn sie eröffnet zahlreiche Möglichkeiten, Aufgaben zum Lernprozess und zur Verständnisorientierung im täglichen Unterricht einzusetzen. Auch die oftmals geforderte Kompetenzorientierung kann durch die Ausrichtung an solchen Aufgaben konsequenter realisiert werden – vorausgesetzt, es werden bestimmte Qualitätskriterien erfüllt (Blömeke et al., 2006; Thonhauser, 2008). Deshalb sollen abschließend einige Anregungen gegeben werden, wie die Prüfungsaufgaben für den Unterricht genutzt werden können.

Es muss wahrscheinlich davon ausgegangen werden, dass im herkömmlichen Mathematikunterricht Aufgaben immer noch „nur" gerechnet, also operativ umgesetzt, und anschließend ähnliche Aufgaben abgeprüft werden. Die Auseinandersetzung mit der Forderung eines nachhaltigen Kompetenzerwerbs geht jedoch weit über diese Praxis hinaus und bedarf eines entsprechend gestalteten Unterrichts: Das Verständnis, nicht das Durchführen einer „rezeptartigen Reproduktion" (vgl. AECC, 2008, S. 5) von Aufgabenlösungen, muss im Fokus stehen. Werden die neu entwickelten Prüfungsaufgaben, die konsequent am Kompetenzmodell orientiert sind, gezielt im Unterricht eingesetzt und bearbeitet, erhalten Lernende unmittelbaren Zugang zu den damit einhergehenden mathematischen Kompetenzen. Lehrkräfte können durch deren gezielten Einsatz den Kompetenzerwerb also fördern. Wie dies erfolgen kann, soll im Folgenden anhand einer Prüfungsaufgabe aus Teil 2 des Haupttermins 2013/14 illustriert (siehe Abb. 4) werden. Diese Prüfungsaufgabe adressiert insbesondere das mathematische Verständnis, setzt aber gleichzeitig voraus, dass der Kalkül (der Differenzialrechnung) beherrscht wird und bekannt ist.

Aufgabe 3

Chemische Reaktionsgeschwindigkeit

Die Reaktionsgleichung $A \to B + D$ beschreibt, dass ein Ausgangsstoff A zu den Endstoffen B und D reagiert, wobei aus einem Molekül des Stoffes A jeweils ein Molekül der Stoffe B und D gebildet wird.

Die Konzentration eines chemischen Stoffes in einer Lösung wird in Mol pro Liter (mol/L) angegeben. Die Geschwindigkeit einer chemischen Reaktion ist als Konzentrationsänderung eines Stoffes pro Zeiteinheit definiert.

Die unten stehende Abbildung zeigt den Konzentrationsverlauf der Stoffe A und B bei der gegebenen chemischen Reaktion in Abhängigkeit von der Zeit t.

$c_A(t)$ beschreibt die Konzentration des Stoffes A, $c_B(t)$ die Konzentration des Stoffes B. Die Zeit t wird in Minuten angegeben.

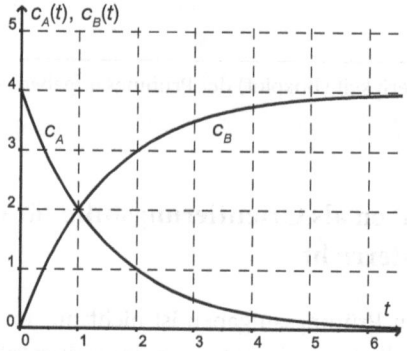

Aufgabenstellung:

a) [A] Ermitteln Sie anhand der Abbildung die durchschnittliche Reaktionsgeschwindigkeit des Stoffes B im Zeitintervall [1; 3]!

Für die gegebene Reaktion gilt die Gleichung $c_A'(t) = -c_B'(t)$. Interpretieren Sie diese Gleichung im Hinblick auf den Reaktionsverlauf!

b) Bei der gegebenen Reaktion kann die Konzentration $c_A(t)$ des Stoffes A in Abhängigkeit von der Zeit t durch eine Funktion mit der Gleichung $c_A(t) = c_0 \cdot e^{k \cdot t}$ beschrieben werden.

Geben Sie die Bedeutung der Konstante c_0 an!
Argumentieren Sie anhand des Verlaufs des Graphen von c_A, ob der Parameter k positiv oder negativ ist!

Leiten Sie eine Formel für jene Zeit τ her, nach der sich die Konzentration des Ausgangsstoffes halbiert hat! Geben Sie auch den entsprechenden Ansatz an!

Abb. 4: Typ-2-Prüfungsaufgabe aus BIFIE (2014)

Die Anforderungen dieser Aufgabe (vgl. Abb. 3) an die Lernenden sind unterschiedlicher Natur.

Aufgabenstellung a) erfordert durch den Wechsel zwischen graphischer und symbolischer Darstellung einen Darstellungswechsel zwischen Kontext und mathematischer Repräsentation. Zudem müssen einfache fachsprachliche Begründungen im Zuge der Interpretation einer gegebenen Gleichung durchgeführt werden. Des Weiteren ist das Zutreffen des Zusammenhangs von zwei zueinander in Beziehung stehenden Stoffen auf eine gegebene Situation, dem Reaktionsverlauf, zu überprüfen, indem die gegebene Gleichung im kontextuellen Zusammenhang interpretiert werden muss. Im Mathematikunterricht gilt es entsprechend, eine Feldorientierung zu entwickeln, damit Schülerinnen und Schüler die thematisch eingebetteten, variationsreichen Aufgabenstellungen bewältigen können. Für dieses Item liegt der Fokus auf einer verständigen Ausprägung von Grundvorstellungen zur Differenzialrechnung – v. a. von mittlerer und lokaler Änderungsrate. Solche Grundvorstellungen zur Differenzialrechnung, wie in Greefrath et al. (2016) dargelegt, müssen im Unterricht diskutiert und ausgebildet werden. Gerade der Einstieg in die Differenzialrechnung über Änderungsraten wird im kompetenzorientierten Mathematikunterricht inzwischen sehr betont. Vielfältige Möglichkeiten bieten sich dafür an: Aufgabenstellungen, welche den Zusammenhang von Geschwindigkeit und Weg beinhalten (vgl. Danckwerts & Vogel, 2006), oder Überlegungen zur Besteuerung des Einkommens (vgl. Henn, 2006; Fischer & Malle, 1985, S. 251) eignen sich für solche Diskussionen im Unterricht besonders. Dass solche Ansätze auch bereits umgesetzt und in Schulklassen weit verbreitet sind, kann aufgrund der Lösungshäufigkeit (von 73 %) durchaus gefolgert werden.

Im Aufgabenteil b) soll eine Beschreibung der vorgegebenen Situation durch ein mathematisches Standardmodell bzw. einen mathematischen Zusammenhang erkannt und abgebildet werden. Obwohl solche Vorgänge im Mathematikunterricht nach Curriculumvorgaben besprochen werden sollten, hat die Mehrheit der österreichischen Schülerinnen und Schüler Probleme beim Lösen dieser Aufgabe, denn die Lösungshäufigkeit liegt bei nur 43 %. Der rechnerische Hintergrund, der hier gefordert wird, ist zwar vergleichsweise einfach, erfordert aber auch Kompetenzen in der Anwendung des Kalküls.

Wie an diesem Beispiel zu sehen ist, setzt das Erreichen eines nachhaltigen Verständnisses mathematischer Zusammenhänge ein hohes Maß an kognitiver Aktivierung im Unterrichtsprozess voraus (vgl. Klieme et al., 2006; Leuders & Holzäpfel, 2011; Minnameier et al., 2015). Dies fordert seitens der Lehrkraft eine hohe Unterrichtsqualität ein und damit eine Unterrichtsgestaltung, welche

- die Herstellung von Verbindungen zu grundlegenden Kenntnissen und erlernten Fertigkeiten erlaubt,
- die Aufforderung zur Beschreibung mathematischer Zusammenhänge oder Lösungswege in Anwendungskontexten beinhaltet,
- das Schaffen von Anlässen für Begründungen oder Reflexionen ermöglicht.

6. Fazit

Zusammenfassend lässt sich festhalten, dass die neue Form der standardisierten kompetenzorientierten Reifeprüfung in Österreich viele Rückkopplungsmöglichkeiten zum Unterricht eröffnet. Das Konzept deckt jedoch nicht alle im Lehrplan angeführten Zielstellungen ab, denn anhand einer Aufgabe können bestenfalls einzelne Facetten einer Kompetenz geprüft werden. Deshalb ist es uns wichtig zu betonen, dass die Ziele des Unterrichts keinesfalls auf die Prüfungsinhalte eingeschränkt werden dürfen.

Wird die zugrundeliegende bildungstheoretische Orientierung ernst genommen und kommt die Kompetenzstufenmodellierung auch im Unterricht zum Einsatz, werden Kompetenzfacetten zum Operieren, Modellieren und Argumentieren bewusst gemacht. Der nächste Schritt wäre ein systematischer Aufbau dieser Kompetenzen. Dazu bedarf es entsprechender Lernumgebungen und kompetenzorientierter Aufgabenstellungen für Lern- und Prüfungssituationen, was hohe Anforderungen an die fachdidaktische Community stellt (vgl. z. B. Kleinknecht et al., 2011).

Mit einer solchen Neuorientierung des Unterrichts müssen sich auch die Schülerinnen und Schüler neuen Anforderungen stellen, nicht nur inhaltlicher Art, sondern auch in Bezug auf ihren Lernhabitus. Von ihnen wird beispielsweise höhere Selbständigkeit (z. B. Schukajlow et al., 2009) erwartet und dass sie sich aktiv mit „den Anforderungen des gegenwärtigen und künftigen Lebens als konstruktivem, engagiertem und reflektierendem Bürger" (vgl. Deutsches PISA-Konsortium, 2001) auseinandersetzen.

Danksagung

Das Projekt „Kompetenzstufenmodellierung" wurde vom Bundesinstitut für Bildungsforschung, Innovation & Entwicklung des österreichischen Schulwesens (BIFIE) gefördert. Dieser Beitrag gibt die Sichtweise der Autorinnen und Autoren wider. Das BIFIE kann dafür und für die hier dargestellten Überlegungen nicht verantwortlich gemacht werden. Wir möchten uns beim Projektträger BIFIE ausdrücklich für die Bereitstellung der Daten bedanken.

Literatur

AECC (Hrsg.). (2008). *Standards für die mathematischen Fähigkeiten österreichischer Schülerinnen und Schüler am Ende der 8. Schulstufe.* Version 4/07. Klagenfurt: Institut für Didaktik der Mathematik. Fakultät für interdisziplinäre Forschung und Fortbildung der Alpen-Adria-Universität.

AECC (Hrsg.). (2009). *Das Projekt „Standardisierte schriftliche Reifeprüfung in Mathematik" – Sicherung mathematischer Grundkompetenzen.* Klagenfurt: Institut für Didaktik der Mathematik. Fakultät für interdisziplinäre Forschung und Fortbildung der Alpen-Adria-Universität.

BIFIE (Hrsg.). (2013a). *Standardisierte kompetenzorientierte Reifeprüfung Reife- und Diplomprüfung: Grundlagen – Entwicklung –Implementierung*. Wien. https://www.bifie.at/node/2045 [09.02.2016].

BIFIE (Hrsg.). (2013b). *Die standardisierte schriftliche Reifeprüfung in Mathematik. Inhaltliche und organisatorische Grundlagen zur Sicherung mathematischer Grundkompetenzen.* Wien. verfügbar unter: https://www.BIFIE.at/node/1442 [09.02.2016].

BIFIE (Hrsg.). (2013c). *Praxishandbuch Mathematik AHS Oberstufe. Auf dem Weg zur standardisierten kompetenzorientierten Reifeprüfung.* Teil 1. Wien. Verfügbar unter: https://www.bifie.at/node/1354 [09.02.2016].

BIFIE (Hrsg.). (2014). *Haupttermin 2013/14.* Wien. Verfügbar unter: https://www.bifie.at/node/2633 [09.02.2016].

Blömeke, S., Risse, J., Müller, C., Eichler, D. & Schulz, W. (2006). Analyse der Qualität von Aufgaben aus didaktischer und fachlicher Sicht. *Unterrichtswissenschaft, 34*(4), 330–357.

BMUKK (Hrsg.). (2004). *Lehrplan Mathematik – Oberstufe.* Verfügbar unter https://www.bmbf.gv.at/schulen/unterricht/lp/lp_ahs_oberstufe.html [09.02.2016].

Böhm, U. (2013). *Modellierungskompetenzen langfristig und kumulativ fördern – Tätigkeitstheoretische Analyse des mathematischen Modellierens als Lerngegenstand in der Sekundarstufe I.* Wiesbaden: Vieweg + Teubner.

Bruder, R., & Pinkernell, G. (2011). Die richtigen Argumente finden. *mathematik lehren*, Heft 168, S. 2–7.

Danckwerts, R., Vogel, D. (2006). *Analysis verständlich unterrichten.* Heidelberg: Spektrum Akademischer Verlag.

Deutsches PISA-Konsortium (Hrsg.). (2001). *PISA 2000 – Basiskompetenzen von Schülerinnen und Schülern im internationalen Vergleich.* Opladen: Leske + Budrich.

Drüke-Noe, C. (2012). Wer Kalküle kann, schafft eine Klassenarbeit. Stimmt das? In M. Ludwig & M. Kleine (Hrsg.), *Beiträge zum Mathematikunterricht 2012.* (S. 213–216). Münster: WTM.

Ehmke, T., Leiss, D., Blum, W. & Prenzel, M. (2006). Entwicklung von Testverfahren für die Bildungsstandards Mathematik. *Unterrichtswissenschaft, 34*(3), 220–238.

Fischer, R. (2001). Höhere Allgemeinbildung. In A. Fischer, A. Fischer-Buck, K. H. Schäfer, D. Zöllner, R. Aulcke, F. Fischer (Hrsg.), *Situation – Ursprung der Bildung. Franz-Fischer-Jahrbuch der Philosophie und Pädagogik 6* (S. 151–161). Leipzig: Universitätsverlag.

Fischer, R. (2012). Fächerorientierte Allgemeinbildung: Entscheidungskompetenz und Kommunikationsfähigkeit mit ExpertInnen. *Domänen fächerorientierter Allgemeinbildung* (S. 9–17). Linz: Trauner Verlag.

Fischer, R., & Malle, G. (1985). *Mensch und Mathematik. Eine Einführung in didaktisches Denken und Handeln.* Zürich: B.I. Wissenschaftsverlag.

Götz, S., & Siller, H.-St. (2012). *Was heißt Kompetenzorientierung nach acht bzw. zwölf Jahren Mathematikunterricht.* Eingeladener Vortrag im Rahmen einer Lehrerfortbildung, PH Niederösterreich, Amstetten, 03/2012.

Greefrath, G., Oldenburg, R., Siller, H.-St., Ulm, V. & Weigand, H.-G. (2016). *Didaktik der Analysis.* Heidelberg: Springer.

HarmoS (2011). *Grundkompetenzen für die Mathematik. Nationale Bildungsstandards.* Freigegeben von der EDK-Plenarversammlung.

Henn, H. W. (2006). Durchblick im Steuerdschungel. Die Mathematik der Einkommensteuer. *mathematik lehren*, Heft 134, 47–52.

Heymann, H. W. (1996). *Allgemeinbildung und Mathematik.* Weinheim: Beltz.

Kiper, H., Meyer, H., Mischke, W., & Wester, F. (2004). *Qualitätsentwicklung in Unterricht und Schule. Das Oldenburger Konzept.* Oldenburg: diz.

Klafki, W. (1963). *Neue Studien zur Bildungstheorie und Didaktik – zeitgemäße Allgemeinbildung und kritisch konstruktive Didaktik.* Weinheim: Beltz.

Kleinknecht, M., Maier, U., Metz., K. & Bohl, T. (2011). Analyse des kognitiven Aufgabenpotenzials. Entwicklung und Erprobung eines allgemeindidaktischen Auswertungsmanuals. *Unterrichtswissenschaft*, 39(4), 328–344.

Klieme, E., Lipowsky, F., Rakoczy, K. & Ratzka, N. (2006). Qualitätsdimensionen und Wirksamkeit von Mathematikunterricht. Theoretische Grundlagen und ausgewählte Ergebnisse des Projekts „Pythagoras". In M. Prenzel & L. Allolio-Näcke (Hrsg.), *Untersuchungen zur Bildungsqualität von Schule – Abschlussbericht des DFG-Schwerpunktprogramms* (S. 127–146). Münster: Waxmann.

KMK (2012). *Bildungsstandards im Fach Mathematik für die Allgemeine Hochschulreife.* verfügbar unter: http://www.kmk.org/fileadmin/veroeffentlichungenbeschluesse/2012/20121018-Bildungsstandards-Mathe-Abi.pdf [01.11.2015].

Lechner, J. (o. J.). *Grundwissen, Grundvorstellungen, Grundtätigkeiten.* Verfügbar unter: http://www.acdca.ac.at/projekt3/a303grundwissen.pdf [09.02.2016].

Leuders, T. (2014). Modellierungen mathematischer Kompetenzen – Kriterien für eine Validitätsprüfung aus fachdidaktischer Sicht. *Journal für Mathematik-Didaktik, 35*(1), 7–48. doi: 10.1007/s13138–013–0060–3

Leuders, T., Holzäpfel, L. (2011). Kognitive Aktivierung im Mathematikunterricht. *Unterrichtswissenschaft*, Heft 39, 213-230.

Linnemann, T., Siller, H.-S., Bruder, R., Hascher, T., Steinfeld, J. & Sattlberger, E. (2016). Kompetenzmodellierung am Ende der Sekundarstufe II. In F. Caluori, H. Linneweber-Lammerskitten, C. Streit (Hrsg.), *Beiträge zum Mathematikunterricht 2015.* Münster: WTM.

Lompscher, J. (1985). *Persönlichkeitsentwicklung in der Lerntätigkeit.* Berlin: Volk u. Wissen.

Meyer, H. (2012). *Leitfaden Unterrichtsvorbereitung.* 6. Auflage, Berlin: Cornelsen Scriptor.

Minnameier, G., Hermkes, R. & Mach, H. (2015). Kognitive Aktivierung und Konstruktive Unterstützung als Prozessqualitäten des Lehrens und Lernens. *Zeitschrift für Pädagogik*, 61(6), 837–856.

Niss, M. A. (2003). Mathematical competencies and the learning of mathematics: the Danish KOM project. In A. Gagatsis, & S. Papastavridis (Hrsg.), *3rd Mediterranean Conference on Mathematical Education – Athens,* Hellas 3-4-5 January 2003. (S. 116–124). Athen: Hellenic Mathematical Society.

Plöger, W. (2014). Rezension. Lern- und Leistungsaufgaben im Unterricht. Fächerübergreifende Kriterien zur Auswahl und Analyse. *Unterrichtswissenschaft, 42*(1), 92–95.

Ramseier, E., Labudde, P., Adamina, M. (2011). Validierung des Kompetenzmodells HarmoS Naturwissenschaften: Fazite und Defizite. *Zeitschrift für Didaktik der Naturwissenschaften, 17,* 7–33.

Schreiber, A. (1979). Universelle Ideen im mathematischen Denken – ein Forschungsgegenstand der Fachdidaktik. *mathematica didactica, 2,* 165–171.

Schukajlow, S., Blum, W., Messner, R., Pekrun, R., Leiss, D. & Müller, M. (2009). Unterrichtsformen, erlebte Selbstständigkeit, Emotionen und Anstrengung als Prädiktoren von Schülerleistungen bei anspruchsvollen mathematischen Modellierungsaufgaben. *Unterrichtswissenschaft, 37*(2), 164–186.

Schweiger, F. (1992). Fundamentale Ideen. Eine geistesgeschichtliche Studie zur Mathematik-Didaktik. *Journal für Mathematik-Didaktik, 13,* 199–214.

Siller, H.-S., Bruder, R., Hascher, T., Linnemann, T., Steinfeld, J., & Sattlberger, E. (2014). Stufung mathematischer Kompetenzen am Ende der Sekundarstufe II – eine Konkretisierung. In J. Roth & J. Ames (Hrsg.), *Beiträge zum Mathematikunterricht 2014*. (S. 1135–1138). Münster: WTM.

Siller, H.-S., Bruder, R., Hascher, T., Linnemann, T., Steinfeld, J., & Sattlberger, E. (2015). Competency level modelling for school leaving examination. In *CERME Proceedings TWG 17*: *Theoretical perspectives and approaches in mathematics education research*, 194–204.

Siller, H.-S., Bruder, R., Hascher, T., Linnemann, T., Steinfeld, J., & Schodl, M. (2013). Stufenmodellierung mathematischer Kompetenz am Ende der Sekundarstufe II. In G. Greefrath, F. Käpnick & M. Stein (Hrsg.), *Beiträge zum Mathematikunterricht 2013*. (S. 950–953). Münster: WTM.

Thonhauser, J. (Hrsg.). (2008). *Aufgaben als Katalysatoren von Lernprozessen. Eine zentrale Komponente organisierten Lehrens und Lernens aus der Sicht von Lernforschung, Allgemeiner Didaktik und Fachdidaktik*. Münster: Waxmann.

Walsch, W. (1972). *Zum Beweisen im Mathematikunterricht*. Berlin: Volk und Wissen.

Von Lernumgebungen zu Testumgebungen?

Vorschläge und Visionen zum Eingang eines mathematikdidaktischen Lernkonzeptes in das (computerbasierte) Large-Scale-Assessment

Boris Girnat und Helmut Linneweber-Lammerskitten

1.   Einführung

Mathematische Lernumgebungen, wie sie zurzeit in neueren Lehr-/Lernmitteln wie z. B. dem Schweizer „Mathbuch" (Affolter et al., 2014) oder der deutschen „mathe-Werkstatt" (Prediger et al., 2013) verwendet werden, lösen sich vom herkömmlichen Aufbau der Mathematikschulbücher, indem sie Informationen, Aufgaben und Impulse unter ein gemeinsames Thema stellen und – in der Regel – auf einer DIN-A4-Doppelseite graphisch ansprechend präsentieren. Das *Einheit stiftende Thema* kann ein *mathematisches* Thema sein oder auch ein *außermathematisches* Thema, das gewissermaßen mit einer „mathematischen Brille" betrachtet wird. In beiden Fällen geht es um den Aufbau mathematischer Kompetenzen, die in einem systematischen Zusammenhang stehen: Neben die *thematische Einheit* tritt als zweites und wichtigeres Ordnungsprinzip die *systematische Einheit durch ein Kompetenzmodell*, welches (im Idealfall) der Konzeption und Ausgestaltung der Lernumgebungen zugrunde liegt und dem Mathematikunterricht zur Orientierung und Strukturierung dient. Nun ist die mathematikdidaktische Wendung hin zu einem kompetenzorientierten Mathematikunterricht (zwar nicht nur, aber doch nicht unerheblich) dem bildungspolitischen Einfluss zu verdanken, den Large-Scale-Assessments wie TIMSS und PISA auf den Mathematikunterricht gehabt haben. Dieser Einfluss setzt sich fort in der Einführung nationaler Bildungsstandards und neuer Lehrpläne in Mathematik, die sich – zumindest der Intention nach – an mathematikdidaktischen Kompetenzmodellen orientieren. Es stellt sich deshalb die Frage, in welchem Verhältnis die Aufgaben (resp. Items), die in diesen internationalen Assessments und nationalen Bildungsstandardstests eingesetzt werden, zum Konzept der Lernumgebungen stehen und ob sich das Konzept „Lernumgebung" auf Large-Scale-Assessments im Sinne von „Testumgebungen" übertragen lässt – insbesondere dann, wenn sie computerbasiert durchgeführt werden. Im Folgenden soll die Vorbereitung von Tests zur Überprüfung mathematischer Grundkompetenzen in der Schweiz (Linneweber-Lammerskitten, 2014a) zum Anlass genommen werden, um über die Beziehung zwischen Testitems und Lernumgebungen und über Möglichkeiten und Grenzen einer Übertragung des Lernumgebungskonzepts auf Testsituationen nachzudenken.

2.   Neuere Tendenzen in der mathematischen Bildung: zwischen allgemeinen Bildungszielen und Testbarkeit

Seit den 70er Jahren lassen sich in der mathematikdidaktischen Bildungsdebatte und bildungspolitischen Praxis zwei Strömungen erkennen: Neuausrichtung, Konkretisierung und Umsetzung des allgemeinen Bildungsauftrags im Mathematikunterricht einerseits und Überprüfung dieses Auftrags durch Large-Scale-Assessments andererseits. Ein typisches Beispiel für ein Zusammenwirken dieser Strömungen ist die PISA-Studie. Sie ist ein Large-Scale-Assessment, das in seinem bildungstheoretischen Schlüsselbegriff, der *mathematical literacy*, eine allgemeinbildende Konzeption deutlich erkennen lässt:

> Mathematical literacy is an individual's capacity to identify and understand the role that mathematics plays in the world, to make well-founded judgements and to use and engage with mathematics in ways that meet the needs of that individual's life as a constructive, concerned and reflective citizen. (OECD, 2003, S. 24).

Die Zielformulierung der PISA-Studien für das Schulfach Mathematik macht neben dem emanzipatorisch-partizipativen Grundgedanken deutlich, dass es weniger die Leistungen der Schüler sind, die beurteilt werden sollen, als vielmehr die Leistungen der Gesellschaft, insbesondere des Bildungssystems (zu deren Beurteilung die Assessments der Schülerleistungen nur einen Indikator liefern):

> The aim of the OECD/PISA study is to develop indicators that show how effectively countries have prepared their 15-years-olds to become active, reflective and intelligent citizens from the perspective of their uses of mathematics. To achieve this, OECD/PISA has developed assessments that focus on determining the extent to which students can use what they have learned. (OECD, 2003, S. 55).

Die Passung zwischen diesem bildungstheoretischen Konzept und der Kontrolle seiner Umsetzung durch die PISA-Studien wird zuweilen kritisch gesehen (Jahnke & Meyerhöfer, 2008). Entscheidend ist die Frage, ob die Ansprüche, die in Bildungsstandards oder einem anderen Konzept mathematischer Allgemeinbildung formuliert werden, durch Testaufgaben abgeprüft werden können, denn „in der Entwicklung guter Aufgaben [ist] der Dreh- und Angelpunkt der Umsetzung der Bildungsstandards [...] zu sehen" (Hallet & Müller-Hartmann, 2006, S. 5). Reisse steht dem eher skeptisch gegenüber:

> So ist zu fragen, ob es überhaupt möglich ist, alle Bildungs- und Unterrichtsziele – auch die sehr anspruchsvollen – in Aufgaben umzusetzen. Offensichtlich ist, dass manche Ziele leicht, andere schwerer in Leistungskontrollen zu erfassen sind. Vieles spricht dafür, dass sich manche Zielbeschreibungen sogar kaum oder nicht operationalisieren lassen. (Reisse, 2008, S. 17f.)

Er kommt zur folgenden Einschätzung:

1) *Leicht* prüfbar sind Kenntnisse, beispielsweise über Begriffe, Verfahren, Systematiken,

2) als *schwer prüfbar* einzuschätzen sind Verständnis, Problemlösen, mündliche Kommunikation, Teamfähigkeit,

3) *nicht oder kaum prüfbar* sind Werte und anspruchsvolle Erziehungs- und Bildungsziele wie Verantwortlichkeit, manche soziale Qualifikationen wie Konsensfähigkeit. (Hervorhebungen im Original, Reisse, 2008, S. 17 f.)

So setzte zeitgleich mit dem Aufkommen von Large-Scale-Assessments und oft in Opposition zu ihnen eine Debatte über „neue Formen der Leistungsbeurteilung" ein, in der es um die Frage geht, wie auch das Erreichen „komplexerer" Bildungs- resp. Kompetenzziele überprüft und bewertet werden könne:

> Neue Formen der Leistungsbeurteilung erfassen Leistungen von Schülerinnen und Schülern, die über den fachlichinhaltlichen Lernbereich hinausgehen. Sie überprüfen und beurteilen Elemente aus allen Lernbereichen des erweiterten Lernbegriffs: methodisch-strategische Leistungen, sozial-kommunikative Leistungen, persönliche Leistungen. (Grunder & Bohl, 2001, S. 19)

Die Vorschläge, die zur praktischen Umsetzung der „neuen Formen der Leistungsbeurteilung" gemacht werden, weichen stark von standardisierten Tests des Large-Scale-Assessments ab. Genannt werden beispielsweise Portfolios, Projekt- und Gruppenarbeiten, Rollenspiele und selbstdifferenzierte Aufgaben in selbstgewählten Sozialformen (Reisse, 2008, S. 18.). Auch die Mathematikdidaktik zeigt sich dieser Ansicht gegenüber aufgeschlossen (z. B. Jundt & Wälti, 2011).

3. Stellenwert von Lernumgebungen in der Mathematikdidaktik

Die Debatte darüber, wie „komplexere" Bildungsziele im Mathematikunterricht verfolgt werden könnten, begann in der Mathematikdidaktik durch die Diskussion über geeignete Lernmöglichkeiten. Eine Debatte der Überprüfung dieser Ziele kam erst später in den Blick und orientierte sich dann an der Debatte über Lerngelegenheiten. Hier entwickelte sich der Ausdruck „Lernumgebung" von einer Bezeichnung für die Ausgestaltung des Lernortes zu einem zentralen Begriff für die Gesamtheit dessen, was in einer bestimmten Situation das Lernen positiv oder negativ beeinflussen kann:

> Effective teaching requires a challenging and supportive classroom *learning environment*. [...] More than just a physical setting with desks, bulletin boards, and posters, the *classroom environment* communicates subtle messages about what is valued in learning and doing mathematics. Are students' discussion and collaboration encouraged? Are students expected to justify their thinking? If students are to learn to make conjectures, experiment with various approaches to solving problems, construct mathematical arguments and respond to others' arguments, then creating *an environment* that fosters these kinds of activities is essential. (NCTM, 2000, S. 18 f.)[1]

---

1 Zu bemerken ist hier, dass der Begriff der Lernumgebung weder auf das Mobiliar noch auf ein in bestimmter Weise aufgebautes Lehr-/Lernmittel eingeschränkt ist, sondern die durch

Wittmann sieht in der Konstruktion und Erforschung von Lernumgebungen sogar die *zentrale Aufgabe der wissenschaftlichen Mathematikdidaktik*, durch die sie sich von anderen Wissenschaften abhebe und überhaupt erst thematisch und methodologisch zu einer eigenständigen Disziplin werde. Er kritisiert zunächst die wissenschaftstheoretische Orientierung an angrenzende Disziplinen wie der Psychologie und Pädagogik und schlägt dann die Fokussierung auf Lernumgebungen als wesentlichen Bezugspunkt vor, eigene Standards der Wissenschaftlichkeit zu etablieren:

> Glücklicherweise gibt es einen anderen Weg zur Entwicklung wissenschaftlicher Standards, der sich eröffnet, wenn man sich von der Fixierung auf die etablierten Wissenschaften und die in ihrem Umkreis entwickelten Wissenschaftstheorien löst und sich auf die besondere Eigenart des Kernbereichs der Mathematikdidaktik einstellt, *nämlich die Konstruktion und Erforschung von Lernumgebungen* einschließlich der begleitenden Theoriegerüste. Die Mathematikdidaktik wird dann, wie die anderen Fachdidaktiken, der Klasse der Ingenieurwissenschaften (design sciences) zugeordnet. (Wittmann 1998, S. 334f. Hervorhebungen im Original)

Die Konstruktion und Erforschung von Lernumgebungen ist somit nach Wittmann der Kern wissenschaftlicher Mathematikdidaktik. Er formuliert dazu Qualitätsstandards für Lernumgebungen, und zwar wird ähnlich wie in den Erläuterungen der NCTM deutlich, dass mit dem Konzept der Lernumgebungen über mathematische Inhalte hinaus „komplexere" Lernziele in den Blick genommen werden sollen:

> Lernumgebungen bester Qualität, sogenannte *substantielle* Lernumgebungen, müssen folgenden Kriterien genügen:
> 1. Sie müssen zentrale Ziele, Inhalte und Prinzipien des Mathematikunterrichts repräsentieren.
> 2. Sie müssen reiche Möglichkeiten für mathematische Aktivitäten von SchülerInnen bieten.
> 3. Sie müssen flexibel sein und leicht an die speziellen Gegebenheiten einer bestimmten Klasse angepaßt werden können.
> 4. Sie müssen mathematische, psychologische und pädagogische Aspekte des Lehrens und Lernens in einer ganzheitlichen Weise integrieren und daher ein weites Potential für empirische Forschungen bieten. (Wittmann 1998, S. 337f.)

Die Wittmannsche Sicht der Lernumgebungen verbindet sich mit einer Entwicklung der Mathematikdidaktik, die seit den 80er Jahren nahezu parallel zur Allgemeinbildungsdebatte stattgefunden hat, sich aber nicht auf Ziele des Mathematikunterrichtes richtet, sondern auf den lerntheoretischen Hintergrund des Mathematikunterrichts:

---

das soziale Umfeld und die örtlichen Gegebenheiten bestimmten Bedingungen zum Lernen meint. In diesem Sinn können auch die Eltern geeignete Lernumgebungen schaffen: „Families can establish *learning environments at home* that enhance the work initiated at school. Respect shown to and for teachers is often carried over from parent to child. By providing a quiet place for a child to read and attend to homework and by monitoring students' work, families can signal that they believe mathematics is important. Such attention and appreciation of mathematics is not lost on students." (NCTM, S. 378)

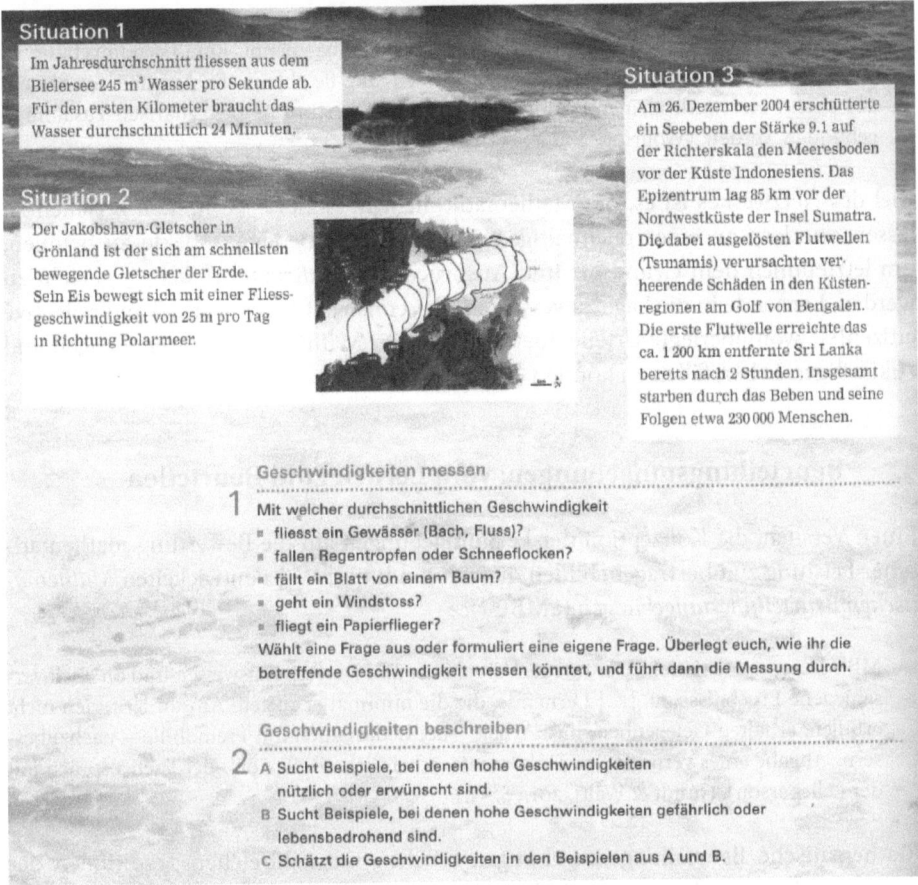

Situation 1

Im Jahresdurchschnitt fliessen aus dem Bielersee 245 m³ Wasser pro Sekunde ab. Für den ersten Kilometer braucht das Wasser durchschnittlich 24 Minuten.

Situation 2

Der Jakobshavn-Gletscher in Grönland ist der sich am schnellsten bewegende Gletscher der Erde. Sein Eis bewegt sich mit einer Fliessgeschwindigkeit von 25 m pro Tag in Richtung Polarmeer.

Situation 3

Am 26. Dezember 2004 erschütterte ein Seebeben der Stärke 9.1 auf der Richterskala den Meeresboden vor der Küste Indonesiens. Das Epizentrum lag 85 km vor der Nordwestküste der Insel Sumatra. Die dabei ausgelösten Flutwellen (Tsunamis) verursachten verheerende Schäden in den Küstenregionen am Golf von Bengalen. Die erste Flutwelle erreichte das ca. 1 200 km entfernte Sri Lanka bereits nach 2 Stunden. Insgesamt starben durch das Beben und seine Folgen etwa 230 000 Menschen.

Geschwindigkeiten messen

1 Mit welcher durchschnittlichen Geschwindigkeit
- fliesst ein Gewässer (Bach, Fluss)?
- fallen Regentropfen oder Schneeflocken?
- fällt ein Blatt von einem Baum?
- geht ein Windstoss?
- fliegt ein Papierflieger?

Wählt eine Frage aus oder formuliert eine eigene Frage. Überlegt euch, wie ihr die betreffende Geschwindigkeit messen könntet, und führt dann die Messung durch.

Geschwindigkeiten beschreiben

2 A Sucht Beispiele, bei denen hohe Geschwindigkeiten nützlich oder erwünscht sind.
B Sucht Beispiele, bei denen hohe Geschwindigkeiten gefährlich oder lebensbedrohend sind.
C Schätzt die Geschwindigkeiten in den Beispielen aus A und B.

Abb. 1:   Lernumgebung zum Thema „Geschwindigkeit", Affolter et al. (2014), S. 82

Der Konstruktivismus wurde zum weithin geteilten lernpsychologischen Paradigma der Mathematikdidaktik. Er gründet sich auf der Annahme, dass Lernen ein individueller Konstruktionsprozess des Lernenden sei, und äussert sich in der Gestaltung von Lernarrangements, die diesen Konstruktionsprozess begünstigen sollen. Typische Kennzeichen sind u. a.: Orientierung an (aussermathematischen) Vorerfahrungen der Lernenden; Einbeziehung realer, authentischer Probleme; Offenheit für verschiedene kognitive Zugänge; Individualisierung und Differenzierung des Lernprozesses; Offenheit für verschiedene Sozialformen wie auch für autonomes, selbstbestimmtes Lernen (vgl. Leuders, 2005, S. 87 ff.).

Die Abb. 1 zeigt eine Möglichkeit, wie das Konzept der Lernumgebung umgesetzt werden kann. Verschiedene Kompetenzen und unterschiedliche Grundsätze des konstruktivistischen Lernens werden in einzelnen Teilaufgaben angesprochen, bilden aber dennoch einen „ganzheitlichen" Themenkomplex, der verschiedene Zugänge, Möglichkeiten der Differenzierung und Anregungen zur selbstständigen Weiterarbeit bietet. Diese „Netzwerkstruktur" betont Wollring:

> Eine Lernumgebung ist im gewissen Sinne eine natürliche Erweiterung dessen, was man im Mathematikunterricht traditionell eine „gute Aufgabe" nennt. Eine Lernumgebung ist gewissermaßen eine flexible Aufgabe oder besser, eine flexible große Aufgabe. Sie besteht aus einem Netzwerk kleinerer Aufgaben, die durch bestimmte Leitgedanken zusammen gebunden werden. (Wollring, 2009, S. 13)

Ziel des Netzwerkes ist es, die Mathematik nicht in isolierte Techniken zerfallen zu lassen, sondern an einer reichhaltigen Situation verschiedene Aspekte zu betonen, um letztendlich dem Grundsatz und Anspruch der *mathematical literacy* gerecht zu werden, Lernende in die Lage zu versetzen, als „constructive, concerned and reflective citizen[s]" wohlüberlegte Urteile über die Rolle der Mathematik in ihren jetzigen und zukünftigen Leben fällen zu können (s. o.).

4. Beurteilungsumgebungen: vom Lernen zum Beurteilen

Einen Versuch, die Konzeption der Lernumgebungen auf die Bewertung mathematischer Leistung zu übertragen, bilden die von Jundt und Wälti entwickelten *Mathematischen Beurteilungsumgebungen* („MBU"):

> MBU lassen verschiedene Denkwege, Vorgehens- und Darstellungsweisen und oft auch verschiedene Ergebnisse zu. […] Lernende, die die minimal erwartete Anzahl Kriterien nicht erfüllen, erhalten Gelegenheit, ihre Arbeit – bei Bedarf auch mit Fremdhilfe – nachzubessern (Abgabe eines verbesserten Dokuments, schriftliche Reflexion oder Fachgespräch mit der Lehrperson). (Jundt & Wälti, 2011, S. 5 f.)

Mathematische Beurteilungsumgebungen brechen mit zahlreichen Traditionen der bisherigen Leistungsbewertung, indem sie tendenziell die folgenden Aktivitäten ermöglichen (in Anlehnung an Jundt & Wälti, 2011, S. 5):

- Allein und im Team arbeiten
- Bei Bedarf Rat einholen oder einen Coach hinzuziehen
- Informationsquellen und Hilfsmittel nutzen
- Arbeitszeit individuell gestalten (auch in mehreren Etappen gegliedert)
- Im Kontext sinnvolle, auch individuelle und diskutierbare Lösungen finden
- Vorstellungen und Konzepte überarbeiten

5. Testumgebungen zur Evaluation des HarmoS-Kompetenzmodells

Im Rahmen des HarmoS-Projektes wurde ein Kompetenzmodell für den schweizerischen Mathematikunterricht in der obligatorischen Schulzeit entwickelt und in einem schweizweiten Test evaluiert. Dieser Test orientierte sich – anders als andere Large-Scale-Assessments – zu einem Teil an der Programmatik der Lernumgebungen und versuchte, diese auf eine Prüfungssituation zu übertragen. Durch die Natur des Large-Scale-Assessments gibt es Abweichungen von den Prinzipien mathematischer Lern- bzw. Beurteilungsumgebungen – Teamarbeit, Informationsbeschaffung und individuelle Lösungszeiten sind ausgeschlossen –, dennoch wird das Grundkonzept der Lernumgebungen möglichst weit beibehalten:

> Die Testhefte für die Klassenstufen 8 und 11 enthalten nach dem unterrichtsdidaktischen Paradigma mehrheitlich Aufgaben, die im Kontext einer «Testumgebung» stehen. Das ermöglicht den Lernenden, sich gedanklich vermehrt auf eine Struktur, eine Sache, eine Fragestellung einzulassen. Sie profitieren bei einer Aufgabe von den Gedanken zu bereits gelösten Aufgaben, müssen sich nicht immer wieder neu in einen Kontext einlesen und haben die Chancen, Fehlüberlegungen bei vorhergehenden Aufgaben zu korrigieren. (HarmoS Konsortium Mathematik, 2009, S. 60)

Die Testumgebungen nehmen mehrere fachdidaktische Anliegen der Lernumgebungen auf:

- Sie konzentrieren sich auf fachliche Grundideen.
- Die Aufgaben stehen in einem gemeinsamen Sinnzusammenhang, der sich im Verlauf der Arbeit zunehmend erschliessen lässt.
- Es werden verschiedene Kompetenzaspekte bzw. allgemeine Lernziele verfolgt.
- Es ist sinnvoll, einige Aufgaben durch eigene Versuche und Experimente anzugehen.
- Es lassen sich zu den Aufgaben nur sehr beschränkt Standardlösungen trainieren. (HarmoS Konsortium Mathematik, 2009, S. 63)

Abb. 2 (folgende Seite) zeigt ein Beispiel einer Testumgebung aus dem HarmoS-Projekt.

6. Die Standards der Psychometrie

Die probabilistische Testtheorie hat sich zum Standard der statistischen Auswertung von Large-Scale-Assessments entwickelt. Ihr liegt die Idee zugrunde, über ordinale Daten eine kontinuierliche latente Variable zu messen, die als theoretisches Konstrukt „hinter" diesen Daten quasi als deren Ursache angesehen wird (vgl. Strobl, 2012, S. 1). Im Falle eines mathematischen Leistungstests ist die latente Variable üblicherweise die „mathematische Leistungsfähigkeit" des Testteilnehmers und die ordinalen Daten sind seine (bewerteten) Antworten auf die einzelnen Testaufgaben. Diese Daten werden als Indikatoren benutzt, um die „mathematische Leistungsfähigkeit" des Testteilnehmers zu messen. Dieses gilt jedenfalls im einfachsten und bisher verbreitetsten Modell der probabilistischen Testtheorie, dem Rasch-Modell. Die Anwendung dieses Modells ist jedoch an gewisse Voraussetzungen geknüpft:

a) Eindimensionalität: Es gibt genau eine latente Variable, die das Antwortverhalten bei einem Item bestimmt, und keine weiteren latenten Variablen, die einen systematischen Einfluss ausüben. (vgl. Koller et al., 2012, S. 15 f.).

«**Orientalische Ornamente**»

Aufgabe 1
Im Orient sind Fussböden oft mit phantastischen Ornamenten verziert. Dabei werden meistens schlichte Formen mehrfach verwendet. So entsteht vorerst eine Grundfigur, wobei das Quadrat in der Mitte ausgespart wird.

A Beschreibe, wie die Grundfigur hergestellt wird.

B Wie viele Mal größer als das Quadrat in der Mitte ist die gefärbte Fläche der Grundfigur?

Aufgabe 2

Mehrere Grundfiguren werden zu einem Ornament zusammengefügt. Wie ein solches Ornament entsteht, ist hier dargestellt.

Ergänze die Zeichnung mit einer roten und einer gelben Grundfigur.

Aufgabe 3

Solche Ornamente lassen sich gut auf liniertes Papier zeichnen. Zwei waagrechte und zwei senkrechte Linien sind schon gezeichnet. Zeichne 4 weitere Linien ein.

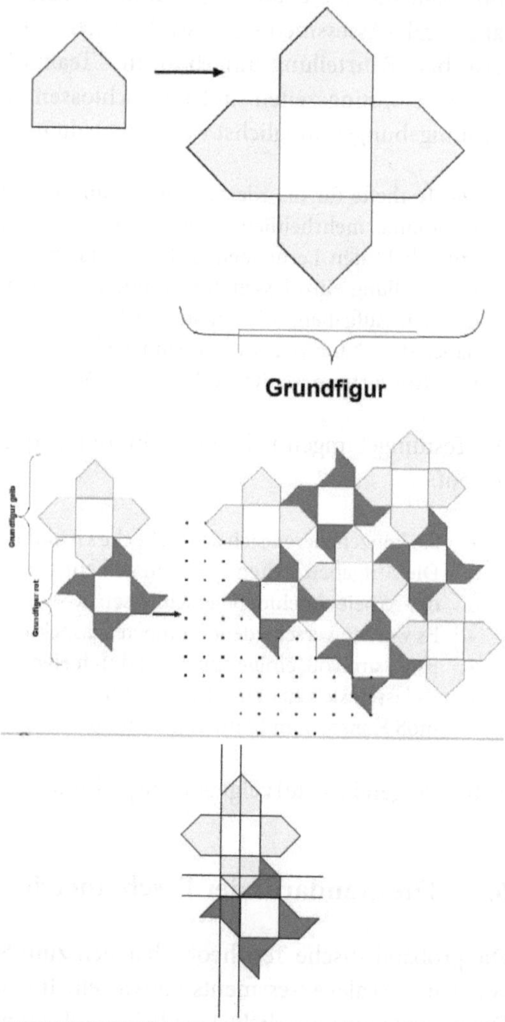

Grundfigur

Abb. 2:   Testumgebung aus dem HarmoS-Projekt 2009

b) Lokale stochastische Unabhängigkeit: Die Lösungswahrscheinlichkeit eines Items darf die Lösungswahrscheinlichkeit eines anderen Items nicht beeinflussen (vgl. Koller et al., 2012, S. 16 f.; Strobl, 2012, S. 16 ff.).

c) Ausreichende Trennschärfe: Bei allen Items muss die Lösungswahrscheinlichkeit in einem vom Modell spezifizierten Sinne mit der Fähigkeit der Person steigen (Koller et al., 2012, S. 22 ff.; Strobl, 2012, S. 20 ff.).

d) Spezifische Objektivität bezüglich der Testteilnehmerinnen und -teilnehmer: Es darf keine Subgruppen unter den Teilnehmern geben, für die manche Items systematisch schwieriger oder leichter sind als für die übrigen Teilnehmer (Koller et al., 2012, S. 19 ff.; Strobl, 2012, S. 20 ff.):

Vergleicht man die Voraussetzungen des Rasch-Modells mit dem Konzept der Lern- und Testumgebungen, so fallen zwei Eigenschaften auf, die aus mathematikdidaktischer Sicht besonders problematisch sind: die Eindimensionalität und die lokale stochastische Unabhängigkeit.

- Die *Eindimensionalität* setzt voraus, dass es sich nur um eine einzige latente Variable handelt, die gemessen werden soll, d. h. im Fall eines mathematischen Leistungstests eben die „mathematische Leistungsfähigkeit". Kompetenzorientierte Lern-/Testumgebungen gründen jedoch gerade auf einem differenzierten mehrdimensionalen Kompetenzmodell und leisten eine thematische Vernetzung verschiedener Kompetenzbereiche und Kompetenzaspekte.
- Die *lokale stochastische Unabhängigkeit* setzt voraus, dass die Antwort auf eine Testaufgabe die Antwort auf eine andere Testaufgabe nicht beeinflusst. Das schliesst ein „Lernen im Test" aus und widerspricht der Idee der Lern- und Testumgebungen, dass innerhalb einer komplexen und vielschichtigen Umgebung das Verständnis des Gesamtzusammenhanges steigt, indem man Teilaufgaben bearbeitet und die Ergebnisse nutzt, um sich bei anderen Teilaufgaben selbst zu korrigieren.

Beide Schwierigkeiten lassen sich im Rahmen der probabilistischen Testtheorie zwar umgehen: Es gibt mehrdimensionale Modelle (vgl. Rost, 2004); es gibt Modelle, die speziell für sogenannte „Testlets" gedacht sind, d. h. für Aufgaben, die aufeinander aufbauen und dadurch nicht lokal stochastisch unabhängig sind (vgl. Wainer et al., 2007). Diese Techniken werden jedoch bislang erst wenig eingesetzt (vgl. Wuttke, 2008). Gründe dafür sind zum Teil ihre Neuheit und ihre höhere Komplexität; zum Teil gibt es aber auch „externe", nichtpsychometrische Gründe, z. B. dass sich eine einzelne Kennzahl wie die „mathematische Leistungsfähigkeit" eines Teilnehmers, einer Klasse, einer Schule oder eines Landes einfacher interpretieren und bildungspolitisch handhaben lässt als eine vielgestaltige Rückmeldung über mehrere Kompetenzaspekte. Wuttke beklagt hier eine Normativität des Faktischen: Da die Forderungen des Rasch-Modells immer noch als „Standard" gälten, werde bereits im Aufgaben- und Testdesign auf Rasch-Konformität geachtet – und wenn nicht im Design, so spätestens bei der Item-Selektion nach einem Vortest: Die Aufgaben, die nicht gut in eine eindimensionale Raschskala passten, würden aussortiert (vgl. Wuttke, 2008).

7.   Testhefte in Large-Scale-Tests: von Paper-Pencil-Tests zum computerbasierten Testen

Die Items im HarmoS-Evalutionstest wurden, wie oben erwähnt, zu einem Teil zu Testumgebungen zusammengestellt und in Form von Testheften als Paper-Pencil-Test an die Testpersonen ausgegeben. Das letztere trifft auch auf die PISA-Tests und andere Large-Scale-Assessments der Vergangenheit zu, die als Paper-Pencil-Tests konzipiert und durchgeführt wurden. Während es jedoch bei dem HarmoS-Evalutionstest darum ging, das Konzept der Lernumgebungen auf Tests zu übertragen und anhand einer einzigen „mathematisch reichhaltigen" Situation verschiedene Kompetenzaspekte und -bereiche zu überprüfen und Ergebnisse aus Teilaufgaben in andere Teilaufgaben einfliessen zu lassen, sollten solche Effekte bei den Large-Scale-Assessments aus testtheoretischen Gründen gerade vermieden werden, indem die Reihenfolge der Aufgaben in (ansonsten nahezu identischen) Testheften variiert wird, bzw. die Aufgaben systematisch in unterschiedlicher Kombination zu Testheften zusammengestellt werden:

> As with PISA 2003, PISA 2006 and PISA 2009, the PISA 2012 test design was balanced, so that the item parameter estimates that are obtained from scaling are not influenced by a booklet effect, as was the case in PISA 2000. However, due to the different location of domains within each of the booklets it was expected that there would still be booklet influences on the estimated proficiency distribution (OECD, 2014, S. 157).

An dieser Konzeption hat sich auch beim Übergang vom Paper-Pencil-Test („PPT") zu computerbasierten Tests („CBT") nicht viel verändert. Neben vielen anderen Vorteilen, die dem computerbasierten Testen zugesprochen werden,[2] zielen viele Intentionen auf eine Verfeinerung der Aufgabenrotation ab, z. B. durch einen grösseren Aufgabenpool, durch eine Erhöhung der Anzahl der Testhefte und schliesslich durch eine Ablösung der Testheft-Struktur durch adaptives Testen, bei dem jede Teilnehmerin und jeder Teilnehmer interaktiv, auf Grundlage des bisherigen Testverhaltens einen individuell angepassten Test erhält (vgl. Bridgeman, 2009). All diesen Veränderungen ist es gemeinsam, das Testdesign den etablierten messtheoretischen Standards anzupassen, statt umgekehrt eine Messtheorie einzusetzen oder zu entwickeln, die didaktischen Ideen folgt.

8.   Visionen zu computerbasierten Testumgebungen

Wenn man das Konzept der Testumgebungen vertritt, welches sich aus dem Konzept mathematischer Lernumgebungen ergibt, sollte die Entwicklung des computerbasierten Testens in eine andere Richtung gehen: Die Möglichkeiten der Computertechnik müssten dazu genutzt werden, reichhaltige Testaufgaben zu erstellen, an denen verschiedene Kompetenzaspekte und -bereiche geprüft werden können. Die neuen Antwortformate sollten so eingesetzt werden, dass die Teilnehmerinnen und Teilnehmer selbst wählen können, welche Teilaufgaben sie in welcher Reihenfolge bearbeiten. Dabei sollte die Möglichkeit computerbasierter Rückmeldungen und Korrekturen bereits gegebener Antworten einbezogen werden (eine solche Funktion ist z. B. bei der Testdatenbank TAO in Form einer „Feedback"-Option bereits angelegt und könnte technisch sicher leicht ausgebaut werden). Diese „Navigation" durch eine Aufgabe sollte protokolliert und in die Auswertung der Aufgaben einbezogen werden. Die Testtheorie müsste an Modellen arbeiten, die diese Art der Aufgabenstellung und -be-

---

2   Hier werden unter anderem genannt: multimediales Aufgabendesign, authentischere Situationen, neue Antwortformate, professionellere grafische Gestaltung, automatische Auswertung und Datenerzeugung in elektronischer Form (vgl. Bridgeman, 2009).

arbeitung bewältigen können. Die Grundlagen dazu liegen bereit und sind teilweise schon gut ausgearbeitet: Mehrdimensionale Modelle erlauben es beispielsweise, eine Aufgabe als ganze oder einige ihrer Teilaufgaben verschiedenen Kompetenzaspekten und -bereichen zuzuordnen und unterschiedliche Stufen der Bearbeitungstiefe zu berücksichtigen (vgl. Rupp, Leucht & Hartung, 2006). Die grösste Umstellung dürfte wohl in der Kommunikation der Ergebnisse liegen: Bei einem solchen Testdesign kann man das Ergebnis nicht mehr einfach in einer einzigen Zahl, der „mathematischen Leistungsfähigkeit" einer Schülerin, eines Schülers, eines Kantons oder eines Staates mitteilen, sondern man müsste das Ergebnis nach dem jeweiligen Kompetenzmodell aufschlüsseln und differenziert darstellen. Das ist sicher aufwendiger, hilft aber vielleicht der Gefahr zu entgehen, durch die Art des Testens ein schiefes bis falsches Bild von der Mathematik zu erzeugen, denn für die Umgebung, in die der Test eingebettet ist, gilt mutatis mutandis dasselbe wie für die Lernumgebung:

[It] communicates subtle messages about what is valued in learning and doing mathematics. Are students' discussion and collaboration encouraged? Are students expected to justify their thinking? If students are to learn to make conjectures, experiment with various approaches to solving problems, construct mathematical arguments and respond to others' arguments, then creating an environment that fosters these kinds of activities is essential. (NCTM, 2000, S. 18 f.)

Literatur

Affolter, W. et al. (2013). *mathbuch 1 Mathematik für die Sekundarstufe I – Begleitband* (1. Aufl.). Bern: Schulverlag plus AG/Baar: Klett und Balmer Verlag.

Affolter, W. et al. (2014). *mathbuch 2 Mathematik für die Sekundarstufe I – Schulbuch* (1. Aufl.). Bern: Schulverlag plus AG/Baar: Klett und Balmer Verlag.

Bridgeman, B. (2009). Experiences from Large-Scale Computer-Based Testing in the USA. In P. Scheuermann, & F. Björnsson (Hrsg.), *The Transition to Computer-Based Assessment: New Approaches to Skills Assessment and Implications for Large-scale Testing*. Luxembourg: Office for Official Publications of the European Communities.

Graumann, G. (1993). Die Rolle des Mathematikunterrichts im Bildungsauftrag der Schule. *Pädagogische Welt, 5*, 194–199.

Grunder, H.-U. & Bohl, Th. (2001). Neue Formen der Leistungsbeurteilung in den Sekundarstufen I und II. Baltmannsweiler: Schneider Verlag Hohengehren.

Hallet, W. & Müller-Hartmann, A. (2006). For better or worse? Bildungsstandards Englisch im Überblick. *Der fremdsprachliche Unterricht Englisch, 40*(81), 2–9.

HarmoS Konsortium Mathematik (2009). *HarmoS Mathematik. Wissenschaftlicher Kurzbericht und Kompetenzmodell.* (Manuskript) http://www.edudoc.ch/static/web/arbeiten/harmos/math_kurzbericht_2009_d.pdf (März 2014).

Jahnke, Th. & Meyerhöfer, W. (2008). *PISA & Co — Kritik eines Programms*, 2. Auflage. Hildesheim: Franzbecker.

Jundt, W. & Wälti, B. (2012). *Mathematische Beurteilungsumgebungen SEK I/2. Kernaufgaben zur Lernsicherung und -förderung 8. Schuljahr*. Bern: Schulverlag plus.

Koller, I., Alexandrowicz, R., & Hatzinger, R. (2012). *Das Rasch Modell in der Praxis: Eine Einführung mit eRm.* Wien: Facultas Verlag.

Leuders, T. (2005). *Qualität im Mathematikunterricht der Sekundarstufen I und II.* Berlin: Cornelsen Verlag Scriptor GmbH & Co. KG.

Linneweber-Lammerskitten, H. (2014). Mathematikdidaktik, Bildungsstandards und mathematische Kompetenz. In H. Linneweber-Lammerskitten (Hrsg.), *Fachdidaktik Mathematik. Grundbildung und Kompetenzaufbau im Unterricht der Sek. I und II.* (S. 9–27). Seelze: Klett/Kallmeyer.

Linneweber-Lammerskitten, H. (2014a). Testitems zur mathematischen Sprachkompetenz. In J. Roth & J. Ames (Hrsg.), *Beiträge zum Mathematikunterricht 2014* (Bd. II, S. 755–758). Münster: WTM-Verlag

NCTM (National Council of Teachers of Mathematics) (2000). *Principles and Standards for School Mathematics.* Reston.

OECD (2003). *PISA 2003 Assessment Framework: Mathematics, Reading, Science and Problem Solving Knowledge and Skills.* Paris: OECD Publishing. Verfügbar unter: http://www. oecd.org/edu/school/programmeforinternationalstudentassessmentpisa/33694881.pdf [18.04.2013].

OECD (2013). PISA 2012 *Assessment and Analytical Framework: Mathematics, Reading, Science, Problem Solving and Financial Literacy.* Paris: OECD Publishing. Verfügbar unter: http://dx.doi.org/10.1787/9789264190511-en [18.04.2013].

OECD (2014). *PISA 2012 Technical Report.* Paris: OECD Publishing. Verfügbar unter: http:// www.oecd.org/pisa/pisaproducts/PISA-2012-technical-report-final.pdf [18.04.2013].

Prediger, S. et al. (2013). *matheWerkstatt.* Cornelsen Verlag: Berlin.

Rost, J. (2004). *Lehrbuch Testtheorie – Testkonstruktion.* Verlag Hans Huber: Bern.

Reisse, W. (2008). *Kompetenzorientierte Aufgabenentwicklung – Ein Lehrbuch für die Sekundarstufen.* Köln: Aulis Verlag Deubner.

Rupp, A., Leucht, M. & Hartung, R. (2006). Die Kompetenzbrille aufsetzen – Verfahren zur multiplen Klassifikation von Lernenden für Kompetenzdiagnostik in Unterricht und Testung. *Unterrichtswissenschaft, 34*(3), 195–219.

Strobl, C. (2012). *Das Rasch-Modell: Eine verständliche Einführung für Studium und Praxis.* 2., erweiterte Auflage. München und Mering: Rainer Hampp Verlag.

Wainer, H., Bradlow, E., & Wang, X. (2007). *Testlet Response Theory and Its Applications.* Cambridge University Press.

Wittmann, E.C. (1998). Design und Erforschung von Lernumgebungen als Kern der Mathematikdidaktik. *Beiträge zur Lehrerinnen- und Lehrerbildung, 16*(3), 329–342. Verfügbar unter: http://www.bzl-online.ch/archivdownload/artikel/BZL_1998_3_329–342.pdf [Stand: 04.03.2015].

Wollring, B. (2009). Zur Kennzeichnung von Lernumgebungen für den Mathematikunterricht in der Grundschule. In Kasseler Forschergruppe (Hrsg.), *Lernumgebungen auf dem Prüfstand. Bericht 2 der Kasseler Forschergruppe Empirische Bildungsforschung Lehren – Lernen – Literacy* (S. 9–26). Kassel: kassel university press GmbH.

Wuttke, J. (2008). Die Insignifikanz signifikanter Unterschiede: Der Genauigkeitsanspruch von PISA ist illusorisch. In T. Jahnke & W. Meyerhöfer (Hrsg.), *PISA & Co – Kritik eines Programms*, 2. Auflage (S. 99–246). Hildesheim, Berlin: Verlag Franzbecker.

Herausfordernde Aufträge als Zugang und Instrument des Personalen Lernens

Niels Anderegg, Ursula Duss und Peter Gallin

1.   Einleitung: Lernen als Dialog verstehen

Im 17. Jahrhundert unternahm Erich Weigel einen interessanten Versuch. Er entwickelte eine Maschine, welche durch eine komplizierte Mechanik die an Stricken und Haken eingespannten Hände gleichzeitig so bewegt, dass der Schüler das Schreiben lernen sollte (Meyer-Drawe, 2012, S. 81). Hinter dem Experiment verbirgt sich die Frage, welche Bedingungen es braucht, damit Lernen gelingt, und gleichzeitig die Vorannahme, dass Lernen ‚hergestellt' werden kann. Lernen ist jedoch immer, wie es Biesta formuliert, mit einem Risiko behaftet.

> „The risk is there because students are not to be seen as objects to be molded and disciplined, but as subjects of action and responsibility. Yes, we do educate because we want results and because we want our students to learn and achieve. But that does not mean that an educational technology, that is, a situation in which there is a perfect match between 'input' and 'output', is either possible or desirable. And the reason for this lies in the simple fact that if we take the risk out of education, there is a real chance that we take out educational altogether" (Biesta, 2013, S. 1).

Die Vorstellung, dass Bildung sicher hergestellt werden kann, verkennt, dass jede Person anders ist: „It is a denial of the fact that what and who are other to us are precisely that: *other*." (ebd., S. 3, kursiv im Original). Es geht nicht nur darum herauszufinden, woher der andere kommt, sondern darum, einen inhaltlich anspruchsvollen Lern-Dialog zu etablieren, in welchem alle Beteiligten als Partner ernst genommen werden: „by establishing opportunities for dialogue with what or who is other. And a dialogue, unlike a contest, is not about winning and losing but about ways of relating in which justice can be done to all who take part." (ebd.) Lernen ist ein personaler und deshalb dialogischer Prozess.

Der dialogische Prozess erfolgt entlang der Auseinandersetzung mit einem Gegenstand, welcher in Form eines Auftrages von Seite der Lehrperson an den Schüler oder die Schülerin herangetragen wird. Der Ausdruck ‚Auftrag' soll aufzeigen, dass es dabei nicht um das Auffinden einer bereits bestehenden Lösung geht, sondern um eine persönliche Auseinandersetzung. In der durch den Auftrag fokussierten personalen Auseinandersetzung der Lernenden mit dem Gegenstand und sich selbst wird Lernen sichtbar. „Die Wirkmächtigkeit des Lehrerseins und -handelns vollzieht sich erst in den Deutungen und Strebungen der Lehrperson in der Auseinandersetzung mit dem Gegenstand, dem Lern-Lehr-Prozess und sich selbst. Unterricht ist somit der Ort, an dem sich das Lernen der Lehrenden und der Lernenden in wechselseitigem

Bezug ereignet." (Schratz et al. 2012, S. 29). In diesem Beitrag stellen wir für das Fach Mathematik dar, wie solche Lernprozesse im welchselseitigen Bezug von Lernenden und Lehrperson durch „offene Aufträge" angeregt werden können (Primarschule, 1.–3. Schuljahr). Wir beziehen uns dabei auf das Konzept des „Dialogischen Lernens" (Ruf & Gallin, 2014; Ruf et al., 2008).

2.   David und sein Dilemma: Lernen als produktive Irritation

Lernen ist eine Erfahrung, welche sich nur in der konkreten Situation zeigt. In der folgenden Vignette (Schratz et al., 2012) zeigt sich eine solche mögliche Lernerfahrung von David.

> Im Klassenzimmer herrscht eine konzentrierte Stille. Alle Schülerinnen und Schüler arbeiten an der Aufgabe, mit den Zahlen 4, 6 und 10 und den Zeichen +, – und = Rechnungen zu finden. David sitzt am Bleistift kauend an seinem Pult. Frau Vogel, seine Lehrerin, tritt hinter David und schaut ihm über die Schulter. Sofort streckt David Frau Vogel sein Heft mit der ersten gefundenen Rechnung hin. Frau Vogel nimmt das Heft mit beiden Händen, streckt sich und schaut einen Moment ins Heft. Dann beugt sie sich wieder und legt das Heft offen vor ihn hin. Mit dem Finger die Rechnung berührend ermahnt sie mit ruhiger Stimme: „Du darfst nur die Zahlen 4, 6 und 10 verwenden". David schaut nach hinten zu Frau Vogel und nickt. „Hier hat es jedoch eine 2". Frau Vogel weist mit dem Finger auf das Resultat. David dreht seinen Kopf und betrachtet nun seine eigene Rechnung. Nach einem kurzen Moment nickt er, ohne etwas zu sagen. „Das geht nicht", korrigiert Frau Vogel mit ernster Stimme. Erneut nickt David. Frau Vogel streicht mit ihrer Hand kurz Davids Schulter. „Du kannst das", ermutigt sie David mit einem freundlichen Blick und geht zum nächsten Schüler. Davids Augen sind unverändert auf seine Rechnung gerichtet. Unmerklich schüttelt er den Kopf. Nach einiger Zeit flüstert er sich selber zu: „Aber 6 minus 4 gibt 2." (vgl. Anderegg, 2015)

Beim Lesen der Vignette überrascht vorerst die Beharrlichkeit von David. Während andere Schülerinnen und Schüler wohl nach dem Hinweis der Lehrerin zum Radiergummi gegriffen und die falsche Rechnung ausradiert hätten, verbleibt David in der Situation. Er ist irritiert und lässt diese Irritation auch zu. Seine Rechnung ist falsch und doch richtig. David nimmt die Kritik der Lehrerin ernst, so kann sein dreimaliges Kopfnicken gedeutet werden, und will gleichzeitig verstehen. „Bleibt es beim blossen Nehmen und ungeprüften Annehmen, dem sich keine eigene Denkbemühung anschliesst, dann nimmt das Lernen eine positivistische Tinktur an, mit der es sich um das Fragen und Suchen herummogelt" (Koch, 2015, S. 20). Gerade deshalb, weil sich David nicht ,herummogelt', lernt er. Nach Meyer-Drawe beginnt Lernen „dort und dann, wo und wenn das Vertraute seinen Dienst versagt und das Neue noch nicht zur Verfügung steht" (Meyer-Drawe, 2013, S. 15). Lernen ist „kein linearer Prozess der Integration von Wissenselementen, sondern ein Prozess der Konfrontation zwischen unausdrücklich leitendem Vorwissen, neuer Sicht, neuer Erfahrungs- und Handlungsmöglichkeit, d.h. die Produktivität des Lernprozesses liegt in seiner Negativität: Lernen ist Umlernen" (Meyer-Drawe, 1982, S. 34). David ist irritiert und erst das Auflösen der Irritation, das Verstehen führt zu neuem Wissen. Oder wie es Waldenfels formuliert: „In der Erfahrung kommt es zu Brüchen, Kehren und kritischen Phasen und das lebendige Lernen lebt von einem produktiven Umlernen, das ‹Lernschwellen› überquert" (Waldenfels, 2009, S. 23).

Die Aufgabe, die wohl in den meisten Mathematikbüchern stehen könnte, führte David zu einer Irritation. Diese war von der Aufgabe nicht beabsichtigt und konnte auch nicht vorhergesehen werden. Um von der Irritation zur Transformation und damit zu neuem Wissen zu kommen, braucht es die Unterstützung der Lehrerin. Agiert sie ‚lernseits‘ (Schratz, 2009), das heisst, reagiert sie auf das Sichtbarwerden der Irritation von David, besteht die hohe Chance, dass David sein Dilemma löst und lernt. Dazu braucht es neben der Aufgabe den Dialog und die Kompetenz der Lehrerin.

3.   Übergang von der Aufgabe zum Auftrag am Beispiel „Ist alles zählbar?"[1]

3.1   Von der Kernidee zum offenen Auftrag

Immer wieder stellt man in der Unterrichtspraxis fest, dass Aufgaben ungewollt Irritationen bei den Lernenden auslösen. Und nur selten kommen die Irritationen ans Licht, es sei denn, ein aufmerksamer Beobachter sitzt beim Kind oder eine aufmerksame Lehrerin stellt die Anzeichen einer Irritation fest und kann reagieren. Diese weitgehend zufälligen und unvorhersehbaren Entwicklungen sind an sich das Spannende am Unterricht, werden jedoch unter traditionellen schulischen Bedingungen als störend empfunden. Hier setzt das Dialogische Unterrichtskonzept ein (Ruf & Gallin, 2014). Es macht das Unvorhersehbare zum System und arbeitet bewusst mit den Irritationen der Schülerinnen und Schüler einer ganzen Klasse. Während beim Beispiel von David ein kurzer mündlicher Austausch zwischen ihm und der Lehrerin vermutlich in Heiterkeit und Klärung gemündet wäre, ist beim Dialog mit ganzen Klassen ein ganz anderes Vorgehen nötig, weil nicht gleichzeitig bei allen Kindern die gleiche Irritation im Vordergrund steht. Eine gute Möglichkeit, mit einer ganzen Klasse dialogisch zu arbeiten, bietet die Schriftlichkeit. Jedes Kind führt sein Lernjournal, in dem es sich mit einem gestellten Auftrag auseinandersetzt. Das hat mehrere Vorteile, um als Lehrperson wirklich lernseits handeln zu können:

- Die Ideen der Kinder verflüchtigen sich nicht wie bei einer mündlichen Begegnung.
- Die Ideen der Kinder erhalten Gewicht, weil die Schriftlichkeit zur Langsamkeit zwingt.
- Die Lehrperson erhält Zeit, aufgrund der Spuren im Lernjournal den Ideen der Kinder wirklich nachzugehen.
- Die Lehrperson kann die Ideen der Kinder anderen Kindern zugänglich machen und daraus Konsequenzen für den nachfolgenden Unterricht ziehen.

---

1 Die hier dargestellte Unterrichtssequenz wurde in der Schweizerischen Zeitschrift für Heilpädagogik ausführlicher dargestellt (Duss & Gallin, 2015)

Der Schlüssel zum systematischen Einbezug der singulären Gedanken der Kinder im Unterricht liegt in der gezielt geplanten Irritation, welche Auslöser zur Arbeit im Lernjournal sein sollte. Wir nennen im Rahmen des Dialogischen Lernens diesen Auftakt die sogenannte „Kernidee". Sie ist im positiven, konstruktiven Sinn eine Provokation, welche die Gedanken der Kinder sachbezogen provoziert, also „hervorruft" (Ruf et al., 2008). Dazu reicht es nicht, einfach eine Aufgabe aus dem Lehrbuch zu stellen, sondern es muss zusätzlich eine Aufforderung bekannt gegeben werden, welche das Kind zum Formulieren seiner Gedanken anhält. Um diesen Mehrwert auszudrücken, spricht das Dialogische Lernen von Aufträgen und nicht von Aufgaben (Gallin, 2013). Diese Erweiterung der Aufgabe zu einem Auftrag ermöglicht es der Lehrperson, zu erfahren, wo die jeweils individuellen Schwierigkeiten und Irritationen liegen, und das bei allen Kindern der Klasse. Besonders bei jüngeren Schülerinnen und Schülern muss manchmal aufgrund der schriftlichen Notizen im Lernjournal des Kindes noch mündlich nachgefragt werden, um einen echten Dialog in Gang zu bringen.

Ein einfaches Beispiel kann den Unterschied von Aufgabe und Auftrag illustrieren: Die Aufgabe $49 \cdot 51 = ?$ hat tatsächlich ein verstecktes, provokatives Potential durch die Nähe der beiden Faktoren bei 50. Um in den Griff zu bekommen, was beim Stellen dieser Aufgabe in den Köpfen der Kinder passiert, erweitern wir die Aufgabe zu folgendem Auftrag: „Sag mir, wie du $49 \cdot 51 = ?$ rechnest und schreibe alles auf, was dir bei dieser Rechnung einfällt." Ein willkommener Nebeneffekt eines solchen Auftrags ist, dass die Frage nun eine echte Frage der Lehrperson geworden ist, während die ursprüngliche Aufgabe $49 \cdot 51 = ?$ natürlich keine echte Frage war, da die Lehrperson die Antwort darauf längst kennt. Beim Auftrag kann die Schülerantwort jedoch nicht falsch oder richtig sein, sondern der Text wird Auskunft über die Intensität der Auseinandersetzung mit dem Problem geben. Durch Aufträge in diesem Sinn entfernen wir uns von der motivationshemmenden Sicht auf Richtig und Falsch und eröffnen eine neue Dimension im Unterricht, durch welche die Lernenden beim Lernen tatsächlich begleitet werden können. So erkennt man die individuell vorhandenen Kompetenzen, kann auf ihnen aufbauen und sie weiterentwickeln.

Ein Beispiel von Ursula Duss aus ihrer altersdurchmischten Klasse (AdL) der Unterstufe (1.–3. Schuljahr) soll nun zeigen, welch produktive Wirkung geeignete Aufträge auslösen können und welche Rolle dabei die Lehrerin selbst spielt. Es geht um die sogenannte Zahlenraumerweiterung. Dieses Wort kommt zwar im offiziellen Lehrplan des Kantons Zürich gar nicht vor.[2] Trotzdem findet jede Suchmaschine im Internet unzählige Treffer zu diesem Begriff. Er ‚geistert' also in den Köpfen von Lehrpersonen und Ausbildnern umher. Für Ursula Duss war genau dieser Umstand die erste Irritation. Und auf solche Irritationen sollten Lehrpersonen unbedingt achten: Zahlenraumerweiterung ist in der Tat ein mathematisch unsinniger Begriff, weil der Zahlenraum der natürlichen Zahlen, der hier Thema ist, von Anfang an unendlich ist. Worum es in der Schule geht, ist eine Erschliessung des Zahlenraums durch die Kinder. Die Kernidee der Lehrerin „Erschliessen nicht Erweitern" stand ganz am Anfang. Aus ihr

---

2 Ebenso im neuen Lehrplan 21, welcher in den nächsten Jahren in der gesamten deutschsprachigen Schweiz eingeführt wird.

leitete sie die – nun auch für die Schülerinnen und Schüler – provokative Feststellung ab, dass das Zählen offenbar für gewisse Menschen an eine natürliche Grenze stösst: „Ist alles zählbar?" ist damit die zentrale Frage, die zur Kernidee der Erschliessung des Zahlenraums wird. Welch ein Glücksfall, dass Ursula Duss zwei Bezüge zu berühmten Menschen einfallen, die sich mit der gleichen Frage auseinandergesetzt haben: Der Schriftsteller Max Bolliger hat ein Gedicht verfasst mit dem Titel „Was man nicht zählen kann" (Abbildung 1) und der Physiker Albert Einstein hat eine Aussage gemacht, welche unseren Zahlenglauben in Zweifel zieht: „Nicht alles, was zählt, ist zählbar, und nicht alles, was zählbar ist, zählt."

Was man nicht zählen kann

Die Wassertropfen
und die weissen Flocken.
Blumen, die eine Wiese bedecken,
und nach dem Regen die Schnecken.
In den Bäumen die Spatzen
und in Rom die Katzen.
Sterne, die vom Himmel fallen,
und im Meer die Muscheln und Korallen.

Abb. 1:   Gedicht von Max Bolliger (Bolliger, 1973)

Diese Vorarbeit erlaubt es, einen konkreten Auftrag zu generieren. Dabei ist entscheidend, dass er jedem Kind die Möglichkeit eröffnet, zu reagieren und zu zeigen, wo es gerade steht und wie weit es seinen Zahlenraum schon erschlossen hat. Ein guter Auftrag ist für alle Schülerinnen und Schüler eine Herausforderung und orientiert sich nicht einfach an einem Mittelmass. Gerade in einer inklusiven altersdurchmischten Klasse wie bei Ursula Duss ist die Diversität enorm gross. Um dieser Diversität gerecht zu werden, reicht es oft nicht, den Auftrag auf einem Zettel abzugeben, sondern er muss mit allen vorbesprochen werden. Deshalb dient als Einstieg das Gedicht von Max Bolliger mit der Kernaussage, dass es Dinge gibt, welche unzählbar sind. Dieser Gedanke fordert nicht nur die Lehrerin selbst heraus, sondern weckt auch den Widerspruch der Kinder. Damit ist die Irritation gesetzt und der Auftrag mit dem Titel „Drei Zählweisen" kann den Schülerinnen und Schülern gestellt werden (Abbildung 2).

Drei Zählweisen

Schau dich in deiner Umgebung um.

          Suche Dinge, welche du auf einen Blick zählen kannst.

          Suche Dinge, welche du zählen musst.

   Suche Dinge, von denen du denkst, dass man sie nicht zählen kann.

Erstelle eine lange Liste!

Abb. 2:   Der erste Auftrag

Der unscheinbare Nachsatz „Erstelle eine lange Liste!" ist von entscheidender Bedeutung. In heterogenen Klassen gibt es einige Kinder, die durch die Anforderung, einen längeren Journaltext zu verfassen, blockiert würden. Die Möglichkeit, eine Liste zu erstellen, befreit sie einerseits von der Textproduktion im engeren Sinn und animiert andererseits dazu, wirklich an viele verschiedene Dinge zu denken. Bereits in der Schule konnten die Kinder mit diesem Auftrag arbeiten und erste Listen erstellen. Als Hausaufgabe (Abbildung 3) arbeiteten sie am gleichen Auftrag weiter. Ihm wurde noch das Gedicht beigefügt und zudem wurde er noch durch eine sogenannte „Rampe" abgerundet, das heisst durch eine besondere Herausforderung auch für die stärkeren Schülerinnen und Schüler: „Du bist ein Zahlenforscher. Findest du Möglichkeiten unzählbare Dinge doch zu zählen? Wie machst du das? Zeichne und schreibe."

Solche Listen sind Fundgruben für Autographensammlungen. Darunter verstehen wir im Konzept des Dialogischen Lernens (Ruf & Gallin, 2014) Zusammenstellungen von authentischen Schülerbeiträgen, welche in kopierter Form an die ganze Klasse verteilt werden. Im vorliegenden Fall wurden die Daten der Kinder zu einer gemeinsamen Sammelliste (Abbildung 4) zusammengezogen. So kann sich jedes Kind auf der verteilten Liste wiedererkennen und wird im Gefühl bestärkt, dass sein Beitrag ernst genommen wurde. Gleichzeitig bekommt es Einblick in die Ideen und Gedankenwelten der anderen Kinder.

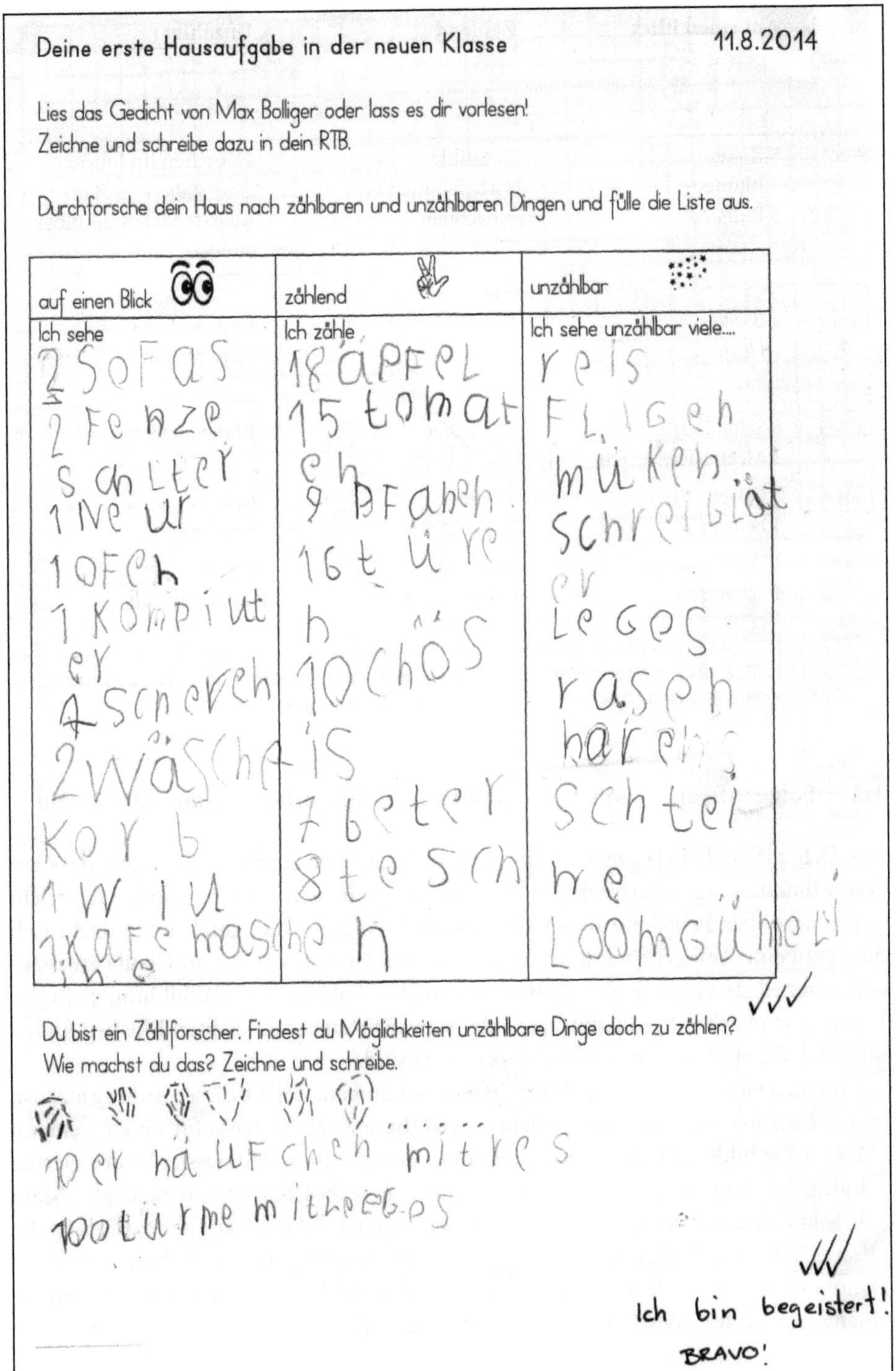

Deine erste Hausaufgabe in der neuen Klasse 11.8.2014

Lies das Gedicht von Max Bolliger oder lass es dir vorlesen!
Zeichne und schreibe dazu in dein RTB.

Durchforsche dein Haus nach zählbaren und unzählbaren Dingen und fülle die Liste aus.

auf einen Blick 👀	zählend ✌️	unzählbar ⠿
Ich sehe	Ich zähle	Ich sehe unzählbar viele….
2 SoFas	18 äPFeL	reis
2 Fenze	15 tomat	FLiGeh
Schlter	en	müken
1 ve ur	9 DFabeh	Schreiblät
1 OFeh	16 türe	er
1 Kompiut	n	Legos
er	10 chös	raseh
4 Scneveh		häreh
2 wäscheis	7 beter	Schtei
Korb	8 teSchne	ne
1 w i u	n	Loomgüme
1 KaFe mas che ne		

Du bist ein Zählforscher. Findest du Möglichkeiten unzählbare Dinge doch zu zählen? ✓✓✓
Wie machst du das? Zeichne und schreibe.

10 er häufchen mit res
100 türme mit Legos

✓✓✓
Ich bin begeistert!
BRAVO!

Abb. 3: Bei der Hausaufgabe zeigt Lorel, dass es zwar für ihn unzählbare Dinge gibt, trotzdem entwickelt er bereits eine Idee, wie er dieses Problem durch Bündeln lösen kann.

	Auf einen Blick 	Zählend 	Unzählbar 
Sven	5 Kissen 3 Blumen 3 Etuis	11 Stühle 9 Medikamenten- schachteln	Häuschen im Journal Buchstaben im Haus Maisstengel und Kolben auf dem Feld
...	...	...	...
Lara	4 Bänke 1 Hund	10 Strohballen 7 Eier	Kichererbsen Froschlaich
...	...	...	...
Olivia	6 Schubladen 3 Meerschweinchen	27 Bücher 8 Schultheks	Bodenplatten
Pascal	2 Tassen 3 Fenster	6 Teller 12 Schulbänke	Reis Zucker
Lorel	2 Wäschekörbe 4 Scheren	16 Türen 7 Betten	Legos Loomgummis
...	...	...	...

Abb. 4: Auszüge aus der Sammelliste der drei Zählweisen. Hier sind nur diejenigen Kinder aufgeführt, welche im weiteren Verlauf erwähnt werden.

3.2   Folgeaufträge adaptiv aus dem Unterrichtsverlauf heraus entwickeln

Das Dialogische Unterrichtskonzept ist gekennzeichnet durch die Tatsache, dass aus den Schülerbeiträgen verbindliche Konsequenzen für den nachfolgenden Unterricht gezogen werden. In vielen Fällen wird dies durch Folgeaufträge geschehen, welche sich direkt auf eine Autographensammlung abstützen. Hier generiert nun Ursula Duss aus der Sammelliste einen in drei Stufen aufgeteilten Folgeauftrag (Abbildung 5) in der Weise, dass gleichzeitig die jüngsten oder schwächsten einen leichten Einstieg finden und auch die stärksten trotzdem voll gefordert sind.

Von den vielen interessanten Auseinandersetzungen, welche dieser Auftrag auslöst, können wir hier nur auf zwei eingehen, weil diese zwei die Basis für einen weiteren Folgeauftrag bilden. Dabei geht es zuerst um Pascal, einen Erstklässler in der vierten Schulwoche, der sich mit dem zweiten Teilauftrag (••) beschäftigt und dabei gleichsam eine Schulbuchseite kreiert mit neuen Darstellungen der Zahlen aus der zweiten Spalte unserer Tabelle (Abbildung 6). Eine solche Überraschung für die Lehrerin wird im Dialogischen Lernen (Ruf & Gallin, 2014) mit drei Häklein honoriert, das Zeichen für einen sogenannten „Wurf" (siehe auch Abbildung 3).

Unsere Sammlung

- Schau dir die Sammlung an.
  Suche deinen Namen und die dazugehörigen Zahlen.
  Übermale die Stelle mit deiner Lieblingsfarbe.
  Lass dir die Wörter vorlesen!
  Wähle nun eine „auf einen Blick gezählte Zahl" aus der Liste aus.
  Schreibe sie ins Journal ab. Überlege dir, wie das Fingerbild dazu aussehen könnte.
  Finde auch eigene Darstellungsformen.
  Wiederhole dies mit mindestens 5 Beispielen aus der Liste.

- •• Betrachte nun die Zahlen aus der zweiten Spalte.
  Was fällt dir auf?
  Finde auch hier passende Darstellungsformen, damit es schnell zählbar wird.

- ••• Die Liste in der dritten Spalte ist sehr spannend. Es sind Dinge, welche du als unzählbar bezeichnest. Wähle etwas aus und suche das Bild dazu. Versuche trotzdem zu zählen.

Lorel und Sven hatten bereits Ideen dazu.

Lorel schlägt vor, mit dem Reis 10er-Häufchen zu machen.
Mit den Legosteinen baut er 100er-Türme.
Sven schlägt 10er- oder 100er-Reihen vor.
Hast du noch eigene Ideen?
Kannst du diese Ideen auf den Bildern einzeichnen und dann wirklich zählen?

Abb. 5:   Der erste Folgeauftrag

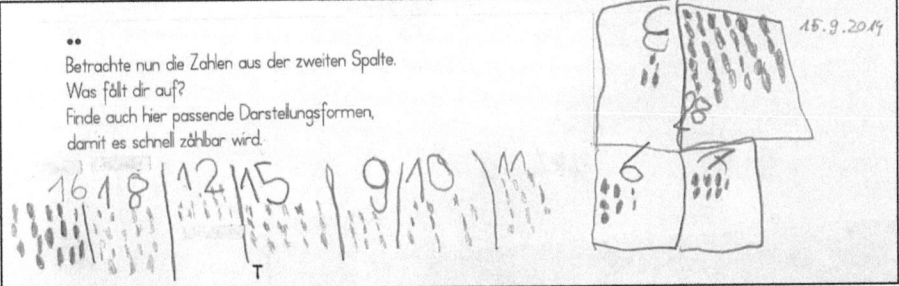

Abb. 6:   Pascal gelingt ein ‚grosser Wurf'. Er erfindet Punktemuster.

Der zweite Beitrag stammt von der Zweitklässlerin Lara, welche die Idee mit dem für sie zunächst unzählbaren Froschlaich hatte. Sie bearbeitet also den dritten Teilauftrag (•••). Mit der Bildung von Bündelungen in der Fotografie von Froschlaich will sie ihre eigene Annahme nun widerlegen (Abbildung 7). Gleichzeitig versucht sie mit einer Term-umformung den Zählprozess zu systematisieren. Dabei gelingt es ihr, eine alltägliche Situation zu mathematisieren und darzustellen, was einem Kompetenzziel des Schweizer „Lehrplans 21" entspricht (D-EDK, 2013). So gelangt sie sicher zu einem Resultat. Leider vergisst Lara bei der Kontrolle des Ergebnisses 61 den einzigen Summanden 3 in ihrem langen Term, so dass die Summe der Zahlen 36, 8, 10 und 4 um 3 zu klein ausfällt.

•••

Die Liste in der dritten Spalte ist sehr spannend. Es sind Dinge, welche du
als unzählbar bezeichnest. Wähle etwas aus und suche das Bild dazu.
Versuche trotzdem zu zählen.

Lorel und Sven hatten bereits Ideen dazu.

Lorel schlägt vor mit dem Reis 10er-Häufchen zu machen.
Mit den Legosteinen macht er 100er Türme.
Sven schlägt 10er oder 100er – Reihen vor.
Hast du noch eigene Ideen.
Kannst du diese Ideen auf den Bildern einzeichnen und zählen.

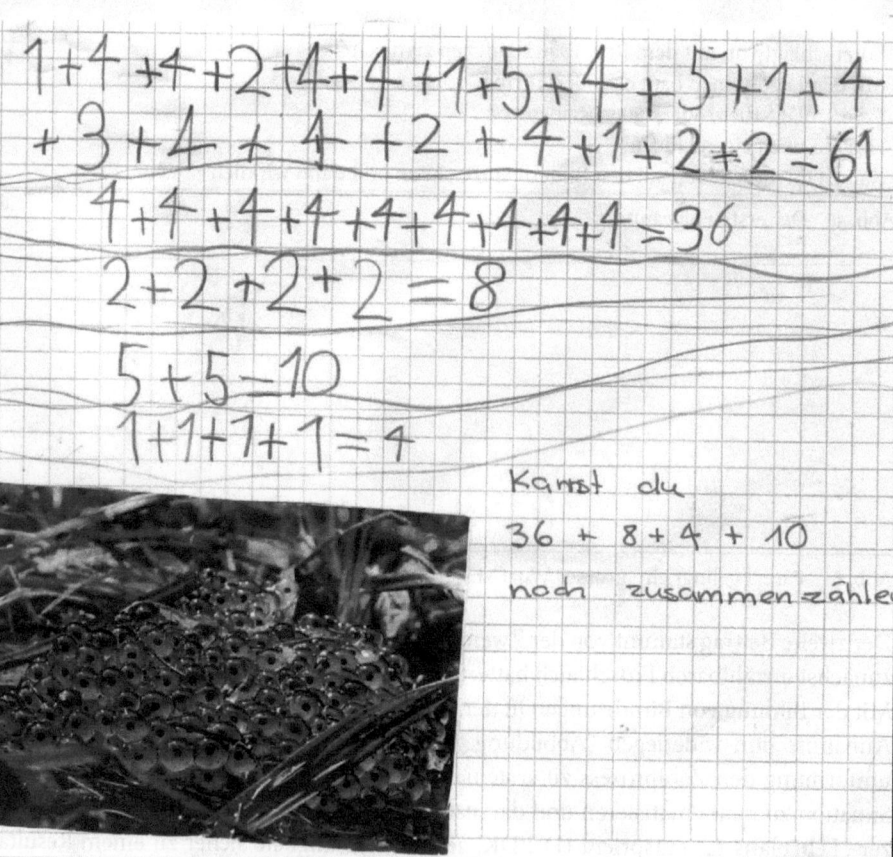

$$1+4+4+2+4+4+1+5+4+5+1+4$$
$$+3+4+4+2+4+1+2+2=61$$
$$4+4+4+4+4+4+4+4+4=36$$
$$2+2+2+2=8$$
$$5+5=10$$
$$1+1+1+1=4$$

Kanst du

$$36+8+4+10$$

noch zusammen zähle

Abb. 7:   Laras Thema ist die Zählbarkeit von Froschlaich

Ist alles zählbar?

Hast du die Antwort auf die Frage „Ist alles zählbar?" schon gefunden?
Gemeinsam haben wir unterdessen bemerkt, dass Vieles zählbar wird, wenn man Gruppen oder Bündel macht. Grosse Zahlen bzw. Mengen zählt man einfacher, wenn man mit „Auf-einen-Blick-Zahlen" arbeitet. Alle konnten schnell 2er-/3er-/4er- und 5er-Gruppen erkennen.

- Pascal (Abb. 6) hat eine ganze Sammlung von Zahlen als Punktemuster gezeichnet. Finde auf der Sammelliste das Wort, welches dazu passt.
  Überprüfe Pascals Punktemuster.
  Finde zu jeder Zahl noch ein eigenes Punktemuster, welches das Zählen und das Rechnen erleichtert.
- • Lara (Abb. 7) beschäftigt sich mit dem Froschlaich.
  Schau dir ihre Rechnung an.
  Was macht sie?
  Kannst du ihre Rechnung ausrechnen?
  Erfinde ähnliche Rechnungen und gehe wie Lara vor.
  Wie gehst du vor?

Abb. 8:   Der zweite Folgeauftrag

Mit diesen beiden Beiträgen generiert Ursula Duss den zweiten Folgeauftrag, dem natürlich die Abbildungen 6 und 7 beigefügt sind (Abbildung 8).

Wiederum erstaunt der Ideenreichtum, der von diesem Auftrag bei allen Kindern ausgelöst wird. Es würde zu weit führen, hier die Originale abzubilden. Aus jeder Klasse soll stattdessen ein Beispiel der Journaleinträge beschrieben werden: Olivia (1. Klasse) lässt sich von Pascals Darstellungsweise inspirieren und findet für die gleichen Zahlen neue Punktemuster. Sie formt Pascals Vorschläge um. Lorel (2. Klasse) ist fasziniert von grossen Mengen und zeigt, dass er Laras Idee versteht und dass er bereit ist, den Zahlenraum weiter zu erschliessen. Er macht Termumformungen von riesigen Additionen und kommt zu Resultaten weit über 1000. Auch Sven (3. Klasse) beschäftigt sich mit Laras Problem. Er wird dabei an die Bedeutung des Gleichheitszeichens erinnert und stellt sich dem Wagnis, lange Plus-Terme mit geeigneten Zerlegungen zu berechnen. Obwohl er von sich denkt, dass er ein schlechter Rechner sei, freut er sich über seine jetzt erstellte Mathematik-Seite, wie er es beim Semesterrückblick Monate später zum Ausdruck bringt: „Ich fand diese Seite cool, weil ich nicht so gut bin in Mathematik. Darum will ich diese Seite zeigen, weil ich dort gut gearbeitet habe."

4.   Konsequenzen für die Planung von Unterricht

Die heutige Schule hat im Sinne der Chancengerechtigkeit den Auftrag, alle Schülerinnen und Schüler möglichst gut zu fördern und sie in ihrem Lernen und der Aneignung von Bildung zu unterstützen. Dazu benötigt sie Aufträge, welche es ermöglichen, dass Schülerinnen und Schüler ihre singulären Spuren hinterlassen können. Die Aufträge haben gerade nicht die Funktion, alle Lernenden durch einen Korridor des richtigen

Lösungsweges zu führen. Vielmehr müssen sie unterschiedlichste Lösungswege zulassen, wobei in der ersten Phase der Bearbeitung das Primat von ‚richtig' und ‚falsch' entfällt. In den singulären Lernspuren zeigen die Schülerinnen und Schüler die Art und Weise, wie sie eine Aufgabe angehen, und wie sie meinen, das Problem zu lösen. Dadurch entstehen Autographen, auf welche die Lehrpersonen reagieren und so lernseits unterrichten können. In diesem Moment beginnt auch die Frage nach der richtigen Lösung aufzukeimen. Die richtige Lösung ist jedoch nicht ein Nadelöhr des einzigen richtigen Lösungsweges, sondern das Zulassen unterschiedlicher Wege, welche zum richtigen Resultat führen. Die Schülerinnen und Schüler lernen nicht das Reproduzieren eines vorgegebenen Weges, sondern das Finden einer Lösung für ein Problem. Ein wesentliches Element ist hier die Verwendung von „Autographen" (authentischen Schülerbeispielen) als Basis für neue Aufträge. Die Schülerinnen und Schüler setzen sich mit unterschiedlichen Lösungswegen anderer auseinander und vertiefen so ihr mathematisches Denken. Mathematikunterricht wird dadurch zur Auseinandersetzung mit mathematischen Phänomenen und nicht das Aneignen von vorgefertigten Lösungswegen. Neben die Divergenz der singulären, je individuellen Herangehensweisen tritt eine Konvergenz auf im Dialog ausgehandelte, bewährte Lösungswege. Die Lernenden erfahren so, dass eine intensive, ausufernde Beschäftigung mit einem Auftrag schliesslich in durchschaubaren und verbindlichen Strategien mündet. Damit wird der Prozess des Übens im dialogischen Unterricht nicht als zusätzlicher Drill, sondern als notwendiger Abschluss einer Auseinandersetzung mit einer Frage erlebt. Das zeigt sich exemplarisch beim Lernen des Einmaleins. Schülerinnen und Schüler, welche die sogenannten Reihen des Einmaleins ohne Verständnis auswendig lernen, geraten früher oder später in Schwierigkeiten bei Divisionsaufgaben und schriftlichen Rechenverfahren. Wenn sie dagegen ihre individuellen Lernwege in der Auseinandersetzung mit Multiplikationsaufgaben notieren und austauschen konnten, entsteht bei jedem Kind ein Netz von persönlichen Bezügen und Querverbindungen, in welchem agil und sicher die jeweils erforderliche Multiplikation oder Faktorisierung abgerufen werden kann. Stellvertretend zitieren wir hier Erica, die als Zweitklässlerin in ihr Journal folgenden Eintrag machte: „Im Rechnen habe ich gemerkt, dass es schwieriger wird, weil man's auswendig wissen muss. Ich wusste nicht, was $7 \cdot 8$ gibt. Dann rechnete ich $8 \cdot 8 = 64$. Dann nahm ich 4 weg, das gab 60. Nachher nahm ich noch 4 weg. Dann wusste ich, was $7 \cdot 8$ gibt: $7 \cdot 8 = 56$."

Entscheidend für eine solche Art des Unterrichtens ist die Flexibilität der Lehrenden, die es wagen, auf eine vorstrukturierte Abfolge des Unterrichts zu verzichten und eine echte Lernbegleitung anzubieten, bei der die aktuellen Schülerbeiträge ernst genommen und für den nachfolgenden Unterricht genutzt werden. Diese Art des Lehrens hat Konsequenzen für die Planung des Unterrichtes. Traditionellerweise plant eine Lehrperson den Unterricht für ein ganzes Themengebiet. Dabei definiert sie zuerst die wesentlichsten Lernziele, sucht danach entsprechende Aufgaben dazu, entscheidet wann und wo sie welche Einführung dazu gibt und stellt diese und weitere Elemente zu einem Unterrichtsprogramm zusammen. Um dem Postulat der Individualisierung gerecht zu werden, unterteilt sie allenfalls die Klasse in unterschiedliche Niveaus und stellt entsprechend schwierige Aufgaben oder Hilfen zur Verfügung.

Allenfalls übernimmt auch die Sonderpädagogin oder der Sonderpädagoge einen Teil der Vorbereitung und vereinfacht die Aufgaben so, dass auch Schülerinnen und Schüler mit Lernschwierigkeiten dem Unterricht folgen können. Nach dieser Vorbereitungsphase wird das Programm durchgeführt und die Lehrpersonen begleiten die Schülerinnen und Schüler im Sinne des Lerncoachings durch die Aufgaben. Diese Art von Unterricht, welcher durchaus als modern angesehen wird, verkennt, dass Lernen kein linearer Prozess ist. Er stellt die Aufgabe in den Mittelpunkt, und das Begleiten der Schülerinnen und Schüler orientiert sich am Lösen dieser Aufgaben. Das Ziel eines solchen Unterrichtes ist es, dass die Schülerinnen und Schüler die vorbereiteten Aufgaben lösen können.

Beim Konzept des dialogischen Lernens (Ruf & Gallin, 2014) steht jedoch nicht die Aufgabe, sondern die einzelne Schülerin, der einzelne Schüler im Mittelpunkt. So ist es gar nicht möglich, über eine ganze Sequenz die Aufgaben bereits im Voraus zu definieren. Vielmehr müssen sich die Aufgaben dem Lernen der Schülerinnen und Schüler anpassen. Auch in diesem Fall verschafft sich die Lehrperson einen Überblick über das zu bearbeitende Themenfeld und definiert die Lernziele. Statt nun jedoch die verschiedenen Aufgaben vorzubereiten, sucht die Lehrperson über eine Kernidee einen Zugang zum Thema und entwickelt einen ersten Auftrag. Mit diesem startet die ganze Klasse und die Lehrperson lässt sich überraschen, was die Schülerinnen und Schüler in ihren Lernjournalen damit machen. Im zweiten Schritt analysiert die Lehrperson die unterschiedlichen Autographen, spielt einzelne Autographen oder Auszüge davon zurück in die Klasse und entwickelt einen nächsten Auftrag, den wieder alle Schülerinnen und Schüler erhalten. Nicht die Schülerinnen und Schüler reagieren auf die Aufgaben, sondern die Lehrperson reagiert mit den neuen Aufträgen auf das Lernen der Schülerinnen und Schüler. Die Lehrperson agiert im „Pädagogischen Takt" (Herbart & Benner, 1986), sie orientiert sich „lernseits" (Schratz, 2009; Anderegg, 2014). Der kompetenzorientierte Unterricht beinhaltet die Chance, den Blick weg vom ‚Stoff vermitteln' hin zur ‚Förderung von Kompetenzen' zu lenken. Dazu braucht es Lehrerinnen und Lehrer, welche das persönliche Lernen der einzelnen Schülerinnen und Schülern in den Mittelpunkt stellen und danach ihren Unterricht ausrichten. Dialogisches Lernen ist, wie Gert Biesta schreibt, „a beautiful risk": „This makes the educational way the slow way, the difficult way, the frustrating way, and, so we might say, the weak way, as the outcome of this process can neither be guaranteed or secured" (Biesta, 2013, p. 3). Dieser Prozess wird so zu einem spannenden und persönlichen Weg, auf welchem fachliche Kompetenzen in einem Lerndialog entstehen, bei dem die Beiträge *aller* Beteiligten unersetzlich und unverzichtbar sind.

Literatur

Anderegg, N. (2014). Lernseitige Perspektiven auf Unterricht. *Schweizerische Zeitschrift für Heilpädagogik, 4*, 5–10.

Anderegg, N. (2015). Mathematisches Lehren ‚lernseits' handelnd. *Schweizerische Zeitschrift für Heilpädagogik 4*, 27–33.

Biesta, G. (2013). *The beautiful risk of education.* Boulder, London: Paradigm Publishers.

Bolliger, M. (1973). Was man nicht zählen kann. *Schweizerische Lehrerinnen-Zeitung, 77*(5), 126.

D-EDK. (2013). Deutschschweizer Erziehungsdirektoren-Konferenz: *Lehrplan 21, Konsultationsfassung.* www.lehrplan.ch. [22.2.2016].

Duss, U. & Gallin, P. (2015). Ist alles zählbar? *Schweizerische Zeitschrift für Heilpädagogik, 4,* 35–42.

Gallin, P. (2005). Die überbetreute Schule. *Jahresheft des Friedrich Verlags 2,* 82–85.

Gallin, P. (2013). Einführung ins Dialogische Lernen (Keynote). In K. Rosenberger (Hrsg.), *Sprache rechnet sich.* (Sprachheilpädagogik: Wissenschaft und Praxis, Band 5) (S. 13–27). Wien: Österreichische Gesellschaft für Sprachheilpädagogik.

Herbart, J. F. & Benner, D. (1986). *Systematische Pädagogik.* Stuttgart: Klett-Cotta.

Koch, L. (2015). *Lehren und Lernen. Wege zum Wissen.* Paderborn: Ferdinand Schöningh.

Meyer-Drawe, K. (1982). Lernen als Umlernen. Zur Negativität des Lernprozesses. In W. Lippitz & K. Meyer-Drawe (Hrsg.), *Lernen und seine Horizonte. Phänomenologische Konzeption menschlichen Lernens – didaktische Konsequenzen* (S. 19–45). Königstein: Scriptor.

Meyer-Drawe, K. (2012). *Diskurse des Lernens.* (2., durchgesehene und korrigierte Aufl.) München: Wilhelm Fink.

Meyer-Drawe, K. (2013). Lernen braucht Lehren. In P. Fauser, W. Beutel & J. John (Hrsg.), *Pädagogische Reform. Anspruch – Geschichte – Aktualität* (S. 89–97). Seelze: Klett/Kallmeyer.

Ruf, U. & Gallin, P. (2014). *Dialogisches Lernen in Sprache und Mathematik.* Zwei Bände (5. überarbeitete Auflage). Seelze: Klett/Kallmeyer.

Ruf, U., Keller, S. & Winter, F. (Hrsg.). (2008). *Besser lernen im Dialog. Dialogisches Lernen in der Unterrichtspraxis.* Seelze: Klett/Kallmeyer.

Schratz, M. (2009). ‚Lernseits' von Unterricht. Alte Muster, neue Lebenswelten – was für Schulen? *Lernende Schule 2,* 16–21.

Schratz, M., Schwarz, J. F. & Westfall-Greiter, T. (2012). *Lernen als bildende Erfahrung. Vignetten in der Praxisforschung.* Innsbruck, Wien, Bozen: Studienverlag.

Waldenfels, B. (2009). Lehren und Lernen im Wirkungsfeld der Aufmerksamkeit. In N. Ricken, H. Röhr, J. Ruhloff & K. Schaller (Hrsg.), *Umlernen. Festschrift für Käte Meyer-Drawe* (S. 23–33). München: Wilhelm Fink Verlag.

5. Teil
Lehrerbildung, Hochschulbildung

Merkmale hochschuldidaktischer Lernaufgaben aus Studierendensicht

Paula Figas und Georg Hagel

1. Einführung

Lernaufgaben haben in der Allgemeinen Didaktik und Fachdidaktik eine lange Tradition und ein breites didaktisches Fundament (vgl. Keller & Bender, 2012). Zahlreiche Ansätze und Konzepte beziehen sich dabei auf die Primar- und Sekundarbildung. Doch auch im Tertiärbereich spielen Lernaufgaben eine zentrale Rolle. Folgender Beitrag thematisiert die Besonderheiten von Aufgaben im Hochschulkontext. Im Zentrum stehen dabei die Ergebnisse einer Studie, welche aus der Perspektive Studierender informationstechnischer Studiengänge die Frage betrachtet, welche Kriterien eine gute schriftlich gestellte Lernaufgabe erfüllen sollte. Dabei werden nicht nur thematische Bezüge und die innere Struktur der Aufgaben betrachtet, sondern der gesamte Aufgabenbearbeitungsprozess, von der Einführung über die Bearbeitung und die Besprechung einer Aufgabe, wird mit berücksichtigt.

2. Lernaufgaben in der Hochschullehre

2.1 Lern- und Leistungsaufgaben

Aufgaben in Lehr-Lernkontexten blicken auf eine lange Historie zurück. Bereits in den Schulordnungen des 15. Jahrhunderts wurden schriftlich gestellte Hausaufgaben erwähnt (vgl. Petersen, Reinert & Stephan, 1990, S. 14). Das Charakteristische an sogenannten *Lernaufgaben* ist, dass durch sie eine Kompetenzentwicklung angeregt und Lernprozesse angestoßen werden sollen. Nach Keller & Bender (2012) können dies schriftliche „... Problemstellungen und Arbeitsanleitungen [sein], welche (...) zur Auseinandersetzung mit einem speziellen Unterrichtsinhalt anregen" (S. 8). Es geht darum, „gestaltungs- und kompetenzorientierte Lernsituationen" bereitzustellen (Bloemen & Schlömer, 2012, S. 128), damit Lernende anhand dessen Kompetenzen entwickeln und Wissen erwerben können. Dies kann beispielsweise in Form von Aufforderungen geschehen, bestimmte Handlungen auszuführen, Fragen zu beantworten oder Probleme zu lösen (vgl. Pahl, 1998, S. 13). *Leistungsaufgaben* hingegen dienen der Überprüfung des erreichten Kompetenzniveaus und werden daher häufig benotet. Damit stehen bei ihnen Erfolge im Vordergrund (vgl. Abraham & Müller, 2009, S. 4 ff.). Auf der einen Seite wird argumentiert, dass Lern- und Leistungsaufgaben grundlegend verschieden sind, da „Lernen und Leisten völlig unterschiedlichen psychologischen Gesetzmäßigkeiten unterliegen" (Weinert, 1999, S. 33), auf der anderen Seite wird im wissenschaftlichen Diskurs auch auf die Verschränkung der beiden Aufgabenarten hingewiesen (vgl. Abraham & Müller, 2009). Bedeutsam ist dabei, dass sich die Funktion einer Aufgabe erst durch ihre Einbettung in die Lehre zeigt: Die gleiche Aufgabe kann sowohl zu Lernzwecken am Anfang eines Lernprozesses als auch am Ende zur Überprüfung derselben verwendet werden (vgl. ebd.).

2.2   Lernaufgaben in der Hochschullehre

Die Hochschule stellt eine besondere Lernwelt dar, die sich bezogen auf die Lernenden, die Lehrenden, die Veranstaltungsformate und vielem mehr von anderen Institutionen wie Schulen unterscheidet (vgl. Egger & Merkt, 2012). Um nur einige wenige Beispiele zu nennen: Anders als in der Schulbildung zeichnet sich die Hochschullehre in Deutschland durch das Grundprinzip Freiheit der Forschung und Lehre aus. Zudem gibt es keine Bildungsstandards, Lehrpläne oder festgeschriebene Curricula. Auch wird von Dozierenden keine dem Lehramtsstudium vergleichbare didaktische Ausbildung verlangt (vgl. Figas et al., 2014, S. 5). Daher stellt sich die Frage, wie sich diese spezifischen Bedingungen auf die Lehrpraxis und auf die Aufgabenkultur auswirken. Im Hochschulkontext finden unterschiedliche Arten von Aufgaben Eingang in die Lehre: Dabei spielen nicht nur Leistungsaufgaben eine wichtige Rolle (vgl. Müller & Schmidt, 2009), sondern auch unterschiedliche Lernaufgabenformate. Beispielsweise werden komplexe Aufgabenstellungen verwendet, welche die Studierenden für die Dauer eines Semesters in Form von Projekten beschäftigen (vgl. Rummler, 2012). Zudem gibt es kleinere Aufgaben, die regelmäßig in kürzeren Abständen eingesetzt werden, beispielsweise in Form von wöchentlichen Aufgabenblättern in Seminaren oder vorlesungsbegleitenden Übungen (vgl. Figas, Bartel & Hagel, 2015). Diese Beispiele verdeutlichen, dass Aufgaben auch in der Hochschullehre in der Lehrpraxis eine elementare Bedeutung haben. Im Gegensatz zum schulischen Bereich, in dem Lernaufgaben seit mehreren Dekaden Bestandteil wissenschaftlicher Diskurse sind (z. B. Seel, 1981; Keller & Bender, 2012; Blumschein, 2014; Ralle, Prediger, Hamman & Rothnagel, 2014), steht die Aufgabenforschung in der Hochschullehre jedoch noch am Anfang: Punktuell werden in der Literatur einige fächerbezogene Aufgabenkulturen in der Hochschullehre beleuchtet (z. B. Rosenberg & Busker, 2014) oder einzelne Aufgabentypen vorstellt: Anwendungsaufgaben in der Mathematik (z. B. Wolf & Biehler, 2014), kontextorientierte Aufgaben in der Physik (z. B. Henning, Müller & Strahl, 2014) oder Aufgaben in ingenieurswissenschaftlichen (vgl. Heiner & Radtke, 2015) oder informationstechnischen Studiengängen (vgl. Figas, Bartel & Hagel, 2015). Zudem existieren Einzelbeiträge zu Aufgabenkonstruktionsansätzen an Universitäten (z. B. Kapp & Proske, 2013). Grundlegende Modelle zu Lernaufgaben in diesem Bildungskontext oder systematische Analysen zu Kriterien *guter* Lernaufgaben in der Hochschullehre gibt es bislang jedoch nicht.

3. Fragebogenstudie

Empirische Forschungsergebnisse konnten zeigen, dass Aufgaben den Lernprozess anregen und sinnvoll unterstützen können. Frey & Frey-Eiling (1992) bezeichnen sie beispielsweise als „wichtiges didaktisches Instrument in der modernen Unterrichtsführung" (S. 1). Um herauszufinden, welche Merkmale für gute Lernaufgaben in der Hochschullehre aus der Perspektive von Studierenden informationstechnischer Studiengänge gelten, wurde eine Fragebogenstudie unter Studierenden durchgeführt. Dabei wurde der Fokus auf schriftlich gestellte Lernaufgaben gerichtet, welche den Studierenden vorlesungsbegleitend in Form von Aufgabenblättern zur Verfügung gestellt werden.

3.1 Forschungsfragen

In der Aufgabenforschung wird das Vermögen der Lernenden bei der Beurteilung der Aufgabenqualität heterogen diskutiert. Einerseits wird argumentiert, dass Lernende gegenüber Lehrenden „nur bedingt die Unterrichtsrealität hinsichtlich didaktischer und methodischer Aspekte beurteilen" können (Kleinknecht, 2010, S. 59). Andererseits wird gerade den Lernenden als aktiv agierenden Akteuren im Lehr-Lernprozess eine elementare Funktion bei der Beurteilung dieser zugesprochen (vgl. Rindermann, 2001, S. 41 ff.). Das primäre Ziel der Studie liegt darin zu verstehen, wie Studierende die Arbeit mit Lernaufgaben wahrnehmen, womit sie besonders gut lernen und wodurch sie dazu angeregt und motiviert werden, Aufgaben überhaupt zu bearbeiten. Daher lagen der Untersuchung zwei zentrale Forschungsfragen zugrunde, zum einen: Wann sind Studierende motiviert, Aufgaben zu bearbeiten? Zum anderen: Wann lernen Studierende von und mit Aufgaben besonders gut?

3.2 Methode und Vorgehen

Um die Forschungsfragen zu beantworten, wurde eine qualitative schriftliche Befragung von Studierenden durchgeführt. Diese Erhebungsmethode bewegt sich im Spannungsfeld zwischen qualitativem Interview und quantitativem Fragebogen. Dabei handelt es sich um eine „stimulierte schriftliche Textproduktion, die der Interviewpartner unter Abwesenheit des Interviewers und in einer deutlich verzögerten Kommunikation vollzieht" (Schiek, 2014, S. 380). Bis auf vereinzelte Items zu statistischen Daten (beispielsweise zu Studiengang, Fachsemester, Hochschule, Geschlecht und Alter) handelt es sich um ein offenes Antwortformat. Dieses Erhebungsdesign wurde gewählt, um offen die Perspektive der Studierenden einfangen zu können und gleichzeitig statistische Daten erfassen und eine große Stichprobe erreichen zu können. Zudem wurden gegebene Fehlerquellen durch die persönliche Interviewsituation minimiert und eine anonyme Befragungssituation erzeugt (vgl. Atteslander, 2003, S. 175). Es wurden N = 160 Studierende in höheren Semestern (3. bis 7. Fachsemester) aus infor-

matiknahen Studiengängen (u. a. Informatik, angewandte Informatik und Wirtschafts-
ingenieurswesen) aus Hochschulen in Deutschland und Österreich befragt. Alle in der
Auswertung berücksichtigten Befragten sind im Laufe ihres Studiums bereits mit unterschiedlichen Aufgabenformaten in Kontakt gekommen und haben Aufgabenblätter
als häufig eingesetztes Instrumentarium der Hochschullehre erlebt. Der Fragebogen
wurde je zu Beginn einer Lehrveranstaltung ausgeteilt. Dadurch konnte nicht nur eine
sehr hohe Rücklaufquote erzielt werden (160 von 169), auch das Begriffsverständnis
von *Aufgabe* konnte zu Beginn besprochen werden, um eine einheitliche Definition
sicherzustellen. Die Studierenden konnten sowohl in Form von Fließtext als auch in
kurzen Stichpunkten zu den Fragen antworten. Die Fragen lauteten:

1) Was motiviert Sie an einer Aufgabe, diese zu bearbeiten?
2) Welche Faktoren müssen gegeben sein, damit Sie einen besonders großen Lernerfolg durch die Aufgabe haben?
3) Zusammenfassend: Welche Eigenschaften einer Aufgabe beurteilen sie als besonders gut bzw. besonders schlecht?

Die Daten wurden inhaltsanalytisch ausgewertet. Das zugrundeliegende Kategoriensystem greift den Aufgabenprozess nach Kleinknecht (2010) und Bohl, Kleinknecht,
Batzel & Richey (2012) auf.

3.3   Ergebnisse

In Anlehnung an Ergebnisse aus der Unterrichtsforschung (vgl. z. B. Bohl et al., 2012;
Kleinknecht, 2010) wurden die Ergebnisse in vier Bereiche untergliedert: die *Aufgabenstruktur*, das heißt wie eine Aufgabe aufgebaut ist und aussieht, die *Einführung*, wie
Aufgaben den Studierenden zur Verfügung gestellt und vor der Bearbeitung besprochen werden, die *Bearbeitung* der Aufgabe selbst und letztlich die *Besprechung*. Nach
dieser Logik werden die genannten lernförderlichen und motivierenden Aufgabenmerkmale im Folgenden vorgestellt.

3.3.1 Aufgabenstruktur

Die Aufgabenstruktur kennzeichnet jene Merkmale einer Aufgabe, die ungeachtet der
didaktischen Einbettung in Lehrveranstaltungen gelten. Beispielsweise umfasst dies
Aspekte, wie frei eine Aufgabe bearbeitet werden kann (Frage- und Antwortformat)
oder das behandelte Thema. Wie in Abb. 1 zu sehen ist, erwiesen sich in diesem Bereich 13 Dimensionen als wichtig: 43 Mal wurde der *Lebensweltbezug* als positives Charakteristikum genannt: Eine Aufgabe solle in einem Zusammenhang zum Alltag der
Studierenden stehen und somit vertraute Muster enthalten. Damit verbunden wurde
auch der *Praxisbezug* 94 Mal genannt: Wenn ersichtlich sei, dass vergleichbare Aufgaben später in dem angestrebten Berufsfeld auftauchen könnten, seien die Studierenden
motivierter diese zu bearbeiten, als wenn dies nicht gegeben sei. Ein weiterer Punkt

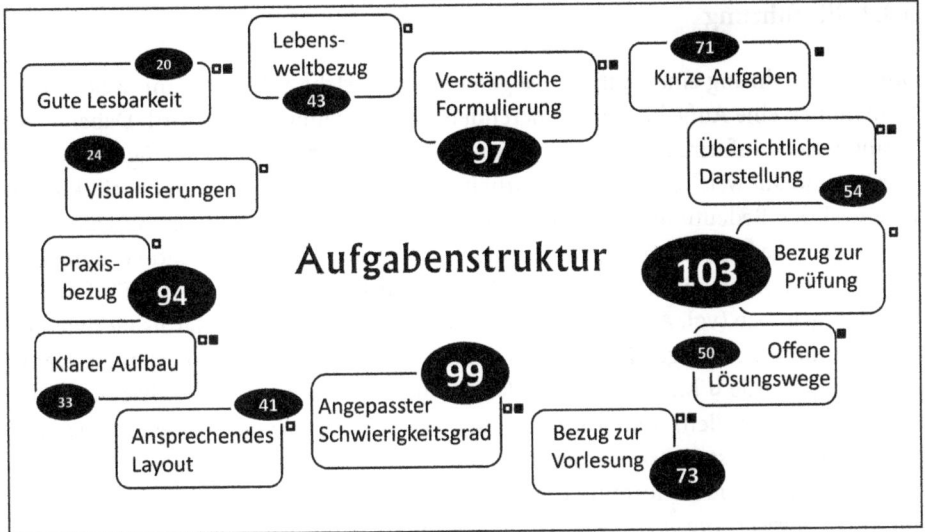

Abb. 1:   Ergebnisse zur Kategorie „Aufgabenstruktur" (angegeben sind ganze Zahlen; die
Symbole kennzeichnen, unter welcher Kategorie sie genannt wurden: ■ = Lernerfolg;
□ = Motivation)

bezieht sich auf den thematischen *Bezug zu der Vorlesung*: Insgesamt 73 Mal bezeich-
neten es die Befragten als lernförderlich und motivierend, wenn die Aufgabe direkt
an das anschließt, was in der Vorlesung besprochen wurde, oder andersherum, wenn
die Kompetenzen, welche durch die Aufgabenbearbeitung erworben wurden, für die
Inhalte der Vorlesung benötigt werden. Daneben wurde auf den *Bezug zur Prüfung*
hingewiesen: Mit 103 Nennungen wurde angegeben, dass ein direkter Bezug der Aufgaben zur späteren Klausur wichtig für die motivationale Bereitschaft, Aufgaben zu
bearbeiten, sei. Weiterhin wurde ein *angepasster Schwierigkeitsgrad* als bedeutsam beschrieben (insgesamt 99 Nennungen). Eine Aufgabe dürfe nicht zu schwer, aber auch
nicht zu leicht sein und müsse auf die vorhandenen Kompetenzen der Studierenden
abgestimmt sein.

50 Mal gaben die Befragten an, dass durch *offene Lösungswege* und durch die damit ermöglichten individuellen Bearbeitungswege und Ergebnisse der Lernerfolg der
Studierenden deutlich höher sei. Weiterhin kam 71 Mal die Präferenz von *kurzen Aufgaben* zum Tragen. Die Argumentation dabei lautete, dass zahlreiche kleine Aufgaben,
welche einen inneren Bezug zueinander haben und viele verschiedene Facetten eines
Themas anreißen, einen höheren Lernerfolg versprechen würden als wenige umfangreiche Aufgaben. Zudem wurden *Visualisierungen* (24 Nennungen) und ein *ansprechendes Layout* (41 Nennungen) als motivierend genannt. Ein weiterer Punkt betraf
den *klaren Aufbau* innerhalb einer Aufgabe, aber auch innerhalb eines Aufgabenblat-
tes, was insgesamt 33 Mal von den Studierenden angegben wurde. Sowohl für die Motivation als auch für den Lernerfolg wurden eine *gute Lesbarkeit* (20 Mal), *übersichtliche
Darstellung* der Aufgaben (54 Mal) und *verständliche Formulierung* (97 Mal) genannt.

3.3.2 Einführung

Mit der Einführung einer Aufgabe ist gemeint, auf welche Weise und mit welchen Informationen eine Aufgabe den Studierenden zur Verfügung gestellt wird. Dabei ist relevant, welche Informationen gegeben und welche Materialien zur Verfügung gestellt werden und auf welche Weise der Bearbeitungsauftrag erfolgt. Diesem Schritt kommt eine wichtige Bedeutung zu, da bereits in diesem frühen Stadium des Aufgabenprozesses wichtige Voraussetzungen zur Aufgabenbearbeitung gegeben und Lernprozesse angestoßen werden können. In diesem Bereich wurden von den Befragten fünf Aspekte hervorgehoben (vgl. Abb. 2). Zum einen wurde es insgesamt 90 Mal als motivierend und lernförderlich eingeschätzt, einen *eindeutigen Arbeitsauftrag* zu erhalten. Damit verbunden wurde 9 Mal angegeben, dass es nicht ausreiche, den Arbeitsauftrag eindeutig herauszustellen, sondern dass dieser darüber hinaus auch zu Beginn des Aufgabenprozesses *besprochen* werden müsse, um sicherzugehen, dass es keine Missverständnisse gibt. Zudem formulierten die Befragten insgesamt 12 Mal, dass es wichtig sei, die *Zielerwartungen* transparent zu kommunizieren. Dies sei sowohl schriftlich auf dem Aufgabenblatt selbst als auch mündlich im Rahmen der Lehrveranstaltung möglich.

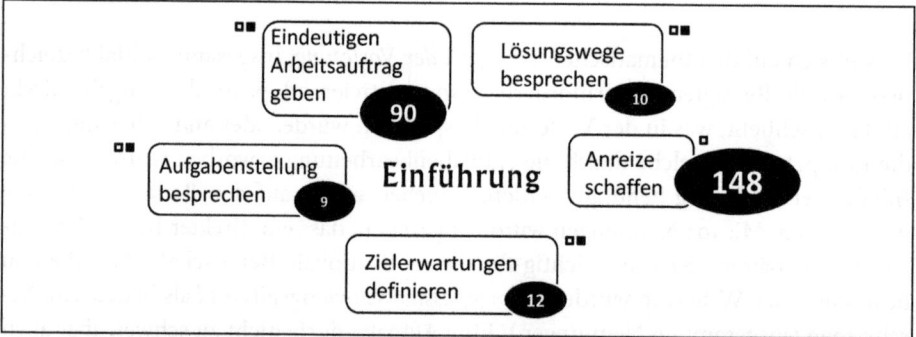

Abb. 2:   Ergebnisse zur Kategorie „Einführung" (angegeben sind ganze Zahlen; die Symbole kennzeichnen, unter welcher Kategorie sie genannt wurden: ■ = Lernerfolg; ☐ = Motivation)

Sehr gewichtig, mit 148 Nennungen, ist zudem der Punkt *Anreize zu schaffen*. Dabei wurden Aspekte genannt, wie ein Belohnungssystem zu etablieren, die Sinnhaftigkeit der Aufgabe zu erläutern bzw. den Bezug zur Praxis aufzuzeigen, damit ein Anreiz besteht, die Aufgabe zu bearbeiten. Andersherum wurde herausgestellt, dass oft der alleinige Lerneffekt, welcher von einer Aufgabe erwartet werden kann, nicht ausreicht, um diese zu bearbeiten. Für die Studierenden sei es bedeutsamer, dass die Relevanz der Aufgabe und somit die Intention des Dozierenden für die Einbettung der Aufgabe in den Lehrkontext herausgestellt wird. Letztlich wurde insgesamt 10 Mal angegeben, dass es hilfreich sei, vorab mögliche *Lösungswege* zu erhalten, sodass schon zu Beginn angedeutet wird, wie die Aufgabe bearbeitet werden kann.

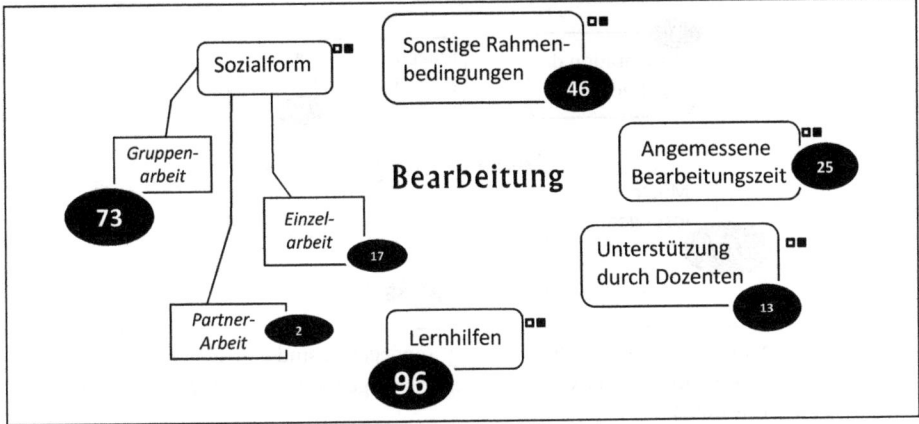

Abb. 3:   Ergebnisse zur Kategorie „Bearbeitung" (angegeben sind ganze Zahlen; die Symbole kennzeichnen, unter welcher Kategorie sie genannt wurden: ■ = Lernerfolg; □ = Motivation)

3.3.3 Bearbeitung

Die Bearbeitung der Aufgabe kann als ein Kernstück des Aufgabenprozesses gesehen werden (vgl. Blumschein, 2014; Seel, 1981; Bohl et al., 2012). Ist die Aufgabe gut gestellt, können durch sie vielfältige Kompetenzen erworben werden. Der Bearbeitungskontext und mit diesem alle Parameter können hingegen sehr unterschiedlich sein. Dabei erwiesen sich vier Dimensionen als bedeutsam (vgl. Abb. 3). Für die Bearbeitung gaben 96 Studierende an, sich *Lernhilfen* zu wünschen. Das umfasst beispielsweise Literaturhinweise, Tipps, Zwischenergebnisse, alte oder ähnliche Aufgaben mit Musterlösung, die bei der Bearbeitung selbst hilfreich sein könnten. Zudem wurde 13 Mal genannt, dass sich die Studierenden bei der Bearbeitung *Unterstützung* durch Dozierende wünschen, beispielsweise durch Beratung und Betreuung. Viele äußerten sich zudem zur *Sozialform*. Dabei ist interessant, dass ein Großteil davon Gruppenarbeiten thematisiert: 73 Mal gaben die Befragten an, dass es lernförderlich und motivierend zugleich sei, die Aufgaben in kleinen Lerngruppen gemeinsam zu bearbeiten. Auch eine ausreichende *Bearbeitungszeit* wurde insgesamt 25 Mal thematisiert. Letztlich wurden auch *Rahmenbedingungen* (46 Mal) wie die technische Ausstattung hervorgehoben. Insbesondere in informationstechnischen Studiengängen, in welchen ein Großteil der Aufgaben am Rechner gemacht wird, sei eine funktionierende technische Infrastruktur nicht selbstverständlich jedoch unerlässlich.

3.3.4 Besprechung

In Lernprozessen spielen Feedback und Rückmeldungen zu Lernergebnissen in einer Besprechungsphase eine zentrale Rolle (vgl. Baadte & Schnotz, 2014; Ditton, 2014). Auf diese Weise können Studierende sich und ihre Ergebnisse verorten und auch nach der

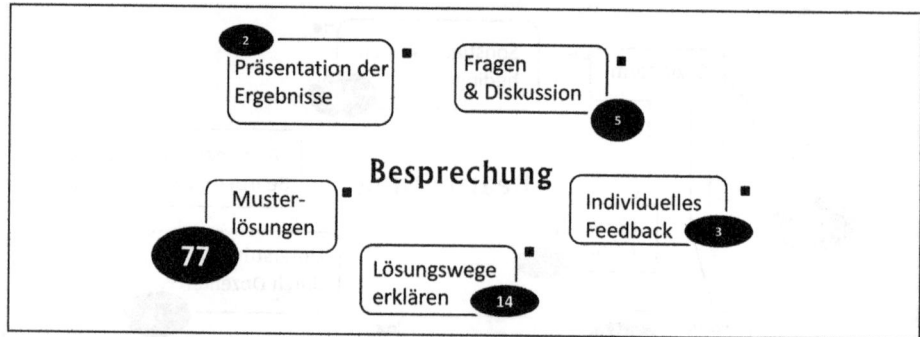

Abb. 4:   Ergebnisse zur Kategorie „Besprechung" (angegeben sind ganze Zahlen; die Sym-
          bole kennzeichnen, unter welcher Kategorie sie genannt wurden: ■ = Lernerfolg;
          □ = Motivation)

Bearbeitung von Aufgaben etwas durch die Besprechung lernen. In der Studie wurden
fünf Aspekte im Bereich der Aufgabenbesprechung genannt, wobei alle unter dem
Punkt des Lernergebnisses gefasst wurden. Ein Punkt dabei war die *Präsentation der
Ergebnisse*, welcher jedoch nur 2 Mal angeführt wurde. Damit ist gemeint, dass die
Studierenden viel lernen, wenn die individuellen Ergebnisse der Studierenden in der
Gruppe vorgestellt werden. Gewichtiger war (77 Nennungen), dass *Musterlösungen* bei
der Besprechung zur Verfügung gestellt werden sollten. 14 Mal gaben die Studierenden
an, dass die möglichen *Lösungswege* von der Lehrperson noch einmal im Anschluss
erklärt werden sollen. In gerade mal 3 Nennungen wurde angegeben, dass es für Studierende wichtig sei, ein *individuelles Feedback* zu ihrer Aufgabe zu bekommen. Und
ebenso wurde der Punkt *Fragen und Diskussion* zu der Aufgabenbearbeitung genannt,
jedoch insgesamt nur 5 Mal.

3.4   Reflexion der Ergebnisse

Die Ergebnisse der Studie geben einen Einblick in die Anforderungen und Vorstellungen Studierender an den Lernaufgabenprozess. Durch die offene Fragestellung
konnte eine Vielzahl an motivations- und lernförderlichen Faktoren ermittelt werden.
Gemessen an der Anzahl der Nennungen stachen der angepasste Schwierigkeitsgrad,
geschaffene Anreize vor der Bearbeitung, unterstützende Lernhilfen sowie der Bezug
zur Prüfung besonders heraus. Insgesamt zeigten sich zahlreiche Überschneidungen
zwischen motivierenden und lernförderlichen Elementen. Dies wird besonders bei
der Dimension Bearbeitung deutlich und hebt den engen Zusammenhang zwischen
Motivation und Lernen hervor. Zugleich zeigten sich einige Besonderheiten: Während
Aspekte zur Aufgabenstruktur verstärkt im motivationsförderlichen Bereich genannt
wurden, waren Anforderungen zur Bearbeitung ausschließlich unter lernförderlichen
Aspekten beschrieben. Das verweist auf die unterschiedlichen Funktionen der Aufga-
benphasen: Steht zu Beginn die Motivation zur Bearbeitung im Vordergrund, wird in
der Folge der Lerneffekt bedeutender. Einige genannte Aspekte untermauern dabei die

Erkenntnisse aus der Aufgabenforschung, wie beispielsweise die Bedeutung des Lebensweltbezugs (vgl. Maier, Kleinknecht, Metz & Bohl, 2010, S. 88 ff.) oder die Eindeutigkeit des Arbeitsauftrags (vgl. Thonhauser, 2016, in diesem Band). Andere Elemente, wie beispielsweise ein ansprechendes Layout oder geschaffene Anreize zu Beginn der Aufgabenbearbeitung, werden in den aktuellen Debatten weniger fokussiert in den Blick genommen. Zudem wurden Aspekte genannt, die in der Literatur gar als lernhinderlich gelten, wie beispielsweise vorgegebene Lösungswege vor der Bearbeitung und das Stellen wenig anspruchsvoller Aufgaben. Hieran wird ersichtlich, dass für Studierende neben ihrem Kompetenzzuwachs selbst eine Reihe anderer relevanter Ziele, wie die Aufwandsbegrenzung für das Studium, eine wichtige Rolle zu spielen scheinen. Besonders der Leistungsnachweis scheint für die Lernenden an Hochschulen von besonderer Bedeutung im Aufgabenprozess zu sein. Die Befragten gaben beispielsweise an, dass es aus motivationsförderlichen Gründen günstig sei, Lernaufgaben derart zu gestalten, dass sie möglichst große Überschneidungen zu den Prüfungen am Ende des Semesters aufweisen. An diesem Beispiel zeigt sich die an vielen Stellen implizit oder explizit auftauchende Fokussierung der Studierenden auf Leistungsnachweise und der damit verbundenen Verknüpfung von Lernen und Leisten. Dieses Phänomen, was mitunter auch als *teaching to the test* (Drieschner, 2010, S. 35) bezeichnet wird, degradiert Lernaufgaben jedoch zur primären Vorbereitung auf Leistungsaufgaben. Dies veranschaulicht gleichzeitig, dass die Grundgedanken guter Lehre – und somit auch guter Lernaufgaben – zwischen Studierenden und Dozierenden abweichen können.

4.   Fazit und Ausblick

Die Ergebnisse der Studie konnten zeigen, dass nicht nur einzelne Faktoren in der Aufgabenstruktur von Bedeutung sind, sondern dass darüber hinaus die Einbettung der Aufgaben in die Lehrveranstaltungen eine große Rolle spielt. Dabei stellt sich die Frage, was aus den Ergebnissen für die Hochschullehre abgeleitet werden kann. Es zeigte sich, dass sehr viele verschiedene, teilweise unterschiedliche Angaben gemacht wurden, wie beispielsweise an der Sozialform zu sehen ist: Einige Studierende wünschen sich eine angeleitete Gruppenarbeit, andere wiederum sprechen sich explizit für Einzelarbeit aus. Dies verweist einerseits darauf, dass zum Beispiel individuelle Erfahrungen oder die Persönlichkeit der einzelnen Studierenden unterschiedliche Anforderungen an Lernaufgaben hervorbringen. Anderseits zeigt es, dass die Heterogenität der Studierenden eine offene, vielseitige und flexible Aufgabenkultur erforderlich macht. Andere Ergebnisse betreffen die Strukturierung in Lehrveranstaltungen. Für die Studierenden scheint es beispielsweise wichtig zu sein, wie Aufgaben zur Verfügung gestellt werden. In der Lehrpraxis der Hochschulen geschieht dies nicht selten über Lernplattformen. Überlegenswert wäre hierbei, diese Phase in die Lehrveranstaltung zu integrieren bzw. mit didaktisch durchdachten Blended Learning-Ansätzen zu unterstützen. Zudem untermauern die Ergebnisse bezüglich Unterstützungsmöglichkeiten und Lernhilfen bei der Aufgabenbearbeitung jene Ansätze, welche die Phase der Aufgabenbearbeitung in die Lehrveranstaltung selbst mit integrieren, wie es beispielsweise bei Konzepten des *Flipped Teachings* explizit fokussiert wird. Insgesamt konnte die Studie wertvolle Einblicke in Lernaufgabenprozesse in informationstechnischen Hochschulfächern aus der Perspektive der Studierenden geben. Gleichzeitig zeigte sich, dass es noch eine Reihe an offenen Fragen und Forschungsdesiderate gibt, denen es lohnt nachzugehen. Während Aufgaben in der Schule ein zentrales Forschungsthema sind, gibt es nach wie vor nur wenige empirische Zugänge zu Aufgaben in der Hochschullehre. Aufbauend auf den hier vorgestellten Erkenntnissen müssen weitere vertiefende und ergänzende Studien durchgeführt werden, um den vielfältigen Bereich der Hochschullehre mehr in den Fokus der Aufgabenforschung zu rücken.

Literatur

Abraham, U. & Müller, A. (2009). Aus Leistungsaufgaben lernen. *Praxis Deutsch*, 36 (214), 4–12.

Atteslander, P. (2003). *Methoden der empirischen Sozialforschung* (10. Aufl.). Berlin & New York: Walter de Gruyter.

Baadte, S. & Schnotz, W. (2014). Feedback Effects on Performance, Motivation and Mood. Are They Moderated by the Learner's Self-Concept? *Scandinavian Journal of Educational Research*, 58(5), 570–591.

Blumschein, P. (Hrsg.) (2014). *Lernaufgaben – Didaktische Forschungsperspektiven*. Bad Heilbrunn: Klinkhardt.

Bloemen, A. & Schlömer, T. (2012). Berufliche Handlungskompetenz. In M. Paechter, M. Stock, S. Schmölzer-Eibinger, P. Slepcevic-Zach & W. Weirer (Hrsg.), *Handbuch Kompetenzorientierter Unterricht* (S. 119–139). Weinheim & Basel: Beltz.

Bohl, T., Kleinknecht, M., Batzel A. & Richey P. (2012). *Aufgabenkultur in der Schule. Eine vergleichende Analyse von Aufgaben und Lehrerhandeln im Hauptschul-, Realschul- und Gymnasialunterricht* (Schul- und Unterrichtsforschung, 15). Baltmannsweiler: Schneider Verlag Hohengehren.

Ditton, H. (2014). *Feedback und Rückmeldungen. Theoretische Grundlagen, empirische Befunde, praktische Anwendungsfelder*. Münster & New York: Waxmann.

Drieschner, E. (2010). Aufgaben als Schlüssel zur Kompetenzorientierung. *Die Grundschulzeitschrift*, 24(237), 34–37.

Egger, R. & Merkt, M. (Hrsg.). (2012). *Lernwelt Universität. Entwicklung von Lehrkompetenz in der Hochschullehre* (Lernweltforschung, 9). Wiesbaden: VS Verlag für Sozialwissenschaften.

Figas, P., Bartel, A. & Hagel, G. (2015). Übung macht den Meister? Lernaufgabentypen im Hochschulfach Software Engineering. In A. Schmolitzky & A. S. Hauptmann (Hrsg.), *Software Engineering im Unterricht der Hochschulen* (S. 21–27). Dresden.

Figas, P., Knörl, S, Mörtlbauer, S., Sedelmaier, Y. & Schroll-Decker, I. (2014). Developing Software Engineering Education as a Didactical Discipline in its own right. In G. Hagel & J. Mottok (Hrsg.), *European Conference of Software Engineering Education* (S. 1–15). Aachen: Shaker.

Frey, K. & Frey-Eiling, A. (1992). *Allgemeine Didaktik. Arbeitsunterlagen zur Vorlesung* (5. Aufl.). Zürich: Verlag der Fachvereine an den schweizerischen Hochschulen und Techniken.

Heiner, M. & Radtke, M. (2015). Qualitative Analysen von Mathematik-haltigen Aufgabenbearbeitungen in den ingenieurwissenschaftlichen Studiengängen. Aspekte der Kompetenzentwicklung und Hinweise für didaktische Innovationen. In DGHD (Hrsg.), *44-DGHD Jahrestagung. Hochschuldidaktik im Dialog. Tag(ung) des Lernens und Lehrens*. Abstractband (S. 228). Paderborn.

Henning, T., Müller, R. & Strahl, A. (2014). Kontextorientierte Aufgaben in der Hochschuldidaktik. Evaluation von Aufgaben und Untersuchungen semesterbegleitender Veranstaltungen aus Sicht der Physikdidaktik. In B. Ralle, S. Prediger, M. Hamman & M. Rothgangel (Hrsg.), *Lernaufgaben entwickeln, bearbeiten und überprüfen. Ergebnisse und Perspektiven fachdidaktischer Forschung*. Münster: Waxmann.

Kapp, F. & Proske, A. (2013). Lernaufgaben in der universitären Lehre. Seminarbegleitend, in der Vorlesung oder webbasiert auf Lernplattformen. In B. Berendt, B. Szczyrba, H.P. Voss & J. Wildt (Hrsg.), *Neues Handbuch Hochschullehre. Lehren und Lernen effizient gestalten* (S. 1–26). Berlin: Raabe-Verlag.

Keller, S. & Bender, U. (Hrsg.). (2012). *Aufgabenkulturen. Fachliche Prozesse herausfordern, begleiten, reflektieren*. Seelze: Kallmeyer & Klett.

Kleinknecht, M. (2010). *Aufgabenkultur im Unterricht. Eine empirisch-didaktische Video- und Interviewstudie an Hauptschulen*. Baltmannsweiler: Schneider Verlag Hohengehren (Schul- und Unterrichtsforschung, 11).

Maier, U., Kleinknecht, M., Metz, K. & Bohl, T. (2010). Ein allgemeindidaktisches Kategoriensystem zur Analyse des kognitiven Potenzials von Aufgaben. *Beiträge zur Lehrerbildung, 28*(1), 84–96.

Müller, A. & Schmidt, B. (2009). Prüfungen als Lernchance. Sinn, Ziele und Formen von Hochschulprüfungen. *Zeitschrift für Hochschulentwicklung ZFHE, 4*(1), 23–45.

Pahl, J. P. (1998). Berufsdidaktische Perspektiven der Lern- und Arbeitsaufgaben. In H. Holz (Hrsg.), *Lern- und Arbeitsaufgabenkonzepte in Theorie und Praxis* (S. 13–30). Bielefeld: Bertelsmann.

Petersen, J., Reinert, G.-B. & Stephan, E. (1990). *Betrifft: Hausaufgaben: Ein Überblick über die didaktische Diskussion für Elternhaus und Schule*. Frankfurt: Peter Lang.

Ralle, B., Prediger, S., Hamman, M. & Rothgangel, M. (Hrsg.). (2014). *Lernaufgaben entwickeln, bearbeiten und überprüfen. Ergebnisse und Perspektiven fachdidaktischer Forschung*. Münster: Waxmann.

Rindermann, H. (2001). *Lehrevaluation. Einführung und Überblick zu Forschung und Praxis der Lehrveranstaltungsevaluation an Hochschulen mit einem Beitrag zur Evaluation computerbasierten Unterrichts*. Landau: Verlag Empirische Pädagogik.

Rosenberg, D. & Busker, M. (2014). Einsatz von Aufgaben in der Hochschullehre. In S. Bernholt (Hrsg.), *Naturwissenschaftliche Bildung zwischen Science- und Fachunterricht. Gesellschaft für Didaktik der Chemie und Physik. Jahrestagung in München 2013* (S. 543–545).

Rummler, M. (2012). *Innovative Lehrformen: Projektarbeit in der Hochschule: Projektbasiertes und problemorientiertes Lehren und Lernen*. Weinheim & Basel: Beltz.

Schiek, D. (2014). *Das schriftliche Interview in der qualitativen Sozialforschung. Zeitschrift für Soziologie, 43*(5), 379–395.

Seel, N. M. (1981). *Lernaufgaben und Lernprozesse*. Stuttgart u.a: Kohlhammer.

Weinert, F. E. (1999). Die fünf Irrtümer der Schulreformer. Welche Lehrer, welchen Unterricht braucht das Land? *Psychologie heute, 26*(7), 28–34.

Wolf, P. & Biehler, R. (2014). Entwicklung und Erprobung anwendungsorientierter Aufgaben für Ingenieurstudienanfänger. *Zeitschrift für Hochschulentwicklung ZFHE, 9*(4), 169–190.

Aufgaben (in) der Ausbildung von Lehrerinnen und Lehrern

Theoretische Konzepte, Entwicklungs- und Forschungsperspektiven

Christian Reintjes, Stefan Keller, Sebastian Jünger, Albert Düggeli

1.   Aufgaben (in) der Ausbildung von Lehrerinnen und Lehrern

Die Fragen, welches die Aufgaben der Ausbildung von Lehrerinnen und Lehrern sind – bzw. welche Aufgaben *in* dieser Ausbildung verwendet werden sollen – sind gegenwärtig aufs engste verbunden mit dem Ausbildungsziel der pädagogischen Professionalität angehender Lehrpersonen. Als erstes rückt dabei die Frage in den Vordergrund, welche Kompetenzen im Rahmen der Lehrerbildung entwickelt werden sollen und welche Bedeutung diese nachher für die weitere Berufstätigkeit der Studierenden haben. Zweitens, und nicht minder bedeutsam, ist dann die Frage, in welchen Lerngelegenheiten oder anhand welcher Aufgabenstellungen diese Kompetenzen entwickelt werden sollen. Solchen Aufgaben *in* der Lehrerbildung ist der vorliegende Beitrag schwerpunktmässig gewidmet.

Viele Universitäten und pädagogische Hochschulen haben in den letzten Jahren kompetenzorientierte Ausbildungspläne und -programme erarbeitet. An der Pädagogischen Hochschule Nordwestschweiz, wo die Autoren dieses Beitrags arbeiten, ist dies beispielsweise ein *Orientierungsrahmen*, welcher „Mass nimmt an der wissenschaftlichen Fachdiskussion zum Thema der Professionalisierung von Lehrpersonen" und durch konzeptuelle Vorgaben sowie Beschreibungen von Zielkompetenzen die Entwicklung der einzelnen Studienangebote steuern soll (Forneck et al., 2009, S. 12). Dieser Vorgang ist in gewisser Weise exemplarisch: Während in der Lehrerbildung auf Seite der konzeptionellen Rahmenbedingungen und theoretischen Bezugssysteme in den letzten Jahren beträchtliche Fortschritte erzielt worden sind, haben entsprechende Entwicklungsbemühungen auf Seite der *Lerngelegenheiten und -prozesse sowie der konkreten Aufgabenstellungen* bisher kaum stattgefunden – auch die Forschung hat diese Ebene weitgehend vernachlässigt. Zwar hat man in der Lehrerbildungsforschung bereits versucht, die Kompetenzen von Studierenden empirisch zu messen (z. B. COACTIV-Studie, Kunter et al., 2011; TEDS-Studie, Blömeke et al., 2013). Die Frage nach den konkreten Aufgaben und Aufgabenkulturen (Keller & Bender, 2012), anhand derer sich diese Kompetenzen während der Ausbildung entwickeln sollen, ist aber sowohl was die fachwissenschaftliche, die fachdidaktische, die erziehungswissenschaftliche wie auch die berufspraktische Dimension betrifft, nach wie vor ein weitgehend blinder Fleck auf der Forschungskarte der Lehrerbildung geblieben (Terhart, Bennewitz & Rothland, 2014). Diese Forschungslücke ist insofern gravierend, als sich die Qualität der (gemessenen) Handlungskompetenzen in einem Fachgebiet nicht sinnvoll trennen lässt von der Qualität der Situationen oder Gelegenheiten, in denen diese erworben werden (Keller, 2013a, 2013b; Lersch 2006).

Ziel dieses Beitrags ist es deshalb, einen wissenschaftlichen Diskurs über Aufgaben *in* der Lehrerbildung zu initiieren und konkrete Forschungsdesiderate aufzuzeigen. Dabei verorten wir Aufgaben in der Lehrerbildung zunächst auf professionalisierungstheoretischer Ebene (Abschn. 2) und bezogen auf eine einphasige Ausbildungsstruktur, wie sie die Ausbildung an der Pädagogischen Hochschule Nordwestschweiz charakterisiert (Abschn. 3). Danach stellen wir in Abschnitt 4 ein heuristisches Modell zur Analyse von Aufgaben in der Lehrerbildung vor, das eine systematische Annäherung an solche Aufgaben in der Ausbildung von Lehrpersonen ermöglichen und als Grundlage für deren theoriebasierte Analyse und empiriegeleitete Konzeption dienen soll. Eine wesentliche Analysekategorie dabei ist die *Relationierung* in dem Sinne, dass Lernende Wissen, Erfahrungen und Anforderungen aus verschiedenen Ausbildungsteilen und -bereichen zu einer komplexen professionellen Handlungskompetenz verbinden müssen, ohne angesichts der Vielfalt der Bezüge zu simplifizieren oder gar zu resignieren. In einem letzten Abschnitt werden Forschungsdesiderate besprochen, die sich aus diesem Verständnis von Relationierung mit Bezug auf die Rolle von Aufgaben in der Lehrerbildung ergeben.

2.   Pädagogische Professionalität

Die Forschung zur Lehrerprofessionalität widmet sich seit über 40 Jahren und mit unterschiedlichen Zugängen und Modellvorstellungen der Erforschung des komplexen Prozesses der Entwicklung von beruflichem Wissen und Können und versucht Antworten auf die Frage zu finden, wie sich dieser Professionalisierungsprozess bestmöglich anbahnen und unterstützen lässt. Dabei haben sich unterschiedliche Sichtweisen auf die Entwicklung von Professionalität entwickelt, die mit je eigenen Forschungstraditionen verbunden sind. In der deutschsprachigen Lehrerbildungsforschung lassen sich drei zentrale Ansätze zur Entwicklung von Professionalität im Lehrerberuf unterscheiden (Terhart, 2011, S. 206; Keller-Schneider & Hericks, 2014, S. 389 ff.):

1. Die Entwicklung von Professionalität aus Sicht der strukturorientierten Professionsforschung: Diese geht davon aus, dass Lehrkräfte ein komplexes Bündel von Anforderungen zu bewältigen haben, deren einzelne Elemente jeweils eine antinomische, also in sich widersprüchliche Struktur aufweisen, zum Beispiel Nähe versus Distanz zum Schüler. Diese Antinomien werden als konstitutiv für die Entwicklung beruflicher Professionalität angesehen.
2. Die Entwicklung von Professionalität aus der Sicht der berufsbiografischen Professionsforschung: Dieser Zugang definiert Professionalität als eine Anzahl berufsbiografischer Entwicklungsaufgaben, bei denen der berufliche Kompetenzaufbau, die Übernahme eines beruflichen Habitus durch Berufsneulinge, die Kontinuität und

Brüchigkeit der beruflichen Entwicklung über die gesamte Spanne der beruflichen Entwicklung gesehen werden.

3. Die Entwicklung von Professionalität aus der Sicht der kompetenztheoretischen Professionsforschung: Dieser Ansatz definiert ausgehend von einer möglichst genauen Anforderungsbeschreibung für den Lehrerberuf Kompetenzbereiche und Wissensdimensionen, die für deren Bewältigung notwendig sind.

Alle drei Ansätze enthalten normative Vorstellungen darüber, was als gelungenes *Resultat* der Entwicklung beruflicher Professionalität zu betrachten ist. Blömeke (2002) weist in diesem Kontext allerdings auch auf die Langwierigkeit der *Prozesse* hin, die zum Aufbau von Expertenwissen führen und im Idealfall zwischen acht und zehn Jahren dauern. Zugleich ist aber die bloße Dauer der Berufserfahrung als Prädiktor für die Entwicklung von Expertenwissen ungeeignet, da zwischen der Anzahl an Berufsjahren und dem Erwerb von Unterrichtsexpertise kein linearer Zusammenhang zu konstatieren ist (vgl. Bromme & Haag, 2004). Die für eine Ausbildungsinstitution wesentliche Frage, wie das Professionswissen im Verlauf der beruflichen Entwicklung handlungswirksam werden kann, wird in den genannten Ansätzen nicht zufriedenstellend beantwortet und nur allzu oft auf die Figur des Theorie-Praxis-Problems abgewälzt (vgl. Hedtke, 2007). Wir argumentieren hier deshalb, dass diese Frage auch unter Berücksichtigung der *Lerngelegenheiten* untersucht werden müsste, in denen die Lernenden im Studium handeln, sowie der *Aufgaben*, welche diese Handlungen anleiten und steuern.

Die gegenwärtig dominierenden kompetenztheoretischen Zugänge (s. o.) basieren, was den Aspekt des relevanten Professionswissens betrifft, meist auf Topologie und Typologie des Lehrerwissens von Shulman (1986, 1987, 2004), erweitert zum Konzept des Professionswissens durch Baumert & Kunter 2006 (vgl. Abb. 1, unten). Als Professionswissen werden Fach- bzw. fachspezifisches Wissen, pädagogisch-psychologisches Wissen, fachdidaktisch-curriculares Wissen sowie Beratungs- und Organisationswissen angesehen. Die Kompetenzentwicklung, verstanden als Genese von Handlungskompetenz, erfolgt auf unterschiedlichen Stufen durch zunehmende Verdichtung von Wissensbereichen und Wissensarten mit Erfahrungswissen und setzt sich notwendig auch in der eigentlichen Berufstätigkeit fort (Baumert & Kunter, 2006; Neuweg, 2004). Dabei entwickelt sich das Professionswissen von Berufsanfängern von wenig vernetztem Wissen hin zu einem Richtlinien und Prinzipien folgenden Wissen, das handlungswirksam wird (Keller-Schneider & Hericks, 2014). Zudem wird der Aufbau von und Zugang zum Professionswissen immer durch Überzeugungen und Werthaltungen, motivationale Orientierungen sowie selbstregulative Fähigkeiten mit gesteuert.

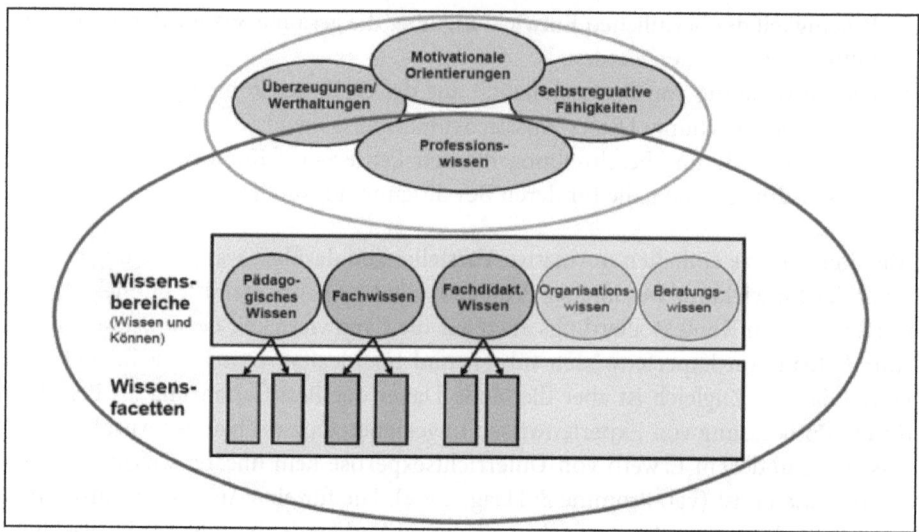

Abb. 1.   Modell professioneller Handlungskompetenz (Baumert & Kunter, 2006)

Es ist jedoch ebenfalls in der Professionsforschung hinreichend gezeigt worden, dass der *Transfer* von erworbenem *Wissen* aus diesen Bereichen in die berufliche Handlung keine besonders tragfähige Konzeption für die beschriebenen Ziele einer „unterstützten eigenverantwortlichen Professionalisierung" ist (Radtke & Webers, 1998, S. 205). Eine simple und oft herbeigewünschte ‚Anwendbarkeit' wissenschaftlichen Wissens ist z. B. nicht gegeben, weil jede pädagogische Situation nichts weniger „als ein situatives und individuelles Fallverstehen voraussetzt" (ebd.). Erfolgreiche Lehrpersonen haben ihr Wissen so organisiert, dass sie – ähnlich wie Schachspieler – eine bedeutungsvolle Konstellation schnell erkennen, weil sie über ein reiches Fall-Wissen in Form von Aktivitätsszenarien verfügen, welche die relevanten Faktoren in Beziehung setzen (Koch-Priewe, 1997). Das Wissen, auf das sich dieses situative Handeln stützt, reicht in die verschiedensten Wissensdomänen hinein, wird aber in der konkreten Situation gleichzeitig, in integrierter Form und als komplexe Handlungskompetenz benötigt. Aus diesen Gründen muss sich für ein ganzheitliches Bild der Entwicklung pädagogischer Professionalität zu den genannten strukturellen Dimensionen des Aufbaus und der Gliederung von Wissen und Können auch eine prozessuale Sicht gesellen.

Dieser Prozess des Lehrerwerdens wird nun aktuell, so kann man zusammenfassen, als ein Prozess interpretiert, bei dem die Lehrperson als Gestalterin der eigenen Berufsbiografie angesehen wird und damit für ihren Professionalisierungsprozess *Verantwortung* übernimmt (Keller-Schneider 2012, S. 102). Dabei spielen sowohl personen- wie situationsspezifische Faktoren eine Rolle (Terhart, 2001). In der institutionalisierten Lehrerausbildung geht es u. a. darum, diesen „berufsbiographischen Entwicklungsprozess anzuleiten, zu begleiten und zu unterstützen" (Blömeke, 2002, S. 83). Damit beispielsweise die eigenen Schulerfahrungen und die bildungsbiographisch erworbenen Überzeugungen von Studierenden nicht unreflektiert handlungsleitend bleiben, muss neben die wissenschaftsgestützte Bearbeitung auch die Grundlage für eine kritisch-analytische *Begegnung* mit und in der beruflichen Praxis geschaffen werden. Neben dem curricular gesteuerten, gezielten Kompetenzerwerb bzw. Professionalisierungsprozess sind dafür folglich auch die institutionell offerierten (z. B. mentorierten) Lerngelegenheiten und ihre Gestaltung zentral (vgl. Reintjes & Bellenberg, 2016a).

Die angesprochene Eigenverantwortung lässt die Lehrerausbildungsinstitutionen dabei selbstredend nicht aus der Pflicht, den Professionalisierungsprozess möglichst günstig durch hochschulische und berufspraktische Lerngelegenheiten zu unterstützen. Der relativ kurze Zeitraum, den die angehenden Berufspersonen an der Hochschule verbringen, fällt bei allen zudem in eine je spezifische (berufs-)biographische Entwicklungsphase, die es hochschulseitig mit geeigneten Aufgaben zum Kompetenzaufbau und zur Relationierung unterschiedlicher Wissensdimensionen sowie mit die Professionalisierung begleitenden und reflektierenden Formaten (Mentorat und Reflexionsseminar) zu einer tragfähigen pädagogischen Professionalität im Sinne der beruflichen Handlungskompetenz zu unterstützen gilt. Damit wird aber die Frage virulent, welche Art von *Handeln* in dieser Phase und an den jeweiligen Lernorten eigentlich der Professionalisierung dienen kann und mit welchen Aufgaben dies in den verschiedenen Ausbildungsbereichen konkret geschehen soll.

3. Professionalisierung in einer einphasigen Lehrerausbildung

In der Bearbeitung der Frage nach Aufgaben in der Lehrerbildung beziehen wir uns auf das Modell einer Ausbildung von Lehrpersonen für die Sekundarstufe I und II in einem einphasigen System, wie es z. B. an der Pädagogischen Hochschule Nordwestschweiz implementiert ist und nach dessen Abschluss mit dem Erwerb des Lehrdiploms *elementare Berufsfähigkeit* erwartet wird. Den Studierenden stellen sich in einem integrierten Studiengang zahlreiche Herausforderungen bezogen auf den Professionalisierungsprozess. Einerseits gilt es, sich das fachwissenschaftliche und fachdidaktische Grundlagenwissen aus drei (Unterrichts-)Fächern anzueignen. Dazu tritt die Erziehungswissenschaft als eigene Referenzdomäne, in der angehende Lehrpersonen das für die kompetente Berufsausübung bedeutsame pädagogische Wissen (u. a. effektive Klassenführung, Prinzipien des Diagnostizierens etc. vgl. Baumert & Kunter, 2006) erwerben sollen. Gleichzeitig sollen diese Ansprüche an das Wissen eine sichtbare Wirkung in der Berufspraxis zeigen, wo die Studierenden in ihren Praktika sukzessive die Komplexität beruflichen Handelns kennenlernen und dieses Handeln zunehmend eigenverantwortlich gestalten:

> Wer nach sechs bis zehn Semestern über elementare Handlungsfähigkeit im Berufsfeld verfügen soll, muss in diesem aktiv handelnd tätig gewesen sein, und zwar in voller Einlassung auf die zukünftige Berufsrolle. Er oder sie muss dabei Grundformen pädagogischen Handelns nicht nur erprobt, sondern sich darin auch bereits als grundlegend fähig erwiesen haben. Das ist die Funktion des Praktikums an einer Professionshochschule (Leonhard et al., 2016).

Die Berufspraktischen Studien als integraler und nicht delegierter Ausbildungsbereich dienen vor diesem Hintergrund der Entwicklung eines doppelten Habitus, nämlich des Habitus praktisch-pädagogischen Handelns und des wissenschaftlich-reflexiven Habitus (vgl. Helsper, 2001). Einerseits ermöglichen sie den Studierenden, den Anforderungen beruflicher Praxis im eigenen Handeln gewachsen zu sein, andererseits fördern sie die Fähigkeit und Bereitschaft, dieses eigene Handeln auf der Basis des verfügbaren Wissens weiterzuentwickeln, zu begründen und bezüglich seiner Wirkungen zu hinterfragen. In dieser Doppelfigur zeigt sich bereits die Notwendigkeit eines nichtreduktiven Konzepts des In-Beziehung-Setzens, dass wir als Relationieren bezeichnen wollen.

Diese Zielsetzung vor Augen erweisen sich vier Felder der schulischen Praktika im Studium als besonderes zentral (vgl. Bellenberg & Reintjes, 2015):

1. Zentrale Herausforderung ist die Integration von Wissensbeständen unter der Bedingung einer strukturellen Trennung von theoretischen und praktischen Ausbildungsanforderungen, lange Zeit missverstanden als ‚Theorie-Praxis-Problem'.
2. Darüber hinaus wird von Praktika erwartet, dass diese einen Beitrag zum Aufbau angemessener und entwicklungsfähiger Handlungsmuster leisten und die Studierenden bereits in dieser Phase ihr pädagogisches Handeln und Denken auf die Lern- und Entwicklungsfortschritte der Schülerinnen und Schüler ausrichten sowie
3. erste Erfahrungen beim Kooperieren im realen Berufsfeld ermöglicht werden.
4. Abschließend sollen Schulpraktika während des Studiums dazu beitragen, dass die Studierenden ihren Professionalisierungsprozess durch Begleitung und Reflexion selbstverantwortlich gestalten.

Diese Herausforderungen lassen sich in einem einphasigen System bewältigen, indem wesentliche Anteile der Ausbildung in einem Kontext stattfinden, der die Eigenlogiken der beiden Referenzsysteme Hochschule und Schule in direkter Interaktion aufeinander bezieht und damit einen intermediären, *hybriden* oder eben *dritten* Raum bildet (Zeichner, 2010). Dazu ist es allerdings notwendig, dass die Interaktion dieser Referenzsysteme auf der Aufgabenebene systematisch angeleitet wird, und dass eine Relationierung von Studien- und Berufspraxis aktiv eingefordert wird. Denn ohne eine solche aktive Relationierung sehen Studierende Praktika – unabhängig vom ein- oder zweiphasigen System – oft primär als Ort der Aneignung von Handlungsmustern bzw. -kompetenzen, die ihnen den Einstieg in den Beruf erleichtern sollen. Seitens der Universitäten und Hochschulen besteht hingegen begründete Skepsis gegenüber rezepthaften Praxisroutinen, die sich einer theoretischen Fundierung und empirischen Wirkungsanalyse entziehen. Der Vorrang nur situativ funktionierender Muster, die im Praxisfeld tradiert werden, unterläuft teilweise den Anspruch wissenschaftsbasierter Professionalisierung für den Lehrerberuf (vgl. Reintjes & Bellenberg, 2016b).

Hier nun unterscheidet sich eine Pädagogische Hochschule von universitären Studiengängen zum Lehrberuf ebenso wie eine einphasige Struktur der Lehrerbildung von einer zweiphasigen, wie sie zum Beispiel in der Lehrerausbildung in Deutschland üblicherweise vorzufinden ist: In der Tradition der deutschen Lehrerbildung erfolgt die wissenschaftliche Ausbildung an einer Universität. Das Bindeglied dieser ersten Phase zur zweiten Phase, der schulpraktischen Ausbildung im mindestens 1,5 Jahre dauernden Vorbereitungsdienst (Referendariat), stellen wenige Praxisphasen während des Studiums dar. Der Vorbereitungsdienst repräsentiert als Sozialisationsprozess in seminaristischer Ausbildung und staatlicher Verantwortung die zweite Stufe in der Entwicklung von Professionalität und ist als ein Rückkopplungsmodell aus erfahrungs-basiertem und theoriegestützt-reflektierendem Lernen konzipiert (Reintjes, 2007). Diese zweite Phase mit zunehmend eigenverantwortlicher Unterrichtsverpflichtung ist in der Verantwortung und Gestaltung weitgehend unabhängig von den Universitäten. Diese Struktur der Zweiphasigkeit hat für die Hochschulen tendenziell dazu geführt, die Verantwortung, Berufsfähigkeit anzubahnen, an die zweite Phase zu delegieren, und suggeriert zugleich die Unzuständigkeit der Hochschule für diese Fragen (vgl. Leonard et al., 2016).

Der Aufbau von pädagogischer Professionalität in der einphasigen Ausbildung setzt hingegen ein aktives und kritisches In-Beziehung-Setzen von Erfahrungen, Tä-tigkeiten, Kommunikationen und Produkten der Lernorte Schule *und* Hochschule voraus. Es braucht dazu u. a. eine Aufgabenkultur, die zwischen den Bereichen und Orten vermittelnd, integrierend und relationierend wirkt. Und obwohl pädagogische Handlungskompetenz während des Studiums primär in Praktika seine unmittelbare Wirkung entfaltet, kann eine solche Relationierung nicht ausschliesslich den berufs-praktischen Studien überantwortet werden – alle Bereiche müssen ihren Beitrag dazu leisten und ihre Lerngelegenheiten darauf hin ausrichten. Die berufspraktischen Stu-dien werden an der Pädagogische Hochschule Nordwestschweiz aber nichtsdestowe-niger als Studienbereich mit eigener Logik und Dignität betrachtet, der über einen eigenen Forschungs- und Lehr-Kanon verfügt und nicht alleine als ‚Anwendungsfeld‘ der Fachdidaktiken oder der Erziehungswissenschaft gelten soll. Gleichzeitig entsteht daraus die Notwendigkeit, die verschiedenen Studienbereiche und Lernorte zu verbin-den und zueinander in Beziehung zu setzen, damit aus einzelnen Wissenskomponen-ten tatsächlich pädagogische Professionalität im Sinne einer beruflichen Handlungs-befähigung entsteht.

In einer einphasigen Lehrerbildung ist es folglich ein herausragend wichtiges Aus-bildungsziel, fachwissenschaftliches, fachdidaktisches Wissen und erziehungswissen-schaftliches Wissen so zu verbinden, dass es parallel im Rahmen der Praktika und direkt anschließend in der Berufstätigkeit fruchtbar werden kann. Das erfolgreiche Handeln von Lehrpersonen in konkreten Situationen gründet sich auf mehrdimensi-onales Wissen, welches in verschiedene Domänen hineinreicht und in der konkreten Situation in integrierter Form als komplexe Handlungskompetenz benötigt wird. Ein Modell zu Analyse und Konzeption von Aufgaben in einer solchen Lehrerbildung muss deshalb einerseits selbstverständlich auf zentrale Dimensionen von Professions-wissen referenzieren, die durch Aufgaben angesprochen oder in der Arbeit an ihnen aufgebaut werden sollen. Gleichzeitig muss das Modell vorsehen, wie dieses Wissen in Beziehung gesetzt, also relationiert werden soll, wie also beispielsweise Wissensele-mente aus verschiedenen Dimensionen aufeinander bezogen und integriert werden sollen. Als genuine Qualität von Aufgaben in der Lehrerbildung kann folglich bereits jetzt die Vielschichtigkeit und Komplexität professionsspezifischer Bezüge festgehalten werden, die eine Wirksamkeit im konkreten berufsbezogenen Lernen ermöglicht.

Wir gehen dabei davon aus, dass ein Relationieren als In-Beziehung-Setzen nur durch wechselseitiges Engagement von Studierenden und Dozierenden sowie durch konkrete Aufgaben auf der Handlungsebene und in förderlichen Lernumgebungen zu erreichen ist. Unstrittig ist, dass als ideales Resultat solcher Relationierung die professionelle Handlungskompetenz firmiert. Unstrittig ist auch, dass sie modelliert, gemessen und bewertet werden soll. Fraglich ist aber, mit welchen Aufgaben eine Verbindlichkeit solcher Kompetenzerwartungen und -bewertungen bei gleichzeitiger Berücksichtigung der individuellen Professionalisierungsverläufe erreicht werden kann, und wie die Entwicklung des Lernens an und mit der Aufgabe modelliert werden kann.

4.   Ein Modell zur Analyse von Aufgaben in der Lehrerbildung

Betrachtet man die Entwicklung der verschiedenen Wirkungsmodelle der letzten Jahre und Jahrzehnte in Bezug auf den Unterricht als Kerngeschäft von Lehrpersonen, so entfernen sie sich immer weiter von starken Determinationsannahmen hin zu reziproken Angebot-Nutzungs-Annahmen (vgl. Helmke, 2014), d.h. sie unterstreichen zunehmend die Eigenheiten der verschiedenen beteiligten Akteure, Akteursgruppen und deren Kontexte mit Blick auf die Gestaltung der Angebote, Lerngelegenheiten und deren Nutzung. Im Grunde handelt es sich in der Lehrerbildung und der Frage nach ihrer Wirksamkeit um zwei verschachtelte Angebot-Nutzungs-Modelle: Die Lerngelegenheit *Lehrerbildung* wird von den angehenden Lehrpersonen genutzt; die Lerngelegenheit *Unterricht* wird von Schülern und von angehenden Lehrpersonen genutzt. Und schließlich berücksichtigen diese Nutzungsmodelle zahlreiche Voraussetzungen, Einflussfaktoren, Rahmenbedingungen etc. des Prozesses der Lehrerbildung sowie von Unterrichtsprozessen.

Aufgaben in der Lehrerbildung lassen sich damit grundsätzlich als Angebote und damit als Ausgangspunkte zur Entwicklung von professioneller Kompetenz verstehen. Sie stellen in gewisser Weise explizit geschaffene Lerngelegenheiten dar, die professionalisierende Entwicklungen bei angehenden Lehrpersonen initiieren können, und zwar in den Bereichen Wissen, Überzeugungen, motivational-selbstregulative Merkmale oder auch im Kontext von Handlungsprozessen in konkreten beruflichen Anforderungssituationen (vgl. z.B. Kunter, Kleickmann, Klusmann & Richter, 2011, sowie Abschn. 2). Dies kann, und unter dieser Perspektive werden Aufgaben hier verstanden, als eine Art formale Implementierung von Lerngelegenheiten betrachtet werden, welche die gesamte Lehrerbildung und damit auch alle Ausbildungsbereiche durchzieht. Aufgaben gelten hier – und damit in Abgrenzung zur Bezeichnung von berufsbiographisch vorgegebenen *Entwicklungs*aufgaben – also ausdrücklich als intentionale Lerngelegenheiten, die absichtsvolles Lernen in spezifischen Ausbildungskontexten ermöglichen sollen. Damit dieses Lernen möglichst zielführend gelingen kann, ist aber die explizite Bezugnahme auf eine notwendige und nicht zu hinterfragende

Professionalisierungsabsicht weiter auszudifferenzieren, weil ohne dies die Anknüpfungspunkte zwischen der Aufgabe selbst und der Professionalisierungsabsicht vage bleiben. Als Professionalisierung unterstützend kann eine Aufgabe besonders dann identifiziert werden, wenn sie an professionsspezifische Aspekte anschlussfähig ist. Dazu zählt etwa ein ausschließlich der Profession zuzuordnendes Wissen oder eine spezifische Ausbildungsstruktur, wie sie – beispielsweise in Form unterschiedlicher Lernorte – in der Lehrerbildung konstitutiv ist. Aufgaben, die hier anschlussfähig sind, nehmen inhaltlich und strukturell grundlegend solche professionalisierenden Ausbildungsaspekte auf.

Soll aber die Nutzung von Aufgaben neben ihrer perspektivisch professionalisierenden Funktion auch in hohem Maß handlungsleitend sein, sind zusätzlich lerntheoretische Aspekte zu fokussieren. Dies bedeutet nichts anderes, als Aufgaben im Bereich kognitionspsychologischer Lern- und Wissensdimensionen bzw. im Bereich einer aufgabenspezifischen Lernorientierung zu verorten. In Anlehnung an ein Modell, das von Maier, Kleinknecht, Metz & Bohl (2010) als Kategoriensystem zur Analyse des kognitiven Potenzials von Aufgaben in *large scale assessments* präsentiert wurde, wird nachfolgend ein Kategoriensystem zur Analyse von Aufgaben in der Lehrerbildung vorgestellt. Dieses Ausgangsmodell ist deshalb von Bedeutung, weil es aus allgemeindidaktischer Sicht eine übergeordnete Perspektive auf die fachlich gestellten Aufgaben richtet. Ähnlich wird auch hier mit Blick auf die Aufgabenanalyse in der Lehrerbildung eine übergeordnete Sicht angestrebt. Es steht also nicht ein einzelner Ausbildungsbereich im Fokus (z. B. Fachdidaktik), sondern es werden die innerhalb der gesamten Ausbildung zu stellenden Aufgaben in den Blick genommen und damit die Lehrpersonenausbildung in einer transdisziplinären Perspektive betrachtet. Besonders wichtig ist für den vorliegenden lehrerbildnerischen Kontext die in diesem Kategorisierungsvorschlag einbezogene Sicht auf das kognitive Potenzial von Aufgaben. Damit wird ein zentrales professionelles Wissensfeld einbezogen, das generell und lerntheoretisch als grundlegend für gestellte Lernaufgaben unabhängig von ihrem institutionellen Kontext zu betrachten ist und damit gerade für eine professionalisierende Lehrerbildung nicht unbeachtet bleiben darf: Auch zum Kerngeschäft von Lehrpersonen gehört es immerhin, Aufgaben auf ihren kognitiven Anforderungsgehalt hin zu analysieren sowie ziel- und situationsadäquat zu gestalten.

4.1   Funktion und Bezugspunkte des Modells

Der angestrebte Diskurs über Aufgaben in der Lehrerbildung in ihrer Funktion als Bindeglied zwischen Anforderungen professionellen Handelns und der Ausbildungspraxis (vgl. Abschn. 1) wird im nun folgenden Abschnitt auf die Basis eines Kategoriensystems gestellt, welches auf dem Modell von Maier et al. (2010) aufbaut bzw. daraus abgeleitet ist. Wie das Ausgangsmodell sollte auch unser Modell einen fächerübergreifenden Charakter haben, d. h. sowohl Aufgaben aus Fachwissenschaft, Fachdidaktik, Erziehungswissenschaft wie auch den Berufspraktischen Studien analysierbar machen.

Gleichzeitig sollte es möglichst ‚sparsam' sein und dennoch wesentliche Aspekte der Diskussion um pädagogische Professionalität abdecken.

Die Hauptfunktion des Modells besteht darin, Aufgaben, die aktuell in den Programmen einer Lehrerbildungsinstitution oder auch darüber hinausgehend eingesetzt werden, hinsichtlich ausgewählter Kategorien und Kriterien analysierbar oder mit Blick auf Entwicklungslinien weiterführender Aufgaben beschreibbar zu machen. Dadurch rücken die herangezogenen Analysekategorien in den Blick, weil sie inhaltlich die Perspektiven definieren, entlang derer die Aufgaben betrachtet werden. Damit bahnen sie aber auch die Richtung an, in der Auseinandersetzungen, Klärungen oder weiterführende Fragen primär geführt werden können, legen also thematische Grundlinien für mögliche Diskurse. Bezug nehmend auf das vorliegende und einleitend kurz dargestellte Aufgabenverständnis in der Lehrpersonenausbildung und damit auf der Basis der grundlegenden Verortung von Aufgaben in der Professionstheorie bzw. in lerntheoretischen Aspekten, lassen sich sechs Analysekategorien beschreiben (vgl. unten, Abb. 2). Eine erste, professionsspezifische Kategorie spricht die Bereiche des Professionswissens an und damit jenes Wissen, das innerhalb der Profession erst entsprechendes und damit professionelles Handeln anzuleiten vermag (Kategorie 1). Die Kategorien zwei bis vier adressieren kognitive Aspekte von Aufgaben, und zwar einmal als spezifische Wissensarten, die durch die Aufgabe aufgebaut werden (Kategorie 2), einmal als kognitive Prozesse, die durch die Aufgabe primär ausgelöst werden (Kategorie 3), und einmal als lerntheoretisches Spezifikum der Aufgabe selbst, erfasst hier am Grad ihrer Offenheit (Kategorie 4). Ohne diesen Blick auf kognitive Aspekte von eingesetzten Aufgaben läuft eine Ausbildung insgesamt Gefahr, mit Aufgaben zu operieren, die kognitiv wenig anschlussfähig und damit oft auch nicht in erwünschter Weise effizient sind (vgl. Renkl & Stern, 1994). Kategorie 5 ist wiederum im Bereich der Professionalisierungsdebatte zu sehen, weil sie die Spezifik der Lernorte und der damit verbundenen Lernsettings von theoretischer und praktischer Ausbildung aufnimmt. Aufgaben in der Lehrerbildung, gerade wenn sie als Bindeglied zwischen Anforderungen professionellen Handelns und der Ausbildungspraxis verstanden werden, müssen diese Spezifik einbeziehen, denn hier laufen Kernelemente der Ausbildung zusammen, die in besonderer Weise analytisch-systematische Einsichten *zu diesem Zusammenwirken* ermöglichen (vgl. Abschn. 3). Der Einbezug dieses strukturellen Aspekts der Lehrerbildung ist parallel zu einer letzten, ebenfalls professionalisierungsspezifischen Kategorie zu sehen (Kategorie 6). Diese fokussiert als Relationierung der Bezugsdomänen letztlich die bereits erwähnte Komplexität an Bezügen von Aufgaben, also das Maß, in dem Aufgaben entweder auf andere Ausbildungsbereiche explizit Bezug nehmen oder inhaltliche Nähen eher weniger angestrebt werden (bzw. grundsätzlich davon abgesehen wird). Die gegenseitige Bezugnahme der Ausbildungsdimensionen zentriert die Aufmerksamkeit darauf, dass beispielsweise Zugänge zur Planung oder Reflexion von Unterricht oft gar nicht disziplinspezifisch erfolgen können, sondern nur im Zusammenfließen von Aspekten aus unterschiedlichen Ausbildungsbereichen zu sehen sind, und zwar außerhalb vom direkten Handeln in Unterrichtssituationen. Es entsteht folgendes Modell:

Kategorie	Kriterien			
1 Bereiche des Profes-sionswissens	Fachwissen	pädagogisches bzw. bildungswissen-schaftliches Wissen	fachdidaktisches Wissen	
2 Wissensarten	Fakten	Prozeduren	Konzepte	Metakog-nition und Reflexion
3 kognitive Prozesse	reproduzieren	verstehen	analysieren	entwickeln/ transformie-ren/bewerten
4 Offenheit der Aufgabe	definiert/ konvergent	definiert/divergent	offen/divergent	
5 Bezug zur Berufs-praxis	kein	gering	situiert/ authentisch	immersiv
6 Relationierung der Bezugsdomänen (FD, FW, EW, BpSt.)	fachbezogene Relationierung (innerhalb einer Domäne/Fach, z. B. Englisch)	studienbe-reichsbezogene Relationierung (innerhalb versch. Fachdidaktiken bzw. der Sektionen von EW)	studienbereichs-übergreifende Relationierung (z. B. EW, FD, FW und BpSt)	

Abb. 2:   Modell zu Analyse von Aufgaben in der Lehrerbildung, Eigenentwicklung.

Insgesamt werden diese sechs Kategorien als ergänzungsoffen verstanden. Es ist klar, dass die Festlegung von Kategorien und Kriterien nicht ausreicht, um beispielsweise auch programmatische Zielsetzungen abzubilden oder gar zu überprüfen. Auseinan-dersetzungen darüber, ob Aufgaben der verschiedenen Ausbildungsbereiche einen Bezug zu anderen Bereichen aufweisen *sollen*, werden durch das Kategoriensystem vielleicht sichtbar, aber inhaltlich nicht ausgeführt. Und auch wird, um ein weiteres Beispiel zu nennen, auf Grund der Kategorienmatrix nichts darüber ausgesagt, welche Aspekte im Bereich kognitiver Aktivitäten primär angestrebt werden, welche Formen kognitiver Prozesse intendiert werden und demzufolge (kontextgebunden) jeweils als sinngebend zu betrachten sind. Dies zeigt deutlich, dass parallel zu dem hier vorge-stellten Kategoriensystem bzw. zur damit verbundenen Absicht, einen Diskurs über die in der Lehrerbildung verwendeten Aufgaben zu stimulieren, neben der analytisch möglichen Arbeit zur Aufgabendiagnostik auch ein begleitender, programmatischer und damit vielleicht auch normativer Diskurs zu führen ist. Dieser könnte beispiels-weise Indikatoren zu Kriterien diskutieren, Qualitätsfragen ansprechen und gegebe-nenfalls zu erreichende Niveaus festlegen. Dass dies zusätzlich im Horizont von Anfor-derungen an eine Hochschullehre zu erfolgen hat, bleibt unbestritten und ist somit als Hintergrund, auf dem jegliche Aufgabenanalytik erfolgt, implizit mitzudenken.

4.2   Zentrale Kategorien des Modells

In Übereinstimmung mit dem fächerübergreifenden Charakter unseres Modells bildet Kategorie 1 (erste Zeile in der Darstellung) die verschiedenen Bereiche des Professionswissens ab, wobei die Reihung von links nach rechts keinerlei graduelle Unterschiede abbilden soll. Es handelt sich um jene Wissensdimensionen, die auch im Modell von Baumert und Kunter (2006) das Professionswissen und damit (zusammen mit motivationalen und selbstregulativen Fähigkeiten) den Kern der pädagogischen Professionalität bilden. Diese Wissensbereiche sollen die hauptsächliche Einordnung einer Aufgabe in bestimmte Domänen oder Fachgebiete der Lehrerbildung ermöglichen, wobei eine Aufgabe auch Bezüge zu verschiedenen Domänen aufweisen kann.

Bei der Beschreibung verschiedener Wissensarten (Kategorie 2) orientieren wir uns genau wie Maier et al. (2010) an der von Anderson und Krathwohl (2001) genutzten Unterscheidung in Faktenwissen, prozedurales Wissen, konzeptuelles Wissen und metakognitives Wissen. Dabei nehmen wir an, dass auch hier unabhängige und kategoriale Dimensionen vorliegen, wobei zur Lösung einer bestimmten Aufgabe jedoch verschiedene Wissensarten notwendig sein können. Faktenwissen bezeichnet dabei verbalisierbares und für eine bestimmte Fachdomäne relevantes Wissen, in der Lehrerbildung z. B. Wissen in einem Unterrichtsfach oder Kenntnisse der Erziehungswissenschaft. *Prozedurales Wissen* bezieht sich auf bereichsspezifisch einschlägige Prozeduren (Algorithmen, Abläufe, Routinen, Fertigkeiten, Handlungen, Skripts), welche in der Lehrerbildung schwerpunktmäßig Abläufe im Unterricht oder generell im schulischen Kontext betreffen. *Konzeptuelles Wissen* verstehen wir als vielfach vernetztes Begriffswissen und es kann sowohl verbalisiert als auch implizit vorliegen (Anderson & Kratwohl, 2001; Gagné, Briggs & Wagner, 1992). Es ist domänenspezifisch und wird in Form von Klassifikationen, Prinzipien, Kategorien oder Modellen sichtbar. Beispiele in der Lehrerbildung wären etwa das Wissen über unterschiedliche Konzepte der Klassenführung oder der Leistungsbeurteilung sowie die dahinter liegenden Theorien, Terminologien und Evidenzen. *Metakognitives Wissen* ist Wissen über die eigenen Kognitionen (Lernziele, Lerngewohnheiten usw.) und die Fähigkeit, den eigenen Lernprozess zu steuern (Monitoringstrategien) sowie Informationsverarbeitungsstrategien und Problemlösestrategien gezielt anwenden zu können.

In Kategorie 3 sind kognitive Prozesse benannt, die durch Aufgaben ausgelöst oder von diesen eingefordert werden. In diesem Falle handelt es sich um eine hierarchische Stufung, welche bei Anderson und Krathwohl (2001) in Anlehnung an die Bloom'sche Lernzieltaxonomie vorgenommen wird. Maier et al. (2010) sehen diese Unterscheidung kritisch und ersetzen sie durch die Kategorien *naher* und *weiter* Transfer sowie durch *Problemlösen*. Dieser Denkweise folgen wir an dieser Stelle nicht, da es uns scheint, dass sich die Prozesse der Bloom'schen Kategorisierung sinnvoll auf die Lehrerbildung übertragen lassen. *Reproduktion* bedeutet den Abruf von Wissen aus dem Langzeitgedächtnis in einer Form, in der es auch eingespeichert wurde. Dies erscheint uns ein häufiger Fall in der Ausbildung zu sein, etwa wenn die Aufgabe lautet, kanonisches Wissen in der Fach- oder Erziehungswissenschaft abzurufen oder darzustellen. Im Gegensatz dazu bedeutet *Verstehen* nicht bloss Wiedergabe von Wissen, sondern auch Verständnis dahinter liegender Konzepte und Zusammenhänge. Angewendet auf die Lehrerbildung könnte dies z. B. heissen, dass die Studierenden die pädagogischen oder didaktischen Konzepte verstehen sollen, die hinter gewissen Unterrichtätigkeiten einer Lehrpersonen stehen. *Analysieren* bedeutet die Fähigkeit zur kritischen Auseinandersetzung mit dem Gegenstand, z. B. wenn Studierende Unterrichtsentwürfe prüfen oder Alternativen dazu benennen sollen. Der Wissensbereich des *Entwickelns, Transformierens und Bewertens* ist dann gegeben, wenn die Studierenden selber tätig werden, z. B. indem sie gute Lernaufgaben oder Unterrichtsentwürfe für die Schülerinnen und Schüler selber entwickeln, umsetzen und deren Wirksamkeit bewerten (z. B. im Rahmen der berufspraktischen Studien).

In Kategorie 4 ist die Offenheit von Aufgaben angesprochen und damit die Frage nach dem Determinationsgrad der Lösung. Wir halten dies für eine generelle Eigenschaft von Aufgaben unabhängig vom didaktischen Kontext und haben diese deshalb übernommen, gleichzeitig aber an die Lehrerbildung angepasst. Auch hier ist eine Hierarchisierung mit zunehmender Komplexität von links nach rechts impliziert. Definierte und konvergente Aufgaben haben einen eindeutigen Arbeitsauftrag und eine klar identifizierbare Fragestellung. Eine einzige Lösung ist gesucht bzw. richtig, wobei diese nicht unbedingt sichtbar sein muss (nur bei Aufgaben mit Mehrfachwahlantworten). Definierte und divergente Aufgaben haben einen eindeutigen Arbeitsauftrag bzw. eine klar identifizierbare Fragestellung, allerdings sind mehrere Lösungen (bzw. Lösungswege) denkbar bzw. gesucht. In der Regel werden die Lernenden als Teil des Arbeitsauftrags auf diesen Umstand hingewiesen. Bei offenen und divergenten Aufgaben erhalten die Lernenden Informationen über ein Problem bzw. eine Situation, es sind aber unterschiedliche Antwortalternativen und deshalb auch automatisch mehrere Lösungen (bzw. Lösungswege) denkbar bzw. richtig. Diese müssen jedoch theoretisch begründet bzw. argumentativ verteidigt werden. Maier et al. (2010) sprechen in diesem Zusammenhang von *ungenau definierten* Aufgaben, wobei wir diesen eher negativ konnotierten Ausdruck durch die positive Bezeichnung *offen* ersetzen wollen. Wir tun dies aus der Überlegung heraus, dass solche offenen Aufgaben für die Lehrerbildung typisch sind, sowohl wenn komplexe Probleme in Fachdidaktik, Fachwissenschaft oder Erziehungswissenschaft angegangen als auch wenn Unterricht in den Berufspraktischen Studien geplant, durchgeführt oder evaluiert werden soll. Die Anzahl der offenen Aufgaben in der Lehrerbildung dürfte jene in der schulischen Grundbildung deutlich übersteigen, wobei die Offenheit in der Regel den Komplexitätsgehalt der Aufgaben steigert und zudem impliziert, dass die Lernenden Strategien der Planung, des Monitoring und der Evaluation aktivieren müssen, um die Aufgabe erfolgreich zu bewältigen (Keller, 2012).

In Kategorie 5 ist der Bezug zur Berufspraxis einer Aufgabe ausgedrückt. Maier et al. (2010) sprechen hier von Lebensweltbezug. In der Übertragung auf die Lehrerbildung soll dabei aufgegriffen werden, wie unmittelbar eine Aufgabe auf den Unterricht oder die Schule Bezug nimmt. In der fachwissenschaftlichen Ausbildung wird es Aufgaben geben, die keinen direkten Bezug zur Berufspraxis von Lehrkräften aufweisen – also ganz in der disziplinären Auseinandersetzung verortet sind. Ein *geringer* Bezug zur Berufspraxis kann z. B. gegeben sein, wenn Inhaltswissen („subject-matter content knowledge") vermittelt wird, womit das gesamte Fachwissen eines Schulfachs gemeint ist (Baumert & Kunter, 2006, S. 482). Dieses curriculare Wissen stellt einen eigenen Wissenskanon dar, der sich über die Jahrgangsstufen kumuliert und somit als Sonderform des disziplinären Fachwissens bezeichnet werden kann. Von *situiertem* bzw. *authentischem* Bezug zur Berufspraxis kann man z.B. sprechen, wenn eine Fallstudie diskutiert oder in der Fachwissenschaft besprochen wird, wie ein bestimmtes Thema in der Praxis behandelt werden könnte. In den berufspraktischen Studien wird der Praxisbezug *immersiv* ablaufen, wobei die Studierenden ganz in die Praxis eintauchen, jedoch noch nicht alleine die Verantwortung über das Geschehen übernehmen müssen. Dies Kategorie hat weder bei Maier et al. (2010) noch bei Anderson und Krathwohl (2001) eine direkte Entsprechung, wir denken aber, dass sie für den Kontext der Lehrerbildung unmittelbar plausibel sind.

In Kategorie 6 des Modells ist ausgedrückt, in welchem Umfang die Aufgaben zur Relationierung von Anforderungen aus den verschiedenen Bezugsdomänen beitragen, bzw. in welchem Umfang eine solche Relationierung in den Aufgaben angelegt ist. Auch diese Dimension ist eine Eigenentwicklung von unserer Seite, wobei wir von der Hypothese ausgehen, dass solche Relationierungen eine wichtige Voraussetzung darstellen, damit Wissensaspekte aus verschiedenen Bereichen der Ausbildung zu einer komplexen Handlungskompetenz im Sinne von beruflicher Handlungsbefähigung zusammenwachsen können (vgl. Abschn. 3). Eine solche Relationierung kann prinzipiell in jeder Aufgabe angelegt sein und ist graduell steigerungsfähig in dem Sinne, dass sie verschiedene Bezugsbereiche haben und unterschiedlich breit oder tief angelegt sein kann. Schafft eine Aufgabe Verbindungen zwischen Wissensbereichen innerhalb eines Fachbereichs, so würden wir von *fachbezogener Relationierung* sprechen. Die ist z.B. im Fach Englisch gegeben, wenn Studierende die Eigenschaften von englischen Texten mit linguistischen und literaturwissenschaftlichen Mitteln und damit Wissen aus der Linguistik und Literaturwissenschaft in Verbindung setzen sollen.

Legen Aufgaben hingegen eine Relationierung innerhalb eines Studienbereichs an, sprechen wir von *studienbereichsbezogener Relationierung*. Dies wäre der Fall, wenn z.B. verschiedene Sektionen der Erziehungswissenschaft verbunden werden müssen, um Erklärungen für Lernauffälligkeiten oder störendes Schülerverhalten zu generieren (Entwicklungspsychologie und Bildungssoziologie). Oder es wäre der Fall, wenn Zugänge zur Beurteilung von Schülerleistungen in verschiedenen Fächern verglichen werden, z.B. in sprachlichen und naturwissenschaftlichen Fächern.

Von *studienbereichsübergreifender Relationierung* würden wir dann sprechen, wenn Studierende in Aufgaben dazu angehalten werden, ihr *gesamtes verfügbares Wissen* zu aktiveren und zur Bewältigung einer spezifischen Situation Wissensdimensionen aus verschiedenen Ausbildungsbereichen heranzuziehen und zu integrieren. Dies wäre vielleicht in Mentoraten, Praktika oder Reflexionsseminaren der Fall, wenn konkrete Erlebnisse, „Fälle" oder Vignetten aus der Unterrichtspraxis systematisch beurteilt und dazu das gesamte Wissen der Lernenden aufgeboten wird, welches sie bis zu diesem Zeitpunkt in den unterschiedlichen Studienbereichen erworben haben.

Dieser Bereich der Relationierung ist für unser Modell insofern zentral, als wir davon ausgehen, dass professionelle Handlungskompetenz zu einem ansehnlichen Teil

aus eben diesem Verbinden und In-Beziehung-Setzen verschiedener Wissens-, Erfah-
rungs- und Persönlichkeitsaspekte besteht. Dies ist bereits dem Modell von Baumert
und Kunter (2006) implizit, nämlich in den *Kreisen*, die jeweils um das Professionswissen und die pädagogische Professionalität gelegt werden (vgl. Abb. 1). Damit impliziert die Darstellung, dass die verschiedenen Wissens- und Könnens-Formen sowie
Aspekte der Motivation zu einer Einheit verschmelzen müssen, damit man wirklich
von Professionalität sprechen kann. Oder anders gesagt, in konkreten pädagogischen
Handlungssituationen muss Wissen aus verschiedenen Domänen flexibel abrufbar
und kombinierbar sein (Koch-Priewe, 1997). Auf der Grundlage der überragenden Bedeutung dieser Relationierung argumentieren wir dafür, dass diese nicht einfach dem
Zufall oder der subjektiven Befindlichkeit der Studierenden überlassen werden kann
und darf. Vielmehr müssen in den Programmen und Formaten der Ausbildungsinstitution entsprechende Prozesse der Relationierung durch dafür geeignete Aufgaben
ausgelöst, unterstützt und begleitet werden, und die Resultate müssen als signifikante
„Outcomes" der Lehrerbildung sowie der individuellen Professionalisierung wahrgenommen und anerkannt werden.

5.   Ausblick

Mit Terhart ist in der Forschung zur Lehrerbildung ein Wandel bzw. eine Spezifizie-
rung der forschungsleitenden Fragen zu konstatieren:

> Es geht (…) nicht um die Frage ‚Wirkt Lehrerbildung?', sondern um die Frage ‚*Wie* wirkt
> Lehrerbildung?', oder noch genauer: ‚Wie wirkt welche Lehrerbildung?', ‚Wie wirkt *welches*
> *Element* innerhalb *welcher* Lehrerbildung *auf welche Teile* der Lehrerkompetenz und des
> Lehrerhandelns?'. Statt der fundamental Frage ‚Wirkt Lehrerbildung überhaupt?' müssen
> solche sehr viel kleinformatigeren Fragen gestellt werden, müssen Teilstrecken untersucht
> werden, und müssen vor allem die konkreten Prozesse zugrunde gelegt werden. (Terhart,
> 2012, S. 217; Hervorhebung im Original).

Ein Desiderat der bisherigen Forschungsperspektiven auf die Lehrerausbildung besteht in der Fokussierung auf die Gestaltung der Lerngelegenheiten (Angebot) sowie
auf deren Nutzung, also Forschung, die am Ausbildungsprozess ansetzt. Auf der Ebene
der Ausbildungsakteure ist hier zwischen Voraussetzungen, Nutzung der Lerngelegenheiten und (selbst wahrgenommener) erworbener professioneller Kompetenz, auf
der institutionellen Ebene zwischen den Akteuren der Hochschule und den Akteuren
der Ausbildungsschulen zu differenzieren. Ferner liegt einer solchen Modellierung die
Unterscheidung zwischen dem intendierten, implementierten bzw. realisierten und
erreichten Curriculum zugrunde (vgl. ausführlicher McDonnell, 1995).

Orientiert an der Terhart'schen Forderung nach prozessorientierten Studien ist
zudem zwischen dem Angebot zu unterscheiden, welches von Hochschulen/Univer-
sitäten bzw. von den Ausbildungsschulen verantwortet wird, und der Nutzung von
Lerngelegenheiten, die sich in spezifischen Handlungssituationen manifestiert.

Das im Beitrag vorgestellte heuristische Modell zur Analyse von Aufgaben in der Lehrerbildung bietet die Möglichkeit, die skizzierten Forschungsperspektiven systematisch aufeinander zu beziehen und damit eine Institutionen und Studienbereiche übergreifende Perspektive zur Analyse und Entwicklung von professionalisierenden Aufgaben in der Lehrerbildung zu etablieren. Darüber hinaus ermöglicht es das heuristische Modell, Aufgaben, die in einer professionalisierenden Lehrpersonenausbildung eingesetzt werden, auch an ganzheitlichen Professionalisierungsmodellen zu spiegeln, beispielsweise an kompetenzorientierten Heuristiken, die eher allgemein (Oser & Oelkers, 2001, Girmes, 2006; vgl. Abschn. 1 in diesem Artikel) oder ausbildungsspezifisch (z. B. Orientierungsrahmen der Pädagogischen Hochschule Nordwestschweiz; Forneck et al., 2009) ausformuliert sind. Lassen sich Aufgaben, die in den verschiedenen Studienbereichen eingesetzt werden, nicht nur im vorgeschlagenen Analysemodell, sondern auch in Modellen der professionalisierenden Ausbildung verorten, nehmen sie grundlegende Ausbildungsinhalte in der Lehrerbildung auf. Aufgaben in der Lehrerbildung sind also mit Blick auf Professionalisierungskonzepte einerseits auf ein entsprechendes kompetenztheoretisches Professionalisierungsmodell zu beziehen und können gleichzeitig mit Hilfe des vorgestellten Analysemodells qualitativ beurteilt werden. Eine Diskussion zur konzeptionellen Bezugnahme dieser beiden Modellierungen aufeinander, der kompetenzorientierten einerseits und der aufgabenanalytischen andererseits, könnte der aktuellen Forschung zur Professionalisierung von Lehrpersonen weiterführende Impulse verleihen.

Literatur

Anderson, L. W. & Krathwohl, D. R. (Hrsg.). (2001). *A Taxonomy for Learning, Teaching and Assessing: A Revision of Bloom's Taxonomy of Educational Objectives.* New York: Longman.

Arnold, K.-H., Gröschner, A. & Hascher, T. (2014). *Pedagogical field experiences in teacher education: Introduction to the research area.* In dies. (Hrsg.), Schulpraktika in der Lehrerbildung: Theoretische Grundlagen, Konzeptionen, Prozesse und Effekte (S. 11–26). Münster: Waxmann.

Baumert, J. & Kunter, M. (2006). Stichwort: Professionelle Kompetenz von Lehrkräften. *Zeitschrift für Erziehungswissenschaft, 9*(4), 469–520.

Bellenberg, G. & Reintjes, C. (2015). Lehrer wird man erst im Beruf. Zentrale Herausforderungen an die Professionalisierung. *SchulVerwaltung* spezial: *Schule gestalten – die Lehrerausbildung in den Fokus nehmen, 5/2015,* 35–37.

Bildungskommission der Länder Berlin und Brandenburg (Hrsg.). (2003). *Bildung und Schule in Berlin und Brandenburg. Herausforderungen und gemeinsame Entwicklungsperspektiven.* Berlin.

Blömeke, S. (2002). *Universität und Lehrerbildung.* Bad Heilbrunn: Klinkhardt.

Blömeke, S., Bremerich-Vos, A., Kaiser, G., Nold, G., Haudeck, H., Keßler, J.-U. & Schwippert, K. (Hrsg.). (2013). *Professionelle Kompetenzen im Studienverlauf – Weitere Ergebnisse zur Deutsch-, Englisch- und Mathematiklehrerausbildung aus TEDS-LT.* Münster: Waxmann.

Blömeke, S., Risse, J., Müller, C., Eichler, D. & Schulz, W. (2006). Analyse der Qualität von Aufgaben aus didaktischer und fachlicher Sicht. Ein allgemeines Modell und seine exemplarische Umsetzung im Unterrichtsfach Mathematik. *Unterrichtswissenschaft, 34*(4), 330–357.

Bromme, R. & Haag, L. (2004). Forschung zur Lehrerpersönlichkeit. In W. Helsper & J. Böhme (Hrsg.), *Handbuch der Schulforschung* (S. 777–793). Wiesbaden: Verlag für Sozialwissenschaften.

Cochran-Smith, M. & Zeichner, K. (Hrsg.). (2005). *Studying Teacher Education: The report of the AERA Panel on Research and Teacher Education*. Mahwah: Lawrence Erlbaum.

Darling-Hammond, L. & Bransford, J. (Hrsg.). (2005). *Preparing Teachers for a Changing World. What Teachers should learn and be able to do*. San Francisco: Jossey Bass.

Dubs, R. (2006). Bildungsstandards und kompetenzorientiertes Lernen. In G. Minnameier & E. Wuttke (Hrsg.), *Berufs- und Wirtschaftspädagogische Grundlagenforschung. Lehr-Lern-Prozesse und Kompetenzdiagnostik. Festschrift für K. Beck* (S. 161–175). Frankfurt a. M.: Peter Lang.

Forneck, H. J., Düggeli, A., Künzli, C., Linneweber, H., Messner R. & Metz, P. (Hrsg.). (2009). *Professionalisierung von Lehrerinnen und Lehrern. Orientierungsrahmen für die Pädagogische Hochschule FHNW*. Bern: hep Verlag.

Fraefel, U. (2012). Berufspraktische Studien und Schulpraktika: Der Stand der Dinge und zwei Neuorientierungen. *Beiträge zur Lehrerbildung, 30*(2), 127–152.

Gagné, R., Briggs, L. & Wager, W. (1992). *Principles of Instructional Design* (4. Aufl.). Fort Worth, TX: HBJ College Publishers.

Girmes, R. (2006). Lehrprofessionalität in einer demokratischen Gesellschaft. Über Kompetenzen und Standards in einer erziehungswissenschaftlich fundierten Lehrerbildung. *Zeitschrift für Pädagogik* (51. Beiheft), 14–29.

Goodson I., Hopmann S. & Riquarts K. (Hrsg.). (1999). *Das Schulfach als Handlungsrahmen. Vergleichende Untersuchungen zur Geschichte und Struktur der Schulfächer*. Köln: Böhlau.

Hedtke, R. (2007). Das Studium als vorübergehende Unterbrechung der Schulpraxis. Anmerkungen zur geschlossenen Welt der Lehrerausbildung. In F. Kostrzewa (Hrsg.), *Lehrerbildung im Diskurs* (S. 25–89). Berlin: LIT.

Helmke, A. (2014). *Unterrichtsqualität und Lehrerprofessionalität. Diagnose, Evaluation und Verbesserung des Unterrichts* (5 Aufl.). Seelze: Klett-Kallmeyer.

Helsper, W. (2001). Praxis und Reflexion. Die Notwendigkeit einer «doppelten Professionalisierung» des Lehrers. *Journal für Lehrerinnen- und Lehrerbildung, 1*(3), 7–15.

Keller, S. (2012). Mit Lernaufgaben „überfachliche Kompetenzen" erwerben. In: S. Keller & U. Bender (Hrsg.), *Aufgabenkulturen. Fachliche Lernkulturen herausfordern, begleiten, reflektieren* (S. 34–45). Seelze: Klett/Kallmeyer.

Keller, S. (2013a). *Integrative Schreibdidaktik Englisch für die Sekundarstufe. Theorie, Prozessgestaltung, Empirie. Giessener Beiträge zur Fremdsprachendidaktik*. Tübingen: Narr Francke Attempto Verlag GmbH.

Keller, S. (2013b). *Kompetenzorientierter Englischunterricht*. Berlin: Cornelsen Scriptor.

Keller, S. & Bender, U. (Hrsg.). (2012). *Aufgabenkulturen. Fachliche Lernkulturen herausfordern, begleiten, reflektieren*. Seelze: Klett/Kallmeyer.

Keller-Schneider, M. (2012). „Nun bin ich im Beruf angekommen – aber es war anstrengend!" Prädiktoren der Kompetenz und der Beanspruchung von Lehrpersonen Ende des ersten Berufsjahres". In T. Hascher & H.G. Neuweg (Hrsg.), *Forschung zur (Wirksamkeit der) Lehrer/innen/bildung* (S. 221–238). Berlin: LIT.

446 Christian Reintjes, Stefan Keller, Sebastian Jünger, Albert Düggeli

Keller-Schneider, M. & Hericks, U. (2014). Forschungen zum Berufseinstieg. Übergang von der Ausbildung in den Beruf. In E. Terhart, H. Bennewitz & M. Rothland (Hrsg.), *Handbuch der Forschung zum Lehrerberuf* (S. 386–407). Münster u. a.: Waxmann.

Klieme, E., Avernarius, H., Blum, W., Döbrich, P., Gruber, H., Prenzel, M., Reiss, K., Riquarts, K., Rost, J., Tenorth, H.-E. & Vollmer, H. (2003). *Expertise. Zur Entwicklung nationaler Bildungsstandards.* Bonn: Bundesministerium für Bildung und Forschung.

Koch-Priewe, B. (1997). Grundlegung einer Didaktik der Lehrerbildung. Der Beitrag der wissenspsychologischen Professionsforschung und der humanistischen Pädagogik. In M. Bayer, U. Carle & J. Wildt (Hrsg.), *Brennpunkt: Lehrerbildung. Strukturwandel und Innovationen im europäischen Kontext* (S. 139–164). Opladen: Springer.

Kunter, M., Baumert, J., Blum, W., Klusmann, U., Krauss, S. & Neubrand, M. (Hrsg.). (2011). *Professionelle Kompetenz von Lehrkräften. Ergebnisse des Forschungsprogramms* COACTIV. Münster: Waxmann.

Kunter, M., Kleickmann, T., Klusmann, U., & Richter, D. (2011). Die Entwicklung professioneller Kompetenz von Lehrkräften. In M. Kunter, J. Baumert, W. Blum, U. Klusmann, S. Krauss & M. Neubrand (Hrsg.), *Professionelle Kompetenz von Lehrkräften – Ergebnisse des Forschungsprogramms COACTIV* (S. 55–68). Münster: Waxmann.

Leonhard, T., Fraefel, U., Jünger, S., Kosinar, J., Reintjes, Ch. & Richiger, B. (2016). Zwischen Wissenschafts- und Berufspraxis. Berufspraktische Studien als dritter Raum der Professionalisierung von Lehrpersonen. *Zeitschrift für Hochschulentwicklung: LehrerInnenbildung im Fluss, 11*(1), 79–98.

Lersch, R. (2006). Unterricht zwischen Standardisierung und individueller Förderung. *Die Deutsche Schule, 98*(1), 28–39.

Maier, U., Kleinknecht, M., Metz, K. & Bohl, T. (2010). Ein allgemeindidaktisches Kategoriensystem zur Analyse des kognitiven Potenzials von Aufgaben. *Beiträge zur Lehrerbildung, 28*(1), 84–96.

McDonnell, L. M. (1995). Opportunity to learn as a research concept and a polity instrument. *Educational Evaluation and Policy Analysis, 17*(3), 305–322.

Minnameier, G. (2005). Wissen und Können im Kontext inferentiellen Denkens. In H. Heid & C. Harteis (Hrsg.), *Verwertbarkeit. Ein Qualitätskriterium (erziehungs-)wissenschaftlichen Wissens?* (S. 183–203). Wiesbaden: Springer.

Neuweg, H.G. (2004). *Könnerschaft und implizites Wissen.* Münster: Waxmann.

Oser, F. & Oelkers, J. (2001). *Die Wirksamkeit der Lehrerbildungssysteme. Von der Allrounderausbildung zur Ausbildung professioneller Standards.* Chur: Rüegger

Radtke, F.-O. & Webers, H.-E. (1998). Schulpraktische Studien und Zentren für Lehramtsausbildung. Eine Lösung sucht ihr Problem. *Die Deutsche Schule, 90*(1), 199–216.

Reintjes, Ch. (2007). *Erziehungswissenschaft – ein notwendiger Bestandteil der gymnasialen Lehrerausbildung? Eine explorative Studie mit Hauptseminarleitern in Nordrhein-Westfalen.* Münster: LIT.

Reintjes, C. & Bellenberg, G. (2016a). Der Vorbereitungsdienst als Professionalisierungsphase für angehende Lehrkräfte: Empirische Befunde zu mentorierten Lerngelegenheiten. In B. Hermstein, V. Manitius, & N. Berkemeyer (Hrsg.), *Institutioneller Wandel im Bildungsbereich – Reform ohne Kritik? Tagungsband der DGfE-Kommission Bildungsorganisation, Bildungsplanung und Bildungsrecht (KBBB)* (S. 226–252). Weinheim: Beltz.

Reintjes, Ch. & Bellenberg, G. (2016b). Reflexive Professionalisierung im verkürzten Vorbereitungsdienst in NRW: Zur Qualität und Quantität von angeleiteten mentorierten Lerngelegenheiten und ihrer Nutzung. In C. Berndt, Th. Häcker & T. Leonhard (Hrsg.).

Reflexive LehrerInnenbildung revisited – theoretische Konzepte, empirische Befunde, Perspektiven institutionalisierter Rahmungen.

Renkl, A. & Stern, E. (1994). Die Bedeutung von kognitiven Eingangsvoraussetzungen und Lernaufgaben für das Lösen von einfachen und komplexen Textaufgaben. *Zeitschrift für Pädagogische Psychologie, 8,* 27–39.

Rowan, B., Chiang, F. & Miller, R.J. (1997). Using research on employees' performance to study the effects of teachers on students' achievement. *Sociology of Education, 70,* 256–283.

Shulman, L. S. (1986). Those who understand: Knowledge growth in teaching. *Educational Researcher, 15*(2), 4–14.

Shulman, L. S. (1987). Knowledge and teaching: Foundations of the new reform. *Harvard Educational Review, 57*(1), 1–22.

Shulman, L. S. (2004). *The wisdom of practice. Essays on teaching, learning and learning to teach.* San Francisco: Jossey Bass.

Terhart, E. (2002). *Standards für die Lehrerbildung. Eine Expertise für die Kultusministerkonferenz.* Berlin: KMK.

Terhart, E. (2011). Lehrerberuf und Professionalität: Gewandeltes Begriffsverständnis – neue Herausforderungen. In W. Helsper & R. Tippelt (Hrsg.), *Pädagogische Professionalität* (57. Beiheft der Zeitschrift für Pädagogik) (S. 202–224). Weinheim: Beltz.

Terhart, E. (2012). *Erziehungswissenschaft und Lehrerbildung.* Münster: Waxmann.

Terhart, E., Bennewitz, H. & Rothland, M. (Hrsg.) (2014). *Handbuch der Forschung zum Lehrerberuf* (2., überarb. u. erw. Aufl.). Münster: Waxmann.

Zeichner, K. (2010). Rethinking the Connections Between Campus Courses and Field Experiences in College- and University-Based Teacher Education. *Journal of Teacher Education, 61*(1–2), 89–99.

Autorinnen und Autoren

Niels Anderegg, MA, MAS
Pädagogische Hochschule Zürich
Prorektorat Weiterbildung und Forschung
Bereich Management und Leadership
Lagerstrasse 2
CH-8090 Zürich
niels.anderegg@phzh.ch

Dr. Johannes Appel
Goethe-Universität Frankfurt am Main
Akademie für Bildungsforschung und
Lehrerbildung
Campus Bockenheim, Hauspostfach 153
60629 Frankfurt am Main
appel@em.uni-frankfurt.de

Dr. Ulrike Behrens
Wissenschaftliche Mitarbeiterin im Bereich
Germanistische Sprachdidaktik
Universität Duisburg-Essen
Universitätsstraße 2
45141 Essen
ulrike.behrens@uni-due.de

Prof. Dr. Ute Bender
Professorin für Gesundheit und
Hauswirtschaft/WAH
Fachhochschule Nordwestschweiz/
Pädagogische Hochschule
Institut Sekundarstufe I und II
Clarastrasse 57
CH-4058 Basel
ute.bender@fhnw.ch

Prof. Dr. Nicole Berner
Co-Leiterin der Professur für Didaktik
Kunst und Design
Fachhochschule Nordwestschweiz/
Pädagogische Hochschule
Institut Sekundarstufe I und II
Bahnhofstrasse 6
CH-5210 Windisch
nicole.berner@fhnw.ch

Dr. Sascha Bernholt
Leibniz-Institut für die Pädagogik der
Naturwissenschaften und Mathematik (IPN)
der Universität Kiel
Didaktik der Chemie
Olshausenstraße 62
24118 Kiel
bernholt@ipn.uni-kiel.de

Prof. Dr. Regina Bruder
Technische Universität Darmstadt
Fachbereich Mathematik, AG 22
Schloßgartenstraße 7
64289 Darmstadt
bruder@mathematik.tu-darmstadt.de

Prof. Stephan Brülhart, MA UDK
Dozent für Medienpädagogik
Fachhochschule Nordwestschweiz/
Pädagogische Hochschule
Institut Sekundarstufe I und II
Bahnhofstrasse 6
CH-5210 Windisch
stephan.bruelhart@fhnw.ch

Prof. Dr. Jörn Brüggemann
Universität Oldenburg
Institut für Germanistik
Fakultät III – Sprach- und Kulturwissen-
schaften
Ammerländer Heerstr. 114–118
26129 Oldenburg
joern.brueggemann@uni-oldenburg.de

Prof. Dr. phil. Lucien Criblez
Professor für Pädagogik mit Schwerpunkt
Bildungsgeschichte und Bildungspolitikana-
lysen
Universität Zürich
Institut für Erziehungswissenschaft
Freiestraße 36
CH-8032 Zürich
lcriblez@ife.uzh.ch

Prof. Dr. Albert Düggeli
Leiter Professur für Entwicklungspsychologie
und Pädagogik des Jugendalters
Fachhochschule Nordwestschweiz/
Pädagogische Hochschule
Institut Sekundarstufe I und II
Clarastr. 57
CH-4058 Basel
albert.dueggeli@fhnw.ch

Ursula Duss
Primarlehrerin
Schule Rottenschwil
Hauptstrasse 21
CH-8919 Rottenschwil
ursula.duss@schulerottenschwil.ch

Paula Figas
Wissenschaftliche Mitarbeiterin
Hochschule Kempten
Forschungszentrum Allgäu
Bahnhofstraße 61
87435 Kempten
Paula.Figas@hs-kempten.de

Prof. Dr. Peter Gallin
Institut für Dialogisches Lernen und
Unterrichtsentwicklung
Tüfenbachstrasse 15
CH-8494 Bauma
p.gallin@sunrise.ch

Dr. Boris Girnat
Fachhochschule Nordwestschweiz/
Pädagogische Hochschule
Kompetenzzentrum für Mathematikdidaktik
Institut Sekundarstufe I und II
Bahnhofstrasse 6
CH-5210 Windisch
boris.girnat@fhnw.ch

Prof. Dr. André Gogoll
Eidgenössische Hochschule für Sport
Magglingen (EHSM)
Hauptstrasse 247–253
CH-2532 Magglingen
andre.gogoll@baspo.admin.ch

Carine Greminger Schibli, lic. phil.
Dozentin Fachdidaktik Französisch und
Supervision
Fachhochschule Nordwestschweiz/
Pädagogische Hochschule
Institut Sekundarstufe I und II
Riehenstrasse 154
CH-4058 Basel
carine.greminger@fhnw.ch

Prof. Ruth Gschwend
Dozentin für Fachdidaktik Deutsch und
Erziehungswissenschaften
Fachhochschule Nordwestschweiz/
Pädagogische Hochschule
Institut Sekundarstufe I und II
Bahnhofstrasse 6
CH-5210 Windisch
ruth.gschwend@fhnw.ch

Prof. Dr. Georg Hagel
Leiter des Labors für Softwarearchitektur
Hochschule Kempten
Fakultät für Informatik
Bahnhofstraße 61
87435 Kempten
Georg.Hagel@hs-kempten.de

Karin Haller, lic. phil.
Pädagogische Hochschule Zürich
Lagerstrasse 2
CH-8090 Zürich
karin.haller@phzh.ch

Prof. Dr. Tina Hascher
Universität Bern
Institut für Erziehungswissenschaften
Fabrikstraße 8
CH-3012 Bern
tina.hascher@edu.unibe.ch

Jochen Heins
Wissenschaftlicher Mitarbeiter
Universität Hamburg
Fakultät für Erziehungswissenschaft
Didaktik der sprachlichen und ästhetischen
Fächer
Von-Melle-Park 8
20146 Hamburg
Jochen.Heins@uni-hamburg.de

Dr. Miriam Hess (geb. Lotz)
Institut für Grundschulforschung
Friedrich-Alexander-Universität Erlangen-
Nürnberg
Regensburger Straße 160
90478 Nürnberg
miriam.hess@fau.de

Prof. Dr. Sebastian Jünger
Leiter Professur für Professionsentwicklung
Leiter Berufspraktische Studien Sekundar-
stufe II
Fachhochschule Nordwestschweiz/
Pädagogische Hochschule
Institut Sekundarstufe I und II
Riehenstrasse 154
CH-4058 Basel
sebastian.juenger@fhnw.ch

Ursula Käser-Leisibach, lic. phil.
Dozentin für Sprache, Sprachentwicklung
und Kommunikation
Fachhochschule Nordwestschweiz/
Pädagogische Hochschule
Institut Vorschul-/Unterstufe
Bahnhofstrasse 6
CH-5210 Windisch
ursula.kaeser@fhnw.ch

Prof. Dr. Stefan Keller
Leiter Professur Englischdidaktik und
ihre Disziplinen
Fachhochschule Nordwestschweiz/
Pädagogische Hochschule
Institut Sekundarstufe I und II
Clarastrasse 57
CH-4057 Basel
stefan.keller@fhnw.ch

Dr. Ruth Keller-Bolliger
Leiterin Bereich Fremdsprachen Sekundar-
stufe I
Pädagogische Hochschule Zürich
Lagerstrasse 2
CH-8090 Zürich
ruth.keller@phzh.ch

Dr. Michael Krelle
Universität Paderborn
Fakultät für Kulturwissenschaften
Institut für Germanistik und Vergleichende
Literaturwissenschaft
Warburger Str. 100
33098 Paderborn
michael.krelle@uni-paderborn.de

Maleika Krüger, M.A.
Wissenschaftliche Mitarbeiterin
Fachhochschule Nordwestschweiz/
Pädagogische Hochschule
Institut Sekundarstufe I und II
Clarastr. 57
CH-4058 Basel
maleika.krueger@fhnw.ch

PD Dr. Svenja Mareike Kühn
Akademische Rätin in der Arbeitsgruppe
Bildungsforschung
Universität Duisburg-Essen
Fakultät für Bildungswissenschaften/
Arbeitsgruppe Bildungsforschung
45117 Essen
svenja.kuehn@uni-due.de

Dr. Torsten Linnemann
Fachhochschule Nordwestschweiz/
Pädagogische Fachhochschule
Kompetenzzentrum für Mathematikdidaktik
Institut Sekundarstufe I und II
Riehenstrasse 154
CH-4058 Basel
torsten.linnemann@fhnw.ch

Prof. Dr. Helmut Linneweber-Lammerskitten
Leiter der Professur für Mathematikdidaktik
und ihre Disziplinen
Fachhochschule Nordwestschweiz/
Pädagogische Hochschule
Kompetenzzentrum für Mathematikdidaktik
Institut Sekundarstufe I und II
Bahnhofstr. 6
CH-5210 Windisch
helmut.linneweber@fhnw.ch

Dr. Herbert Luthiger
Dozent für Bildungs- und
Sozialwissenschaften
Pädagogische Hochschule Luzern
Pfistergasse 20
CH-6000 Luzern 7
herbert.luthiger@phlu.ch

Stefanie Mathes
Wissenschaftliche Mitarbeiterin
Universität Duisburg-Essen
Fakultät für Bildungswissenschaften/
Arbeitsgruppe Bildungsforschung
45117 Essen
stefanie.mathes@uni-due.de

Prof. Dr. Andreas Müller-Hartmann
Pädagogische Hochschule Heidelberg
Institut für Fremdsprachen Englisch
Keplerstraße 87
69120 Heidelberg
andreas.mueller-hartmann@ph-heidelberg.de

Sven Oleschko
Universität Duisburg-Essen
z.Zt. Bezirksregierung Arnsberg, Dezernat 37
Landesweite Koordinierungsstelle Kommu-
nale Integrationszentren (LaKi)
Ruhrallee 9
44139 Dortmund
sven.oleschko@uni-due.de

Stephan Otto
Wissenschaftlicher Mitarbeiter
Universität Duisburg-Essen
Fakultät für Bildungswissenschaften/
Arbeitsgruppe Bildungsforschung
Campus Essen
Universitätsstraße 2
45127 Essen
stephan.otto@uni-due.de

Dr. Lilli Papaloïzos
Dozentin für Französisch
Fachhochschule Nordwestschweiz/
Pädagogische Hochschule
Professur für Didaktik der romanischen
Sprachen und ihre Disziplinen
Riehenstrasse 154
CH-4058 Basel
lilli.papaloizos@fhnw.ch

Prof. Dr. Ilka Parchmann
Professorin für Didaktik der Chemie
Leibniz-Institut für die Pädagogik der
Naturwissenschaften und Mathematik (IPN)
der Universität Kiel
Olshausenstraße 62
24118 Kiel
parchmann@ipn.uni-kiel.de

Prof. Dr. Christian Reintjes
Professur für Professionsforschung und
Professionalisierungsmanagement
Leiter Institut Sekundarstufe I und II
Fachhochschule Nordwestschweiz/
Pädagogische Hochschule
Institut Sekundarstufe I und II
Bahnhofstrasse 6
CH-5210 Windisch
christian.reintjes@fhnw.ch

Mag. Dr. Eva Sattlberger
Teamleitung Reifeprüfung Mathematik AHS
Bundesinstitut für Bildungsforschung,
Innovation & Entwicklung des
österreichischen Schulwesens
Department Standardisierte kompetenzorien-
tierte Reife- und Diplomprüfung
Stella-Klein-Löw-Weg 15
Rund Vier B
A-1020 Wien
e.sattlberger@bifie.at

Eric Sauvin
Dozent Fachdidaktik Französisch
Fachhochschule Nordwestschweiz/
Pädagogische Hochschule
Institut Sekundarstufe I und II
Professur für Didaktik der romanischen
Sprachen und ihre Disziplinen
Riehenstrasse 154
CH-4058 Basel
eric.sauvin@fhnw.ch

Dr. Anke Schmitz
Wissenschaftliche Mitarbeiterin
Bergische Universität Wuppertal
Institut für Bildungsforschung
Gaußstr. 20
42119 Wuppertal
anke.schmitz@uni-wuppertal.de

Prof. Dr. Marita Schocker
Pädagogische Hochschule Freiburg
Institut für Anglistik
Kunzenweg 21
79117 Freiburg
schocker@ph-freiburg.de

Gaby Schweizer
Lohzelgstrasse 9
CH-8118 Pfaffhausen
gabyschweizer@gmx.net

Prof. Dr. Hans-Stefan Siller
Leiter des Zentrums für Lehrerbildung
Universität Koblenz-Landau
Mathematisches Institut
FB 3: Mathematik/Naturwissenschaften
Universitätsstr. 1
56070 Koblenz
siller@uni-koblenz.de

Mag. Jan Steinfeld
Teamleitung Prüfungsmethodik
Bundesinstitut für Bildungsforschung,
Innovation & Entwicklung des
österreichischen Schulwesens
Department Standardisierte kompetenzorien-
tierte Reife- und Diplomprüfung
Stella-Klein-Löw-Weg 15
Rund Vier B
A-1020 Wien
j.steinfeld@bifie.at

Prof. Dr. Daniel Stotz
Pädagogische Hochschule Zürich
Lagerstrasse 2
CH-8090 Zürich
daniel.stotz@phzh.ch

Christoph Suter, M.A.
Dozent Englischdidaktik
Pädagogische Hochschule Zürich
Lagerstrasse 2
CH-8090 Zürich
christoph.suter@phzh.ch

Dr. Caroline Theurer
Universität Kassel
Fachbereich Humanwissenschaften
Fachgebiet Empirische Schul- und
Unterrichtsforschung
Mönchebergstraße 21a
34125 Kassel
theurer@uni-kassel.de

Prof. Dr. Ingo Thonhauser
Professeur en didactique de l'allemand langue
étrangère
Haute école pédagogique du canton de Vaud
UER Didactiques des langues et cultures
Avenue de Cour 25
F-1014 Lausanne
ingo.thonhauser@hepl.ch

Prof. Dr. Volker Ulm
Universität Bayreuth
Lehrstuhl für Mathematik und ihre Didaktik
Universitätsstraße 30
95440 Bayreuth
volker.ulm@uni-bayreuth.de

Prof. Dr. Monika Waldis
Leiterin Zentrum Politische Bildung und
Geschichtsdidaktik
Fachhochschule Nordwestschweiz/
Pädagogische Hochschule
Institut Forschung und Entwicklung
Zentrum für Demokratie Aarau
Küttigerstrasse 21
CH-5000 Aarau
monika.waldis@fhnw.ch

Dr. Sebastian Weirich
Institut zur Qualitätsentwicklung im
Bildungswesen
Wissenschaftliche Einrichtung der Länder an
der Humboldt-Universität zu Berlin e.V.
Unter den Linden 6
10099 Berlin
sebastian.weirich@iqb.hu-berlin.de

Prof. Dr. Markus Wilhelm
Pädagogische Hochschule Luzern
Naturwissenschaften
Pfistergasse 20
CH-6000 Luzern 7
markus.wilhelm@phlu.ch

Claudia Zingg Stamm, lic. phil
Dozentin Professur für Deutschdidaktik
und ihre Disziplinen
Fachhochschule Nordwestschweiz/
Pädagogische Hochschule
Institut Primarstufe
Kasernenstrasse 31
CH-4410 Liestal
claudia.zingg@fhnw.ch